项目资助

国家社科基金（19BZS007）阶段性成果

宁波市汽3315人才计划（2018）

宁波市领军与拔尖人才第一层次（2019）

宁波市中青年思政骨干教师

宁波市学术带头人（培育）

宁波大学马克思主义学院资助成果

崇仁学派
与阳明心学的兴起

邹建锋　程维维／著

上海三联书店

目录

卷上
阳明前学研究：从崇仁理学到阳明心学思想发展史

卷中

阳明心学研究：中国古典文献学与中国思想史的视域

卷上

阳明前学研究：
从崇仁理学到阳明心学思想发展史

引论　崇仁学派与白沙和阳明心学的兴起

明建文四年（1402 年），明成祖朱棣攻下南京，有不少原建文帝旧臣选择殉难，而仍然有大多数臣子选择投靠新帝，跪于城门口迎接成祖，时年仅十二岁的吴康斋（吴与弼，1392—1469，字子傅，号康斋，江西崇仁县人，明代理学开山宗师）在此迎接队伍之列。但由于目睹方孝孺、王艮等建文旧臣死节事件，深深刺激了小康斋的心灵，年岁渐长，少年的吴康斋慢慢树立潜心学术与不问政治的人生理想与事业目标，也因为不参加科举事件，作为国子监司业的吴古崖决定与其断交，以免引起成祖的猜忌与同事的排挤。永乐五年（1407 年）丁亥冬，年十七岁的吴康斋在南京寓所读到其姑父赠送其父的《伊洛渊源录》，发觉明道早年亦有一段猎心时期，不再自卑，更加坚定其立志做圣人的理想人格，并由此树立道德主义的历史观，洁身自好，刻苦读书。永乐九年（1411 年）辛卯，年二十一岁的吴康斋从南京回乡结婚定居，不再参与政治事务，一心一意在偏僻的山村教书育人，由此开启其人生长达五十八年的农民生活，开明代理学之宗，是江西余干学派与广东江门学派两大明代儒林重要宗门的直接开启者，是明代心学的启明与先驱，而被钱穆誉为“农村老儒”，被古清美等先生誉为“光明人格”儒家。

长达半个多世纪在偏远的山村崇仁县小陂村，由于其自身的严谨性格，自己贫困的经济状况，加上明初儒家学者偏于道德涵养的实践，无所不读，无所不讲，刻苦攻读带来身体的疲惫和疾病，其所涵养的学问决定了必须对其自己的身心负责，身心受益，理心契合，形成其独具特色的个人艰苦卓绝的光明人格，独立顽强，不慕名利，刻意教学，开创出新的学术风气。早在三十岁左右（1420 年）康斋就顿悟出理在心中、身心合一的学术自信，由此形成其迥异于那个时代的崭新学术形态：康斋心学，以良心、灵台与性灵的湛然虚明的反复磨炼而形成的近禅之学。这是对程朱理学深度涵养、转化并发展的新的学术形态，结合易学义理、劳动炼心、静观万物与贫困中罪不容己的深度反省，是对孟子、明道与康节等人心学元素反复攻读而形成的新型新学。无论是在前往农业劳作途中默诵《中庸》字字句句，还是夜牧月下对月洗心，或者长时期经济特别贫困条件下万死不辞的果敢与自发图强，这些事件随时会刺激康斋的天性涵养与良心爆发。与同时代薛敬轩独自在湖南公署抄录《朱子全书》寒雨天刻苦攻读和宁波籍儒家黄南山孤独地在安徽含山县衙深夜读四书五经不同，康斋选择在简单与重复的农业生活磨炼身体的繁重劳作中开悟心体，“精白一心”，“对越神明”，他时刻感悟到“万里青天月出时”“一点寒山雪后青”的“月印万川”天理周流的阔达圣人胸怀，“心如止水”，胸中无事，淡然处之，总觉得万事纷乱但必有定理存在的自信胸怀，这就是儒家修养的最高境界：天地境界。

> 崇仁东四十里，有坪曰“白沙”。吴氏所居之坪有大小五湖，湖之主人孟晦翁走书谓予，曰：“元孙淡轩著《观湖说》亡于兵火”，复求其说予，且有嘱乎“全体大用及洗心”之云。予尚翁之志，乃为之说，曰：“观湖之莹然静绿，物无遁形，则知不可以一私，累乎吾心之高明；观湖之不息，则知委之有源，而吾心不可不加涵养之力；观湖流之必溢而行，则知进修之有其渐，而助长之病不可有：是皆湖之励吾志者。如此，其“月到天心处”，及“风来水面时”之乐，则在乎其人焉。若夫藉湖之风月以流连光景，则词客所为，非吾儒所尚，亦非翁之请也。①

崇仁县东四十里有大小五湖，大约在今最大的水库虎毛山水库所在地。吴康斋在给湖主孟晦先生所作的《观湖说》就把他对心体的三大维度讲得很清楚，主要涉及涵养目标高明大公之心、涵养起源心有本原与涵养方法勿忘勿助三大层面。其中，勿忘勿助是康斋最为重要的涵养心法，后被陈白沙所发挥，成为白沙主静心法最为重要的心诀，被湛甘泉、洪觉山系统性的发挥，成为其

① 《康斋集》，四库全书集部第1251册，卷八，《观湖说》，第528页。本章节所引作者文集，如未做特殊说明，均源自同一版本，注明出处，下同，不赘述。

主敬心学的主要思想来源。而高明大公之心就是明道的廓然大公与物来顺应的诗人涵养目标，后来成为娄一斋、夏东岩何思何虑高明心学的思想来源，是吴康斋涵养论的最终目标；而涵养的逻辑起点心有本原就是后来胡敬斋、余仞斋、魏庄渠、王少湖的“从本原上养出端倪”的道德修养论，是吴康斋涵养论的经学基础。“月到天心处”“风来水面时”之乐，是康斋观湖所感悟到的仁者万物一体之乐，而且是超越词客的内在精神愉悦之乐，不是“流连光景”的“玩弄精神”世俗之乐。

我们可以将康斋心学思想定义为涵养心学，重视“主静”涵养“湛然虚明”之本心①，主要着力于“静时敬”的身心涵养，工夫介于勿忘勿助之间，自力更生，自给自足，涵养经学于自然万物之间，带有向自然心学过渡的倾向，但还没有偏离六经窠臼，总体上在价值立场上坚持了程朱理学的道德至上，但涵养方法上已经有很大突破，时常“静观”体会到万物一体境界②，“见静中意思”超理性境界论直接催生了白沙先生江门学派的“静养端倪”③，特别是其晚年的“养性灵”与“养端倪”高度一致，而陈白沙的圣学涵养心法主要是在经学涵养到一定程度，离开经学规矩，完全主力于主静立人极，全身心静坐于蒲团之间，静观身心，养未发之中，进入虚无的太虚之体，回归元气之域，“心是权度物理的标准”④，心体物用，抬升了道德主体的理性自觉与道德自律的独立自我意识⑤，开启独立思考与主观体验的心在认识世界的重要主宰作用。由此可见，吴康斋膨大人格主体精神为宇宙本体的存在，开启明代心学思潮⑥，白沙是明代心学思潮的重要推动者，这是毋庸置疑的。

---

① 刘佩芝：《明初理学家吴与弼理学思想述评》，《朱子学刊》，2007年第1辑，第200页。

② 刘兴邦：《吴与弼与江门学派》，《五邑大学学报（社会科学版）》，2003年第1期，第34页。

③ 刘兴邦：《吴与弼与江门学派》，《五邑大学学报（社会科学版）》，2003年第1期，第31页。

④ 张运华：《吴与弼的理学思想》，《五邑大学学报（社会科学版）》，2013年第2期，第80页。

⑤ 张俊相：《吴与弼的人格修养论》，《求是学刊》，1994年第2期，第26页。

⑥ 朱汉民：《吴与弼的教育思想和明代心学思潮》，《江西社会科学》，1992年第6期，第92页。

时年二十七岁的陈白沙和时年二十一岁的胡敬斋在同一年来到江西崇仁，求学于康斋门下，那一年，吴康斋六十四岁，时在1454年，明景泰五年甲戌。他们那时都在康斋门下求学半年而归，陈白沙特别好学，吴康斋甚至让白沙翻山越岭，前往隔壁县城丰城学易于龙潭老人陈清江，清江先生是当时全国著名的易学大师。众所周知，易学养德性思想实际上以感应神明为目标，以变化祸福为方法，其核心思维就是变化思维，其实就是一种心学思维。吴康斋少年时从其恩师杨溥那里获得的洗心方法，其实就是易学的心学思想；而陈白沙从清江老人那里，也获得了这种心学方法，由此开启陈白沙静坐端阳台长年涵养心体的成圣之旅，在主静观物中察觉天理流行。

丙戌之秋，余策杖自南海循庾关而北涉彭蠡，过匡胥庐之下，复取道萧山，溯桐江曦舣舟望天台峰，入杭观于西湖。所过之地，盼高山之漠漠，涉惊波之漫漫；放浪形骸之外，俯仰宇宙之间。当其境与心融，时与意会，悠然而适，泰然而安，物我于是乎两忘，死生焉得而相干？亦一时之壮游也。

迨夫足涉桥门，臂交群彦；撤百氏之藩篱，启六经之关键，于焉优游，于焉收敛；灵台洞虚，一尘不染。浮华尽剥，真是乃见；鼓瑟鸣琴，一回一点。气蕴春风之和，心游太古之面。其自得之乐，亦无涯也！

出而观乎通达，浮埃之蒙蒙，游气之冥冥，俗物之茫茫，人心之胶胶，曾不足以献其一哂，而况于权炉大炽，势波滔天，宾客蔓集，车马骈阗！得志者扬扬，骄人于白日；失志者戚戚，伺夜而乞怜。若此者，吾哀其为人也。嗟夫！富贵非乐，湖山为乐；湖山虽乐，孰若自得者之无愧怍哉！

客有张璨者，闻余言拂衣而起，击节而歌，曰："屈伸荣辱自去来，外物于我有何哉？争如一笑解其缚，脱屣人间有真乐。"余欲止而告之，竟去不复还。噫！斯人也，天随子之徒与！振衣千仞冈，濯足万里流。微斯人，谁将与俦？①

约在成化五年己丑的1469年，陈白沙四十二岁的杭州西湖之游，读起来令人神思潇洒，虽不如康斋那样深厚端重，却也很有开阔的气象。白沙说，"当其

① 《陈献章集》，孙通海点校，中华书局，2008年，卷四，《湖山雅趣赋》，第275—276页。

境与心融，时与意会，悠然而适，泰然而安，物我于是乎两忘，死生焉得而相干?”白沙得到的是万物一体的境界，是多年主静养心获得的心包宇宙的大潇洒，故而物我两忘，死生无关，是主客消泯的无我无物的澄明心态。白沙感悟到“灵台洞虚，一尘不染。浮华尽剥，真是乃见；鼓瑟鸣琴，一回一点。气蕴春风之和，心游太古之面。其自得之乐，亦无涯也!”这说明白沙已经从道教哲学的方法论入手，进入太虚之境，“浮华尽剥，真是乃见”就是恩师吴康斋告诫他的“刊落浮华”，获得真理，故而自得，超脱身体之外的内在精神愉悦，这是白沙推进康斋心学之处。白沙对宇宙自然山水的真乐崇拜不仅是《观湖说》的进一步发展，由此发展为自得自由永恒之乐，“自得者之无愧怍”，也就是问心无愧对得起天地良心的仁者胸怀，心怀天下，不独生而生的万物一体胸怀，也是他自己独当一面打开明代心学大门的奇妙之处。陈白沙的自然真乐思想来源于其老师吴康斋的物我两忘、与自然融为一体的真乐境界论。①

白沙心学在当时社会的读书士人心中影响力很大，尤其是当时国子监祭酒邢让赞其“真儒复出”，由此名动海内外，不少达官贵人纷纷投其门下，主动辞官，全心全意回归老家走向圣学的道路，最著名者就是贺医闾先生（贺钦，1437—1510，字克恭，号医闾，祖籍宁波镇海，戍籍辽东义州卫）、林南川（林光，1439—1519，东莞人），均得到白沙的主静涵养端倪之学，并在其日常生活与工作中得到实践与发展。②

热心传道的陈白沙早在成化六年庚寅（1470 年）就有通过林南川写信给远在辽东的贺医闾，所谓“岁月寂寂，千金一札”，当时白沙才四十三岁，“兀然终日，隐一几坐而思之，思之不得又重思之”，主静之学颇为辛苦，成圣之途尤其寂寞，故而时刻提醒他要与自己重要的亲传弟子传递消息。③两年后的成化八年壬辰（1472 年），四十五岁的陈白沙决定把自己较为成熟的主静之学通过林光之笔全部告诉给医闾，他说，“秉笔欲作一书寄克恭，论为学次第，罢之，不耐寻思，竟不能就，缉熙其代余言。大意只令他静坐，寻见端绪，

① 刘兴邦:《吴与弼与江门学派》,《五邑大学学报（社会科学版）》，2003 年第 1 期，第 34 页。

② 余海涛:《林光治学思想简论》,《长江大学学报（社科版）》，2015 年第 3 期，第 19—21 页。

③ 《陈献章集》，下册，《陈献章诗文续补遗》,《与林缉熙书（二）》，第 968 页。

却说上‘良知良能’一节，使之自信，以驳杂支离之病，如近日之论可也。千万勿吝！”① 白沙所谓的“如近日之论”，就是其核心思想即著名的“静养端倪”“静坐中寻见端倪”论。也就是说，在1466—1472年间，贺医闾从白沙那里学到主静观察天理的方法；而其三十六岁以后，开始慢慢接受陈白沙、林南川的主静主义自然心学论，由主敬心学转向主静心学，这就是1472年（成化八年）以后的事情了。

> 为学之道，在乎主静，以为应事建功之本，学者应深味之。②
>
> 静无资于动，动有资于静，凡理皆如此。如草木土石是静物，便皆自足，不资于动物。如鸟兽之类，便须食草栖木矣。故凡静者多自给，而动者多求取。故人之寡欲者，多本于安静；而躁动营营者，必多贪求也。③
>
> 清晨起坐小茅堂，万事无关一炷香。展卷细观前圣奥，驰名敢学世人狂。④
>
> 问尔看山人，山中坐几春。定知方寸里，无处着纤尘。⑤

在此后长达三十九年的岁月里，贺医闾独居东北深山之中，以教书育人为业，学习吴康斋和陈白沙的布衣成圣的圣学亲证之旅，走向一条不求闻达、不问名利的寂寞心途，其气魄、勇气和决心必定是儒林学术史上的奇迹。在多年的涵养心学过程中，医闾贞意于意念之微，实践“端默”之训⑥，虔诚问学，“事白沙，悬其像于书室”，“至诚感人”，“家庭邻里之间间”，“冠婚丧祭，服食起居，必求本然之理而力行之，久久纯熟，心迹相应，不期信于人而人自信”，振兴乡邦，盖一代人豪也。⑦ 在具体的心性境界论上，“定知方寸里，无处着纤尘”说明医闾已经掌握白沙心包宇宙的思想，经常“清晨起坐小茅堂，

① 《陈献章集》，下册，《陈献章诗文续补遗》，《与林缉熙书（十）》，第972页。

② 贺钦：《医闾先生集》，武玉梅校注，辽宁人民出版社，2011年，卷二，《言行录》，第18页。本章节所引贺钦文集，如未做特殊说明，均源自武玉梅校注本，下同。

③ 《医闾先生集》，武玉梅校注，卷二，《言行录》，第24页。

④ 《医闾先生集》，武玉梅校注，卷九，《诗稿》，《读书》，第142页。

⑤ 《医闾先生集》，武玉梅校注，卷九，《诗稿》，《题看山图》，第149页。

⑥ 《医闾先生集》，武玉梅校注，卷五，《存稿》，《又》，第56页；《又》，第60页。

⑦ 《明儒学案》，上册，卷六，《白沙学案下》，第99页。

万事无关一炷香”，“静者多自给”，确立了“为学之要，在乎主静，以为应事建功之本”，实践主静心学，感悟万物一体。而白沙另外一位著名的主静弟子则是林南川，他更是继承并发展白沙的主静心学，时刻静坐把捉心体。

> 夫人之一心，息之极而闲之至，足以参两间，而后群动万物不足以相挠，死生不足以为变，视世之为仁义者犹若拘拘，而况于功名富贵乎？……闲其心者，有要也。要者，一而已矣。事之未至，一其心则静而闲矣；事之既接，一其心则动而闲矣。知静养而不知动应，是有体而无用，非吾儒之学也。①
>
> 惟静而明者，心出乎万物之上，不乱于欲，不役于物，不挠于剧。其机活，其神完，目之所观，生意融彻而混合……空其心以发露其天机……是以静观之妙，处一室之中，可以尽天下之大，可以通万物之情，可以洞古今之变，至虚而明……种种自得，在在相忘，不知我之观物、物之观我也。②
>
> 先生静坐清湖二十年，玩心于神明，默契乎大道。③

在所有的陈白沙亲传弟子中，唯有林南川真正得到老师早年主静之学的真传并在随后的长期教学和为政工作中不断实践并传承。林南川意识到人心在静明之下，“群动万物不足以相挠，死生不足以为变”，具有神奇的妙动能力，“心出乎万物之上”，“其机活，其神完，目之所观，生意融彻而混合”，这是其多年“玩心于神明”，故而“默契乎大道”所产生的结果。而白沙弟子张诩和李承箕则分别继承与实践白沙中期的主静之学，最后走入佛教禅学与性灵文学，未能光大白沙主静心学。青年湛甘泉从学于晚年的陈白沙，并得到白沙的刻意培养，最终将白沙心学风行于天下，功绩最大。而三十六岁至三十八岁之间的王阳明在贵州龙场静坐两年（1507—1509），忽然顿悟涵养出“知行合一”与“心即理”的心学新认知，这与当时白沙的静坐之风不无影响，应该说，早期阳明学学脉与白沙心学关系很大。白沙主静主义心学不仅培育出湛甘泉的认

---

① 林光：《南川冰蘗全集》，罗邦柱点校，中国文史出版社，2004年，卷二，《游心楼记》，第38—39页。

② 《南川冰蘗全集》，罗邦柱点校，卷二，《静观楼记》，第41—42页。

③ 《南川冰蘗全集》，罗邦柱点校，卷末，湛若水：《南川林公墓表》，第505页。

知心学体认天理学，也培育出王阳明的实践心学良知学，其贡献居功至伟，工夫扎实，涵养本原，勿忘勿助，极高明而道中庸，止于至善，是崇仁学派对当时中国心学的巨大的推进作用，由此形成江门心学与姚江心学两大著名心学学派，流行于全世界，远播日韩等国。诚如研究白沙心学的著名学者刘兴邦教授所说，江门心学的理论源头是康斋先生，吴康斋、陈白沙、湛甘泉与洪觉山的学术思想是“一脉相承”的，江门学派不是康斋学的“别派”。① 而贵州师范大学陈奇教授也说，康斋先生关注“心学问题”②，大量吸收象山心学思想，心不仅是认识世界与改造世界的主体，心也是充满美德与人生信念的伦理本体③，在精神修养与身心修养中解决人生问题，静中省悟，静中求理，强化与扩张主观意念，建立一套新的心学理论，通过白沙和甘泉等人影响了王阳明，成为王阳明心学的源泉之一，开启了阳明心学④。

1510年以后，特别是湛甘泉与王阳明时常联合在北京与南京昌明圣学，“兴起斯文”，白沙心学在当时社会鼓舞了很多读书人的心，夏东岩、魏庄渠就是被白沙心学所影响的著名学者。魏庄渠早在弘治十八年（1505年）乙丑二十三岁时就考中进士，第二年在北京遇到胡敬斋著名弟子余㣧斋，由此走进胡敬斋的理学世界，但是当时他带有禅学风格，以至于后来其学术风格发生重大变化，出入于禅学，转向主静养天心的天机天根之学，从本原天德上涵养端倪，转手白沙的主静心学，学习和借鉴阳明的知行合一与良知心学，转向事上磨炼，启发了一大批著名的学者，如王龙溪、聂双江、唐荆川、罗念庵、王应电、毛希秉、金世龙、郑若曾、王少湖、邓鲁、周士淹、归有光等人，主要以苏州地区生活和工作的人为核心的学术群体，形成一个心学学术人群较多较大的庄渠苏州心学学派，学派传承较久，对当地经济和社会发展推进很大。

---

① 刘兴邦：《吴与弼与江门学派》，《五邑大学学报（社会科学版）》，2003年第1期，第35页。

② 陈奇：《明朝前期吴与弼的兼采朱陆之学》，《贵州师范大学学报（社会科学版）》，2003年第2期，第50页。

③ 陈奇：《明朝前期吴与弼的兼采朱陆之学》，《贵州师范大学学报（社会科学版）》，2003年第2期，第49页。

④ 陈奇：《明朝前期吴与弼的兼采朱陆之学》，《贵州师范大学学报（社会科学版）》，2003年第2期，第51页。

余与客观海，问同游者“所得夫何如?”曰：“胸次荡然阔矣，子盍言尔所得?”曰：“余慕夫江汉以濯之，欲洗心而未能也，又何得焉？虽然，请广子之意。君子观于江河而知百流之小也，入海而得大观也，睨而望江河，萦若带也，其远难极，孰穷其外；其深难测，孰窥其下，吾将以为有涯则不见其涯，然则无涯耶！心之大也，无中无边，混天地以为体，囿于耳目则藐乎其小不自知其大矣！今吾立于海滨望洋，则茫若势若，与天俱浮一色，苍苍上下无方，又曷有极邪？登彼岸而望之，亦且若是。自古足迹所不能及，则信目以为固然，又安知夫处下而观上，不犹是邪？达人之观，以神会也，而遗其形，彼耳目又安能拘之邪！海于天地之间，其为物大矣，然诚自夫天地之全体观之，则废然而忘其大也。物之隐现于海，巨细万类，人以其形与海絜小大，乃曾不能比其巨类之一，而又何以哆然为哉！言山之高者，自地而观之耳；天之高，高山颓然其下矣，虽累万山，吾犹见其卑也。今夫心其大，不逾径寸，而周天之体，六合之内外，卷之不盈分焉，人缘躯壳以自私，七寸之形，至与虫虫万物者齐，又安能参诸天地焉！斯可大哀也已。”①

作为阳明之后的心学家，魏庄渠深刻洞察到心的重要性，他说，“达人之观，以神会也，而遗其形，彼耳目又安能拘之邪！海于天地之间，其为物大矣，然诚自夫天地之全体观之，则废然而忘其大也。”可见，魏庄渠对山水的观察采取两种与众不同的观察方法，一是用内在精神体会以减少外物对耳目的刺激，二是从辩证对待比较观察来获得事物的本质，从而获得与陈白沙一样的结果，道大心也大，宇宙万物之大都是相对的，故而心最大，心包宇宙，心神能力最大。故而，魏庄渠说，“今夫心其大，不逾径寸，而周天之体，六合之内外，卷之不盈分焉，人缘躯壳以自私，七寸之形，至与虫虫万物者齐，又安能参诸天地焉！”可见，魏庄渠要求我们大心，超脱地看待宇宙万物，实现参赞万物，与宇宙同大的浩然心境。在庄渠的心学世界里，“心之大也，无中无边，混天地以为体”，较为接近湛甘泉的心学体系，都是心体物而不遗的心包万物的心性论，不似阳明的心即理的心体论。

---

① 《庄渠魏先生遗书》，明嘉靖四十年辛酉胡松序刻本，卷五，《观海说》，第20—21页。

第一章　深悟心学之要：吴康斋与中国心学新发展

吴康斋浸润于15世纪初中国学术界主元气说的思想风气，元气说认为万物之理的运动、变化与发展的内动力为世间的“元气”，元气是万事万物的源泉和根本，它不仅产生了一与殊的各种天理和真理，还产生万事万物，它是不易察觉的“无”和实有，元气真有而不灭。元气主宰万事万物的内在合理性就是“天理”，而天理具有抽象性、超越性、客观性、权威性与唯一性，是人世界一切法则的“大经大法”，这在宋儒朱子学的天理体系中被解释得最为完备、全面和系统。在天人合一、中庸中和与无忧无虑的中国学术的修养论框架中，圣人和君子的日常行为就是存天理去人欲，以德服人，纯乎天理，无丝毫人欲存于心中，做一个道德高尚、顶天立地与责任担当的完美男子汉，在易学里面就是自强不息、厚德载物。

在吴康斋整个七十九年的浩长人生里，他都是在严谨的践行这样存理去欲从而无私毫人欲的正大光明心体的圣人境界，实现天地之量的圣贤气象，孜孜不倦，在贫困中，在寂寞中，在诱惑中，在劳动中，在山水中，在书籍中，日复一日，年复一年，十年如一日，展现了一个伟大醇儒的光明人格，竖立一座高大而完美的人格丰碑，不断激励后世学者的前行与奋斗。无论是“情顺万物而无情”还是“万事付之无心可也”的圣贤境界，都体现出中国学术自然而然的精神气质，表达出功深力到的坚韧品格，吴康斋的道德实践永远是中国心学新高峰。他所获得的“一点寒山雪后青”“万里青天月出时”的光明境域，体现出中国学术的深厚与精密，展现了中国心学的高明智慧。

第一节 戊申之悟：涵养本心之学与中国心学新高峰

无论是明初帝王朱元璋和朱棣存世著作中，还是著名学者宋潜溪等人的全集中，我们都发现他们关于心学思想的大量阐述。无论是“斋戒神明”说还是“六经皆心”的论述，都无不包含心学思想的萌芽。在精通易学的恩师杨溥的精心指导下，吴康斋对心学思想表现出浓厚的探索精神，表现在对心学的深厚涵养，克治粗暴脾气，身心受益，心平气和，形成儒雅的君子品格。

一 心是活物需涵养

宣德三年戊申，1428 年，康斋先生虚岁三十八岁，完成了他的心学之悟，我们称之为“戊申心学之悟”。这个时期，是康斋先生心学的重要发展时期，这时的他精力旺盛，日夜刻苦读书，体现出他学术生命力的爆发时刻。

> 玩《中庸》，深悟心学之要，而叹此心不易存也。①
>
> 心是活物，涵养不熟，不免摇动。只常常安顿在书上，庶不为外物所胜。②
>
> 观湖之莹然静绿，物无遁形，则知不可以一私累乎吾心之高明。观湖之不息，则知委之有源，而吾心不可不加涵养之力。观湖流之必溢而行，则知进修之有其渐，而助长之病不可有焉。是皆湖之勖吾志者。如此，其“月到天心处，风来水面时”之乐，则在乎其人焉。若夫藉湖之风月，以流连光景，则词客所为，非吾儒所尚，亦非翁之请也。③

正是时刻在劳作之余，安顿在《中庸》里，“玩《中庸》，深悟心学之要”，康斋发现心学精要的秘密，读书要变化气质，要让精神愉悦，要让自己的身心

---

① 《吴康斋先生集》，道光十五年王楷重刻纪大奎整理万历本，卷一，《日录》，第 14 页。此书为稀见善本，如未做特殊说明，本章节所引康斋文集均出自此道光本，简称“道光本”。

② 《吴康斋先生集》，道光本，卷一，《日录》，第 14 页。

③ 《吴康斋先生集》，道光本，卷五，《观湖说》，第 14 页。

受益，要感悟万物一体，要让正大光明心体炯炯于世界。但，38 岁的康斋对这种快乐心体的把握还是刹那刹那的短暂愉悦，尚不能长久地保持，就是他自己说的“叹此心不易存”，因为心体是活泼泼的，是运动变化的，也就是他自己的说的“心是活物，涵养不熟，不免摇动”。康斋所说的“摇动”，就是说自己在使用程朱理学思想变化心性克治粗暴脾气过程中，还没有形成系统与持久的方法，容易被外在的物欲干扰光明心体的形成与维持。“只常常安顿在书上，庶不为外物所胜”，说明康斋的心学涵养方法比较笨拙，还是先秦儒学与程朱理学读书收敛与明理涵养由此来达到管束四体、消除无欲和身心精神愉悦的澄明状态。

二　读书明理心收敛

康斋通过读书来把握、体认与消化《中庸》心学而重建他对中国心学的认知，其实早在永乐十九年辛丑（1421 年）他三十一岁就已经顿悟过，那是他第一次顿悟，我们称之为“辛丑圣学之悟”，而七年后戊申“深悟心学之要”为第二次四书学顿悟。“辛丑之悟”代表康斋对四书学的长达一个月的反复涵养、消化与感悟由此确立对圣贤之学的自信与坚持，身心受益，精神愉悦，心气平和，意思潇洒，由此来对治贫困对其本心的干扰，没有所谓的“攻心事”。

1421 年辛丑顿悟打开了吴康斋对传统经学身心体认过程的自信、自发和自强，由此可以看出明初理学家对道德实践的下沉，把传统经学生活化、身心化与个体化，这也是以黄润玉、薛瑄、陈真晟为代表的明初儒学家共同的思想特色。正是在刻苦不辍读书多年的基础上，康斋七年后的戊申之悟更是坚定他原先对涵养之学的认知，这样的“读书涵养论”其实更具有相对的客观性，是一种对天理的涵养，而其晚年的“自然涵养论”更多的是对自然生机、生意和生生的深层次认知，更具有主观性、个体性与感应性。如果没有辛丑、戊申两次对圣学的深刻涵养，也不可能有其晚年的“自然涵养论”，由此开启明代心学的殿堂。我们认为，康斋三十多岁时期的两次体认天理的顿悟，都为其晚年的感应自然心学做了很好的铺垫，也使得康斋早年与晚年学术理论形态越来越走向感应性、主观性与主静色彩，事实上带着部分的禅学烙印。

涵养吾一。(癸酉)①

涵养者，立本之方也。日新又新，则积中者日盛，发外者日著。②

涵养此心，不为事物所胜，甚切日用工夫。③

涵养，本源工夫，日用间大得力。④

在吴康斋日记的其他四条有关涵养的论述中，吴康斋继续他在辛丑和戊申两次顿悟基础上道德践行的前行，更强调对“涵养本心”在成圣旅途日常生活中的重要性。康斋的涵养“吾一”，“立本之方”，“本源工夫”，更是明确表明他把涵养当作成圣的最为重要的一项修炼。相比于其他两位明初著名思想家薛瑄和黄润玉多年为政忙于公共事务而无暇于内心成圣的心性体验，吴康斋在十五世纪初期无疑在道德涵养历练中所面临的经济贫困，尤其是寂寞之乡大量的时间投入到道德学问的微妙体验，而正是大量的时间投入与特别贫困的经济折磨使得吴康斋在道德成圣的阻力上所面临的压力更大，康斋都是自给自足，亲自下田劳作，有时甚至带学生一起风雨中酷暑中下田插秧，相反薛瑄和黄润玉由于从政经济生活较为富裕，患难锻造康斋绝妙的教学型儒家的高尚品德，而正是在这个意义上吸引当时全国无数因考试失败无缘官场的莘莘学子前来问道成圣，其中最出色者即是陈白沙。无论是大量的闲暇时间对理气心性的半个世纪多年琢磨，还是耕读传家带来的艰苦卓绝的高贵品格，这些有利因素，都容易使得康斋成为明代最为杰出的道德实践者，故而刘宗周最为欣赏吴康斋，说他是“醇之又醇”，其弟子黄宗羲则说他是推动明代阳明心学浪潮的“椎轮之始”。而读书明理涵养作为通往圣学本体的下学工夫，在康斋学体系中具有重要的地位和价值。

三 敬静之间时涵养

对涵养过程的重视在王阳明文集那里为其早期对圣学的体认，主要体现为贵州时期和南京时期。最开始的对竹主敬并没有给青年王阳明带来愉悦的身心

① 《吴康斋先生集》，道光本，卷一，《日录》，第 25 页。

② 《吴康斋先生集》，道光本，卷三，《兰轩记》，第 14 页。

③ 《吴康斋先生集》，道光本，卷一，《日录》，第 23 页。

④ 《吴康斋先生集》，道光本，卷一，《日录》，第 16 页。

体验，反而是较为失败的心学体验挫折。在贵州二年贬谪生涯里，寂寞之乡，反而是因缘巧合促成他对主静的坚定和自信，由此经历了一段类似陈白沙静养小春台的愉快心性体验，进而总结提高，并在滁州作为一种补小学收敛身心的教法，甚至一度在其学生中成为圣门的入学心诀，这就是著名的“主静补小学一段工夫”。主静成就王阳明对圣学理心合一的自信，而对吴康斋而言，四书学是其入圣的敲门砖，主静涵养则有助于他定心气和，变化气质，打开其走向圣学的亲证之旅。

> 一事少含容，盖一事差，则当痛加克己复礼之功，务使此心湛然虚明，则应事可以无失。静时涵养，动时省察，不可须臾忘也。苟本心为事物所挠，无澄清之功，则心愈乱，气愈浊，梏之反复，失愈远矣。①
>
> 憩亭子看收菜，卧久，见静中意思，此涵养工夫也。②

在宋元儒家较为成熟的两种涵养方法中，“静时涵养，动时省察”，动时主敬省察重于多于静时主静反思，但在康斋涵养论中，由于家里贫困，甚至没有多余的经济收入买药看病，故而康斋事实上在生活中多用主静休息，平和心气，心厚气和，甚至在寺庙中读书静养作为治病的方法，客观上带来了身体和精神的良好改观，由此，在具体下手过程中，康斋多用主静的方法澄清身心中的物欲，“心湛然虚明”，本心不为事物所挠，由此强身健体。而恰恰是长达半个多世纪的主静养心，让康斋有更多的机会观察世界，体认天理，涵养本心，也由此体会到“静中意思”，体会到宇宙蕴藏无限的生意和生机，道理平铺在，万物生意，自然大潇洒、大快活和大开阔的无限意思。

> 涵养工夫敬是宜，鉴空之体本如斯。须知道理平铺在，顺应何容一点私？③
>
> 大抵圣贤授受紧要，惟在一敬字。人能衣冠整肃，言动端严，以礼自持，则此心自然收敛。虽不读书，亦渐有长进。但读书明理以涵养之，则

① 《吴康斋先生集》，道光本，卷一，《日录》，第6页。
② 《吴康斋先生集》，道光本，卷一，《日录》，第31页。
③ 《吴康斋先生集》，道光本，卷十一，《题正心斋》，第14页。

尤佳耳。苛此心常役于外，四体无所管束，恣为放纵，则虽日夜苦心焦思读书，亦恐昏无所得脱。讲说得纸上陈言，于身心竟何所益？徒弊精神，枉过岁月，甚可惜也。①

但常年的主静涵养生活使得康斋晚年对主静带有较为深刻的自觉和警惕，他自己有一次在寺庙中也感觉到自己的主静涵养心法与禅宗类似，他感觉到恐慌，故而晚年在与朋友的题写中，他重申自己对主敬的敬意，“涵养工夫敬是宜”，这是他对外界朋友讲学所坚持的一个原则，毕竟，作为一种动时省察的涵养工夫，主敬对于四体的管束效果还是很明显的，有助于初学者快速进入成圣的道德之旅。但无论是主敬，还是主静，还得看效果，就是涵养最后目标是身心受益，变化气质，精神快乐，心性自由。

第二节 心感万物一体：明代心学的先驱

众所周知，陈白沙的“主静中养出端倪”是其多年静坐观物而获得对万事万物客观之理的心学秘诀，这其中的诀窍则是感应心学，也就是通常我们生活中所说的心灵感应，将心的感觉与万事万物相通感，源于易学的感寂通几。作为陈白沙的恩师，吴康斋晚年心学所得都有远寄给陈白沙，多为诗歌，这在陈白沙文集中被反复多次记载。事实上，吴康斋晚年对心学的突破主要表现为对外在自然世界的感觉，主要是万物一体的万物生意、真趣悠然与万物平铺，无论是七十岁高龄多次前往安徽、湖北、福建与浙江的旅途感悟，还是居家读书、寺庙静养、教书育人或者是田间劳作，他多有对自然万物的体认与奇妙的感觉，多形成于文字中，这是传统思想文化天人合一与中和中庸思想的另外一种表达。陈白沙的心学感应论侧重儒学境界论，而吴康斋心学感觉论侧重儒学工夫论，下学上达，体现出心对外在世界的互动与交往过程。

一 万物生意

王阳明的万物一体思想侧重于国家治理层面，全社会教养安全，知书达

① 《吴康斋先生集》，道光本，卷二，《与友人书（壬寅）》，第 20 页。

理，物质极其丰富，温文尔雅，人人温饱幸福，精神富有，没有战争，没有腐败，没有钩心斗角，是其对三代之治小康社会、大同社会与羲皇社会集大成善治图景的构想，更是其实践之学事上的全面铺开，属于外王学领域，是现代公共管理学的研究范畴。而吴康斋的万物一体思想主要表现为内圣学领域，即主体与客体世界契合，是人与自然的和谐共生，属于现代中国哲学与生态学领域。

> 雨后，生意可爱。将这身来放在万物中，一例看大小，大快活。
>
> 到处溅溅小涧通，回头频忆白云踪。每逢佳境凝眸久，细数春山远近峰。①
>
> 青石桥刈稻，往回村外，与物皆春。②
>
> 游园，万物生意，最好观。③
>
> 山中独行，甚乐，万物生意盎然。时陟冈顶，四望，不胜之喜，欲赋《山椒一览诗》。④

康斋在往返福建邵武途中，被武夷九曲美丽的山水所感动，加上朝拜朱子教学圣地虔诚的心，对望高山耸立，绿树青翠，故而“每逢佳境凝眸久，细数春山远近峰”，这样置身于祖国大好河山的壮阔雄伟的气势之中，很容易忘却自身的烦恼，把心投放于美丽的大山中，人的心胸会一下子开阔起来。劳作读书之余，看到雨水对万物的浸润，晶莹剔透，也往往有“可爱”“盎然”“不胜之喜”的心情，心与自然万物全面感通感应想感，人的感情也得到立刻释放，容易获得“与物皆春”“大快活”“甚乐”的至乐心情。

二　心平意适

人对外物的感觉的打开，是需要触发机制的。在传统思想里，天人合一需要人与物的交往通道，需要人走进自然，观察自然，在不同的季节里，在不同

① 《吴康斋先生集》，道光本，卷十一，《邵武道中》，第26页。
② 《吴康斋先生集》，道光本，卷一，《日录》，第16页。
③ 《吴康斋先生集》，道光本，卷一，《日录》，第17页。
④ 《吴康斋先生集》，道光本，卷一，《日录》，第20页。

的地域里，在不同的环境下，变换温度，变换地点，变化场景，从不同的角度去感觉自然的千姿百态。深厚知识的积累，深刻的洞见，反复的思考，都有助于人对宇宙万物感觉能力的提升。

（一）悠然之心

在万物一体的环境中，美好的风景，环境宜人，康斋的定心之学逐渐稳固，涵养工夫日渐成效，往往获得心平气和与悠然心怀，这是圣人胸怀。月下咏诗，亭中观物，坐对青山思考，都是人的感觉器官在不同场景下对万物一体思想的新认识。触景生情，是万物一体的第一步。

> 月下咏诗，独步绿阴，时倚修竹，好风徐来，人境寂然，心甚平淡，无康节所谓攻心之事。①
>
> 午憩亭，静中，胸次淡然。②
>
> 坐门外，图书满案，子弟环侍，乘绿阴，纳清风，群物满前，而好山相宾主。览兹胜趣，胸次悠然。③

康斋心胸的平淡与悠悠体现在教学中，学生众多；体现在读书中，成圣之学逐步推进，不断获得圣人境界；体现在劳作之余的散步中，体会到耕读传家的自得与自由；更体现在功成名就之后看淡世事的天地胸怀。

（二）豁达之意

在万物一体的境界中，人的感觉全面打开，并深入到潜意识领域，除了心灵上的平淡悠悠，还有意念上的舒适与豁达。

> 早观，生意可乐，残月尚在，露华满眼，个中妙趣，非言语所能形容。东斋柱帖云：窗前花草宜人意，几上诗书悦道心。④
>
> 七月二十一日，对野讲诵。近晚，曳杖逍遥野外，甚适。⑤

---

① 《吴康斋先生集》，道光本，卷一，《日录》，第 21 页。
② 《吴康斋先生集》，道光本，卷一，《日录》，第 31 页。
③ 《吴康斋先生集》，道光本，卷一，《日录》，第 16 页。
④ 《吴康斋先生集》，道光本，卷一，《日录》，第 21 页。
⑤ 《吴康斋先生集》，道光本，卷一，《日录》，第 22 页。

出游陂畔，遂于涧底坐，久，向日甚适，省察身心，幸有少进。①

四日早写稿：红日当窗，秋花映日；清风绿阴，意豁如也。（壬申）②

康斋在学术上很细心，他仔细记载了自己对意念上的细微感觉。康斋说，“个中妙趣，非言语所能形容”，故而只能意会，不能言传，他感觉到天地无限生机的满满正能量，这是庄子所说的大快乐，宇宙中逍遥，对天理的完全通透理解，是更豁达宇宙的全新理解。“花草宜人意”，理契合于心，身心暖和，感觉满满的阳光，故而康斋对意念的感受清晰地刻画他对心学的全方面涵养。只是在宇宙万物的不断触目和反复感觉中，康斋通过自己对自然界万物的多次体认，打开自己的无限心胸，获得圣贤境界，实现圣学的突破。

（三）教育之乐

康斋即便在苦难的条件下，在饥寒交迫的情况下，保持比慢的治学精神，坚持给学生授课，也不忘对美好境界的体认，体现出一个乡村教师不慕名利、甘于奉献的高贵精神，这就是教育家苦中作乐与生于忧患的中国格局、中国精神与中国力量。

三月二十日，食后授书。宿雨初霁，生意充满，甚可乐也。看《春秋》近午，霁景可人，日甚舒长，天地阔远。但病体全乏精神，不免寒饥，亦随分耳。眼前随分好光阴，谁道人生多不足？③

东斋对月，花竹参差，清景可爱，听诸生诵声，甚乐。时游于外，绿阴清夜，真趣悠然。④

五月初一日看《韩文》。晴色满帘，清风透户，花草盈栏，幽景可爱。⑤

在贫困中生活与观察，通过转移注意力，把注意点放在自然万物的生机上，康斋可以暂时忘记生活的苦难，这是通过对万事万物感觉的基础上达成

① 《吴康斋先生集》，道光本，卷一，《日录》，第23页。
② 《吴康斋先生集》，道光本，卷一，《日录》，第25页。
③ 《吴康斋先生集》，道光本，卷一，《日录》，第22页。
④ 《吴康斋先生集》，道光本，卷一，《日录》，第22页。
⑤ 《吴康斋先生集》，道光本，卷一，《日录》，第23页。

的。如果没有深厚的儒学积累，就如凡人一样，又如何可以欣赏到美丽宇宙的深幽画面呢？在与学生的交往中，在听到朗朗书声的背景里，在浸润经学的大经大法里，在夜晚对月的万里青天里，康斋的心胸容易超脱起来，摆脱物质条件对人的折磨，保持愉悦的心境，

浙江省特级专家、浙江大学阳明学著名专家束景南夫子说康斋心学思想是阳明心学的先驱，吴康斋思想中有很多心学元素，发现很多心的力量，不仅是白沙心学的直接开启者，也是阳明心学的先驱。

通过深入的分析，康斋在读书、教学和下田劳作之余，在散步中，在观物中，在思考中，感觉到了万物与自己心灵的契合，获得了心意平和与快乐的心态，这是中国哲学感觉主义大规模推进的时代。陈白沙学习和发展吴康斋的感觉主义方法论，坚定元气变化在自然世界的重要作用，主静涵养，彻底摆脱经学的规则，游心于自然之中，挺立心的主体性，形成自然主义心学，纵情于宇宙的感应变化，抬升人的主观思维器官大脑的心神预测能力，融合佛、道哲学，将中国哲学诗学化、文学化和生活化，将之推进到更深层的感应心学层次，直接推开了明代心学的大门，是明代心学的开山发展的重要推动人。而白沙弟子湛甘泉的“随处体认天理”与甘泉后学洪觉山（1507—1593，今江西上饶婺源县人）的“知觉自然”两大心学体系则继续推进和发展白沙江门学派的感应自然心学体系，发展并深化感觉、感应与感情的中国哲学，强调生生不息与宇宙生化奇妙，在中国心学史留下深刻而持久的烙印，不可磨灭。

第三节 贫中磨炼与正大光明心体挺立：明代心学的启明

据文献记载，在 36 岁至 43 岁之间，康斋经历人生中经济条件最为苦难的时期。一个主要原因是在国子监司业岗位上未能升迁且工作二十多年的父亲古崖先生吴溥于 1426 年秋季九月突然中风去世，康斋失去了重要的经济资助，一切从头开始，这决定康斋必须以农业收入为主要的经济来源。加上兄弟与畴、与性从北归家务农，作为兄长的康斋也需要时常接济照顾他们，而务农作为生活物资的来源，实际盈利能力有限，其收入又是如何的杯水车薪呢？故而，在 1426—1433 年这七八年，吴康斋生活困难，难于安心读书，成圣之旅愈发艰难。

一　贫困上动心忍性：心学的萌发

康斋三十而立之后，多有向邻居家借稻谷，而且不是一次两次，是多次借，所谓“旧债未还，新债又重”，“债负难还，生理蹇涩”。恰恰是在这样艰难的时期，康斋没有流俗，相反，利用贫困的这段艰苦时期，反而刻苦读书，不动中心，与日同变，随分读书，奋发图强，不起怨忧之念，不起计较之心，不起抑闷之心，坚定成圣志向，自我勉励，充分体现了一个贫困儒生的自我担当和超凡气魄。

> 穷厄已极，不可支撑，兼病益困，然亦安分，不敢起怨尤之念，而所以益进吾之学，益坚吾之志者，不敢不勉也。①
>
> 近晚往邻仓借谷，因思旧债未还，新债又重，此生将何如也？徐又思之，须素位而行，不必计较。“富贵不淫贫贱乐，男儿到此是豪雄”。然此心极难，不敢不勉。贫贱能乐，则富贵不淫矣。贫贱富贵，乐与不淫，宜常加警策，古今几人臻斯境也！②
>
> 读罢，思债负难还，生理蹇涩，未免起计较之心。徐觉计较之心起，则为学之志不能专一矣。平生经营，今日不过如此。况血气日衰一日，若再苟且因循，则学何可向上？此生将何以堪？于是大书“随分读书”于壁以自警。穷通得丧、生死忧乐一听于天，此心须淡然一毫无动于中，可也。③

在深夜，康斋往往一个人思考如何面对贫困这一江西抚州农民世代面临的经济问题，“展转反侧，良久”，有时往往思考到天亮，“反复思之，不得其方。日晏未处，久方得之。盖亦别无巧法，只随分节用安贫而已”，最后不得已只能自我安慰，省吃俭用，安心读书，但还是没有解决贫困这一根本问题的经济办法。

> 因事知贫难处，思之不得，付之无奈。孔子曰“志士不忘在沟壑”，

① 《吴康斋先生集》，道光本，卷一，《日录》，第 16 页。
② 《吴康斋先生集》，道光本，卷一，《日录》，第 12 页。
③ 《吴康斋先生集》，道光本，卷一，《日录》，第 11 页。

未易能也。又曰“贫而乐”，未易及也。然古人恐未必如吾辈之贫。夜读子思子“素位不愿乎外”，及游、吕之言，微有得。游氏“居易未必不得，穷通皆好；行险未必常得，穷通皆丑”，非实经历，不知此味，诚吾百世之师也。又曰“要当笃信之而已”，从今安敢不笃信之也？①

晚谷不收。夜枕思家用窘甚，不得专意于书。展转反侧，良久。因念困穷拂郁能坚人之志而熟人之仁，敢不自勉？②

七月十二夜，枕上思家计窘甚，不堪其处。反复思之，不得其方。日晏未处，久方得之。盖亦别无巧法，只随分节用安贫而已。誓虽寒饥死，不敢易初心也。于是欣然而起。又悟若要熟，也须从这里过。③

陈白沙中年以诗学纵横于岭南之间，无论是地方知府，还是省政要员，对其多有资助和接济，且其文采甚好，多有给有人题词作记，有一定的额外收入，虽然白沙一生没有从政，但其经济状况比老师还是要好很多。而王阳明是官二代，一生很少经历过贫困的折磨，故而白沙、阳明两人都没有遭遇过贫困的心理折磨。当然，王阳明经历过生死折磨，这样的折磨难度比康斋更凶险、更危险和更可怕。如果说贫困折磨康斋的是良心和面子，那么，王阳明所面临的生死考验折磨的就是能不能活下去的问题。无论如何，正是在经济层面的大磨难，反而刺激吴康斋坚定成圣亲证的旅途，他树立无比的信心、决心和勇气，以超凡的勇气打磨岁月，经过多次举荐，最终在天顺二年戊申其 68 岁高龄时才获得明英宗和朝廷的征聘，被授予左春坊左谕德，可以做太子的老师，最终得以赐金垦田，有了更多的土地，经济生活随之而越来越富裕，改变了其早年贫困的窘境。

二　挺然世间与天地之量：心学的发动

正是因为吴康斋遭遇到不断贫困的经济生活，故而他更加珍惜读书、涵养、教书与旅游，更有同情心，更有感恩心，对自己更加严谨，严于律己，宽以待人。因此，他更加积极的克治自己的狂暴脾气，通过思考、体认与顺适天

① 《吴康斋先生集》，道光本，卷一，《日录》，第 9 页。
② 《吴康斋先生集》，道光本，卷一，《日录》，第 19 页。
③ 《吴康斋先生集》，道光本，卷一，《日录》，第 18 页。

理的过程来对治粗暴刚烈的脾气。

（一）克治暴脾气

众所周知，过分粗暴恶劣的脾气往往是长期的贫困生活引发的不健康心情，对己对他人都有不少的危害。

> 一日，以事暴怒，即止。数日事不顺，未免胸次时生磊块。然此气禀之偏，学问之疵，顿无亦难，只得渐次消磨之。终日无疾言遽色，岂朝夕之力邪！勉之毋怠。①
>
> 小童失鸭，略暴怒。较之去年失鸭，减多矣。未能不动心者，学未力耳。②
>
> 因暴怒，徐思之，以责人无恕故也。欲责人，须思吾能此事否。苟能之，又思曰：吾学圣贤方能此，安可遽责彼未尝用功与用功未深者乎？况责人此理，吾未必皆能乎此也。以此度之，平生责人，谬妄多矣。戒之，戒之！信哉"躬自厚而薄责于人，则远怨"。以责人之心责己，则尽道也。③
>
> 以事暴怒，即悔之。须持其志，毋暴其气。④
>
> 遇逆境暴怒，再三以理遣。平日自己无德，难于专一。责人况化人，亦当以渐，又一时偶差，人所不免。呜呼！难矣哉！中庸之道也。⑤

关于康斋本人暴怒的记载，主要体现在他36岁到38岁之间，或许和他父亲古崖先生刚去世不久有关。但具体的引发原因，比如小童丢失鸭子，或遇到事情暴怒，这本身就是三十岁左右男人的通病，血气方刚，难免会有暴脾气。在遇到暴怒事件后，康斋多反思自己，很少埋怨别人，并由此找到问题的深层次原因：学问的欠缺，喜欢责备别人的坏习惯，自己德性缺乏，并最后找到克治的办法，就是涵养中庸性格，由此，康斋在白天劳作之余默诵《中庸》，体

① 《吴康斋先生集》，道光本，卷一，《日录》，第7页。
② 《吴康斋先生集》，道光本，卷一，《日录》，第8页。
③ 《吴康斋先生集》，道光本，卷一，《日录》，第9页。
④ 《吴康斋先生集》，道光本，卷一，《日录》，第14页。
⑤ 《吴康斋先生集》，道光本，卷一，《日录》，第17页。

验于田间劳作，事上磨炼中庸思想；晚上深夜入睡前，默诵《中庸》字字句句，入脑入心，多年下来，康斋走上第二次戊申顿悟，深悟心学之要。

（二）默诵《中庸》字字句句

吴康斋对《中庸》文献内容的默诵令人记忆深刻，放眼整个中国历史，很少有一位学者能像吴康斋一样，在田间劳作时默诵《中庸》一书字字句句，这是中国儒学史上最奇特的事情，也是儒林佳话。在1426年的宣德元年，36岁的康斋对《中庸》表现出极其特别的兴趣：

> 枕上默诵《中庸》，至“大德必受命”，惕然而思：舜有大德，既受命矣；夫子之德，虽未受命，却为万世帝王师，是亦同矣。嗟乎！知有德者之应，则宜知无德者之应矣，何修而可厚吾德哉？①
>
> 夜徐行田间，默诵《中庸》字字句句，从容咏叹，体于心，验于事，所得颇多。②
>
> 上不怨天，下不尤人，君子居易以俟命，小人行险以侥幸。灯下读《中庸》，书此，不肖恒服有效之药也。③

两年后的宣德三年（1428），康斋实现了他自己说的第二次心学顿悟，也就是戊申之悟，深悟心学之要。其实，早在36岁时，他自己对多年涵养德行学问的评价就是，他似乎走进圣贤境域，也就是圣贤心境，而这种快乐与愉悦的心情就是通过读书获得的。康斋说，“坐外南轩，涤砚书课，绿阴清昼，佳境可人，心虚气爽。疑此似蹑贤境，惜读书不博耳。”④“疑此似蹑贤境”是康斋自己的谦虚，但我们要看到此时的康斋已经树立要做皇帝老师的壮志雄心，“舜有大德，既受命矣；夫子之德，虽未受命，却为万世帝王师”，“大德必受命”，这是一种人生信仰，是信仰的力量，换句话说，这就是康斋悟到的“心学之要”，就是对未来三十年后应聘太子师的提前预测和感应。康斋的“惕然而思”，带有深刻的隐喻，值得我们细细品味。而他的“默诵《中庸》字字句

① 《吴康斋先生集》，道光本，卷一，《日录》，第8页。
② 《吴康斋先生集》，道光本，卷一，《日录》，第8页。
③ 《吴康斋先生集》，道光本，卷一，《日录》，第8页。
④ 《吴康斋先生集》，道光本，卷一，《日录》，第8页。

句，从容咏叹，体于心，验于事，所得颇多”，所得的感悟就是对心学的感悟，就是对德行学问必然生成的自信和努力。由此，康斋成为明代心学的启明者。

（三）德性主体的挺立

德行学问是历代儒家追寻的目标，但历朝历代对德行学问的实现方式各不相同。汉代的经学，唐代的文学，宋代的理学都是实现德性涵养的方法。在明代，则体现为真实有效的道德实践来助力圣贤之学。正是在不断的困苦环境中，康斋动心忍性增益其所不能，越挫越勇，将中庸中和的心学思想入脑入心，知周万物，让德性知识与身心合二为一，真正实现理心合一、心事合一与内外合一的圣人之学。这是困难的磨炼，更是康斋自觉亲证圣学几十年有成的表现。

> 学者须当随事痛惩此心，划割尽利欲根苗，纯乎天理，方可语王道。果如此，心中几多脱洒伶俐，可谓出世奇男子矣。①
>
> 贫困中事务纷至，兼以病疮，不免时有愤躁。徐整衣冠读书，便觉意思通畅。古人云：“不遇盘根错节，无以别利器。”又云：“若要熟，也须从这里过。”然诚难能，只得小心宁耐做将去。朱子云：“终不成处不去，便放下。”旨哉言也！②
>
> 夜病卧，思家务，不免有所计虑，心绪便乱，气即不清。徐思可以力致者，德而已，此外非所知也。吾何求哉，求厚吾德耳。心于是乎定，气于是乎清。明日书以自勉。③

在寂寞之乡从事劳作教学最终成为他理想中的“出世奇男子”就是康斋德性主体挺立的重要表现。康斋的超凡脱俗，甚至与世俗格格不入，就是要实现无丝毫人欲夹杂的光明心体状态，由此完全打开对外在世界灵明感觉，康斋对心发展目标的“脱洒伶俐”，“随事痛惩此心”，也就是王阳明的“明觉之知”，更像是陈白沙的“感应端倪”，像是湛甘泉和洪觉山的“气”。康斋对贫困解决的无穷勇气，总是令读者感动。

---

① 《吴康斋先生集》，道光本，卷一，《日录》，第 1 页。

② 《吴康斋先生集》，道光本，卷一，《日录》，第 2 页。

③ 《吴康斋先生集》，道光本，卷一，《日录》，第 3 页。

大抵学者践履工夫，从至难至危处试验过，方始无往不利。若舍至难至危，其他践履，不足道也。①

每日劳苦力农，自是本分事，何愠之有？素贫贱，行乎贫贱。②

枕上熟思出处进退，惟学圣贤为无弊。若夫穷通得丧，付之天命可也。然此心必半毫无愧，自处必尽其分，方可归之于天。欲大书“何者谓为贤？何者为小人？”以自警。③

自今须纯然粹然，卑以自牧，和顺道德，方可庶几。嗟乎！人生苟得至此，虽寒饥死，刑戮死，何害为大丈夫哉？苟不能然，虽极富贵，极寿考，不免为小人。可不思以自处乎！④

康斋对圣学怀有无比的信心和勇气，他具有很强的意志力，道德自觉观念强烈，也总是自我暗示自己，自我鼓励自己，自我分析解决问题的办法。他认为，作为一个非凡的儒家学者，最重的就是一定要做最苦难的事情，他说，“至难至危处试验过”，“虽寒饥死，刑戮死，何害为大丈夫哉？”康斋的决绝勇气无比坚定，这是易学刚健精神的最高表达，是自强不息的最好注脚。其实，这就是康斋的“知行新功”，也就是王阳明所提倡的“事上磨炼”。而苦难折磨和锻炼是德性主体挺立的最好办法。

（四）圣人人格与境界

我的授业恩师、同济大学著名中国哲学史家朱义禄教授在其名著《理想人格与儒家文化》一书中指出，理想人格是中国传统文化思想的精华，豪杰人格与圣人崇拜是中国士大夫道德修养的重要目标。吴康斋以孔子、二程子和朱子的学术与人格为其道德修养论的重要目标，这些人物形象常形之于梦寐之间，又不断强化康斋成圣的正能量。而康斋严谨与扎实的道德实践让其成圣之旅走的特别稳健。

① 《吴康斋先生集》，道光本，卷一，《日录》，第 7 页。
② 《吴康斋先生集》，道光本，卷一，《日录》，第 9 页。
③ 《吴康斋先生集》，道光本，卷一，《日录》，第 10 页。
④ 《吴康斋先生集》，道光本，卷一，《日录》，第 19 页。

人生须自重。

处大事者，须深沉详审。①

斩截日新。②

患难中好做工夫。所谓："生于忧患，死于安乐也。"然学力浅者，鲜不为所困耳。嗟乎！梁栋之具，非禁风耐冰雪，安能胜其重哉？③

在自我鼓励与自我暗示的背景下，再大的困难都难不倒吴康斋的。故而"患难中好做工夫"，康斋以忧患为道德实践的动力，"斩截日新"，"禁风耐冰雪"，其超凡的气魄和不怕磨难的精神摇动当时儒林，并在后世被反复颂扬。康斋提倡的"人生须自重"，"须深沉详审"，往往给人很庄重的仪式感，令人肃然起敬。

圣贤气象，须臾不敢不勉。④

早枕思处世不活，须以天地之量为量，圣人之德为德，方得恰好。嗟乎！安得同志共勉此事。⑤

早枕思当以天地圣人为之准则，因悟子思作《中庸》，论其极致，亦举天地之道以圣人配之，盖如此也。嗟夫！未至于天道，未至于圣人，不可谓之成人，此古昔英豪所以孜孜翼翼以终身也。⑥

但是，众所周知，每个儒家学者从事道德实践的过程不是一帆风顺的，会遇到各种各样的问题和折磨。在人生长达半个世纪的道德实践修炼过程中，吴康斋多以圣人气量与准则为自己的行为标准，放怀于宇宙之间，打开心胸，以中和之心接纳世界所有的变化，追求圣人天道与人道的合一，以天理的标准为标准，以圣人气象为行为的表现方式，由此实现天人合一、心如止水的超脱情怀。

① 《吴康斋先生集》，道光本，卷一，《日录》，第22页。
② 《吴康斋先生集》，道光本，卷一，《日录》，第19页。
③ 《吴康斋先生集》，道光本，卷一，《日录》，第21页。
④ 《吴康斋先生集》，道光本，卷一，《日录》，第30页。
⑤ 《吴康斋先生集》，道光本，卷一，《日录》，第12页。
⑥ 《吴康斋先生集》，道光本，卷一，《日录》，第12页。

三 大公无情与顺应无心：心学境界论

长期着迷于感觉自然的最终结果必然上升到感应，而感应之学一直是陈、湛、洪等江门心学把握宇宙和世界的核心方法，由此来体验生生不息的气化世界。气化世界的思想来源于人对自然万物持续几十年的观察和体认，故而白沙后学特别看重随时体认自然中的天理，感悟气化变动的世界，由此看氤氲气象。但在吴康斋的心学思想里，通过顺理、躬行、察理而获得理心合一的感悟，也容易感悟到心神的奇妙能力。王阳明思想发源于高明心学，对心的神妙能力的深度体认和大范围宣讲，众所周知。

> 精白一心，对越神明。①
>
> 夫心，虚灵之府，神明之舍，妙古今而贯穹壤，主宰一身而根柢万事。
>
> 人生但能不负神明，则穷通死生，皆不足惜矣。欲求如是，其惟慎独乎！董子云："人之所为，其美恶之极，乃与天地流通，往来相应。"噫！天人相与之际，可畏哉！②

吴康斋比其年小的后辈儒家陈真晟在明初更早地明确提出心学概念，并进而指出心学在于系统阐发神妙不测心神的无限能力，"对越神明"。当然，对心神无限能力的过度开发就是宗教，如佛教。在介于程朱理学与佛教之间的过渡理论形态，就是心学，发展和抬升传统程朱理学的心神能力，但还不至于滑入到宗教领域。不过，"不负神明"，但还是沾染宗教性维度。心就是神明的变化，"虚灵之府，神明之舍，妙古今而贯穹壤，主宰一身而根柢万事"，有助于认识世界，理解世界和改造世界。

（一）无忧、不忧

无忧、不忧与无忧无虑的心理状态是程朱理学家对圣人心境的一种心理能力状态的表达，这种状态体现为儒家学者对客观与权威之理在现实世界完全运用、展现与高度实践而导致社会秩序和谐、生活繁荣与人心愉悦的善治描写，

---

① 《吴康斋先生集》，道光本，卷一，《日录》，第 19 页。

② 《吴康斋先生集》，道光本，卷一，《日录》，第 12 页。

是对社会稳定、文化发达与经济向好的一种积极与肯定性赋予。在先秦儒家那里，仁者无忧，智者无虑，这种无忧不是说内心没有忧虑，而是说不用去过度忧虑，万事万物皆有其合适的发展向度与空间，尤其内在的规矩和定理，自然而然，万物自我生发有序，万理平铺于宇宙中，人是万物的一份子，顺适自然，故而不用特别焦虑。

> 学至于不尤人，学之至也。吾闻其语矣，未见其人也。①
>
> 寸心无怨亦无尤，何处栖身不自由？焉有闲情牵琐琐？逡巡学德是吾忧。②
>
> 东窗亲笔砚。好学至于不尤人，学之至也。③
>
> 不怨天、不尤人，下学而上达，非圣人，其孰知此味也哉！④
>
> 不怨天，不尤人，下学上达，当佩以终余齿。⑤

康斋的这种无忧，是儒家学者学至最高处的集中体现，“好学至于不尤人，学之至也”，“下学上达，当佩以终余齿”，是圣人学问的最高点，也是康斋对学术自我要求的最高表现。康斋说，万事皆有定理，即便是大动大乱最后都要回归正常与真实的自然状态，故而儒家学者不用去过度焦虑，只需要随分读书，自然修养，保持无忧无虑的心态，最后，总会达到圣人心境的。康斋的“寸心无怨亦无尤，何处栖身不自由？”这句是充分体现康斋通过反复“学德”，最后突破焦虑、担忧时期，突破道德自我约束的创生性压力阶段，最后进入无拘无束、无忧无虑与潇洒超脱的“天地境界”，就是冯友兰先生所说的人心自由而又澄明的最高心境，由此实现人的自由与心灵的完全打开。

（二）无心

在精神自由的思维空间里，自由的思维，自由的观察反思，自由的探索天地智慧，其实就是一种“无心”状态。这种无心并不是说不用心去思考，而是

---

① 《吴康斋先生集》，道光本，卷一，《日录》，第29页。
② 《吴康斋先生集》，道光本，卷十二，《发渐岭》，第22页。
③ 《吴康斋先生集》，道光本，卷一，《日录》，第26页。
④ 《吴康斋先生集》，道光本，卷一，《日录》，第22页。
⑤ 《吴康斋先生集》，道光本，卷一，《日录》，第28页。

让心保持一种超脱之心与不可以去用心的自然状态。

> 万事付之无心，可也。①
>
> 驱驰年少未应劳，万事无心任所遣。收拾琴书辞故郡，江山随处是诗豪。②
>
> 一枕平安昼梦浓，起题红叶数青松。老于世态无心处，到处身疑是梦中。③
>
> 旷望晴芜外，聊为曹濮吟。静观浮世事，端合付无心。④

在前往湖北探望恩师杨溥故地出发时的心态中，康斋保持一种"无心"之态，"江山随处是诗豪"，在1421年，31岁经济上不宽裕的康斋敢于一个人从江西到湖北长江游，而且纯粹是"驱驰年少未应劳"，就是去恩师家乡走走看看，朝拜授业导师家乡，"万事无心任所遣"，一路读书，一路游玩。"静观浮世事，端合付无心"，"老于世态无心处，到处身疑是梦中"，这两句诗则说明中晚年后的康斋人格成熟起来，学会在心平气和的心境中观察万物，更懂得以平淡之心待人处事，对外在的富贵功名没有丝毫的贪恋，反而有了一种欣喜的感激之情。"到处身疑是梦中"说明人在梦中的超脱感与欣喜感，有庄子所说的入梦化蝶之美，这是康斋常年克治贫困所带来的精神欢快。康斋的"无心"体现儒家学者不求功名的平和、平淡与无所私心的大公情怀，是中国伟大精神的一部分，需要在新时代转化弘扬，有助于中华民族参与世界和平与发展。帮助落后与贫困国家时，不带私心，纯粹地乐于助人，得道多助，我国就会成为世界上最受欢迎的国家。

（三）无情

在万种天理平铺于宏大宇宙的背景下，儒家学者无所私心地与万事万物相处，参与公共事务治理，献热血，治世救民，无忧无虑，与美好岁月和谐相处，超脱之心，顺应之心，接受世界一切，"存在就是合理的"，这就是二程

---

① 《吴康斋先生集》，道光本，卷一，《日录》，第26页。
② 《吴康斋先生集》，道光本，卷一，《上顿渡舟中》，第18页。
③ 《吴康斋先生集》，道光本，卷九，《昼梦觉作》，第10页。
④ 《吴康斋先生集》，道光本，卷十，《登陆偶成》，第18页。

所说的“情顺万物而无情”，物来顺应，就是天地正义布施于世界的美好表达，是儒家仁者慈济天下知周万物的无所粘滞之心，故而“无情”。

> 家事时婴怀，亦当顺理而行。情顺万物而无情，可也。①

康斋的“无情”并不是说对万事万物没有感情的交往，而是说在顺理躬行的过程中，不执着具体的单个事物而发生“偏情”由此形成公共性的交往，这就是大爱天下的情怀，是抽象的超脱所产生的无个别之情与全体之情。圣人之心如止水，平淡却有深情，但超脱于世界，故而看上去“无情”，实则是大爱普遍之情。

无论是康斋所说的“万事付之无心，可也”，还是其所说的“情顺万物而无情，可也”，都明确体现了他发现无心、无情的心法有助于圣人之学的实践、体认和涵养。当然，康斋深刻意识到圣学工夫论的无心、无情心法可能会引发崇仁后学与当时学术界的普遍性批评，他委婉地运用“可也”的含蓄性表达。

故而，著名哲学家冯契先生高足、同济大学著名中国哲学史资深专家朱义禄夫子说，吴康斋是阳明前学时期的著名开山宗师，是明代心学的启明宗师，其学术思想值得大力研究和推进。

第四节　性灵与心的自由：明代心学的火花

晚年的康斋，由于当地政府月给大米，经济越发的富裕，出门讲学考察更为自由，故而他把自己对圣人之学的新感悟写诗歌远寄给陈白沙，由此，陈白沙大规模地发展恩师吴康斋的“无心”与“无情”的自然心学，形成自己独特的静中涵养端倪的学法、教法和心法。既然通过涵养心性可以把握精深心学，那繁琐的六经之学就可以放弃，直接通过静中涵养把捉天理，这也就是康斋所说的见“静中意思”，就是胡敬斋、夏东岩的“静中有物”，主静中涵养出万物生意与生机勃勃，只不过陈白沙的思想体系更精密、系统和全面。故而，日本著名阳明学家岛田虔次在其名著《朱子学与阳明学》提出，康斋的思想直接启

---

① 《吴康斋先生集》，道光本，卷一，《日录》，第 32 页。

发其亲传娄一斋的心学，故而康斋学是阳明心学的火花。①

一　推进明代心学发展的自信与自觉

作为明代心学的点燃者、先驱者与启明者，吴康斋在当时所肩负的时代使命就是要开创心学的新局面、新空间与新气象。在其七十二、七十三、七十四和七十五的四次高龄出门旅游考察过程中，一方面固然是再次去湖北武汉朝拜自己的老师杨溥，朝拜福建朱子讲学地，朝拜江西婺源朱子出生地，前往浙江看望老友严州知府张永，但另一方面，顺路过程中，康斋看望自己的常山著名弟子郑伉、祁门著名弟子谢复、在建德附近工作的于准，即将上任云南同知的临川程庸，即将上任赣州千户的临川牛演，还有数十位尚未取得功名的地方乡绅和地方教育者。在七十多岁高龄的出门旅游中，康斋在其晚年系统与深刻地体验万物生机的几学，观生体认涵养，也随时利用寺庙道观主静涵养，提出了以“静养性灵”为核心的道德修养论，由此直接开启白沙自然主义心学的大门，扩大明代心学发展的空间和进路。正是在自己心学自觉与自信的背景下，康斋深深树立自己作为明代心学“传火者”的光明角色。

> 八月初二，夜梦日有食之，既，与弼从旁吹之，火焰即炽，寻复其明。②
>
> 万事无端不系情，读书终日掩柴扃。金风动地颓云散，四望青霄霁月明。③
>
> 静夜迢迢客梦回，高吟清兴正悠哉。窥窗更喜银河烂，定有晴光烛九垓。④

约在1451—1452年之间，景泰元年与二年之间，年过六旬的吴康斋所记述的“夜梦日有食之，既，与弼从旁吹之，火焰即炽，寻复其明”这句话充分

① 〔日〕岛田虔次：《朱子学与阳明学》，蒋国保译，陕西师范大学出版社，1986，参见第一章。

② 《吴康斋先生集》，道光本，卷一，《日录》，第25页。

③ 《吴康斋先生集》，道光本，卷十二，《玩月》，第30页。

④ 《吴康斋先生集》，道光本，卷十二，《枕上偶成》，第15页。

体现他自己作为明代心学传火者的重要角色，也就是说在潜意识领域里，康斋意识到自己有复明光明的能力，即便是在黑暗笼罩的日食之夜，永夜开始笼罩整个世界，但身怀身心圣贤之学的康斋，还是勇于对抗当时的恶劣环境，让明代心学的“火焰”炽明起来，这就是全球著名阳明学家岛田虔次所反复赞扬康斋作为明代心学“火花者”的开拓者角色。无论是七十六岁的“金风动地顽云散，四望青霄霁月明”，还是七十七岁的“窥窗更喜银河烂，定有晴光烛九垓”，1466 年至 1467 年之间，“金风动地”，“晴光烛九垓”，这两句诗歌的描写成分展现了传火者的重大明觉能力，“四望青霄霁月明”，“银河烂”，传火者给其他实践者带去了光明，互相鼓励，抱团取暖，最终形成明代心学的大明与大繁荣，而陈白沙和王阳明是最为杰出的心学宗师，分别开创江门学派与风行全球的姚江学派，并最终在其随后几百年间让心学走向世界学术中心。

二　涵养心学论：从吴康斋到陈白沙的不断推进与发展

当吴康斋少年时目睹南京政变血腥事件后，成年后焚烧路引便封闭自己科举从政之路后，其父亲吴溥表现出非常大的愤怒，一度与其断交。在康斋多次反省自己错误后，古崖先生最终还是做出原谅他的错误举动。正是封闭从政之路，康斋走向将传统理学全面下沉到劳动中、生活中和学习中，把学术接了地气，学问日用化，复活了宋代儒学，不自觉的打开心学的殿堂。正是由于封闭实践政治心学的大路，康斋涵养于日用，观察于自然，将传统儒学转向心学，挺立道德主体的感应性、自由性与自得性，获得涵养心学论的重大突破。不过这样一种涵养心学从读书明理、收敛身心中走出来，与其后陈白沙的江门心学有所区别，平心静气的说，康斋心学是带有自然心学的一些理论形态，但白沙心学则是完全的自然主义心学，康斋心学是白沙心学的启明者和引导者。

彭泽迢迢宿种湖，罗原冈上又停车。夜分独散青霄步，一点灵台合太虚。①

心本太虚，七情不可有。所于物之相接，甘辛咸苦，万有不齐，而吾恶其逆我者，可乎？但当于万有不齐之中详审其理以应之，则善矣，于是

① 《吴康斋先生集》，道光本，卷十二，《宿罗原冈》，第 36 页。

中心洒然，此殆克己复礼之一端乎！①

吴康斋的“一点灵台合太虚”诗句所蕴含的”“太虚”本体论与陈白沙的天地大道“至虚”本体论并无二异。在康斋的心学世界里，“心本太虚”，“一点灵台合太虚”，让心回到太虚之地，而“于万有不齐之中详审其理以应之”，“中心洒然”，“克己复礼”，只有通过对万事万物之理的唤醒，内心才可以达到潇洒之境，这是与陈白沙不一样的地方。存心穷理，穷理存心，在康斋那里，借用对天理的反复思考，由此来获得中心潇洒，但在白沙那里，一切都很直接简单，直接感应顿悟把握心体就可以，没有康斋那样繁琐复杂，更接近禅宗心法。

虚无里面昭昭应，影响前头步步迷。说到鸢飞鱼跃处，决无人力有天机。②

四野云飞尽，圆冈一室清。至虚元受道，真隐或逃名。有疏微言塞，无为大业成。一声闻绝唱，五岳看全轻。③

虽然，君子之所以学者，独诗云乎哉？一语默，一起居，大则人伦，小则日用，知至至之，知终终之，此之谓知。其始在于立诚，其功在于明善，至虚以求静之一，致实以防动之流，此学之指南也。④

往往我们在反复阅读康斋文集与白沙文集时，总感觉他们的语言风格很不一样，康斋喜欢哲理化，白沙喜欢文学化，但深深浸润于其中，常常有异曲同工之感。同样说虚无，在康斋那里，就是工夫论，在白沙那里却成为本体论，是更哲学化的论述。“虚无里面昭昭应”，“说到鸢飞鱼跃处”，“决无人力有天机”，白沙指出天理之学源出自然，自然之学源出虚无之浩大宇宙，故而虚无之感应，及其立诚工夫论，是实现圣学的重要路径。“至虚元受道，真隐或逃名。有疏微言塞，无为大业成”，陈白沙告诫自己最为器重的亲传弟子湛甘泉

① 《吴康斋先生集》，道光本，卷一，《日录》，第 4 页。
② 《陈献章集》，孙通海点校，卷六，《赠周成》，第 566 页。
③ 《陈献章集》，孙通海点校，卷四，《寄题小圆冈书屋，和民泽韵》，第 384 页。
④ 《陈献章集》，孙通海点校，卷五，《送罗养明还江右（序）》，第 404 页。

道出大道源于“至虚”，虚无“无为”，大道自然，自发自觉，自生自长，这当然是吴康斋所不敢向学术界公开他对天理源出“太虚”的理解，“至虚以求静之一，致实以防动之流，此学之指南也”。

道至大，天地亦至大，天地与道若可相侔矣。然以天地而视道，则道为天地之本；以道视天地，则天地者，太仓之一粟，沧海之一勺耳，曾足与道侔哉？天地之大不得与道侔，故至大者道而已，而君子得之。一身之微，其所得者，富贵、贫贱、死生、祸福，曾足以为君子所得乎？君子之所得者有如此，则天地之始，吾之始也，而吾之道无所增；天地之终，吾之终也，而吾之道无所损。天地之大，且不我逃，而我不增损，则举天地间物既归于我，而不足增损于我矣。天下之物尽在我而不足以增损我，故卒然遇之而不惊，无故失之而不介。舜禹之有天下而不与，烈风雷雨而弗迷，尚何铢轩冕尘金玉之足言哉！然非知之真、存之实者，与语此反惑，惑则徒为狂妄耳。①

君子一心，万理完具。事物虽多，莫非在我。此身一到，精神具随。……天下之理所不能无，君子之心所不能已。②

君子一心足以开万世，小人百惑足以丧邦家。何者？心存与不存也。夫此心存则一，一则诚；不存则惑，惑则伪。所以开万世、丧邦家者不在多，诚伪之间而足耳。③

在陈白沙的感应自然的世界里，由于众所周知的天至大，故而天地之道也至大，但人心可以感应、感觉和感悟出此至大之道，超越金钱名利等世间一切凡物，故而心之感应能力至大。相比较而言，心最大，道次之，最后是天，这其实一方面吸取了传统的辩证法，又吸取大程和康节二人的心学思想，直接启发源头则是康斋的心学。在吴、陈细密而又精深的心学世界里，身心合一，理心合一，心具万理，中庸就是心学的大经大法，而诚就是感应之心的发动处。不过，陈白沙更突出诚的作用。道至大至虚的本体宇宙论中，道是浩荡无边

① 《陈献章集》，孙通海点校，卷一，《论前辈言铢视轩冕尘视金玉（上）》，第54—45页。
② 《陈献章集》，孙通海点校，卷一，《论前辈言铢视轩冕尘视金玉（中）》，第55页。
③ 《陈献章集》，孙通海点校，卷一，《无后论》，第57页。

的，所谓“身在万物中，心在万物上”所体会出来的自然之道的绝对权威性与无比客观性。以道代理，以诚立身，以主观探究客观，这是陈白沙独特的涵养方法，他的心学思想直接与禅宗和老庄自然学说发生关联。

吴康斋感悟到的“乾坤浩荡”“乾坤阔达”，与陈白沙体会到的“道大论”一致。“霁景可人，日甚舒长，天地阔远”，充分体现康斋在读书涵养的过程中对无限无量无边无际大道的认识，时间成为可伸缩的概念，空间也成为可无限放大的范畴，这就是心学在精神意识领域的新拓展，是心学辩证法的重要表现。“山林阒寂，天地自阔，日月自长”，“天地何其阔远矣”，“愈知圣道浩无涯”，这些对天地无限广大的认识直接启发陈白沙对道至大论系统的缜密建构，由此开启陈白沙太虚无限的本体论的全方面铺开。陈白沙甚至将道至大论发挥到极致，甚至当代不少著名学者认为他是唯物主义思想家，是物本体论的开拓者。

> 看《春秋》近午，霁景可人，日甚舒长，天地阔远。①
>
> 南轩读《孟子》甚乐，湛然虚明，平旦之气略无所挠。绿阴清昼，熏风徐来，而山林阒寂，天地自阔，日月自长。邵子所谓“心静方能知白日，眼明始会识青天”，于斯可验。②
>
> 高卧闲窗，绿阴清昼。天地何其阔远矣！③
>
> 寝息将兴日射窗，又凭吟几纳微凉。乾坤阔远身心寂。④
>
> 黄卷新功日又加，愈知圣道浩无涯。长更宁忍贪高枕，争奈昏昏两眼花。⑤

需要指出的是，康斋体验到的天地悠久阔远并没有激发他向沈括、徐霞客和宋应星一样去科学探索宇宙自然的真理和科学秘密，形成中国早期的科学知识，反而使得康斋对理的这一认知走向内向性，“乾坤阔远身心寂，信是闲中兴绪长”，主静涵养于身心情意之间，作性情学问，这是明代学术内向、内卷

① 《吴康斋先生集》，道光本，卷一，《日录》，第 3 页。
② 《吴康斋先生集》，道光本，卷一，《日录》，第 21 页。
③ 《吴康斋先生集》，道光本，卷一，《日录》，第 28 页。
④ 《吴康斋先生集》，道光本，卷十二，《寝起》，第 28 页。
⑤ 《吴康斋先生集》，道光本，卷九，《晓枕作》，第 32 页。

和消极的重要特征。我们可以说这是一种生存和生活的智慧，但从现代科学发展的层面而言，这不免带有保守性，是需要我们警醒之处。就是在这样与科学发展相背而驰消极的观念下，康斋继续内卷，走向主静观生的心学大路，连他自己对主静容易走向禅宗都表示出觉醒。

吴康斋的“见静中意思”“静中滋味”“静里心”“识心微”获得的“盈虚消息”，与陈白沙的“静养中个端倪”义理论上基本一致，都蕴含易学的生生哲学。在陈白沙的宇宙论中，生生不息是自然的本来面目，故而潇洒的生活是白沙人生理想。其理想人格就是做一个翱翔于宇宙的儒学家，他说“一片虚灵万象存”，所体会出的万物一体与吾心自由光明的思想都与后来王阳明一致。陈白沙的静中涵养并非消极的体认万理，而是在安静的环境中“观生”，去观察体认生机勃勃的大世界，生生不息哲学后来被湛甘泉、洪觉山所继续发展，形成一个比较复杂的思想体系，成为江门学派独特的生机论，而其理论源头就是二程而来至吴康斋而精深的“默感生生造化心”。前辈乔清举先生对之有深入研究。

> 闭关旅食浮梁日，归梦寒更景德舟。天心见处从羲觅，物理亏时向邵求。①
>
> 欲说男儿事，奇功未易收。灵台须静养，物理贵精求。岁月忽向晚，关山阻且修。分阴宜痛惜，驱策莫迟留。②
>
> 连日禅房昼梦浓，人情物理静时功。宵来更拟寻潇洒，净几明窗写训蒙。（朱子训蒙诗）③
>
> 穷通夭寿宁非命，消息盈虚自是天。试诛黄流歌玉瓒，谆谆笺注慨前贤。④
>
> 消息盈虚万不齐，等闲谁认此心微。春窗灯火无言处，刚悔因仍学易迟。⑤

---

① 《吴康斋先生集》，道光本，卷十二，《至日》，第10页。
② 《吴康斋先生集》，道光本，卷七，《次学者韵》，第6页。
③ 《吴康斋先生集》，道光本，卷十二，《太平寺》，第8页。
④ 《吴康斋先生集》，道光本，卷十二，《晓枕作》，第27页。
⑤ 《吴康斋先生集》，道光本，卷十二，《读〈易〉绝句（丁亥）》，第27页。

在朱子的理学世界里，对物理的追寻是要探究天地的客观道理，是动态的格物穷理，但康斋对物理的反复探究，“物理亏时向邵求”，“物理贵精求”，让他走向对其中内涵消息的追寻，“消息盈虚自是天”，这里面就孕育心学的火花，“人情物理静时功”，指一种主观性的体认，主静涵养，带着体验者的主观色彩。“消息盈虚万不齐，等闲谁认此心微”，这是康斋独有的精神体验，他确实走进心学的神秘殿堂。吴康斋的“观生”“默感生生造化心”“知几工夫”与陈白沙的“感应心学”的内在理路一致。故而前辈侯外庐等人早已认识到了。

六经尽在虚无里，万里都归感应中。若向此边参得透，始知吾学是中庸。①

长鲸千里鬣，灵物一生奇。化成端有日，潜跃贵因时。感应天终定，早暮命难期。信知抱瓮是，安事桔槔为？②

天人一礼通，感应良可畏。千载陨石书，春秋所以示。客星犯帝座，他夜因何事？谁谓匹夫微，而能动天地。③

陈白沙的自然感应心学大大推进吴康斋的自然感觉之学，代表着青出于蓝而胜于蓝的心学传承。在白沙的心学世界里，由于人心对外物自然的巨大感应的无限放大能力，“万里都归感应中”，“始知吾学是中庸”，其实这就是吴康斋传给陈白沙中庸心学的秘诀，由此，陈白沙更进一步，“六经尽在虚无里”，明确指出六经所说的一切哲学道理源于“虚无”之“无极”，学术的本体是至虚至无，由此契合于老庄心游太虚思想。陈白沙是并没有完全解构宋儒的至善本体论，而是指出自己的感应心学所感应到的天下大道源出虚无之自然，无中生有，虚中有实，而人的感应变现能力让世界由虚无到实有。由读书明理到感应天地，从心物合一到心在万物上，明代心学在吴康斋、娄一斋与陈白沙三人身上不断得到传承与弘扬。

访古余情咏绿阴，金风满径涤烦襟。静观万物生生意，契我虚灵无

① 《陈献章集》，孙通海点校，卷六，《与湛民泽》，第644页。

② 《陈献章集》，孙通海点校，卷四，《示景旸》，第391页。

③ 《陈献章集》，孙通海点校，附录一，《天人之际》，第730页。

事心。①

霜叶烧残更寂歷，寒灰拨尽独沉吟。细看隐隐云留象，默感生生造化心。②

满眼梅花看未饱，朱樱处处又舒红。一年好景休辜负，细认洋洋发育功。③

对于吴康斋和陈白沙而言，对物理内在消息的探寻主要就是“观生”，观鱼的游动，观云的变化，观山的庄严，观水的逝者如斯，观察世间万物变化来往的规律，“静观万物生生意，契我虚灵无事心”，“细看隐隐云留象，默感生生造化心”，“一年好景休辜负，细认洋洋发育功”，都容易引发道德修养的愉悦体验，这是对天地生物之心的体认和感悟。无论是端倪之心，还是良知之心，无不包含这样的生生哲学与生生不息之心。康斋与白沙的观生之学强化了中国哲学史的道德性，凸显了元气在催生宇宙万物的重要指导力，这是自然主义心学的独特点，也是涵养本心必然产生的结果，催生了中国心学的生理性，当然，这对修养者也提出更高的要求。崇仁学派与江门学派不如后面的姚江学派走得远，或许就是下学上达所产生的自然性、生理性与玄虚性特点不容易使学者去模仿、学习和发展，而王阳明的事上磨炼之学容易吸引年轻人为国家和社会服务，让学术为国家发展出力。摆脱自然观察的长久性，走向实践中的现实性，简单直接，是阳明心学的重要魅力。

三　从性灵论到良知学的飞跃：从康斋涵养心学到阳明实践心学大发展

无论是吴康斋还是王阳明，他们的核心概念“性灵”“良知”都有“精灵”的含义，这是因为，无论是性灵还是良知，两个概念都有灵性的内蕴。康斋通过对越神明探究天理来获得精白一心的圣贤境界，而王阳明则通过顿悟理心合一直接把握性体来获得圣学自信的境界。我们认为，康斋的心学还停留在涵养论阶段，是读书明理之学，主要面向德性领域，而阳明心学进入实践论，注意事上磨炼，是实践之学，要解决实际问题，需要注重道德性与智慧性的双向维

① 《吴康斋先生集》，道光本，卷十二，《仙游山》，第20页。
② 《吴康斋先生集》，道光本，卷十二，《寒夜》，第31页。
③ 《吴康斋先生集》，道光本，卷十二，《晓枕作（其一）》，第33页。

度，心学体系更复杂。

> 雨滴空阶响，灯悬净壁明。掩书人独坐，性达正惺惺。①
>
> 偶来溪畔爱阳坡，瞑坐光风养太和。幸托林泉交物少，故于情性得功多。②
>
> 石炭红生夜正迟，银灯花烂未眠时。客身无恙心虚寂，细写闽山性命诗。③

在王龙溪的视野里，陈白沙把涵养心学直接带入自然心学，通过主静顿悟来实现道心合一，事实上与阳明早期心学理论基本一致，学术的品格是自然性。在阳明前学时期，吴康斋比较早地系统的从《中庸》中构建一套心学体系，极高明而道中庸，下学上达，学术的品格是道德性。王阳明的心学体系来源于《大学》，要实现万物一体的和谐盛世，教化人类，上达下学，学术的品格是实践性。故而，在吴康斋的“性学”体系中，作为至善之性更多的是“情性”，是“性命”，是“惺惺”之性，偏于个体身心的涵养，学术治世格局尚未打开，这与康斋自己对学术的注意力密切相关。他早在年轻时候就封闭了学术的实践性，向内寻求涵养成圣。但在官二代王阳明那里，学术更多地实践性，就是要让天理周流天下，造福万民。

> 孤洁瞻新月，高明仰列星。阴霾知几日，此去想多情。寡欲存神妙，忘机养性灵。残边寒漏永，至教在麟经。④
>
> 十日禅房养性灵，晴光又喜一阳生。明朝何处寻梅去，时向新诗记太平。⑤
>
> 随遇安时命，寻幽养性灵。登临多古意，讲诵有儒生。所贵知通塞，尤宜适寝兴。当为斯是理，不必计枯荣。⑥

---

① 《吴康斋先生集》，道光本，卷六，《夜坐》，第 18 页。

② 《吴康斋先生集》，道光本，卷七，《溪畔偶成（戊午）》，第 22 页。

③ 《吴康斋先生集》，道光本，卷十二，《又绝句》，第 8—9 页。

④ 《吴康斋先生集》，道光本，卷十一，《金沙杂诗（其一）》，第 20 页。

⑤ 《吴康斋先生集》，道光本，卷十二，《离太平寺（其一）》，第 9 页。

⑥ 《吴康斋先生集》，道光本，卷十二，《宝应杂诗（其一）》，第 18 页。

寻得幽偏养性灵，衰年惟喜少逢迎。简编随意闲舒卷，尽日禅房一味清。①

让人意想不到的是，晚年的吴康斋，特别是七十二岁以后，也就是1462年以后，开始反复提出“养性灵”这样一个中国哲学史上全新的哲学概念和范畴，并直接与阳明后学文学流派“性灵派”相通。众所周知，“性灵派”的代表人物源出有后七子、公安派、竟灵派，人物有数十人之多，一度左右中晚明的文学发展，甚至在明朝后期出现小品文、小说与戏曲方向的渗透，其著名人物有公安三袁兄弟、钟惺、汤显祖等人。文学层面的性灵派主要思想就是过分夸大人的性灵在把握真理中的重要性，而为了凸显灵性的至上性，有的文学家则崇尚人的内在情感。在实际的文学发展过程中，由于不平衡性，出现了庸俗的情欲小说大规模泛滥，偏向生理性的黑暗领域，最后也直接导致性灵派的衰落，明朝社会风气走向奢华享受，人心变坏、变狠和变功利，最后导致整个社会衰败。但在吴康斋那里，性灵之学是为了体贴生生之机，“寡欲存神妙”，是实现人心的神妙澄明状态，“晴光又喜一阳生”，是为了更主动的感应福祸，“所贵知通塞”，由此通达心性与世界的联系，偏于道德性和智慧性。对通达世界的研究，青年学人陈赟对之研究颇深。

夫耻者，吾所固有羞恶之心。惟其梏之反复，而失是心也，漫不觉知，訑訑自广，人莫已若。人欲肆而天理微矣。……心，一也。胜于物则灵，掩于物则昏。人，一也。有耻则可教，无耻大不幸。②

读书进处心私达，更把精灵祷上天。愿假数年无病困，尚当努力继前贤。③

莫说当年窦十郎，君家丛桂互流芳。灵台更有天然妙，不待秋风也自香。④

在康斋道德世界里，“心，一也。胜于物则灵，掩于物则昏”，灵的力量展

① 《吴康斋先生集》，道光本，卷十二，《独坐》，第25页。

② 《吴康斋先生集》，道光本，卷三，《耻斋记》，第14页。

③ 《吴康斋先生集》，道光本，卷七，《读罢枕上喜而有作》，第11页。

④ 《吴康斋先生集》，道光本，卷十，《孙氏丛桂堂》，第16页。

现在现实世界，表现为“胜于物”，这是理欲交战过程中天理战胜内心欲望时的灵光乍现，灵力战胜欲望之力，康斋称之为性灵之关。而灵力储存之所，康斋称之为“灵台”，也就是“灵府”，是一种场所，也有的学者称之为“心”。灵性在理欲之战过程中可以扭转整个形势，在实际行为中表现为挺立自信，形成耻感文化，也就是孟子的羞耻之心，是四端扩充的一个表现。在康斋的心学世界里，灵性的突变，是宗教性的体验，“读书进处心私达，更把精灵祷上天”，故而常常有化学变化，“灵台更有天然妙，不待秋风也自香”，直接打通主体的所有感觉，形成听觉与嗅觉的多层次通关，因此，康斋把这种奇特的心性锻炼之学，称之为“天然之学”，也就是后来陈白沙自然心学体系。“香”在白沙文集被反复出现，也恰恰说明，白沙心学彻底打通感觉的壁垒，形成感应心学的全方面突破，明代学术走入心学殿堂。此类对中国哲学史触觉、味觉较深刻的学者是贡华南博士。王阳明则遏制了心学感觉领域不同层面的打通，直接走向中实践心学，没有走向自然心学体系，事上磨炼，减少很多感觉工夫论，使得涵养心学直接转向实践心学，从而使得明代心学具备新的理论形态，这是王阳明超越陈白沙的地方。王龙溪看不到恩师王阳明对陈白沙心学的飞跃，反而后退向陈白沙感应心学寻找理论支持，恰恰说明是一种实践心学的理论倒退，阳明后学在王龙溪那里转了个弯，滑入禅宗，与自然心学合流，未能在实践心学上继续推进阳明心学，学术内卷，内向，这是很可惜的。虽然从思辨深度层面而言，龙溪心学比王阳明的心学有所创新，发挥了良知的生理性与智慧性，但龙溪解构了阳明心学最为重要的实践性品格，丧失良知学的道德性，并与道佛合流，大大降低阳明心学的传播能力和发展空间，这是龙溪之错。而恰恰是钱绪山、邹东廓、欧阳德、徐阶、双江等人看到阳明心学最重要的思想武器，脚踏实地的实践心学，为政以良知，造福苍生，阳明心学实践精神赖以不坠。

一点虚灵天地参，忍将至贵堕春酣。请看天泽初爻旨，是我蓍龟与指南。①

彭泽迢迢宿种湖，罗原冈上又停车。夜分独散青霄步，一点灵台合

① 《吴康斋先生集》，道光本，卷八，《题素庵》，第 32 页。

太虚。①

东去书程日有功，西归临挑更从容。两间真意无穷外，一点虚灵变态中。②

晚年的吴康斋凸显性灵的生理性与智慧性，“一点虚灵天地参”，“一点虚灵变态中”，“一点灵台合太虚”，这与其弟子陈白沙的“虚灵”存万象，“尘微六合”，“至无而至动”，“至近而至神”，并无二致。吴康斋注意到虚灵本体无极之妙，“保合太和”，故而他发挥了天理的虚无性，这是他多年在外游历观察自然变化而获得的感受和感觉，故而，康斋说，“两间真意无穷外”，大自然的勃勃生机都是源于大自然从无到有的自然变迁。没有长期出门在外游历实践体验，康斋是不可能像陈白沙一样感悟天地虚无变化的特征的，体会到至虚至无但却实在而实有的自然变化，感应自然玄化之妙。

旧吟诵罢病魂清，犹幸灵台一点明。锻炼虽然愧金锡，战兢不敢步渊冰。未容余日甘衰朽，尚拟诸生更老成。世泽依然诗礼在，好将尘虑静中澄。③

诗成频听曙鸡声，却喜灵台一点明。须识宴安真鸩毒，足知忧患乃吾生。④

道心炯炯，“犹幸灵台一点明”，“却喜灵台一点明”，心灵持续光明，这就是康斋晚年的圣贤境界，“好将尘虑静中澄”，“足知忧患乃吾生”，也是他多年对道德涵养充身的结果。灵府光明依然在，故而性灵依然在，圣学还在，这对于晚年的康斋，意义重要性不言而喻。在王阳明那里，以黄绾为代表的一大批弟子认为，良知代表宇宙光明，良知就是心中怀有光明，这与吴康斋的“灵台一点明”高度契合。

---

① 《吴康斋先生集》，道光本，卷十二，《宿罗原冈》，第35页。

② 《吴康斋先生集》，道光本，卷十二，《吴氏会景楼》，第12页。

③ 《吴康斋先生集》，道光本，卷七，《病中倦卧，偶思年二十四时寓居东坪，与诸生夜读赋玩月诗，微吟一过，神思洒然，遂次旧韵》，第14页。

④ 《吴康斋先生集》，道光本，卷十二，《宿西廨彭氏》，第24页。

第二章　江门心学的风行与中国心学的新高峰

陈献章（号石斋，1428—1500，广东新会人，后人称之为白沙）以满是诚心的真诚态度，隐居于岭南乡村，诚心教学，追求“善端”的呈现。其汇宗佛老，以元气为“自然之道”，放弃老师康斋读书涵养的博文路径，专力静坐，专力涵养，以“端居养静虚”、“吾坐养吾真”为“端倪”之呈现，追求心体之潇洒，获得万物一体、自得、自然与自由之心境。白沙将元气之理上升为天地之道，抬升个体内心的明觉能力和意向性，以自然为宗，以主静为入手功夫，将良心观内化，追求心体的自由、洒脱和快乐，一时风靡，被誉为“真儒复出”，开出明代心学的新局面。陈白沙将康斋的良心观发展为端倪说，即“静坐中养端倪”。陈白沙传承与发展其老师康斋先生的“理在心中”、“养良心”、“养性灵”心学思想，形成崭新的心学思潮，为阳明心学的兴起提供思想史背景，由此可见，陈白沙不是吴康斋“别派”，是重要的嫡传一派，是康斋学南传的代表。康斋的“养良心”、白沙的“养端倪”和阳明“致良知”核心思想是一致的，中国明代心学的发展脉络呈现出继承开拓、不断转化与不断创造特点。

陈献章自27岁后游学康斋半年，康斋馆待他。白沙归家静坐读书，研求义理，开江门心学学派①，是崇仁学派南传的代表。当时的陈白沙广受儒学界美誉，被誉为“真儒复出”②。1466年（成化二年丙戌）时年38岁的他在其同

---

① 白沙门人弟子著作如下：（明）林光：《南川冰蘖全集》，罗邦柱点校，中国文史出版社，2004；（明）张诩：《东所先生文集十三卷》，四库全书存目丛书集部别集类第43册；（明）贺钦：《医闾先生集》，武玉梅校注，辽宁人民出版社，2011；（明）李承箕：《大崖李先生诗集》，四库全书存目丛书集部别集类第43册。

② （明）陈献章：《陈献章集》，附录2，《年谱及传记资料》，孙通海点校，中华书局，1987，第810页。

年、国子监祭酒邢让帮助下，担任吏部文选清吏司，拒绝接纳时任礼部侍郎尹旻之子入其门下，令尹旻恼怒，多次被打击报复与排挤。① 1483 年（成化十九年癸卯），时年 56 岁的他再次前往北京应邀受职，仍然被时任礼部尚书老仇家尹旻打击报复，结果以“翰林院检讨”② 虚职而归，刺激他更加专心于圣学而最终得以打开局面创立江门学派，开启我国 16 世纪心学的大帆，而其高足湛若水得白沙江门钓台，则官至南京三部尚书，著书立说，将江门心学发扬光大，深深地影响了王阳明，辅助了阳明心学，保护阳明学脉。

白沙孜孜于教育事业，英姿豪迈，气象超脱，颇有明道之风，善于启发人，培育出一大批优秀的教育者、儒家学者。1466 年中进士的贺钦（1437—1510，号医闾，辽宁人）自见白沙后，倾心问学，并于 1488 年后无意仕途，淡泊名利，潜心成圣，在家耕读教学 20 余年。③ 林光（1439—1519，字缉熙，号南川，东莞人）年三十一受学白沙门下，较早得白沙学真传。其一生献身于地方教育，曾任浙江平湖县教谕（1484 年始，总九年）、山东兖州府儒学教授（1495 年始）、严州府儒学教授（1498 年始）、国子监博士（1501 年始）、襄王府左长史（1505 年始），1513 年中顺大夫致仕。④ 林南川来往江门多年，先隐后仕，以治事高效、清廉著称⑤，心学上能守白沙之说，主静上得其效。湖北籍弟子李承箕（1452—1505）慕白沙之名，不畏风寒路遥，往来湖广四次，绝意功名，潜心教学，设立义庄以资宗族贫困者。⑥ 广东南海的张诩（1456—1515，号东所）更是淡泊功名，究心于心学，以自然为宗，从事地方教育事业。⑦

---

①（明）陈献章：《陈献章集》，附录 2，《年谱及传记资料》，孙通海点校，中华书局，1987，第 810 页。

②（明）陈献章：《陈献章集》，附录 2，《年谱及传记资料》，孙通海点校，中华书局，1987，第 831 页。

③（明）贺钦：《医闾先生集》，卷八，《奏稿》《辞职陈言疏》，第 126—132 页，武玉梅译注，辽宁人民出版社，2011。

④（明）林光：《南川冰蘖全集》，罗邦柱点校，中国文史出版社，2004，前言，第 2 页。

⑤（明）林光：《南川冰蘖全集》，前言，第 4 页；卷一，《启》《肃清门禁以防不虞启》，第 31 页。

⑥（明）李承箕：《大崖李先生诗集》，四库全书存目丛书，集部别集类第 43 册。

⑦（明）张诩：《张东所先生文集十三卷》，四库全书存目丛书，集部别集类第 43 册。

白沙晚年钦点弟子为湛甘泉①。甘泉多年入仕，随时兴建书院，又曾管理南京国子监，故弟子众多，如吕怀、何迁、唐枢、洪垣、蒋信②、王道③辈，开创了与姚江学派比肩齐驱的甘泉学派，据说弟子半天下。甘泉钦点弟子为洪觉山（洪垣，1527—1607，婺源人）④，但觉山默默治学于婺源乡间，调和阳明心学与甘泉心学，以随时随处体认天理为宗，遗憾的是其学没有传人。甘泉弟子何迁（1501—1574，号吉阳，江西德安人）有著述⑤，因文集藏于日本，国内学者难有著述面世。甘泉弟子吕怀（约1493—1573，号巾石，江西广丰人）1532年进士⑥，官至南京太仆少卿，其弟子有杨时乔（1531—1609，号止庵，上饶信州区人）、唐伯元（1540—1597，号曙台，广东澄海人）。杨时乔少年父母双亡，自小独立，苦学成才，1665年进士，官至吏部左侍郎，学术上秉承程朱理学，不喜阳明心学与近溪心学。⑦唐伯元1561年进士，以尊经著称，是反对阳明从祀孔庙的代表人物。⑧甘泉四大弟子中传播最久远的是湖州的唐一庵⑨，一庵终生以讲学育人为业，晚年得著名弟子、

① （明）湛若水：《湛甘泉先生文集三十二卷》，山西大学图书馆藏，清康熙二十年黄楷刻本，四库存目丛书集部第56—57册。

② （明）蒋信：《蒋道林文萃》，刘晓林校点，岳麓书社，2010；《蒋道林先生桃冈日录》，《美国哈佛大学哈佛燕京图书馆藏中文善本汇刊17》，商务印书馆、广西师范大学出版社联合出版，2003。

③ （明）王道：《顺渠先生文录》，日本昭和7年（1932）版本。

④ （明）洪垣：《觉山先生绪言》，续修四库全书子部第1124册，明万历刻本；《觉山洪先生史说》，四库全书存目丛书史部第283册，明万历42年刻本。

⑤ （明）何迁：《吉阳山房文集》，日本内阁文库版。

⑥ （明）吕怀：《巾石类稿》（三十卷，现存一卷，散失）；（明）湛若水、吕怀：《古乐经传全书二卷》，四库存目丛书经部第182册；（明）吕怀：《律吕古义三卷》，四库存目丛书经部第183册。

⑦ （明）杨时乔：《新刻杨端洁公文集》，四库全书存目丛书集部第139—140册；《周易古今文全书》，四库全书存目丛书经部第8—9册；《两浙南关榷事书》，上海古籍出版社，1995；《马政纪》，四库全书史部第663册。

⑧ （明）唐伯元：《醉经楼集》，朱鸿林点校，中央研究院历史语言研究所出版，2010；《铨曹仪注》，上海古籍出版社，1995。

⑨ （明）唐枢：《木钟台集》，四库全书存目丛书子部第162—163册；《唐一庵先生年谱》一卷，明李乐编撰，清王表正重编，许正绶三编，《儒藏》史部《儒林年谱》，第1—101页，四川大学出版社，2008。

大儒许敬庵[①]，传理学一脉。许敬庵晚年则有刘念台跋涉来学，崇仁学派一系流传至戢山一脉的明儒学脉得以大成。[②]刘念台弟子黄梨洲奋笔多年，以心著学术史，有皇篇《明儒学案》，高度评价白沙心学的学术地位，开清代史学之澜。[③]

明朝最早一位对明儒学脉系统总结的理学家是杨畏轩（杨廉，1452—1525，江西丰城人），他撰写的《皇明理学名臣言行录》（2卷）收录15位理学家的基本资料[④]，较早收录吴与弼、陈献章、胡居仁等师徒门人语录。《皇明理学名臣言行录》是明朝第一部比较全面、系统的总结明朝理学家概况，凸显儒家学者的独立人格和奉献精神，并在每个人后面加上自己的"案语"[⑤]，有助于我们管窥明初主要代表性儒家的学术风貌。明朝第一部学术性总结明儒学脉语录的是江西金溪的王东石[⑥]，其于1549年（嘉靖28年）出版著作《大儒心学语录》（27卷）[⑦]，卷24—27选录吴与弼、陈献章、胡居仁师徒三人语录。在此之前，许衡、宋濂、朱元璋、朱棣、陈真晟等对心学这一概念多有阐发，朱棣从政之余更是将明以前的儒家心学思想系统总结[⑧]，分门别类，并在每个子项

① （明）许孚远：《敬和堂集》，十三卷，日本内阁文库版；《敬和堂集》，四库存目丛书集部第136册；《大学古本一卷、大学述一卷、大学述答问一卷》，中国子学名著集成编印基金会，1978年影印万历二十一年刊本。

② （明）刘宗周：《刘宗周全集》，浙江古籍出版社，2007。

③ （清）黄宗羲：《黄宗羲全集》，浙江古籍出版社，2005。

④ （明）杨廉：《皇明理学名臣言行录》（2卷），《丛书人物传记资料类编》（学林卷六），（明）祁承业辑，国朝征信丛录本，北京图书馆出版社，2010，第411—570页。另，四库禁毁丛书史部第20册载有（明）杨廉：《新刊皇明名臣言行录》（4卷，北京出版社，1997，前2卷署名杨廉）与杨廉《皇明理学名臣言行录》所收入的人物很多不一样。应该说，《皇明理学名臣言行录》（2卷）与《新刊皇明名臣言行录》（前2卷）是姐妹之作，前者以明朝理学家为写作对象，后者以政府官员为写作对象。以后如有学者整理杨畏轩著作，应该讲此二书合并起来。

⑤ （明）杨廉：《皇明理学名臣言行录》（2卷），第434页。

⑥ 王蓂，字时祯，号东石子，正德六年（1511年）辛未科殿试第二甲第98名进士出身，历官礼部主事、浙江提学副使，官至南京礼部祠祭司郎中，与同邑洪范、黄直、吴悌立"翠云讲会"。其著作还有（明）王蓂：《东石近稿》，明嘉靖三十一年黄文龙编刊本，参见王钦华：《明代抚州府作家研究》，上海师范大学2009年硕士论文。

⑦ （明）王蓂：《大儒心学语录》（27卷），明嘉靖二十八年刻本，四库全书存目丛书子部第7册，第773—854页。

⑧ （明）朱棣：《圣学心法》（4卷），明永乐七年内府刻本，四库全书存目丛书，子部第6册，第123—273页。

目下加注心学总结，较早的构建相对完备的心学思想①。王东石反复阅读明初四位大儒的著作，选录其中反映心学思想的语录、书信，最后加上自己的“案语”，并较早提出明朝“道学之明”出自文清、康斋二人②，并于1540年（嘉靖十九年）道出“南薛北吴”的说法③。晚明时期，东林党人崛起，吴桂森曾任东林书院第三任盟主④，于1626年（天启6年）写就的《真儒一脉》，该书选录胡居仁、陈献章、王守仁等儒家语录。

阳明心学大明于天下之初，至陈清澜大著一出，阳明后学遭遇到强大的挑战，首先维护师说的唐荆川（唐顺之，1507—1560，常州人），他的10卷本《诸儒语要》(1602年万历三十年出版）是比较早的维护阳明心学的学脉类著作。为了护卫阳明心学的合理性，唐荆川把阳明心学与宋代理学家诸子濂溪、明道、伊川、横渠、上蔡、龟山、晦庵、南轩、象山心学接洽起来，首次把阳明与慈溪、白沙并列，其捍卫师说之理论探索可见，理论上指明阳明心学存在着宋学的知识论背景。⑤徐鲁源（徐用检，1528—1611，兰溪人）1578年（万历戊寅）出版的《三先生类要》专门编选文清、白沙和阳明三人论学语录⑥，每章前有自己的引言。⑦1588年（万历十六年）出版了魏时亮（1559年进士，南昌人）的《大儒学粹》(9卷），该书用4卷篇幅详细的整理了白沙和阳明等人心学思想，不仅仅选取了语录，还选取了书信、诗歌，算是较早的全面甄选明儒思想的学脉类著作。⑧特别值得一提的是，该书还有一篇《大儒学粹总

① （明）朱棣：《圣学心法》(4卷），明永乐七年内府刻本，四库全书存目丛书，子部第6册，第272页。

② （明）王蓂：《大儒心学语录》(27卷），明嘉靖二十八年刻本，四库全书存目丛书子部第7册，第802页。

③ （明）王蓂：《大儒心学语录》(27卷），明嘉靖二十八年刻本，四库全书存目丛书子部第7册，第802页。

④ 张永刚：《“天下东林讲学书院”考述》,《淮南师范学院学报》2007年第6期。

⑤ （明）唐顺之：《唐荆川先生编纂诸儒语要十卷》，明万历三十年吴达可刻本，四库全书存目丛书子部第10册第112页。

⑥ （明）徐用检：《三先生类要五卷》，北京师范图书馆藏明万历刻本，四库全书存目丛书子部第11册，第601页。

⑦ （明）徐用检：《三先生类要五卷》，北京师范图书馆藏明万历刻本，四库全书存目丛书子部第11册，第624页。

⑧ （明）魏时亮：《大儒学粹九卷》，明万历十六年刻本，四库全书存目丛书子部第11册第437—596页。

论》[①]，提纲挈领的总结宋明儒学史。1596年出版的刘泸潇（刘元卿，1544—1609，萍乡人）的《诸儒学案》一书明儒部分汇总了白沙、阳明、东廓、心斋、龙溪、南野、念庵、庐山、近溪等人语录的学案体著作[②]。

同时，隐居山间的方本庵（方学渐，1540—1615，字达卿，方祉次子，方大镇之父，桐城人）抱着对心学的沉醉，以一己之力1604年（万历三十二年）撰成《心学宗》[③]，开宗明义的赞同阳明心学。该书从最广义的中国心学思想史视野选录胡敬斋、白沙、阳明、王心斋等儒家的相关语录，并在每个专题下面有自己的"案语"，批评王龙溪的"无善无恶"之教丧失了阳明心学之"真"，试图让心回归"纯理无欲""至善本体"[④]，这样的写作方法有补救阳明后学的动机，是较早的合汇朱王心学的学脉类著作。与此同时，学养深厚却偏于禅学的绍兴大儒周海门（周汝登，1547—1629）于1505年（万历三十三年）出版了《圣学宗传》(18卷本）[⑤]，明儒部分用7卷简要性说明吴与弼、胡居仁、陈献章、王守仁、徐爱、钱德洪、王畿、邹守益、薛侃、王艮、黄弘纲、何廷仁、徐樾、罗洪先、赵贞吉、王栋、朱恕、韩贞、夏廷美、罗汝芳等众多明代儒家心学学者的生平、语录与学术思想，是较早系统总结阳明后学的学案体著作。《圣学宗传》从人物数量上超过《心学宗》，但学术深度似乎比《心学宗》稍弱。[⑥]唐荆川之子唐凝庵（唐鹤徵，1538—1619）进一步丰富其父亲的这一学脉逻辑，1614年出版的7卷本《宪世前编、宪世编》将阳明心学远追孔孟诸子[⑦]，为阳明心学的辩护增加理论上的说服力，其

---

① （明）魏时亮：《大儒学粹九卷》，明万历十六年刻本，四库全书存目丛书子部第11册第230—233页。

② （明）刘元卿：《诸儒学案》，明万历刻刘应举修补本，四库全书存目丛书子部第12册，第370—500页。

③ （明）方学渐：《心学宗四卷、续编四卷》，（清）方中通续辑，清康熙间继声堂刻本，四库全书存目丛书子部第12册，第188—207页。

④ （明）方学渐：《心学宗四卷、续编四卷》，（清）方中通续辑，清康熙间继声堂刻本，四库全书存目丛书子部第12册，第134页。

⑤ （明）周汝登：《圣学宗传十八卷》，明万历三十四年刊本，四库全书存目丛书史部第98—99册第793页。

⑥ （明）周汝登：《王门宗旨十一卷》，明万历间余懋孳刻本，四库全书存目丛书子部第13册第556页。

⑦ （明）唐鹤徵：《宪世前编、宪世编》，明万历42年纯白斋刻本，四库全书存目丛书子部第12册，第508页。

写作体例具备黄梨洲《明儒学案》的雏形，具有较为深刻的理论洞见。另一位跧伏山间的儒者张卓庵（张自勋，宜春人）费十余年时光于1658年撰成《心书》①，从更广阔的心学史层面以自己的理解重新整理中国心学。该书除汇总阳明后学心学经典外，还汇总了朱元璋、朱棣、湛若水、洪垣等人的心学语录，填补明代心学史研究的相关空白。该书的宗旨就是汇合朱王，张卓庵说“天地万物之理具于吾心，心以明理，理以治心”，故他要追求“心理混合”的境界，打开中国史学研究的新局面，这与汇宗陆王程朱的明末清初大儒孙夏峰的学术宗旨是一致的。②

阳明夫子捐馆后，面对权力中心体的不断质疑与社会学术界的广泛批评，双江和龙溪等阳明亲传弟子都做了巨大的学术努力来弥补与融合阳明学与经学的重要联系。龙溪系统的总结并评价白沙先生在阳明心学传播过程中的重要性。嘉靖二十六年丁未（1547年）秋仲，湖州名儒唐一庵先生时年五十一岁，其总结前期明儒事迹人物的《国琛集》公开出版，在参加完天真书院的良知学研讨会后，龙溪拨冗作序，说“明兴以来，学术渐著，肇于薛敬轩，沿于吴康斋、胡敬斋，而阐于陈白沙。敬轩以修行，康斋以悟入，敬斋祖薛而得证于吴，白沙宗吴而尤主于自得，学术的归矣”，并赞扬一庵“讨真心为刺赘”，“学术有赖也”。③龙溪的这段话实际上指出，在阳明夫子以前的名儒中，白沙在当时学术界的集大成者与宗主地位了。因此，欲明阳明心学，必先究白沙心学思想。

第一节　吴康斋对陈白沙的精心启发与细心培育

陈白沙与吴康斋的学术思想异同历来有两种说法，一是以黄梨洲为代表的一批学者认为白沙是康斋别派，白沙多得益于康斋“人格感召”，学术思想联系不大，这一派的观点影响力较大；另外一批朱子学的思想家认为白沙是康斋

① （明）张自勋：《心书四卷》，清嘉庆十六年刻本，四库全书存目丛书子部第19册，第693—696页。

② （明）张自勋：《心书四卷》，清嘉庆十六年刻本，四库全书存目丛书子部第19册，第699页。

③ （明）唐枢：《木钟台集》，四库全书存目丛书子部第162册，第661—662页。参见唐枢：《国琛集》，丛书集成初编，中华书局，1985年版。

的重要派别，甚至在撰写学案体著作的时候，倾向于将白沙放入康斋门下，以清儒沈佳、当代思想家侯外庐为代表。历史真相如何？我们必须反复阅读一手文献，方能彻底解决这一五百年历史之谜。

陈白沙景泰二年（辛卯，1451年，时24岁）会试下第，景泰五年（甲戌，1454年，时27岁）中戊辰乙榜进士（即“举人”）①，未得甲榜，对科举失望。从北京归家之余，有圣学之念，闻康斋之名，遂与同乡何潜、谢胖二人一同前往小陂求圣贤之学。吴康斋对远道而来的陈白沙诸人来学甚为高兴，“馆资二生以辅仁”②，各传其学，并在其三人陆续归家时，分别赠诗歌、记。其中，白沙因思念千里之遥的单身母亲，仅在小陂学习半年，第二年春天便归广东。学习期间，康斋赠其《孝思堂记》，并大书“孝思”于其堂③。康斋说“人之生乐，莫乐于父母之具存。番禺陈生献章方娠而严亲弃世，则不幸之大者也。赖三迁之教，中戊辰乙榜进士，笃漆雕之信，复淹吾馆。每痛鲤庭之永隔，感孟机之多违，闻者动心焉。家童之返，予为大书‘孝思’题其白沙之堂，而文以广其意。曰：‘君子之于亲，跬步不忘于孝，矧幽明之异，侍养之旷哉。然全其大必当略其小，慈颜无恙，伯氏综家，正自求多福之时也。及是时，悉其心以立乎已。俾人知陈氏之有子，先君为不亡矣，陈生勉乎哉！’伯氏朝夕为我申其说于定省之余，亦足少慰倚门之况云”④。

康斋在丙子年（1456年，时白沙29岁）赠何潜归番禺诗后即有怀念白沙的诗《诗罢忆陈生寓意》⑤，“汝归荣觐乐无涯，听唱良朋契涧诗。中道若逢烦

---

① （明）吴与弼：《康斋集》，四库全书第1251册，卷十，《孝思堂记》，第559页。

② （明）吴与弼：《康斋集》，四库全书第1251册，卷十，《丽泽堂记》，第559页。

③ 至今，“孝思”二字仍然存在于白沙旧屋。

④ （明）吴与弼：《康斋集》，四库全书第1251册，卷十，《孝思堂记》，第559页。

⑤ 何潜来学满两年，丙子春还番禺，康斋赠《一乐堂记》，“予读《孟子》书至《三乐章》，未尝不废书以叹曰：‘嗟乎！一乐之事，君子所深愿欲，而不可必得。众人得之，而不知其乐者多矣。’世衰道微，甚至于父子不用其情，兄弟相为仇者，一何心哉！善夫！张子敬夫子之言曰：‘三乐中，不愧不怍其本，必有不愧不怍之乐，而后有以全其二焉。’番禺何生潜其知言哉，既以一乐，名其戏彩之堂。复承父兄命，远求不愧不怍之说于予。予方愧怍之，惟甚，奚暇及于人邪！无已，则为申孟氏之旨，与凡圣贤开示之方，及践履之实。俾黄卷中，自为师友以进也。他日归觐满门，和气蔼如春风，一乐之胜，天下孰加焉？复为恕予之无似，而细道圣贤之心迹，以为家庆，寿未必不剳然，抚掌于斯堂之上云”（《康斋集》卷十，《一乐堂记》，第559页）；（转下页）

寄语，雪窗高榻待多时”①，“中道若逢烦寄语”表达出康斋希望将来白沙中途往京城公干的时候保持联系，“雪窗高榻待多时”则表示康斋很渴望再次得到与白沙研讨学术的期望。

康斋天顺二年戊寅有北京“左春坊左谕德”之行（1458 年，时康斋 68 岁），途中诗歌应官道驿站之便全部寄给白沙。② 白沙满怀深情地说说，“先师康斋遗稿，某藏之十二年矣，出入必携。天顺初，先师应聘入京，途中纪行诸作，皆当日手书寄白沙，凡七纸。③ 成化己丑（1469 年）春三月，行李出北京。是日次于析木之店，以示东吴张声远。镆一见惊绝，阅之竟日，不目瞬，以手抚弄，以口吟哦。某怜之，割一纸。是岁六月，过清江，以手书问，尚无恙也。明年秋，镆书来求跋。又二年，壬辰二月丰城友人始以讣来，先师之在亡己丑十月，至是三易岁。当镆求跋语时，属纩来一年矣。呜呼，悲乎！先生道德名誉倾一世，妇人小子知之，华夏蛮人咸知之。平生爱一字一词，不以假人。某

（接上页）诗《赠何生潜还番禺》，“家庆新欢动里闾，黄花绿酒厦渠渠。客窗日月何多也，羲画麟经伴起居”（《康斋集》卷四，第 431 页）。为谢胖作《丽泽堂记》，“番禺谢生胖，随其舅何生潜、乡执陈生献章来游，吾馆资二生以辅仁。予嘉其气相得而志相合也，为讲大易重兑之象，而细绎夫子体象之辞，以掖其进焉。兑之为卦，阳实在下，阴虚在上，为泽之象，重兑为二，泽附丽之象，二泽附丽，互相滋益。圣人谓天下互相滋益之大者，惟朋友讲习云。然则讲习云者，辞章口耳乎？管、商、老、佛乎？是益非徒无益而反害焉者，岂圣人赞易之心哉？乃若美在其中，而畅于四支，知周万物，而道济天下。斯所谓益者”（《康斋集》卷十，《丽泽堂记》第 559—560 页。）白沙与何潜、谢胖一直保存着联系。其中，白沙成化庚寅十二月有《东晓序》，就是写给隐居南海何潜的，见《陈献章集》，卷一，第 7—8 页。后据湛甘泉口述，何潜过度求乐，“放浪纵酒而废”，放浪形骸，不为礼教束缚，颇与康斋教育初心违背，参见（明）湛若水：《湛甘泉先生文集》，四库存目集部 56 册，卷七，《问闻人谤师当如何谤师嘲师者如何》，第 590 页。白沙有先后两首同名诗歌，“柳市南头望客舟，青山无语水东流。江花自对黄鹂晚，风雨偏催白发秋。宇宙万年开老眼，肝肠一缕入春愁。明朝日出波涛暖，依旧忘机对海鸥”，参见《陈献章集》，卷五，《与谢胖》第 411 页；“风波来往十年身，旧事凄凉不可陈。当道岂非钓钜手，青山不问打眠人。酒醒旅馆城南月，梦破茅茨海角春。何日定携妻子去，水田稼好最娱亲”，参见《陈献章集》，卷五，《与谢胖》第 423 页。

① （明）吴与弼：《康斋集》，四库全书第 1251 册，卷四，《诗罢忆陈生寓意》，第 431 页。

② 这很可能是康斋感觉自己学术宗师地位已得到官方承认，出于将自己的学术精华、人生精神和涵养成就南传广东一带的考虑，勉励白沙刻苦进学，希望将来白沙可以扩大崇仁学派的学术影响力。

③ 康斋途中纪行之作，参见《康斋集》卷五，《金台往复稿》，第 447—453 页。

之所得，徒以一日在门下。然诵其言，想见其风采，而得其为人，则宜其有惕然而感，勃然而兴者矣。某犹望此于百世之下，况其迩者乎。后生可畏，镁其念诸"①，康斋曾将自己往北京之行的诗歌当场寄给白沙这件事情并没有出现在《康斋集》卷七中，确实令读者很感意外。另一个侧面也说明，康斋确实很重视白沙这位广东籍弟子，担心这位资质奇绝、学识背景优秀的学生在偏僻的南方懒散废学，所以想通过自己以布衣之身荣召的事情激励、鼓舞并感染白沙进学。康斋就是一位在教育上不计报答的大师，只要不是特别远，每隔几年，他都会带领门人亲往自己学生的家乡拜访、督学，他对胡敬斋、娄一斋的关爱②，自己很少提及，如果他学生不说，可能后世阅读文集的人永远不会知道。

远在千里之外的广东陈白沙1472年二月（明成化八年壬辰，康斋捐馆三年后，时白沙45岁）通过丰城友人的信获知老师康斋捐馆的消息后③，立刻写了一首诗来表达当时悲痛的心情④，"忽看华表鹤来还，白首书生尚掩关。四海未应无汝水，千秋只合对巴山。声名老去乾坤大，衣钵相传父子间。今夜越南思巅北，灯前空有泪阑斑"⑤，"汝水"指康斋家乡临川河的河水（即"抚河"），"巴山"指康斋家乡崇仁县（崇仁县以前叫巴山县，现县区仍然有巴山镇），而"衣钵相传父子间"则暗示老师康斋将毕生学问精华传给其儿子旋庆。⑥

---

① 1470年（成化六年庚寅），白沙43岁，是年秋，白沙门人张镆来书求跋康斋先生真迹。1472年（明成化八年壬辰）二月收到丰城友人告知康斋捐馆消息，五月写了此稿，参见（明）陈献章:《陈献章集》，卷一，《跋张声远藏康斋真迹后》，第67—68页。

② 据余干学生胡敬斋介绍，1462年三月，高龄71岁的康斋曾经亲往余干视察胡敬斋的礼吾书院，并题写了书院的门匾，这令胡敬斋很感动。胡敬斋自述，"壬午三月师吴与弼经历至所，赐之扁曰礼吾书舍。盖因其地而寓号焉"，参见（明）胡居仁:《胡敬斋集》，卷二，《上邑宰》，丛书集成初编，中华书局，1985。

③（明）陈献章:《陈献章集》，孙通海点校，中华书局，2012，（清）阮榕龄:《编次陈白沙先生年谱》，第815页。

④ 白沙此年对老师捐馆应该有一些伤感的感触，他在《杂诗序》提到"师友代凋……不可为怀"字样，参见孙通海点校《陈献章集》第815页。

⑤（明）章衮:《章介庵文集》，卷十一，《陈白沙挽康斋诗》，清乾隆十八年章文先刻本，四库全书存目丛书集部第81册，齐鲁书社，1995。这首诗没有被收入在孙通海先生校点《陈献章》集中，是佚诗，具有极其重要的学术价值。深入研究，有助于我们了解早期白沙与老师的微妙情感。

⑥ "衣钵相传父子间"是否表明白沙对老师未将全部学问传给自己的"遗憾"？有待深入考察。

白沙真心感恩崇仁师门，则必有维护同门之谊，所谓爱屋及乌。同门娄一斋（1422—1491）于成化十一年有写给白沙的信，白沙“既未接其人，不可遽有往复。内翰傥以愚言为有益，择其中一二可者示之，否则置之”①，应该说后来一斋读到了白沙的一些语录。后，成化十九年春，白沙与一斋之弟娄谦（字克让）、子娄性、弟子蒋世钦交游，白沙有与娄谦《书莲塘书屋册后》②，“成化十九年春正月，予访予友庄定山于江浦，提学南畿侍御上饶娄克让来会予白马庵，三人相与论学赋诗，浃辰而别。侍御之兄克贞先生与予同事吴聘君，予来京师，见克贞之子进士性及其高第门人中书蒋世钦，因与还往。居无何，侍御官满来朝，予卧病庆寿寺，之数人者无日不在坐。师友蝉联，臭味相似，亦一时之胜会也……濂溪以茂叔胜，龙门以叔子胜，考亭以晦翁胜，莲塘以娄氏胜，古人今人无不同也。抑不知娄氏之所修而执之者，同于古人否欤？恶乎同乎？同其心不同其迹可也，同其归不同其入可也。入者，门也；归者，其本也。周诚而程敬，考亭先致知，先儒恒言也。三者之学，于圣人之道孰为迩，孰知之无远迩欤？周子太极图说：‘圣人定之以中正仁义而主静。’问者曰：‘圣可学欤？’曰：‘可。’‘孰为要？’曰：‘一为要。一者，无欲也。’遗书云：‘不专一则不能直遂，不翕聚则不能发散。见静坐而叹其善学。曰：‘性静者，可以为学。’二程之得于周子也，朱子不言有象山也，此予之狂言也。娄氏何居焉？予以景泰甲戌游小陂，与克贞先后至，凡克贞之所修而执之者，予不能悉也。书予说于莲塘图，侍御质诸克贞先生以为何如？”点出白沙以主静养善端，并暗示自己的主静之学有宋学诸儒的渊源，殷殷与一斋商讨心学之意。而白沙与蒋世钦《书自题大塘书屋诗后》③，“予既书娄克让莲塘书屋图后，蒋世钦继之以大塘书屋之请，予赋五言近体一章，既以答世钦，世钦少之，予乃究言诗中之旨。首言大塘书屋乃中书蒋世钦所建，颔联言为学当求诸心必得。所谓虚明静一者为之主，徐取古人紧要文字读之，庶能有所契合，不为影响依

① （明）陈献章：《陈献章集》，孙通海点校，中华书局，2012，（清）阮榕龄：《编次陈白沙先生年谱》，第 817 页；《陈献章集》，卷二，《复张东白内翰》，第 132 页。白沙“不可遽有往复”于一斋，或为推辞，有其不可说之难处。张东白与一斋、敬斋和白沙（石斋）均友善，充当三人的学术交往中间人。

② （明）陈献章：《陈献章集》，卷一，《书莲塘书屋册后》，第 64—65 页。

③ （明）陈献章：《陈献章集》，卷一，《书自题大塘书屋诗后》，第 68—69 页。

附，以陷于徇外自欺之弊，此心学法门也。颈联言大塘之景，以学之所得，所谓复其见天地之心乎？理洞如然非涵养至极，胸次澄澈，则必不能有见于一动一静之间。纵百揣度，秖益口耳。所谓何思何虑，同归殊途，百虑一致，亦必不能深信而自得也。末联借方士之丹，以喻吾道之丹，卒归之龙门者，明其传出于程子而人未之知也"，"徐取古人紧要文字读之，庶能有所契合"本为康斋早年教人之法，白沙重申其"心学法门"则表明其未违背老师教法，"虚明静一"的心学思想应是对老师思想的推进。①

白沙在1482年（康斋没后13年，成化十八年，时白沙55岁）九月应诏赴京，途经福建南安横浦驿站，夜读张东海的《玉枕山诗话》，于九月二十八日写了《书玉枕山诗话后》，"东海平日自谓具只眼，能辨千古是非人物，而近遗夫康斋，又何也？康斋易知耳。予年二十七，游小陂，闻其论学，多举古人成法，由濂、洛、关、闽以上达洙泗。尊师道，勇担荷，不屈不挠，如立千仞之壁，盖一代之人豪也。其出处大致不暇论，然而世之知康斋者甚少，如某辈往往讥呵太甚，群咻交竞，是非混淆，亦宜东海之未察也。微吾与苏君今日之论，则东海之康斋，其为晏婴之孔子乎，了翁之伯淳也。噫！成化壬寅九月二十八日，新会陈献章在南安横浦驿读东海先生玉枕山诗话，秉烛书此于苏君卷中"②，对东海所著书未收入康斋诗歌表示遗憾，并高度赞扬康斋的学品、人品和教法。是年，十一月，途经江西，过抚州崇仁，作《祭先师康斋墓文》和《过康斋吴与弼先生墓》诗，对先师康斋一生的学问、道德修养功夫和教育影响力作了总结性的评价。白沙赞，"于乎！元气之在天地，犹其在人之身，盛则耳目聪明，四体常春。其在天地，则庶物咸亨，太和氤氲。先生之生，孕三光之精，钟河岳之英，其当皇明一代元气之淳乎！始焉知圣人之可学而至也，则因纯公之言而发轫；既而信师道之必尊而立也，则守伊川之法以迪人。此先生所以奋起之勇，担当之力，而自况于豪杰之伦也。先生之教不躐等，由涵养以及致知，先据德而后依仁，下学上达，日新又新。启勿助勿忘之训，则有见于鸢鱼之飞跃；悟无声无臭之妙，则自得乎太极之浑沦。弟子在门墙者几人，尚未足以窥其阈域。彼丹青人物者，或未暇深考其，故而徒摘其一二近似之

① 余遍翻白沙文集，其《题大塘书屋诗》可能散佚。白沙文集有奉答蒋世钦、挽诗。蒋世钦于弘治十一年任韶州知府，凡一年，卒于署中。

② （明）陈献章：《陈献章集》，卷一，《书玉枕山诗话后》，第70—71页。

迹描画之，又焉足以尽先生之神。某也生长东南，抠趋日少，三十而后立志，五十而未闻道。今也欲就而正诸，而悲不及先生之存。先生有知，尚鉴斯文。尚享”①，以皇明一代元淳之气作比喻，高度赞扬老师康斋对明代学术思想的开启之功。作为明代理学的开山祖师，康斋以“守伊川之法”严格育人，“奋起之勇”，严师出高徒。“启勿助勿忘之训”，“见于鸢鱼之飞跃”，“悟无声无臭之妙”，“自得乎太极之浑沦”，不仅在说康斋的学术宗旨，其实也是在暗指白沙一生的为学旨趣。事实上，白沙以自然为宗，倡导自得之学，以天然不着一力的“勿忘勿助”开启明代心学的殿堂，掀起一股新的心学思潮，激励当时徬徨于功名之路的应举书生，为阳明心学的大明做了思想史的铺垫和预热。而祭拜诗，“桐园三尺聘君坟，犹有门人为扫云。此日英灵应识我，斯文风气莫如君。吟残老杜诗千首，看破伊川易几分。未了平生端的事，九原风露倍酸辛”②，诗歌除了赞扬老师涵养诗歌，易学深奥，还表达出白沙与老师康斋一样，为了心中的王道梦朝拜京师，奔走于江湖之中，倍感酸辛。白沙深感此次北京之行可能无果而返，可见，其内心是颇为煎熬。

1489 年（时康斋已没 20 年，其“墓木拱矣”）江西抚州知府吴泰会见康斋独子吴睿（旋庆），搜罗得康斋文集若干卷，有意出版刻印（四卷）。陈白沙得知此事后，立刻写信给吴泰，“意复眷眷”，督促出版。③正是通过白沙等康斋弟子门人的参与，《康斋集》（四卷，弘治版）在 1494 年公开出版。白沙也颇照顾康斋后人，其与康斋女婿胡全和外孙胡宁寿也有联系，“居邻厚郭一鸡飞，桂树于今大几围？老忆旧时灯火伴，青山何处望霏微？”④、“年华当转鸟，诗思更涂鸦。父子皆吾友，箕裘一舅家。人犹思岭北，书不到天涯。莫作妻孥计，浮生日易斜”⑤。白沙多次接济康斋后人，回馈恩师的半年辅仁之泽。

---

① （明）陈献章：《陈献章集》，卷一，《祭先师康斋墓文》，第 107 页。

② （明）陈献章：《陈献章集》，卷五，《过康斋吴与弼先生墓》，第 496—497 页。

③ 道光版《康斋集》，序言，第 1 页。

④ （明）陈献章：《陈献章集》，卷六，《问厚郭胡父子起居于其乡人苏》（有序，胡君名全，先师康斋先生女夫也。其子曰宁寿。景泰甲戌，予游小陂，与君父子同处先生之门。时宁寿方七岁，工于笔，今二十又七年矣），第 601 页。

⑤ （明）陈献章：《陈献章集》，《寄胡宁寿》（康斋先师之甥），第 333—334 页。据史载，胡宁寿家贫，白沙周济之，赠画数十幅，得白金甚多。

综上所述，白沙虽然年二十七岁在康斋小坡书院短期求学半年，但在此后1454年至1494年长达半个世纪的时间里，白沙反复与崇仁学派人物有持续性交往。其中比较重要的事件就是，康斋曾不断将自己晚年诗作远寄给白沙，但这段师生交游多不被学术界知晓。陈白沙感谢师恩，积极活动，推进康斋文集在弘治时期出版，贡献巨大，陈白沙无疑是崇仁学派的最为重要的代表性人物。若仅以学术同异论门派传承，必定会有所偏颇，所立之论也不尽公允。

第二节　勿忘勿助与涵养自得：白沙心法

勿忘勿助是康斋的重要教法，更是一种读书博文约礼渐进之道，指工夫入于自然、无法着力的境界，是合本体的工夫。①勿忘勿助源于孟子养气说，本意是指在读书学习和成就圣贤的道路上，既不要拔苗助长，也不要懒散消极，走一条优游厌沃、日就月将的中和之道，分勿忘、勿助两层。康斋31岁刻苦读书，以勿忘勿助熟玩四书五经，证得圣贤之境。当早期门人胡九韶（约1395—1465）因读书过苦致疾，康斋（时年36岁）告知他读书不应该急功近利，过于用功，“兼足下不曾有积累着实工夫，难一时骤语也。大要入门只在拨置他书，一以四书及洛、关、闽诸子，专心循序熟读，勿忘勿助，优柔厌饫于其间，积久自然有得。不可强探向上，此味真难知也。正文公所谓：虽淡实腴也。不肖亦何幸而忽臻斯境，痛快，痛快。来谕谓较去年差胜，甚善。但用心不宜太苦，进锐退速，实非虚语。足下精神甚短，体弱致然，宜倍加保养，以图万全”②，应该勿忘勿助，慢慢调整，学问自然就会增长。即使不读书，只要有礼貌，衣服得体，对人和学问怀着一颗尊敬的心，学问也会慢慢成长起来。康斋43岁的《日录》中就有“勿忘勿助”的专门记载，“勿忘勿助，近日

① 钟彩钧：《吴康斋的生活与学术》，《中国文哲研究集刊》，1997年第10期，第292—293页。

② 关于胡九韶的生平，明史《儒林传》记载的“及与弼殁，门人多转师之。成化中卒。”（《明史》，卷二十八，《列传第一百七十》）有误，当去黄宗羲《明儒学案》“成化初卒”说。康斋对于胡九韶捐馆有诗歌，可见九韶捐馆当在1465年左右，参见“时傍邻舟向日吟，天涯忽动故人心。始知一失钟生尔，宜绝当年伯氏琴。”（《康斋集》卷七《鄱阳舟中伤九韶》，第491）。而且，胡九韶为崇仁县萝溪人，不是金溪县人。

稍知此味。天假以年，尚宜少进。穷通得丧，可付度外也。”[①] 白沙写的墓文则对老师的“勿忘勿助”教法评价较高。白沙 27 岁到小陂求学的时候，康斋已经 64 岁了，那时康斋的教法相当的融熟。众所周知，康斋对白沙早晨劳动晚起的批评势必当时可能引起白沙的反感[②]，而且白沙在小陂半年多数时间应该有从事劳作的。对于白沙品格的砥砺，康斋的耕读一体的教法功不可没。据夏尚朴记载，身为官宦之家的娄一斋从学康斋门下是经常要从事劳作、“折节下学”的，所以举人出身的白沙从事农业劳作是不可免的，故惠州籍心学家杨起元（1547—1599）《白沙语录序》说白沙“值蔬编篱”、“研墨”、“接茶”应该属实。[③] 劳作有助于学生养元气，在持久、耗时地劳作中思考天理的模样，当有补于“勿助”之学。[④] 当多数读书人忙于功利之学应举的时候，康斋令白沙从事劳作涵养学问，这是一种崭新的教法，圭角磨去，加以深厚涵养，势必学问爆发，故祭酒邢让以诗考察白沙，最后有“真儒复出”之叹。白沙颇有才气，不免锋芒毕露，康斋以“勿忘勿助”教法，令白沙待人接物，端茶研墨，从事劳动，有助于其人格的发展。劳育对于圣贤人格培育功效奇特。

主静涵养是宋元诸儒心学家成圣功夫论的二种途径之一。静观是工夫主体在天地自然和日用生活中对本体存在的刹那间的直觉把握，获得天人合一、心即理的境界，康斋的静观工夫预示着新的心学思潮的出现。[⑤] 白沙则把主静抬高到本体论意义，白沙“静坐中养出端倪”来源于康斋的“见静中意思”、“静中思绎事理”，是一种超理性工夫和境界，故而被同门胡敬斋等视为禅学，大加批判。[⑥] 康斋穷居山中，时常静中反躬身心，思考成圣的阻力和动力。从康斋《日录》来看，康斋对主静静坐的体验主要是在 31 岁、35 岁、76 岁三个阶段。31 岁是康斋读书较用功较为勤奋的时期，对于圣贤的领悟比较自信。康

---

① 《康斋集》，卷十二，《日录》，第 579 页。

② （明）陈献章：《陈献章集》，（清）阮榕龄：《编次陈白沙先生年谱》，第 806 页。

③ （明）陈献章：《陈献章集》，（清）阮榕龄：《编次陈白沙先生年谱》，第 806 页。

④ 对康斋劳作的分析，可参见李雪、徐福来：《吴康斋哲学思想之特色及其意义》，《南昌大学学报》（人文社会科学版），2011 年第 1 期，第 41 页。

⑤ 朱汉民：《吴与弼的教育思想和明代心学思潮》，《江西社会科学》，1992 年第 6 期，第 95 页。

⑥ 刘兴邦：《吴与弼与江门学派》，《五邑大学学报》（社会科学版），2003 年第 1 期，第 31—36 页。

斋对于静的理解还停留在一种模糊的认识之上，如“一理存乎静”、“静来悟道机”。随着“静时功”的投入，“静时涵养”，“静时敬”，时时有豁然开朗的感觉，后来“习静日同禅”，他自己也深感恐惧和担忧。“习静”其实是一种心理学意义上的自我观照和自我反省，属于人格成长的自我教育机制。晚年康斋北京归来之后，对王道梦的破灭，再加上身体年迈，心性工夫多有“静中滋味”、“静中意思”和“静中春意”感悟。白沙应该不知道老师晚年偏于习静。白沙“静坐”养善端，证得至善性体的出现。白沙说，“为学须从静中养出个端倪来，方有商量处”①，又说“夫养善端于静坐……毋令半点芥蒂于我胸中，夫然后善端可养，静可能也”，这些都是对康斋“静时敬”、“无声无臭”的习静感悟的理论推进，故清代《四库全书》编辑者认为白沙学问上得康斋“静观涵养”开江门学派②，故《宋明理学史》撰者指出，白沙在康斋门下受业，尚未得其旨，未能悟其师道，其后他回到白沙里，“‘静坐久之，反复体味，方见此心之体’，白沙说的在‘静坐’中反复‘体味’才悟得‘心之体’，其实就是康斋早就提出来的观点，这样的新见，不是无根之说，是较为公允的。白沙上文的意见，是说他对师传之道，悟之迟迟，而并没有说他的‘所得’与乃师无关”③，这样就推翻了黄宗羲“别派”说，论证康斋对白沙思想的促进作用。因此，反复熟读一手文献，有助于纠正不少错误的成见。

康斋的克己安贫、真诚的生活，完全依着自己的人生哲学信条来生活，对白沙一生独立为学起示范作用。康斋 38 岁时说，“人须于贫贱患难上立得脚住，克治粗暴，使心性纯然。上不怨天，下不尤人，物我两忘，惟知有理而已”④，康斋追求的“物我两忘”是对着贫困的生活而发出的解决之道，是一种恶劣生活环境下的乐观精神和超脱态度，其艰苦工夫所要达到是“精白一心、对越神明”⑤的“理与心一”道德主义境界，是儒家追求至善的“醇儒”精神，故独得明代理学宗师刘念台的崇拜和尊敬。白沙以静养端倪发展了康斋的“物我两忘”境界论，抛弃读书穷理的“太严”教法，一任自然，其最终获得

---

① （明）陈献章：《陈献章集》，卷二，《答贺克恭黄门》第 133 页。

② 《康斋集》，序言，第 357—358 页。

③ 侯外庐主编：《宋明理学史》（下），人民出版社，1997，第 144 页。

④ 《康斋集》，卷十二，《日录》，第 574 页。

⑤ 《康斋集》，卷十二，《日录》，第 575 页。

身心愉悦、超脱潇洒和收“放心”的精神状态，体现中国哲学飘逸的面向。另外，康斋的“无时无处不是功夫”的随处之学与白沙的自然之学、甘泉的随处体认之学颇相暗合。崇仁、江门与增城三家之学具有连续性与理论上的承接特点。

总之，白沙的“静坐中养出端倪”来源于康斋的“见静中意思”、“静中思绎事理”、“验静中滋味”的“养性灵”心性修养论；白沙与甘泉的“勿忘勿助”教法和读书修养工夫源出康斋的“勿忘勿助”与“道理平铺在”思想；白沙的融诗入理、诗理合一的教法与康斋契合；白沙自然之乐、“物我两忘”生活思想也与康斋的潇洒生活观一致。陈白沙不是吴康斋“别派”，是重要的嫡传一派，是康斋学南传的代表。康斋与白沙有着密切与直接地学承关系，康斋居于白沙与阳明的先驱地位，是明代精深心学的启明者与早期前驱。故张俊相先生赞康斋把外在客观的天理转化为内心的涵养，诉诸独立思考和主观体验，提高了人的主体地位，发挥人的主观能动性和创造性，“开王学之端”。① 张运华在评论历来学界对康斋学的不同定位后说，康斋的学术成就导引了明代中期心学思潮的兴盛，深刻地影响着白沙创立的江门学派和王阳明的“王学”。② 明代心学由白沙开始，进入“精微”的心学时代，康斋掀其澜，诚如钟彩钧所说吴康斋则是“明代理学的开山人物”，而白沙则是传承者。

第三节 自然心学：静坐中养出端倪来

在心性学上，白沙接引老师康斋的“诚心”之学，重视《中庸》的诚意之学，但具体道德修养上觉得老师的教法过于无边无际，难于着力，故放弃吴康斋“无所不讲”繁琐教法，专以主静的简易之学，直接轻快，偏于往内涵养，所以涵养得越深，就越背离伊川教法。吴康斋教白沙以“悉其心以立乎已”③，故白沙独得静坐工夫之妙。白沙心学以凸显心对道、理的直觉把握能力，其

① 张俊相：《吴与弼的人格修养论》，《求是学刊》，1994 年第 2 期，第 26 页。

② 张运华：《论吴与弼对陈献章之影响》，《五邑大学学报》（社会科学版），2011 年第 2 期，第 1 页。

③（明）陈献章：《陈献章集》，孙通海点校，中华书局，2008，《附录》4，吴与弼：《孝思堂记》，第 936 页。本文所引《陈献章集》出处同。

说心“通塞往来”①，具有“微尘六合、瞬息千古”②的“无尽”变现能力。而此种灵明知觉白沙似乎把它神秘化。同时，他把心“虚”化，“非见闻之所及”，“迹著而心隐”，故“心者，吾之所独知”③，强调个体借助自身的心灵体验去获得真理性认识，在此推理下“若个人心即是天”④，“六经尽在虚无里，万理都归感应中”⑤，把天地之理归为一心之变现、感应，而中国博文约礼的规范性传统也被纳于其一心之“虚无”中，经义之学失去其历来的独立性和普遍性，而主体之心成为变现世界的主宰了。白沙说，心为“一元之所舍”⑥，是天地万理的藏身之所、器，这些思想促进门人湛甘泉提出“心之本体，与宇宙同大”、“宇宙之内一心”的心学思想。白沙提出的“心为道舍”、“心具万理”和“心即是天”的心学思想被看做“成就阳明心学的重要渊源”，掀开明代学术的新路向，其意义非同一般。⑦

白沙重视心体的觉悟，工夫上追求心体的自然，境界上追求洒脱愉悦的超理性情怀。夏东岩说的没错，白沙确实要打破伊川之“主敬”学的，要让理学快乐起来，这也与当时盛世社会的经济生活良好发展相关。在“善端”的涵养上，白沙汲取康斋“洗心”之方。⑧康斋以“敬义夹持实洗心之要法”⑨，通过“诚明两进”的工夫进路，白沙也说，“一洗天地长……再洗日月光……洗之又日新”⑩、“洗竹洗荒枝，洗心洗狂驰……一洗一回疏，相将洗

---

① 《陈献章集》，卷一，《送李世卿还嘉鱼序》，第 16 页。
② 《陈献章集》，卷三，《与林时矩（三则）》（一），第 243 页。
③ 《陈献章集》，《陈献章诗文续补遗》，《与林缉熙（三十一则）》（十六），第 975 页。
④ 《陈献章集》，卷六，《示儿》，第 664 页。
⑤ 《陈献章集》，卷六，《与湛民泽》，第 644 页。
⑥ 《陈献章集》，卷一，《仁术论》，第 57 页。
⑦ 苟小泉：《陈白沙哲学研究》，中华书局，2009，第 110—118 页、第 210 页。
⑧ 陈献章“治心”工夫论，阅苟小泉《陈白沙哲学研究》，第 136—144 页。苟小泉发现陈献章“治心”工夫论可以从洗心、存心与充心三层。他似乎把“充心”错误理解为“大心”（《陈白沙哲学研究》，第 141 页）。“充”字典解释为充实、满足，即是以儒家仁义之理浇灌于心，使心全具义理，也就是心具万理的过程。笔者以为，白沙的“充心”不是空间范围上使用的“大心”。“大心”的目的是要让心的知觉能力的提升，心包万物。陈献章未讲过格物致知意义上的“大心”，他强调收敛意义上的顿悟、静中坐。
⑨ 《康斋集》，卷十，《浣斋记》，第 561 页。
⑩ 《陈献章集》，卷四，《梦作洗心诗》，第 316 页。

到无”①、“洗之以长风”的洗心工夫，以此获得“无累于形骸，无累于外物”②的澄明洒脱心境。吴康斋以“又从虚阁学澄心”③、“克己良规各洗心”④方法，获得“悟彼静心者，乐此动时趣”⑤快乐，白沙工夫论在此相同。在存心上，吴康斋以“德羲存心”⑥，“于思处分真妄”，消除妄想，获得“心清一气自和平”⑦心境，白沙也以存心作为身上体验诚敬的方法，让“元神”⑧、“浩气”⑨归于一身，从而实现万物一体之乐。更甚的是，二人论“充心”，语句上也有惊人的相似处。吴康斋说“是心也，其天地生物之心乎……充是心，以弘厥德焉”⑩，白沙也说“仁，人心也。充是心，足以保四海”⑪，二人的“是心”即为儒家讲的“天心”，而“充”含有天人一体的意思，颇有同调。

白沙坚持了老师康斋的洗心、存心工夫论，并在此基础上重视觉悟、专心静坐发展出一套重视静坐觉悟的心学新体系。除了洗心、养心等传统涵养的方法外，白沙独排众说，提出觉悟之教，金针传接，开心学的新格局。在教学中，白沙以近禅心法教人，要求学生重视心体的觉悟，其说“人争一个觉，才觉便我大而物小，物尽而我无尽”⑫，在觉悟万事万物之理过程中，人的道德主体性得以提升，一应百应，豁然开朗。他把自己悟得的心得告诉湛甘泉，他说“学无难易，在人自觉耳。才觉退便是进也，才觉病便是药也”⑬，而近来学者凋零，原因在于这些学者成圣之失多在“不自觉”⑭，中途遇难而废道学，不能长久坚持不懈。

---

① 《陈献章集》，卷五，《洗竹》，第 515 页。
② 《陈献章集》，卷二，《与太虚》，第 225 页。
③ 《康斋集》，卷七，《即事》，第 501 页。
④ 《康斋集》，卷七，《感兴》，第 487 页。
⑤ 《康斋集》，卷三，《游黄岚坑》，第 417 页。
⑥ 《康斋集》，卷七，《挽饶州吴别驾》。
⑦ 《康斋集》，卷二，《枕上偶成》，第 392 页。
⑧ 《陈献章集》，卷一，《仁术论》，第 57 页。
⑨ 《陈献章集》，卷四，《赠世卿》，第 300 页。
⑩ 《康斋集》，卷十，《天恩堂记》，第 559 页。
⑪ 《陈献章集》，卷一，《古蒙州学记》，第 28 页。
⑫ 《陈献章集》，卷三，《与林时矩（三则）》（一），第 243 页。
⑬ 《陈献章集》，卷三，《与湛民泽（十一则）》（五），第 191 页。
⑭ 《陈献章集》，卷三，《与湛民泽（十一则）》（五），第 191 页。

白沙二十七岁时（1454年）从吴康斋（时六十四岁）处游学半年，坚定其成圣的决心和意志，获得读书涵养的方法，也知道成圣的各种方法，但是迟迟未能寻找到适合自己的修养路径，一时之间，颇为苦恼。①后来，乡居已久，在偏僻的乡野中，白沙奋勇主静，撇开师说中主敬致知工夫论，很快的就找到养出善端（“端倪”）的方法，感觉到成圣的自信与快乐。白沙对其学生医闾说“为学须从静中坐养出个端倪来，方有商量处”②，又说“夫养善端于静坐，而求义理于书册，则书册有时而可废。善端不可不涵养也，其理一也……善端可养，静可能也”③，静观是工夫主体在天地自然和日用生活中对本体存在的刹那间的直觉把握，类似禅宗的顿悟，获得天人合一、心即理的境界。④康斋不敢抬高习静妙用，白沙则把静中身心修炼抬高到本体论意义，被胡敬斋等学者视为禅学，广受批判之苦，一生难于释怀。吴康斋时常静中思考理学义理如何契于身心，思考成圣贤的阻力和动力，如“长契静者心”⑤。他早年对于静的理解还停留在一种模糊的认识之上，难于固定化，故“静来悟道机，深奥难言说”⑥。有时，他对主静还是有怀疑，故“习静生憎损病心，晚凉门外独横琴”⑦。而后“静时功”带来心灵自信，时时操练，时常感到愉悦，这大概是35岁到36岁之间的事。再过了几年，“习静”成为一种日课，一度宗教化，内化在日常生活中。这种习静的工夫，在吴康斋看来，其实和禅的区别不大了，故他自己也说“习静日同禅”。“静时功”与“习静”其实是一种心理学意义上的自我观照和自我反省，是人格成

---

① 容肇祖认为白沙有高明之资，容肇祖：《明代思想史》，《民国丛书》复印，上海书店，第18—22页。

② 《陈献章集》，卷二，《与贺克恭黄门（十则）》（二），第133页。

③ 《陈献章集》，《陈献章诗文续补遗》，《与林缉熙（三十一则）》（十五），第975页。

④ 朱汉民：《吴与弼的教育思想和明代心学思潮》，《江西社会科学》，1992年第6期，第95页。他认为，吴康斋的静观工夫预示着新的心学思潮的出现。刘兴邦对吴康斋与陈献章二人在静的工夫联系上论述独到，他认为陈献章“静坐中养出端倪”来源于吴康斋的“见静中意思”、“静中思绎事理”，是一种超理性工夫和境界，刘兴邦：《吴与弼与江门学派》，《五邑大学学报》（社会科学版），2003年第1期，第31—36页。

⑤ 《康斋集》，卷一，《圃内》，年29，第366页。

⑥ 《康斋集》，卷一，《客玩夜月》，年31，第368页。

⑦ 《康斋集》，卷二，《门外闲坐》，年39，第385页。

长的自我教育机制。伴随而来的是"静中滋味"，如"笔砚为伍书作朋，寒檐不觉朝昏改。静中滋味将语谁，一日诗情阔于海"①、"识得静中滋味别，始知禅客最为忙"② 句，"静中意思"如"灵府偶然无一物，静中意思念周程"③ 和"静中春意"。晚年，吴康斋把习静作为保养身体的方法，他说"观生时学易，习静日同禅。利用崇吾德，忘机不识圆"④、"静观万物生生意，契我虚灵无事心"⑤。

白沙似乎不知道恩师习静修养到何等程度，其经过十多年的苦读和"静坐"，养出个"端倪"，获得了解脱、自我超越，证得至善本体。⑥ 而这时，康斋已经捐馆很多年了。白沙求学崇仁的时候，吴康斋习静工夫已经相当成熟，对自己教法也很自信。这个时候（1454 年秋冬），胡敬斋也在，两人同为寒门弟子，均得到吴康斋的生活资助（"辅仁之功"）。应该说，白沙和胡敬斋二人都学到成圣的方法，可能吴康斋在讲课的时候讲的过于繁琐、多样与笼统，"无所不讲"，白沙尚未弄透弄通，只好回家慢慢实践，这是一个较长的时间过程。故清代四库《康斋集》编者认为白沙学问上得到吴康斋"静观涵养"为学方法，形成了江门一系。⑦"侯外庐等学者进一步指出白沙在吴康斋门下受业，尚未得其旨，未能悟师道，回到江门，'静坐久之，反复体味，方见此心之体'。陈献章'静坐'中反复'体味'才悟得'心之体'，其实就是吴康斋早就提出过、实践过的观点。白沙回忆录中说他对师传之道，悟之迟迟，并没有说他的'所得'与乃师无关"⑧，这些说法强调当时的白沙尚未有成圣的深度领悟，应该说这样的分析都是言之有据的。

另外，师徒二人诗歌里都有对习静的大量描述，白沙发展与深化吴康斋的主静学，他说静坐"久之，然后见吾心之体，隐然呈露，常若有物，日用间种种应酬，随吾所欲，如马之御衔勒，体认物理，稽诸圣训，各有头绪来历，如

① 《康斋集》，卷四，《工楼店即事》，年 64，第 433 页。
② 《康斋集》，卷六，《昼梦觉作》，年 72，第 474 页。
③ 《康斋集》，卷四，《对月偶成》，年 66，第 439 页。
④ 《康斋集》，卷七，《对雨书怀》，年 76，第 495 页。
⑤ 《康斋集》，卷七，《仙游山》，年 76，第 496 页。
⑥ "端倪"既"端绪"，也就是"真心"、"善端"，即"天理"。
⑦ 《康斋集》，《提要》，第 358 页。
⑧ 侯外庐主编：《宋明理学史》（下），北京：人民出版社，1997，第 144 页。

水之有源委也……有学于仆者，辄教之静坐。盖以吾所经历确有实效者告之，非务为高虚以误也”①、“学劳扰则无有见道。故观书博览，不如静坐”②，白沙的主静学成为他自己的教学思想和方法，指导学生入学术之门。他的“使心常在内，见理明”③，和吴康斋一致。晚年吴康斋与白沙习静如出一辙，白沙主静工夫论源于吴康斋，二者学术关系非常密切。心在内是指心在腔子内，坚持老师读书理明心得。白沙与吴康斋工夫论的不同在于白沙自己不再信奉读书，专向主静探求心体，开启江门心学“别派”。

白沙主静多被人误为禅学，有偏静不动之弊，其嫡传湛甘泉甚喜静坐，“每夜瞑目坐，率至漏分”④。在教学中，湛若水要求学生每日静坐4小时，“申酉二时默坐思索”⑤，以防学生精神恍惚，弥补读书之辛苦。湛甘泉较清醒的认识到过分主静容易引起遗弃事务的毛病，所以他以主敬规制主静，事实上有意识的“转手”白沙主静之学术。白沙早期弟子林南川喜静坐。他透过人心之静明，空其心，心在万物上，超乎万物之表，直接把握万物之理，察识宇宙道德之体，物我一体，使物我对待消失，获得宇宙本体生意的观象。⑥这些心灵感受与吴康斋、白沙是一致的。林南川提出静养动应说，静养为体，动应为用，试图维护师说的合理性。他说“夫人之一心，息之极而闲之至，足以参两间，而后群动万物不足以相挠，死生不足以为变，视世之为仁义者犹若拘拘，而况于功名富贵乎？……闲其心者有要也，要者，一而已矣。事之未至一其心，则静而闲矣；事之既接一其心，则动而闲矣。知静养而不知动应，是有体而无

---

① 《陈献章集》，卷二，《复赵提学佥宪（三则）》（一），第145页。

② 《陈献章集》，卷三，《与林友（三则）》（二），第269页。

③ 《陈献章集》，卷一，《书漫笔后》，第66页。

④ （明）洪垣：《墓志铭》，《甘泉文集》，集部第57册，卷三，2，第247页。

⑤ （明）湛若水：《甘泉文集》，集部第56册，卷六，《大科书堂训规》，第3条第554页。

⑥ （明）林光：《南川冰蘖全集》，罗邦柱点校，中国文史出版社，2004，卷二，《静观亭记》，第41页。林光中晚期因弃隐归宦多为师门所不满。作为陈献章弟子师，曾代陈献章答伍光宇、贺钦问学，指教工夫路数，学问多得陈献章真传，然终因品格欠缺坚毅，别母外宦，不得江门衣钵。其文集不得收入四库全书，流传不广。梨洲因未读南川冰蘖全集，明儒学案未详其学问功夫。林光的哲学思想一本陈献章所教，倡学问自得与自然性，以我大而物小、气学为本体论，以闲心、主静下的静养动应、默养善端和勿忘勿助为特色的工夫论。在天理的把握上，与湛若水的随时体认相同，认识到天理的周流与无间，提出参前周养说，深造自得性命。

用，非吾儒之学也”①，实现诚的心理状态，需要心灵的闲息，觉我大而物小。如人心不能闲，人心会受制于事物之繁冗，被事物所牵制和拘役，物大而我小。林南川的“大我”学说体现人格的挺立，对大写的人给予重视。②这与甘泉用静以待动、先翕后辟释白沙之“主静”颇不同。③陈白沙另外两个高弟张诩、李承箕则将白沙的静养工夫滑入坐禅一系，不参与公共事务，隐于山野，生活、学术与政治上多未能与传统儒家伦理相契，引起甘泉的不满。

主静过程中的规矩就是勿忘勿助。勿忘勿助是康斋的重要教法，更是一种读书博文约礼渐进之道，指工夫入于自然、无法着力的境界，是合本体的工夫。④勿忘勿助源于孟子养气说，本意是指在读书学习和成就圣贤的道路上，既不要拔苗助长，也不要懒散消极，走一条优游厌沃、日就月将的中和之道，分勿忘、勿助两层。康斋 31 岁刻苦读书，以勿忘勿助熟玩四书五经，证得圣贤之境。当早期门人胡九韶（约 1395—1465）因读书过苦致疾，康斋（时年 36 岁）告知他读书不应该急功近利，过于用功。康斋 43 岁的《日录》中就有“勿忘勿助”的专门记载，“勿忘勿助，近日稍知此味。天假以年，尚宜少进。穷通得丧，可付度外也。”⑤白沙写的墓文则对老师的“勿忘勿助”教法评价较高。

白沙 27 岁到小陂求学的时候，康斋已经 64 岁了，那时康斋的教法相当的融熟。众所周知，康斋对白沙早晨劳动晚起的批评势必当时可能引起白沙的反

---

① 《游心楼记》,《南川冰蘗全集》，卷二，第 38—39 页。

② 《南川冰蘗全集》，卷二,《游心楼记》第 38 页段一。这种闲，是建立在不可厌的冗之上，非纯空虚之言。里中有个辩证法在。

③ 景海峰:《陈白沙与明初儒学》,《中国哲学史》，2001 年第 2 期，第 59—67 页。景先生认为主静强调身体自我的调适，凝聚精神，存养本心。主敬，则偏重于关系自我的顺合，交相为用，格物穷理。静坐也就是识蔽、去蔽的过程，通过静坐，明天理而消人欲，养成君子品格。静是蕴育生机之静，静坐是体悟天地之道的过程。当时的主静思潮，是针对当时学术的利禄化、官方朱子学的威权化，以及普遍的心灵窒塞、思想僵固而发。明初朱学居敬穷理的主张占据主导地位，理学家多偏执于下学工夫，生活化（人伦日用）的居敬穷理工夫对“主静”派张力加大，在理学内部产生某种紧张。陈献章逢人便说“静坐”，可以说是对“主敬”派话语的挑战。

④ 钟彩钧:《吴康斋的生活与学术》,《中国文哲研究集刊》，1997 年第 10 期，第 292—293 页。

⑤ 《康斋集》，卷十二,《日录》，第 579 页。

感①，而且白沙在小陂半年多数时间应该有从事劳作的。对于白沙品格的砥砺，康斋的耕读一体的教法功不可没。主静涵养是宋元诸儒心学家成圣功夫论的二种途径之一。

静观是工夫主体在天地自然和日用生活中对本体存在的刹那间的直觉把握，获得天人合一、心即理的境界，康斋的静观工夫预示着新的心学思潮的出现。②白沙则把主静抬高到本体论意义③，白沙“静坐”养善端，证得至善性体的出现是对康斋“静时敬”、“无声无臭”的习静感悟的理论推进，故《宋明理学史》撰者指出，白沙在康斋门下受业，尚未得其旨，未能悟其师道，其后他回到白沙里，“‘静坐久之，反复体味，方见此心之体’，白沙说的在‘静坐’中反复‘体味’才悟得‘心之体’，其实就是康斋早就提出来的观点。白沙上文的意见，是说他对师传之道，悟之迟迟，而并没有说他的‘所得’与乃师无关”④，这样就推翻了黄宗羲“别派”说，论证康斋对白沙思想的促进作用康斋的克己安贫、真诚的生活，完全依着自己的人生哲学信条来生活，对白沙一生独立为学起示范作用。康斋三十八岁时说，“人须于贫贱患难上立得脚住，克治粗暴，使心性纯然。上不怨天，下不尤人，物我两忘，惟知有理而已”⑤，康斋追求的“物我两忘”是对着贫困的生活而发出的解决之道，是一种恶劣生活环境下的乐观精神和超脱态度，其艰苦工夫所要达到是“精白一心、对越神明”⑥的“理与心一”道德主义境界，是儒家追求至善的“醇儒”精神，故独得明代理学宗师刘念台的崇拜和尊敬。白沙以静养端倪发展了康斋的“物我两忘”境界论，抛弃读书穷理的“太严”教法，一任自然，其最终获得身心愉悦、超脱潇洒和收“放心”的精神状态，体现中国哲学飘逸的面向。另外，康斋的“无时无处不是功夫”的随处之学与白沙的自然之学、甘泉的随处体认之学颇相暗合。

---

① （明）陈献章：《陈献章集》，（清）阮榕龄：《编次陈白沙先生年谱》，第 806 页。

② 朱汉民：《吴与弼的教育思想和明代心学思潮》，《江西社会科学》1992 年第 6 期，第 95 页。

③ 刘兴邦：《吴与弼与江门学派》，《五邑大学学报》（社会科学版），2003 年第 1 期，第 31—36 页。

④ 侯外庐主编：《宋明理学史》（下），人民出版社，1997，第 144 页。

⑤ 《康斋集》，卷十二，《日录》，第 574 页。

⑥ 《康斋集》，卷十二，《日录》，第 575 页。

第四节　化人心成盛世：白沙的治理思想

在陈献章看来，参与政府管理行为对一个男人而言，与写文章参加考试、人品气节一样，都是重要的。他说“文章、功业、气节，果皆自吾涵养中来，三者皆实学也”①，可见功业是与考取功名、为人德性三足鼎立的，是实实在在的东西。但是，他把读书人献身于公共事务的事业构基于人的涵养，也就是人的内心的主观意志，这是他行政管理思想的基石和出发点，也就是他说的实在之学。所以他在评价历代先贤的时候，用的也是这个三维角度，从文章、功业、气节三个内外兼修的多维分析指标来评价他心中的优秀政府管理精英。他说“由汉而来，儒者以言语称者几人？以政事称者几人？以文学称者几人？其间足以方驾古人而绝尘于当世者，亦鲜矣”②，符合他心中的优秀精英还是不多的，显示他高傲的一面。他之所以贬低历代先贤大德，源于他认为这些先贤缺乏深厚的涵养，也就是缺乏一颗仁爱天下的大心，故他说“苟无是心，有文章足以收誉于众口，有功业足以耀荣于一时，有名节足以警动乎流俗，皆伪而已，岂能久而不变哉”③。之所以反复强调读书人应该以天下大公之心参与公共事务管理，一方面，与吴与弼告诫他的“悉其心以立乎己”④有关，也与他自己静坐十余年的感悟心学相关。因此，陈献章行政管理思想旨趣为感化人心、收拾人心，通过大力兴办教育、发展教育事业的途径，在神、权两种政府治理方式的互动下，复兴孝道和家族宗庙祭祀的常态化，提高人的精神修养和心灵自觉，这样天下可以大治。

陈献章说，“盖人情出于天理之不容已者……古之仕者世继，死者有庙，生者有宗，恩相庆而死相吊，百世不相忘……中古之王天下者，尝为卿大夫作家庙以愧之，卿大夫犹然，况士庶乎？先世之流风余韵，至此几绝……贫贱

---

① （明）陈献章：《陈献章集》，卷一，《题跋》，《书漫笔后》，第 66 页。

② （明）陈献章：《陈献章集》，卷一，《记》，《程乡县儒学记》（弘治癸丑七月作），第 29 页。

③ （明）陈献章：《陈献章集》，卷一，《序》，《望云图诗序》（弘治辛亥十二月作），第 17 页。

④ （明）吴与弼：《康斋集》，卷十，《孝思堂记》，第 559 页。

不薄于骨肉，富贵不加于父兄宗族者，谁乎？故曰，收合人心，必原于庙”①，通过宗族势力对地方公共事务的参与，确保地方秩序的常态化，将有利于“收合人心”，“庙而祀之不迁……置田以供祀事”②，让弱势群体得到应有的关注和实际的恩惠，实现社会的相对的正义。他特别注意到感化人心对改变个人行为的重要性，故他说“君子以神没身焉，其效至于通神明，光上下……感于人心、措诸天下为事业”③。而要“感于人心”，陈献章希望地方官府加大对地方教育事业的支持，修建乡学、县学；新增地方公共祭祀建筑，敬畏天神，让地方祭祀行为常态化，提高百姓的道德修养和礼仪教养。陈献章表扬地方政府官员周时可、彭栗、谢绶在古蒙州发展州学的时代意义，他说“仁，人心也，充是心也，足以保四海；不能充之，不足以保妻子……圣朝访古设学立师，以教天下，师者传此也，学者学此也……立吾诚以往，无不可也。此先王之所以为教也……学以变化气习，求至乎圣人而后已也”④，道出了教育就是让人常满仁爱之心，而社会大众都有了仁爱之心，国家必将和谐、幸福，一针见血的支出教育事业对挽救人心、改善人的精神气质的启迪作用。陈献章把祭祀和教育二事一体化，体现出他行政管理思想的宗族性。他对恩平县令翁俨说“俎豆之事安可一日而不讲耶？邑长俎豆其政而忠信发之，学宫俎豆其教而忠信导之，诸士子俎豆其志而忠信体之，习端而俗正，教立而风行，民乐生而好乱者息，士有耻而慕义者众，则刑罚可省，礼义可兴，囹圄可空，干戈可戢，守令之责尽矣”⑤，俎豆指祭祀，他把祭祀的教育提升到“守令之责”的高度，也可算是对董仲舒天人感应说的实践和运用，是其心学思想在行政管理领域的表现。应该说，陈献章推动了两广地区大规模的教育复兴运动，表现为他积极参与地方政府复兴县学、州学记、序的撰写，有利于两广地区教育发展和人文素养的提高。两广地区，在陈献章时代，盗贼频发，在强势人物朱英、丁彦诚等的强力

① （明）陈献章：《陈献章集》，卷一，《记》，《增城刘氏祠堂记》(弘治癸丑九月作)，第43页。

② （明）陈献章：《陈献章集》，卷一，《记》，《增城刘氏祠堂记》(弘治癸丑九月作)，第43页。

③ （明）陈献章：《陈献章集》，卷一，《题跋》，《跋潘氏族谱后》，第74页。

④ （明）陈献章：《陈献章集》，卷一，《记》，《古蒙州学记》，第28页。

⑤ （明）陈献章：《陈献章集》，卷一，《记》，《恩平县学记》，第38页。

围剿下，经过多年的时间，两广治安趋于安宁。而维持地方安宁秩序的最主要的方法毋宁是发展地方教育事业，表现为大规模修建新的县学建筑，举办祭祀活动，修缮族谱。与老师吴与弼一样，他也支持他的学生续修族谱，即便不随便帮忙写族谱序，还是写下了不少的族谱序。他提倡良谱，他说“家之谱，国之史也。本始必正，远迩必明，同异必审，卑而不援高，微而不附彰，不以贵易亲，不以文覆愆，良谱也”①。

为了提高政府治理的有效性，陈献章认为政府官员要熟练处理并协调好神和权的关系。在与当时任肇庆知府、江西丰城籍旧友黄琥的信中，陈献章说“神，制也……神之在天下，其间以至显称者，非以其权欤！夫聪明正直之谓神，威福予夺之谓权。人亦神也，权之在人，犹其在神也。此二者有相消长盛衰之理焉。人能致一郡之和，下无干纪之民，无所用权，如水旱相仍，疫疠间作，民日汹汹，以干鬼神之谴怒，权之用始不穷矣。夫天下未有不须权以治者也。神有祸福，人有赏罚。失于此，得于彼，神其无以祸福代赏罚哉！鬼道显，人道晦，古今有识所忧也……吾之心正，天地之心亦正；吾之气顺，天地之气亦顺”②，神这个概念，类似于吴与弼说的“神妙不测之体”，也就是现在行政管理学意义上韦伯说的超凡魅力，在实际决策中表现为理性与科学的决策力。陈献章意义上的神，与权相反的一个概念，权是指政府治理的强制性工具，如暴力、物质激励等，神表现为内心自然而然的德性，《大学》意义上的大公之心。所以，新会知县说，“行圣人之道有二术，内之曰心，外之曰权。无其心，则权为挟私妄作矣；无其权，虽有其心，将安施哉？……此事之所以难行，而心之所以不孚于人也”，陈献章说“孔子曰：‘言忠信，行笃敬，虽蛮貊之邦行矣’，以此而尽吾心，则庶政无不修，用人无不当，理财无不富，治兵无不强”③，政府官员通过加强内心意志力和信仰的修炼，尽心理政，可以实现心想事成的天下和谐的大治局面。事实上，陈献章有鉴于当时地方官员为了打击盗贼过度使用暴力的负面作用，提出神权互动的治理方式，与现在所说的

① （明）陈献章：《陈献章集》，卷一，《序》，《汤氏族谱序》，第14页。

② （明）陈献章：《陈献章集》，卷一，《记》，《肇庆府城隍庙记》（弘治甲寅夏作），第36页。补：陈献章说，“侯，丰城人，名琥。予曩从吴聘君游，往来剑水，尝一宿其家。自侯来守端阳三年，愈相倾慕，安能已于言耶？”

③ （明）陈献章：《陈献章集》，卷一，《记》，《新会县辅城记》，第40—41页。

暴力和说服制度交替使用，本质上是一样的。

陈献章现实中理想政府的治理模式主要表现为以正义为核心价值观的政策取向。他特别推崇丁彦诚的广东新会地方治理经验，表扬其说“能使强者畏，弱者怀，尽毁邑中之淫祀，而以礼教禁民之邪”①。在其任职六年的时间内，实现公共政策的损益交互，“每岁按民丁产输钱，谓之均平钱，上下交侵，民受其害；侯量入为出，岁输以还，使民不知有役，民甚赖之。时有横征虐民，侯蹙眉曰：‘守令之政在养民，坐视其困而不救，安在其养民也？’力请罢之。虽以此得罪，不恤也”，“灌献必亲，执事有恪，春秋之祭肃如也。凡祀典所载，有功于名教者，为立祭田，使人守之；其不应祀者，毁之。至于接人也亦然，可者与之；不可者斥之。其驭吏也，不察察于案牍，吏不敢欺；其莅众也，民服其威断明察，奸伪鲜作……无所不愿学，而切于救民，急先务也……其得民之实在节用”②，在陈献章看来，让老百姓切实得到实实在在的好处的丁知县是个好官，而另外一位官员时任潮州知府的周鹏因未让百姓得到实惠而被陈献章看不起③。在某些方面，陈献章与他老师吴与弼也主张严格的法制，如“刑赏不加于天下，而天下治忽由之”④。他看到了知县对地方秩序维持的重要性，主张提高知县的政治地位。

陈献章在评论宋代政府管理缺陷时指出，“世道升降，人有任其责者，君臣是也。予少读宋史，惜宋之君臣，当其盛时，无精一学问以诚其身，无先王政教以新天下，化本不立，时措莫知……仰视三代以前‘师傅一尊而王业盛，畎亩既出而世道亨’之君臣何如也……惜其君非拨乱反正之主，虽有其臣，任之弗专，邪议得以间之”⑤，似乎与其老师吴与弼的君臣观并无二致，却提出教育事业对国家兴旺的独特性。他在总结自己人格成长的历程时指出，好的老师对学生的成长特别重要，他对当时的两广巡抚、江西乐安籍的谢绶（1434—1502）深情地说“予少无师友，学不得其方，汩没于声利支、离于秕糠者，盖

① （明）陈献章：《陈献章集》，卷一，《序》，《西关丁氏族谱序》，第14页。

② （明）陈献章：《陈献章集》，卷一，《记》，《丁知县庙记》（弘治丁巳春作），第34—35页。

③ （明）陈献章：《陈献章集》，卷一，《记》，《潮州三利溪记》，第47页。

④ （明）陈献章：《陈献章集》，卷一，《记》，《丁知县庙记》（弘治丁巳春作），第35页。

⑤ （明）陈献章：《陈献章集》，卷一，《记》，《慈元庙记》，第49—50页。

久之。年几三十，始尽弃举子业，从吴聘君游。然后益叹迷途其未远，觉今是而昨非，取向所汩没而支离者，洗之以长风，荡之以大波，惴惴焉，惟恐其苗之复长也。坐小庐山十余年间，履迹不逾于户阈，俯焉孳孳，以求少进于古人，如七十子之徒于孔子，盖未始须臾忘也”[①]，道出了吴与弼对他的启发与开导之功，以至于有今日敢于坚定圣贤志向的壮志雄心。因此，挑选善于教书育人的老师，对教育的复兴尤其重要。陈献章说，“自古有国家者，未始不以兴学育才为务……是故学校之设，其重在于得人”[②]，这样的人才就是“名世”。而由于陈献章本人的多年涵养，他的深厚学问获得当时政府官员的赏识。1481年（成化十七年）农历七月二十四日，时年54岁的陈献章竭力拒绝当时好友张元帧、江西提学、江西按察使等人请主天下第一书院庐山白鹿洞书院事，或许因为他觉得自己的心学思想与朱熹的理学思想多不一致，最终没有答应主掌白鹿洞书院事情。[③]

陈献章孜孜于教育事业，也善于启发人，培育出一大批优秀的教育者。湖北籍弟子李承箕（1452—1505）游学归家后绝意功名、潜心教学、设立义庄以资宗族贫困者。广东南海的张诩（1456—1515，号东所）更是淡泊功名，从事地方教育事业。而其高足湛若水则官至南京三部尚书，他把一生献给国家的公共事务。[④]

---

① （明）陈献章：《陈献章集》，卷一，《记》，《书龙冈书院记》，第34页。谢绶，字维章，号樗庵，江西省乐安县鳌溪西坑人。1454年进士，工部主事、刑部员外郎、郎中、四川省右参议、广西副使。荔浦瑶、壮两族起事，力排进山劝谕，不杀无辜，活万余民众。后，任陕西右参政、福建按察使、广西右布政使、云南左布政使、右副都御史（湖广巡抚）、工部右侍郎、刑部左侍郎、南京礼部尚书等。

② （明）陈献章：《陈献章集》，卷一，《记》，《新迁电白县儒学记》（成化壬寅十二月作），第39页。

③ （明）陈献章：《陈献章集》，卷一，《序》，《赠李刘二生使还江右诗序》，第18—19页；卷二，《书一》，《复江右藩宪诸公》，第138—139。1480年，成化十六年庚子，时年胡居仁47岁，应钟成之聘，再次主持白鹿洞书院讲席。正月二十六日起行，二月初三日入洞，六月初二日以疾托辞回。这次讲学时间约四个月，深叹世道日衰，难以为教，故辞。正是由于理学先锋胡居仁的辞职，令当局觉得另请高明，所以他们想到吴与弼的另一高徒陈献章。

④ 对湛若水的行政管理思想，学术界论者甚详，可参考相关著作。

第五节　静坐之风动天下：江门后学的心学传承

与王阳明一样，石斋（晚年更号石翁、碧玉丈人，被后世称为白沙先生）曾两试而不中进士①，对功名之学颇厌烦，遂有求圣贤之学志向。年 27（甲戌，1454 年）岁时，与乡友亲戚谢胖、何潜共游康斋小陂，在门下半年而先归，自叹康斋之学无所不讲，却未亲证圣贤之方。归家后，静坐春阳台中，读书不辍，于佛道之书无所不读，十余年后，静养出个端倪，由此证得圣贤之学。39 岁（成化二年丙戌，1466）时，因当年考友时任国子监祭酒的刑让之请作和大儒杨时之诗，读者莫不心服，刑让次日言于朝，由此名震京师，不久贺钦闻其名拜师进学。此后，优秀学生纷纷来拜学，43 岁时（成化六年庚寅，1470），伍光宇、林光来拜学；54 岁时（成化十七年辛丑，1481），张诩来学；61 岁时（弘治元年戊申，1488），李承箕从湖北嘉鱼远道来学；67 岁时（弘治七年甲寅，1494），增城湛若水来学，石斋依禅宗传法门风，赠江门钓台归甘泉管，江门衣钵由此得以传续。石斋开创的江门学派秉承崇仁学派康斋养虚静的修养论，将康斋"静时敬"的涵养论推向专于虚静中求善端，养德性，以自得、自然之学为归宗，致力于在虚静中感应万事万物的内在之理，将明初儒家向内用力的修养论推到无以复加的致虚"心学"②地步，被敬斋定位为"只弄得这些精神"③，被刘念台定位为作弄"精魄"④，而被贴上禅学的标签，广受当时官员和学者敌视。自王阳明致良知风行天下后，江门心学逐渐被学者们广泛接受、传播，而石斋本人也与阳明、敬斋同时在 1585 年从祀孔庙而被天下学子所膜拜，从此江门心学因姚江心学的大繁荣而成为明代心学的重要源头。

白沙虽在康斋馆下就学时间不长，但是 1458 年康斋北京来往之行诗作均寄给远在新会的石斋，足见康斋对石斋的赏识。在心包宇宙⑤、随处自然之

---

① 王阳明是通过京城第三次考试方才中进士，从此踏入仕途。

② 《陈献章集》，孙通海校点，第 380 页；第 383 页；第 645 页；第 664 页。

③ （明）胡居仁：《居业录》，丛书集成初编，王云五主编，上海商务印书馆，1936，卷七，《老佛第七》，第 84 页。

④ （清）黄宗羲：《明儒学案》，沈芝盈点校，上册，《师说》，第 5 页。

⑤ 《陈献章集》，孙通海校点，卷五，《五言绝句》，《读李评事承芳文》（三首），第 523 页。

学[①]、静观万物生意[②]、收敛精神[③]、元气说[④]、养吾真[⑤]、还真性[⑥]诸方面，石斋坚持并发展康斋的这些养法。但是，与敬斋从外在经世之学层面发展康斋学相反，石斋从向内的心灵涵养视野拓展与创新康斋的性灵学，注意到通过感悟超越的“非积累”的方法也可以感受到“源泉自涓涓”自得境界，其“何必窥陈编?”的说法摆脱了康斋以读书渐修积累的心学，由此建构了一套更为深密的致虚感应之学，“立本贵自然”之说就超出圣学的边界，走进禅学了。[⑦]当石斋在通过“非积累”的方法进行自然之学修养的时候，事实上他已经发展和创新康斋学所主张的渐修积累成圣之方，正是在这个意义上，梨洲说石斋的心学思想是他自己的开新，“不关聘君，当为别派”[⑧]，并重新单列《白沙学案》卷以示重视。

本体论上，石斋主张宇宙天地万物起源于胚胎[⑨]、元气[⑩]、元精[⑪]与太极[⑫]，世界无不在变化之中，是虚空与虚无的[⑬]。为此，为了保养人类自身的至善之性，需要借助道眼[⑭]、无极眼[⑮]的动察与辨别，在静坐蒲团[⑯]、跏趺（结跏趺

① 《陈献章集》，孙通海校点，第 278 页；第 280 页；第 294 页；第 323 页；第 520 页；第 616 页；第 645 页；第 647 页；第 683 页。
② 《陈献章集》，孙通海校点，第 282 页；第 339 页；第 345 页；第 377 页；第 420 页。
③ 《陈献章集》，孙通海校点，第 478 页；第 506 页。
④ 《陈献章集》，孙通海校点，第 300 页；第 305 页；第 303 页。
⑤ 《陈献章集》，孙通海校点，卷五，《五言律诗》，《筑室》（二首），第 368 页。
⑥ 《陈献章集》，孙通海校点，卷五，《五言排律》，《月桂自白石移来》，第 506 页。
⑦ 《陈献章集》，孙通海校点，卷四，《五言古诗》，《答张内翰廷祥书，括而成诗，呈胡希仁提学》，第 279—280 页。
⑧ （清）黄宗羲：《明儒学案》，沈芝盈点校，上册，卷一，《崇仁学案一》，第 14 页。
⑨ 《陈献章集》，孙通海校点，第 374 页；第 508 页。
⑩ 《陈献章集》，孙通海校点，第 300 页；第 305 页；第 333 页。
⑪ 《陈献章集》，孙通海校点，第 537 页。
⑫ 《陈献章集》，孙通海校点，第 522 页；第 573 页。
⑬ 《陈献章集》，孙通海校点，第 350 页；第 361 页；第 401 页；第 510 页；第 515 页；第 524 页；第 566 页；第 614 页。
⑭ 《陈献章集》，孙通海校点，第 284 页；第 468 页；第 522 页。
⑮ 《陈献章集》，孙通海校点，第 649 页。
⑯ 《陈献章集》，孙通海校点，第 359 页；第 360 页；第 365 页；第 413 页；第 420 页；第 433 页；第 458 页；第 477 页；第 485 页；第 489 页；第 495 页；第 515 页；第 569 页；第 571 页；第 576 页；第 586 页；第 587 页。

坐）①、坐忘②、端默③、抱膝坐④等修持环境中动察、感应与觉悟宇宙自然之理，与物同体、同虚与同观，收敛精神，洗心澄虑⑤，调习变化自身性情⑥，步入与物同体的“太清”⑦之境。由于石斋阅读大量的佛教和道教书记，文集中就有披禅衣入睡⑧、阅读《庄子》《法华经》⑨《楞严经》⑩记载，借用“一念”⑪的修禅方法，感悟到“一即一切”⑫、月印万川的华严禅思想，其文集不少地方因隐语而令人难以读懂，具有浓厚的禅宗心学觉悟色彩。由于石斋之学重视内心明觉对道理的感应⑬，过于把捉自流虚静本体，留恋境界论的光景，缺乏对六经的义理探索⑭，故而其学术缺乏康斋心学那样的深厚广博与知识沉淀，缺乏对挺立内在德性主体的博览工夫，有任性情自然流露的弊病，缺乏思辨的涵养空间，其门人甘泉注意到师学的这一弊病，故从濂溪、横渠、五经之学等博文约礼层面加以接洽，有意将老师心学拉回到宋学的阵营，虽矫正了师说放任性情表达的流弊，却也失去石斋心学自由活泼的生气。

总之，石斋在对“心灵”虚静自然的涵养中，将康斋的随处自然的养法抬升到本体论层次，以“虚无”、“自然”为认识世界、改造世界的本原，放弃老师主敬教法⑮，在主静中涵养善端和德性，试图摆脱六经渐修积累养法而在一

---

① 《陈献章集》，孙通海校点，第 282 页；第 344 页；第 349 页；第 350 页；第 409 页；第 546 页；第 655 页。

② 《陈献章集》，孙通海校点，第 303 页。

③ 《陈献章集》，孙通海校点，第 282 页。

④ 《陈献章集》，孙通海校点，第 518 页。

⑤ 《陈献章集》，孙通海校点，第 316 页；第 610 页。

⑥ 《陈献章集》，孙通海校点，第 302 页。

⑦ 《陈献章集》，孙通海校点，第 451 页；第 478 页。

⑧ 《陈献章集》，孙通海校点，第 589 页。

⑨ 《陈献章集》，孙通海校点，第 326 页；第 344 页。

⑩ 《陈献章集》，孙通海校点，第 652 页。

⑪ 《陈献章集》，孙通海校点，第 312 页；第 324 页。

⑫ 《陈献章集》，孙通海校点，第 660 页。

⑬ 《陈献章集》，孙通海校点，第 289 页；第 342 页；第 644 页。

⑭ 石斋说，“六经无光辉”，参见《陈献章集》，孙通海校点，第 281 页。

⑮ 康斋晚年弟子谢西山（谢复，1441—1505，安徽祁门人）曾批评白沙的主静之学，他说“小儿归自岭南复得先生所为诗，读之晚年所得，专主于静，似有戾乎先师之说……世之高明，递相祖述，以为吾道之宗。仆惑滋甚。噫！安得起先生（转下页）

念觉悟与感应中证圣贤之道，沉迷于心体上追求自由与自得的天地境界，缺乏对公共事务的自觉参与和担当精神，无暇在认识论上打开对外在事物的博览探求，与阳明后学一起推进明代的启蒙思潮和文学解放运动，不自觉的打开明代中后期性灵学放任性情自然流露、缺乏道德约束的物欲之门，无助于明代晚期衰败社会形势的对症解决，客观上加剧明代后期的道德示范和权威失序。

贺医闾（1437—1510）以其扎实、深厚的道德涵养而被儒林所赞誉。① 曾接受了白沙的“随时随处”② 进学之方与主静涵养之学，“主静先去了许多劳攘”③，意识到了主静带来身心收敛的效果，但是由于母亲年事较高，最终还是没有放弃社会伦常走入专一虚静之学的地步，坚信“持敬之功方有入处”④，“（躬行）须先以敬为主，不敬便不是圣门家风”⑤，回到“持敬以收放心”⑥ 的程朱之学阵营。医闾是石斋门下较早受学的学生，拜师之后，坚定先前的休职养学的初心，即致仕归辽宁义县老家，潜心涵养，推进乡村教育，教人“收敛精神，潜心为己”⑦，致力于成圣之功。医闾之学强调静敬的交养，先静后敬，敬主静辅，更为靠近康斋的涵养论，他从白沙处获益更多的是光明人格的启发之功，并对老师放弃经学博览路径表示不同意见，表示出“不免有过高之意”⑧ 的担忧，但是由于与石斋交往多年，在心学上还是留有不少石斋主静学的痕迹，如“年老睡还少，夜长醒更多。土床烟火足，趺坐默吟哦”⑨，可见其

（接上页）于九原而解此惑耶?”，参见（明）黄宗羲：《明文海》（全5册），中华书局，1997，卷二十五，（明）谢复：《书白沙先生诗稿后》。

① 张兆裕先生对医闾的学术进行从为己之学、《小学》之教、主敬等方面较为全面的深入分析，参见张兆裕：《贺钦之学与成化弘治间的学术》，《明史研究论丛》，第九辑，第186—196页。

② （明）贺钦：《医闾先生集》，武玉梅校注，辽宁人民出版社，2011，卷三，《言行录》，第28页。

③ （明）贺钦：《医闾先生集》，武玉梅校注，卷三，《言行录》，第28页。

④ （明）贺钦：《医闾先生集》，武玉梅校注，卷三，《言行录》，第28页。

⑤ （明）贺钦：《医闾先生集》，武玉梅校注，卷三，《言行录》，第31页。

⑥ （明）贺钦：《医闾先生集》，武玉梅校注，卷五，《存稿》，《简石斋陈先生》，《又》，第60页。

⑦ （明）贺钦：《医闾先生集》，武玉梅校注，卷二，《言行录》，第15页。

⑧ （明）贺钦：《医闾先生集》，武玉梅校注，卷二，《言行录》，第17页。

⑨ （明）贺钦：《医闾先生集》，武玉梅校注，卷九，《诗稿》，《偶成》，第140页。

晚年因睡不着也有佛教“结跏趺坐”习惯，却也反映出白沙心学开始成为时代风潮而席卷天下的涌动。

四年后（1470年）正式拜入石斋门下的林南川（1439—1519，东莞人）后来以“端默”涵养本源之学著称①，尤以养“天灵”的良知良能学为特色。石斋在45岁时写给南川（1472年，时34岁）的信中，明确提出“良知良能”是能鼓舞人令其自信于静坐中“寻见端绪”的为学之法，他说“缉熙其代余言，大意只令他静坐，寻见端绪，却说上‘良知良能’一节，使之自信，以去驳杂支离之病，如近日之论可也”②，指出师生之间讨论所发明的孟子良知良能学说有助于体察圣贤之学。在后来为谋生而为石斋不耻长达24年的地方教授、国子监博士与管理王府事务的左长史职位上磨炼中，南川接洽石斋的道化自然的宇宙虚无思想，发展了孟子的良知良能思想，师徒之间心学上互相勉励与开新，注意在“一念之微”上觉察，提出了自己的沃养“灵根”的性灵学。南川在64岁时熟读朱子诗歌后对自己的心学进行了（1502，弘治十五年壬戌）整体性的总结，表达出自己对康斋自然之学、石斋端倪之学的继承，提出了“良知与良能，灿然义智礼”的体验良知说③，表达出“天机运无停，枢纽在吾心”的自得与自然思想④。南川体验到良知与良能是在“不假丝毫力，潭澄水自止”的工夫环境中对灵根、元精天地本原的感悟。⑤石斋以道、大块、元精、胚胎诸范畴接洽康斋的元气概念对宇宙本原的解释，南川则以胚胎⑥、天根、天机、天灵、灵根、精魄诸范畴继续并推进石斋的道学。早在33岁时正月二十五日（1471年，成化七年辛卯年），南川在给老师

① （明）贺钦：《医闾先生集》，武玉梅校注，卷五，《存稿》，《简石斋陈先生》，《又》，第60页。

② 《陈献章集》，孙通海校点，《陈献章诗文续补遗》，《与林缉熙书》（三十一则），《十》，第972页。

③ （明）林光：《南川冰蘖集》，罗邦柱校点，中国文史出版社，2004，卷十一，《斋居感兴》（二十首，和晦翁），第392页。

④ （明）林光：《南川冰蘖集》，罗邦柱校点，卷十一，《斋居感兴》（二十首，和晦翁），第392页。

⑤ （明）林光：《南川冰蘖集》，罗邦柱校点，卷十一，《斋居感兴》（二十首，和晦翁），第392页。

⑥ （明）林光：《南川冰蘖集》，罗邦柱校点，卷十，《严州再遇迎春》（二首），第356页；卷十，《寻梅》（四首），第359页。

石斋（时 44 岁）的信中就表示出自己要以“一念之不忽”对参前倚衡性命之理的“尘积而滴贮”①，二月二十八日回信中更是表示出对石斋端倪心学的“有着落处”、“果不我欺”②，并表示要以“勿忘勿助”的自然之方涵养端倪③，在九月的回信中，南川则明确表示要以“守吾默默，时而应之”态度涵养此学④。在 37 岁十月二十日（1475，乙未年）南川在老师的信中说自己的进学新得，“默会者，机缄若神启”⑤，对端倪心学更加自信。随后，南川对端倪学要“默而成之”，“求于心”，“融于心、神于口、神于手”，显示出其端默之学已经成型。⑥此时的南川对自己的体认“太极浑沦”本体之学颇为自信，他说“太极浑沦之本体，豁然动于中者，无停机矣……由是随动随静，虽欲离之而不可得。然后，反而验诸六经，有不知其然而不得不然，不求其合而不得不合。浩乎沛然，若江河之有源，湖海之有归，濬之而益深，引之而益长，大可以包六合，细入于毫芒”⑦，说明他通过证悟和博览打通内圣之学，获得心包宇宙、深造自得与左右逢源的心境。其后，南川在长达九年平湖教谕任职闲暇之余，“每日端默”于安静小室⑧，潜心从事于端默涵养端倪的工夫，工夫渐趋细密。在“静见动中原”中⑨，南川继承老师蹦跌深养灵根（胚胎）的涵养论，如“回观不了天机妙，痴坐深存造化胎”⑩、“冬卧愁襟薄，蹦跌付

---

① （明）林光：《南川冰蘗集》，罗邦柱校点，卷四，《奉陈石斋先生书》，第 101 页。

② （明）林光：《南川冰蘗集》，罗邦柱校点，卷四，《奉陈石斋先生书》，第 102 页。

③ （明）林光：《南川冰蘗集》，罗邦柱校点，卷四，《奉陈石斋先生书》，第 102 页。

④ （明）林光：《南川冰蘗集》，罗邦柱校点，卷四，《奉陈石斋先生书》，第 102 页。

⑤ （明）林光：《南川冰蘗集》，罗邦柱校点，卷四，《奉陈石斋先生书》，第 109 页。

⑥ （明）林光：《南川冰蘗集》，罗邦柱校点，卷四，《答陈石斋先生书》，第 111—112 页。

⑦ （明）林光：《南川冰蘗集》，罗邦柱校点，卷五，《奉陈石斋先生书》，第 143 页。这封信是南川在 54 岁时（1492 年，弘治五年壬子）向老师解释自己迫于“亲老无养”、“妻子饥寒”等生活贫困的无奈而入禄仕，参见此信第 144 页。

⑧ （明）林光：《南川冰蘗集》，罗邦柱校点，卷五，《奉陈石斋先生》，第 135 页。南川在这封 50 岁的（戊申七月七日）回信中，说明自己精心挑选了一处雅室。他说，“今日上司少来，来者或不到平湖。有一二到者，凡百亦蒙优恕，官中颇闲。圣殿西有一室，静如僧舍，与衙署正连，稍宽凉。庑墙环围，人不易到，每日端默其中而已。”

⑨ （明）林光：《南川冰蘗集》，罗邦柱校点，卷十一，《斋居感兴》（二十首，和晦翁），第 393 页。容肇祖先生对南川的“静养动应”给予了特别关注，并专门论述南川的心学思想，值得参考，参见容肇祖：《明代思想史》，齐鲁书社，1992，第 44—51 页。

⑩ （明）林光：《南川冰蘗集》，罗邦柱校点，卷八，《平湖病目有感》，第 263 页。

一卢”①、“尘庵寂静偏宜睡，僧榻跏趺忽有诗”②。尤为可论的是，南川致力于养“天灵”的道德修养论，49岁时（丁未，1487）的“何容一物入灵台”③、“坐入深更月向低，天灵一点照群迷”④，55岁后的“灵根尚可浇”⑤，60岁（戊午，1498）的“天灵一点幸不灭，眼中了了那容言”⑥，其对灵台、天灵与灵根的涵养推进石斋的端倪心学。总之，南川在尊重六经和程朱理学的基础上，尤其是66岁后（甲子，1504）更加重视对天灵、天根学的涵养，察识“天心”造化的神妙⑦，“静观”天根⑧，“默语神明”⑨，在坐忘与习静中专心于性灵之学的涵养，推进康斋、石斋一脉的涵养论，为快要成长的阳明良知精灵学提供心学史的知识论背景。

张诩（1455—1514，字廷实，号东所，南海人）请求致仕后，专一于涵养、践履，禅学化更加明显，把老师白沙的心学思想带入更加密微的禅学境遇。他以“一真万事、本具圆成”来概括白沙的主静之学⑩，以“全体之呈露、妙用之显行”来表达白沙学旨⑪，行文中用“麟瑞”来形容白沙，把白沙人格夸大和神话，俨然是受了禅宗传法世系的影响，以致引起南川等人的强烈不满。除了运用佛教语言表达老师的心学主旨外，在教学中，他主张寂静中觉悟“无思无为之体”⑫，心领神会、默契心学⑬，证得“圆融”之学⑭。在听

---

① （明）林光：《南川冰蘖集》，罗邦柱校点，卷八，《平湖病中思南归》（六首），第263页。
② （明）林光：《南川冰蘖集》，罗邦柱校点，卷八，《宿大乘寺》，第277页。
③ （明）林光：《南川冰蘖集》，罗邦柱校点，卷八，《福源寺偶赋》，第280页。
④ （明）林光：《南川冰蘖集》，罗邦柱校点，卷八，《偶述》（三首），第283页。
⑤ （明）林光：《南川冰蘖集》，罗邦柱校点，卷九，《次韵石斋先生见赠》，第317页。
⑥ （明）林光：《南川冰蘖集》，罗邦柱校点，卷十，《小年遣怀》，第342页。
⑦ （明）林光：《南川冰蘖集》，罗邦柱校点，卷十一，《孔庙迎香遇雪》（甲子十一月十五日），第405页。
⑧ （明）林光：《南川冰蘖集》，罗邦柱校点，卷十一，《奉谢诸明公惠乙丑历》，第405页。
⑨ （明）林光：《南川冰蘖集》，罗邦柱校点，卷十二，《新斋为施宪副题》，第409页。
⑩ （明）张诩：《东所先生文集》，四库存目丛书，集部第43册，卷七，《墓表碑铭》，《白沙先生墓表》，第408页。
⑪ （明）张诩：《东所先生文集》，卷二，《序》，《白沙文集序》，第371页。
⑫ （明）张诩：《东所先生文集》，卷五，《记》，《介石记》，第401页。
⑬ （明）张诩：《东所先生文集》卷五，《记》，《嘉会楼记》，第396页。
⑭ （明）张诩：《东所先生文集》，卷十一，《五言律诗》，《次韵寄湛元泽》，第429页。

闻甘泉对阳明学的介绍，他说“凭君传语阳明子，我正扶衰候岭云”①，表示出自己很愿意与心学后辈王阳明促膝交谈的喜悦心情，体现出二人心学的内在相契。

石斋后期弟子湛甘泉（1466—1560，增城人）提出“日用间随处体认天理”之说，深得白沙器重，并被传以江门钓台，其学得白沙印证。甘泉后来在博览宋学的基础上，本体论上坚持老师的气化自然与宇宙虚静之说，但工夫论上以主敬代白沙的主静，以忘助两忘代随处自然，以心事理的一体融合之学重新解构白沙的涵养论，从而把白沙、南川与东所等人致力于向内涵养的虚静之学转向经世博约之学，失却白沙心学的飘逸潇洒旨趣，走向中正平和的日用之学。甘泉提出格物致知的体认天理学来抗衡王阳明的致良知教时说“昔者阳明公云：‘吾只与学者凿粗坯，待甘泉来与出细’”②，阳明自述与甘泉对阳明心学经历过“存理去欲”功夫论、“正念头”③格物说到“致良知”的由粗到细学术转换是一致的。故，晚期的王阳明自认为其良知学较为成熟。但在甘泉看来，其良知学还是缺乏一段“思辨笃行”④的体认功夫，将来终究会陷入“空虚”之学的境地，陷入“终究是空”“毕竟是空”的境地，这正是其天理学特别注重实用的优势，故而主张天理与良知的互动、密契，避免良知学“空虚”与天理学“求外”缺陷，实现良知“无空”、天理学“无外求”⑤。

甘泉四大弟子则表现出回归程朱理学吸取学术的养分来弥补江门心学家过分把捉精神而遗缺博学格致知工夫的不足。甘泉嫡传洪觉山（1507—1591）⑥在温州知府失职免官后潜心于婺源山中涵养，在坚持白沙、甘泉的涵养胚胎

① （明）张诩：《东所先生文集》，卷十三，《七言绝句》，《湛内翰将行怅然有感，兼怀阳明子》，第429页。

② （明）湛若水：《湛甘泉先生文集》，四库存目集部56册，卷十一，《问疑续录》，第640页。

③ （明）湛若水：《湛甘泉先生文集》，卷七，《答阳明》，第568页。

④ （明）湛若水：《湛甘泉先生文集》，卷七，《答王宜学》，第570页。

⑤ （明）湛若水：《湛甘泉先生文集》，卷十七，《赠掌教钱君之姑苏序》，第570页。

⑥ 中国社会科学院历史研究所陈时龙博士认为觉山的生卒年限为（1507—1593），考《官源洪氏宗谱》，查知觉山捐馆当在万历辛卯年六月，即1591年，故姑且以1507—1591为觉山的生卒年限。学者祝世禄撰有《大儒觉山先生传》，参见（明）祝世禄：《环碧斋诗三卷尺牍五卷》，四库存目丛书，集部，第94册。

自然之学基础上，在良知学思潮风行的学术背景下，提出了“不落意”[①]、“不起念”[②]的克念之学，“知止”之学贯通动静[③]，“以知规念”[④]，随时随处体认至善[⑤]，在几微萌蘖之间着力[⑥]，回归大学的“知”上察觉工夫，以此来反对王阳明的“正念头”之学[⑦]，是晚明许敬庵、刘念台克念学的理论先声。

① （明）洪垣:《觉山先生绪言》，续修四库全书，子部杂家类第1124册，卷一，第46页。

② （明）洪垣:《觉山先生绪言》，卷一，第49页。觉山在文集中，多次提出不触物起念、断念、不从躯体上起念、不动念的向内收敛与涵养的工夫路径。

③ （明）洪垣:《觉山先生绪言》，卷一，第68页。

④ （明）洪垣:《觉山先生绪言》，卷二，第81页。

⑤ （明）洪垣:《觉山先生绪言》，卷一，第52页。

⑥ （明）洪垣:《觉山先生绪言》，卷二，第80页。

⑦ （明）洪垣:《觉山先生绪言》，卷一，第70页。

第三章　胡敬斋余干之学的实践面向

胡居仁（号敬斋，1434—1484，江西余干县人）为康斋弟子中较为贫寒的一位，因为地处鄱阳湖附近，其家常年饱受洪水之害，人烟稀少，经济不富裕，生活物资水平拮据。在敬斋文集中，我们随处可以看到他在树林中苦读的身影，生活很辛苦，也看到他积极给地方政府官员献计献策。受制于经济贫困的刺激，敬斋的理学思想以主敬为主导，静养为辅助，可见他并不是很欣赏老师康斋的静养性灵的教法，但却也将之融入主敬的规矩中去，又回到动时敬的传统程朱学的老路子上去，学术特色较为保守，不如白沙心学豁达。或许因为生活特别不容易，他在日常生活中表现出紧张和焦虑情绪，尤其是对崇仁学派同门表现出强烈的道德主义，对白沙人品多有微议，对白沙心学的兴起多方写信阻挠，与娄一斋、陈白沙等同门关系较为紧张，也导致其在学术界较为孤立，不如白沙交往圈大，这也限制其学术思想的传播。但其在经济困难条件下，依然刻苦自学三十余年，其学术精神让人感动。

第一节　理至上主义与胡、陈之辩

对于敬斋先生学术思想的研究，目前成果不少。① 王伟民研究员除对胡居仁理气观做详细的论述外，还对格物致知说、社会历史观两个课题进行研究。

① 钱穆:《中国学术思想史论丛》(卷七)，安徽教育出版社，2004。王伟民:《胡居仁儒学思想述评》,《江西社会科学》，1988 年第 3 期，第 86—89 页；姜国柱:《胡居仁的理学思想探微》,《孔子研究》，1992 年第 3 期，第 43—51 页；吕妙芬:《胡居仁与陈献章》，台北文津出版社，1996，第 1—194 页。

姜国柱教授除对胡居仁理气论做详细的论述外，还深入的分析知行说、主敬学两个层面。国学大师钱穆在其《中国学术思想史论丛》上详细论述胡居仁学的规模，对胡居仁的道问学极为赞赏，多有赞誉。吕妙芬则对胡居仁学的主敬思想及其和陈献章和娄谅的学术纠葛进行研究，对胡居仁学与朱子和阳明关系论述甚详。近几年，不少中国哲学专业的博士、硕士论文多有论述胡居仁学术思想。本章节的主要特色理清胡敬斋先生学术在本体论上的内在理路，包括他是如何继承和超越吴与弼理气论；深入分析他与同门娄谅、陈献章的学术分歧，指明其学术分野对15、16世纪的影响。胡敬斋先生将元气统一于理中，重申心与理本一、合一，增强理的义理性，形成理本论式唯理主义学说。① 胡敬斋强调人的本心对外在与客观之理的认识。寸心、灵台可以发现与人对待之天理，理心相契、合一，为明代心学的大明开启提供思想史背景。本心的发现以读书穷理、静坐、居敬、随事察理等方法为下手工夫，明初的道德修养论渐趋细密。胡敬斋主张心具重理、心应万事，可算是15世纪中国儒学巨子。

一　理权威世界的再次重建

胡敬斋认为理先气后，理主气，气具理，天地间无处不是气，气动成动静。

胡敬斋所主之气是形下的阴阳之气，也就是吴康斋所论之元气。元气是天地万物的本原，在人之身表现为血气。他说“天乃气化之主，生物之祖”②，“天地间无处不是气……虚器内皆有气”③，继而提出“太极者，理也。阴阳者，气也。动静者，理气之妙用也”④。胡敬斋比较喜谈天地变化及其内在之理的逻辑构造与缘由，以太极总理。⑤ 康斋不喜谈理气。胡敬斋主张的“理有动静、

① 为了与古代学术研究相一致，本文首次讲其名字，后文一律用号表示。本文资料主要来源，（明）胡居仁：《居业录》、《胡敬斋集》，《丛书集成初编》，中华书局，1985。张伯行所编此书与四库版有不少不同，请读者辨之。

② 《居业录》，卷六，第71页。

③ 《居业录》卷六，第73页。

④ 《居业录》，卷八，第120页。

⑤ 王伟民：《胡居仁儒学思想述评》，江西社会科学，1988年第3期，第86—89页。杨柱才博士认为，胡居仁熟读朱子语类，不仅没有反对朱子理气说，反而引活泼与实在之气入理，丰富朱子的理气说。黄宗羲《明儒学案》所引的“由此理则有（转下页）

周流不息”比朱子更突出理气的浑然一体①；其“气乃理之所为”比朱子更明确“理先气后”的观点。②他说“理是气之主，气是理之具”③，“有理而后有气。有是理必有是气，有是气必有是理，二之则不是，然气有尽而理无穷，理无穷则气亦生生不息”④，理、气密不可分，互相依赖。胡敬斋之理是有气之理，主张理气的粘着性，而人之本心察识此理。

在理主气具的体系内，气的地位上升，是胡敬斋采老师康斋元气说的表现。康斋不多谈理气，胡敬斋喜谈理气，但尚未上升到陈白沙所主张的气本论程度。⑤胡敬斋的理气说对后世学子影响较大，如王阳明的理气说就与他一致。他的“天下古今，一理而已”⑥，显现其作为理本论的立场。⑦胡敬斋与康斋进学之道均从小学、《近思录》、四书等传统儒学典籍入手，讨厌道、禅。总之，胡敬斋主张理气不离，理在气中，气从理出，有理必有气。心、理和气难分难舍。心宰理、理宰气。⑧从宇宙本体论的角度看，理先气后，理无穷、气有尽。

（接上页）此气，气乃理之所为是反说了。有此气则有此理，理乃气之所为”此语不一定是胡居仁所语。因为杨柱才博士翻阅正宜堂本和四库本《居业录》均无此句。参见杨柱才《胡敬斋思想研究》,《中国哲学史》，2008 年第 3 期，第 95 页脚注一。或者，四库版编者有意删去此句，也有可能，值得我们继续探讨。

① 《居业录》，卷八，第 110 页。

② 胡居仁看出陈献章认气作理，具有气本论倾向，杨柱才：《胡居仁思想研究》，第 94—5 页。

③ 《居业录》，卷八，第 120 页。

④ 《居业录》卷八，第 100 页。

⑤ 杨柱才：《胡敬斋思想研究》，第 97—101 页。

⑥ 《胡文敬集》，四库全书版，第 47 页。《胡文敬集》出处下同。

⑦ 王伟民：《胡居仁儒学思想述评》，86—89 页。胡居仁对“理”的过分强调，对“理”的至上性加以强化，容易使它成为抽象僵化的教条，这或许是程朱理学发展的必然结果和王学兴起的先兆吧。在他心中，实有之理具有非常重要的地位，以至于他敢于向他的两位师兄娄谅和陈献章公开表达自己所思所想，甚至严厉与毫不客气的批评他们，以“正学有害”、“乱贼”(《胡文敬集》，第 21 页）等词汇来表达。或许，在胡居仁的心中，儒家日用平正之理丝毫不能逾越。胡居仁的理散在事物上。他说“人事无非一理之所为。即所谓万殊而一本、一本而万殊者也”(《胡文敬集》，第 47 页）。而在他看来，娄谅和陈献章的道或理是虚明高脱、不切实际的，容易误人子弟。在清朝，此理很有可能上升到宗教的层次，压抑人的思想创新与心灵自由，甚至是“以理杀人”的地步。所以，黄宗羲在《明儒学案》称之为“狷者”，不是没有道理的。

⑧ 姜国柱：《胡居仁的理学思想探微》,《孔子研究》，1992 年第 3 期，第 43—51 页。

理是本体，具有真实性；心虚灵，具众理。理为宇宙本原，心为认识工具，理心之间存在依存关系。①

胡敬斋认为心理不离，存心即可存理。②理、气均由心知。他对理气心三者内在关系的分析，比老师吴康斋更胜一筹。③胡敬斋消化吸收康斋的“理具于吾心”，重提朱子“心与理本一”与“心具万理”说。

（一）理、心本一。心体本虚却实，内中有理存。康斋论心之功夫多是克制血气之心而设的方法。胡敬斋浸润康斋门下，故而其理气所论之心亦是对治血气之心。④他说，“心与理本一。心虽虚，理则实。心中无他物，只有此理全具在内”、“理与气不相离，心与理不二”，故理明则本心自明、清明。⑤这也正是胡敬斋一直对理存在着至上主义关怀的原因。而这种关怀是为着自我本心清明而来，以便应付天下之事。⑥其理全在心即是心体本全之意，故胡敬斋特别注重心上功夫，心存则理明，心放则理昏。⑦其“心与理一”即是诚，即实理贯彻到本心上的自然表现，故他说“诚，实理也”。⑧可见，“心与理一”、“心体本全”蕴含的心之自觉性和至上性思想，坚持和推进朱子心学思想。⑨胡敬斋以理与气不离，证心、理不“二”，将心、气、理连为一体，使“气”楔入了“心”与“理”之间，这样的思想无疑为明代心学的发展埋下了契机，有利于气本论说的展开。⑩

（二）心具万理。心具有知觉的主动能力，主宰与管束万理。胡敬斋说，“仁者，本心之全德……只是此一个生理”。⑪本心具全德即仁者境地，而“心与理一”即诚，可见，胡敬斋关于理心关系存在着由仁到诚、由贤到圣的内在

---

① 姜国柱：《胡居仁的理学思想探微》，第44页。

② 杨柱才：《胡敬斋思想研究》，第94—101页。

③ 不少清儒欣赏胡居仁义理精深处，参见四库馆臣所作的提要。

④ 杨柱才：《胡敬斋思想研究》，第96页。

⑤《居业录》，卷一，第2页。

⑥ 思想家钱穆对胡居仁多有赞誉，赞其学理谨严，深研心学，粹然醇儒，参见钱穆：《中国学术思想史论丛》(卷七)，安徽教育出版社，2004，第9—14页。

⑦《居业录》，卷一，第3页。

⑧《居业录》，卷三，第29页。

⑨ 杨天石：《朱熹及其哲学》，中华书局，1982，第222页。

⑩ 刘宗贤：《明代初期的心性道德之学》，《中国哲学史》，1999年第2期。

⑪《居业录》，第111页。

义理上的推进。他的“理虽散在万事，用之微妙，实不外乎一人之心”与“盖心具万理，众理悉具于心，心与理一也”观点，主张通过心宰万理来实现心导万物、事事循理的有序王道理念。① 心—理—身—事的体用逻辑体现了儒者的经世精神，表现胡敬斋实学的外王风格和去禅学化“儒教”精神。

胡敬斋特别突出理、心之间的联系与不可分，体现出他理学思想内部的矛盾性。一方面，他要坚持客观实在天理的至上性，如“人之所为者理也”、“人之心皆天理之所为”②；另一方面他强调理在事物上的呈现仍然需要本心的磨炼（“存心”），如“心存则处事当理，事得其理则心益存”，最终实现他所谓的圣人境界，即“心不离乎理”、“理不离乎心”心理常一的心境。③ 在理之展开过程中，胡敬斋以主体之本心为出发点，从心上用功夫，涵养本心之内在“全德”，具外在事物之“众理”，继承康斋本心即“生理”的思想。胡敬斋的理心思想与其老师康斋并无大异，不同之处在于他似乎更赞同将心安顿在外在事物的“成物”上，以求促进伦理秩序的和谐与社会、经济的发展，而不再局限于老师对“死读经书”自我快乐心体的追求。

胡敬斋的心具万理以达心理合一是通过居敬穷理（格物致知与博文约礼）的传统朱子学路子，他要把理安顿在真实的公共事务中，在实在的义理上磨炼身心，要推行礼法以此来获得真实不妄之理，即他说的理明心清。把心安顿在究事物之理是胡敬斋工夫论的核心所在。

二 涵养本心的心学方法论

胡敬斋的生平抱负与时代议题与康斋颇不同。作为早慧而又刻苦自立的江西余干人，他确实比同门陈白沙要坚强的多。其长于著述，善于剖析义理，研判儒佛之辩，以振兴儒学为己任，赢得儒林尊重。康斋捐馆之后，15 世纪后半期出现一股援佛道入儒的学术思潮，以陈白沙、娄一斋（1422—1491）、罗一峰（伦，1431—1478，江西丰城人）、张东白（元祯，1437—1506，江西南昌人）、蔡登（一斋先生高弟）等人为代表的心学思潮涌动、发展，而以传统程朱理学为代表的正统儒学因人才缺乏而渐入衰落。面对理学派遭受的合法性

① 《居业录》，卷一，第 40 页。
② 《居业录》，卷二，第 15 页。
③ 《居业录》，卷八，第 95 页。

困境，胡敬斋试图回答“静时有心”和“心实，故不须察见”两个重大问题，要从义理上证明心“真有却未形”“真实却虚不可见”。故他猛烈的批评佛学和道家哲学的空洞性、无物性和虚无性，以此来批评同门陈白沙和娄一斋等人的禅学化倾向，巩固儒家正学的合法性。敬斋与白沙二人同学一师，有半年多的时间在一起共学。学术界所说的“同门相契”表现在胡敬斋、陈白沙都追求心、理的“洞然”、“洞如”，求理心合一的自然贯通，实现勿忘勿助与心体自然之心境。胡敬斋讲心涵摄理，陈白沙则直讲心的无所不容。陈白沙心学追求心体的自得、自然、无意与潇洒状态。其心学与象山本心学类似，工夫论上以“无心”“无意”为归宿，故被讥讽为“禅”。①

胡敬斋固守朱子学，坚持老师康斋的本心说、天心说与天性说。胡敬斋多讲“本心”即仁义之心，有“虚灵不测”、管治万物的特性。其以天君代替老师的天心。儒家理之安顿处，在天为天性，在人为本性。本心所具之实理即为天命之真性，如“人之一心，万理咸备……主乎诚敬，则本心全体即此而存”、“盖能推致吾之知识，使无不尽，则本心洞然，万变毕照”，可知胡敬斋之心要求外在事物的管治，较陈白沙之心为实。胡敬斋主“盈天地之间皆物”，其心多有物在其内。②在胡敬斋看来，陈白沙本心所具之虚理、无用高明之理即是佛道之理，有碍社会秩序的维持。他尤其喜欢批评陈白沙、一斋，说其二人虽“聪明识义理”，然“丧其本心”，“专欲本心之虚灵”、“分内外心迹为二本”，不究实学、实理。他断断不能理解认同、终生批判的就是陈白沙之辈以追求心体的快活、自由而不照管世间真实的公共事务。胡敬斋的天性说以至善为宗，又分为体用二元之分，即德与情，具有自然性，如“天心若欲兴斯道，莫叹人生会晤难”、“天命之性，具于人心，浑然至善。其体则为仁义礼智之德，其用则为恻隐羞恶辞让是非之情，是皆本于自然，非有待于强为也”。这些观点成为胡敬斋反驳娄一斋与陈白沙入禅的主要依据之一。他说，陈、娄“彼之见性，不过想象其形似，非真能见乎天命之性而万事万物之理无不该也”，他们三人同学康斋的天性说，并以之为工夫论的检验标准。在胡看来，陈、娄“忽吾儒下学之卑近，厌应事察理之烦”，“专于静坐或反观内视，照看一个心在

---

① 《陈献章集》，孙通海校，中华书局，2009，《书漫笔后》，第 66 页。

② 《胡文敬集》，第 66—68 页。

内里；或用一个念头霸制其心，使之不走；或屏除思虑使之不出"，是儒学名教的"乱贼"。① 即便是比他分别大12岁、6岁的同门学长，胡敬斋也丝毫不给面子，其维护儒学之严可见。胡敬斋试图调和明道的"大本"之学与朱子的穷理功夫，建立一套"一""贯"（大本与达道）的功夫修养论，也尝试开拓与继承朱子的知识性精神，也重视向内涵养实在义理之本心，事实上开出心体学风。② 胡敬斋虽以实学（礼学）探索见长，但工夫入手却在"本心"。如他说功夫之要在于"不论没其本心"，"本心存则生理自在"，"本心正处"即"天理妙处、人欲净处"即"勿忘勿助之间"。胡敬斋开出心体学风在于指出"心为主事为客"，"以主待客则我不劳"，"看尽天下事，只要不失其本心"，其立论倚重于心，有挺立心体主体性的倾向，而其语气与陆象山的心学几无异样。③

三 主敬道德修养论

胡敬斋一方面以涵养性情为源头功夫，但是他更喜欢见理养心，将抽象之理运用于真实世界，随时审察事理。他对经传考据表现出浓厚的兴趣，打开胡敬斋—魏校一系对礼仪制度、音乐习俗的热情，为其唯理主义奠定学理基础。钱穆说他格物穷理规模不大，已看出胡敬斋在格物穷理上的内在困境。但胡敬斋说穷理格物"于日用事物人伦，天地山川，禽兽草木，莫不究极其所以然，明而礼乐，幽而鬼神。日月之更迭，寒暑之往来，岁月之交运，古今风气盛衰，国家治乱兴亡，民之安危，兵之胜败，无不穷究，方为穷理致知之学"，可见他试图建构庞大的格物学体系，他执着于重建王道和霸业，但是终因陷于江西余干之隅，未能在自然和公共事务中磨炼。④ 他的穷理更多的是读书、思虑、讲论与实事，虽说他于军事学、地理学、历史学、政治学和文化学无所不究，但是由于他强调王道重建过程和结果都须严格按照道德性价值取向，故他的格物穷理是很难开出"新外王"的，故得不到当权者的喜欢。他同时猛烈抨击佛道灭绝人伦，不管人间事务，他与那个时代是如何的格格不入，足见其对

① （《胡文敬集》，《与蔡登》，第23页。
② 吕妙芬：《胡居仁与陈献章》，文津出版社，1996，第143—145页。
③ （《居业录》，卷二，第82—93页。
④ （《居业录》，第15—16页。

理的崇拜和坚信。①

胡敬斋21岁（1454）从康斋（时64岁）处游学，与陈白沙同时受教康斋门下。23岁（1456），陪老师康斋福建游，访朱子建阳、考亭书院等教学遗迹。盖胡敬斋年纪尚小，得平实学问，也有“静时敬”笔记。胡敬斋工夫论以天性良知为理，以存心主敬为工夫论下手处，而涵养之“静时敬”。如“圣学以敬为本者，敬可以去昏惰，正邪僻，除杂乱，立大本”，再如“圣贤之学，彻头彻尾，只是一敬字。致知不以敬，则昏惑纷扰，无以察义理之归；躬行不以敬，则怠惰放肆，无以致义理之实……敬是彻上彻下工夫，虽做到圣贤田地，也放下这敬不得……敬者一心之主宰，万事之本根”“主诚敬以存其心”条，从上可知，敬本身是面向真实世界本身，直面现实问题，具有现实关怀、动态性与多元性。胡敬斋的敬涵盖“自畏慎底”、“肃然自整顿”、“卓然精明”、“湛然纯一”诸意。② 这是胡敬斋对康斋学的深入和创造性转化，对变化习俗大有功劳。敬本理用，可以义理贯通，存理去欲。主敬与主静的区别在于主敬照管事物，以理应对世俗礼节人伦关系，在人事上用力；而主静更多的是自我心体上的去欲，而后再去应对事物。与娄一斋不同的是，他用敬统“收放心”，“整斋严肃、主一无适”、“随动随静”，则心自然“收敛不放、内有主”、“神明不测”，通达万便，心故能应万事，其工夫论呈现出功利主义和实用主义“实学”色彩。③

四 胡、陈之辩与崇仁学派的分化和决裂

由于康斋的“风格高迈，议论英发，善启廸人；听其言者，莫不踊跃思奋”，“奋乎百世之下，览前迹而启任道之机，远续洛闽之绝学”④。康斋甚至多次亲身前往学生胡敬斋的讲学传道场所，特别喜欢看望他，顺做江湖之游，老而弥坚，学到老读到老，师生一起努力，开创15世纪中国学术史的灿烂时代。在心学义理的发展过程中，胡敬斋较早的注意到陈白沙心学“遗物”的缺陷，

① Kelleher Theresa，*Personal Reflections on the Pursuit of Sagehood*：*The Life and Journal*（*Jih-lu*）*of Wu Yu-pi*（*1392—1469*），Columbia university，1982，p.261.

② 《居业录》，卷二，第9页。

③ 《居业录》，卷二，第11页。

④ 娄谅：《吴康斋先生与弼行状》，《明名臣琬琰续录》，卷十，第20—25页。

在理论上试图矫正陈白沙心学的歧路，对同门一斋（还包括一斋弟子蔡登）和陈白沙多有批评。陈白沙多次感受到同门的学术批评压力，这或许导致陈白沙放慢或难以继续丰富与发展自己的理心合一论。胡敬斋通过写信陈白沙挚友张东白、罗一峰等人传话给陈白沙自己对理心合一论正解，尤其是他还写了很多封同样题材的信给当时影响力比较大的政府官员和儒林士人，这使陈白沙感到难于明言的外界压力，不得不对外辩解自己心学体系没有偏离程朱理学规范与主题。① 一时，天下士人学子皆知陈白沙之学为“异端”，与“正学”相异。从这里我们感觉到，陈白沙和胡敬斋分别从“终贯系统”和“横摄系统”发展康斋学，体现为高明心学与实在心学的不同诠释路径。②

“胡陈之辩”的发起者为胡敬斋。自从第一次庐山白鹿洞书院辞讲（1468，时年 35 岁）之后，胡敬斋深感心学的兴起导致学生不好读书，虚夸好谈。在赴上饶一斋深度访谈（1472，时年 39 岁）之后，更加坚定认为一斋之学“过于高妙”，不屑“卑下”，不在“实地上做”，并在书信里直接批评一斋之学有“好高”之病。然后，他又把矛头对准陈白沙，认为其学“以圣贤礼法为太严，先儒传义为烦赘”，针对“至无而动”的容易导致“以手捉风，无所持获”的恶果，由于“不屑为下学，故不觉流于黄老”，并希望通过张廷祥传达要求陈白沙“自省”的意见。当他（1475，年 42）得知陈白沙挚友罗一峰在丰城金牛洞讲学，他便修书一封提醒其讲学不要背离正统理学。随即在信中他批评陈白沙《与何时矩书》中的“天自信天、地自信地、吾自信吾”、“尘微六合，瞬息千古，只是一个侁侗”等语均为“自大之言，非真见此道之精微者，乃老庄佛氏之余绪”，“入于虚妙”，与正道“平正切实”学问背驰。除在学术界批评陈白沙之外，他还与一位地方政府官员通信，指出陈白沙学“太高虚超脱，于正学有害”在罗一峰捐馆后，他反思理学不昌，把原因归结为自然主义心学的“诱惑”，并认定一峰晚年之学也属陈白沙心学一系。在胡敬斋第二次主掌（1480 年，成年 47，仅上半年）白鹿洞书院后，他似乎获得更多的话语权，与更多的学界与政界朋友通信，批评陈白沙的黄老心学，试图达到昌兴程朱理学的目的。而这时的陈白沙不得不写了篇为自己辩解的信即广为人知的《复赵提

① 《胡文敬集》，卷一，书信。

② “终贯系统”和“横摄系统”是牟宗三先生对程朱学的新诠释方法论，参见牟宗三《心体与性体》（上海古籍出版社，1999）。

学佥宪》。

在胡敬斋晚年反思自己实在心学与陈白沙心学为何有歧见时指出，陈白沙之学错就错在“不去敬上做工夫，只去心上捉摸照看，及捉摸不住，索性要求虚静，所以入于空虚。殊不知敬则心自存，不必照看捉摸。敬则自虚静，不必去求虚静”，一针见血的二人工夫论分野的关键所在。正是基于未能主敬，“喜虚静好高妙，忽吾儒下学之卑近，厌应事察理之烦，而欲径趋高大无滞碍之境”，故未能透见天命之性、理事双融，所以一斋、一峰、白沙、蔡登、夏东岩等心学巨子滑入禅学阵营。透过15世纪后半期的胡陈之辩，我们可以看到心学的实在主义与自然主义分野。

胡敬斋在15世纪中期隐于山林，潜心学术，教书育人，彰显儒家研理与辅仁的精神。针对15世纪明朝经济发展水平不高与心学思潮兴起的趋势，胡敬斋重显王道对社会的指导作用，试图捍卫程朱理学，提出了发展目标的实践心学。他坚持心与理一，反对“心与理杂”，以主敬为“万事万理于身”规范，明理应事，重建15世纪“性学”体系，对抗同门陈白沙、娄一斋。其以读书、思虑、讲论和实事为原则，于兵法、地理、典章、礼仪、经传无所不究，体现出实学色彩。他对儒家伦理道德与礼仪秩序的坚持，显示出一个勇敢的儒者敢于重建王道与对理学的自觉担当。他的严于律己，忠信笃敬，尤其是苦行僧式的清教徒般生活，体现人格的光辉，是中华文明的宝贵精神遗产。

第二节　动时敬：敬斋对康斋静时敬心法的转手

康斋学对崇仁后学的影响深远，表现为一斋及其门人的经世心学，石斋及其门人的静养端倪，胡敬斋及其门人的“动时敬”。康斋捐馆后，崇仁后学出现了激烈的分歧，以胡敬斋及其门人余㤿斋为代表的余干学派提出经世明心之学，提倡在动时敬和静时敬的交叉体认中穷理致知；以陈石斋及其门人林南川等人则继续延着偏于涵养的康斋学进路致力于对内心端倪的静中涵养，此两派在主静还是主敬的养法上与自然心学还是实用心学归宿上发生分歧和论辩。康斋子芸雪接续父亲的家学，与胡九韶一样，在乡村中教学、劳作，在涵养本源上用功。康斋上饶弟子娄一斋则从日用上致力于自然止水之心的涵养，而其弟子夏东岩则以“养天真”推进康斋的“养性灵”涵养论，于禅学相近。可见，王阳明致良知学以前的明朝早期，崇仁后学诸儒通过对朱子知觉之心的深厚践履与义理积累已经和致良知学的精灵范畴相近，明儒“养良心”修养论体现出连续性和累积性。

一　十多载求学于崇仁康斋夫子小陂书院

1454 年（景泰五年甲戌，吴与弼 64 岁）冬，吴与弼的第四位著名高徒江西余干胡居仁来学。①胡居仁（时年 21）自己说，“甲戌冬，将小学习读，略有所感。于是往受教于临川吴先生之门。乃知古昔圣贤之学，以存心穷理为要，躬行实践为本，故德益进，身益修，治平之道固已有诸已。是以进而行之，足以致君泽民，退而明道亦可以传于后世，岂记诵词章智谋功利之可同日语哉”②，指出吴与弼教给自己治理天下的学问具有正义性，首先靠自己一己之力去实现的。1456 年，景泰七年丙子，吴与弼 66 岁，与学生胡居仁（时年 23）等人入闽，迂道上饶访周文、娄谅（时 35 岁）及上饶郡庠生，宿其家。③ 1462 年，英宗天顺元年壬午，吴与弼 72 岁。是年三月，吴与弼往余干县访学生胡居仁，赐扁“礼吾书舍”，鼓励其讲学。④或此年，胡居仁《春秋》师于世衡官满福建崇安茂宰，将赴上海松江通判。故老师康斋与胡居仁共游福建诸地，看望于世衡，诸人一起共回江西。胡居仁与老师们多有酬和诗，或如“数仞师门力学真，明乎庶物察人伦。芳塘活水今犹昔，喜际龙潭复有人。抱膝茅檐盖世豪，管教得志失萧曹。登攀自是男儿志，谁道龙门特自高”“四龙冈上记行踪，往复师门九载中。每愧光阴虚度也，从头重拟更加功”⑤。1463 年，天顺七年癸未，胡居仁年 30。或此年，看余干东山书屋旧

① 胡居仁（1434—1484），字叔心，号敬斋，江西余干县梅港人有《胡文敬公集》《居业录》等书。万历十三年（1585）被崇祀孔庙。

②《胡敬斋集》，中华书局，1985，卷一，《奉于先生》，第 9 页。

③《胡敬斋集》，卷二，《芸阁记》，第 46 页。

④ “壬申岁始师于于先生准，至甲戌岁复游康斋先生之门，始知圣贤之学，不在于言语文字之间，而在于身心德行之实，故追前非欲求自新之实。但终以驽庸之才，不堪鞭策而进也。思与二三同志，别求燕闲之地，以共讲其所闻而不可得。于是乡党某等捐割已资，即幽旷之地，构屋数间以为，群居讲学之所至。壬午三月师吴与弼经历至所，赐之扁曰礼吾书舍。盖因其地而寓号焉。”参见《胡敬斋集》，卷一，《上邑宰》，第 24 页。

⑤《胡敬斋集》，卷三，第 82 页，中华书局，1985。

址，有“十年勤苦读书心，绿树阴中认故岑。成已功难增永叹，愚蒙空数岁华深”①。1464年，英宗天顺八年甲申，吴与弼74岁，或在此年，胡居仁写《丽泽堂学约并序》，云“方今海内之士，学明德尊，足为师表者，康斋先生一人而已。愚往复从游数载，仿佛有以得其依归，但志卑质鲁，又相去之远，不获常相亲炙。恐离群独学，终无以成德也。于是乃与同志某等，构为丽泽堂，相与肄业其中……读书务以小学为先，次四书以及六经，与周、程、张、朱、司马、邵之书，非理之书不得妄读”②，高度总结老师吴与弼学问的独特性与高尚性。1472年，成化八年，是年，胡居仁赴上饶访同门学友娄谅，并登其家芸阁，累日共相讲学。或在此时，畅游著名风景名胜弋阳的龟峰，多有诗赋。③胡居仁少年早熟，加上他特别聪明，吴与弼对之自然偏爱有加，两次福建游都带着他，更不用说馆资辅仁了。在吴与弼的精心培育下，胡居仁两次主掌中国四大书院之首的庐山白鹿洞书院，并培养具有正义性、执政一方的著名官员、学者余佑。

二　两主白鹿洞书院

胡敬斋以布衣之身1467（时年34）、1480（时年47）两度主持白鹿书院工作（计约2年），曾于1472年（时年39）赴上饶拜访娄谅，交流学问④，旅游唱和，与大儒罗伦（1431—1478，丰城人）、内翰张东白多有书信往来。同时，他也多次批评白沙心学。对于老师康斋在明代的学术意义，胡敬斋说，“方今海内之士，学明德尊，足为师表者，康斋先生一人而已”⑤。其嫡传弟子余祐（1465—1528，字子积，鄱阳人，号讱斋）官至云南布政使⑥，为官30载，多次遭诬陷，不改其志，可谓明代理学能臣廉吏，有巨著《文公

① 《胡敬斋集》，卷三，《看东山书院旧趾》，第82页，中华书局，1985。

② 《胡敬斋集》，卷二，《丽泽堂学约》（并序），第72页，中华书局，1985；杨希闵编《胡文敬公年谱》，《宋明理学家年谱》，第十册，北京图书馆出版社，2005，第237—238页。

③ 《胡敬斋集》，卷二，《芸阁记》，第46页。

④ 《胡敬斋集》，卷二，《芸阁记》，第46—47页。

⑤ 《胡敬斋集》，卷二，《丽泽堂学约并序》，第72页；《敬斋集》，董平校点，儒藏精华篇第252册，卷二，《丽泽堂学约并序》，第995页，北京大学出版社，2008。

⑥ （明）张岳：《吏部右侍郎讱斋余公佑神道碑》，载焦竑：《献征录》，卷二十六，《吏部三》（侍郎），《续修四库全书》，史部第527册，上海古籍出版社，2002。

先生经世大训》（1514年撰成，1522年刊刻）①。自称“私淑”胡敬斋的魏校（1483—1543，苏州人，号庄渠）官至太子师，门人弟子多，如王应电、郑若曾（1503—1570）、王敬臣（1513—1595）等。

胡敬斋在自己很年轻的时候就拜学康斋门下，从21岁至36岁断断续续的从学康斋门下，来往师门15载，敬斋早在19岁就从安仁于淮（号平斋）学《春秋》，故其对《春秋》学颇通晓。从学康斋门下后，敬斋摆脱了“记诵词章、智谋功利”②之学，从康斋处得知了“圣贤之学”③，获悉“存心穷理”、“躬行实践”④为圣之方，并坚定了终生不参加科举考试的志向，一生偏居于江西余干的山麓，刻苦卓绝的教书、读书和修德，因其醇苦清白、严肃修身与严责于己的一生践履深得明代儒林尊敬，并在1585年（万历十三年乙酉）与陈石斋、王阳明同时被配享孔庙⑤，从此被后世尊称为“真儒”。敬斋一生辛苦，虽曾两度出任天下第一书院庐山白鹿洞书院山长，可是由于敢于坚持道德至上原则，对自己与他人道德修养要求也极高⑥，在处事上又不愿意随便附和于人，所以，在其任职期间书院发展上并无重大起色。在学术上，他对同门娄一斋、陈石斋心学都不满意，对石斋的心学更是多方出击，攻击尤甚。对罗一峰、张东白的学术思想更是以自然主义心学视之，明确指出东白“寻真心”之学有“立教太高、求效太速”的助长之病⑦，体现出敬斋对程朱理学的诚意信奉，对当时的心学思潮表示出公开的敌意和担心，带有明显传统与保守的色彩，故而被梨洲视为康斋后学的“狷者”⑧。相比之下，不肯轻许人的胡敬斋较为推崇自己的老师，他说，“方今海内之士，学明德尊，足为师表者，康斋先生一人而

① （明）余祐（辑），《文公先生经世大训》，四库全书存目丛书，子部第6册，庄严文化事业有限公司，1995，第697页。

② 《胡敬斋集》，卷一，《奉于先生》，第9页。

③ 《胡敬斋集》，卷一，《奉于先生》，第9页。

④ 《胡敬斋集》，卷一，《奉于先生》，第9页。

⑤ （清）黄宗羲：《明儒学案》，沈芝盈点校，上册，卷二，《崇仁学案二》，第29页。

⑥ 敬斋在去欲工夫论上，体现出对内心无丝毫之欲的色彩，他说“人心无物欲，随处皆天理”（《胡敬斋集》，卷三，《即事》，第87页）、“去尽私心德自纯”（《胡敬斋集》，卷三《绝句》，第90页）、“一私不存行愈笃”（《胡敬斋集》，卷三，《南谷即事》，第91页）。

⑦ 《胡敬斋集》，卷一，《寄张廷祥》，第34页。

⑧ （清）黄宗羲：《明儒学案》，沈芝盈点校，上册，卷二，《崇仁学案二》，第30页。

已”①，给予老师很高的学术赞誉。

三　动时敬

敬斋心学最大的特色无疑是他以“动时敬”②的穷理论，推进了康斋“静时敬”的涵养论，更为强调本心在动时处理事情中主敬省察。敬斋在48岁（1481年，成化辛丑）提出动静体用结合的一体之学，用他自己的话说叫“一本之学”，用“内外交养”③与“内修而外攘”④的方法弥补“二本”⑤之学割裂内外体用的缺陷，这说明他要让程朱之学在事上磨炼，在开物成务上着力，这也与他居处的地区经济较为落后与贫困有关。而他也曾给地方政府官员在旱灾的时候上呈了自己撰写的水利方面著作，他也用道德主义的写法对历代帝臣进行自己的评价。敬斋抱负远大，公开申明自己要做“第一等人”。这些都说明敬斋挺立自身德性主体的努力，对康斋学的继承与发展⑥。

敬斋说，“居处恭，俨若思，不愧屋漏，此静时存养之敬也。执事敬，事思敬，修己以敬，此动时省察之敬也。若不主于敬而专欲习静，未有不入空虚者”⑦，这说明他注意到“习静”可能会带来“空虚”之弊，他特别注意到康斋学过于注意身心的涵养而对外在物理穷求不足的缺陷，因此他要把心学带入对外在公共事务的照管、研究与处理，展现虚灵心体对外在事物的实际效用。敬斋甚至把心体对万事万理的实效上升为道的体用，他说“恂栗戒惧，存养于未发之前，使是道之体昭然于方寸之内；精一谨独，省察于已发之际，使是道之

① 《胡敬斋集》，卷二，《丽泽堂学约并序》，第72页；《敬斋集》，董平校点，儒藏精华篇第252册，卷二，《丽泽堂学约并序》，第995页，北京大学出版社，2008。《敬斋集》出处下同。

② 《胡敬斋集》，卷二，《游西湖记》，第48页。

③ 《胡敬斋集》，卷一，《复张廷祥》，第17页。

④ 《胡敬斋集》，卷一，《奉张廷祥》，第23页；卷一，《又复张廷祥》，第28页。

⑤ 《居业录》，丛书集成初编，王云五主编，上海商务印书馆，1936，卷一，《心性第一》，第2页。

⑥ 敬斋在随时随处进学（《胡敬斋集》，卷一，《寄丘时雍》，第9页）、明本心烛天理（《胡敬斋集》，卷一，《又奉于先生》，第11页）、心学全体大用、（《胡敬斋集》，卷一，《又奉于先生》，第11页）、刊落浮华（《胡敬斋集》，卷一，《复汪谦》，第14页）、虚灵之心函具万理（《胡敬斋集》，卷一，《与丘时雍》，第16页）均与老师康斋的心学一致。

⑦ 《胡敬斋集》，卷二，《游西湖记》，第48页。

用流行于日用事物之间，极其至也，与天地同其大，造物同其功”①，指出了养昭然心体，动察性体于日用实用之间，开物成务，放出外王学改变世界的真实效用，可以说敬斋的心学具有强烈的实用主义色彩，可算是清代实学较早的理论先驱②。可见，康斋学偏向于道德涵养论，敬斋学偏向于道德认识论；康斋学偏于内在身心涵养，而敬斋学偏于外在功用；康斋学偏向于心上功夫，敬斋学偏向于事上实践。

敬斋强调以静为体，以动为用，这是他坚持康斋学的地方，但是不同的是，他认为动静“二者工夫，皆以敬为主”③，“敬贼动静”④，“敬自虚静”⑤，这

① 《胡敬斋集》，卷一，《复汪谦》，第 14 页。

② 事实上，私淑敬斋的苏州名儒魏庄渠（1483—1543，苏州人）就是接着敬斋的实用主义读书教人的，并培养了一批着眼于实务、实学的地方人才，其学生均留有著作淑泽后人。庄渠培养的弟子，如经学家王应电（字昭明，号明斋，昆山人，正德八年癸酉 1513 年中举人，嘉靖丁巳 36 年 1557 年后捐馆，因嘉靖 33 年甲寅 1554 年倭毁家流寓江西泰和）、军事学家郑若曾（1503—1570，昆山人，号开阳）与教育家王敬臣（1513—1595，苏州人，号少卿）等在当时均有才华，颇为遗憾的是此当时颇有名气的三人均不见于梨洲所编撰《明儒学案》，幸有清儒万斯同对庄渠弟子资料作了整理，参见（清）万斯同:《儒林宗派》，四库全书，第 458 册，卷十四，第 575—578 页。后，《明史》卷二百八十三《列传 170》将王应电、王敬臣二人归为庄渠门下，可补《明儒学案》资料之缺。王应电精通文字学，以《周礼传诂》数十卷而为罗洪先、胡松与王宗沐等人赏识，泰和人陈昌积（1538 年进士，任翰林院学士）师事之。王应电著有《周礼传》(四库全书，上海古籍出版社，1987，第 96 册。)；《同文备考附声韵会通、韵要粗释》)(四库存目丛书，台南庄严文化事业有限公司，1997，经部第 189 册。）对王应电的文字学研究，可参见蔡丽华:《王应电〈声韵会通〉与〈韵要粗释〉研究》，福建师范大学，2012 年语言文字学博士论文；耿振生:《明代音韵改革家王应电及其〈声韵会通〉》，《汉语史研究集刊》，2000。郑若曾是当时著名的军事家，曾受聘胡宗宪、戚继光等人，对当时的沿海抗倭做出重要贡献，著有《筹海重编》(四库存目丛书，台南庄严文化事业有限公司，1996，史部第 227 册；李致忠校点，中华书局，2007)；《江南经略》(四库全书，上海古籍出版社，1987，第 728 册。)；《郑开阳杂著》(四库全书，上海古籍出版社，1987，第 584 册)。王少卿为苏州著名教育家，曾访学耿定向，并诏为国子监博士（未赴），慎独躬行，从事于日用孝敬之学，独立门户，教育学生曾达 400 多人，著有理学力著《俟后编》(四库存目丛书，台南庄严文化事业有限公司，1995，子部第 107 册。)

③ 《胡敬斋集》，卷二，《游西湖记》，第 48 页。

④ 《居业录》，卷二，第 12 页。“敬贼动静”，南轩有此说，参见（宋）黎靖德:《朱子语类》，岳麓书社，1997，第 4 册，卷一百一十八，《朱子十五》，《训门人六》，第 2577 页。

⑤ 《胡敬斋集》，卷一，《与陈大中》，第 32 页。

是敬斋将康斋心学拉回到程朱主敬学视域，功夫论上与陈石斋将康斋学推进到“静养端倪”明显的相反，同门之间学术旨趣完全的相反。虽然，敬斋的文集里面对静养身心有不少专门的论述，但是在感情倾向上，他无疑是主敬一派的。而他与陈石斋主静养法在工夫论上的相反，说明崇仁后学在胡、陈、娄三人这里发生了分裂与分野，自此，江门学派与余干学派在主敬与主静上发生明显的分歧，实用心学与自然心学公开决裂，由此引发历时多年的“胡陈之辩”。胡敬斋甚至主动给他所有认识的朋友和政府要员写信，公开抨击陈石斋的心学，用一些较为尖刻的话语批评陈石斋，视陈石斋为“妄人”，视石斋自然心学为“异端”①、“邪说”②。同门相残，令人唏嘘万千，崇仁后学分裂。

四　重理的实践心学

胡敬斋心学旨趣是“存心处事”③，“敬义”存心的目的是以大公之心处事，其心学的重心是“事”上之理而不是“心”上之理④，他更为喜欢的是“敬上工夫”而不是“心上功夫”⑤，重视的是事与理而不是身与心，他所要开拓的是王道“实学”⑥，日用间“从事下学”⑦，“在实地上做”⑧“居敬穷理工夫”⑨，这是他与老师康斋学的区别所在。而恰恰是因为敬斋的心学着重于心的“有”和“实”⑩，强烈反对心的“虚”与“空”⑪，立体致用，“下学中朴实头做工夫”⑫。他接着康斋的“本心之灵”讲，凸显“心与理的本一”、“心与理的为一”，加强虚灵之心对事物之理的探索与穷求，以存心与穷理的双修相合

① 《胡敬斋集》，卷二，《归儒峰记》，第 47 页。
② 《胡敬斋集》，卷一，《奉张廷祥》，第 23 页。
③ 《胡敬斋集》，卷一，《与戴太守》，第 6 页。
④ 《胡敬斋集》，卷一，《寄张廷祥》，第 6 页。
⑤ 《胡敬斋集》，卷一，《与戴太守》，第 7 页。
⑥ 《胡敬斋集》，卷一，《与陈大中》，第 31—32 页。敬斋认为心上功夫容易变动不居，令人难以捉摸，很容易走向“虚静”，“入于空虚”（第 32 页）。
⑦ 《胡敬斋集》，卷一，《复张廷祥》，第 17 页。
⑧ 《胡敬斋集》，卷一，《与娄克贞》，第 17 页。
⑨ 《胡敬斋集》，卷一，《又复张廷祥》，第 28 页。
⑩ 《居业录》，卷一，《心性第一》，第 1 页。
⑪ 《居业录》，卷一，《心性第一》，第 1 页。
⑫ 《胡敬斋集》，卷一，《寄张廷祥》，第 34 页。

的进路向朱子学回归[①]，重新将“涵养本源”与“穷索义理”融合起来[②]，“存养穷格体察交致其力”[③]，从而把康斋心学拉回到格物穷理的地步，实际上与石斋弟子甘泉的心事理气相容相合一体之学相似。敬斋与他生活的那个自然主义心学勃发思潮的时代格格不入，他不理解更不赞同陈石斋的心学代表时代的潮流与前进的方向，故而他要那样猛烈的批评白沙心学了。在白沙心学思潮逐渐风行的时代，略显保守与传统的敬斋心学自然是不会引起众多年轻的好学兴致的了，但有一些学生例外，其中一位就是隔壁鄱阳县城的余祐（号訒斋）。

五 鄱阳弟子余訒斋对胡敬斋实践心学的继承与发展

余訒斋（1465—1528，字子积，江西鄱阳人，或名“余祜”）继承、发展并实践师丈的经世心学。他历官南京刑部员外郎、南京刑部贵州司主事、南京刑部广西司员外、福州知府、山东按察司副使、徐州兵备副使、河南按察使、广西按察使、湖广右布政、云南布政使[④]，为官 30 载（1499—1528），多次遭同事诬陷，不改其为民之志，可谓明朝中期能臣廉吏的典范。其对中国历代行政管理思想研究颇深，尤以对宋代朱子文集与语类专门研究。在 1514 年（正德甲戌）夏阴历四月，经过多年的精心研究，按照人主心术、人主学术、储君、择相、大臣、谏奏、监司守令、学校、使馆、科举、荐举、纪纲风俗、官制、法制、礼制、历数、农田、经界、赋税、财用、工作、徭役、按劾、辞免、刑罚、狱讼、选将、兵制、荒政、盗贼、夷狄、灾异、异端淫祠、杂类总计 36 类 16 卷对卷帙浩繁的朱子思想进行专业分类，便学者“检览”[⑤]，使朱子

① 《胡敬斋集》，卷一，《奉罗一峰》，第 2 页；卷一，《奉于先生》，第 9 页；卷一，《寄晏洧》，第 22 页；卷一，《与陈大中》，第 31 页；卷二，《芸阁记》，第 46 页。以敬斋的话说，就是穷心极密、察理极精，参见《胡敬斋集》，卷一，《与陈大中》，第 5 页。

② 《居业录》，卷一，《心性第一》，第 3 页。

③ 《胡敬斋集》，卷一，《与乐平刘掌教》，第 37 页。

④ （明）张岳：《小山类稿》，四库全书，第 1272 册，卷十六，《吏部右侍郎訒斋余公佑神道碑》，第 482—484 页。

⑤ （明）余祐（辑），《文公先生经世大训》，四库存目丛书，子部第 6 册，庄严文化事业有限公司，1995，第 699 页。

圣贤之学“明于天下”①，有补于天下“治道”。其书在1522年（嘉靖元年）由河南按察司刊刻②。后，認斋“内召为太仆寺卿，未及行，又擢吏部侍郎，未闻命而病卒”③，令人惋惜。

在心学上，認斋反对王阳明所倡《朱子晚年定论》，指出朱学历经明觉禅学、察识端倪与敬知双修三个阶段，并在自己一生的心学践履上寻光明本体，“去其念虑不诚不敬者”④，在念虑上下工夫，与康斋的“养良心”相似。

总之，余干学派宗师胡敬斋及其弟子在儒学义理上着重在动察之学层面发展和推进了康斋偏于涵养的本心性灵之学，在逻辑上打开了事上展现至善之心的效用维度⑤，通过究察体认的方法系统的构建贯通“动时敬”与“静时敬”的合一实学⑥，在明代心学史上具有重要的理论意义。后来的王阳明正是通过对内在良知精灵的事上真实实践，恰恰是在接洽石斋端倪学和敬斋实学上两个维度上“致良知”获得理论的完美建构与实践的巨大影响，从这个意义上而言，敬斋对明初偏于涵养的心学转向偏于实践的事学为王阳明的致良知提供了认识论上的义理启发。

---

① （明）余祐（辑），《文公先生经世大训》，《文公先生经世大训序》，第697页。

② （明）余祐（辑），《文公先生经世大训》，《文公先生经世大训序》，第697页。

③ （明）余祐（辑），《文公先生经世大训》，第53页。

④ （清）黄宗羲：《明儒学案》，沈芝盈点校，上册，卷三，《崇仁学案三》，第64页。

⑤ 国防大学的姜国柱先生特别注意敬斋的事上之学，并从力行、躬行的知行观层面对其阐发，参见姜国柱：《胡居仁的理学思想探微》，第44—47页。

⑥ 敬斋晚年在对自己学术总结不够细密时不无遗憾的说，“居仁虽似体认上不差，只是做得不密，恐学终不能底于成也”（卷一，《与陈大中》，第35页），点明自己尚需要时间岁月对致用之学进行打磨，让自己的这套义理之学更扎实、细密。后来担任国子监祭酒的大儒章枫山（1436—1521）认为敬斋“持敬有工夫”，但亦是“死敬”，“适于用处不通，欠明义工夫”（《四库全书》，第714册，《枫山语录》，《人物类》，第129页）。“死敬”与“活敬”是朱子对主敬是否得力处的划分，按朱子之说，“遇事不济以义，辨其是非”，“只守著主一之敬”，便是“死敬”。遵循敬义夹持的工夫，在动中察养熟敬之后，方有活敬。参见（宋）黎靖德：《朱子语类》，岳麓书社，1997，第1册，卷十二《学六》，《持守》，第193页。细读敬斋文集、语类，枫山此说没有考虑到敬斋在义理上对敬学的系统建构，事实上，敬斋充分注意到动时省察的学理工夫，只是在涵养上时间欠逮而已。枫山说，固不足议也。

第三节　道德感应：胡敬斋的治理思想

蛰居江西余干的大儒、15世纪最具原创性的行政管理思想家，胡居仁凭借其良好的学术背景和多年的山间读书涵养、穷理访学与教书育人，构建其对当时经济和社会相适应的国家事务与地方公共事务管理的德性政府观。他的德性政府观继承程朱的理学思想，具有至理主义色彩，不仅在政府管理的价值取向和技术向度，也体现在其地方政府的诗意化憧憬。无论是至公政府、均田政策的构建，还是复兴教育的呼喊、多年地方教育事业的公共服务，都使得胡敬斋的行政管理思想具有风向标的时代意义。其弟子余祐廉洁自律，为官近30载（1499—1528），可谓能臣廉吏的典范，并辑有《文公先生经世大训》，其才能深得朝廷、士林器重。

一　君臣同心共治

胡居仁认为，好的政府应该是讲道德的，行仁政与王道。在分析历代政府治理失败的原因时，他说“古者必德足以感天下之心，功覆天下之民，斯为天下所宗而为天子，唐虞三代是也”①，指出了最初中国政权的起源于美德的特点。胡居仁还说，“盖君者所以为天子主，代天理物，以养天下之民”②，指出帝王是上天“好生之德”意志在人间的代理人，此语应该具有现实意义。但是由于随着时代、经济和社会的发展，“自秦而下以强力奸计而得天下者甚多，此亦时势不同也……自秦立郡县之后，无诸侯敢屏夹辅之势，而奸雄往往以强力智谋相角，又不遇圣王之与以收之，故智力胜者得之，亦势然也”③，尤其是秦朝废除分封制、设立郡县制，国家管理不再以血缘亲疏、美德作为政府统治结构构建的价值取向，拥有政权的人并不是具有德性的圣贤而是奸雄，原因在于历代帝王未处理好君臣关系，君臣之间的权力冲突缺乏有效与和谐的耦合机制。由于帝王缺乏驾驭臣下的能力，最终酿成权力内讧，最终导致政权更替、国家昏乱。胡居仁说，“圣人在上驾驭之，他亦不敢露

① 《居业录》，卷四，《帝王第四》，第43页。

② 《居业录》，卷四，《帝王第四》，第44页。

③ 《居业录》，卷四，《帝王第四》，第43页。

恶”①，可见，他对有谋有断帝王的渴望，这是其精英主义行政观的表现。胡居仁说，“天下事必君臣相遇，而后可以有为。上者如汤之于伊尹，高宗之于傅说，文王之于太公；次者如桓公之于管仲，燕昭之于乐毅，高祖之于子房，先祖之于孔明，皆君臣相知相契之深”②，因此他幻想人治的理想模型，就是忠良、温厚之臣与有能、善信臣下之君的历史相遇。一方面是，帝王能驾驭臣，有效控制臣下的夺权野心；另一方面是，帝王也应该适当的激励和尊重臣下，“文王得太公，便载之后车，是相知相契深，故敬之至，礼之重”③，周文王就很尊敬姜太公，而只有获得帝王内心真心敬重的大臣才可以有效发挥其拯救天下的雄才。所以，胡居仁说，“有圣贤之君，必有圣贤之佐；若中材之君，有圣贤之佐，亦可成王业”④，指出帝王真心、主动对臣下示好的结果就会吸引优秀的政府管理精英的加盟。而这样的人才，胡居仁称之为善于学习成长、与帝王一心并善于治理天下公共事务的“真儒”⑤。

他要求帝王应该怀有“纯乎天理无一毫人欲之私”⑥的公心，“不忍生民涂炭”⑦，“事事存其当然之理”⑧，“明乎修己治人之道”⑨，成就一番王道也是顺理成章的事情。他认为怀有公益之心的帝王有时也需要采取适当的“霸道”方法，但不得贪图霸业，而应该“身修”、“建其有极”⑩。在此基础上，他把王道上升到一个较高的高度，他说“天下古今共此个道理，用之则大治，小用之则小治，小失之则小乱，大失之则大乱，诚者为王，假者为霸窃者为奸，未有舍此而能济者”⑪，和盘托出自己对中国历代政府管理的教训和经验，就是道德至上主义的政府观。胡居仁一直认为“王道之外无坦途……仁义之外无功利”⑫，

---

① 《居业录》，卷四，《帝王第四》，第 43 页。
② 《居业录》，卷四，《帝王第四》，第 43 页。
③ 《居业录》，卷四，《帝王第四》，第 44 页。
④ 《居业录》，卷四，《帝王第四》，第 44 页。
⑤ 《居业录》，卷四，《帝王第四》，第 44 页。
⑥ 《居业录》，卷四，《帝王第四》，第 47 页。
⑦ 《居业录》，卷四，《帝王第四》，第 48 页。
⑧ 《居业录》，卷四，《帝王第四》，第 48 页。
⑨ 《居业录》，卷四，《帝王第四》，第 48 页。
⑩ 《居业录》，卷四，《帝王第四》，第 48 页。
⑪ 《居业录》，卷四，《帝王第四》，第 48 页。
⑫ 《居业录》，卷四，《帝王第四》，第 48 页。

而那些不讲道德的政府都是不义的，是注定要灭亡的。他的道德至上主义政府观事实上是对《大学》政府观的发展和延续。他心目中的理想帝王应该是“本心纯是天理，不以谋天下为心，只以救生民为事，义以举事，诚以感人，四海之内，皆引领向风”①，是一个充满正义感的道德化身，把道德至上主义推到极端。

在总结汉唐宋等朝代政府管理的缺陷时，胡居仁指出，正是由于历代帝王未能有效发挥真儒的才能，最终都未能获得千年执政的政权统治。胡居仁对历代帝王都流露出可惜与惋惜的情绪。对于刘邦等帝王，他说“汉高祖天资最高，惜乎无真儒辅相；若得真儒辅相，三代可复”②；“汉武帝才足以有为，惜乎多欲；周世宗才足以有为，惜乎未学；宋神宗亦欲有为，惜乎汨于功利”③，指出帝王由于缺乏真才实学的真儒辅助，最后都未能打开、长久保持帝国中期盛世再兴的局面。胡居仁说，“有真儒而不用，所以民不被其泽”④，正是由于缺乏“行道以济斯民”⑤、“人之心纯乎天理”⑥真儒与帝王的共治，故公共事务治理乏善可陈。故胡居仁说，“大抵君臣相合，各从其类，好道之君，方能用有道之臣。好利之君，必用计利之臣”⑦，正是由于帝王不好学习、功利之心与对人才的过度使用，导致政府管理不能达到大治。他说“窃疑先儒言为政不法三代，终苟道也。居仁尝思，须要有圣贤之学，方做得三代成”⑧，帝王真要肯认真学习，可以让朝代再现盛世辉煌。而通过真儒对帝王系统的知识训练，可以构建君臣一体、君臣互信的沟通渠道和信任机制，从而不仅确保帝王可以知人善任，也可以让臣下尽责尽力，实现君臣的共治和双赢。

在发挥能臣和将军的主动性方面，胡居仁体现出浓郁的精英主义、道德主义价值取向，这是中国传统政府管理人治化的表现。他引用朱熹的话说“只消用一个好人作相，自然推排出来；有一好人作台谏，不好人自住不得”，便可

① 《居业录》，卷四，《帝王第四》，第 50 页。
② 《居业录》，卷四，《帝王第四》，第 44 页。
③ 《居业录》，卷四，《帝王第四》，第 45 页。
④ 《居业录》，卷四，《帝王第四》，第 46 页。
⑤ 《居业录》，卷四，《帝王第四》，第 45 页。
⑥ 《居业录》，卷四，《帝王第四》，第 46 页。
⑦ 《居业录》，卷四，《帝王第四》，第 46 页。
⑧ 《胡敬斋集》，卷一，《书》，《奉罗一峰》，第 2 页。

以“得尽知天下之贤”①。胡居仁又说“天下人才，要圣人出来得位收拾，随其所长而用之，苟无圣人在上，裁而用之，则清高者多隐逸，才智者多过功名，旷大者多入异端”②，更是点出其人治主义行政观，“圣王在上发出来，鼓舞得天下人才”③，则天下之治必有中流砥柱。能臣需具备智谋、才气、学识，深谙公共事务管理的内在道理，所以胡居仁说，“君子之学，只是明理应事。事当为处，则汲汲为之不倦；不当为处，则截然不为”④。他总结到，公共事务管理的根本技巧是行政主体内在德性价值与外在处事方法的和谐融合，他说为“治之道有二，修身明德以感发作与其同然之善心是头一等事；处置得宜是第二等事，二者不可废一”⑤，所以“身既修，理既明，则德望素著，不待政教号令之出而民已归服景仰。况于设施之际，事得其宜，政教号令既出，刑罚既施，如雨露霜雪，又何民之不感悦畏服乎？”⑥，充分发挥能臣的主观能动性，实现人尽其才，从而实现公共事务管理德性治理的最高境界。在道德主义人才选拔方面，胡居仁与老师吴与弼一样，十分厌恶小人。他提出君子与小人不可共事的人才选拔观。他说“小人败天下，契紧是移惑君心”⑦，“以无才为幸”⑧，“小人用则奸邪进，虐政多，安有不乱”⑨，“小人必乱”⑩。这是由于小人爱捣乱，成事不足、败事有余，离间同志，恶意中伤，破坏非正式组织的合作气氛，所以小人不可用，不必用。但政府管理领域，何处无小人？“君子小人不可共治，是善恶邪正必相反也”⑪，“君子小人自不相容，其类不同也，君子进则小人退，小人进则君子退”⑫，“君子与小人势不两立，互为消长，此治乱所由分”⑬，因

① 《居业录》，卷四，《帝王第四》，第 54 页。
② 《居业录》，卷四，《帝王第四》，第 54 页。
③ 《居业录》，卷四，《帝王第四》，第 54 页。
④ 《居业录》，卷四，《帝王第四》，第 56 页。
⑤ 《居业录》，卷四，《帝王第四》，第 54 页。
⑥ 《居业录》，卷四，《帝王第四》，第 56 页。
⑦ 《居业录》，卷四，《帝王第四》，第 53 页。
⑧ 《居业录》，卷四，《帝王第四》，第 53 页。
⑨ 《居业录》，卷四，《帝王第四》，第 52 页。
⑩ 《居业录》，卷四，《帝王第四》，第 52 页。
⑪ 《居业录》，卷四，《帝王第四》，第 52 页。
⑫ 《居业录》，卷四，《帝王第四》，第 52 页。
⑬ 《居业录》，卷四，《帝王第四》，第 52 页。

此，君子如何与他们相处？胡居仁说，“进君子，退小人，此为政第一义，然须果断以行之，若是好贤而不能进，恶小人而不能退，反自取祸败”①，“处小人最难，位高势重，可以处置小人；才高德重，可以处小人”②，“处小人不可一向疾恶之，须先以善养之，养之不格，然后从而处置之”③，体现出治病救人、惩前毖后的人事管理政策，也体现出胡居仁对小人还是一定包容的高瞻远瞩气魄。一方面是，君子和小人之间不断冲突的紧张关系，一方面是如何确保行政体系内部的和谐，而且小人难察，小人难防，无处不在，防不胜防，一直都是中国历代政府管理领域最头疼的问题。因此，胡居仁警告当权者，“忠邪不两立”④，“忠贤既用，奸邪自息，如春阳既长，险冻自消”⑤。而君子更应该阒然自修，过严谨的生活，“不可误入小人之党，与小人为党，终必败也”⑥，不给小人于可乘之机，穷理修身，刻苦自励。只有君子自己光明人格的挺立与高大，才可以震慑小人的肆无忌惮、一手遮天和无法无天。

二　礼、理兼济

胡居仁说，“凡事有则，循其则即理也，裁而制之，则为法度”⑦，又说“天高地下……皆有一定不易之理……便成个礼”⑧，“逆理则处处生颠倒，顺理则头头合自然”⑨。胡居仁意识到人治制度的内在缺陷，强调价值与技术的互动，他说“苟非其人，道不虚行，纵有良法美意。非其人而行之，反成弊政。虽非良法，得贤才行之，亦救得一半。人法皆善，治道成矣”⑩，在善人（“贤才”）与善法（“良法”）的互动下，政府管理公共事务可以实现治理的完美。在胡居仁行政管理思想的技术视野里，要达到公共事务的有效管理，需要在贯

① 《居业录》，卷四，《帝王第四》，第 52 页。
② 《居业录》，卷四，《帝王第四》，第 52 页。
③ 《居业录》，卷四，《帝王第四》，第 52 页。
④ 《居业录》，卷四，《帝王第四》，第 53 页。
⑤ 《居业录》，卷四，《帝王第四》，第 53 页。
⑥ 《居业录》，卷四，《帝王第四》，第 52 页。
⑦ 《居业录》，卷五，《古今第五》，第 57 页。
⑧ 《居业录》，卷五，《古今第五》，第 57 页。
⑨ 《居业录》，卷五，《古今第五》，第 64 页。
⑩ 《居业录》，卷五，《古今第五》，第 58 页。

彻德性向度的前提下，重新理顺分封制与郡县制的关系、扩大德才兼备官员推举制度通道、确定均分的土地政策、仁化军事管理等。

在分封制和郡县制的关系处理上，胡居仁认同郡县制的兴起是社会发展的必然要求，本为秦朝所创立，而郡县制由于缺乏对帝王的忠诚也直接导致秦朝的快速灭亡。事实上，胡居仁表达出对复兴分封制的情感支持，但最终认为分封制与郡县制有部分功能上的替代。他说“封建乃古圣人择贤以分治，公天下之心也……上下维持，以图久安至善之法……天子无道……亦不敢不自爱其民也……秦以天下为己私，乃立郡县以为治，此亦势使然也……论者以为封建不可复，诬矣。但郡县得人亦可为治，固不必封建也”①，又说“封建诸侯，与之分治是也……封建之法行，各国诸侯把持得紧，各爱其人民土地，猝难变动，因可夹辅王室……封建之坏，亦是世变至此，不得不坏；郡县之设，亦是事势至此，不得不设……统治之法，又不如郡县易行，苟得其人，二法皆可也”②，可见胡居仁对政府管理根本制度设计的认识不仅具有现实针对性，还有较为长远的权衡与深思。中国古代的分封制虽说是天子对地方事务管理家族模式的一种方式，但如果将分封领土的领导者与现代的联邦制领导者相比较的话，其实内在的管理路径有点相似。分封制有利于诸侯国之间的竞争，有利于大型国家的相对稳定；而郡县制有利于中央对地方事务的直接管理。

胡居仁非常反对当时的八股文科举制度，大力支持地方乡绅的荐举制度。他认为，现有的科举制度并没有选拔真正有真才实学、德才兼备的优秀人才，反而选拔了一大批贪图名利的功利之徒。他说“朝廷不以德行取士，天下学校根本先坏了”③，又说“朝廷以文章取士，士子亦心心念念去拟题目做文章，故学官皆闲了”④，“闲有些好人出来”⑤，可见，当时的学风、考风“废人进修之实”⑥，是如何的与国家事务治理相脱节。国家八股文考试培养一大批“天资自美”、聪明绝顶的人才，而这些所谓的人才，在胡居仁看来，很少有善良的德

① 《居业录》，卷五，《古今第五》，第 58 页。
② 《居业录》，卷五，《古今第五》，第 59 页。
③ 《居业录》，卷五，《古今第五》，第 62 页。
④ 《居业录》，卷五，《古今第五》，第 62 页。
⑤ 《居业录》，卷五，《古今第五》，第 62 页。
⑥ 《居业录》，卷五，《古今第五》，第 61 页。

性，更不要说有缜密的公共事务管理技巧，故而“折腾”了公共事务的有效治理。胡居仁沉痛地说，这些缺乏真才实学的考试天才，“空言无实”①，“日趋于纤巧薄劣”②，“蔽其为善之心，流于不善也”③，“主考者反摘奇搜隐，以乘学者之不知，欲其仓卒之间无所措词；学者亦终日搜截奇巧隐僻，以应付考者之意……近与士子相接，解书多失经旨，原其所自，皆由搜截奇隐，以迎合考司之意以致如此……士生斯世，所以立身尤难，稍欲以正自立者，便与世乖违。惟随俗习非者，方得便利。苟非才志卓绝，独立不惧者，安能保其不移耶”④，所以，一句话，胡居仁认为“今之科举，全无用处”⑤，可见，当时的科举制度是如何的失败呀。针对当时公共事务优秀人才的缺乏，胡居仁提出复兴“乡举里选法”⑥，就是依靠地方闾族乡党的参与和推举，选拔德行和才能并举的优秀人才，这样的人才选拔是建立在真实的地方事务的场景下所作出的选择，因此具有现实的针对性和应用性。而且，胡居仁认为，依靠“乡举里选法”，还可以激励地方读书人的学习热情，改善乡村学习气氛，促进地方教育事业的发展，“尽教养激励渐磨之道”⑦。可见，胡居仁的地方行政管理人才自主选拔制度构建是当代公共事务治理地方性与自主性的先声，有利于基层公共事务的成长和发展。他对自己的“乡举里选法”甚为自信，说“只行荐举法，亦可得人”⑧，而且不仅使优秀人才“无遗”⑨，“使贤才日盛”⑩，使所有的优秀人才都可以出山，为国家发展贡献他们的真才实学。“用贤才，所以壮国家之元气也……必用贤才，然后政可立而民可安”⑪，胡居仁认为激励人才会带来的连锁化学反应，实现社会风气、地方治安、人才学习成长与国家发展的多元互动。

---

① 《居业录》，卷五，《古今第五》，第 62 页。
② 《居业录》，卷五，《古今第五》，第 62 页。
③ 《居业录》，卷五，《古今第五》，第 62 页。
④ 《胡敬斋集》，卷一，《书》，《寄张廷祥》，第 33 页。
⑤ 《居业录》，卷五，《古今第五》，第 61 页。
⑥ 《居业录》，卷五，《古今第五》，第 61 页。
⑦ 《居业录》，卷五，《古今第五》，第 61 页。
⑧ 《居业录》，卷五，《古今第五》，第 61 页。
⑨ 《居业录》，卷五，《古今第五》，第 61 页。
⑩ 《居业录》，卷五，《古今第五》，第 61 页。
⑪ 《胡敬斋集》，卷二，《序》，《赠医士胡琳》，第 41 页。

15世纪在明朝近300年的管理史上，算是较为富裕的时代。可是，即便是中国传统社会的富裕时代，仍然存在土地兼并、部分农民吃不饱、穿不暖的情况，“今无一年之食，只吃得半年……若有水旱，便难存活”①的悲惨境地。甚至，有父子两人独身的，“(予)见其父子皆鳏，父年近六十，子年三十三，问‘何以不娶?’，对曰‘贫，故也’，予心恻然，嗟叹久之”②。胡居仁分析说，“田地多被富豪有智谋者用银谷买尔兼并之，愚民常少衣食”③，指出部分农民缺乏有效耕地导致贫困，正所谓“四民共处九围间，农父何曾一日闲。想彼锦衣并玉食，岂知稼穑甚艰难”④。再加上“或因赋敛重，或因力役繁”⑤等客观主观的原因，老百姓真正富裕的并不多，贫困和贫穷的依然不少。“井田什一，汉虽三十税一，然豪强兼并，贫人尽力耕种，富者分去一半，是十分而税五，汉文帝尽赦田税，贫民未尝受惠”⑥，针对这样的状况，胡居仁提出均分土地、行井田的土地政策，“皋井田而行，画成区数，随高低长短阔狭，每区以百亩为率，每亩以百步为率，分上中下三等，上等八口九口，中者七口六口，下者五口，未至五口，或过乎九口，别行区处”⑦，与15世纪中期宁波大儒黄润玉的土地政策并无二致。胡居仁提出，“将海内之田区划已定，籍记天下人口之数而加减之。只要均平，不拘多少，多则每区十人亦可，少则每区四、五人亦可。当以田为母，而区划已有定数；以人为子而增减以受之”⑧，他的激进的均分土地公共政策不啻为天外惊雷，真能实行，何患天下不能大治?

在军事行政管理方面，胡居仁提出“大兵法”的概念，提倡仁义之师，他说“古之圣王心同天地，其生物之心，敌国皆知之；虽或诛暴救乱，不得已而与师，彼之人民皆心服，谁肯与我为敌，此是个大兵法”⑨。由于军费耗资过

① 《居业录》，卷五，《古今第五》，第65页。
② 《胡敬斋集》，卷二，《记》，《鳏夫记》，第43页。
③ 《居业录》，卷五，《古今第五》，第65页。
④ 《胡敬斋集》，卷三，《诗》，《悼农》，第82页。
⑤ 《居业录》，卷五，《古今第五》，第65页。
⑥ 《居业录》，卷五，《古今第五》，第64页。
⑦ 《居业录》，卷五，《古今第五》，第64页。
⑧ 《居业录》，卷五，《古今第五》，第64—65页。
⑨ 《居业录》，卷五，《古今第五》，第67页。

大，对国家财政造成一定的负担，造成“百官禄薄，百姓穷困”①的局面，胡居仁提出“寓兵于农”的方针，完善原有的“屯田”体制。他建议到，“屯田宜在近便处屯，如戍兵就在近边之地耕屯，郡兵就在近郡之地耕屯。每一兵拨田一区，其入可食六七口，免其粮税，使自食其谷，又可以养父母妻子。春夏秋就在屯所，少暇小习战法，动则入边城大讲武备。其田则官府措置”②，这种自食其力的“屯田”政策，有利于减少国家财政投入，“军人移家就佃，选贤能为之师，修明战法，敦尚仁义，有事则战，无事则耕，非惟可免馈运，可以渐复井田”③，既有利于军队战斗力的提升，又可以减少军队运输的成本。在此基础上，政府当局要充分认识到军官世袭制的不足，改善军官选拔方法，改进军队作战力，他说“今武官世袭，军人世袭，兵安得不弱？如祖父智勇兼全，可为武官；子孙或愚弱，可供职乎？祖父壮健可为兵，或子孙少弱，亦可为兵乎，只合文武合一，兵农合一，遴选贤能，为之主治。无事时修立教化，务农讲武；有事时，则简练精壮者以为兵”④，通过“寓兵于农”、文武双修的方法，实现富国强兵的目标。针对当时男方少数民族部落的骚扰，胡居仁提出以防御为主的军事作战策略。胡居仁在给广西廉州知府刘用光的信中说，“猺獠恃其山溪洞穴之险，不习中国礼义之俗，盖因风气偏僻故禀气亦偏，习尚恶陋……故攘而却之，守而备之，使之各安其所……设若来犯，亦当速攘之而不可缓，或严兵以威之，或设奇以胜之，或藏伏以击之，或据险以邀之，或登高以压之，或设疑以乱之。贵在谋之审而行之勇也。亦须示之恩信，使知吾无害之之意”⑤，这样富有爱心的防御策略是较为妥当与安全的军事预防方针。后来，王阳明等儒家赣州、广西快速平定少数民族叛乱，才用的也是这类以爱生安抚为导向的绥靖政策。

三 地方事务的善治愿景

在胡居仁的理至上主义政府观的体系内，政府公共事务管理与学校事务具

---

① 《居业录》，卷五，《古今第五》，第 66 页。
② 《居业录》，卷五，《古今第五》，第 66 页。
③ 《居业录》，卷五，《古今第五》，第 69 页。
④ 《居业录》，卷五，《古今第五》，第 70 页。
⑤ 《胡敬斋集》，卷一，《书》，《与刘用光》，第 4 页。

有内在的相通性。教育事业发展了、做扎实了，也就意味着地方公共事务管理的人才就具备了。针对当时的水旱，他编辑一本水利书籍，献给当时的江西学政、副监察史的夏寅①，并在信里说，“窃思古之学校所系甚重，凡国家之事无不出于学者。非惟举用贤才，出于学虽行兵出师，亦受成于学也。盖以政由教出，治以道明，故士之所学者，无非修身致治之道。上之所行者，无非学校所穷之理也……上之所用者，非得乎明德致治之人……所以示学者，使知即事穷理，不专为纸笔无用之学也”②，其中“政由教出”的观点颇具深度。

在治理地方公共事务的过程中，地方知府应该从自己做起，内外兼修，德才兼备，他对当时的绍兴知府戴某说，“夫古之君子，进则救民，退则修已，其心一也。盖修已者必能救民；救民者必本扵修已。后世此道不明，居位者不本于修已，而以才智计谋为治，仅至小康而已。若夫修已者，则其公平正大之心，昭格无间信于上，感于下，不待教令之出而民已向化矣。况其发政施仁之际，如雨露霜雪，何物而不被哉。虽或为权势所制，不得尽施而其心固已协于神明，孚于民庶，誉于士类，播于远近，传于后世。如此则爵虽不进而身益荣矣……伏惟以公平正大之心，据天理以处事。凡政之有益于民者，有关于教化者，悉举而行之；有害民伤化者，悉除而去之”③，在实践中，地方政府长官立基于自身的道德榜样的涵养，主要依靠公共心与客观之理真正做为百姓谋福利的事业。把公共事务管理的价值构建在管理主体的德性修养上，这一点，胡居仁与老师吴与弼、同门陈献章的地方事务治理思想是一致的。他还说“先正云‘爱民之实，当择守令之贤，则守令者实’，民命所赖，非才德备者不足以当之而明”④，凸显德才两种价值在地方事务管理中的重要性。

胡居仁对地方事务治理有诗意化的憧憬。1474 年（成化甲午），时年 40 岁的胡居仁前往上海拜访年少时候的《春秋》学老师、余江人于准，时于准

---

① 夏寅，字时正、正夫，号止庵，上海松江华亭人。1448 年进士。任南京吏部主事、南京吏部郎中、江西学政、浙江右参政、山东右布政使。弘治初，致仕归。著有《政监三十二卷》（四库全书存目丛书史部第 281 册，庄严文化事业有限公司，齐鲁书社，1996）等。

② 《胡敬斋集》，卷一，《书》，《奉夏宪副》，第 16 页。

③ 《胡敬斋集》，卷一，《书》，《与戴太守》，第 6 页。

④ 《胡敬斋集》，卷一，《书》，《答进邑大尹》，第 4 页。

任上海松江同府。胡居仁记录到，“先生来郡，重加修葺。前为治事厅，后为燕寝堂，左右两庑，外设门墙。先生于厅之楣，揭其师聘君康斋吴先生‘黄堂勤政’四大字……寝堂中仍揭康斋‘勤谨和缓’四大字于楣……先生每日升公堂，与郡侯王公及诸同寅商确政事毕，即造书院，清理公事。既暇则深衣幅巾，退坐寝堂，读书鸣琴，遍观格言以自省。又其暇，或赏花，或看竹，或观鱼，或垂钓，绿阴满窗，清香透户，草色连阶。同官、士友有来书院者，则相与讲论道义，游观景物，情思洒然，而不知倦也……居仁昔受《春秋》经于先生，以情义之厚，特来拜谒，乃得于书院中亲炙讲论者累日，因命记其事……诚能熟读精思以穷其理，躬行实践以体于身，则何患己之不修、国之不治、民之不安哉！然必有斋舍堂室墙宇，以为游息讲会之所，此书院之所以立也……于应事之际，推此理以临政；于政务之暇，读圣贤书以验政事之当否……因记其说以俟来者，后之君子，继此而居，讲道致治，则棠溪之泽无穷松民，世有赖焉！先生名准，平斋其号云”①，从记录来看，这是一幅相当开阔与浪漫的诗意化地方治理作息蓝图。胡居仁与年轻时老师于准都曾拜学于吴与弼门下，二人的心情是如何的相投、兴奋呢？在松江这样的江南东隅，于准在坚定地推行着老师吴与弼的行政管理思想：“黄堂勤政”与“勤谨和缓”，行政管理既需要勤勉的公益之心，更需要细心和时间。因此，学而优则仕，仕而优则学，形成政教互动，松江的“棠溪书院”由此而生，有点类似于现代的公共领域组织。而于准于公事之余主持的与同事丽泽进学的棠溪书院与吴与弼小陂书院、娄谅南塘书屋、陈献章江门钓台、胡居仁礼吾书舍、南谷书院、碧峰书院相辉映，共同辉映中国十五世纪书院教学的繁荣。

胡居仁具有较高的公共事务管理技巧和实际经验。他在分配食物的时候，他说“昨蒙欲一概施给泽，虽似普然，在洞者贤愚不齐，贫富不等。若愚者富者亦与之，则滥矣，亦恐将来不足于用也。望容居仁审其贤愚高下有无贫富而品节之，开其多寡之数以凭支给，方为允当”②，体现出胡居仁差别化管理的思想。另外一个就是胡居仁曾经是两任天下第一书院白鹿洞书院的院长，积累不少的公共事务管理，为捍卫当时的学风做出过贡献。1467 年（成化三年丁

① 《胡敬斋集》，卷二，《记》，《棠溪书院记》，第 49—50 页。
② 《胡敬斋集》，卷一，《书》，《与南康府论租》，第 32 页。

亥），胡居仁时年34岁，应何浚之聘主持白鹿洞书院；次年因母丧，辞教席，主持工作不超过2年。1480年（成化十六年庚子），胡居仁时年47岁，应江西提学副使钟成之聘，再次主持白鹿洞书院，主持工作时间四个月（二月初三到六月初二）。作为多年的教育工作者和书院领导，他提出解决人才素质低下的办法。在给福建督学的周孟忠的信中，他说“若以德行才能一科，由廪膳岁贡而进，依仿明道之法，慎其选重其职，文章一科从增广者试，而进严其考厚其词，数年之后，道德既重，士风丕变，然后复先王之教，以去糊名考校之陋”①，他要复兴《周礼司徒》、《明道札子》、《伊川学制》、《朱子贡举》的人才选拔制度，为国家发展挑选德才兼备的人。

四　胡敬斋治理思想的定位

作为15世纪最具原创性的行政管理思想家，与陈献章发展老师吴与弼心学的内圣向度而引领16世纪的心学发展思潮不类，胡居仁则着重发展一套缜密而又庞大的外王学体系。胡居仁坚持二程和朱熹的行政管理思想，并使之体系化、系统化，以道德至上主义的话语体系，“人心无物欲，随处皆天理……在家则家齐，在国则国治。在学则学明，在乡风俗美”②，重新捍卫中国传统王道的价值和学说，值得注意。由于他坚持道德至上主义的外王学，他不愿和陈献章一系心学家高谈心性、感悟和静坐以便探究心体的究竟面目，而是致力于穷究天下公共事务治理的终极道旨。理论建构之余，胡居仁猛烈的评判其同门师兄，一定程度上造成吴与弼开创的崇仁学派第二代的分裂和衰弱，直到以杨廉、夏尚朴、魏校和余祐为代表的崇仁学派第三代的交往和联系，崇仁学脉才得以慢慢流传。

“理”在胡居仁的行政管理思想中居于核心的地位，它具有道德性，也具有客观性。当理指称道德性的时候，它与高尚信仰、仁、善、公共性、公益性和公共心表达同样的含义。当理指称客观性的时候，指治理公共事务有其内在条理、方法、技巧与工艺，它表现为治理天下的各类法则，具有某种不可变移的恒久性、内在性和复杂性。前者是中国传统公共事务管理的价值向度，后

① 《胡敬斋集》，卷一，《书》，《与周时可》，第26页。
② 《胡敬斋集》，卷三，《诗》，《即事》，第87页。

者是公共事务管理的技术向度，也就是15世纪理学家所讲的平天下的礼制，具体表现为礼乐刑政诸方面。胡居仁对自己的行政管理思想颇为自得和欣赏，"绿树阴中日正长，黑甜人世在羲皇。有朋时共谈今古，漫说伊周治世方"①，有时经常和朋友们谈论自己的思考心得，讨论气氛也颇为浪漫。

与陈白沙过分突出人心主观感应能力在公共事务决策中的重要性不同，胡敬斋试图回到程朱理学的道德主义治理世界，重理轻心。事实上，胡敬斋说的区域，不仅水患较多，且较为贫困，但在传统农业经济成分的约束条件下，即便是第一流的思想家也很难跳出农业模式：个人自力更生与自我道德修养结合的耕读传家传统。但，陈白沙常年居住在海边，属于海洋贸易经济世界，而心学的大胆想象也激发陈白沙治理思想的开放性与多元性。余干地区的宗族性事务管理网络密集度远远低于赣东抚州崇仁与临川地区，这也使得胡敬斋的外王思想缺乏对家族与宗族网络构建的发展空间。或许，越是贫困的地区，在公共事务治理过程中，更看重道德的权威性秩序维持地方经济与社会发展。因此，我们对胡敬斋治理思想的定位为道德化的治理方法。

① 《胡敬斋集》，卷三，《诗》，《夏日即事》，第90页。

第四章　夏东岩的高明心学

东岩先生夏尚朴（1466—1538），字敦夫，号东岩，江西上饶广丰县人。正德六年（1511）登进士，授南京礼部主事，后迁惠州知府。嘉靖初年（1522），经人荐起为山东提学副使，后擢南京太仆少卿，期间与当时著名的学者魏校、湛若水、章枫山、庄定山、张东白等经常切蹉学问，跟王阳明也甚友善，互有诗赠答。嘉靖八年（1530）引病辞归。著述有《东岩集》六卷、《东岩诗集》八卷，有明嘉靖刻本、隆庆元年刻本、四库全书抄录版和清刻本等。

嘉靖时期最后一年即四十五年丙寅秋（1566年），作为子婿的刘宾在捐资刊印著名的江西上饶理学家夏东岩所撰写的后跋第一句话就说，“先生之学，心学也。学原于心，心统性情”，一语就明确点明吴康斋到娄一斋再到夏东岩的心学学脉传承关系，就是从心学概念和心学思想角度来理解宇宙和社会发展规律。① 当然，刘宾心中的“心学”概念，仍然是吴康斋心中的涵养“心学”概念，不仅与白沙心学自然性不同，也与随后的阳明实践心学理论形态有较大差别，比较接近象山一系“心学”概念。

作为15世纪后期至16世纪初期的与王阳明齐名的理学名宿，夏东岩提出“养天真”心学思想以此来对抗当时流行的白沙心学与阳明心学。东岩的“养天真”得益于康斋的“养性灵”，并在义理上接洽其老师娄一斋的“高明”心学，但在心性本体论上与白沙、甘泉、阳明诸儒有明显的分歧。探究东岩的心学思想，并与白沙、阳明二人相比较，有助看清阳明心学风行前明代传统心学

① 《夏东岩先生文集》，《东岩先生文集跋》，书目文献出版社，《北京图书馆古籍珍本丛刊》，第102册，第682页。

家的思想面貌。从康斋的“养性灵”，到东岩的“养天真”，再到王阳明的“致良知”，我们可以理解明代心学成长的渐进性与连续性。

第一节　浸润于娄一斋高明心学

一斋在27岁时（1448，戊辰）往崇仁小陂游学康斋之门（时年58岁）。不久，一斋因读书过苦得寒疾，别同游者周文而先归①。康斋63岁时（1453，癸酉）的冬天往南京求医，曾归道上饶探望一斋（时年32岁，此年中举人），晚留宿其家，登芸阁，书“芸阁”二字②，作《与周文、娄谅二生》诗③、《上饶娄氏家谱序》④。三年后，康斋（1456，丙子）于仲冬携胡敬斋等人有入福建之游，迂道再访一斋（时年35岁），宿其家怡老堂。⑤一斋来往师门“十有余年”⑥，深深感受师门的热情和真诚传学，改变了自己豪迈的气质，潜心

① 《康斋集》，卷三，《赠娄谅归上饶》（并序），第414页。序曰“上饶郡庠生周文、娄谅承其府主命来学。谅得寒疾归，裁此且赠其行：稚志谆谆在广居，闲侯盛德远吹嘘。独怜樗散空衰迈，丽泽何时重起予”。一斋另一同学周文（字焕章，号復斋），颇勇迈，游学康斋之门约半年后归家，康斋赠有《赠周文东归》，后来周文成为积极参与地方抗旱救灾、教书育人的名士，参见《上饶县志》。

② 胡敬斋说，“上饶娄君克贞，予同门友也。所居东有重屋，为燕朋讲学之所。每遇有学之士，则延于其间，相与讨论。景泰癸酉冬，吾康斋先生尝登焉，因书‘芸阁’二字以贻之……丙子冬，予从先生往闽，亦登是阁”，载《胡敬斋集》，卷二，《芸阁记》，第46页。

③ 《康斋集》，卷四，《与周文、娄谅二生》，第428页。诗曰“自叹虚名忝士林，殷勤孤负二生心。莫云春树他年梦，杰阁高轩记短吟”。

④ 《康斋集》，卷九，《上饶娄氏家谱序》，第545—546页；卷四，《宿上饶娄氏怡老堂》，第432页。在给一斋同村学友周文的族谱序中，康斋说，“正统戊辰，文与其友娄谅游馆下以语予。后五年，予自金陵经贵郡，青灯话旧。娄氏之堂，昔者之来，跋涉晨昏，忘其饥渴。盖当是时，惟懿德是。尚而不知踈薄之无，足与徒虚誉是信，而不知实德，则病是以误生之辱也。虽然予覆辙宜戒，而生夙志，不可以不笃世德，不可以不求坚金兰之谊，增华谱之重！顾自力何如耳？”参见《康斋集》，卷九，《上饶周氏族谱序》第546页。

⑤ 《康斋集》，卷十，《天恩堂记》，第560页。按康斋的本意是入闽，迂道上饶看望娄谅、周文，但看其当年诗歌，没有福建区域的诗歌，可能是天气原因，最后，康斋先生放弃入闽深游计划。在1462年壬午，72岁的吴与弼去福建，跋涉武夷山水，访朱子遗迹，申愿学之志，过建阳考亭书院、武夷、崇安等地。

⑥ （明）夏尚朴：《东岩集》，四库全书第1271册，卷五，《娄一斋先生行实》第41页。

下学，体验于日用之间，在 1464 年中进士（时年 43 岁），后来成为当时地方一代名儒。“昔一斋受业康斋之门。康斋一见，喜之云：老夫聪明性紧，贤契也聪明性紧，小儿睿聪明不性紧”①，一斋的聪明又严谨的个性深得康斋的喜欢。“康斋一日填地。使人召一斋来看。云学者须亲细务。一斋早年豪迈，不屑细务。由是折节向学。在书馆岁，扫除之事必躬自为之，不责备家童”②，一斋学到了圣贤下学上达的规矩。一斋 51 岁时（1472，成化八年壬辰）曾在自己家中的芸阁与敬斋（时年 39 岁）深谈心学，并一起畅游著名风景名胜之地圭峰，敬斋有诗酬合。③一斋 54 岁时（成化十一年乙未，1475）曾写信给白沙（时年 48 岁），白沙因“既未接其人，不可遽有往复。内翰（张元祯）傥以愚言为有益，择其中一二可者示之，否则置之”④。1483 年（成化十九年春），白沙（时年 56 岁）与一斋之弟娄谦（字克让，号莲塘）、子娄性、弟子蒋世钦相会于南京江浦，白沙赠娄谦《书莲塘书屋册后》⑤，白沙自述到，“（提学南畿侍御上饶娄克让）之兄克贞先生与予同事吴聘君，予来京师，见克贞之子进士性及其高第门人中书蒋世钦，因与还往……景泰甲戌游小陂，与克贞先后至，凡克贞之所修而执之者，予不能悉也。书予说于莲塘图，侍御质诸克贞先生以为何如?”表示自己殷殷与一斋商讨静养善端的心学之意。一斋赞康斋“心契道合”⑥，心学上接洽孟子、程朱的“求放心”⑦道德涵养工夫论，通过在日用家居实务中读书、穷理与尊礼⑧，家居中与弟弟莲塘等“日以讲学

---

①《东岩集》，卷一，《语录》，第 9 页。

②《东岩集》，卷一，《语录》，第 9 页。

③（明）胡居仁：《胡敬斋集》，丛书集成初编，卷一，《与娄克贞》，第 16—17 页。

④《陈献章集》，孙通海点校，卷二，《复张东白内翰》，第 132 页。白沙“不可遽有往复”于一斋，或为推辞，有其不可说之难处。张东白与一斋、敬斋和白沙（石斋）均友善，充当三人的学术交往中间人。

⑤（明）陈献章：《陈献章集》，卷一，《书莲塘书屋册后》，第 64—65 页。

⑥（明）娄谅：《吴康斋先生与弼行状》，载（明）焦竑：《献征录》，续修四库全书，第 106 册，卷十四，第 456—459 页。

⑦（明）胡居仁：《胡敬斋集》，丛书集成初编，中华书局，1985，卷一，《又复张廷祥》，第 28 页。

⑧ 据夏东岩回忆，“先师一斋，家居以正风俗为己任。凡邻里搬戏迎神及划船之类，必加晓谕禁戒。每每以此得罪于人，有所不恤”，参见《东岩集》，卷一，《语录》第 15 页；一斋“早起，深衣幅巾，拜虞家庙，出御厅事受家人诸生楫，唯二苍头侍马。（转下页）

为事”①，在勿忘勿助的自然之学的涵养中求何思何虑的止水无念心境。在学术旨趣上，一斋之学与石斋相似，偏于涵养，“道问学”工夫稍显不足②，与敬斋经世致用之学不类，故而与其弟子蔡登一起被敬斋批评为“高明”近禅的心学③。

一斋以家教闻名，其二子娄忱、娄性均为一时名士。娄忱（字诚善，号冰溪，约1451—1520）潜居授学，“从游者甚众……弟子有架木为巢而读书者”④，后由岁贡受归安训导，晚年因朱宸濠（1479—1521）叛逆罪牵连逮捕病死狱中，卒年70⑤。冰溪敢于坚持传统礼节，不屈权贵，几为朱宸濠“捶挫以死”，幸王阳明及时解救得免。⑥冰溪弟娄性（字原善，号野亭，1515年捐馆）1481年（成化十七年辛丑）中进士，任南京武库清吏司郎中等职，1494年（弘治七年）修高邮湖堤（“康济渠”）。野亭为南京守备蒋琮所诬，“抵狱三年”⑦，后乞休归。1498年（弘治十一年）应江西提学佥事苏葵邀请主持白鹿

（接上页）内外肃然，凛若朝廷。虽达官贵人至者，必整饰襟裾而入……每读邸报，见行一善政，用一善人，则喜动颜色。若事有病于政治之大者，必忧形于色，不啻身立其朝，日击其弊……郡邑政令，有不便于民者，必陈止之，有不善惟恕先生知之，田里赖之稍安……岁有旱潦蝗虫之灾，先生忧叹不已乞天祈祷，辄有响应”，参见《东岩集》，卷五，《娄一斋先生行实》，第41—42页。

① 《东岩集》，卷五，《娄一斋先生行实》，第41页。

② 据当时名士桑悦的评论，他认为一斋德性工夫偏长，而道问学略短。据洪觉山记载，娄一斋高冠佩剑，所至倾仰。至姑苏，桑悦来访，引僻书相难，一斋未答。悦曰：“老先生德性工夫有之，道问学则未也。”一斋遂不与语。参见（清）黄宗羲：《明儒学案》，沈芝盈点校，下册，卷三十九，《甘泉学案三》，《理学闻言》，第933页。一斋著作较多，被龙游余元默教谕赞为“鸿儒”，包括《日录》（四十卷）、《三礼订讹》（四十卷）、《诸儒附会》（十三篇）、《春秋本意》（十二篇），可惜后裔因朱宸濠的牵连而散失。

③ （明）胡居仁：《胡敬斋集》，卷一，《与蔡登》，第36—37页。

④ （清）黄宗羲：《明儒学案》，沈芝盈点校，上册，卷二，《崇仁学案二》，《教谕娄一斋先生谅》，第44页。

⑤ 《东岩集》，卷五，《冰溪先生墓志铭》，第44页。弟野亭的长女为宁国妃，故而冰溪遭牵连。

⑥ 《东岩集》，卷五，《冰溪先生墓志铭》，第45页。

⑦ （明）王华：《南京武库清吏司郎中致仕进阶朝列大夫娄君墓志铭》，参见陈定荣、林友鹤：《娄妃之父辩》，《江西师范大学》（哲学社会科学版），1991年第1期，第49—50页。此文极为珍贵，为陈定荣、林友鹤抄录、整理1986年12月上饶县灵溪乡出土《南京武库清吏司郎中致仕进阶朝列大夫娄君墓志铭》资料（现存上饶市（转下页）

洞书院，“从之游者甚众”①，后又兴修鹅湖书院。野亭遵从父亲一斋遗愿按照所定40篇目录要求②，分尊德性、道问学等40篇452条③，仿照《贞观政要》格式收罗明太祖至明英宗一百多年国家大事，费十余年于1491年著成《皇明政要》④，1507年刊刻（1526年再版），此书为明初的政治生活系统提供了珍贵的学术资料。一斋门下著名者有潘玉斋、夏东岩（夏尚朴，1466—1538，上饶永丰人）。吕怀说，“广信娄一斋先生，受业康斋之门，归与其徒论学。饶阳永丰潘、夏二先生游焉。潘德夫方正严毅，终日终身，出入准绳规矩。夏东岩则性度春和，涵养纯粹，人以明道方之”⑤，其中玉斋（潘润，1464—1526）深得一斋器重、赏识⑥，晚由岁贡授辰州麻阳训导，六年后升成都彭县教谕⑦，喜静坐⑧，致中和庄敬之学，深得之于一斋的自然敬养之学。玉斋以教书为业，实为儒家中的职业教师楷模。

第二节　性外无物与心犹户枢

夏东岩在理气关系上可谓朱子学的忠实信徒，“理与气合，是浩然之气。才与理违，是客气”，强调理气相合说。⑨东岩与阳明理气相合观有一致性。“盖中正仁义是理，主静是心。惟其心无欲而静，则此理自然动静周流不

（接上页）博物馆）而成。王阳明之父王华（字德辉）与娄性为“进士同年”，“生同甲子”，私人友谊深厚。也正因为此，王阳明得以通过娄性拜见一斋先生。

①（明）王华：《南京武库清吏司郎中致仕进阶朝列大夫娄君墓志铭》，第50页。

②（明）娄性：《皇明政要后序》，《皇明政要》，四库全书存目丛书史部第46册，庄严文化事业有限公司，1996，第343页。

③（明）娄性：《皇明政要》，第191—193页。

④（明）娄性：《皇明政要》，第344页。

⑤（清）黄宗羲：《明儒学案》，沈芝盈点校，下册，卷三十八，《甘泉学案二》，《太仆吕巾石先生怀》，第919页。

⑥《东岩集》，卷五，《教谕潘德夫墓志铭》，第46页。

⑦《东岩集》，卷五，《教谕潘德夫墓志铭》，第46页。

⑧（清）黄宗羲：《明儒学案》，卷四，《崇仁学案四》，《广文潘玉斋先生润》，第78页。

⑨《夏东岩集》，《语录》，6。夏东岩因为从政时间较长，弟子不多，故而没有学术传人。因为一斋后人卷入朱宸濠的政治风波，一斋文集大多毁于大火，而其由东岩抄录的日记因为政府的严格管制不能出版流传。所以，东岩文集中关于一斋的历史事实与学术思想就显得特别重要。

息矣"①，理即义理，就是中正仁义之德性，具有运动不息的特性。功夫论上采周敦颐主静说，偏离朱子学，走入禅学之路。所谓无欲而静，自是他自己厌倦官场政治生活的表现。

而在理心关系上，东岩说，"须知心以理为维，外理求心只自迷"②，而"人之一心，生理具足，与谷种一般"③。理在心中，理为心维，此又与庄渠相同。"外理求心只自迷"表明其理心关系上与康斋相契。但天理具有客观实在性，又散在生活中，所谓日用即道，所以他重视养心、管束身心、唤醒等存理去欲功夫论。其心自具生理，类似象山的本心说。此点为康斋和一斋、敬斋"理具本心"说一致。

东岩的时代，是阳明学繁荣时期。象山和阳明心学压倒朱子理学，人的心性觉醒色彩浓厚。东岩等维护朱子理学的角色，其过于正统的学说难于占据当时学子的心灵。夏东岩中年一直耽于官场，晚年方有意于山林自修读书，故其心性说规模不类讲学家大，多言一斋与朱子路数。

一　性外无物

东岩性学遵循的依然是程朱理学的框架和内核。在心、性、情、意的关系上，继承程朱的思想，提出"天下无性外之物"，性在日用见，推进程朱对性即理的理解。东岩的这种重性思想可能来源于佛学尤其是禅宗。④他说，"《性书》之作，兼理气论性，深辟'性即理也'之言……心之为物，虚灵洞彻，有理存焉，是之谓性。性字从心从生，乃心之生理也。……至程、张、朱子，方发明一个气质出来，此理无馀蕴矣……其曰天地之性者，直就气禀中指出本然之理而言……然尝思之，天下无性外之物，而性无不在日月之间，种种发见，莫非此性之用"。⑤在东岩看来，性属心，心从气。气本体论是东岩学的出发点。由气出发，心由气出。其中，人因为具天地之精华，涵摄天地之灵气，故

① 《夏东岩集》，卷一，《语录》，第 4 页。

② 《夏东岩诗集》，卷五，《枕上偶成三首》。

③ 《夏东岩集》，卷一，《语录》，第 12 页。

④ 如《东岩集》卷十三，载，"在南监时，一日过东华门，墙下有卖古书者，予偶检得四家语，内有黄蘖对裴休云："当下即是，动念则非。"伫立之顷，遂觉胸中如有石头磕然而下，无复累坠，乃知禅学诚有动人处"，此语录可见他对禅学有心契处。

⑤ 《东岩集》，卷四，《答余子积书》，第 30—31 页。

而人之灵觉处为心。他说“有善无恶是性。好善恶恶是情。主张为善去恶之心是意。诚意，是为善去恶之心十分恳恻处”，又说“心无形体，是人身一点灵处，其中所具之理为性。佛氏之徒只指那灵妙处为性，以理为障，故为异端”，可知按他的理解，性是心中生生不息的那一层，具有生理的动力，是有善无恶的，是具有道德主义色彩的心，类似道心的概念范畴。① 因此，从这个意义上来讲，性即理，具有普遍主义和价值主义的色彩。此点，正是佛教哲学与儒家哲学的路途之分。因为，佛教哲学纯粹追求智慧、获得真理、知识来寻求对宇宙世界的把握，多以客观性本体的把握为特色，不以人伦道德为追求智慧的载体。而儒家则追求人间圣贤，主要以道德功夫，回复到至善的道德本体，去除影响道德的恶的因素，明心复性。复性与对于道德的坚持是其不变的底线。佛教哲学则以明心见性为功夫，没有道德主义色彩。所以，东岩就毫不留情的批判佛教哲学的“异端”性。

二　心犹户枢

东岩论心一禀朱子，强调心有知觉、生理、湛然、虚明与公正之意，严守公私之辨，试图倡明正学。

第一、心体说。他承认心体具有湛然虚明的特性。他说，“湛然虚明者，心之本体，本无存亡出入之可言。其有存亡出入者，特在操持敬肆之间耳”，此与朱子“心之全体湛然虚明”所说同。②

第二、天心说。他也承认天人同有生物之心，主张天人合此善爱之心。他说“天地以生物为心。人能以济人利物为心，则与天地之心相契，宜其受福于天也”，天人相同，本于生之大德。他似乎有上升到劝谕的宗教性色彩。

第三、他强调心的知觉性和主观能动性。他说“耳之聪，止于数百步外，目之明，止于数十里外。惟心之思，则入于无间，虽千万里之外与数千万年之上，一举念即在于此，即此是神”，此语颇得钱钟书赞誉。③ 东岩喜谈心，其功夫论上重顿悟，多以象山心学为思想资源，被时人认为禅学，可见其实。东岩之心杂有禅宗明心见性的思想理路，不免陷入直觉主义，容易流为直接上乘

① 《夏东岩集》，卷一，《语录》，第 5 页。
② 《夏东岩集》，卷一，《语录》，第 17 页。
③ 《夏东岩集》，卷一，《语录》，第 10 页。

之学，多为学子所讥。然其学承娄一斋，我们尚可一窥娄一斋心学色彩，也难怪胡敬斋视其为禅。

第四、道心与人心之辨。他说“不知哪个是人心，哪个是道心……盖过与不及，皆是人心，惟道心方是中”，然东岩所主的道心与人心之辨，以中庸统之，是其学术特长的表现。①

第五、真心说。他说“盖此心发于义理者，即是真心，便当推行”。他承认真心在工夫论中的重要性。而儒家的工夫论核心则是存心，所谓“日用间都安在义理上”，这是继承康斋与一斋的心学思想。

第六、心犹户枢。东岩喜谈哲理，多承袭朱子说，似乎无甚发明。细考之，其在身心关系上似乎推进心学的义理性。其说，“尝疑腔子不是神明之舍……‘满腔子是恻隐之心’便说不去……盖心犹户枢，户枢稍出臼外，便推移不动。此心若出躯壳之外，不在神明之舍，则凡应事接物，无所主矣”，这一点有偏离程朱学窠臼的可能。“满腔子是恻隐之心”本程明道语，指人需要关爱慈悲万物的情怀。②

三　天心与真心论

其天心即宇宙主宰，如他说“天地以生物为心。人能以济人利物为心，则与天地之心相契，宜其受福于天也。故曰：‘永言配命，自求多福’，人间的宰相“上当天心……则宰相之职尽矣”。③其天性即善，“气禀中指出本然之理而言……天下无性外之物，而性无不在日月之间”。他以“发于义理者”为真心，“即是真心，便当推行”，工夫上欣赏自然无心，他说“举念调息息转粗，无心摄念念自静。不教一物到胸中，息息归根为复命”。④其学宗《中庸》，以天心、天性教人，走入禅宗一路，有宗教性的影子。其学得意于康斋、一斋和白沙为多，尤其以真心、无心与白沙同。⑤东岩以白沙学近禅，以主静为门径。东岩

① 《夏东岩集》，卷一，《语录》，第 12 页。
② 《夏东岩集》，卷一，《语录》，第 10 页。
③ 《夏东岩集》，卷一，《语录》，第 4 页。
④ 《夏东岩诗集》，卷五，《摄生吟》。
⑤ 白沙多能欣赏康斋对道心的功夫。东岩自己曾言有三十多年对康斋诗歌和日录的体认涵养。参见“梦想高飞何处寻，遗篇伏读感人深。暮年诗句多愁绝，慷慨平生忧道心”（《夏东岩先生诗集六卷》卷五《读〈康斋先生集〉有感》）

甚至以为白沙开启阳明学，其中白沙之心（“道”）即阳明之良知。① 东岩的真心偏于义理，兼具知性，阳明的真心重在意念纯正，与阳明真心颇不同。东岩晚年多习养生，以佛家“无心”为念，此点与阳明似乎不似。阳明无心说多源于道家自然学说宗旨，是功夫自然而然的长久夹持，偏于德性功夫的动态性。东岩晚年的无心说纯为生理性。东岩与阳明都同事一师，虽然阳明只是问学一日，但阳明作为东岩同门颇尊敬礼让他。②

第三节 敬、静之间养天真

在理欲关系上，东岩坚持一斋的“躬理”论，求理（道）契于心，求日用纯乎一理。③ 由于他熟读康斋文集，熟悉康斋的天理与人欲互为消长的关系，所以东岩的理欲观体现康斋一脉传承的功夫论，此为康斋学脉核心处。④ 在东岩，理欲关系犹如周濂溪的太极图，黑白两部分互相运动，相互支持又相互抵触，相合无间，不可分割。在太极图中，一方多，则另一方少；一方动力大，则另一方阻力就少。因此，在这样的理论假说下，存天理功夫多，人欲自然存于人心就少，心灵清明时候就多。时时天理，时时清明。存天理可以遏制人欲对心灵的蒙蔽和污染，让人心保持一份澄明心境。其说简单，但很有效。可以说是崇仁学派一以贯之的工夫论。他说，“才提起便是天理，才放下便是人

---

① 例如，近世论学，直欲取足吾心之良知，而谓诵习讲说为支离，率意径行，指凡发于粗心浮气者，皆为良知之本然。其说蔓延，已为天下害。揆厥所由，盖由白沙之说倡之耳。(《夏东岩集》《语录》7）

② 阳明书信有“不相见者几时，每念吾兄（东岩）忠信笃厚之资，学得其要，断能一日千里。惜无因亟会，亲睹其所谓历块过都者以为快耳。昔夫子谓子贡曰：“赐也，汝以予为多学而识之者与?”对学，乃不有要乎！彼释氏之外人伦，遗物理，而堕于空寂者，固不得谓之明其心矣；若世儒之外务讲求考索，而不知本诸其心者，其亦可以谓穷理乎？此区区之心，深欲就正于有道者。因便辄及之，幸有以教我也。区区两年来血气亦渐衰，无复用世之志。近始奉敕北上，将遂便道归省老亲，为终养之图矣。冗次不尽所怀。(《王阳明全集》书二《与夏敦夫》辛巳）二人并有和诗歌往来。另外，阳明书信有讲夏东岩不甚讲学，参见“此间往来极多，友道则实寥落。敦夫虽住近，不甚讲学”(《王阳明全集》书一《与黄宗贤》(四）癸酉）

③ 参见《娄一斋先生行实》(《夏东岩集》，卷五），兼采《明儒学案》，卷二。

④ 在东岩看来，天理具有客观实在性，但又是散在生活中。日用即道。

欲”①，即“天理人欲，相为消长，犹持衡之势，此重则彼轻”。在生活中，东岩“守拙卧田园，力耕吾不耻。要使磐中食，粒粒皆天理”②，“粒粒皆天理”表明天下皆理，一本万殊，理散于万事万物之中。由于东岩承续康斋、一斋学脉，功夫论上多以思考天理为长。而湛甘泉则转手白沙静坐呈现天理而以随时体认天理为功夫论归宿。二人虽以对天理内在体系的把握和亲切为目标，但方法却是迥然有别。二人虽以心的知觉为门径，区别在于理心二元还是理心一元。诚如黄梨州所说，东岩认“心与理为二，谓心所以穷理，不足以尽理，阳明点出“心即理也”一言，何怪不视为河汉乎！”此言为有理。③

夏东岩秉承康斋对理的重视这一个层面，故涵养义理的功夫包括识理、管理、用理、思理与觉理多个层面。东岩之理特别强调内在之心事上践履，有理心二元论的倾向。

一　识理

客观的认识天地万物之理，用诚敬的心来探求，此为东岩赞赏二程、朱子的格物功夫，赞其有开放和实用性。他说“看道理不尽，只是不专一”，言识在所行之先，所以“必先识其理，然后有下手处”，故“只要义理栽培”。其多有批评阳明之意，如“近世儒者，有用尽平生之力，卒流入异学而不自知者，正坐未识其理耳”，认为阳明学有误入异学之蔽。④其功夫论含有知先行后的认识论基础，与阳明的知行合一很不一样。所以，他才特别着重强调对于天理的辨清。

二　管理

东岩主用心来管束天理。“道理散在事物上，必得此心，方可管摄。若有分毫私，则散乱无所统矣”，东岩还说，“吾儒唤醒此心，要照管许多道理，释

① 《东岩集》,《四库全书》集部，第1271册，浙江汪汝瑮家藏本，上海古籍出版社影印文渊阁版，1985。

② （明）夏尚朴:《夏东岩先生诗集六卷》，南京图书馆藏明嘉请四十五年斯正刻本,《四库存目丛书》集部，第67册，齐鲁书社，1997。

③ 《明儒学案》，卷四。

④ 《夏东岩集》，卷一,《语录》，第6页。

氏则空唤醒在"，主张儒释虚实、公私之变，严持名教道统之分。这来源于他常年官宦生涯对儒家之理的把握。①

三　用理

通过修养主体的存心养性，知周万物，道济天下，故而其说多有实学色彩。所谓存心即是存伦理之理，严防持守，日用功夫全在其上，其克制之严可见。故，"日用间都安在义理上，即是心存"，可知，他主张心要常在理中，"稍与理违……凡应事接物，无所主矣"，如果人能涵泳义理，"浇灌此心，优游厌饫而有得焉"。可见，东岩特别注意让理在政治生活和日常生活中得到运用。其功夫论过于传统，过于拘束，自然不能吸引年轻人的注意。所以，年轻人愿意倾听阳明的良知学说，本体直达功夫，快速的路子。②

四　思理

通过思考来把握事物之理为康斋存理工夫。如康斋通过"枕思"、"静思"、"细思"、"绎思"等多种方式把握道理，证得人生智慧。一斋来往其门下十几年，对于思多有学习。夏东岩则在一斋门下久受其风。他说，人之思虑，"多是触类而生，无有宁息时节。所谓朋从尔思也。朋，类也。试就思处思量如何思，到此逆推上去，便自见得"。他得益于大儒丁补斋，补斋教之"思之，思之，又重思之。思之不通，鬼神将通之"③以思释史可以把握哲学本体，是主体之人对于存在的本真思考，人生的智慧即在其中。思考是主体性存在的表现，即介于主体际间思维的双向互动。夏东岩通过对思辨的把握，加深对儒家义理的探索，从而觉悟儒家义理，反躬身心。

---

① 《夏东岩集》，卷一，《语录》，第 6 页。

② 《夏东岩集》，卷一，《语录》，第 12 页。

③ 丁补斋（1457—1503），名玑，字玉夫，邃于理学，终广东提学副使。润州人，十八岁领乡荐。又四年，成化戊戌第进士。明年授中书舍人。久之，以同官公过连逮，出判普安。倪文毅公当轴，为南京仪制郎中。未四月，迁广东按察司副使，奉敕提督学校。岁余，入贺，道清远，山水暴涨，舟覆，一家十一人俱殁。有《补斋集》若干卷、《大学疑义》一卷、《洪范正误》一卷、《四礼仪注》若干卷，中庸、语、孟、易说未脱稿。又欲继朱子之志，以《仪礼》为经，《礼纪》及诸经有及于礼者为传，而补以注疏，未成书云。详见黎知谨：《〈补斋口授易说〉考》，《周易研究》，2002 年第 4 期。

五 觉理

白沙以“神理为天地万物主本”，以觉悟为法，则“神理日著”，东岩以禅宗之觉悟来体认天理。① 他说“才提起便是天理，才放下便是人欲”，表示理欲之辨在举念之间。此种思辨实际上得益于智者大师的“一念无明法性心”相同。他还把心中意念功能神化。他说，“惟心之思，则入于无间，虽千万里之外与数千万年之上，一举念即在于此，即此是神”。这样，他就以觉理作为把握圣贤之道的方法，从而与白沙教人静坐觉悟相同。白沙多以人之自觉心体为教法。他说，“人争一个觉，才觉便我大而物小，物尽而我无尽”②。在觉悟万事万物之理过程中，人的主体性得以提升，应付万物成为一件容易之事。他把自己悟得的心得传给湛甘泉。他说，“学无难易，在人自觉耳。才觉退便是进也，才觉病便是药也”。而近来学者凋零，原因在于这些学者成圣之失多在“不自觉”，中途遇难而废道学，不能长久坚持不懈。后来，甘泉和其嫡传弟子洪觉山继承以觉悟天理为宗，密其说，即所谓的“随时体认天理”。③

夏东岩工夫论以主敬指导下的有无之静为门径。

一 敬则心静

在东岩看来，主静是过程和工夫，宗旨在敬，以不违背老师娄一斋的躬理主敬理路，如“须知此心敬为枢，外敬求心只自拘。要得此心安泊处，不教庄敬离斯须”④，东岩主张敬管束静，先敬后静。总之，敬可以达到心静、心安，如“不问此心静与不静，只问此心敬与不敬，敬则心自静矣。譬如桶箍才放下，使八散了”，表明他仍然坚持程朱学传统。⑤ 东岩年轻时受教于崇仁学派二传学者娄一斋，得主敬之学。一斋则受学于吴康斋，来往师门十多年。其敬源自一斋，以高明超脱为工夫归宿，注重心体的洒脱自在，不似胡敬斋般的拘束，如东岩说“敬不是装点外事，乃是吾心之当然有不容不然者。寻常验之，敬则心便安，才放下，则此心便不安矣。所谓敬者，只如俗说‘常打起精

① 《陈献章集》，第 234 页。
② 《陈献章集》，第 243 页。
③ 《陈献章集》，第 191 页。
④ 《夏东岩先生诗集六卷》，卷五，《枕上偶成三首》。
⑤ 王阳明早年教人存理灭欲或许受娄一斋启发。

采'是也"。[1]东岩注意到，工夫过程始终充满着天理与人欲的紧张关系，敬是根本的原则，就像水桶上的"桶箍"，丝毫放松不得。黄梨洲在《明儒学案》中分析东岩学时着重指出其"主敬"的主旨。东岩的心性工夫特点在于内收涵养。东岩悟得尧舜气象终究是兢兢业业之境，这就把他最初的"放荡之洒脱"的领悟给超越了。敬是内心自然和乐，心中无事，合于儒者工夫自得的境界。东岩的敬强调内心之安，行当然之事，打起内心精神。

二　静中有物

古语尝曰：静见天地之机、静见天地之心。名相诸葛孔明常曰：非宁静无以致远。静中有涵养的智慧。白沙、东坡主静不主敬，是因为敬的修心养性的方法过度就会有遏制个体工夫活力的缺陷。东岩的主静思想主要来源于周濂溪"一为要。一者无欲也。无欲则静虚动直"与"寡之又寡，寡之而至于无，则诚立明通"等说。东岩说，"为学固要静存动察。使此心未能无欲，虽欲存养省察，无下手处。直须使此心澹然无欲，则静自然虚，动自然直"此为"洞见心体之妙"。[2]东岩认为，主静即心之存养。其细密工夫，"以无欲为要"。一方面，他自己很是欣赏此种静坐之功效；另一方面，他却批评白沙每教人静坐，其"未悟无欲故静之旨"。在这样的清心寡欲之下，儒家应付万事，就会"寡欲则事寡，无欲则无事矣"。[3]东岩之静与禅坐不同。东岩之静为人之本心延续天地生生之静。其本心为仁者之心，善者之心。他说"吾儒之学，静中须有物，譬如果核，虽未萌芽，然其中自有一点生意"。[4]

三　无欲之静

但东岩特别觉知静中工夫难做，如"静中消息最难明，念念相承以类生。好似风中置盘水，摇摇漾漾不会停"[5]，白沙和阳明强调敬之修行方法容易耗费精神，不易达到活泼泼的境界，故"内外两忘"，便澄然无事。东岩的静是道

---

① 《夏东岩集》，卷一，《语录》，第 4 页。
② 《夏东岩集》，卷一，《语录》，第 3 页。
③ 《夏东岩集》，卷一，《语录》，第 4 页。
④ 《夏东岩集》，卷一，《语录》，第 4 页。
⑤ 《夏东岩集》，卷五，《枕上偶成三首》。

德修养层面所讲，里面藏有“仁义”的道德色彩，与道家自然养生之说不类。东岩强调静的工夫还是要达到“无事”“无欲”的“存天理、灭人欲”境界。静就是存天理和灭人欲的中介工夫，衔接二者。可以说，静是带有儒家根基的道家工夫。东岩颇能陶醉静中工夫，如“人心何事苦营营，善念端从静里萌。好似闲庭无客到，不知幽草上阶生”①，利用公职之余静坐，以致于“不知幽草上阶生”。可见一方面，工夫论上东岩强调以禅宗静坐的心境，另一方面又强调静中有物，试图维持儒家的立场，表现其主静工夫论的内在矛盾。这其实是受他老师娄一斋“收放心为居敬之门”“何思何虑、勿助勿忘为居敬要旨”思想的影响。②

东岩自50岁后由于家贫从仕20多年，官至南京太仆寺少卿。为官之余颇讲学，心学上取法康斋、一斋，宗朱子心学，批评白沙心学、阳明良知学，并与湛若水、余祐、魏校、王顺渠辈共同反对阳明心学。东岩注意到心学涵养的细微之处，他说“才提起便是天理，才放下便是人欲”、“卓然竖起此心，便有天旋地转气象”③，表明他感悟到一念萌动对善恶之心的影响，因此道德修养论上东岩在“善端”上萌著上用功④，用经义浇灌本心，涵养义理，“剔刮道理出来”⑤，以此来洞见湛然虚明的心体⑥，使内在心灵保持在无丝毫欲望的状态⑦，在养法上体现出朱子学的特色。他批评白沙的心学着力于“趺坐”⑧，是忘却日用涵养的禅学，失却对儒家义理的工夫论，走入“空虚之地”⑨。在教学中，他批评阳明的致良知学放弃程朱的“格物博文”⑩，并预测阳明后学将“祸延于后世”⑪，批评甚为严厉。但是，东岩晚年因牵连提前致仕

① 《夏东岩集》，卷五，《公署对庭草有感》。
② 《夏东岩集》，《明儒学案》，卷二。
③ 《夏东岩集》，卷一，《语录》，第2页。
④ 《夏东岩集》，卷一，《语录》，第12页。
⑤ 《东岩诗集》，《四库存目丛书》，集部第67册，卷一，《赵元默以诗论学次韵复之》(元默，白沙门人)，第361页。
⑥ 《夏东岩集》，卷一，《语录》，第17页。
⑦ 《夏东岩集》，卷一，《语录》，第17页。
⑧ 《夏东岩集》，卷一，《语录》，第9页。
⑨ 《夏东岩集》，卷一，《语录》，第16页。
⑩ 《夏东岩集》，卷一，《语录》，第17页。
⑪ 《夏东岩集》，卷一，《语录》，第7页。

后由于身体欠佳，着力于静坐中萌善端①，静坐中作德②，在修养中不自觉地改变其早年的主静穷理的养法，提出“见天真”③“见精英”④的养法，推进其早年提出的“洞见心体”涵养论。与康斋一样，东岩在涵养中体现出对自然之理平铺在的感悟，体验到静里心、静中消息，他的“一丝不挂虚明地，万理应归融液时”表现出近禅的特色⑤。东岩晚年诗歌“久已废书策，悠悠度岁年。不知何处去，染得一身禅”⑥，则暗示了自己晚年涵养旨趣。东岩晚年偏爱静坐，着力于“觅天真”⑦与“养性灵”⑧的静养，比较接近白沙的静养端倪之学。

东岩的“养天真”得益于康斋的“养性灵”。东岩常年阅读《康斋集》，较了解康斋学问全貌，他说自己于康斋诗文“手自抄录，居恒讽咏，于兹三十年。窃尝谓康斋为人严毅，而诗复和平，中之所养，可知。迨至晚作，类多愁叹之语，抑可见其好学之心，至老弥切也……因缀数语，示儿侄辈，使知康斋之诗，诚可以独步当世。非久于玩索者，不能知也”⑨。东岩说，“著述纷纷未肯停，化工谁妙入丹青？寸心不死归群圣，万古如新是六经。依仿语言非实见，销磨岁月只虚名。从前枝叶须刊落，日味微言养性灵”⑩，这说明他抓住晚年康斋学的核心思想，要在六经子史中刊落浮华，一味涵养，于身心性情上用功夫，“养性灵”，让自由与德性的性灵在自我身心上打磨，证程朱理学的心性之境。不过，“养性灵”毕竟是康斋晚年所得，而要得益于自家身心，东岩晚年在日用涵养中提出了“养天真”为核心的道德修养论，主要表现为“见精英”“见天真”“觅天真”“养吾真”等。

---

① 《东岩诗集》，卷五，《公署对庭草有感》，第379页。
② 《东岩诗集》，卷二，《寓智觉偶成》，第364页。
③ 《东岩诗集》，卷五，《缙云丁用晦与一之契厚，尝因一之寄诗，用晦见和有塗人是圣人之句复次韵二首》，第383页。
④ 《东岩诗集》，卷六，《俞纯夫落第南归得见阳明先生，遂焚引归即岩居，其志可谓决矣。因次所诵阳明诗韵寄之，幸勿谓老生常谈见外也》，第396页。
⑤ 《东岩诗集》，卷五，《池亭独坐二首》，第385页。
⑥ 《东岩诗集》，卷二，《自嘲寄雨石俞纯夫首》，第366页。
⑦ 《东岩诗集》，卷五，《夜坐示诸生》，第382页。
⑧ 《东岩诗集》，卷六，《观书有感》，第389页。
⑨ 《夏东岩集》，《书小陂集后》，卷二，第22页。
⑩ 《东岩诗集》，卷六，《观书有感》，第389页。

东岩在与老友俞纯夫（阳明弟子）的信中说，“道理平铺本自明，直须收敛见精英。独惭拙学违初志，更觉残龄畏后生。义利两途须早判，知行偏废岂能成？孔颜乐处平平地，不出虞廷敬畏情”①，提出“见精英”修养论，要求涵养主体在主敬收敛、自然涵养与知行并进长期消磨下见道理之实效，真切感悟到程朱之理的实在性与真实性。东岩所提出的“知行偏废岂能成？”②，其实与他后来提到的“知行并进始能安”意思一样，针对当时学者体现出来知行分裂的弊端而提出的“知行并进”思想，这也与王阳明的知行合一有一些相似，只不过王阳明的知行合一强调即知即行，更突出工夫论上的直觉和顿悟，而夏东岩则有知行二元论本体论理念。“明德从来在日新，直须格物见天真。涂人信可为尧舜，底事今人异古人。圣道如天万古新，六经描尽得其真。眼前坐破蒲团者，谁是明心出世人？”③，东岩明确把自己的“天真”之学定义在六经学的范围内，并以天真之学反对白沙的主静涵养之学。在东岩看来，“岭海谁希贤圣踪？白沙真有古人风。养亲不就招贤禄，论学专归主静功。冷焰忽腾千载上，微言聊寄数联中。只愁说到无弦去，却与程朱议不同”④，白沙的主静之学追求“无弦”意境，离开了六经之学的规矩，与程朱之学不同，故而将来会有“异端”之弊，导致学风虚无之弊。为此，他提出以自己的“天真”之学作为新时期格物明德的教法，有助于程朱之学的传播和发展。东岩将涵养天真之学寄望于自己的学生，“议论纷纷与日新，不知何处觅天真？愧非打凤擒龙手，且作寻行数墨人”⑤，希望自己的后学能在阳明心学风行中挺立不屈，坚持程朱经学的涵养与传播，与白沙学、阳明学双线作战。“小筑新成更绝尘，闭门孤坐养吾真。年高杜甫空忧世，才短杨朱合爱身。岁晚松筠能独立，天寒鸡骛自相亲。邻翁何处冲风雪？一度思之一怆神”⑥“独处林庐自养心，不将闲

① 《东岩诗集》，卷六，《俞纯夫落第南归，得见阳明先生，遂焚引归，即岩居，其志可谓决矣，因次所诵阳明诗韵寄之，幸勿谓老生常谈见外也》，第 396 页。

② 《东岩诗集》，卷六，《滁学陈一鸿以诗见饷，次韵復之。阳明官太仆时，一鸿辈当从之讲学官舍》，第 398 页。

③ 《东岩诗集》，卷五，《缙云丁用晦与一之契厚，尝因一之寄诗，用晦见，和有“塗人是圣人”之句复次韵二首》，第 383 页。

④ 《东岩诗集》，卷六，《题〈白沙集〉后》，第 398 页。

⑤ 《东岩诗集》，卷五，《夜坐示诸生》，第 382 页。

⑥ 《东岩诗集》，卷六，《对雪有感，兼怀一之时往东浙未回》，第 399 页。

气损天真。园蔬渐长堪留客，家酿新笃亦可人。红叶受霜晴更好，黄花得雨晚逾新。寻常胜有天然趣，不负渊明头上巾”①，这两首诗表明东岩晚年醉心于田园乡居中养天真之心，“养吾真”就是“养天真”，有时“闭门孤坐”，去除闲人之气，闲暇中存诚，回归真实的生活世界，以真诚淡泊的心回归天然的生活，摆脱功名利禄的外物之欲，向田园诗祖陶渊明致敬，这一点与吴康斋很相似。

第四节　夏、陈之辩与夏、王之辩

与甘泉同年出生的夏东岩与魏庄渠一样，都批评象山、慈湖、白沙和阳明诸人心学思想败坏学风，指出“近世论学，直欲取足吾心之良知，而谓诵习讲说为支离，率意径行，指凡发于粗心浮气者，皆为良知之本然。其说蔓延，已为天下害。揆厥所由，盖由白沙之说倡之耳。”②，说明他看到阳明良知学脱离儒家名教的篱笆源于白沙心学的推动。东岩在接到甘泉赠送的《新泉语录》后写的感谢信中说“所惜程朱之书诵习既久，不无厌常喜新之意，遂有取于象山之简径，遂使学者茫然措其心于文字言语之外，不肯就人伦日用处痛下功夫，将来恐为患不细。”③间接地指出白沙、阳明心学将来对学风、社会风气有危害，并对甘泉有厌常喜新戒语。④事实上，夏东岩联合魏庄渠、余仞斋（与罗整庵同年出生）、杨月湖等崇仁后学组成反对白沙、阳明心学的“统一联盟”阻挡心学的大规模传播。盖东岩心性功夫论上坚持朱子的主敬、“静中有物”⑤，主张“敬则心自静”⑥，要求以主敬之学规范白沙后学、阳明心学。东岩认为“白沙之学近禅”⑦，象山学“以收拾精神为主”⑧，象山甚

① 《东岩诗集》，卷六，《对酒写怀》，第399页。
② 《夏东岩集》，卷一，《语录》，第7页。
③ 《夏东岩集》，卷三，《寄湛甘泉先生书》，第38页。
④ 《夏东岩集》，《提要》，第2页。
⑤ 《夏东岩集》，卷一，《语录》，第3页。
⑥ 《夏东岩集》，卷一，《语录》，第3页。
⑦ 《夏东岩集》，卷一，《语录》，第3页。
⑧ 《夏东岩集》，卷一，《语录》，第5页。

至多“驱率圣贤之言以就己意”①，杨慈湖以“心之精神为之性”②，“看道理不尽”③，“不专一”④，“议论太高”⑤，“多不满人意”⑥，阳明心学“以良知为话头，接引后学”⑦，将来的发展、传播会像象山、慈湖的心学一样，走入“异端”的困境。为了从义理上系统的评判白沙心学的缺陷，夏东岩认真的做出自己的诠释。他认为白沙心学的问题主要存在不懂得从义理的操练上存心，没有“洞见心体之妙”⑧，没有感悟到“无欲故静”⑨宗旨，因此，根本做不了去人欲、虚本体的心性功夫。东岩逐条批判白沙“古人弃糟粕，糟粕非真传”、“至无有至动，至近至神焉。发用兹不穷，缄藏极渊泉”、“我能握其机，何必窥陈编。学患不用心，用心滋牵缠。本虚形乃实，立本贵自然。戒慎与恐惧，斯语未云偏。后儒不省事，差失毫厘间”、“寄语了心人，素琴本无弦”诸句诗歌⑩，指出白沙心学缺乏“积累”⑪，“说玄说妙，反滋学者之疑”⑫，会让年轻好学学子无处获得圣贤道德修养的“下手”功夫。东岩较早地看到白沙心学缺乏扎实的“下学之功”，“遽及上达之妙，宜其流入异学而不自知也”，“有悖于道”，所以其“不得以不辨”。⑬针对阳明的《朱子晚年定论》“王阳明专择其不好处来说”，“诋朱子之学支离”，“力扶象山之学”，所以，东岩评判阳明“未能平心易气”，有失偏颇。⑭东岩意识到王阳明良知学入头处就错了，他说“近时诸公论学，乃欲取足吾心之良知，而议程朱格物博文之论为支离，谓可以开发人之知见，扩吾心良知良能之本然。此乃入门窾，于此既差，是犹欲其

① 《夏东岩集》，卷一，《语录》，第 10 页。
② 《夏东岩集》，卷一，《语录》，第 5 页。
③ 《夏东岩集》，卷一，《语录》，第 5 页。
④ 《夏东岩集》，卷一，《语录》，第 5 页。
⑤ 《夏东岩集》，卷一，《语录》，第 8 页。
⑥ 《夏东岩集》，卷一，《语录》，第 8 页。
⑦ 《夏东岩集》，卷一，《语录》，第 6 页。
⑧ 《夏东岩集》，卷一，《语录》，第 14 页。
⑨ 《夏东岩集》，卷一，《语录》，第 13 页。
⑩ 《夏东岩集》，卷一，《语录》，第 14—15 页。
⑪ 《夏东岩集》，卷一，《语录》，第 14 页。
⑫ 《夏东岩集》，卷一，《语录》，第 14 页。
⑬ 《夏东岩集》，卷一，《语录》，第 15 页。
⑭ 《夏东岩集》，卷一，《语录》，第 17 页。

入而闭之门也。”所以，他认为良知学忽略程朱一系开放的“格物博学”与穷理，由于缺乏对外在事物的深入义理探究，空玩心性，将陷入狭窄的学术窠臼内。应该来说，夏东岩的预见阳明后学会走向虚谈的困境的。尽管东岩和白沙有不错的私交，但也阻挡不了东岩为了保卫程朱理学而对阳明进行理论上的全面评判。①

在朱子心性学的逻辑推理下，东岩似乎也想发展朱子理学。他用他自己的四句教，表达了对朱子心性学工夫论的理解。这句话当然是了不起的学术创新。心学发展到阳明时期，对本体、功夫、情、意、慎独和诚意进行重大的学术转化。尤其以刘蕺山为最。东岩和阳明年龄相仿，都曾请教过一斋。东岩浸润一斋门下多年，是一斋的学术传人。而阳明仅访学一斋学问一日。但是，二人曾有书信往来，私交不错。东岩四句教是相应阳明而言的。因为，东岩非常担心阳明学的泛滥对于将来学术的恶劣影响。我们都清楚，阳明心学对于内心的人格觉醒和理想人格的发育具有良好的开发作用，但是因为其过于向内的道德主义，对于道问学等实学工夫非常欠缺，过于虚谈，缺乏脚踏实地的实干作风。在经济尚未繁荣的明代中期，阳明学还有利于学术与国家的发展，但是对治明末经济衰弱、国家内战和域外少数民族抢劫是作用不大的。正是由于这样的担心，在与甘泉、庄渠等友人的信中，东岩希望他们扛起历史的责任。

对于自己，他表达了四句教的哲学创新。

---

① 王阳明虽然访学一斋门下半日，但是一斋告诉其“圣人可学而至”的现实可行性当对其日后坚定圣学的脚步应该会有鼓舞。而夏东岩多年受学同乡一斋门下，事实上与潘玉斋成为一斋的嫡传。阳明书信有“不相见者几时，每念吾兄（东岩）忠信笃厚之资，学得其要，断能一日千里。惜无因亟会，亲睹其所谓历块过都者以为快耳。昔夫子谓子贡曰：‘赐也，汝以予为多学而识之者与？’对学，乃不有要乎！彼释氏之外人伦，遗物理，而堕于空寂者，固不得谓之明其心矣；若世儒之外务讲求考索，而不知本诸其心者，其亦可以谓穷理乎？此区区之心，深欲就正于有道者。因便辄及之，幸有以教我也。区区两年来血气亦渐衰，无复用世之志。近始奉敕北上，将遂便道归省老亲，为终养之图矣。冗次不尽所怀。”((明）王守仁：《王阳明全集》书二《与夏敦夫》(辛巳），浙江古籍出版社，2012，第200页）。二人并有和诗歌往来。另外，阳明书信有讲夏东岩不甚讲学，“甘泉……不久且还增城……此间往来极多，友道则实寥落。敦夫虽住近，不甚讲学。纯甫近改北验封，且行；曰仁又公差未还；宗贤之思，靡日不切！”((明）王守仁：《王阳明全集》书一《与黄宗贤》(四）癸酉，第170页）。

东岩与阳明善恶思想比较图

<table>
<tr><th colspan="2">东　岩</th><th colspan="2">阳　明</th></tr>
<tr><td rowspan="2">有善无恶</td><td rowspan="2">性</td><td>无善无恶</td><td>心</td></tr>
<tr><td>有善有恶</td><td>意</td></tr>
<tr><td>好善恶恶</td><td>情</td><td>知善知恶</td><td>良知</td></tr>
<tr><td>为善去恶之心</td><td>意</td><td rowspan="2">为善去恶</td><td rowspan="2">格物</td></tr>
<tr><td>意之十分恳恻处</td><td>诚</td></tr>
</table>

从这个图表可以看出，东岩和阳明思想有相同之处，对于意持相同的看法。阳明与东岩二人学术思想的主要不同在于对“恶”的看法。二程、朱子、康斋、敬斋与东岩都没有给“恶”以存在性。对于他们来说，恶根本没有存在的必要，是不应该存在的。即使曾经出现过或者是显现过，都是需要主体的心性工夫去除的，始终让心保持康斋所讲“精白之心”、东岩所讲“纤毫不染”的纯然粹然的状态。东岩仍然坚持的是一种传统主义的理学路子，对于“恶”，只是考验工夫者的一个载体，不具有现实性。

为什么我们要说，到了白沙，心学进入到精深的程度。阳明则开出明代心学的辉煌呢？恐怕，主要的原因在于白沙和阳明直面儒家哲学的现象和问题，敢于公开承认恶的存在，并给予其一定的空间。正是因为传统理学家的威权和正统，随着经济和社会的发展，他们没有敢于正视真正的问题，忽视老百姓的正常的生理需求和合理的饮食需要，程朱理学并没有在民间得到真实的实践。儒家的礼制没有随着发展而改革，反而成为束缚人类追求幸福的枷锁。当然，更深层的原因在于，追求个体的绝对自由与幸福的渴望，越发激烈。程朱灭人欲的伦理政策一度让民众丧失生活的快乐。因此，当白沙的自然主义学说，自得的生活思想，对于敬的轻视，给予当时的思想界以激烈的冲击。圣人再出，也是时代的必然需求。康斋的多读书工夫论，固然没有给白沙成圣工夫论以根本推动力。复我心之本体，纯以静坐，积以岁月，心之端倪呈现，绝对自由和幸福的状态出现，标志着白沙人格的成熟与挺立。阳明则经过九死一生的政治锻炼与生活磨炼，坚信良知本体，生天生地生人生物，有德者居之。阳明的良知学，给予人欲一定的存在性。在教学上所倡的“满街都是圣人”证明阳明对于身心关系给予一种自然与生理的视野，承担了一种个人觉醒和思想开化的历史责任。

夏东岩晚年有意于学问，其一禀吴与弼（康斋）、娄谅（一斋）崇仁学正统思想体系，坚持朱子理学规范，反对阳明心学，尝试矫正阳明心学之弊，使明代儒学向实用理学回归。但由于他所坚持的朱子学是被吴康斋、娄一斋心学化、主观化的理学，故其思想处处显示出陆王心学色彩，被后人认定为“禅学”，这显然是他竭力要避免的。通过深入夏东岩的遗著，我们认为他继承与发展娄一斋的高明心学，是康斋心学到阳明心学的过渡理论形态，由此明确其明代思想史地位。

第五章　湛甘泉“随时体认天理”与江门心学的新转向

湛若水（1466—1560，广东增城人，字民泽，号甘泉）与王阳明（1427—1529，浙江余姚人）可算是明代最有名的两位儒家学者了。[①] 甘泉吸收白沙的自然学说，却也转手白沙的心学功夫论，以“主敬”代“主静”，以“中正之理”代“端倪”，以博文约礼代身心涵养，吸收张载的气学、二程的穷理观向外拓展了白沙心学，通过博文约礼的读书方法回归经典的研究，丰富并发展五经学，使明代心学回归程朱理学世界，回归到宋学，有向经学时代回归的

① 弘治五年（27岁）的湛甘泉中举人，29岁往江门就学于陈白沙（1428—1500），焚掉赴考证件以表学习决心，潜心白沙门下。弘治十一年三月，白沙赞甘泉学术规模，“来书甚好，日用间随处体认天理，着此一鞭，何患不到古人佳处也”。第二年将“江门钓台”作衣钵传与甘泉，作《赠江门钓台诗》并跋，“达摩西来、传衣为信。江门钓台，病夫之衣钵也！今与民泽收管，将有无穷之祝。珍重！珍重！”弘治十三年（1500）白沙卒，甘泉为之服丧3年。弘治十八年（1505），甘泉中进士。后到西樵山建书院，聚徒讲学4年。甘泉讲学讲究方法，要学生先习礼，明学规；先静坐聚精会神，然后才授课。嘉靖元年（1522年）复职，次年转翰林院侍读，又次年任南京国子监祭酒，作《心性图说》。历四年，升南京吏部右侍郎，次年转礼部左侍郎，68岁升南京礼部尚书，71岁转南京吏部尚书，74岁转南京兵部尚书，75岁致仕。家居后，在府第附近建“天关书院”讲学。在西樵有大科、增城有明诚、南香山有莲洞、新塘有甘泉等书院；在新塘江畔建钩台。参见（明）湛若水：《湛甘泉先生文集三十二卷》，山西大学图书馆藏清康熙二十年黄楷刻本，《四库存目丛书》，集部，第56—57册；（明）王守仁：《王阳明全集》，吴光等编校，上海古籍出版社，1997。《湛甘泉先生文集》第56册不做特别说明，如是《湛甘泉先生文集》第57册，就特别标明。

趋势，在心学义理论上可谓白沙学的一种倒退。① 甘泉的弟子多为较为平实的儒家，喜欢阐发经典，在礼学、乐学、兵法、算数等方面拓展儒学的研习视野，并在与阳明后学交往中力图捍卫儒家道德意识。与白沙师吴康斋（1392—1469）晚年对“名教”的忧患一样，甘泉俨然有名教教主的一面。② 甘泉“主虚”“无欲”吸收道家心性方法，却对老子虚无之说有批评；他捍卫白沙心学，与王阳明一样，并不认为象山为禅家，反对杨慈湖（1141—1226，浙江宁波人）“灭意”功夫论，以慈湖为“真禅者”③。甘泉从白沙归，其“体认天理”思想就渐趋成熟④，他以“大心说”为基础，试图达到内（圣）外（王）合一、动静合一、显微合一、体用合一的混一心静，实现生理（包括生意、生机、生气）与伦理（包括大公、清净心）的融合，体现中中性的心学面目，既缺乏阳明学的实践性，又缺乏白沙学的涵养性，是白沙与阳明心学之间过渡的一种心学理论形态，心学体系较为驳杂，理论特色不明显，故而在明代的后续传承影响力不大。甘泉书生气较为明显，其心学不如阳明心学发展的力度大。

第一节　元气生机论与自然认识论

甘泉试图建立以气为中心的大一理论体系，其嫡传弟子洪觉山称“大全”理论。⑤ 郭齐勇、李锦全和钟彩钧诸教授注意到甘泉吸收张横渠的大心说。⑥ 大全学包括大心说、一体说、辩证法等。世界是一个基本元体：气。气是个流行的道体，充塞宇宙之间，天地内外无所不贯，自然万物的运动动力。气是天地间万物的本体。气本体论源于康斋、白沙的“元气”说。阴阳之气中和为道，物质组合依据一定的元素形成宇宙体系，而人吸收各种成分变化成个人的

① 邓志峰：《王学与晚明的师道复兴运动》，社会科学文献出版社，2004。

② 关于白沙、康斋二人的内在学术联系，参见（明）吴与弼：《康斋集》，上海古籍出版社影印文渊阁版本，1987；（明）陈献章：《陈献章集》，孙通海点校，中华书局，1987。

③ （明）湛若水：《湛甘泉先生文集》，山西大学图书馆藏清康熙二十年黄楷刻本，四库存目丛书集部第 56 册，卷七，《寄崔后渠司成》，第 581 页。

④ 刘兴邦、江敏丹：《岭南心学传人：湛若水》，广东人民出版社，2006，第 66 页。

⑤ 弟子洪觉山整理其师的著作，就以《泉翁大全集》命名。

⑥ 郭齐勇：《中国哲学史》，高等教育出版社，2006，参见湛若水章节。

心性情理。世界的一切存在，有形无形，有意无意，都来源于气之理运动，鬼神和天理亦在自然的气息中。

甘泉说，“天地间万物，只是一气而已”①，“宇宙间隔一气而已。自其一阴一阳之中者，谓之道。自其形成之大者，谓之天地。自其主宰者，谓之帝。自其功用者，谓之鬼神。自其妙用者，谓之神。自其生生者，谓之易。自其生物而中者，谓之性。自其精而神虚灵知觉者，谓之心。自其性之动应者，谓之情。自其至公自正者，谓之理。自其理出于天之本然者，谓之天理，其实一也”②，在气化之下，阴阳之道形成天地，由此帝、神、易、性、心、情、理、天理等概念得以展开，最后“穷理尽性以至命是一气，滚做一气，滚成自其处”③，气化到人，人要臻于完美，复性之学得以必要。由气生出天地、人间的各种道理。宇宙本体论体系各范畴，如阴阳、升降、浮沉、晦明、刚柔、伸屈、曲直、溶结、避阖、开闭、动静、屈伸、语默、有无、体用、显微、知行、长短和方圆等，在气的磨合下，便具有互动、互补和调试特征。甘泉接续张载的太虚说，细致的刻画气化之理“理一分殊”的诸多特征。甘泉说，“气一则理一矣。如池浑浑，群鱼生焉，是谓同体。溢则同生，涸则同死，一体之谓也，其形体呼吸性情，潜跃之异者，分之殊尔。见之者，谓之知道”④，“体用一源，显微无间，一以贯之”⑤，指出一体之理的理一分殊特性。“阳升则浮，阴降则沉，浮沉相荡，而润下生焉。阳精则明，阴精则晦，晦明相感，而炎上生焉。阳刚则伸，阴柔则屈，屈伸相循，而曲直生焉。柔以溶之，刚以结之，溶结相推而纵革生焉。刚以避之，柔以阖之，避阖相灏，而稼穑生焉。天地之生也。行气而质，故水火多气，木金土多质”⑥，此语则说万物之理阴阳变化、相克相生的道理。这样的一套分析话语大大拓宽白沙自然说体系，内蕴辩证法易使名教道德学说因具有自然、生理之理增强理论上的正当性。

甘泉说，“天地之初也，至虚。虚无，有也。无则微，微化则著，著化则

---

① 《湛甘泉先生文集》,《知新后语》(第45条)，卷四，第544页。
② 《湛甘泉先生文集》,《新论》(第65条)，卷二，第532页。
③ 《湛甘泉先生文集》,《天关语通录》(第88条)，卷二十三。
④ 《湛甘泉先生文集》,《新论》(第51条)，卷二，第530页。
⑤ 《湛甘泉先生文集》,《二业合一训》(第10条)，卷五，第549页。
⑥ 《湛甘泉先生文集》,《知新后语》第1条，卷四，第539页。

形，形化则实，实化则大。故水为先，火次之，木次之，金次之，土次之。天地这终也，至塞。塞者，有也。有则大，大变而实，实变而形，形变而著，著受而微。故土为先，金次之，木次之，水次之。微则无矣，而有生焉。有无相生，天地之终始乎？”①，“行短而知长，行方而知圆，行有止而知无穷，故行一而已造其极之谓也，非造其中而谓也。若夫知者，所以潜天地，达古今，通昼夜尽终始之变，以至于化育，非天下之聪明睿知，其孰能尽之？”②指出气化来源于天地之“至虚”，与张载的太虚说契合，这样就让白沙的自然主义学说具备理论基石，提高白沙自然说的“形而上”特性。甘泉对自己发现这套神妙不测的气说，给与了较高的地位，并把理论的发明权给与了圣人，从而给自己的气化自然、动静合一的一体之学一度烙上接续道统的地位，他说“性，妙天地之有情，著天地之无；神，妙有无之机，道天地之一，其惟圣人乎？”③。这样的，“动静无端，阴阳无始，妙之至也”④、“一开一闭，可以观极。一动一静，可以观性，一屈一伸，可以观神，一语一默，可以观德”⑤，辩证之“妙”发前人之未发，给理学语言增添活力。通过对“妙”的细致阐发，使得甘泉的气化之说具有厚重的理论色彩，不再像以前的名儒那样用武断的语句式。

甘泉对宇宙具体变化的辩证与多元双向的自然认识新论直接启发湖州弟子唐枢在地理学、数学、风水学、堪舆学上的进一步系统性发展，形成多种心学向度的新学科，启发吕怀对声律音韵之学的探索，也激发其婺源弟子洪觉山对历史哲学的新洞见。当然，甘泉对宇宙万事万物的具体观察是船山先生历史认识论与自然认识论的先声，体现出中国哲学史学术思想范式的新转变。不过，甘泉的宇宙认识新论是要观生，观察宇宙生生不息、循环往复与自然感应的具体世界，目的是感应现实世界的生理性，而船山认识论则是从形上原理角度来高度概括宇宙变迁，由此来指导未来历史与社会发展的内在规律，创造世界，形成革命思想，改朝换代。无论如何，甘泉认识论通过向外体认天理，开

① 《湛甘泉先生文集》，《新论》（第37条），卷二，第529页。
② 《湛甘泉先生文集》，《新论》（第40条），卷二，第529页。
③ 《湛甘泉先生文集》，《新论》（第30条），卷二，第528页。
④ 《湛甘泉先生文集》，《知新后语》第48条，卷四，第544页。
⑤ 《湛甘泉先生文集》，《新论》（第5条），卷二，第526页。

启人类认识世界和改在世界的新形态，试图客观与理性的看待人与自然的两个世界，这与阳明心学内向关心良知心性完全相反。从这个意义而言，甘泉心学认识论是与其弘扬宋学经学思想密切相关，在中国哲学史上具有重要的创新价值，值得我们总结和弘扬。

第二节　煎销习心与随时体认天理

要获得对奇“妙”天地之理的认识，甘泉要求学者“大心”，要有天下一体的潇洒胸怀，来做“廓清”的中和、中正功夫。甘泉说“和气致，则天地泰、万物若”①、“大其心能全体天地之性”②、“胸中无事，则天理见矣”③，“学之要，洒而落之；不廓清，不足以入道”④、“廓清之，则本体不污；本体不污，则光明自生，日新之谓与”⑤、“或问习心不除？廓而清之，久则除矣”⑥。甘泉认为，“中正者，天下之至道也，是故勿意必固我，而发皆中节，君子可以知道也”⑦，君子应该知道修养身之道就是实现中和的德性，天人合一和的就是一体的中正之理。成中英把生机的自然主义作为中国哲学的一个特征⑧，发现世界中生机与自然主义并不断体悟、省察涵养是儒家的核心思想之一。《易经》主要思想就是生生不息。《论语》中记载的孔子对城外树林胡乱砍伐的担忧以及“仁者乐山、智者乐水”的山水情怀，可以表现早期儒家对“生意”仁体的关注。甘泉说，“心无一物，天理见前。何为天理？本体自然。廓乎浑兮，四时行焉。勿忘勿助，圣则同天”⑨，指出天理的自燃性，就是廓浑流行之理，一气流行。在此之下，“随处体认天理，六字千圣同行。万里一心感应，虚灵中

① 《湛甘泉先生文集》,《新论》(第 10 条)，卷二，第 527 页。
② 《湛甘泉先生文集》,《樵语》(第 3 条)，卷一，第 521 页。
③ 《湛甘泉先生文集》,《雍语》(第 55 条)，卷三，第 536 页。
④ 《湛甘泉先生文集》,《樵语》(第 51 条)，卷一，第 526 页。
⑤ 《湛甘泉先生文集》,《雍语》(第 9 条)，卷三，第 533 页。
⑥ 《湛甘泉先生文集》,《雍语》(第 7 条)，卷三，第 533 页。
⑦ 《湛甘泉先生文集》,《樵语》(第 48 条)，卷一，第 526 页。
⑧ 〔美〕成中英：《从中西互释中挺立：中国哲学与中国文化的新定位》，中国人民大学出版社，2006。
⑨ 《湛甘泉先生文集》，第 57 册，卷二十六，《示诸学者》，第 163 页。

正观生"①，通过人心对事事物物的感应能力，去把握中正和谐之理，实现天下太和的局面。甘泉功夫论的核心理念是随处体认天理，作为道的天理是大公心、无私心，蕴含生意，自然的流行，中正虚混。随处体认天理的方法是勿忘勿助、自然而然与渐进的自强不息。勿忘勿助功夫心法是复活吴康斋教法主要证据。而其感应心学完全继承了陈白沙。

按照传统儒家的理论，完美道德是天理的主要价值取向。甘泉直接从生意角度来定义天理，容易滑入道家的自然主义学说。甘泉并没有像崇仁学派胡敬斋那样严格、单纯的坚持儒家伦理和道德思想，而是偏向从自然界的生意层面描述他认为的天地之理。甘泉还是坚持、继承白沙自然学说，认为"心之生理"就是"天理"，甘泉说"生意，即是天理，即是浑沦"②，"天理只是心之生理。如彼谷种，仁则其生之性。仁即是天理也"③，因此，"心者，生理，如树在地。斯须弗存，生理索然"④，"心之生生，乃理也。存心养性，养金于沙，乃理也"⑤，在这里，甘泉打了一个比方，"心道生仁，树道生实。存心根之，省察防之，讲习灌溉之。人力不与焉，而生生不已"⑥，以一棵茂密的大树而言（生意、仁），需要和大地（根基、心道）相联系；以谷种而言（心），她有孕育新生命的力量（仁、生之性）。所以天理让天下生命更好的生生不息，甘泉试图回到儒家《易经》的原初智慧。因此，存心养性的功夫论要求"畜生意"，"生意"需要主体者时时刻刻的涵养（"咸畜"）。甘泉继承康斋、白沙的生意理论，自己也曾在西樵山间7年隐居，获得较深刻地对道德生命的亲证。他把"生意"范畴抬高，突出内心对生生不息的体认和工夫。他说"夫农夫之养苗也，去其害苗者尔，而生意不可遏也。学者之养心也，去其害心者尔，而生理不可息，锄夫何加力焉？"⑦，"锄其骄而苗自夭，杀其虫而木自茂，绝其欲而理自足，是故万化咸畜"⑧，通过生动地锄苗的比喻，鼓励儒家学者敢于磨炼，日

① 《湛甘泉先生文集》，第57册，卷二十六，《示学六言赠六安潘汝中黄门》，第173页。
② 《湛甘泉先生文集》，《问疑续录》（第40条），卷十一，第638页。
③ 《湛甘泉先生文集》，《问疑续录》（第48条），卷十一，第639页。
④ 《湛甘泉先生文集》，《新论》（第2条），卷二，第532页。
⑤ 《湛甘泉先生文集》，《天关语通录》（89条），卷二十三。
⑥ 《湛甘泉先生文集》，《新论》（第18条），卷二，第527页。
⑦ 《湛甘泉先生文集》，《新论》（第13条），卷二，第527页。
⑧ 《湛甘泉先生文集》，《新论》（第41条），卷二，第529页。

新月新，勇敢的改正内心的不良习惯，以便涵养天理。

儒家学者除了日新功夫，还需要保持内心的虚灵和寡欲的念头，体认天理。甘泉说“虚无，即气也。如人之嘘气也，乃见实用，故知气即虚也。其在天地万物之生也，人身骨内毛面之形也是，皆气之质。而其气即虚无也。是故知，气之虚实，有无之体，则于是道也，思过半矣”①，“空室空木之中，有物生焉。虚则气聚，气聚则物生，故不待种也。气即种也，得之气化而生也，故虚者，生之本”②，可见甘泉的虚心功夫论是基于本体的功夫论，在儒家哲学上具有一定的创新。他说“夫身在屋内，四面墙壁也，何以见天地四方之全，必超身而也立于九层之台，斯尽可见之矣。故物欲也，玩好也；文艺也，皆墙壁之类也。故僻之，而后可以见道”③，“人心之虚也，生意存焉。生，仁也。生生，天地之仁也。塞则死矣。圣人之心，太虚乎？故能生万化，位天地，育万物，中和之极也。必有主，而后能虚”④，天地之气本虚，虚化之气运转天地，因此人心虚灵，主一无适，跃升于天地之上，势必可以透彻天理。自然间流动之气遵循的是道家的本体论，具有虚无性。《易经》在此处与老子的宇宙本体论相通。甘泉对仁的理解坚持继承孔子仁学，把仁的含义归纳为直接贴切自然的勃勃生机，一种生活本然意味的。程朱传统的仁还具有政治性与规范秩序的美德与善，一种好的政府治理范畴与体系，充满政治未来的忧患意识和政治生活的危机感。⑤甘泉的仁内化到主体者的虚心，这种思维逻辑的逻辑起点是道家哲学的思想，只不过那不是主，而是附属于儒家哲学道德基点罢了。寡欲成仁，甘泉提出无私无欲的为学工夫，保持清明心体论。甘泉说“仁也者，安之为大”⑥，“学立，则人无私，学无私，则一，一则明”⑦，“贤者寡欲，圣人无欲。寡欲之至，可圣。无欲之至，可天，圣则无意无必，天则无声无臭”⑧，这是他坚持二程功夫论的地方。

① 《湛甘泉先生文集》,《新论》(第 43 条)，卷二，第 529 页。
② 《湛甘泉先生文集》,《新论》(第 44 条)，卷二，第 529 页。
③ 《湛甘泉先生文集》,《新论》(第 46 条)，卷二，第 530 页。
④ 《湛甘泉先生文集》,《新论》(第 50 条)，卷二，第 530 页。
⑤ 融合朱陆理心学说的清初大儒孙夏峰多把生意哲学抬高。
⑥ 《湛甘泉先生文集》,《新论》(第 27 条)，卷二，第 528 页。
⑦ 《湛甘泉先生文集》,《新论》(第 11 条)，卷二，第 527 页。
⑧ 《湛甘泉先生文集》,《新论》(第 1 条)，卷二，第 526 页。

除了融合前人的多种修养方法，比如涵养、寡欲和日新等心法外，甘泉道德修养论的特色在于他提出“煎销习心”的心法来实现精白一心。甘泉分析禹成为圣人般精神意志，归结为禹具有千锤百炼的金子般的品格①，因此他告诫自己的学生，务必具备坚强的人格，内心存有敬畏，修养者才会浑合无间，具备盛德，实现“纯心”的“精白一心”特点。甘泉说，“禹之圣也，其犹诸百炼金矣。浑合无间是之，谓盛德”②，“(纯心)其犹乎金之精乎。金之不精，有或杂之，非复企之初矣。今夫金，时时而炼焉。久则精金尔矣。又何待于外求?”③。甘泉对锤炼精神的强调不仅仅是一般规范意义上的，还结合现实经验的方法论。甘泉突出辩证技术的运用（与道家哲学合流），考虑现实生活的不确定性与困难。有时，妥协和容忍有利于美德涵养。他说“君子之学也，犹之锻金也，不炉不锤，则金不精。事也者，学之炉锤也。不历事，则仁不熟。不熟，而仁之弃也者。夫仁也者，贵熟之”④，“观洪炉之铸金，则知天地张始矣。在炉而溶生之也。出炉，而结成之也。溶也者，水始之象也；结也者，土终之象也。其溶也，孰不以为屈而不知生之始也。伸，孰大焉。其结也，孰不认为伸而不知成之终也。屈，孰大焉。始终相乘，屈伸相感，而金未曾变，道之象也”⑤，“习心”即人心中的坏的部分，好比金子中杂质。宋代儒家常用人情心、物欲、私欲心、世俗心来表达这样一个概念。甘泉哲学的主旨是随时体认天理，而要达到廓清大公的澄明心境，需要煎销习心。在这里，甘泉透过“习心”概念发展了前人的学说。“体认天理”与“存天理”的不同在于，前者突

① 这是一种类似《金刚经》所提出的顽强忍耐和超越时空概念的风格。《金刚经》是大乘佛学的经典著作之一。《金刚经》的人生哲学就是要求人类顽强的活下去，勇敢的活下去，不屈不饶的活下去。不管将来遇到多大的磨难，不管将来遇到多大的打击，都要珍惜，当下生活。保存，就是最好的存在，最真实的存在。《金刚经》反复强调的人生精神，就是超越过去和未来，超越生活的环境，不断经历风雨，磨炼身心，成就人格。从这里也可以看出，真正的佛学思想不是消极的，而是积极的。这与老子《道德经》主张的“无为”无不为的思想一致。一个人，一直处在安逸舒适的生活环境里，是很难成就坚强品格的。具备顽强忍耐的良好品格，必须从千难万苦中经历，可以更好的面对人间欲望问题。详细的分析可阅东方桥：《金刚经现代读》，上海书店出版社，2003。

② 《湛甘泉先生文集》，《樵语》（第2条），卷一，第521页。

③ 《湛甘泉先生文集》，《雍语》（第76条），卷三，第538页。

④ 《湛甘泉先生文集》，《新论》（第55条），卷二，第530页。

⑤ 《湛甘泉先生文集》，《知新后语》（第14条），卷四，第541页。

出了修养自得的思想，体现默识的修养态度，更加关注工夫的有效性；而后者强调境界的保存和占有。作为哲学意义上的“存天理”，这样的境界其实很难维持。其实，从儒学心性工夫角度而言，“存天理”基本上是一个想象的境界。换句话说，“存天理”是一种理想主义的价值追求。而甘泉的体认天理却是可以实现的目标，因为甘泉只强调对天理境界的亲自躬行实践的过程。在甘泉看来，重要的是体验和经历，是一种参与的乐趣，而不是艰难的实现某个难以企及的宏伟目标。随时体认天理是一种现实主义的，是渐进主义的，是有效的，是可以获得的。甘泉的煎销习心，不仅仅是一般意义上的灭人欲。甘泉把习心看成一种自然现象，首先肯定它的合理性，强调的是对习心渐进和反复的清洗。相反，不少宋代儒家把人欲看成是不合法的，没有存在价值的，需要迅速的消除和完全铲除，最后只剩下完全空明的天理境界。甘泉说，“诸生为学，患心不定。只有煎销习心，三层五层，如煎销金银。一番煎销，俞见一番精明。煎销尽者，为大贤之心。习心既人心，只是无一个好心。其不好者，习耳。习尽，则本体广大高明，何尝有缺？何所沾惹？”①，“（君子）其要又只在体认天理。体认天理，仍煎销习心之功夫。盖天理与习心相为消长。养得天理长一分，习心便消了一分。天理长了十分，便消了十分习心。即为大贤，熟而化之即是。圣人、贤人非有差别，同是一个天理生熟之闻耳。吾子于《大科训规》中识得个要约如此，便知所从事矣。可喜可喜。然见之非难，体之为难”②，“煎销习心之功夫”就是“体认天理”的过程，体现出它作为传统理学家的品格。

第三节　静体敬用：甘泉对白沙心学的转手

甘泉以“随时体认天理”为其一生学问宗旨，是跟随他的老师陈白沙“养端倪”而提出的呈“现端倪”而来的，他要随时呈现“端倪”，其“随时”蕴含着功夫的无间与合一。③“随时”不仅涵括已发未发、随动随静的双层含义，不再仅仅是宋儒的主静之学或未发之学，“吾所谓体认者，非分未发已发，非

① 《湛甘泉先生文集》，《大科训规》（第4条），卷六，第554页。
② 《湛甘泉先生文集》，《问疑录》（第1条），卷十，第626页。
③ 《湛甘泉先生文集》，卷七，《答欧阳崇一》，第574页。

分动静。所谓随处体认天理者，随未发已发，随动随静。盖动静皆吾心之本体，体用一原故也”①；还有“随心，随意，随身，随家，随国，随天下，盖随其所寂所感时耳”②，“随时”上达《周易》的感应之说。而甘泉的“体认”主要是通过“中正之心”这个发动机制来实现的。甘泉的“中正之心”就是“勿忘勿助”功夫达到自然之时才有的状态。甘泉说“勿忘勿助只见只是中正处”，并说这是“圣贤心学最精深处”。③而主敬就是“勿忘勿助”之间的调停功夫，“勿忘勿助，主敬之谓也”④。

本来，陈白沙借鉴与发展恩师吴康斋的“勿忘勿助”并没有敬、静之分，康斋与白沙均是中性概念，只是强调为学读书的中庸之道，但奇怪的是，甘泉刻意用主敬来约束“勿忘勿助”这一崇仁学派最重要的为学心法，也就遏制了性灵学的进一步发展，让人匪夷所思，也让人遗憾。从哲学而言，主敬心法较为客观，着重于对外在世界的管理，而主静心法偏于主观，个体性更强，偏于内心世界的管理。由于甘泉心学着眼于外在世界的客观观察，因此，主敬心法的优势让他更倾向于向外探索世界，这是他转手白沙心学之处。

在“学问、思辨与笃行”功夫论下⑤，甘泉要实现“主一无适”的整全功夫，实现内外之道的契合，他所说的“与物同体”的“客观”天道⑥。甘泉说吗“敬，无滞也”⑦，“敬者，一也。一者，无欲也。无欲，则洒然而乐矣”⑧，甘泉主张道无内外，心无动静，因此功夫上主张道合内外的动静合一之学，“动静皆忘、时动时静”⑨察见天理。可见，甘泉的“主一无适”还是要主敬，静坐涵养被约束在主敬的规矩之内。而主敬心法的核心修养论就是慎独，是诚意自修，由此体认仁体，也就是他开启后学唐一庵、刘念台诚意慎独之学之处。甘泉用仁体说取代白沙的道大论，全面转手了陈白沙的心学，走向博文约

---

① 《湛甘泉先生文集》，卷七，《答孟生津》，第574页。
② 《湛甘泉先生文集》，卷七，《答阳明王都宪论格物》，第572页。
③ 《湛甘泉先生文集》，卷七，《答聂文蔚侍郎》，第574页。
④ 《湛甘泉先生文集》，卷七，《答邓君恪问集义》，第569页。
⑤ 《湛甘泉先生文集》，卷七，《答潘廷评》，第575页。
⑥ 《湛甘泉先生文集》，卷七，《答蒋卿实诸君》，第579页。
⑦ 《湛甘泉先生文集》，《新论》（第48条），卷二，第530页。
⑧ 《湛甘泉先生文集》，《雍语》（第5条），卷三，第533页。
⑨ 《湛甘泉先生文集》，卷七，《复王宜学内翰》，第567页。

礼的新体认说，由此甘泉心学走向与白沙心学不同的新道路，并启发洪觉山的"知几"全知心学。

通往理想人格的道路，除了默默无言的慎独外，还要内心真诚，对越神明，"诚"体现仁者光明的心灵。甘泉说"初年斋戒三日，始求教白沙先生"①，讲述自己真诚求学的初心。他还说"诚者，天理也"②、"至诚动物"③，因此，"《易》曰蒙以养正。正也者，诚也。洒扫应对，立诚也。明德新民，立诚而章矣。致中致和，立诚化矣"④，体现一位诚实儒家的学术归宿。由于真诚，天人一理，可以感应天地的变化。甘泉认识到感应在人身心间，"非橐则不能鼓气，人之呼吸，其犹诸橐也。百体经络之气，由之以鼓动，感通焉。天地氤氲而已，故能生万物。观呼吸，则氤氲之端，可见矣"⑤，《中庸》的感应原理与此雷同。而长期的修养，儒家多能感应外在事物的变化，成己成物，如甘泉说"山木之根，可破石，此是至大至刚，以直处此气，无处不到大也。其力刚也，物不能直也。直气之贯，不分木石。木石非二物也"⑥、"其天者，非常之材，得雨露之养于天也，得土力之养于地也；得栽培之养于人也，则盛德大业备矣"⑦，诚者成物。

认识世界首先在于改变自身性格。体会仁、认识仁，需要"自得变化气质"，需要"读书体认涵养"⑧，时时刻刻的"一体之学"与"一体功夫"。而整全的"合一"工夫需要内心自然与默识的"意会"，没必要"求之太深、索之太苦"⑨。甘泉说"道以自然为宗，憔默而识之，君子行其无所事"⑩，"默识者，其学之至与"⑪、"默足以容耳"⑫，在长时间内消化知识，体会默识涵养的道理。

---

① 《湛甘泉先生文集》,《知新后语》(第 37 条)，卷四，第 543 页。
② 《湛甘泉先生文集》,《新论》(第 52 条)，卷二，第 530 页。
③ 《湛甘泉先生文集》,《新论》(第 51 条)，卷二，第 530 页。
④ 《湛甘泉先生文集》,《新论》(第 16 条)，卷二，第 527 页。
⑤ 《湛甘泉先生文集》,《新论》(第 64 条)，卷二，第 531 页。
⑥ 《湛甘泉先生文集》,《知新后语》(第 27 条)，卷四，第 542 页。
⑦ 《湛甘泉先生文集》,《二业合一训》(第 17 条)，卷五，第 550 页。
⑧ 《湛甘泉先生文集》，卷七，《复王德征》，第 582 页。
⑨ 《湛甘泉先生文集》，卷七，《复方西樵》，第 560 页。
⑩ 《湛甘泉先生文集》,《天关语通录》(第 48 条)，卷二十三。
⑪ 《湛甘泉先生文集》,《樵语》(第 35 条)，卷一，第 525 页。
⑫ 《湛甘泉先生文集》,《知新后语》(第 46 条)，卷四，第 544 页。

而其背后的理论就是显微无间的体用之学，“诚以藏显，声以藏隐”①，“显于始，藏以终。显以生之，藏以终之……知来可以藏往，智者功用大矣哉”②。可见，白沙的默识工夫对甘泉影响较大。

“善学者，如贯珠”③，学习除了心广之外，还在于体胖，保养元气，“涵养知者，明睿也”④、“知与养并行而不离也”⑤，甘泉提倡知养并行、合一，可能阻碍他的理论上突破。“志者，气之帅也……持志以养气”⑥、“神全则气全”⑦，养生是一种儒家道德学问和工夫是否可以持续悠悠的保障。天命在我，又不是一般意义上的学习可以获得的境界，甘泉试图建构知养合一论，特别重视身体的保养，希望可以治愈他的朋友。甘泉主张学与养的互动，试图解决儒家一贯的道德伦理的内在张力和忧患意识，契合道家的养生思想。甘泉说，“善治病者，先元气而后攻疾。养元气即攻疾也，苟专于攻疾，是又一病也”⑧，在这里回应崇仁学派开山祖师吴康斋的“元气”说。“观鸲鹆之能言，而知天下可以气化；观蜩蝉、蜉蝣之能蜕，而知天下可以质化，是故圣可学而贤可至。圣贤之道，存之移气，养之移体，非达天下之变化，其孰能与于此”⑨，提出从更广阔的视域来看待涵养身心的儒家德性之学。

儒家哲学诗意化由宋代康节开创，绵延和扩展到明朝。甘泉是明儒人生哲学田园化和生活化的典型反映，“春宜居罗浮，冬宜居甘泉。夏宜居西樵，秋宜居天关。何以谓之宜，顺气无乖愆。罗浮春花发，西樵夏木藩。天关秋水清，甘泉冬背寒。四时无穷运，吾以了吾缘”⑩，将身心放怀天地间，继承白沙

① 《湛甘泉先生文集》,《樵语》(第 47 条)，卷一，第 526 页
② 《湛甘泉先生文集》,《樵语》(第 7 条)，卷一，第 522 页。
③ 《湛甘泉先生文集》,《二业合一训》(第 19 条)，卷五，第 551 页。
④ 《湛甘泉先生文集》,《新论》(第 38 条)，卷二，第 529 页。
⑤ 《湛甘泉先生文集》,《樵语》(第 28 条)，卷一，第 524 页。
⑥ 《湛甘泉先生文集》,《雍语》(第 60 条)，卷三，第 537 页。
⑦ 《二业合一训》(16 条)，卷五，第 550 页。
⑧ 《湛甘泉先生文集》,《樵语》(第 34 条)，卷一，第 525 页。
⑨ 《湛甘泉先生文集》,《新论》(第 28 条)，卷二，第 528 页。
⑩ 《湛甘泉先生文集》，第 57 册，《四居吟》(并序)，卷二十七，第 184 页。序：甘泉子既归田里，置有四居焉，皆寓也。一在罗浮之朱明，一在西樵之大科，一在天关，一在甘泉。未能大归宇宙之本，宅且以四时分居四寓。春居罗浮，夏居西樵。秋居天关，冬居甘泉，作四居吟。

和康斋的诗意生活风格。而他的诗歌，“周天之息，息与天通……与天无极。呼吸气通，吾气通天。与天同舒，草木蕃发。一息之吸，天气通吾。与吾同翕，通为一体。一念一天，是谓息存。与天浑然，是谓息至。自息至时，日至月至……三月不违。过此非我，天行无违。人心之神，俨严天君”①，与朱熹的养生心法契合，与道家的内丹工夫论一致。甘泉没有像王阳明“良知学”新颖和耀眼的理论突破，其重视经典的追究与合一理论体系却具有开放与和谐的吸引力，表明他试图通过白沙的自然之学，接洽传统儒家经典，创造一套新的整全功夫。甘泉哲学某种程度与冯友兰的“天地境界”②哲学相类，但似乎其哲学体系还有值得褒扬之处。

第四节　体认涵养与事上实践之间的湛、王之辩

甘泉之学源承白沙心学而来，虽然以主敬代主静，消除了白沙心学的部分主静色彩，但总体上还是涵养之学，是涵养心学，重在读书明理，变化气质；而王阳明心学主要面向实践，是事上磨炼的实践之学，是实践心学，重在万物一体，开三代之治。但另一方面，甘泉认识论吸取宋学经学思想，带有客观认识历史、自然和社会的向度，故而开启王船山历史认识论的新哲学，具有重要的学术意义。

甘泉认为自己的“随时体认天理”甚得中正大和精神，强调功夫的自然而然，不像阳明良知学的“行格式”，也不像罗整庵的“禅真”。③甘泉所谓的天理，一方面是与物同体、周流天下的天道，具有客观性；另一方面，在人心中，“体认天理”，“天理者，吾心中正之体而贯万事者也……由仁义行之学，集义所生之学也”④，具有主观感应性，而下手功夫主要是主自然之敬，“先师石翁又发出自然之说，至矣。圣人之所以为圣，亦不过自然如此，学者之学圣人，舍是何学乎？……盖勿忘勿助之间，只是中正处也……学者下手须要理会

---

① 《湛甘泉先生文集》，第57册，《息存箴》，卷二十八，第208页。

② 参见冯友兰：《中国哲学简史》，天津社会科学院出版社，2005；陈荣捷编著：《中国哲学文献选编》，杨儒宾等译，江苏教育出版社，2006。

③ 《湛甘泉先生文集》，卷七，《答洪峻之侍御》，第589页。

④ 《湛甘泉先生文集》，卷七，《答洪峻之侍御》，第588页。

自然工夫，不须疑其圣人熟后，而姑为他求。盖圣学只此一个路头，更无别个路头，若寻别个路头，则终枉了一生也”①，并依托白沙的感应观与勿忘勿助心法。在心的认识上，一方面甘泉自己也主张“不从躯壳上起念”②的微妙功夫，“察见天理真为良知”，一度调和王、湛两家之学；另一方面极力反对王阳明的“意念”之学，“物为心意之所著……有外物之病”③，认为其学术规模归于狭小、局促，说其“如春蚕在茧内，作丝一层，即自蔽一层，弊弊焉死而后已，不见天地四方”，④这样他认定阳明心学并不具有外向性与开放性。

黄宗羲看到王阳明在明代学脉流传中把明初的“心性之学”带入到明中后期“意念之学”的繁荣、精深地步，而王阳明的良知学开启了意念之学的大门，明儒学问真正走入细密的地步。在那样的学术转型时代，湛甘泉把白沙略显深刻的“端倪学”拉回到宋明儒的心性学阵营，以“真正”“中和”之心贯通自然天地之理，坚持作存理去欲的传统功夫，“如精中军，四面却敌。不存天理而先欲去人欲，如中军无主，谁与却敌？天理长一分，人欲便消一分，天理长到十分盛大处，则人欲亦便十分净尽。熟而化者为圣人”⑤，不似王阳明直接从一念上入手顿悟去欲般简单直接，并回归经训的平实、博文约礼之学，确实难以大规模吸引好学之士。加之王阳明自身的事功和不朽的传奇人生，都容易征服青年学子的心。自此后，阳明心学风行天下，浙江、江西、湖南、广东王学日趋发展，泰州学派渐渐干预公共事务，北方王门独守王学正传，明代学术史因王阳明的意念之学而全新。即便是以后的理学家，如唐枢、许孚远、刘宗周等，都吸收借鉴王阳明的良知心法，不能不说阳明心学的影响力是很大的。

湛甘泉虽然好辩，阒然自修，却有容人的雅量，善于护卫白沙心学。即便是对阳明后学，甘泉颇多扶正、纠偏，或者鼓励。甘泉高度评价王阳明对心学繁荣的开启之功，他说“此学如丝，几绝，得一人如阳明公焉，出而担当之”⑥。甘泉说邹守益是“王门首科”⑦，以良知为“常知常觉、灵灵明明”⑧“常

---

①《湛甘泉先生文集》，卷七，《答聂文蔚侍御》，第574页。
②《湛甘泉先生文集》，卷七，《答徐子直书》，第578页；《再答戚黄门秀夫》，第580页。
③《湛甘泉先生文集》，卷七，《与阳明鸿胪》，第560页。
④《湛甘泉先生文集》，卷七，《答邵武教授周道通》，第578页。
⑤《湛甘泉先生文集》，卷七，《答洪峻之侍御》，第580页。
⑥《湛甘泉先生文集》，卷七，《与桂阳欧平江太守》，第591页。
⑦《湛甘泉先生文集》，卷七，《答邹东廓司成》，第593页。
⑧《湛甘泉先生文集》，卷七，《答邹东廓司成》，第593页。

知常觉、空空兴起”① 背离王阳明良知的含义，建议良知学与天理学互动。甘泉赞扬罗念庵“念念无留念”为学问“千古指南”②。甘泉针对欧阳南野“求养病改官以了大事，又欲静养”，告之以“道心事合一者也，随时随事，何莫非心？心定则何动非静？随处体认，则端倪随现，何必静养？若见天理，则随处洒落，即是全放下，更无他求”③，爱护之心可见。阳明捐馆后，甘泉站在阳明后学的阵营内，以“体认天理”弥补“良知学”道德功夫论的不足，以良知学和天理学并行不悖，不落井下石，多次抬高阳明学的历史价值，谋求心学和理学的共同发展，比之为“交互之用”“兄弟”之学④，确实体现其自然学涵养深厚的一面，值得称许。

① 《湛甘泉先生文集》，卷七，《与何吉阳迁》，第 595 页。

② 《湛甘泉先生文集》，卷七，《与罗念庵殿元》，第 593 页。

③ 《湛甘泉先生文集》，卷七，《答欧阳崇一》，第 574 页。

④ 对阳明学和甘泉的天理学的异同，刘兴邦教授从内外、格物、勿忘勿助、互用四个方面进行深度分析，参见刘兴邦、江敏丹：《岭南心学传人：湛若水》，广东人民出版社，2006，第 79—89 页。

第六章 魏庄渠的心学思想

魏校（1483—1543），本姓李，字子才，号庄渠，江苏苏州昆山人。弘治十八年（1505），年二十三岁中进士。年二十四岁，立志发奋读书，私淑崇仁学派宗师、余干学宗胡敬斋先生。曾任南京刑部主事，南京兵部郎中。嘉靖初，起为广东提学副使，迁江西兵备副使，改河南提学。嘉靖八年（1529年），四十七岁，以太常寺卿掌祭酒事。嘉靖九年（1530年），七月致仕，时年四十八岁。①

1531—1543年，长达十三年的日子里，居家读书涵养，开始醉心于象山心学，教书育人。在学术活动中，庄渠多次写信，与夏东岩、余子积等崇仁学派学者互相砥砺，与胡世宁（1469—1530）、李承勋（1473—1531）、余佑（1465—1528）、崔后渠（1478—1541）、吕泾野（1479—1542）、霍韬（1487—1540）、王顺渠（1487—1547）、唐荆川（1507—1560）、徐问（1480—1550）多琢磨，与阳明后学徐横山、黄九庵、欧阳南野（1496—1554）、邹东廓（1491—1562）、王龙溪（1498—1583）、聂双江（1487—1563）等书信来往较多，多有争鸣，倡鸣心学，活跃当时的学术活动。

魏庄渠学术价值上弘扬理学本体论，但在道德修养方法上继承与实践白沙心学，以心学工夫论为涵养宗旨，丰富与发展心学思想，转手崇仁学派学术思想，具有融合程朱陆陈思想的特色。

① 参见《明史》（儒林传）。

第一节　气动理行与天根大心论

理欲观上，庄渠认为理欲互相对立，不能并立，理胜人欲的功夫较难。① 庄渠继承张横渠、胡敬斋等宇宙流行之理的学说，在理本体论下纳气入理，指出“理者，气之主宰”、理为“日用万事所当然之故”和理气不离的哲学思想。其气主理客与当时气本体论有思想上的契合性。胡敬斋的理学思想是理主气具，气的运动让理在天地间流行，理本身具有抽象的客观性与先验性。魏庄渠借用王阳明的体用论，从体用而不是主次角度进一步发展胡敬斋的理气观。

魏庄渠认为，宇宙万物沿着太虚—气—大块—人物这样的顺序生发，纯粹至善者理，理是气之主，气能具理，气是理之用与理之动而展现此理。理是本体，气是发用。庄渠说，“太虚，气也。大块，气之质也。气聚成质，人物盈其间……气是个盛贮、该载、敷施、发用底，凡理之能如此处，皆气所为也……气能具是理，故谓之气”；故“理该得如此，而不能自如此；其能如此，皆气为之也。气能如此，而不能尽如此，滞于有，运复不齐，故也”，理是一个虚拟化的道德体系，具有规范的应然的纯粹性，是先天的先验存在，并不具有客观的真实性。而理从真理界到现实界，是气的真实不虚的运转与流行实现的。气是实然的经验存在，所以具有“不能尽”的局限性。可知，庄渠丰富与发展敬斋的理宰气说，从体用层面深化理气观的理论性。

心性论上，魏庄渠提出“大心说”，湛甘泉则丰富“大心说”内涵，他们所说的“心”与阳明之德性心概念相同，具有相契性，“道体”需要心灵来探求。张横渠较早提出“大心说”，他说“大其心则能体天下之物，物有未体，则心为有外。世人之心，止于闻见之狭。圣人尽性，不以见闻梏其心，其视天下无一物非我。孟子谓尽心则知性知天，以此。天大无外，故有外之心不足以合天心”(《正蒙·大心》)。横渠的“天心”即天地生生不息之心，为宇宙本体。② 横渠本段引文之“心”为知觉之心，即人心对于外在物理感知的认知知

---

① （明）魏校：《庄渠遗书》，四库全书集部第 1267 册，乾隆馆臣抄录明嘉靖王道行刻本，第 780 页。本章节，所引书如未做特殊说明，引用来源下同。

② 对此文的解读，可参见方世豪：《张横渠〈大心篇〉解读》，香港《人文》，2007 年第 167 期。后朱子、康斋也多讲天心，指宇宙的主宰，其实与理相同。

性，体现知性主体对于自然万物的主观能动性。而“大其心”意指认识主体超越主客二元的对立视野，以万物一体的阔然胸怀认识世界的主宰及其背后的本质与内在特性。在这样的认识论指引下，心本不在所认识的事物之外，化天之天为人之天，化人外之物为心内之物，体会万事万物的价值性，真正实现为天地立心的超越之志，为万世造太平的事功之心。心体万物，不仅说明人之寸心要体会物之生理，也要体会事物所包含的可敬之意。①大心体会的是“民胞物与”的天地境界。此知觉之心不仅需要体会知性知识，更要体会德性知识，兼具二者。因此，当横渠借用孟子的“本心”、“良心”等道德心范畴时，实现天人和谐相处、相通时，他似乎在继承着“为往圣继绝学”儒家道统。

魏庄渠与湛甘泉之心都是出于对宇宙之理的把握（“道体”），心通万物，心外无物，万物一体。其中，庄渠似乎认为人心本大，如果我们的认知能力可以获知这一心的特性的话，可行增进智慧，认识事物之理。如他说，“心之大也，无中无边，混天地以为体，囿于耳目则藐乎其小，不自知其大矣！今夫心，其大不逾径寸而周天之体；六合之内外，卷之不盈分焉”②，详细的论述心的宇宙变现能力，形象的表达心的知觉能力的无限性。他又说，“天大无外，心大亦无外，此理之无限量、无穷极”③，故探求无限道体须“大著心胸，广求义理，尽合天下聪明为我聪明，庶几规模阔大，气质不得而限量之”④，甘泉的大心则很接近阳明的本心良知。但与阳明不同的是，甘泉所说的大心是要把事物包入进来。虽然他也说“念头”，讲即心即理，但是诚如其自己所讲，他的心与阳明之心不同，有内外之别的，非在腔子内的。他说，道体“非大其心胸，何以见之？”⑤，大心然后“能全体天地之性……而性之全体焉见矣”⑥，“包天地万物而与之一体，则夫一念之发以至天下之物，无不在内……即心而事物在，即事而理在，乃为完全也”甘泉多讲“初心”，其初心即真心、良心、本

① 可参见前文康斋之说。横渠早年出入佛老，对于湛然等人的“万物无情有性”佛教思想应该熟悉。

② 《庄渠遗书》，卷五，《观海说》，第805页。

③ 《庄渠遗书》，卷十六，《心说》，第960页。

④ 《庄渠遗书》，卷十六，《论学书》。

⑤ 《甘泉文集》，卷一，《答徐子直》。

⑥ 《甘泉文集》，卷一，《樵语》。

心与赤子之心，其说与康斋心之诸说相契，突出德性之心。①

在真心、复性定性论等方面，与崇仁学派学者议论大体相似。②对本心的强调，与敬斋也相同。如，庄渠认为，天下万事本于一心，心制一处，何事不办？③魏庄渠继承并发展一套以制心为基础的天根学体系。庄渠认识到人欲较实、天理较虚的特征，由此，工夫下手在控制人心，在遏制欲望，由心通理。因此，要达到圣贤的心境，需要大发勇猛心，克制自己，自做主宰。天根学是学问之本体，心之收敛为天根学工夫，核心功夫在主静。“天根之学”，梨洲认为是庄渠学的主要思想归宿。双江与庄渠讨论书信不少，其归寂学说与庄渠天根学有重要的契合关系。他说，心气常与天相通，心之神明不测，能弘此理，而与天同。

庄渠天根学的学理基础在心之知觉性。“心之神明”可把握事物之理，故而可以大心，可以向不灭的上天那样具有强大的生命力与道德力。在庄渠“天根之学，须培养深沉，切忌漏泄”④，“妙在涵蓄”⑤，表现出其原生性、神秘性与保守性特点，其老成之态可爱。在主静的气氛里，“气母归根，动则神机发现”⑥，这与江右主静之学并无二致。

> 屡得汝前后书，深自刻责。所求病原，尽觉恳切，终未沉着。程子有言，这点意气，能得几时？子须发决坚志，用勇猛功，日用间读古圣贤之书，句句就自己身上体贴力行，合则从，不合则改。见得的然处，方可自信。虽然，犹未也，收敛停蓄，深造默成，方是天根之学。其机，只在此心收放聚散之间耳。人心操则存，舍则亡；收之甚易，放之亦甚易，不可

---

① 《甘泉续编》，卷五，《湛子约言》。仅以台湾出版的洪垣所编《泉翁大全集》为例，书中“初心”出现有23次，“本心”出现102次，“真心”出现48次，“天心”出现24次，“天性”出现68次，“真性”出现6次，而其功夫论大要“体认天理”则出现227次。当然，需补充的是，甘泉之心仍然停留在物之理的把握，其格物为“至其理”，而阳明格物说则为“正念头”，重心在意念的觉知。

② 《庄渠遗书》，参见第765页、第766页、第787页、第908页等。

③ 《庄渠遗书》，卷十二，《与王直夫》，第914页。

④ 《庄渠遗书》，卷四，《与霍渭先（别纸）》，第756页。

⑤ 《庄渠遗书》，卷十四，《答唐应德》，第938页。

⑥ 《庄渠遗书》，卷四，《答陈元诚》，第787页。

不慎也。①

庄渠意识到，“句句就自己身上体贴力行，合则从，不合则改。见得的然处，方可自信”，这与康斋三十岁涵养四书学的心法并无二致。庄渠所说的“收敛停蓄，深造默成，方是天根之学。其机，只在心收敛聚散之间耳”，与王龙溪的先天正心天根之学一致，都是强调道德涵养的默养心法，来源于易学的感应之机。

梨洲的“双江归寂之旨，当是发端于先生”说，透露出二人哲学上的联系。但是，《聂豹集》所载的归寂思想与天根学还是有很大的不同。这种不同在于，双江的归寂思想是以阳明学为基本参照而建构的心性体系，强调心的放开，以生生大德为学问归宿，具有很强的创造性；而庄渠的归寂则是以《论语》《大学》等正统程朱理学为学问基础，偏向向内的收敛工夫，试图回归到胡敬斋的敬。

第二节　本原养端倪：白沙心学的转手

“静坐中养处端倪来”本是白沙心学的主要内核，夏东岩部分引用白沙之说，放弃了主静心法，上接康斋的“本原”工夫，提出“本原上涵养出端倪来”新论，是康斋本体论加白沙工夫论的混合体，希望通过“善教”来作“端倪”的工夫。② 夏东岩虽然公开地批评陈白沙的心学，但由于他所接受的心学是吴康斋至娄一斋一系的高明心学，强调勿忘勿助、何思何虑的心法，最终目标上与白沙心学并无二致。但因为夏东岩的“养天真”意识到白沙主静心法可能带来的禅学后果，由此，他提出从性体至善本原上养端倪，回归至善性体，敬主静辅，去掉了白沙的主静主义，这是他创造性借鉴并转化白沙心学的地方。虽然，夏东岩放弃当时容易引起学术纷争的敬、静之辩，但在实际学问的效果上，东岩心学略显拘谨，没有主静涵养的小学工夫，放不开，故而，东岩心学境界论上不如白沙心学自由、活泼和洒脱。

① 《庄渠遗书》，卷十二，《与郑婿若曾（其二）》，第918—919页。
② 《庄渠遗书》，卷三，《与王纯甫》，第724页。

庄渠继承夏东岩的“本原上涵养出端倪来”，坚持了性体的至善性，确保儒家道德学问的规矩性与至上性，由此来做深厚涵养的功夫，认为“心学全在于思……思此一事，更勿以他事参之，便有个端绪可寻，此乃乾以易知之理”。① 白沙多重觉悟，认为觉悟对于学习很重要，其说“神理”即是。② 白沙关于觉之思考开启甘泉、觉山觉悟、明觉之路。横向上，其对于主体性内心活动的考量影响后学东岩和庄渠。事实上庄渠开始思考“思”对于心学的重要性。他说，“天地生生之德，贯乎四时，而春气融融，生意盎然，独盛尝体验之分明吾人仁底意思也。皇上常念天地春生之德，博大宽舒，恻怛慈爱，可以覆帱四海而无难。但此生意不始于春而始于冬，隆冬闭藏，极于严密。虽一阳萌动，微露端倪，而全体隐然蕴蓄不泄，至春熏蒸之久，生意充周。虽阴崖寒谷，亦透矣……求仁之功，莫先乎主静。”③ 此端倪为善之呈现，天理的透露，也是良知本体的展现。

庄渠对万物生意的仁者境界有多处详细的论述，这与康斋所体悟到万物同春相似。

> 孔门之学，只是求仁。天地间氤氤氲氲一个，生理充满，流行于四时，而春气融融，尤易体验，分明吾人一个仁底气象也。人能求仁，常存得个善底意思，便与天地万物血脉相通，胸中和气自然充满，天地好气亦相凑泊。孔颜之乐正以是耳，夫子所以谓仁者寿也。④
>
> 岁暮，一友过我，见校凝尘满室，泊然处之，叹曰：“学以神明厥德。吾所居必洒扫，涓洁虚室以居，尘嚣不杂，则与乾坤清气相通。斋前杂树花木，时观万物生意。深夜独坐，或启扉以漏月光，至昧爽时，恒觉天地万物清气自远而届，此心与相流通，更无窒碍。今室中芜秽不治，弗以累心贤于玩物远矣，但恐于神爽，未必有助也。⑤

① 《庄渠遗书》，卷二，《回御札》，第 714 页。
② 《陈献章集》，第 237 页。
③ 《庄渠遗书》，卷二，《冬至进易卦月令讲义》，第 701 页。
④ 《庄渠遗书》，卷三，《与王纯甫》，第 723—724 页。
⑤ 《庄渠遗书》，卷三，《与余子积》，第 735 页。

“端倪”之象在白沙那里虽带有夸张的成分，但白沙自得之学由此而出，形成心道合一同大论，由此获得鸢飞鱼跃的潇洒快乐心境。庄渠的上两段详细的议论，已经充分表现他的思想中带有浓厚的心学思想。庄渠感悟到万物一体的联系与共生和谐思想，“与天地万物血脉相通，胸中和气自然充满，天地好气亦相湊泊”。其友人感悟到“与乾坤清气相通”，察觉出“恒觉天地万物清气自远而届，此心与相流通，更无窒碍”，这不仅是大程子、邵康节所体认到的宇宙真乐，更是康斋、白沙自然与自由心学的天地境界。

在教学中，庄渠多与从天德上露出端倪为引，希望学生可以从性情上涵养中和性格，做好照察工夫，著实行持。① 在与学生王应电的论学书信中，庄渠得知学生不能力行，推荐《论语》《大学》之书，让其虚心进学，切乎日用、平时处用功，自然有义理的端绪流出。② 义理的端绪，照庄渠说，仍然需要心自做主宰，收敛身心，要觉天地之宽广，与人心视野之宽广。应该说，当庄渠接受同仁夏东岩的“本原养端倪”的道德修养论，他意识到必须在敬、静之间做出抉择，但还是没法完全摆脱静养心法的影响，一如其私淑恩师胡敬斋一样，还是要做一部分的静养涵养的辅助工夫。实际上，庄渠晚年归家十三年时间里，不断实践静养的心法，来实现本原上养出端倪来。

静是学问涵养身心的重要心性工夫，也是实现庄渠天根学的重要方法。③ 洞山尹子举阳明夫子语庄渠“心常动”之说：“有诸？”先生曰：“然。”庄渠为岭南学宪时，过赣，先师问：“子才，如何是本心？”庄渠云：“心是常静的。”先师曰：“我道心是常动的。”庄渠遂拂衣而行。末年，予与荆川请教于庄渠，庄渠首举前语，悔当时不及再问，因究其说。予曰：“是虽有矫而然，其实心体亦原是如此。天常运而不惜，心常活而不死。动即活动之义，非以时言也。”因请问心常静之说，庄渠曰：“圣学全在主静。前念已往，后念未生，

---

① 《庄渠遗书》，卷十五，《与馆中诸生》，第949—952页。

② 《庄渠遗书》，卷十五，《与王应电》，第954—955页。王应电，字昭明，江苏昆山人。曾受业于魏庄渠之门，笃好《周礼》，用力甚深。著有《同文备考》《书法指要》《六义音切贯珠图》《六义相关图》。

③ 对于静在宋明理学心性工夫论中的主要思维模式和重要性，参见张荣明：《宋代理学“静”、“敬”的思想历程——兼论宋代理学“静”、“敬”的思想历程》，上海人民出版社，1987。

见念空寂，既不执持，亦不茫昧，静中光景也。”又曰：“学有天根，有天机。天根所以立本，天机所以研虑。”予因请问：“天根与邵子同否？”庄渠曰：“亦是此意。”予谓：“邵子以一阳初动为天根，天根即天机也。天根天机不可并举而言，若如此分疏，亦是静存动察之遗意，悟得时，谓心是常静亦可，谓心是常动亦可。心无动静，动静，所遇之时也。”① 我们从上面的语录来看，庄渠天根学与阳明新学的一个区别在于心之静与动之分。从此，梨洲高度评价庄渠天根学从静上立根。庄渠天根学通过静中工夫，返璞还淳，退藏于密，洒扫以对，并认为象山学害道，来与阳明新学相对抗。②

第三节 活敬之敬与静时敬的回归

庄渠的体仁说吸收胡敬斋的仁义理论，而敬斋的仁说不少取自康斋的自然主义哲学。庄渠说，“天地太和……人能体此意思……及其应物，浑乎一团和气发现”。③ 胡敬斋把“敬”放到儒家哲学的核心理念层次，被枫山认为“死敬”。④ 为此，魏庄渠做了直接的回应。

> 今之持敬者，多拘迫，故觉累坠不快活，血气且不得舒畅，如何得道理发生？不知敬是吾心自做主宰处，不消苦着力，只略绰提撕便是。文公所谓觉得心放，心便在了，可谓发千圣不传之妙。⑤

枫山深受白沙主静主义心学的影响，深喜静养，不喜主敬，故而对胡敬斋的批评非常严厉，并被世人所知，广泛流传，也客观上造成敬斋学被“黑化”。庄渠因为与枫山熟识，二人都曾任国子监祭酒，互相讨论，故而转手为“活底敬”，试图重新恢复和展现和乐之敬，有转化敬斋“敬”学之义。在宋学朱子

① 《王畿集》，卷七，《南游会纪》（四），第156页。

② 《庄渠遗书》，《复邵思抑》，第889页；《与邵思抑》，第925页。

③ 《庄渠遗书》，《体仁说》，第792页。

④ 他说，胡敬斋先生持敬有工夫，但亦是死敬。适于用处不通，欠明义工夫。且如赴庠序乡饮为大宾，是时年尚未五十。参见章懋：《枫山语录》（人物）。

⑤ 《庄渠遗书》，卷三，《与王纯甫》，第724页。

那里，敬贯动静，敬中有静，这就是著名的“敬中静”。

> 敬字通贯动静；但未发时则浑然是敬之体。非是知其未发，方下敬底工夫也。既发则随事省察，而敬之用行焉：然非其体素立，则省察之功亦无自而施也。故敬义非两截事。必有事焉而勿正，心勿忘勿助长，则此心卓然贯通动静；敬立义行，无适而非天理之正矣。①

在朱子勿忘勿助心法的环境里，“心勿忘勿助长，则此心卓然贯通动静”，“敬中静”表现为“静时敬”，静中自然涵养敬体，而这恰恰是康斋在明代重新复活朱子学。在胡敬斋那里，朱子的“敬中动静”表现为“动时敬”，恰恰与康斋的“静时敬”相反，这是他坚持朱子而转手恩师康斋“静时敬”之处。庄渠坚持并重新复活胡敬斋的“敬中动静”心法，认为敬主宰心，而心主宰身，所以敬可以主宰身，实现身心的和谐，又回到了康斋的“静时敬”，与晚年的夏东岩修养论一致。②而敬克制私欲，应对外事，就是合身心与外王工夫的入手把柄。庄渠转手活敬的另外一个目的是试图恢复程朱理学的实学性。他以“活敬”来统括《论语》《大学》，并撰《大学指归》，试图创新胡敬斋的主敬之学，这是他令人尊敬之处。

庄渠从立志的高度，强调人心的主观能动性，提出煎熬本心、大著心胸与透生死大关的求学精神，表现儒家学者的高贵人格。他说，（道体）“须大著心胸，广求义理，尽合天下聪明为我聪明，庶几规模阔大，气质不得而限量之”③，所以“天理人欲，不容并立，要须誓不与贼戴天，乃可决胜耳”，④特别是死生关，要看得破。“人间一切虚名浮利，直是悠悠胸中，差觉无事耳”。⑤庄渠晚年隐居山林，接连丧子、丧孙。在礼教社会，这样的恶遇，会给庄渠以

① 《朱子全书》，上海古籍出版社、安徽教育出版社，2002，第22册，第1981—1982页。

② 枫山也有同说，学者须是大其心，盖心大则百物皆通，此须做格物穷理之功，心便会大。学者心又须小，正是文王小心翼翼一般，此须是做持敬涵养工夫，心便会小，不至狂妄矣。心为身主，敬为心主，只心一不敬，所行便不是矣。凡人之敬肆勤惰，都由此心。参见章懋：《枫山语录》（《学术》）。

③ 《庄渠遗书》，卷五，《体仁说》，第793页。

④ 《庄渠遗书》，卷四，《答邓鲁》，第772页。

⑤ 《庄渠遗书》，卷四，《与李司业汝立》，第782页。

极大的心理压力。庄渠却在这样的困境下，孜孜求学，坦然面对，体现出一个学者的顽强品格。通过看透生死大关这样的心理暗示，借鉴佛学资源，给自己以不断进学的勇气。① 庄渠的收敛摄密与讷言敏行与念庵、双江的归寂主静有思想上的启发关系。

庄渠闭门潜学、刻苦博学与教育乡里隐居苏州葑门时期，正好是阳明弟子传播新学的高潮。所以，他的收敛摄密与讷言敏行学说是针对阳明学而建构的一套心性体系。阳明学风行天下，与阳明门人的广泛宣讲是分不开的。而庄渠看来，学问真道更为重要的是自己的行，是自我的收敛，自我的生活用功。他说，"此心出入往来，若有机窍。放去甚速，收回亦速，而持久甚难"②，"到这里一字也着不得，须摒绝一切见解，扫除许多语言，只就放去处收回，得这欛柄入手，精彩当自迥别也。虎行如病，鹰立如睡，皆畜其力，而全刚生焉。才轻易发泄，便觉浮泛无力矣"。③ 在庄渠看来，"大抵人心通窍于耳目口体。天君奠位，四者守位禀命，何待于收？惟此心放出走作，则四者皆其透漏之路"④，学术之要不越乎"此心收聚放散之间"⑤，意识到人的意识器官来源于人的身体，是非常微妙的，这就是当时心学界对人类意识的深度理解，令人玩味。当时心学的浓郁气氛，不能不说得益于湛甘泉和王阳明对心学的倡导，而白沙心学得以风行天下，魏庄渠也不能免俗，多受白沙心学影响。碍于当时形势，庄渠只是不说而已。

对阳明门人南野、东廓、龙溪等人讲学活动，开始多褒扬其复兴儒学、转变学风的功效，但是在讲学方式上，多有批评。其对欧阳野讲学多有批评。与其说，近年讲学者言之"太觉易易，似与圣门讷言敏行相反"⑥"今方为人师匠，一言一行，后进楷模。愿以圣门讷言敏行为主。人心多动，则不能自还。

① 庄渠关于生死的思想，与宋代禅师宗杲一致，也与元明时代的部分禅师接近，用语也十分相近，如"人间世最难透者，是死生一关。透得此关，一切顺逆得丧，又何足道"（《庄渠遗书》，卷四，《答方时举》，第 764 页）"若还透得生死大关，更脱洒在"（《庄渠遗书》，卷四，《答王长沙子正》，第 775 页），可参见《大慧宗杲禅师语录》。

② 《庄渠遗书》，卷二，《与余子积》，第 736 页。

③ 《庄渠遗书》，卷三，《答聂郡守文蔚》，第 749 页。

④ 《庄渠遗书》，卷十一，《与王纯甫》（别纸），885 页。

⑤ 《庄渠遗书》，卷十一，《复胡郡守孝思》（其二），第 902 页。

⑥ 《庄渠遗书》，卷三，《答欧阳崇一》，第 752 页；卷三，《与王纯甫》，第 752 页。

明道有言，只外面有些罅隙便走。又曰，人心缘境，出入亦不自知。敬为吾兄诵之”。① 阳明门人讲学的主要问题在于，他们缺乏真正的身心修养工夫。讷行敏言，容易陷入空虚主义，缺少实学内核。从历史来看，庄渠的批评某种程度上来说具有一定的合理性。但是，他似乎不理解心学之风行有其内在的合理性。

第四节　湛、王之间：晚期崇仁学派心学发展的新形态

夏东岩和庄渠等崇仁学派学者多反对阳明心学，以“新学”称之。此新学之新在于他高抬心体在身心关系中的作用。庄渠将阳明学术与慈湖心学相提并论，甚至要“火其书”，一如他在广东焚曹溪大鉴和尚之衣的一些极端做法，可见他的思想中的保守性。他看不到阳明心学的科学性、合理性与实践性，不能给予同情的了解，他只是想维持程朱心学的正统性，却不能提供出更好的思想方法。他说，“今之讲学者，其说太易易。然只因不曾真切用功，日用间虽有窒碍处，不自知也”②，又说“阳明，盖有激者也。故翻禅学公案，推佛而附于儒，被他说得太快，易耸动人。今为其学者，大抵高抬此心，不复在本位，而于义利大界限反多依违。明眼人观之，亦自易破。”③ 庄渠对阳明心学充满敌意，认为“不曾真切用功”，故而阳明心学将学术思想简化，尤其是将儒家礼教冲破，“不复在本位，而于义利大界限反多依违”，这是他看到阳明后学“无善无恶”教法的弊端。

庄渠与吕泾野、王顺渠、夏东岩、陈激衷④ 等人一样，都阳明学体系持反对意见，从实学与考据学方面的缺乏来批评阳明学的缺陷。因此，他的学生如王应电，考据学知识特别扎实，是明朝较早的从事礼学、考据学、音律学研究的学者。他的女婿、访学泾野门下郑若曾（1503—1570）的地理知识特别渊

① 《庄渠遗书》，卷四，《与邹谦之》，第 787 页。1531 年，嘉靖辛卯，东廓四十一岁，访庄渠，发知行敬义合一之说。

② 《庄渠遗书》，卷四，《与李子庸》，第 755 页。

③ 《庄渠遗书》，卷四，《复沈一之》，第 771 页。

④ 陈激衷，字符诚，号尧山，广东南海人，少苦读，官至国子监助教，曾斫“六虚琴”，官建宁教谕。弃官归。

博。[1] 另外一位学生王敬臣（1513—1595）一直从事乡村地方教学，礼学知识学问渊博，以立志为先，慎独为宗，俨然一位醇儒。[2] 另还有学生邓鲁等，不可考。

从学生的研究方向来看，庄渠弟子与阳明弟子还是有所不同。阳明弟子很多，或为地方教员，或为地方官员，或为商人农夫，成员多元化，但是，学生学问对经济发展与创新的人不多。阳明对学生的启发之功甚多，对社会民众影响较大，但是沉潜学问传道传教似乎不多。庄渠弟子虽少，却各有其道，似有不同。庄渠哲学本体论与崇仁学者康斋和其门人有很大的不同。其心性工夫论仍然遵循着程朱理学、崇仁学者康斋和其门人的"静""敬"的方法。虽然，庄渠学以敬为重要特色，但是他似乎更倚重静对收敛身心的积极性，这正是他被梨洲称为转手的主要原因吧。庄渠天根学以涵养身心为主，凭借的主要是静的心性功夫。通过静，功夫主体回到心的本体，回归至善，让本心重回心体。胡敬斋通过抬高敬，对康斋学"静""敬"相对平衡的心性体系打破，确定自己的敬本体论，试图重建朱子学。而庄渠重新恢复"静"本体论的心性体系，转手胡敬斋律己主义涵养的哲学体系，拉近与康斋学体系的距离，试图恢复朱子学，与阳明学相对抗，一定程度上对阳明后学的不合理内核进行了修正。念庵、双江的归寂主静说得益于庄渠的天根学体系。不同的是，念庵、双江对主静说的自我的实践更为复杂一点。

魏庄渠转手其私淑老师胡敬斋的心与理一思想，提出理体气用、天下一心的"天根学"哲学思想体系。在涵养端绪的心性功夫下，魏庄渠继而提出体仁、主静、主敬、发勇猛心与透生死关等道德修养方法，并重视收敛摄密与讷言敏行等向内用力的践履操持。其主静体仁功夫论与罗洪先（号念庵）、聂豹（号双江）的归寂主静说相契。魏庄渠思想坚持传统朱子学，反对阳明心学，其学术思想体现出明代中期部分儒学家试图使明代心学向传统理学（实学）回归的趋势。分析崇仁学派魏庄渠的理学思想，我们可以看出阳明心学笼罩下传统理学家的学术努力。

---

① 郑若曾（1503—1570），字伯鲁，号开阳，昆山人，魏庄渠著名亲传弟子。著名学者、名臣，当时卓越的军事家之一，著有《日本图纂》《筹海图编》《江南经略》等。

② 王敬臣（1513—1595），字以道，号少卿，苏州人，魏庄渠著名亲传弟子。著有《俟后编》（六卷附录一卷补录一卷），（清）彭定求辑，《四库存目丛书》，子部，第107册。

第七章　洪觉山与晚期江门心学汇合

洪觉山（洪垣，1507—1593，字峻之，号觉山，原属安徽徽州府婺源县，今属江西上饶婺源人）刻苦力学，深得老师湛甘泉的赏识，得传甘泉正传衣钵，是后学嫡传代表。① 其学友有王龙溪、钱绪山、邹东廓、方瓘（字时素，号明谷，婺源人）②、何迁（号吉阳，1501—1574，江西德安人）③、蒋信（字卿实，号道林，1480—1599，湖南武陵人）④、吕怀（号

① 洪垣，嘉靖十一年（1532 年）进士。礼部侍郎湛若水讲学京师，垣受业其门。授永康知县，征授御史。后出为温州知府。岁饥，有闭籴者，饥民杀之，垣坐落职归。复与同里方瓘往从若水，若水为建二妙楼居之。家食四十六年，年近九十。洪垣编《泉翁大全集》（台北图书馆藏，嘉靖十九年朱明书院刊，万历二十一年修补本）、《甘泉先生续编大全》（台北图书馆藏，嘉靖三十四年刊，万历二十三年修补本）。现有《觉山先生绪言》（二卷），续修四库全书子部杂家类第 1124 册；《觉山洪先生史说》（二卷），明万历四十二年刻本，四库存目丛书史部第 283 册。洪觉山生平（1507—1593）说采复旦大学陈时龙博士论文的观点，见陈时龙：《明代中晚期讲学运动（1522—1626）》，复旦大学出版社，2007，第 297 页。本文所引资料出处，均引自续修四库《觉山先生绪言》。对洪觉山文本《觉山先生绪言》的校点参见邹建锋等整理的文献，见崇仁书院网易博客。该书是在觉山捐馆 15 年后即 1608 年万历戊申夏季出版的，由当时著名学者焦竑（1540—1620 年），写序。

② 觉山在 1536 年 8 月为王心斋构东陶精舍数十楹以居学者。他也与王龙溪多为书信往来。学友方瓘初从甘泉于南都，甘泉即令其为诸生向导。甘泉北上及归家，皆从之而往。以学为急，遂不复仕。参见《明儒学案》，卷三十九，《甘泉学案三》。

③ 《觉山先生绪言》，卷二，第 92 页。参见（明）何迁：《吉阳山房文集》，日本内阁文库版。

④ 《觉山先生绪言》，卷二，第 92 页。参见（明）蒋信：《蒋道林文粹》，刘晓林校点，岳麓书社，2010；（明）蒋信：《蒋道林先生桃冈日录》，《美国哈佛大学哈佛燕京图书馆藏中文善本汇刊 17》，商务印书馆、广西师范大学出版社，2003）。

巾石）[1]、王心斋、罗洪先、郭平川等。他继承老师甘泉的道法自然、致虚论、大心说，崇尚陈白沙的自然之学，以自然为宗，以“随时体认天理”发展老师随处体认天理、煎销习心的工夫论，以静、敬为涵养心法，超越勿忘勿助的为学方法，以达动静两忘、物我两忘、何思何虑的心境，把白沙、甘泉一系的自然哲学发展到“明意忘念”层次，推进与发展江门心学。通过对阳明良知学体系的创造性转化，觉山将之接洽到甘泉的体认天理学体系中去，融合转化，形成自己独特的“几”学体系，由此“全几知”，全知感应自然，审几感应万事万物，实现万理周流的心学目标。晚年觉山隐居婺源深山，积极与阳明后学几位著名心学家论学，一起推进阳明心学的大繁荣，学术上通过对佛学的批判，接洽明觉概念，用意念之学发展、捍卫白沙的自然主义学说，把白沙心学带入“明意忘念”的精深地步，体现白沙心学流传的较高境界。

第一节　天地一气与万物同体

觉山的真气说是气本论，万物起源于气，气在万事万物间运动，故而万物一体，万物同体，这种学说融合甘泉学与阳明学，有回归康斋元气说的倾向，试图重建程朱学理气论的规范。他说，“一代有一代治化，如元气流行于春夏秋冬”[2]，指明元气的地位。人呼吸于元气之中[3]，所以他多次称赞孔子对儒家道统的元气作用。[4]所谓的气实际上是道家之气，其元气也叫真气。他说，人“未衰则真气真性在躯壳。既衰，则真气真性在天地。天地既无，则真气真性在无极”[5]，故“天地人物一气，浑浑耳。其流行真虚处，是诚。流行真实处，是物。虚实一也。故不诚无物，一息不诚，便与天地之气不通，是死因”[6]，通天地间

① 《觉山先生绪言》，卷二，第99页。参见（明）吕怀:《巾石类稿》(三十卷，现存一卷)；（明）吕怀:《古乐经传全书二卷》，四库存目丛书经部第182册，与湛若水合作；（明）吕怀:《律吕古义三卷》，四库存目丛书经部第183册。

② 《觉山先生绪言》，卷二，第94页。

③ 《觉山先生绪言》，卷二，第85页。

④ 《觉山先生绪言》，卷一，第75页。

⑤ 《觉山先生绪言》，卷一，第54页。

⑥ 《觉山先生绪言》，卷二，第91页。

一气，所谓“天地人物一气而已”①，“人之气即天地之气”②，天人合一合的是气，天人贯通具有逻辑上的基础。通过个体真诚不息的践履，实现仁者一体胸怀。

天地间一气而已。气机外，固无理。然气机未必即是天理，还须豫，有存养、省察之功始得，故孟子养气在知言。

天地人物一气而已。不动气是不动意之要诀。

穷理尽性以至命，浑是一气滚作。一气滚成，自其处富贵贫贱患难，各当而言，为穷理；自其各当之出乎本体而言，为尽性；自理性之自然，出于人而实非人所能为，为至命。命其原也，盖人未生，无可言。既生，则理、性与富贵贫贱患难一体耳。曷为理？曷为性？又曷为贫贱患难？浑然宇宙一气，故也穷尽之要，惟有能知命行法，流通不二，而理、性得矣。与程子穷理便尽性至命，反复观之，益见功夫浑合无先后别处。

心有在，则有所不在。天地人物一气，浑浑耳。其流行真虚处，是诚；流行真实处，是物。虚实一也。故不诚无物。一息不诚，便与天地之气不通，是死因。

可知，觉山在气上融道家哲学，建立了真气说，离气无理。这与他在心性说融佛教哲学一样，坚持甘泉对道家心性学的批判性研究，反映明代中后期理学三教融合的特点。③可见，白沙、甘泉一系特别张扬康斋的元气说，其元气即道即理，最后在洪觉山处得到较为深密的发展，在心学体系向内发展层面到达高峰。特别是洪觉山常年隐居安徽婺源深山，使得理即气学一派理论化展开尤其深刻。

白沙“养端倪”工夫论宗旨中的“端倪”即指天理。湛甘泉将老师的养天理说变为体认天理，以随处天理为宗，从而可与阳明致良知教分庭抗礼。④洪

① 《觉山先生绪言》，卷二，第 84 页。

② 《觉山先生绪言》，卷二，第 83 页。

③ 甘泉有六卷本的论老子学术著作，觉山不自觉的批判继承老子的自然学说。

④ 明末学者孙奇逢（夏峰）提出“随时随处体认天理”教法，将明儒心性工夫论推进一层，重视人的积极主动性自我完善。张显清编：《孙奇逢集》，中州古籍出版社，2003；《夏峰先生集》，中华书局，2004。

觉山主礼为天理，以仁义为其内核。[①]他也赞同魏庄渠（1483—1543）的天根说，主天理有根。因为有学生问觉山天理是否有根这类问题，我们可以发现当时存在着一种对天理学深入的思潮。而庄渠的天根学体系在当时学术界可能引发学子的兴趣，从而具有一定的影响力。主天理工夫论白沙开其端，甘泉密其说，对魏庄渠产生影响。他说，“善者德之根，一者善之体。善无定在，惟一是在。随时而体认之，以归于一”[②]。洪觉山认为“天理有根，人欲无根，天理人欲只是一物，只在此心真妄之间”[③]。盖天理之根难于察识，难于观察，需要从气机上去把握，引道家哲学逻辑理路开启工夫论新思维。[④]道家哲学以气为本根说，气创生万物，流通天地。洪觉山的天理含有宇宙生气的内核，具有自动性，难于把握。“从人欲上起念，便踏危机、凶机。从天理上起念，便踏安机、吉机”[⑤]，他认为“理欲只是一念，又何处绝得？只在过与不得之间。故中庸不说理欲，夫子亦不说去欲二字。止说非礼”[⑥]。

工夫论上，洪觉山明显的继承甘泉的“随时体认天理”，主张“存养省察”天理。其有两层是反阳明工夫论的。一为洪觉山反对知行合一工夫论；二为反对从“正念头”功夫。这些都是与当时流行的工夫论不一致的。不难理解，他要躲到婺源的深山里面独自修行了。他说心性功夫“顾不在言行，而在体认天理，一顾俱得”[⑦]。他认为“思从意起则滞，思从心体则通，体认亦然。有从意者，有从心者，言天理则非意矣”[⑧]。洪觉山虽某些地方吸收阳明心学的合理成分，但是他更多的是以此来反对阳明学。其认为功夫“不在言行”而在“体认天理”，与阳明的“行之明觉精察处，便是知；知之真切笃实处，便是行……知行原是两个字，说一个工夫”不同。[⑨]洪觉山工夫论从心不从意也与阳明的

---

① 《觉山先生绪言》，卷二，第 90 页。

② 《觉山先生绪言》，卷一，第 52 页。

③ 《觉山先生绪言》，卷二，第 83 页。

④ 《觉山先生绪言》，卷一，第 44 页。

⑤ 《觉山先生绪言》，卷一，第 48 页。

⑥ 《觉山先生绪言》，卷二，第 76 页。

⑦ 《觉山先生绪言》，卷一，第 46 页。

⑧ 《觉山先生绪言》，卷一，第 74 页。

⑨ 《王阳明全集》，卷六，《文录三》，第 208—209 页。《传习录》（上）还有“知是行的主意，行是知的工夫；知是行之始，行是知之成”，可参见阳明赞成以知为行，（转下页）

“由善有恶意之动”精密哲学主张不类。

致知穷理，于事物上寻求，固不是；外事物上寻求，亦不是。盖此心，原与天地万物同体，亦与天地万物同大，洋洋乎，优优乎，随感而发育，扩充之耳。原无内外心事之判，意必固我，忘天地万物，自在不尔，便是成念之学，非格物也，所言不着不离是格一语得之。善无定在，如行路然，须见先知一之路径，乃能随感而慎，择之精义入神，屈伸变化，此忌意念可拟议而有者，如明镜之照物然，切磋琢磨，都是刮垢还光功夫，垢去而光自在也，故明意念念而神可入也。故精择去不善，而善可见也，故得一。

尧舜之中，乃通宇宙万物一体学脉。知行博约，格物洁矩，俱从此路应感流通。一中偏天下，更无亏倚处，是仁。

心之虚处是性否？曰：惟真虚，斯能与天地万物同流。虚即性也，然性无虚实。

天地万物，皆我分内。小小心胸，何足充拓？

在王阳明万物一体思想的影响下，不少明代学者都去追寻如何做万物一体的功夫。在阳明心学体系内，万物一体是实在性的繁盛景象，主要体现为三代之治的盛世环境。但在康斋和白沙心学体系里，由于人与自然的交往通感，触景生情，形成的一种潇洒心意，他们其实也都没有系统的阐发治国理政领域的哲学智慧。在甘泉心学大心说的体系下，万物一体呈现为生机勃勃的生生之境，蕴含感应之际，又不同于阳明心学。在觉山心学体系内，他汇通湛王，心“原与天地万物同体，亦与天地万物同大”，“明意念念而神可入”，更显驳杂，他指出，“天地万物，皆我分内”，万物一体源于元气周流于宇宙万物之间，是随处体认天理获得的圣贤境界，是仁者气象。

（接上页）知决定行。阳明虽然深化了内在道德工夫论的自觉性与实践性，克服了程朱学者知先后行缺陷，同时消弱程朱学者知行说中的知识论成分，轻视对外在客观知识的探索与学习，事实上导致阳明后学过于注重心智开发与自由天性的修炼而缺乏对外王实学的重视。

第二节 主静心学向主敬心学的继续转向

湛甘泉与白沙心学最大的区别之一就是甘泉消解并取消白沙心学主静主义，以主敬替代主静，由此来回应当时社会对白沙静养端倪思想的激烈批评。但白沙心学最大的特色仍然是主静，没有主静涵养，白沙的自然心学丧失其圆性潇洒的活泼特性，由此遏制白沙心学的亮点和生命力。白沙心学就是打破主敬，代之以静坐，常年涵养，故而活泼天真。但在甘泉长期的指导之下，江门心学与科举之学融合，涵养之学向科举之学转变，由此甘泉心学回到宋学的路子，在主敬的规制之下，白沙的江门后学多少失去很多灵性。甘泉的“随处体认天理”保持对经学的热情，博文约礼，已经与白沙心学越走越远，而白沙著名亲传弟子张诩又一度将白沙后学引入禅宗，更是走火入魔。甘泉心学传至洪觉山，主静主义也继续被废黜，主敬成为把握天理的核心方法，缺少对性灵的涵养，转向对“知几”的道德修养论，白沙后学成为体认经学与格物穷理的宋学老路上去了，慢慢退出历史的舞台，已无痕迹。

觉山主张理欲只是一念，故而心性工夫论上，他突出动静两忘、一于自然，保持理欲的和谐。觉山认识到心为活物，常静而常动。① 对于心的涵养，求天理在我，突出静心。在动静的关系上，觉山本于自然的实用主义观。至善功夫中，无分动静，求动静两忘。他说“有释徒于山中静坐定心数年，自谓可以出矣。一过河埠，失跌，不觉心动。复回山中习之。盖其道因物见心而无心可见，原不在事，颇亦近之。但不于事时磨炼，还是煮空铛也”②，强调在流行事物中获取道理，而把握之方则在人内心的“感应之机”，在适合的时间去提认真实世界的公共事务，锻炼出心灵智慧，故他说“动静不失其时，其道光明。总此一理，而机之感应由心”③。他的“动静两忘”说是建立在他对自然的真切观察之上的。他发现工夫过程中，“有内境即有外境”④，这样容易使工夫主体陷入主客对待、难以融为一体的二分困境，所以他说工夫就应该“动静一

① 康斋说，心为活物，涵养不熟，常不免动摇。
② 《觉山先生绪言》，卷二，第 105 页。
③ 《觉山先生绪言》，卷二，第 83 页。
④ 《觉山先生绪言》，卷二，第 83 页。

于自然”①。

不动而敬，不言而信。本体全功，不分动静。

只主于敬，便是为善。或谓是未接物时静功？曰：善体无动静。主敬工夫，亦无动静。未接物时，善无可言。只可言敬耳。若言静功，更于何处又有动功得来？

敬所以诚，诚之者敬也。敬是功夫。诚是本体。学者不知，便即以敬为道，是又以敬蔽也。

觉山的“动静一于自然”来源于江门学派白沙主静一系思想。但觉山以明觉代替自然，却是他融合佛学对白沙儒学的改造。②但在主敬上，他又回到恩师湛甘泉“随时”意义上的主敬。敬是儒家圣门不易法。他说“敬胜百邪，故敬即是礼……勿忘勿助是敬”③，敬是实现诚的功夫，包含勿忘勿助、克己知止、默识、念惺惺工夫论。他甚至把敬上升到本体论意义。他说“敬所以诚。诚之者，敬也。敬是功夫，诚是本体。学者不知，便即以敬为道，是又以敬蔽也”④，同时他还批评当时俗儒过于把持主敬工夫，把禅宗心法放在他的心学体系内“念惺惺是敬”⑤，故“思而无思也，存一敬，如镜然照而不著于照”⑥。觉山甚至把阳明的良知学归到他的敬体系内。他的“良知为自然之规矩，可也；然而学问规矩，其敬乎！敬立而良知在矣。以敬为道，则不可求道。而不以敬，则不足以得之。修己以敬，敬以直内，此圣门不易之法”⑦，反对阳明良知学作为学问正宗，强调良知学的成长应该以主敬为规则，而不是偏离这个规矩。可见，他看到当时阳明学为追求心体的自由已经脱离道德规范，是需要警惕的。

---

① 《觉山先生绪言》，卷二，第93页。
② 关于明觉的思想，参见下节。
③ 《觉山先生绪言》，卷二，第80页。
④ 《觉山先生绪言》，卷一，第70页。
⑤ 《觉山先生绪言》，卷一，第70页。
⑥ 《觉山先生绪言》，卷二，第97页。
⑦ 《觉山先生绪言》，卷二，第95页。

规矩，天则也。谓天良知为自然之规矩，可也。然而学问规矩，其敬乎？敬立而良知在矣。以敬为道，则不可求道。而不以敬，则不足以得之。修己以敬，敬以直内，此圣门不易之法。

勿忘勿助，是敬字。敬者，德之聚。有事集义，以此一时一事点检，安能凑泊。

敬不易见于缉熙时。见之，熙是敬体。

纵观洪觉山语录，我们可以发现，觉山本人很少做静坐涵养的修身工夫。虽然，在甘泉的世界里，静坐还是有必要的，但不是主要的涵养方法。从康斋到白沙的涵养传统，到觉山这里就被中断了，这不能不说是明代学脉发展的遗憾。其实，在阳明心学的世界里，察觉良知是比静坐更有效地养心方法。由此，知几成为觉山心法，而不是去涵养一个良心。而要体认天理，是必要博文约礼，主静涵养是没有必要的，主敬察理才是最为重要的心法。由此，察觉与明觉，是主敬体认天理重要的门径。觉山说，“敬立而良知在”，“勿忘勿助，是敬字”，“熙是敬体”，都是以主敬代主静，由此抬升科举之学与实践心学的地位和作用。主静主义的消失，是甘泉、觉山心学体系中的重要特色。

第三节　不落意、不起念与明意忘念

格物致知说源出《大学》。由于对于“诚意”以下各章都有说明，但是对于“格物致知”未作解释。朱子认为此处乃系阙文，根据程子之意和自己的理解，为其作了《补传》，是朱子对于格物致知的概括总结。① 格物即“至”物，“格犹穷也，物犹理也，犹曰穷其理而已矣”。② 面对不可胜数的天地万物，要

① 故朱熹说，“所谓致知在格物者，言欲致吾之知，在即物而穷其理也。盖人心之灵，莫不有知，而天下之物，莫不有理。惟于理有未穷，故其知有不尽也。是以大学始教，必使学者即凡天下之物，莫不因其已知之理而益穷之，以求至乎其极。至于用力之久，而一时豁然贯通焉，则众物之表里精粗无不到，而吾心之全体大用无不明矣。”（朱熹：《四书章句集注》）

② 《二程遗书》，卷二十五，上海古籍出版社，2000。

看到一草一木、一昆虫之微，各有理、则与所以然之故。朱子主要理论为理一分殊的哲学架构。不同事物之理都有着共性。一件事物如果能认识透，其他则可以类推。如，伦理上能尽孝，政治上会忠君。如此类推，天下之物，莫不有理。如果我们长期积累，专研探究，居敬穷理，豁然贯通，就会“致知”。觉山的时代，是中晚期阳明学格物论多元发展时期。如彭国翔认为，中晚明阳明学的“格物”观表现为两种不同的取向。一种以王艮、聂双江、王宗沐以及刘蕺山等人为代表，将“格物”收缩到自我意识的领域，取消“格物”面对客观事物的致思方向。另一种以王龙溪、周海门、欧阳南野、王塘南等人为代表，“物”成为意向性对象或“事”，“格物”成为展开于自我与外界事物的关系结构与互动过程，认为朱子学的“格物”不免“逐物”，聂双江等人不免“绝物”，继承和发扬阳明晚年成熟的“格物”思想。① 所以，蕺山说“格物之说，古今聚讼有七十二家”。其中有相当一部分格物理论是由中晚明的儒家学者提出的。②

觉山的格物理论主要针对当时阳明心学遗弃外物的照管而提出的一套心学新论。他的这个学术核心是围绕实学而展开的。其格物论具有传统朱子学的实用主义色彩，但又夹杂着佛道的混合物。首先他强调格物需要通理则，具有实在性。他说“佛氏以空通天下，故见天下之物，无非佛，无彼此，无真妄，而无格物之功。儒者以道通天下，故见天下之物，无非道，无彼此，有真妄，而有格物之实”③，试图维护正统儒学的合法性。他说“人与天地万物为体……见物见道，实学”④，“须通得人已，方能正已”⑤，表明其格物学强调万物备我的特色。觉山浸润佛学较深，因此对佛学的批判也较多。觉山批判佛学没有事功主义色彩，是虚而不真，没有格物之功。实学主义是觉山试图挽救阳明心学空谈心性之弊而开的一个药方。其次，格物是致知的基础，致知是格物的目的和深化。格物要求的是认识的深度，致知则讲的是认识的广度。在此意义上，致知是格物的后续的工夫。人之不知只是被物欲蒙蔽，格物的任务也就不仅是从

① 彭国翔：《中晚明阳明学的格物之辨》，《现代哲学》，2004 年第 1 期，第 59 页。
② 彭国翔：《中晚明阳明学的格物之辨》，第 59 页。
③《觉山先生绪言》，卷一，第 71 页。
④《觉山先生绪言》，卷二，第 96 页
⑤《觉山先生绪言》，卷一，第 69 页。

外物获得知识，而是如同把“昏翳”的镜子磨而复明一样，消解物欲对本心的蒙蔽，实现本心之理与外物的相互映照而无处不明。朱子称这一过程为“合内外之理”，它标志着格物致知认识活动的最后完成。阳明主张的“为善去恶是格物”，在觉山看来，致知格物相分不妥。而且，觉山也不赞同阳明训格物为“正念头”，他说“知善知恶真知也。即真知一路，致之以通，格乎物。若添为善，去恶二字似又加一转身，致与格二矣”①，格物“亦不是一正念头便了”②。这是因为觉山自身的实学主义价值取向，所以他对“格物”的去物化。

在觉山看来，诚意、不“落意气”是格物的途径。他说“戒慎不睹不闻，乃诚意功夫。不落意处，即致知格物之谓。非浑论无入手者，故下文以慎独言之，从天命之性，至上天之载，无声无臭，始终只还一个独字矣”③，“落意气客气，斯去恶也又远矣”④，通过慎独的真行功夫来实现诚意的真实性、有效性，正是在回归至善的功夫路上，觉山创造性转化并复活“慎独学”，从此开启许敬庵、刘宗周深奥的慎独学体系。觉山说，“诚意而不知格物，则诚意无头脑。格物而不知诚意，则格物无径途。故大学推言诚意至于格物，则知行并而大学之功备。要之，总是格物上一并成了”⑤，把诚意和格物联系起来，确保格物的道德化，来对治阳明心学去道德化的弊病。

觉山自觉地接洽白沙心学，在其文集中多次引用、发展白沙的心学思想。觉山说，大公顺应功夫“不是触物起念”⑥，“不以躯壳起念，即一念天下归仁”⑦，并说“念从知转则念正，知从念转则知亡”⑧，使内心的念头去除物欲血气之私，说明他通过“一念”归仁的意念功夫试图克治阳明心学的向内之学。念头之学需要广播的知识和深厚的德行涵养来支持。在一念功夫论下，是他多年对《周易》几学的把握，他的“研几于良心觉时”⑨，把“几学”道德化。通

① 《觉山先生绪言》，卷二，第 95 页。
② 《觉山先生绪言》，卷一，第 70 页。
③ 《觉山先生绪言》，卷一，第 46 页。
④ 《觉山先生绪言》，卷一，第 63 页。
⑤ 《觉山先生绪言》，卷二，第 93 页。
⑥ 《觉山先生绪言》，卷二，第 84 页。
⑦ 《觉山先生绪言》，卷二，第 81 页。
⑧ 《觉山先生绪言》，卷二，第 81 页。
⑨ 《觉山先生绪言》，卷二，第 102 页。

过长期的体认，自然而然，“未涉于意”①，可以实现“赤子之心”的光明境界。

洪觉山的“不落意”意念之学在明代学脉流传中是重要的一环。觉山说“思从意起则滞，思从心体则通。体认亦然，有从意者，有从心者，言天理则非意矣”②，他要去意，要回到开阔的心性学范畴，体现他在心性学说自觉地进行思想上的创新。而他的“一贯之道，时中而已；常寂而常感，‘知几’二字尽之”③，体现出他要以感应意念之学复活传统儒学。总之，融合吸收王阳明与湛甘泉的心学思想，强调格物致知、博文约礼，发展出以生意为心学归宿的生机（“几”）之学，“惟有知几存义是正当也……不知于几上，既不得谓之学”④，心学思想体系博大精深。其晚年重新诠释格物论，融佛道入儒，追求心体的超越，又自甘于偏僻山村，故其博学体系难得传人。他也重视从历史中获得政治知识，以道德主义衡量历史，开启刘宗周道德史观的先河。

十六世纪后期，晚明官场愈发腐败，社会风气走向奢侈，奢靡之风影响到生活的各个角落，三教融合之风愈演愈烈，社会规则失序，有识之士觉醒，挺立而出，故而对于意、念之学探讨也越来越多，确保潜意识工夫论的有效性，以此来保持儒家道德之学不坠。

> 无起念，乾坤道也。
>
> 今之勤学者有二病，感时起念一病也。又或与感时起念，曰：某事义所当为，勉而行之，即同义袭又一病也。因是二病，故有寂体之说。然寂体而不善学，则又加一病矣，故全在大志愿、大知识。知此寂体，又不必言矣。
>
> 不以躯壳起念，即一念天下归仁。
>
> 从人欲上起念，便踏危机、凶机。从天理上起念，便踏安机、吉机。

在觉山看来，双江和念庵等江右王门为挽救良知学，特提出“寂体之说”，该归寂之说本为对治阳明后学工夫失范、失序而设，但善学者少，且人欲容易

① 《觉山先生绪言》，卷二，第 83 页。
② 《觉山先生绪言》，卷一，第 75 页。
③ 《觉山先生绪言》，卷一，第 75 页。
④ 《觉山先生绪言》，卷一，第 74 页。

干扰修养过程，别起贪欲之念，故而觉山的不起念，就是不起多余的功名利禄贪念，以物来顺应、廓然大公之念实践仁学，这是刘宗周不起念与慎独思想的先声。

觉山说，“致知穷理，于事物上寻求固不是，外事物上寻求亦不是……原无内外心事之判，意必固我忘，天地万物自在不尔，便是成念之学”①，指出忘意“成念”的心性工夫论。他又说，“善无定在，如行路然。须见先知一之路径，乃能随感而慎，择之精义入神，屈伸变化，此岂意念可拟议而有者，如明镜之照物然，切磋琢磨都是刮垢还光功夫，垢去而光自在也，故明意念忘而神可入也。故精择去不善，而善可见也，故得一”②，试图通过渐进打磨的“明意”之学，把复性之学带入意、念的精深地步。明意忘念要保持内心的纯洁，故他说“只要除去闲思杂虑，惟顺理感应自然，此正切要功夫”③，“戒惧不睹不闻，猛然一炉真火，自然点雪不容”④，去除邪思，恢复慎独的功夫，实现心体的澄明。

为了实现明意忘念，觉山提出“不动意”“何思何虑”口诀，他说“不动意，实是不动气时着落”⑤，通过“不动意”实现“养气”的效果。觉山对欲念危害功夫进阶颇有洞察，他说“惩忿如救火，窒欲如防水。惩忿如防火，防火莫如抽薪。窒欲如止水，止水莫如清源”⑥，所以要实现德性功夫的有效性，明意忘念的一了百了的功夫是最好的，可有隔断欲念对人的心灵影响的连绵性、意向性。他特别提到“何思何虑”来实现“纯心”作德，“精义入神，利用安身，俱从何思何虑脉络上得来；少不尔，便入憧憧”⑦，消化习心对心灵功夫的干扰。在“不动意”与“何思何虑”的功夫论上，觉山思想后面隐藏着《周易》一书的感应之学（“几”学），即通过主体的至诚“明觉”修养实现人内心意念的变化。觉山把自己的这套“默识”学问颇为自信，自认为承接了明代的

① 《觉山先生绪言》，卷二，第 83 页。
② 《觉山先生绪言》，卷二，第 83 页。
③ 《觉山先生绪言》，卷二，第 87 页。
④ 《觉山先生绪言》，卷二，第 90 页。
⑤ 《觉山先生绪言》，卷二，第 97 页。
⑥ 《觉山先生绪言》，卷一，第 60 页。
⑦ 《觉山先生绪言》，卷一，第 62 页。

学脉，说“如颜子终日只省观……其自省而自足者，即默识学脉”①，他的学问大要是意念之学，做意上的功夫。觉山说“君子必慎其独。意有不善，而独无不善也”②，点出他要解决王阳明“有善有恶意之动”的功夫难题，但与阳明“正念头”功夫下手不类，他决定走“慎独”学脉路子，崇信“独体”至善的思想。

第四节　明觉、感应与知几

“明觉”思想是觉山对阳明和甘泉思想融合的重要组成部分。③明道对明觉进行过转化，在宋明理学家内较早、系统的提出明觉的概念。④朱子在和学生的学术讨论中，对此也作过论述，但是朱子似乎未对明觉进行学理上的展开。⑤阳明发展了明道的明觉思想，其良知哲学体系特别突出道德的天性、自然性、自觉性与自我运行特性。明觉是指人心可以自然的知晓行为的善恶，并自觉地为善。心之明觉为良知，具有客观实在性。阳明晚年修改了早年知意体用关系的看法，而认为良知与意念是人心知觉的两种不同形态。意念是应物而起、是非夹杂，而良知超然于意念之上，能够辨明意念之是非。⑥阳明说，“心者，身之主也，而心之虚灵明觉，即所谓本然之良知也。其虚灵明觉之良知应感而动者，谓之意。有知而后有意，无知则无意矣。知非意之体乎？”⑦故“良

---

① 《觉山先生绪言》，卷一，第 67 页。

② 《觉山先生绪言》，卷一，第 74 页。

③ 明觉（正知）一词来源于佛学，明觉细分有益明觉、适宜明觉、行处明觉和无痴明觉等。阳明后学多重明觉，凸显觉悟。

④ （宋）程颢、程颐：《二程集》，中华书局，2004，《定性书》，第 460—461 页。

⑤ 比如，赵致道问：“‘自私者，则不能以有为为应迹；用智者，则不能以明觉为自然’自私则不能‘廓然而大公’，所以不能‘以有为为应迹’；用智则不能‘物来而顺应’，所以不能‘以明觉为自然’”（《朱子语类》，卷九十五），朱熹赞同明道说。

⑥ 参见许珠武：《王阳明知行合一观的意义阐释》，《新原道》第一辑（总第八辑），郑州：大象出版社，2003。聂瑞国在《良知与人性的净化》指出，灵明包括“虚灵”和“明觉”两层含义。明觉指道德意义上的知觉。刘宗贤：《王阳明心学研究》，山东人民出版社，1997，第 333 页。格物工夫不是如朱子所言去认识外物，而是消除外物对本心的蒙蔽，回复至善的道德本心。

⑦ 《王阳明全集》，《答顾东桥》，第 47 页。

知是乃天命之性，吾心之本体，自然灵昭明觉则也。凡意念之发，吾心之良知无有不自知者。其善欤，惟吾心之良知自知之；其不善欤，亦惟吾心良知自知之。是皆无所与于他人者也”①。因为心对理熟练掌握和实践，人能自觉实践道德工夫，知行合一的良知学说通过心性明觉的工夫得以实现。这里面，我们似乎还是感觉到阳明对白沙、甘泉自然主义思想的学习与消化。不过，阳明更多的带有从百死千难中实践过的真实情感。觉山说“孔门只说欲。欲，仁体也。说无欲，自周子始，明道得之，乃以有为为应迹，明觉为自然，无事思索，亦无事乎操持。学脉在是，功夫亦在是。故予尝谓，周子得圣学之宗亦在是”②，所以“恶外物是自私而求静也，故不能廓然而太公。自私者必用智，故其动也，不能以明觉为自然。明觉，自然之体，即定体也。只是一病。动亦定，静亦定。定有何形？不为而为，不定而定，乃定也。是故动静一于自然，只是一定”③。

觉山甚至把明觉—自然学说提高到学脉的高度，并与周濂溪的无欲想耦合。明觉具有无欲的特性，觉山自信的“动静一于自然”的明觉工夫把明道、白沙心性工夫论向前推进。在这样的逻辑体系下，天理本身自在，不必外求，本体与功夫融合。通过明觉的自我觉醒与自我认知，“随时体认天理”便更具有理论上的认同性和工夫的时效性。在以觉悟作为把握事物的方法方面，觉山吸收王阳明的心法。觉山重视“觉悟”对学习能力的提升，把觉悟和“几”学联系起来，感应自然，“知几”“存义”。

> 理一分殊，廓然而大公，物来而顺应，皆于感应几时观之，无内外动静。
>
> 天、人，一感应而已矣。未感，则不存而有；已感，则存而不存。人之感应于元神，犹人呼吸于元气中。精一博约，自是从心感应，开阖不容。己事不是圣门别作一壳，率与人和，知新于文，归根于一。吾人患不归根耳，出息不入万缘，入息不落阴府，此亦善喻。
>
> 理无动静，而有流行；因时而有，动静流行者，感应之机耳。麄譬之

① 《王阳明全集》，卷二十六，《大学问》，第 972 页。

② 《觉山先生绪言》，卷一，第 57 页。

③ 《觉山先生绪言》，卷二，第 93 页。

车，然机动则动，机静则静。总此一念，而机之动静由人。动静不失其时，其道光明。总此一理，而机之感应由心。光明者，心之至正明达也。

系辞本旨，只要除去闲思杂虑。惟顺理感应自然，此正切要功夫。圣人与学者，原只一样。

众所周知，白沙心学以感应自然为其枢纽，人心感应外在天理，内化于心，成为人知行合一的原理。觉山继承与发展白沙的感应心学。觉山说，天理由“感应几时观之”，“总此一理，而机之感应由心”，“顺理感应自然”，“从心感应，开阖不容”，这样就大大丰富江门心学的感应维度。只不过，觉山是从几学入手阐发感应的。

感应知几是洪觉山的道德修养论的核心方法。“几”是指“生机寂体之流行不已者，感而遂通，妙在遂字”①，点出了“几”的感应性。觉山的“几学”是其“随时”之学的理论基础。觉山说“学，实觉也，学以感应言思则通”②，“功夫在于几时”③，觉悟力就是要在关键时刻察觉事务的苗头。因为觉山在年轻时曾担任过温州知府，因一时气愤错杀众多闹事平民，差点自己性命不保，后来他自己对这件事一直耿耿于怀。他反省自己没有在关键时刻沉着冷静，所以他用后半生的时间来涵养学问，蛰伏深山，深研《周易》，主要在于对时机之学的体认，实现义理的流行。

“断除嗜欲想，永彻天机障”，此亦麄之为言耳。天机嗜欲，只在几希之间，故功在审几，久久渐熟，知至而天机全矣。

人为是心后于事矣见几。天几也，事豫而立作者，作于心也。故曰：几者，吉之先见。若谓不待终日而作，其去几远矣。

一日二日万几。几是活物，无可无不可者。几也，意念似而天人大小殊涂由求。诸君犹未免落在意念中。故曰：由知德者鲜矣。

① 《觉山先生绪言》，卷一，第66页。
② 《觉山先生绪言》，卷一，第45页。
③ 《觉山先生绪言》，卷一，第46页。

觉山说，“识几难，知几亦难”①，但是“一觉便化”②；“学，觉也。一觉则本体自在”③，“觉则理聚”④。觉山说，“天机嗜欲只在几希之间，故功在审几，久久渐熟，知至而天机全矣”⑤，这样就把儒家之学运用到公共事务管理中来了，“学在知止、知几而义存之”⑥。

> 以全知为体，以知几为要，以从义为实，以流行不息为至。
>
> 几者，动之微，寂而感。未着于迹，故微，是天行。
>
> 心之体即是易体，心之几即是爻变，故用易，全在九六，而学问之功全在几之变处。非变无功也。
>
> 诚神几，为圣人审几之功，须是神发，庶不为躯壳所挠。神亦诚也。

觉山的“以全知为体，以知几为要”，由此可以确立其核心思想，就是要区别于湛王而树立自己独特的“全知”思想体系，而其主要心法就是“知几”。“几”本来为一个介于时间和空间的概念，它既是福祸之分，也是易学爻变之处，在觉山心学体系中处于核心地位。在觉山的“以全知为体，以知几为要。以从义为实，以流行不息为至”的新四句教里面，后两句“以从义为实，以流行不息为至”就是要实现宇宙的勃勃生机，“流行不息”更是对陈、湛一派江门心学生生不息的继承与发展。

觉山自身具有很大的气魄，立志做大学问，令人肃然尊敬。他说，“千古学问付与千古豪杰担当，顶天立地，岂因循愿怨闷者能之，故吾人直是翱翔千仞”⑦，“千古圣贤学术付在吾人身上，吾人自当与圣贤一律看”⑧，表现出他要自觉承担千年道统学脉的责任。因此，通过一念慎独的学问，觉山把吴康斋、陈白沙的心性学推进到意念的领域，这是学术界的创新，也与他 40 多年的山

---

① 《觉山先生绪言》，卷一，第 50 页。
② 《觉山先生绪言》，卷一，第 52 页。
③ 《觉山先生绪言》，卷一，第 55 页。
④ 《觉山先生绪言》，卷二，第 91 页。
⑤ 《觉山先生绪言》，卷一，第 56 页。
⑥ 《觉山先生绪言》，卷一，第 62 页。
⑦ 《觉山先生绪言》，卷一，第 66 页。
⑧ 《觉山先生绪言》，卷二，第 81 页。

中潜心涵养有关。在身、心、意、虚、气五个范畴中，觉山致力于炼神还虚的意念之学，重视人心元气的扶持。所以他的论学语录，读起来感觉蛮有生机的，重视天理的流行，有一种开阔性，这些都是白沙学自然特性的流露。

觉山先生多处批评王阳明的良知学存在着“顿悟”“空”等问题。觉山说“‘变化气质不如致良知直截’是当下顿悟之说”①，“致良知以体道犹磨镜以照物。不是一空知便了。无不知爱其亲，无不知敬其兄，故在格物，在敬止。知止定静，安虑能得，则格之矣。亦不是一正念头便了”②，他要通过主敬功夫、德行涵养纠正阳明良知学的空虚、不踏实毛病。于是为了实现功夫的着落，他主张收敛功夫，凸显“凝德”修养论来纠治阳明学空虚，觉山说，“学须收敛，方有生机。至德凝道，收敛之说，是也。大哉圣人之道。洋洋乎发育万物，峻极于天，不得大志愿、大收敛，恐犹是收个躯壳在”③。通过德性修养论的回归，容易使陷入空虚之学的阳明后学拉回正途。觉山说，“德性之德，即道之凝聚处，仁则凝聚之种子也，故曰至德凝道”，这样浓郁的涵养色彩体现出白沙自然心学的厚重感。

---

① 《觉山先生绪言》，卷一，第 59 页。

② 《觉山先生绪言》，卷一，第 70 页。

③ 《觉山先生绪言》，卷一，第 72 页。

第八章　晚期崇仁学派与阳明心学的成长

崇仁学派以创始人吴康斋为第一代，康斋为明代理学的开山宗师，撬开了明代心学思潮的兴起，是明代心学的启明者与先驱者。崇仁学派第二代以娄一斋、陈白沙和胡敬斋为一代大师，在国内学术界拥有巨大的学术声誉，且胡陈二人均在万历时期被配享孔庙，成为当时士人的楷模，为学术界所宗。崇仁学派发展到第三代，由于心学思潮大规模传播，以陈白沙为代表的江门心学发展盛大，且王阳明心学开始风行，发展到夏东岩、余份斋、杨月湖和魏庄渠等人手里，他们或创立新学问奋起抗争，或选择吸收白沙心学阳明心学合流，或吸收白沙心学修正阳明心学，体现出不同的学术特色，其中以夏东岩和魏庄渠二人的学问成就最大。

第一节　心安在义理上的心学新形态：夏东岩对阳明心学的刺激

十五世纪八九十年代，当青年夏东岩在娄一斋门下学习和消化其高明心学后，他刚刚从浸润理学之乡的上饶朱子学的浓郁氛围中走出来，慢慢接受并发展一种崭新的心学理论形态。在白沙心学笼罩的十五世纪末期，东岩也未能免俗，在其恩师一斋高明心学的基础上，他借鉴并发展白沙心学，提出“本原上养端倪”的心学理论新形态，这是他“养天真”道德修养论的另外一种表达。众所周知，娄一斋以“勿忘勿助为敬”就已经打破了朱子的主静涵养心法，走入“何思何虑”的高明玄妙心学新形态，而陈白沙则全心于主静主义，在宇宙自然的感应和神明中潇洒自由地心灵飞翔，一以自然为教，教法上去道德化、去经学化，把明代思想带入心学的殿堂，其拓展与鼓动之功不可磨灭，为阳明心学的大明大发展做了很好的思想启蒙。康斋捐馆之后，白沙心学开始慢慢抬头，被誉为“真儒复出”，很多官员学子纷纷投入其门下求教进学，随后逐渐在全国范围内缓慢传播，并在湛甘泉在北京教学后再次达到顶峰。在夏东岩考取进士前后，白沙心学早已成为全国性学术思潮，因此，批判白沙心学成为夏东岩的首要任务。东岩晚年，则又批判阳明心学，形成不少系统性的论著，但苦于没有王阳明全集，故而其批判性文字尚未成书，颇为遗憾。夏东岩对白沙心学的批判，与湛甘泉对王阳明思想的批判一样，都坚持心与理一，都凸显心的无穷变现能力，都是康斋心学的余绪，都属于明代心学内部的论争，只是争论的重点不一样而已。

作为明代心学的独特理论形态，东岩心学与康斋心学、敬斋心学、白沙心学、甘泉心学、阳明心学、庄渠心学、觉山心学所体现的心性论、涵养方法与境界论不一样，可以说，其心学特点为涵养心学，偏于经学思想的涵养，诚敬涵养，日用间察觉物理，与康斋、白沙的自然心学不一样，也与敬斋、阳明的实践心学不一样。康斋、白沙的自然心学形态多喜欢静中观察万物，在主静的背景下，冥想思考，获得万物一体的感受，获得心灵自由的天地境界；敬斋、阳明的实践心学形态倾向于将心学思想在现实世界实践，改善人民生活水平，偏向于心学理论的实践性，实现儒家仁者万物一体的道德境界。而夏东岩的心学思想，呈现出复合性，他既不像甘泉心学那样博文约礼，也没有对宇宙自然万物感应机理的反复实践考察，而是类似于程朱的将理沉于日常生活之中，没有敬斋、阳明的大抱负，是读书明理类型的经学家角色。故而，在白沙心学、阳明心学大明的时代背景里，其心学思想特色不明显，多有中庸平稳的倾向，基本上淹没于心学的洪流之中，不被人重视。

（一）涵养于经学义理的真心本体论。

在对心的涵养论上，东岩坚持其恩师娄一斋的刻苦读书方法，试图将变动之心安顿在书中，安顿在书中的义理上，这就是他把心学放在经学的体系之内。胡敬斋特别称赞娄一斋的刻苦读书精神，而读书明理也是康斋心法的一个重要角度。东岩的真心论带有理性化的意味，更有经学味，这是他不同于康斋之处。康斋的心学思想正要减少经学味，要身心受益，面向生活，而东岩将康斋心学往回撤，回到经学怀抱，这毋宁说是一种理论上的倒退。

学者涵养此心，须如鱼之游泳于水，始得。①

心要常在理中，稍与理违，则出眶当外矣。②

心发于义理者，即是真心，便当推行。③

心要有所用，日用间都安在义理上，即是心存。岂俟终日瞑目趺坐，漠然无所用心，然后为存耶？④

在康斋心学新范畴的包装下，东岩心学思想毕竟带有一些新的面貌。东岩一方面说，"学者涵养此心"，这就是康斋的心学本原论，但另一方面却说"须如鱼之游泳于水，始得"，而他所谓的"水"就是四书五经。康斋把心放在自然万物中性灵之学得到释放，白沙又继续推进心在万物中的地位和作用，白沙心学的自然感应论继续得到强化，而林南川的"灵根论"则是白沙心学的进一步发展，崇仁心学在心学义理的推进上越发走向深入和精密。东岩把康斋、白沙与南川的这一心学进路往回拉，就是要恢复心学的至善性和道德性，增强心学义理的实践性与日用性。"心要常在理中"，"心发于义理者，即是真心"，"心要有所用，日用间都安在义理上，即是心存"，东岩的心学思想就是理心合一，这样的心就是"真心"。

东岩的真心满于身体，就是无丝毫人欲干扰的道德境界。东岩说，"君子之心，纤恶不容，如人眼中着不得一些尘埃。"⑤这句话，很像吴康斋在其三十六岁所立圣人志向要渴望达到的圣学目标，对东岩产生示范作用。东岩的道德修养论的另一种表达就是"萌著善端"，养出端倪，就是要居敬涵养，在经学中涵养沉潜，日新月异。东岩说，"若能敬以涵养，不忘不助，使有春和意思，则善端自然萌着。又须涵养经义，日日浇灌之，则发荣滋长，自有不可遏者。所谓苟得其养，无物不长；苟失其养，无物不消者，此也。"⑥应该说，

---

① 《夏东岩集》，四库全书集部第1271册，卷一，《语录》，第2页。本章节所引《东岩集》，如未做特殊说明，均源于四库本。

② 《夏东岩集》，卷一，《语录》，第10页。

③ 《夏东岩集》，卷一，《语录》，第8页。

④ 《夏东岩集》，卷一，《语录》，第9页。

⑤ 《夏东岩集》，卷一，《语录》，第2页。

⑥ 《夏东岩集》，卷一，《语录》，第12页。

东岩的这种涵养心法在白沙和阳明看来，确实略显老套，心法拘谨老套，毋宁说就是程朱理学的重新翻版。无论是“敬以涵养”，还是“涵养经义”，都不过是程朱“涵养须用敬”在正德时期的再诠释。在白沙心学和阳明心学风行的思潮下，程朱理学新时期的二次翻版是很难激发年轻人的兴趣，难怪东岩总是感觉理学人才凋零，后继乏人。

（二）操持提醒通达无欲之心的心学工夫论

在白沙心学和阳明心学繁荣的时代里，东岩一方面消化一斋心学，一方面也不自觉去吸取当时心学的合理之处。一方面，东岩认识到心的无穷变化能力，也去感受心的这种神奇力。虽然，他把白沙的“主静养出端倪来”改为“本原上养出端倪来”，将白沙的主静之学改为自己的涵养经学本原之路，体现出一种对当时学术思潮的倒退，但他对心的神明能力的理解让我们吃惊，说明其浸润心学时间较长。

> 耳之聪，止于数百步外；目之明，止于数百里外。惟心之思，则入于无间，虽千万里之外与数千万年之上，一举念即在于此。凡理之精微，不可致诘者，亦可思而通之。即此是神，故“思曰睿，睿作圣”。①
>
> 盖心犹户枢，户枢稍出臼外，便推移不动。此心若出躯壳之外，不在神明之舍，则凡应事接物，无所主矣。②

上段两条语录，说明东岩不自觉的进入了心学殿堂，抬升了心的神明能力，“惟心之思，则入于无间，虽千万里之外与数千万年之上，一举念即在于此。凡理之精微，不可致诘者，亦可思而通之，即此是神”，心神突破时间和空间的双重限制，一念万年，一念万里之外，心为神明之舍，心要照管许多道理，心要管束万事万物，这是他常年吸收禅宗心学所获的感悟，他注意到心的神明无限无边大能量。奇怪的是，他在公开场合反对当时的心学思潮，或许这与他作为官员的权威者与守道者身份有关。

---

① 《夏东岩集》，卷一，《语录》，第10页。

② 《夏东岩集》，卷一，《语录》，第10页。

湛然虚明者，心之本体。本无存亡出入之可言，其有存亡出入者，特在操持敬肆之间耳。①

所谓求放心者，非是以心捉心之谓。盖此心发于义理者，即是真心，便当推行。若发不以正，与虽正发不以时，及泛泛思虑，方是放心。要就那放时节提转来，便无事。伊川曰："心本善，流而为恶，乃放也。"此语视诸儒为最精。②

为学之要只是常常提醒此心，照管许多道理耳，只此便是"顾諟天之明命"。③

可见，如何去获取心的神明能力，确保决策的科学性和公正性，对于儒家学者而言，至关重要。东岩对当时的心学思潮的合理成分进行一定程度的总结。东岩说，"湛然虚明者，心之本体"，"要就那放时节提转来，便无事"，"为学之要只是常常提醒此心，照管许多道理耳"，其中蕴含的"常常提醒此心"其实就是一种"转念"，转换观念，念随心转，由此实现性体的回复，恢复到至善性体，实现"湛然虚明"，这是对心的"操持敬肆"，心法略显保守，不如白沙和阳明的"明觉"心法来的简易。

在无欲的心灵体系内，就是圣学心境，是顺应和大公之境。东岩说，"无欲则无事"④，这是他渴望成就的圣人境界。东岩又引用一斋先生的诗句，"为学要人知做甚，养之须厚积须多。君子一心如止水，不教些子动微波。"⑤这是他勉励自己进修，试图达到心如止水的无欲境界。

东岩说，"偶命仆隶净扫庭中荒秽，遂觉眼前宽快。人能一旦洗雪此心，而去其积习之染，其气象当何如耶?"⑥这句话说明在实际的道德修养中，东岩并没有像康斋那样反复体验圣人境界，达到万物一体的自由心境。因为一斋心

① 《夏东岩集》，卷一，《语录》，第 17 页。
② 《夏东岩集》，卷一，《语录》，第 8 页。
③ 《夏东岩夏先生文集》，清刻本，上海图书馆藏孤本，卷一，《语录》，第 8 页。此条，明刻本、四库本缺。感谢宁波大学文学院陕庆老师所付出的辛勤整理工作。
④ 《夏东岩集》，卷一，《语录》，第 4 页。
⑤ 《夏东岩集》，卷一，《语录》，第 6 页。
⑥ 《夏东岩集》，卷一，《语录》，第 17 页。

学主要是治家，将儒家之学实践于门庭之间，故而小学洒扫工夫特别注意，所以东岩会有“净扫庭中荒秽，遂觉眼前宽快”的愉悦心境，这是一斋、东岩心学多安顿于日常生活间，儒家义理多实践于平凡的生活世界。东岩说，“鸢鱼除饮啄牝牡之外，更无他念，所以得遂飞跃之性。人虽万物之灵，心中有多少私意，如何得似鸢鱼？直须摆脱得开，无丝毫惹绊，方有此等气象。”①东岩的这句讲学语录有向白沙心学靠齐的地方，实现在活泼生意的万物中鸢飞鱼跃，在万物一体中高度融合无间，但其实现白沙心学的潇洒境界的心法却是禅宗的顿悟方法，“直须摆脱得开，无丝毫惹绊”，这明显是一种意念领域的顿悟方法，与白沙的主静涵养心法不类。因为，在陈白沙看来，要实现鸢飞鱼跃，就是要用心去感应万物一体，心通万物，实现万物之心与自我之心的高度一体，自我与他我的一体，主体与客体的一体，就是湛甘泉的内外合一，这是体认天理的方法。当东岩用“洗雪此心”与“摆脱得开”的觉悟方法，不自觉地走入禅宗心学，故而被人讥讽为“禅学”。事实上，晚年的夏东岩，在居家岁月，多参禅打坐，事实上走入禅学世界，这是很可惜的。

（三）从潇洒超脱到兢兢业业的心学境界论

夏东岩早年在一斋高明心学的影响下，融汇康斋与白沙心学，打破主敬主义的统治地位，抬升主静涵养在成圣之路的重要地位，多追求心体的潇洒心境，但随着阳明心学的大流行，他警觉到阳明心学过度自由化与主体性可能带来道德滑坡与社会秩序瓦解的风暴，由此，在生活中，他自觉地走向兢兢业业的心性之境，强调主敬对潇洒心学的管束作用，由此来实现在为政期间天理流行于现实世界，彰显道德主义的治理观。

> 寻常读“与点”一章，只说胸次脱洒是尧、舜气象，近读《二典》、《三谟》，方知兢兢业业是尧、舜气象。尝以此语双门詹困夫，困夫云：“此言甚善。先兄复斋有诗云：‘便如曾点象尧舜，怕有余风入老庄。’”乃知先辈聪明，亦尝看到此。②
>
> 白沙云：“斯理也，宋儒言之备矣。吾尝恶其太严也。”此与东坡要与

① 《夏东岩集》，卷一，《语录》，第17页。
② 《夏东岩集》，卷一，《语录》，第2页。

> 伊川打破"敬"字意思一般。盖东坡学佛，而白沙之学近禅，故云尔。然尝观之，程子云："会得底，活泼泼地。不会得底，只是弄精神。"又曰："与其是内而非外，不若内外之两忘，两忘则澄然无事矣。"又曰："必有事焉而勿正，心勿忘，未尝致纤毫之力，此其存之之道也。"朱子云："才觉得间断，便已接续了。"曷尝过于严乎？至于发用处，天理、人欲间不容发，省察、克治不容稍缓。看《二典》、《三谟》，君臣互相戒敕，视三代为尤严，其亦可恶乎？①
>
> 敬则不是装点外事，乃是吾心之当然有不容不然者。寻常验之，敬则心便安，才放下，则此心便不安矣。所谓敬者，只如俗说"常打起精采"是也。②

夏东岩所听到的"怕有余风入老庄"与康斋"习静日同禅"的担心是一样的，就是过分追求心体的潇洒势必偏离程朱"存理去欲"的道德规范，这对于一位多年从事地方事务管理的官员而言是危险的。"敬，则心便安"，"天理、人欲间不容发"，"省察、克治不容稍缓"，正是在主敬的规矩指导下，"常打起精采"，"兢兢业业"，行"吾心之当然有不容不然"之事，这与胡敬斋的道德主义世界观很相似。这也说明，夏东岩意识到主敬对成圣的重要性，主动修改自己早期的涵养心法，走向经学涵养的老路，这与湛甘泉将白沙心学回拉到送学的道路很像，都是出于对白沙与阳明心学大流行的自觉。

第二节　陈、王之间静察天机的心学新形态：魏庄渠与阳明心学的合流

在嘉靖四十一年序刻明刻本《庄渠先生遗书》文集中，我们找到他早期对主敬涵养的一些论述。当年仅二十四岁刚中进士的魏庄渠遇到长其十八岁的著名崇仁后学余切斋，一见倾心，便定下一生私淑胡敬斋的主敬之学，"今莫若习持敬功夫，就放去收来处体验，知有把柄入手，此是生死路头。此处得力，

---

① 《夏东岩集》，卷一，《语录》，第 3 页。
② 《夏东岩集》，卷一，《语录》，第 4 页。

则其余功夫皆可次第而举矣。”此后，庄渠便有好长的一段时间摸索“动时敬”的修养论。但由于魏庄渠所采取的修身路径是类似于康斋的反诸身心性情的涵养论，“义理，吾心固有，若常涵泳，自然便有滋味悦心”，这就与胡敬斋的格物穷理的认识论存在格格不入的矛盾，“人持敬拘迫，固难久然”，也需要他自身来回答。

苟知人心惟危，常存畏意，蓄吾全力，才觉萌动，便逆折之，择其甚者与之鏖战，必也誓不与贼俱生灭，此而后朝食，庶其先天乎躬所未逮。①

大抵人心是个主宰，更无主宰之者。敬，只是吾心自做主宰处。略绰提撕，当体便在，本不须大段著力。义理，吾心固有，若常涵泳，自然便有滋味悦心。病中若欲恬养，只此养德、养身之道已备。初做，亦未免生，习久自熟。汝每有闻，往往当下亦能领会，只因不曾时习久之。此个意思，依旧昏塞遗忘，却只管要求契悟处，又欲别寻路径，所以用力多而见功寡，常抱不决之疑也。今莫若习持敬功夫，就放去收来处体验，知有把柄入手，此是生死路头。此处得力，则其余功夫皆可次第而举矣。人持敬拘迫，固难久然，亦不可寻个和乐。敬中自有和乐。心庄，则体舒。若要寻和乐，便是知和而和，如何得不放倒？饮食亦自有恰好处，过与不及，皆不可；但与其过也，宁不及耳。②

天之主宰曰帝，人之王宰曰心，敬只是吾心自做主宰处。今之持敬者，不免添一个心来治此心，却是别寻主宰。春气融融，万物发生急迫，何缘生物把捉太紧，血气亦自不得舒畅，天理其能流行乎？③

《大学》教人用功，首把明明德来说；《中庸》，则首举至善指示人，亦犹大学之提起知止也。《中庸》之戒惧慎独，乃檃括《大学》八条目。

① 《庄渠先生遗书》，嘉靖四十年辛酉胡松序明刻本，卷十二，《答王民熙》，第4—5页。如未做特殊说明，本章节所引魏庄渠原文资料来源，嘉靖四十年辛酉胡松序明刻本，为其庄渠先生亲传弟子归有光所编。简称“嘉靖本”，引用来源，下同。

② 《庄渠先生遗书》，嘉靖本，卷三，《复毛希秉》，第20页。

③ 《庄渠先生遗书》，嘉靖本，卷五，《体仁说》，第1—2页；卷三，《与丘以义提学》，第62页。

> 只是一个活敬。大抵人自未应事，及乎应事，以至事过，总是此心。又进一步，自未起念时，及乎起念，以至念息，亦犹是也。善用功，则贯串做一个。否则，间隔矣。吾所谓立本，是贯串动静工夫研几云者。只就应事起念时，更着精彩也。近作《大学指归》《大学翻楷》《大学考异》寄往，《指归》录本偶不在，以草本寄其间，更有一二修改处，然大体则不异矣。试体验之，有不合处，尽好商量。维时仲春，宇宙间浑是一团太和元气熏蒸，但觉或未至而至，至而不至，近则调燮一身，远则康济兆民，尚慎之哉！①

从庄渠先生文集来看，“敬只是吾心自做主宰处”，“常存畏意，蓄吾全力，才觉萌动，便逆折之，择其甚者与之鏖战，必也誓不与贼俱生灭”，他曾经经历过从呆板之敬到“活敬”的心灵修炼历程，而这恰恰是白沙心学在全国风行条件下其主静涵养端倪思想在士人心中大规模影响力。在枫山先生眼里，胡敬斋的主敬之学早已没有任何活力而言，“今之持敬者，不免添一个心来治此心，却是别寻主宰”，已经蜕变为“死敬”，“春气融融，万物发生急迫，何缘生物把捉太紧，血气亦自不得舒畅，天理其能流行乎？”这种已经不能令国子监的学生们感兴趣了。身为国子监祭酒的章枫山公开反对胡敬斋的主敬之学，对于庄渠而言是一记重重的耳光。由此，也开启了庄渠将老师胡敬斋与友人余仞斋的事上实践之学拉回到心性上的涵养之学，实现对主敬之学的全面多角度反思，并觉得有必要将“死敬”转手为“活敬”，而具体转手方法就是回到本原之学，体验身心，借鉴了白沙的主静之学，去感悟万物生意，观察万物生机，在活泼跃动的世界里复活敬学，这就是“活敬”之敬，不呆板，有生机，由此来对抗阳明心学的简易之教。庄渠在晚年居家十多年的岁月里，刻意主静，默默涵养，静静总结观察，静察天机，形成静养“天根”之学，被黄梨洲所赞赏，认为其转手康斋至一斋的崇仁学脉。

（一）从主静涵养到静察天机：魏庄渠天机学的成长

需要指出的是，魏庄渠的静养天机之学的前身是主静涵养之学，只是发展到后来，魏庄渠才公开提出静养天机之学。其实，魏庄渠的主静涵养之学本为

---

①《庄渠先生遗书》，嘉靖本，卷十二，《答曾太平》，第 5—6 页。

对治亦师亦友的余仞斋虚弱的身体而来。从学术传承而言，余仞斋可算是魏庄渠的入门恩师，正是在余仞斋的入门带领下，魏庄渠得以进入胡敬斋的学术世界。在得知恩公余仞斋常年案牍劳形导致身体虚弱，为回报恩公的入门之功，魏庄渠不自觉的开始琢磨身体涵养的学问，广泛求友，涵养性情，深入精密之心性，感触天机，由此走进主静主义的心学世界里。随后，他便每每将自己主静涵养心得写信给余仞斋：

圣门之学，惟在乎求仁；求仁之功，莫大乎主静。若非摧陷廓清，亦未有能静者也。①

涵养可以熟仁。若天资和顺，不足于刚毅，可更于义上用功否？曰：阳之收敛处便是阴，仁之断制处便是义。静中一念萌动，才涉自私自利，便觉戾气发生，自与和气相反，不能遏之于微。戾气一盛，和气便都消铄尽了，须重接续起来，但觉才是物欲，便与截断斩其根芽，此便是精义工夫也。②

观万物生意，深夜独坐。……只因此心收聚时，游散时多，悔艾之余，颇觉此心出入往来若有机窍，放去甚速，收回亦速，而持久甚难。临别，请问友人，徐指示曰："其机在目。"校闻之，跃然而喜，深恨不得面质于吾兄也。③

承谕其机在目，此乃四勿之一，尚缺其三，兄得无有未察乎？校静中默观五脏六腑关系，隐隐如历落然，始知此心通窍于目而能视，通窍于耳而能听，通窍于舌而能言，通窍于百体而能运动。此心若走作数者，皆其透漏之路也，而口之透漏为多。日尝举塞兑固灵根请教，虽然口之透漏，岂若目之透漏为甚也。盖诸窍总关于目，此心之放皆缘境而生，圣学枢机既从此放出，却从此收入，至为简易。兄谓目尚闭时，心亦放去，此辩似精切。但未知，才举念时便已著境，暗处透漏与明处透漏，亦总一般，惟瞽目之人透漏开悟，其机乃在于耳而不在目。愿兄默而体之，更以见教。承诲出处之义词婉而意确，深感厚爱之情，令嗣进修何如？天气渐暑，愿

① 《庄渠先生遗书》，嘉靖本，卷三，《与穆伯潜》，第 62 页。

② 《庄渠先生遗书》，嘉靖本，卷五，《体仁说》，第 1 页。

③ 《庄渠先生遗书》，嘉靖本，卷三，《与余子积》，第 25—26 页。

兄从容静养自爱。①

在长期的主静主义氛围里，庄渠感悟到儒家哲学还是要以主静作为基础性磨炼。庄渠说，“求仁之功，莫大乎主静。若非摧陷廓清，亦未有能静者也”，“静中一念萌动”可以克制私欲、物欲，“但觉才是物欲，便与截断斩其根芽”，实现存天理去人欲的儒学涵养目标。在具体主静主义过程中，庄渠通过“观目”来实现对内在心体与性体的深度透视，“颇觉此心出入往来若有机窍，放去甚速，收回亦速，而持久甚难”，“盖诸窍总关于目，此心之放皆缘境而生，圣学枢机既从此放出，却从此收入，至为简易”，或许因为这样的心性涵养心法接近天台宗的“数息”“止观”方法被余仞斋认为是“禅学”②。魏庄渠的“静中默观五脏六腑关系”很接近陈白沙静坐初阳台的主静涵养端倪，“隐隐如历落然，始知此心通窍于目而能视，通窍于耳而能听，通窍于舌而能言，通窍于百体而能运动”，其实这就是心的神明能力，只是魏庄渠没有将心的这种超强能力自然化、感应化和宗教性，还是在往程朱对心的“明觉”能力上靠近，这是他的心学思想和夏东岩较为接近的缘故。

（二）天根学直接启发唐荆川的静养天机之学

学术界素来不知唐荆川（唐顺之，1507—1560，字应德，常州人）的天机心学实际上直接来源于魏庄渠，多数人会以为是唐荆川自创出来的。众所周知，阳明后学著名学者唐荆川以静养天机之学著称学术界，而其学术思想来源就是魏庄渠，这一点，似乎被我们很多学术界甚至当时明代学术界的学者所忽视。大家都以为，唐荆川的天机心学来源于王龙溪及其阳明后学同仁，其实，王龙溪与唐荆川的天机心学都源于魏庄渠。大约在十六世纪三四十年代，唐荆川求学于魏庄渠门下，学到了魏庄渠晚年心学思想，其核心思想之一就是静养天机之学，此后，唐荆川静坐山中数十年，涵养心性，就是涵养魏庄渠传给他的主静天机之学。魏庄渠曾经主管国子监祭酒，不少阳明后学人物都是魏庄渠的座下门生，那时，魏庄渠的静养天机之学已经初步成型。

---

① 《庄渠先生遗书》，嘉靖本，卷三，《答余子积》，第 45 页。

② 《庄渠先生遗书》，嘉靖本，卷十三，《答余子积论性书》，第 10 页。

人心元神昭昭灵灵，收敛停蓄，因其真机引而伸之，触类而长之，自有无穷之妙。校未之能也，亿而屡中，校亦弗屑焉。应德迩来，作何功夫？想日精进此学，须见得收功处，则发端不差。①

侍教连日，获探心之精微洒然，超脱尘俗，卓哉！卓哉！但毫厘易差，恐微有近禅处；徵诸孔门，或有未合，辨之弗明弗措，乃可洞极几微，于此尚觉欠耳。贯傅致火致日之譬，圣学殆有取焉。②

闻读《周易》。……深愿应德拨转天机，莫被葛藤缠去也。③

令侄远来，愧无以答其盛意，虚负此行。虽然亦尝与之指陈天根之学，妙在涵蓄而忌于漏泄，高明之士或亦有助焉耳。应德聪明绝人，更愿用志不分，以其全力而向于道，勿溺心于世俗词章以耗吾真元，汩吾神明，则其进何可量也？仲春，拟过毗陵进谒，不识天意肯助之晴否？④

庄渠晚年在与荆川的书信中，庄渠明确以天根之学标识自己的静养天机之学，以凸显其理论性与先天性，标志其天根学的成熟，并被学术界所知晓。夏东岩晚年的“养天真”其实与魏庄渠的“养天根”较为契合，都是为了与王阳明的“致良知”新学流行思潮相对抗。在魏庄渠的天根学体系内，人心具有无穷的神明能力，“人心元神昭昭灵灵，收敛停蓄，因其真机引而伸之，触类而长之，自有无穷之妙”，“精微洒然，超脱尘俗”，“洞极几微”，人心可与天地同大，与宇宙同广。但与湛甘泉、王阳明发现心的无穷变现能力之后，庄渠不主张大规模全国讲学，启发民众，而是主张保守传统的教法，主张“讷言敏行”，也就是多行少说，这与王阳明的知行合一教法还是有一定差距。庄渠说，“天根之学，妙在涵蓄而忌于漏泄”，强调内卷，缺乏公共性与实践性，与当时风行天下的阳明心学教法背道而驰。

在《明儒学案》的文本世界里，黄梨洲高度称赞唐荆川的“天机之学”，并说其“以天机为宗，无欲为工夫”，概括荆川心学的思想特色。⑤

① 《庄渠先生遗书》，嘉靖本，卷四，《答唐应德》，第 30 页。

② 《庄渠先生遗书》，嘉靖本，卷十一，《与唐应德（其一）》，第 29 页。

③ 《庄渠先生遗书》，嘉靖本，卷十一，《与唐应德（其二）》，第 29 页。

④ 《庄渠先生遗书》，嘉靖本，卷十四，《答唐应德》，第 4 页。

⑤ 《明儒学案》，中华书局，2012，上册，《南中王门学案二》，第 598 页。

尝验得此心，天机活泼，其寂与感，自寂自感，不容人力。吾与之寂，与之感，只是顺此天机而已，不障此天机而已。障天机者莫如欲，若使欲根洗尽，则机不握而自运，所以为感也，所以为寂也。天机即天命也，天命者，天之所使也。立命在人，人只立此天之所命者而已。白沙“色色信他本来”一语，最是形容天机好处。若欲求寂，便不寂矣，若有意于感，非真感矣。①

近来痛苦心切，死中求活，将四十年前伎俩，头头放舍。四十年前见解，种种抹摋，于清明中稍见得些影子，原是彻天彻地，灵明浑成的东西。生时一物带不来，此物却原自带来，死时一物带不去，此物却要完全还他去。然以为有物，则何睹何闻？以为无物，则参前倚衡，瞻前忽后。非胸中不停世间一物，则不能见得此物；非心心念念，昼夜不舍，如养珠抱卵，下数十年无渗漏的工夫，则不能收摄此物，完养此物。自古宇宙间豪杰经多少人，而闻道者绝叹其难也。②

窃以学者能自悟本心，则意念往来如云物相荡于太虚，不惟不足为太虚之障，而其往来相荡乃即太虚之本体也。何病于意而欲扫除之？苟未悟本心，则其无意者，乃即所以为意也。心本活物，在人默自体认处何如。③

在荆川先生的心学世界里，他消化并创新魏庄渠的天机说，融白沙自然心学与阳明顿悟心学于一体，形成即本体即工夫的“天机心学”，主张直觉主义的神妙感应由此来决策，拓展了心学的新的理论形态，在阳明心学思想史上占有极其重要的学术地位。其“天机”的含义源自天理概念，大意为天理发窍之机，“天机活泼，其寂与感，自寂自感，不容人力”，“原是彻天彻地灵明混成的东西”，湛然虚明，天然自然，接近于王阳明“良知”，也类似于吴康斋的“性灵”。④ 而荆川心学的道德修养论就是“顺天机”，“胸中不停世间一物”，

① 《明儒学案》上册，《南中王门学案二》，第 600 页。
② 《明儒学案》上册，《南中王门学案二》，第 599—600 页。
③ 《明儒学案》上册，《南中王门学案二》，第 601 页。
④ 张惠琼：《唐顺之研究》，凤凰出版社，2016，第 95 页。

“吾与之寂，与之感，只是顺此天机而已，不障此天机而已”，“心心念念，昼夜不舍，如养珠抱卵，下数十年无渗漏的工夫”，与孙蒙泉、王龙溪、洪觉山的感应之几很类似，都凸显感而遂通的感应变现能力。

荆川之子唐凝庵先生（唐鹤征，1538—1619，字元卿，常州人），著名的中晚明心学家，在整理父亲遗著的同时，继续推进其父的天机之学，究原天机之学的发生机制在元气，“天地间一气”，“心之灵就是性”，提出“乾元生生”全体心学，从元气运动之学重新诠释万物一体，推进与发展天机心学。①

> 世儒争言万物一体，尽人性尽物性，参赞化育。不明其所以然，终是人自人，物自物，天地自天地，我自我，勉强凑合，岂能由中而无间？须知我之性，全体是乾元，生天生地生人生物，无不是这性。人物之性，有一毫不尽天地之化育，有一毫参赞不来，即是吾性之纤毫欠缺矣，则知尽人物，赞化育之不容已也。②
>
> 盈天地间，只有此气，则吾之气，即天地万物之气也，吾之性，即天地之命，万物之性也。所以天地自天地，我自我，物自物者，我自以乖戾塞其流通之机耳。以直养则未发即是中，已发即是和，吾之气，吾之性，仍与天地万物为一矣，故曰“塞乎天地之间”，故曰“保合太和”。吾之气，吾之性，至与天地万物为一，此所谓纯亦不已，尚何仙佛之足言！学不至此，不若不学也。③

在反复静观万物的过程中，凝神细察，唐凝庵先生感悟到了万事万物运动的基础在于天地之气，这个具体变动的万物之气的运动形成了天地之各种理，在其父“顺天机”心学基础上提出了“御气”心学，由此凝庵超越白沙潇洒心学活泼的具体层面进入抽象的“乾元”全体大用心学新形态。凝庵之“乾元”为一新概念，余姚黄梨洲认为“乾元所为，生天地，生人物，生一生万，生生不已之理，真太和奥窔也。物欲不排而自调，世情不除而自尽，聪明才伎之昭灼，旁蹊曲径之奔驰，不收摄而莹然无有矣”，这个概念相当于气化的良

① 《明儒学案》上册，《南中王门学案二》，第603—604页。

② 《明儒学案》上册，《南中王门学案二》，第606页。

③ 《明儒学案》上册，《南中王门学案二》，第608页。

知，无中生有，有而不为，创生宇宙万物，自由自为，接近性灵、端倪和天机诸范畴。

（三）天根学直接启发江右王门的归寂主静之学

学术界素来对罗念庵（罗洪先，1504—1564，字达夫，吉安人）、聂双江（聂豹，1487—1563，字文蔚，吉安人）的主静主义心学忽然流行天下，颇感突兀不解，今我们阅读《庄渠先生遗书》，一切的疑问都豁然开朗。在晚年阳明心学文本世界里，早已解构主静与主敬的分别，而均总汇为无间敬、静的“致良知”，正是在实践中事情上的打磨完全消除敬静的分别，即本体即工夫，实现体用内外心事物我主客的完全合一。阳明夫子捐馆数十年后，江右王门忽然以主静归寂之学流行于天下，而黄梨洲甚至认为江右王门心学护卫良知学脉，正源于江右王门扎实的主静涵养。在《庄渠先生遗书》的文本世界里，王阳明去世后的学术真空正是由苏州的魏庄渠先生来填补的，而其静养天机之学得益于白沙的自然心学，随后在国子监得以广泛流传，并在苏州地区形成较大的影响力，唐荆川、王龙溪、聂双江与罗念庵均受到魏庄渠主静涵养心学的影响，王龙溪也提出养天机。

> 日论此心出入关窍与收摄功夫，至易至简，而守之为难，到这里一字也著不得，须屏绝一切见解，扫除许多语言，只就放去处收回得这把柄入手，精彩当自迥别也。虎行如病鹰，立如睡，皆畜其力而全刚生焉。才轻易发泄，便觉浮泛无力矣。①
>
> 林广文过我，首询吾兄起居，且闻所以不出之意，甚慰远怀，豪杰树立自别。今之讲学者好说心常动而不静，不复知人生而静为天根。来书独深取蛰龙之譬，山林之日长，道义之功深，足占吾兄进德矣。达夫，迩来用功何如？校劝其辨自圣作圣之别，不知渠肯俯听否？彭石屋完然赤子之心，而讲学颇阔步，相会浅，不曾献得一服药也。②

满三年之治的嘉靖九年庚寅（1530年），时年四十三岁的聂双江开始担任

① 《庄渠先生遗书》，嘉靖本，卷三，《答聂郡守文蔚》，第59页。
② 《庄渠先生遗书》，嘉靖本，卷十一，《答聂郡守文蔚》，第34页。

为期三年的苏州知府。而此年七月，四十七岁的魏庄渠也提前从国子监祭酒岗位上致仕回家，开启他们两年多的苏州学术交往。上面的两封信，都是魏庄渠写给在任苏州知府聂双江的。而在之前的嘉靖六年丁亥（1527 年），聂双江亲自绕道绍兴，面对面向王阳明请教良知心学，申愿学之志，王阳明也告诉他万物一体思想。也就是在与魏庄渠论学之前，聂双江对主静之学并没有深入的研究和体验。在苏州任职期间，聂双江还是很敬重这位地方乡贤的，毕竟庄渠多次给嘉靖皇帝讲课，也愿意向这位前辈讨教新的学问。

从魏、聂二人的论学书信来看，魏庄渠全盘告知双江“人生而静为天根”，“屏绝一切见解，扫除许多语言，只就放去处收回得这把柄入手，精彩当自迥别也”，以此来矫正“讲学者好说心常动而不静”的毛病，其实就是矫正阳明心学主动失静的问题。而对于刚刚中进士的罗念庵，魏庄渠急忙向其兜售了自己的“天根”心学，最终也导致念庵一辈子主静涵养天根的心学体系。聂、罗二人的主静主义深受庄渠心学的影响。

余姚黄梨洲说，双江先生之学，“狱中闲久静极，忽见此心真体光明莹彻，万物皆备，乃喜曰：‘此未发之中也，守是不失，天下之理皆从此出矣。’及出，与来学立静坐法，使之归寂以通感，执体以应用。”① 因为在极度困苦甚至可能被杀头的情况下，人类意识往往有放弃一切而求生的念头，在这样较为安静的背景下，万念俱灰，无所逃遁，绝境之中，也很容易顿悟到心体光明的天地境界，像高攀龙、钱绪山一样，他们都感受到“心真体光明莹彻，万物皆备”的万物一体心境。在《明儒学案》一书中，对于顿悟者而言，在主静的环境里，获得心体光明的万物一体之境的学者很多，如陈白沙、王龙溪、陈明水、蒋道林等人，他们的语录中多次有顿悟光明的境界。

> 良知本寂，感于物而后有知。知其发也，不可遂以知发为良知，而忘其发之所自也。心主乎内，应于外，而后有外。外其影也，不可以其外应者为心，而遂求心于外也。故学者求道，自其主乎内之寂然者求之，使之寂而常定。②

---

① 《明儒学案》上册，《江右王门学案二》，第 370 页。
② 《明儒学案》上册，《江右王门学案二》，第 372 页。

思虑营欲，心之变化，然无物以主之，皆能累心。惟主静则气定，气定则澄然无事，此便是未发本然，非一蹴可至，须存优游，不管纷扰与否，常觉此中定静，积久当有效。①

寂然不动，中涵太虚，先天也。②

止于至善，寂然不动，千变万化，皆由此出，并养而不穷也。③

夫无时不寂、无时不感者，心之体也。感惟其时而主之以寂者，学问之功也。故谓寂、感有二时者，非也；谓功夫无分于寂、感，而不知归寂以主夫感者，又岂得为是哉。④

在双江看来，良知行为要有效，必须要有主静归寂的心法涵养与事上磨炼，而心必须要有定体，此定体就是寂然不动的炯炯心体，万事万物的千变万化皆从此中出来，此归寂之体类似于康斋的性体和白沙的端倪，也是阳明良知未发前的寂体。众所周知，王阳明设定良知，未发之前的心体状态，他还是比较重视的，由此，阳明后学对良知未发前的状态多有考察和研究。江右王门的聂、罗两位心学巨匠就是重视未发之体而享誉学术界的。而至于未发前的心体，虚灵知觉之心与虚圆不测之神存于其中，纯粹至善，而主静涵养工夫可以制动，动而求之于静，这得益于庄渠主静养天心之学的熏陶与启发，也得益于白沙主静感应心学，故其协助刊刻白沙文集。双江好学勤问，多在事上磨炼，偏于主静涵养之学，提出“先天”心学，在“先天”时刻领域内把捉身心，学问较为扎实，被余姚黄梨洲所赞赏，列为江右王门心学宗师。故而，双江对自己的学术盟友和铁心同仁“收摄保聚”的主静之学有一段精彩的评论。

达夫早年之学，病在于求脱化融释之太速也。夫脱化融释，原非功夫字眼，乃功夫熟后景界也。而速于求之，故遂为慈湖之说所入。以见在为具足，以知觉为良知，以不起意为功夫，乐超顿而鄙艰苦，崇虚见而略实

① 《明儒学案》上册，《江右王门学案二》，第 377 页。
② 《明儒学案》上册，《江右王门学案二》，第 380 页。
③ 《明儒学案》上册，《江右王门学案二》，第 381 页。
④ 《明儒学案》上册，《江右王门学案二》，第 373 页。

> 功，自谓撒手悬崖，遍地黄金，而于六经、四书未尝有一字当意，玩弄精魂，谓为自得，如是者十年矣。至于盘错颠沛，则茫然无据，不能不动朱公之哭也。已而恍然自悟，考之《诗》《书》，乃知学有本原。心主乎内，寂以通感也，止以发虑也，无所不在，而所以存之养之者，止其所而不动也。动其影也，照也，发也。发有动静而寂无动静也。于是一以洗心退藏为主，虚寂未发为要，刊落究竟，日见天精，不属睹闻，此其近时归根复命，煞吃辛苦处。亦庶几乎知微知彰之学，乃其自性自度，非不肖有所裨益也。①
>
> 寂然者一矣，无先后中外矣。然对感而言，寂其先也。以发而言，寂在中也。②
>
> 白沙致虚之说，乃千古独见；致知续起，体用不遗。③
>
> 初及第，谒魏庄渠先生，先生曰："达夫有志，必不以第为荣。"默坐终日，绝口不言利达事，私心为之悚然。承当此言，煞不容易。盖不荣进取即忘名位，忘名位即忘世界，能忘世界，始是千古真正英雄。④

念庵先生少时曾求学于李中先生门下，后又求学于庄渠先生门下，而一生私淑于阳明先生，周游于钱绪山、王龙溪等著名阳明学家之间，以收摄保聚的主静主义享誉明代学术界，黄梨洲赞誉说"天下学者，亦遂因先生之言，而后得阳明之真"⑤，给予念庵先生以很高的评价，赞其保护阳明心学学脉。与双江一样，念庵的归寂主静之学得益于陈白沙，从陈白沙那里获得"致虚"心学，并赞其为"千古独见"，一如称赞魏庄渠为"千古真正英雄"。

在念庵的心学世界里，他与双江一样，都是由工夫涵养到本体的代表性实修学者，与王龙溪的即本体即工夫完全相反。众所周知，在王龙溪的心学世界里，所有的修养境界都可以通过主体的一念在刹那间直觉顿悟而成，这就是著名的"当下良知"与"现成良知"派，完全舍弃了任何事上磨炼的道德修养工

---

① 《明儒学案》上册，《江右王门学案二》，第 375 页。
② 《明儒学案》上册，《江右王门学案三》，第 398 页。
③ 《明儒学案》上册，《江右王门学案三》，第 394 页。
④ 《明儒学案》上册，《江右王门学案三》，第 425 页。
⑤ 《明儒学案》上册，《江右王门学案三》，第 406 页。

夫过程。所以，不难理解，念庵在其文集中多次批评王龙溪，指责其败坏阳明心学学脉。念庵说，“来书责弟不合良知外提出‘知止’二字，而以为‘良知无内外，无动静，无先后，一以贯之，除此更无事，除此别无格物。’言语虽似条畅，只不知缘何便无分毫出入？操则存，舍则亡，非即良知而何？终日谈本体，不说功夫，搀拈功夫，便指为外道，恐阳明先生复生，亦当攒眉也。”① 可见，念庵猛烈批评龙溪“终日谈本体，不说功夫，搀拈功夫，便指为外道”的心学思想，对龙溪反感的决绝态度可见一斑。念庵又说，“龙溪之学，久知其详，不俟今日。然其讲功夫，又却是无功夫可用，故谓之‘以良知致良知’，如道家‘先天制后天’之意。其说实出阳明口授，大抵本之佛氏。翻《传灯》诸书，其旨洞然。直是与吾儒‘兢兢业业，必有事’一段，绝不相蒙，分明二人属两家风气。（言阳明、龙溪各为一家。）今比而同之，是乱天下也。持此应世，安得不至荡肆乎？”② 念庵甚至认为龙溪心学“无功夫可用”，甚至预言龙溪心学将大乱天下，“今比而同之，是乱天下也。持此应世，安得不至荡肆乎？”龙溪之学必然走入“荡肆”无检点，现实念庵先生准确的先见之明。相反，念庵心学较为踏实，梨洲赞其“彻悟仁体”③，“洞然无间”④，给予很高的评价。

念庵之学融合陈白沙、王阳明与魏庄渠三人心学的长处，是结合致虚、良知与静养天机的高级心学新形态。念庵自己对王阳明的静坐之学说，“三四年间，曾以‘主静’一言，为谈良知者告，以为良知固出于禀受之自然，而未尝泯灭，然欲得流行发见，常如孩提之时，必有致之之功，非经枯槁寂寞之后，一切退听，而天理炯然，未易及此，阳明之龙场是也。学者舍龙场之惩创，而谈晚年之熟化，譬之趋万里者，不能蹈险出幽，而欲从容于九达之逵，岂止猎等而已哉！然闻之者惟恐失其师传之语，而不究竟其师之入手何在，往往辨诘易生，徒多慨惜。”⑤ 这是念庵工夫论上回到阳明贵州龙场山的做法，是一种重走阳明路的体验路径，故而其涵养工夫特别扎实。在修习阳明学的境界论上，

① 《明儒学案》上册，《江右王门学案三》，第 401—402 页。
② 《明儒学案》上册，《江右王门学案三》，第 406 页。
③ 《明儒学案》上册，《江右王门学案三》，第 386 页。
④ 《明儒学案》上册，《江右王门学案三》，第 387 页。
⑤ 《明儒学案》上册，《江右王门学案三》，第 403 页。

有一段大家所熟知的语句，“当极静时，恍然觉吾此心中虚无物，旁通无穷，有如长空云气流行，无有止极；有如大海鱼龙变化，无有间隔。无内外可指，无动静可分，上下四方，往古来今，浑成一片，所谓无在而无不在。吾之一身，乃其发窍，固非形质所能限也。是故纵吾之目而天地不满于吾视，倾吾之耳而天地不出于吾听，冥吾之心而天地不逃于吾思。……感于物而为爱焉，吾无分于物也，有分于吾与物，斯不爱矣。是乃得之于天者，固然如是，而后可以配天也。故曰‘仁者浑然与物同体’。同体也者，谓在我者亦即在物，合吾与物而同为一体，则前所谓虚寂而能贯通，浑上下四方，往古来今，内外动静而一之者也。”①这就是胡敬斋所提倡的“静中有物”所带来的“吾心光明”的心性体验，物我一体，主客和一，内心极度自由，翱翔于宇宙万物之间，万物同体，心与宇宙同大，体现出其较为高明的心学认识程度。

（四）天根学直接启发王少湖的一念慎独之仁学

在阳明心学的大流行时代里，魏庄渠不自觉地接受并改造了王阳明心学体系，并以心学教育家自称②，主张“天降良知”的先天心学，心常静常应，主意制心，并由此传给其本地的亲传弟子王少湖（王敬臣，1513—1595，字以道，号少卿，苏州人），由此形成王少湖著名的慎独之学。少湖先生常年在苏州从事教育活动，其中，嘉靖四十三年（1564年）获得贡生资格，时年五十二岁了。万历中期，被推荐为国子监博士，享受优待，受人尊敬。由于其教学出色，其弟子门生一度多达四百多人，声誉甚隆。

1531年，时年十九岁的少湖求教于当时著名大儒魏庄渠门下，多次受教其门庭，获得了庄渠的经学思想，得到求证圣学的信心，坚守讷言敏行而发展为慎独致虚之学，为许敬庵、刘念台的慎独之学开启做好知识论背景，但遗憾的是，少湖转手恩师的主静之学，转向主敬，敬贯动静，无间动静，并大规模借鉴并吸收陈白沙的致虚之学由此来慎独、谨独③，而且借鉴当时流行阳明与心斋心学的一念诚心、念念不忘与安身于日常生活，提倡身体的真切体验和实践，用义理涵养赤子之心，挺立道德主体性，可以算是阳明后学的代表性

① 《明儒学案》上册，《江右王门学案三》，第403页。

② （明）魏校：《大学指归》，王道行明刻本，《四库全书存目》第156册，齐鲁书社，1997，第543页。

③ 王敬臣：《俟后编》，清康熙彭定求序刻本，卷三，《论学》，第10页。

学者。四库馆臣故而认为，少湖“本从姚江得力”①，尊陈白沙、王阳明与王心斋，融合老庄之学入儒，以慎独为宗，并说其介于朱王、朱陆之间，总体还是比较准确的。《明史·儒林传》赞其门下弟子从游者至四百余人，而耿天台启发其教书育人，皆为事实，为地方著名教育家。在学术上，一方面，少湖坚持恩师庄渠的从本原上涵养的工夫论，吾心万古不灭，从心体上用工夫，琢磨本原，让心自作主宰；另一方面，少湖大量吸收陈白沙的感应之学和致虚立本的心法，更大量借鉴王阳明的一念真诚的顿悟直觉心法，一念善端呈现，念念通诚②，知几于隐微之间，见几而作，通达于吾心一念之诚，上达神明之域，由此来实现庄渠的仁体论。

至此，由于隆庆时期，朝廷当局大大抬高阳明心学的政治地位，王阳明被直接升为侯爵，尤其是随后王阳明在万历时期被配享孔庙，全国上下学子纷纷转投阳明学，而作为崇仁学派的第四代人物王少湖，其学术思想，俨然是阳明心学底色的，其实，在其老师魏庄渠那里，崇仁学派的私淑弟子已经开始与阳明心学慢慢合流了。阳明心学本受益于陈白沙的心学，而白沙浸润于康斋的心学精神，故而崇仁学派与阳明心学合流，也是意料之中的事情。至此，学术思想归一于阳明心学。

---

① 《俟后编》，四库馆成编目论。

② 《俟后编》，卷二，《论学》，第20页。

卷中

阳明心学研究：
中国古典文献学与中国思想史的视域

引论 打开当代阳明心学文献学与思想史研究的新局面

作为中国传统文化的精华部分，阳明心学近年来越来越受到学术界的注意。要做好阳明心学研究，国内外存世传承的阳明心学文献规模如何？这是做阳明心学家底的摸排，是阳明心学研究的第一步。没有一手文献，我们所做的研究可能会有问题，甚至是重大问题。一手文献的获得，是阳明心学研究的前提。

幸运的是，在学术界最优秀前辈的指引下，过去五年来，我乘坐各类交通工具，在新时代，在大型丛书《中国古籍总目》与全国高校古籍数据库指引下，行程18万多里路，走访全国各地二十多座地方政府和高校图书馆，有幸得以亲自阅读数十种王阳明及其后学门人的罕见孤本文献，欣喜若狂。

在此次长达五年的阳明心学全国大调研过程中，我们发现通行本的《王文成公全书》遗漏了数万字篇幅的公移，而这些公移的全面与准确整理面世必将有助于阳明心学的研究深入。① 我们发现有三种钱德洪系列《阳明先生年谱》，其中嘉靖时期的杭州天真书院、赣州周相刻本均为孤本，三种版本的《阳明先生年谱》汇校也将有助于阳明心学的研究深入。首都师范大学收藏的嘉靖刻本的《阳明先生文录续编》孤本，有助于校对通行本刻本的问题。

在过去十多年里，我也反复阅读阳明心学文献，但毕竟由于个人资质所

① 虽然日本学者永富青地先生大作增补遗漏公移，做出杰出贡献，但通行本对嘉靖本公移的大规模修改、错改和遗漏未被得到体现，因此全面汇校阳明先生公移很有必要，亟须全面展开。

限，所思所想不免局限，或许所使用的方法略显传统，但是，在新冠肺炎全球大规模传染的背景下，在暑期洪水持续危害老百姓日常生活的背景下，作为学者，除了安心认真的做学问，做好自己的本职工作，别无他法。忧患之秋，我们更需要信心、智慧和勇气。

同济大学著名中国哲学史家朱义禄先生反复告诫我，我们需要不断打开阳明心学研究的局面。在美国不断对我们贸易战折腾我们的困难年代，我们更需要继续工作下去的决心，由此，我也愿意向学术界呈现自己十年来所思所学，希望有助于中华民族伟大复兴，希望有助于阳明心学学科的进一步发展，推进宁波大学阳明心学双一流建设。

上部分
阳明夫子文献全国大调研

第一章　王阳明《传习录》形成过程研究

明嘉靖年间存在多种《传习录》珍本，分别是日本藏湖北德安府嘉靖二十三年《传习录》重刻本、浙江省图书馆藏嘉靖二十六年苏州知府范庆重刻本、**北京国家图书馆文津馆藏嘉靖二十九年萧彦刻王畿序山阴县重刻两册八卷本孤本**（美国国会图书馆藏其重刻本）、浙江温州市图书馆藏嘉靖三十三年的钱錞刻薛甲序管州跋江阴县重刻二册八卷本孤本、**上海图书馆藏嘉靖三十三年宁国水西精舍刘起宗丘时庸刻沈宠南大吉王畿钱德洪徐爱序五卷本孤本**（中科院、东北师范大学、北京大学图书馆藏其万历重刻本，后《孔子文化大全》丛书影印该重刻本）、**上海复旦大学图书馆藏嘉靖三十七年胡宗宪刻徐爱钱德洪唐尧臣序杭州重刻十一卷本孤本**。上图藏《传习录三卷》题录为南大吉嘉靖三年刻为误，其实是中科院图书馆藏万历重刻本，所刻刀法一模一样，只是选取该书的前三卷。**温图藏《传习录》，**其题录《传习录三卷续录二卷》亦为误，应为《传习录八卷》。日本藏德安本是目前可知国内外藏最早刻本，国图藏嘉靖二十九年刻本为目前国内存世最早刻本。温州图书馆藏江阴钱錞刻本源出王畿萧彦本，只是次序编排不同。上图馆藏水西精舍本，较原嘉靖二十九年刻本增加二卷续录，主体接近通行本下卷语录的一部分，是目前存世最早能看到通行本下卷语录的本子，惜缺收书信部分。复旦大学藏本为目前通行版最全的祖本、足本，该书内容同于今通行本。北京大学图书馆藏《王阳明集》附录的《传习续录》2卷保存嘉靖时期的刻工刀法，可惜缺收钱德洪序，为后人重刻本。

第一节 赣州版《传习录》早期版本

1518年，正德十三年戊寅秋八月，阳明夫子妹婿徐爱（14则）、湖州门人陆澄（80则）、广东潮州门人薛侃（35则）编校的语录，薛侃刻印，一册三卷本，总计语录129则，即今通行本《传习录》上卷。①

正德七年（1512年）冬十二月，徐爱抄录阳明讲学语录，②记载郑一初（1476—1513，“郑朝朔”）、顾应祥（字“惟贤”，湖州人）、黄绾（字“宗贤”，台州人）三位王门同门辩论情形。徐爱浙江同门陆澄（字元静、原静、清伯，湖州府吴兴区人）录语录80则，保存同门孟源（字伯生，安徽滁州府人）、马明衡（字“子莘”，福建莆田县人）、王嘉秀（字实夫，湖南辰州人）、冀元亨（字“惟乾”，常德人）、唐诩、徐爱、薛侃（字“尚谦”，广东揭阳县人）等同门求教情形。徐爱同门广东潮州府揭阳县薛侃记载语录35则，保存同门蔡宗兖（字“希渊”，绍兴市人）、徐爱、杨骥（字“士德”，揭阳县人）、欧阳德、袁庆麟（字“德章”）、栾惠（字“子仁”，衢州市区人）、陈杰（字“国英”，福建莆田县人）、黄宗明（字诚甫，宁波市区人）、梁焯（字日孚，广东南海县人）、冀元亨、郭持平（1483—1566，字“守衡”，万安县人）③、黄宏纲（1492—1561，字“正之”，江西于都县人）、林达（字“志道”，莆田人）、萧惠、刘观时（字“易仲”，今怀化人）、马明衡等十六人问学情形，总计129则。薛侃协助夫子剿匪之余，将徐爱、陆澄二人的语录与自己的语录合并，并于正德十三年（1518年，时阳明夫子47岁）八月在赣州帮助刊印《传习录》，后于古本《大学》、《朱子晚年定论》一个月。

---

① 该本内容，见浙江省图书馆藏嘉靖二十六年苏州知府范庆重刻本、上海图书馆藏《传习录三卷》等。其中，上海图书馆藏《传习录三卷》（善本号463366，13.8×21.1 cm，白口单鱼尾四周双边，63拍），其题录为南大吉嘉靖三年刻为误，其实就是中科院图书馆、东北师范大学图书馆、北京大学图书馆藏其万历重刻四册本，所刻刀法一模一样，只是选取该书的前三卷。

② 今存14则，参见《传习录》，钱明、孙佳立（注），哈尔滨出版社，2016，第3—24页。薛侃说徐爱记载有三卷语录，可惜他也只看到14则。

③《传习录》中有字“守衡”问问题者，即此人，非北方人。学术界对此人多不熟悉。

第二节 南大吉系列版《传习录》中期版本

1524年，嘉靖三年甲申冬十月十八日，南大吉任绍兴知府从阳明夫子论学书信编校的语录，二册本，今通行本《传习录》上与中。[①]

嘉靖三年（1524年）十月十八日（时阳明53岁），陕西渭南县南大吉利用其担任绍兴知府之利增订刻印二册本《传习录》（规模相当于今通行本《传习录》中卷）。上册内容为薛侃八年前赣州刻印的《传习录》，其弟南逢吉重新校对。下册为其他选编阳明论学书信两卷“八篇”，其弟逢吉校对。南大吉兄弟还校注刊刻王十鹏的《会稽赋》，今国家图书馆藏起孤本。新版《传习录》保存阳明与学友徐守诚（字成之，余姚人，曾任兵部、刑部主事，历官二十余年卒）、罗钦顺、周冲（1485—1532，字道通，宜兴人）、陆澄、欧阳德、聂豹等人论良知学书信涉及陈九川、邹守益等弟子。从嘉靖二十九年重刻王畿版《传习录》反映阳明致良知学理论形态接近成熟。从老师论学书信中摘取相关内容编入语录中，内容上可说是创新，但体例上，这样的做法是不够严谨的。广受赞誉《朱子语类》就没有收朱子论学书信。《传习录》应该传阳明公开与门人讲学语录，而不是书信。作为私密性的书信，放在文集中，传播效果更合适。可见，作为“应时产品”，南大吉刊《传习录》体例上存在争议的，因此，钱德洪后来增订《传习录》，就是从阳明弟子记载的语录中选取更能反映阳明致良知学的语句。但是，在邹守益广德版《阳明先生文录》四册本（附录一卷）尚未面世，迟至嘉靖六年丁亥四月方才出版，南大吉版《传习录》应时而出，且内容带有浓郁情感性，快速的推进阳明致学的传播。

（1）1528年，嘉靖七年，阳明门人聂豹、陈九川在福建削刻精撰六卷本《传习录》。

南大吉刻原版《传习录》似乎失传。嘉靖七年（1528），或许是受其同乡邹守益叮嘱精而又精编选原则，聂豹、陈九川在福建精简校刻六卷本《传习

① 该本完整的内容，比较早的重刻版本有，北京国家图书馆文津馆藏嘉靖二十九年萧彦刻王畿序山阴县重刻两册五卷本孤本（美国国会图书馆藏其重刻本）、浙江温州市图书馆藏嘉靖三十三年的钱錞刻薛甲序管州跋江阴县重刻二册八卷本孤本，均收录阳明夫子语录和书信。

录》。聂豹说，"《传习录》者，门人录阳明先生之所传者而习之……是录也，答述异时，杂记于门人之手，故亦有屡见而复出者。间尝与陈友惟浚，重加校正，删复纂要，总为六卷，刻之八闽，以广先生之觉焉。"①其说"亦有屡见而复出者"，暗示嘉靖三年至七年间确实出现过一些重刻本，且存在误刻，故他和陈九川对阳明语录"重加校正，删复纂要，总为六卷"，这个"删复纂要"，减至六卷本，是对南大吉本的精编削减。但，或许因其修改力度过大，传播不远，其本散轶。②由此可知，仅仅四年后，就有阳明弟子对南大吉版《传习录》不满意，相对其进行改进修缮，南大吉版阳明语录的本子地位很尴尬。其后的事实证明，很多阳明弟子不自觉的以自己的方式编辑出版阳明语录。

(2) 1544 年，嘉靖二十三年春二月，湖北德安府重刻南大吉版《传习录》，二册，八卷。③

日本京都市日比谷图书馆藏此书，每页十行，每行十七字，分上、下两册。该书书末，有一行题款，上面有"嘉靖二十三年二月德安府重刊"字样，这就是我们目前能看到最早阳明语录刻本，著名的湖北德安府本。上册，书前有南大吉嘉靖三年冬十月十八日《刻传习录序》、徐爱《传习录序》、南逢吉按语。传习录上卷一有徐爱书，其所记语录，后有薛侃正德十三年戊寅识语。上卷二为陆澄所记语录，其中有一拍两页缺失，后人用毛笔重新抄补。上卷三为薛侃所记语录，其中萧惠问己私难克一条，刻者错刻为两则。上卷四为书信四通，欧阳崇一书信一通，聂豹书信三通。上述四部分为传习录上卷，均在上册中。下册是传习录下卷，也分四卷。下卷一书信六通，分别为答徐成之书两通（第二通后有南逢吉按语）、答储柴墟书两通、答何子元一通、答罗整庵少宰一通。下卷二书信一通，即答人论学书，是阳明写给前来问难的苏州籍学友顾东桥的书信。下卷三书信三通，分别为答周道通书一通，答陆原静书二通（没有钱德洪按语）。下卷四文三篇，分别为示弟立志说、《训蒙》大意示教读刘伯颂

① 《王阳明全集》（新编本），浙江古籍出版社，2010，第 6 册，聂豹:《重刻传习录序》，第 2100—2101 页。

② 国图藏明嘉靖十二年黄绾唯一序本与嘉靖十五年版《阳明先生文录》两个版本，均收入南大吉刻王阳明论学书信，且有编年，我们却难断定哪些书信为南大吉所刻。

③ 2018 年冬，在日本友人、中山大学特聘副研究员深川真树先生的直接帮助下，我们有幸获得了这一稀见孤本，藏于东京都立日比谷图书馆，上有"昭和 36.12.12"的字样。特别感谢日本学者在这方面给予我们的帮助。

等、教约。上述下册四卷，总计十三则，其中与七人通信，计十通书信；文三种。其中，答储柴墟书两通、答何子元一通，两人三通书信，均不在今通行本中。

(3) 1547 年，嘉靖二十六年丁未秋九月，江苏苏州知府范庆重刻《阳明先生文录》，附录南大吉版《传习录》，今通行本上册，三卷。

嘉靖二十六年秋，江西丰城阳明后学、苏州知府范庆积极推动重刻阳明文集，并将《传习录》放入其刻《阳明先生文录》卷后作附录，并以阳明先生语录命名之。他说，“阳明先生遗集传于世者，有《存稿》、《居夷集》、《文录》、《传习录》，门人绪山钱子乃并之曰《文录》，复取先生之奏疏、公移厘为别录，合刻于吴郡，惟《传习录》别存焉。未几，厄于回禄，版遂残缺。嘉靖甲辰，庆来守兹郡，亟求焉，仅得文录版什之二三。然鲁鱼亥豕，犹未免也，别录盖荡无存矣。爰重加校葺，而补其奏疏二十三篇，汇为《文录》，以《传习》附于卷后，别为《语录》，凡为卷共二十，庶可以见先生全书云！……庆不敏先生也晚，不获从先生之门，犹幸诵其遗训，愧未之能学也。梓成，敢僭识于简末。嘉靖丁未秋九月后学，丰城范庆谨识。吴县儒学教谕许赟、长洲县儒学训导华镒、张良才重校。”① 范庆热爱阳明学，其家乡丰城当年阳明夫子誓师讨伐濠贼之所，故其愿意捐资重刻阳明夫子文集，并较早提出“阳明全书”的概念。范庆作为阳明后学，在当时深知“阳明全书”的必要性和重要性，可见其学术自觉。

(4) 1550 年，嘉靖二十九年庚戌冬十月十五日，浙江著名弟子王畿重新选编阳明语录，请时任绍兴州判江西吉安籍同门萧彦刊刻，上下卷二册，八部分。②

嘉靖二十九年萧彦绍兴府重刻本，两册五卷本，论学书信为七人九书，说

① 参见浙江省图书馆总馆地下室藏，《阳明先生文录》（十七卷、语录三卷），明嘉靖二十六年范庆吴郡刻本。浙江省图书馆藏的明刻本是放在卷首，第一至第三卷；而国家图书馆藏明刻本是放在卷末。今依据范庆自述，国家图书馆藏刻本为早出，浙江省图书馆藏刻本为晚出，两个刻本刀工和刻法均一致，一个为首刻本，一个为晚刻本，内容一致，只是《传习录》放置次序不一样。

② 余在一次偶然的文献调研中，查阅《阳明先生文录》，幸运的发现这个孤本，今国家图书馆文津馆藏明刻本《阳明先生文录》，第 21、22 册中。机缘巧合的是，半年后，中国青年政治学院著名阳明学家任文利在《中国哲学史》刊物公开发表他的这个孤本研究。

一篇，杂文二篇。[1] 王畿说，“阳明先师《传习录》始刻于赣，盖薛尚谦氏所校定，并徐曰仁氏、陆原静氏所纪，勒为一册。及师归越，郡守南子元善益以问答诸书并刻为二册，即今所傳者是也。傅且久，漶、阙至不可读，学者病之。畿乃谋诸郡倅萧子奇士，命江生涌检勒，得其漶且阙者若干篇，付工补刻，而二册复完。……故特表而出之，以求不失其宗，因以解学者之惑。尚有《续录》数卷，未及尽刻，盖有俟也。嘉靖庚戌岁冬十月望，门人王畿百拜撰。”[2] 从王畿序知嘉靖二十九年刻本是南大吉版的补刻本，补其漫漶与缺漏。萧彦此年早前八月吉日说，“阳明先生之学，一贯之学也。……是录之刻，迄今廿有七年矣。彦备员兹郡，访之龙溪王先生，欲求数十部以遗同志。而旧梓之漫毁而缺失者几半矣，谨捐俸鸠工而补刻之，庶先生开示来学之意，为不泯也。时嘉靖二十九年庚戌岁仲秋月吉日，判绍兴郡事吉水东沼萧彦书于府署之观我亭。”[3] **吉水后学萧彦为表达对阳明的敬仰，于南本《传习录》刊刻27年后重新刊刻《传习录》。他说的**“旧梓之漫毁而缺失者几半矣”，故而“补刻”，由于一半以上内容缺失，急需补刻，有可能与南本刻《传习录》内容不一致，也可能导致“阳明八书”目录的失传。而王畿在利用这次难得的补刻机会，表达自己的编辑特权，对原有的南大吉版进行一些改动。

此书分两册，每页十行，每行十七字，与六年前湖北刻本一致。上册三卷，下册五卷。上册，书前有南大吉嘉靖三年冬十月十八日《刻传习录序》、门人王畿嘉靖二十九年庚戌岁冬十月望《重刻传习录序》两篇。而徐爱《传习录序》、南逢吉按语均不见于新版，盖被王畿自己所撰序替换。传习录上卷一前有徐爱书，然后是徐爱所记语录，后有薛侃正德十三年戊寅识语。上卷二为陆澄所记语录。上卷三为薛侃所记语录，其中萧惠问己私难克一条，刻者错刻为两条，与德安府本错刻同。上述三部分为传习录上卷，在上册中。**下册传习录，下卷分五部分，依次分别为《答徐成之》(二篇，后有南逢吉所撰长按语)、《答罗整庵少宰书》二人三书为下卷一；《答人论学书》(通行本易题为**

① 但据浙江省图书馆总馆古籍部相关版本学专家说，此书有可能是后世翻刻本。

② 北京国家图书馆文津馆藏嘉靖二十九年萧彦刻王畿序山阴县重刻两册五卷本孤本（美国国会图书馆藏其重刻本）。

③ 北京国家图书馆文津馆藏嘉靖二十九年萧彦刻王畿序山阴县重刻两册五卷本孤本（美国国会图书馆藏其重刻本）。

《答顾东桥书》）一人一书为下卷二；《答周道通书》《答陆原静书》（二篇）二人三书为下卷三；《答欧阳崇一》、《答聂文蔚》二人二书为下卷四，总计九篇。下卷五有《示弟立志说》（正德十年乙亥）、《〈训蒙〉大意示教读刘伯颂等》《教约》三篇。而下卷一《答徐成之》第二通后，记载逢吉向阳明夫子请问二书意的长按语，比德安府本多出"尝见一友问道问学与尊德性事"，或为王龙溪所加按语，或德安府本漏刻此一段。

（5）1551 年，嘉靖三十年辛亥夏五月壬寅，孙应奎、蔡汝楠于湖南衡阳重刻王阳明手授南大吉版《传习录》。

嘉靖三十年夏，时任衡州知府的蔡汝楠与阳明弟子孙应奎（号蒙泉，余姚县人）在湖南衡阳石鼓书院刻南大吉原版《传习录》。孙说"应奎不敏，弱冠即知有所谓圣贤之学。时（阳明）先生倡道东南，因获师事焉……及再见，（阳明）又手授二书。其一《传习录》，……应奎请事于斯，几三十年。……兹应奎较艺衡水，涉洞庭，登祝融，访石鼓，跂乎濂溪之上，有余慨焉。……同志蔡子子木守衡，则已群多士，而摩之以性命之学，亦浸浸乎有兴矣。应奎因乐与成之，乃出（阳明）先生旧所手授《传习录》，俾刻置石鼓书院。……嘉靖三十年夏五月壬寅，同邑门人孙应奎谨序。"①甘泉先生亲传弟子湖州籍蔡汝楠（1514—1565 字子木，德清人）也说，"《传习录》者，阳明先生之门人录师传之指，图相与习之者也，先生曾以是录手授今文宗蒙泉孙公。公按部至衡，令汝楠刻置石鼓书院，而公为之序，概括'学以尽性'之一言……而蒙泉孙公广先生手授之泽……时嘉靖辛亥夏日，门下后学德清蔡汝楠谨书。"②或许是孙应奎看到了王畿重刻的《传习录》已经不是南大吉版的原貌，王本已经开始增收阳明后期立良知新说的书信，而南大吉原版保存较多阳明早期破朱子说的论学书信，故而，他觉得有必要重刻阳明语录，恢复南大吉版的原貌。湖南本阳明语录可能接近南大吉原刻本，但由于散轶了，我们就无从考探南大吉版《传习录》的原貌了。

（6）1551 年，嘉靖三十年辛亥九月初一，安徽宣城阳明后学沈宠任福建监察御史，刊印《传习录》，附《大学问》、《朱子晚年定论》，按察使朱衡作序。

同年，嘉靖三十年秋天，宣城后学沈宠（号思畏）与时任福建提学副使的

---

① 《王阳明全集》（新编本），第 6 册，孙应奎：《刻阳明先生传习录序》，第 2101—2102 页。

② 《王阳明全集》（新编本），第 6 册，蔡汝楠：《叙传习录后》，第 2102—2104 页。

朱衡增刻南大吉版《传习录》于福建。沈在《重刻传习录序》说“阳明先生之学，以致良知为要，而《传习录》一书，乃其用力可见之地也。……宠生也晚，私淑先生，亦既有年。虽于先生之道未窥涯涘，然每读先生之书，则心开目明，恍若有得。……视提学宪副朱君维平臭味相同，授是录而谋以锓梓。君亦出其所藏《大学问》、《朱子晚年定论》以附于后，期与多士共之。……嘉靖辛亥季秋月朔日，宣城后学沈宠序。”① 而其好友朱衡也说，“(阳明)自谓无意中得此一助者，即今所传《传习录》是已。……今去先生之世余二纪，读其书者，靡不悦而宗之，私淑之士多于及门之徒，则先生之学，人固翕然信矣……侍御古林沈君，学先生之学者也。按闽之暇，取《传习录》《大学问》《朱子晚年定论》，手订付梓，播诸学官弟子员。……某不敏，愧无以先之，敬书简末，用申告焉。”② 可见，福建地区嘉靖三十年季秋所刻《传习录》，增刊《大学问》《朱子晚年定论》文二篇，且以附录的形式，这与苏州知府范庆附刻《传习录》于《阳明先生文录》之后相似。朱衡“按闽之暇，取《传习录》《大学问》《朱子晚年定论》，手订付梓，播诸学官弟子员”，增刻《传习录》，凸显王阳明《大学问》《朱子晚年定论》在阳明学中的地位，谢廷杰增刻《传习录》附录《朱子晚年定论》，沈宠本于谢廷杰本有示范之功！沈宠、朱衡的福建本阳明语录篇幅在增加。可惜，此本散轶。

(7) 1554 年，嘉靖三十三甲寅年春二月初一，江苏江阴知县钱錞重刻《传习录》，薛甲序，管州跋，上下二册，八卷，孤本，约 184 拍，今存温州图书馆。

嘉靖三十三年钱錞江阴重刻本现藏于温州市图书馆，2 册八卷本。或其题为《传习录、续录》，故而一直不被学者所重视。**此书分两册，每页九行，每行十七字。上册四卷，不再分为传习录上卷、传习录下卷，而是直接刻为传习录卷，分别为传习录卷之一、之二、之三、之四。书前有江苏江阴后学薛甲嘉靖三十三年甲寅春二月吉旦初一《重刻传习录序》、徐爱《传习录序》、南逢吉按语。南大吉嘉靖三年序不见了。**薛甲说，“《传习录》者，我阳明先生偕门弟子问答语也……若我鹤洲钱侯錞之尹吾邑也，一于先生乎取法焉，尝即是录

① 上海图书馆藏此序文，参见《传习录三卷续录二卷》，序。

② (《明文海》，卷 217；(明)朱衡：《重刻传习录序》，《王阳明全集(新编本)》第 6 册，第 2201 页。

以语学者，且谋梓而行之，以广其传，而属序于甲申。……嘉靖甲寅春二月吉旦，后学江阴薛甲序。”① 上册卷之一为前有徐爱书，中语录，后无薛侃正德十三年戊寅识语。卷之二为陆澄所记语录，卷之三为薛侃所记语录，其中萧惠问己私难克一条，错可为两条。卷之四为书信，《答徐成之书》（二篇，后有南逢吉所撰长跋，此跋比现行流通本跋长）、《答罗整庵少宰书》二人三书。上述四部分为传习录卷之一至四，均在上册中。下册四卷，传习录卷之五至八。卷之五《答人论学书》（隆庆版易题为《答顾东桥书》）一人一书，卷六《答周道通书》、《答陆原静书》（二篇）、《修道说》、《亲民说》书信三篇、说两篇，卷七为《示弟立志说》、《〈训蒙〉大意示教读刘伯颂等》、《教约》三篇，卷八为《答欧阳崇一》、《答聂文蔚》二人二书，总计五卷，书信九篇，说三篇，杂文二篇。钱錞江阴重刻本板式也是每行十七字，但每页九行，是大字本，比德安府本、萧彦绍兴重刻本多出说两篇，即《修道说》与《亲民说》。阳明亲传弟子管州作《刻传习录后序》，说“鹤洲钱先生之为江阴也，进于是矣。先生以高才博学奋甲科……一日谓予曰：‘今之刻诗文闲书，以饰吏治者，吾或不暇，孰若刻《传习录》，以公之人，将使其玩辞。有得者因而知所之门其次者，以资发义理取科第，不亦可乎？’方是时，予心是之，而犹虑其或有俟也。又数月，见其精明者归于和平，宽厚者归之检制，黜智泯力，虚己求中。且曰：‘予未闻道，既作多士而进之文，又使立会而专其业，而即终之以是录焉。’……庶不可传者，将在我矣，亦先生刻之之意也，予用是乐而序之。门人管州拜识。”② 表达出当时传播阳明语录有助于地方公共事务的治理。有趣的是，或许是为了平衡上下两册的刻印规模，湖北本与江苏本都将一卷书信挪到上册，其中嘉靖二十三年本将欧阳崇一书信与聂豹书信二人四通放到上卷四，而嘉靖三十三年本则徐成之、罗整庵二人三通书信放到上卷四，这样，两书均为两册八卷，上下各四卷。

第三节　钱德洪系列版《传习录》后期版本

针对当时不同种类阳明语录的大规模流传，浙江余姚阳明著名亲传弟子钱

① 参见温州图书馆藏孤本《传习录》，前序。

② 参见温州图书馆藏孤本《传习录》，后跋。

德洪审时度势，后来居上，不断与众多同门增订精编阳明夫子语录，多次主编《传习录》，形成多个重要版本，弯道超车，阳明语录编辑贡献最大。其中，嘉靖三十三年甲寅夏六月，钱德洪在宁国水西精舍增刻《续传习录》二卷，标志着今通行本《传习录》下卷的前期工作完成；嘉靖三十五年丙辰夏四月，钱德洪吸收同门曾才汉《遗言录》所收语录，在湖北蕲州增刻《传习录》，也就是今通行本《传习录》（上、中与下）的祖本；嘉靖三十七年戊午正月初七，力推胡宗宪、唐尧臣于重刻《传习录》于浙江杭州天真书院。

阳明远在广西平叛时因突染“奇疾”，身边又无良医，最后不幸于嘉靖七年戊子十一月丁卯二十九日辰时，捐馆于江西赣州南安县青龙铺驿站。阳明末后，文献传承功勋最著者，当属钱绪山。在黄绾编刻《阳明先生存稿》时，原南大吉版《传习录》下卷书信全部内容均按时间排入文录。钱德洪主导《阳明先生文录》编辑出版权之后，不再以黄绾纯时间体例来编撰，而是吸收同门邹守益建议，精选编排，重编黄绾序刻本文录。24 卷本苏州版文录与 28 卷黄绾序本《阳明先生存稿》比较，仅公移方面，苏州本删去存稿本 4 卷的篇幅，苏州本是一个精选本。苏州版新版《阳明先生文录》之后，绪山不断找寻新材料，对阳明讲学语录扩充增订，包括他和王畿记录阳明晚年绍兴讲学语录。根据精选择优原则，“切于问正”，把同门陈九川等人所录《遗言录》进行了删减，编成二卷本《传习续录》，这就是嘉靖二十九年王畿所说的《续录》，记录何廷仁（1483—1551，字性之，于都县人）、黄弘纲、李珙（字“候璧”，浙江永康县人）、王畿、朱得之（字本思，靖江县人）、柴鸣治、欧阳德、薛侃、邹守益、马明衡、王艮、董沄、张元冲（1502—1563，号浮峰，绍兴人）、蔡宗兖十五人问学语录，体现阳明晚期八年讲学思想，集中表现阳明成熟学术。但由于丁忧，打乱了他在苏州出版刻印阳明语录的计划。

（1）1554 年，嘉靖三十三年甲寅夏六月，刘起宗、丘时雍在安徽水西精舍书院刊印《传习录》，附录增刻《传习续录》二卷，钱德洪编辑，钱德洪序，今存四册五卷。

看到全国各地如火如荼的重刻传习录，钱德洪积极参与，后来居上，成绩斐然。在充分吸收王畿嘉靖二十九年浙江本、沈宠嘉靖三十年福建本两个刻本的基础上，钱德洪推出了自己的全新《传习录》增订本，是全语录本。时在嘉靖三十三甲寅年夏六月，在安徽宁国乡贤刘起宗（号初泉）、泾尹丘时雍

的捐资下，《传习续录》终于在安徽阳明学讲会中心著名的水西精舍成功刻印了。他说："洪在吴时，为先师裒刻《文录》。《传习录》所载下卷，皆先师书也。既以次入《文录》书类矣。乃摘录中问答语，仍书'南元善所录'以补下卷。复采陈惟浚诸同志所录，得二卷焉，附为续录，以合成书。适遭内艰，不克终事。去年秋，会同志于南畿，吉阳何子迁、初泉刘子起宗，相与商订旧学，谓师门之教，使学者趋专归一，莫善于《传习录》。于是刘子归宁国，谋诸泾尹丘时庸，相与捐俸，刻诸水西精舍，使学者各得所入，庶不疑其所行云。时嘉靖甲寅夏六月，门人钱德洪序。"① 水西精舍本，钱德洪亲自作《续刻传习录序》。② 四本书内容一样，只是序言略有不同，其中中科院、东北师范大学、北京大学与山东友谊书社影印国家图书馆藏本主要内容基本一致，均为每页10行每行20字版式，显然依据底本为同一个版本，正文为仿楷体刻制，为重刻本。上海图书馆藏本比万历中科院藏本与山东友谊书社影印本先后多出沈宠嘉靖三十年序、王畿嘉靖二十九年序文两篇，为重刻本。北京大学藏《王阳明集》第十册附录的《续录》2卷本则为重刻嘉靖时期本，正文为仿宋体刻制，刀工显示是嘉靖时期刻法，但由于没有收录钱德洪所作序，故而我们不知何人所刻。③ 今传本《传习录三卷　续录二卷》没有收入南大吉所刻下卷书信部分，且《续录二卷》相当于近通行本下卷内容的六分之五，是一个未定稿的粗本与稿本，故而其名《传习录三卷　续录二卷》。

（2）1556年，嘉靖三十五年丙辰夏四月，沈宠在湖北蕲春崇正书院刊印《传习录》，增录《遗言录》部分语录，钱德洪辑、序，今通行本《传习录》祖

① 钱德洪《传习续录》序，中国科学院图书馆藏徐秉正贵州续本《阳明先生文录》，附录，《传习续录二卷》。

② 万历间重刻，收录于万历二十一年南昌后学徐秉正序贵州刻《阳明先生文录》，也就是近上海图书馆藏《传习录三卷　续录二卷》，1994，山东友谊书社《孔子文化大全》影印。该书笔者一直想复制上海图书馆藏万历重刻本《传习录三卷续录三卷》，一直因复印费太贵而作罢。后来，笔者花费半个月时间，逐字逐句与今通行本互校。数月前，阅读黎业明先生大作，发现此书于24年前就有影印本，只是发行量太少而不为学术界所知。今黎业明指明，故而减少多少长途调研辛劳。行文至此，感谢黎业明老师的明眼。

③ 在过去的四年来，笔者曾三次前往北京大学图书馆古籍分馆，但一直处于装修状态，无法阅读。2019年3月8日，笔者有幸得以阅读北京大学所藏全部稀见明刻本。北京大学藏《王阳明集：五卷外集九卷续录2卷》，题录为明刻本，2函10册。

本刻成。

1555 年，嘉靖三十四年，阳明弟子曾才汉在钱德洪手抄本基础上，私自在湖北荆州刊印阳明稀见语录《遗言录》上、下两卷，为阳明弟子黄直等人编辑，是阳明语录单刻本孤本，藏台北“国家图书馆”。据钱德洪自述，“同门曾子才汉得洪手抄，复傍为采辑，名曰《遗言》，以刻行于荆。”[①]嘉靖三十五年丙辰夏四月，钱德洪游于湖北蕲春崇正书院，应学友沈宠（字思畏）之请，利用曾才汉、黄直（字以方，江西金溪县人）等人编撰嘉靖三十四年刻印的荆州版单刻本《遗言录》语录，对之进行新增新订工作。[②]他说，“嘉靖戊子冬，德洪与王汝中本师丧至广信，讣告同门，约三年收录遗言。继后同门各以所记见遗，洪择其切于问正者，合所私录，得若干条。居吴时，将与《文录》并刻矣，适以忧去，未遂。……去年，同门曾子才汉得洪手抄，复傍为采辑，名曰：《遗言》，以刻行于荆。洪读之，觉当时采录未精，乃为删其重复，削去芜蔓，存其三分之一，名曰《传习续录》，复刻于宁国之水西静舍。今年夏，洪来游蕲，沈君思畏曰：“师门之教久行于四方，而独未及于蕲。蕲之士得读《遗言》，若亲炙夫子之教，指见良知，若重睹日月之光，唯恐传习之不博，而未以重复之为繁也。请裒其所逸者增刻之，若何?”洪曰“然”。……乃复取逸稿，采其语之不背者，得一卷。其余影响不真，与《文录》既裁者，皆削之。并易中卷为问答语，以付黄梅尹张君增刻之。……嘉靖丙辰夏四月门人钱德洪拜书于蕲之崇正书院。”[③]可见，针对增才汉湖北新出版的“非法出版物”，钱德洪对二年前所刻原版《传习录三卷　续录二卷》进行增订工作，“复取逸稿，采其语之不背者一卷，其余影响不真与《文录》既载者皆削去，并易中卷为问答语，以付黄梅尹张君增刻之。”首先是对原有所有阳明语录重复的部分进行

---

① 中国台北“中央研究院”著名学者林月惠为我申请复制到了该书的上卷，上卷内容的编排次序与今通行本《传习录》对应内容颇多不一致。在此，对林月惠老师的无偿奉献与辛苦付出表示感谢。永富青地老师等曾标点其整理本。

② 关于,《遗言录》原文，学术界多有整理与研究。中国台湾“中研院”藏有刻本，日本藏有抄本，浙江大学束景南教授也辑有《遗言录》，但内容均不一致。参见《遗言录》有多个版本体系。更为全面的研究，还需要更多的人参与。

③ 钱德洪跋,《王文成公全书》，卷 3，上海涵芬楼影印明隆庆刊本，四部丛刊初编集部丛书。需要指出的是，如果不结合嘉靖三十三年序与嘉靖三十五年跋一起分析研究，读者可能会做出很多错误判断。

删除，增加今本下卷最后一部分语录，即黄以方所录语录。其次是，遵循当时他在苏州所编语录的体例，即沿袭当时的南大吉兄弟把书信体改语录体，同时像王畿一样，在王畿本基础上继续对南大吉版的论学书信进行了重新整理，减少了一些书信，增加了一些书信，放在中卷中。**钱德洪说的“并易中卷为问答语”，是引用二年前在水西精舍本的原话，而且其真实意思是“并易中卷［新编书信］为问答语”。其实，早在这个版本之前，德安府本、绍兴府本与江阴本都是将书信易为问答语的。遗憾的是，**钱德洪没有交代具体增加哪些篇章。**湖北崇正书院《传习录》本应该是目前我们通行本的最全的最早刻本，惜失传了。**

（3）1558年，嘉靖三十七年戊午正月初七日，胡宗宪捐刻，钱德洪、王畿编，阳明江西南昌籍亲传弟子唐尧臣、贵溪籍桂軏校订，精修全本、定本《传习录》最终在杭州天真书院完成，今藏复旦大学图书馆。

崇正书院《传习录》本出版后两年，钱德洪请唐尧臣、桂軏对之进行全面校对，胡宗宪捐资重刻《传习录》全本于杭州天真书院，《传习录》最终在杭州精刻完成，也是目前我们能看到的第一个《传习录》全刻本。复旦大学图书馆光华楼特藏部藏有此稀见孤本，未见学术界先贤前辈撰写此版本相关论文，故而也一直未被学者所重视。时任杭州同知的唐尧臣说，“阳明先生之学，得徐曰仁而后，同志之习始专；得钱洪甫、王汝中而后，先生之传愈益不匮。……先生没，距今三十年，有志之士闻风而兴起焉者相踵也。然岂无因岐泣路，舍辙寻途，索肖于言行气象之似者乎？而良知宗旨几谢前人矣。洪甫、汝中力赞而允终之归，守天真，瞻依俎豆，于是后进之士，日信日真，而贞明不眩。……虽然，先生之教，《录》可得而载也；其所以为教，《录》不可得而载也。……嘉靖三十有七年戊午人日，门人南昌唐尧臣顿首百拜，谨书于天真书院之云泉楼。”① 由于岁月年久，此孤本后面几页漫漶，清余姚乡贤俞嶙用毛笔重新誊抄，并于书末撰跋。该本前有徐爱序、钱德洪嘉靖甲寅水西精舍本序、唐尧臣嘉靖三十七年刻序。

卷中前有钱德洪所作按语，并首次公开交代其重新编辑南大吉兄弟所录书信的具体原则。**他说：**“昔南元善刻《传习录》于越，凡二册。下册摘录先师

① 参见复旦大学图书馆藏孤本《传习录》，前序。

手书，凡八篇。其答徐成之二书，……故元善录为下册之首者，……洪刻先师《文录》，置二书于《外集》者，示未全也，故今不复录。其余指知行之本体，莫详于答人论学与答周道通、陆清伯、欧阳崇一四书。而谓格物为学者用力日可见之地，莫详①于答罗整庵一书。平生冒天下之非诋推陷，万死一生，遑遑然不忘讲学，……是情也，莫详于答聂文蔚之第一书。此皆仍元善所录之旧。而揭“必有事焉”即‘致良知’功夫，……此又莫详于答文蔚之第二书，故增录之。……今所去取，裁之时义则然，非忍有所加损于其间也。”②正如钱明研究员指出，由于钱德洪所看到的《传习录》版本，已经不是南大吉嘉靖三年的原刻本。我们认为，新全本是萧、王重刻本与沈刻本的全新增订本，更是崇正书院的校对本。但，钱德洪想当然的认为南大吉旧本所收录书信为徐成之二书、答人论学书、答周道通书、答陆清伯书、答欧阳崇一计四书，答罗整庵一书，答聂文蔚之第一书，总计“八书”。

嘉靖后期，原刊印者胡宗宪曾任浙江巡抚，由于腐败，在狱中自杀，成为当时不耻之人，故为免麻烦，钱德洪后来再不说胡宗宪捐资刻此本之事，致使胡宗宪所刻精校《传习本》无人知晓。应该说，隆庆二年郭朝宾版《传习录》、隆庆六年谢廷杰版《传习录》、万历武昌江汉书院藏版、万历胡嘉栋刻《阳明语录》、万历三十年杨荆山刊印《传习录》的三卷本、万历朱文启与张明昌杭州刻本均是建立在胡宗宪刻本之上的。胡宗宪本为目前通行本的祖本。胡宗宪本中卷书信，所收书信次序依次为《答顾东桥书》为卷一，《答周道通书》、《答陆原静书》（二篇）为卷二，《答欧阳崇一》、《答罗整庵少宰书》为卷三，《答聂文蔚》二书为卷四，总计“八书”。卷五，收《示弟立志说》（正德十年乙亥）、《〈训蒙〉大意示教读刘伯颂等》、《教约》三篇。而《答徐成之》（二篇，后有南逢吉所撰跋，记载逢吉向阳明夫子请问二书意）未收入。胡宗宪本与王畿嘉靖二十九年重刻本有所微调，减少《答徐成之》（二篇），增加了聂文蔚书信一篇，实际上减少了一封书信。

下卷，新增陈明水、黄卓峰、王修易（字勉叔）、黄五岳、钱德洪、王畿等人记载的语录。抚州临川陈明水曾编《续传习录》一书，该书核心内容被

① 复旦大学藏明嘉靖三十七年刻《传习录》，作“见”，隆庆版作“详”，今根据文意，复旦藏本当为误刻，因作“详”，隆庆本为佳。

② 钱德洪按语，复旦大学藏明嘉靖三十七年刻《传习录》，卷中。

其好友钱德洪编入《传习录》下卷首案，总计二十一则，记载蔡宗兖、夏良胜（字“于中”）、舒芬（字“国裳”）、邹守益、欧阳德、王时柯（字“敷英”，江西万安县人）等人在龙江、南昌、赣州等地问学王阳明的详细情形，辨明意念良知，勤奋深思，体现较高思辨水平。抚州金溪黄卓峰晚年著有《遗言录》，《传习录》下卷第二案载其记语录四十二条，其《遗言录》还有二十三条稀见语录不见于通行本。黄卓峰保存邵锐（号端峰）、董沄、林致之等人求学语录。传习录下卷第三案保存了“黄修易”（字勉叔）记载的阳明语录11则，展现范引年（字“兆期”，余姚县人，温州“青田王门”的开山）求学情形。笔者遍观各类方志，未见“黄修易”其人。诚如束景南先生考察，“黄修易”当为阳明衢州江山弟子“王修易”的笔误，因为《传习录三卷 续录二卷》误刻“黄以方”为“王以方”。传习录下卷第四案保存了黄省曾（字“勉之”，号五岳，苏州府人）记载阳明语录12则，保存刘邦采（1492—1577，字“君亮”，江西安福县人）、王畿、陆澄四人绍兴求学的情形。黄五岳在绍兴问学期间记在了大量语录，汇编成十卷本《会稽问道录》，可惜其文集《五岳山人集三十八卷》找不到其记载阳明夫语录痕迹。由于五岳长处文学、农业经济方面，在良知学领悟方面不如明水、绪山、卓峰等同门，编选传习录，也仅见12则。钱绪山重新编印苏州版《阳明先生文录》请他帮忙，一起完成阳明文录。

第四节 通行版《传习录》系列版本

隆庆六年，朝廷刊刻阳明全书，胡宗宪本传习录汇入全书，即今通行本。遗憾的是，通行本缺收孟两峰、朱近斋、卢一松、董穀、徐霈等亲传弟子对阳明夫子语录的记载。

滁州府弟子孟两峰（孟津，字伯通，“伯生”之弟）利用在黄冈担任知县的便利，于嘉靖丁巳三十六年夏五月端阳日（1557年）出版了《良知同然录》，有阳明夫子诗歌与语录不见通行本《传习录》。江苏靖江县门人朱近斋（朱得之，字“本思”）是阳明夫子门下“入道最勇，可任重道远”。近斋消化良知学，汇通百家，用良知学阐发老子、庄子与列子思想，自成一家，素不为学术界知晓，其《老子二卷》、《庄子通义十卷》、《列子通义八卷》、《新刻印古诗语》。其记载的阳明夫子语录保存在《宵练匣十卷》（日本内阁文库藏）内，《稽山承语》一卷是其简要通行本。近斋弟子尤西川《拟学小记》卷六《纪闻》也保存了近斋口述、西川记录大量的阳明夫子语录十余条。《稽山承语》保存董沄、董实夫、杨文澄、黄正之、王正之、王惟中、甘于磐等六人问答语录。浙江师范大学黄灵庚教授从卢一松（卢可久，浙江永康县人）后裔的家谱中影印出版了《卢一松集》，保存阳明散佚语录五则。卢一松是浙江金华“永康王门”集大成宗师。海盐县阳明亲传弟子董穀（字硕甫，号两湖）著《碧里后集》，记载阳明散佚语录 9 则[①]。黄绾、邹守益、欧阳德、王畿、王艮、董沄、季本、徐相卿、白悦、孙应奎、魏良弼、薛侃、顾应祥、蒋信等文集中，学友、同事、后学湛若水、方鹏、罗念庵、王时槐、胡直、罗近溪、宋仪望、耿定向、张信民等文集中都保留阳明语录。

隆庆二年郭朝宾刻本、隆庆六年谢廷杰刻本《传习录》相比胡宗宪刻本中卷书信又有微调[②]，就是五卷合并为一大卷，为中卷，依然是“八书”，分别为《答顾东桥书》《启问道通书》《答陆原静书》（二篇）、《答欧阳崇一》《答罗整庵少宰书》《答聂文蔚》（二篇），总计“八书”。钱德洪与苏州版《阳明先生文录》一样的是，**卷五的《示弟立志说》（正德十年乙亥）回归全书本正录卷七，并未收录于通行本，这与胡宗宪刻《传习录》本不一致。**通行本《传习录》保留了《〈训蒙〉大意示教读刘伯颂》、《教约》等，新增钱德洪嘉靖三十五年崇正书院序言，遵照谢廷杰的想法新增附录了《朱子晚年定论》。

隆庆二年郭朝宾刻本比较细致的注明每卷具体记录者、编辑者、增修者、校对者，其中钱德洪多次担任记录、编辑，王畿担任增录，邹守益、欧阳德分别担任中卷与下卷校正者角色，而唐尧臣、孙应奎、严中分别担任上、中、下卷审阅人角色。

---

① 《王阳明全集》（新编本），第五册，钱明辑佚，第 93—101 则，第 1646—1648 页。

② 隆庆二年郭朝宾刻本、隆庆六年谢廷杰刻本《传习录》，采用传统说法。据黎业明说，著名学者朱鸿林先生指出，隆庆二年郭朝宾刻本实际刊行于隆庆六年（1572），隆庆六年谢廷杰刻本实际刊行于万历元年（1573），参见黎业明：《明人思想与文献论集》，第 207 页。

《传习录》编辑者考 ①

	记录者	葺录者	编辑者	校正者	增葺者	校阅者
上卷	弟子徐爱等	薛侃	钱德洪		王畿	唐尧臣
中卷	弟子、学友	钱德洪、南大吉、南逢吉	钱德洪	邹守益	王畿	孙应奎
下卷	弟子钱德洪等	陈九川	钱德洪	欧阳德	王畿	严中

钱德洪参与全书的重要编辑者角色，所付辛劳最多，王畿一直默默的付出，邹守益、欧阳德、唐尧臣、孙应奎、严中参与编辑。《传习录》上卷收徐爱、薛侃和陆澄三人记语录。《传习录》中卷，南大吉、南逢吉和钱德洪贡献最大。《传习录》下卷，陈九川、黄直、王修易、黄省曾、王畿和钱德洪贡献最大。钱德洪在刊刻全书时时，遗忘渭南儒家南逢吉、曾才汉、贵溪儒家桂軏等人校对审阅辛劳。

《传习录》版本源流图 ②

书信篇名	台北本	赤城门生黄绾序文录本	苏州府文录本	德安府本 ③	萧彦本	钱錞本	胡宗宪本
答徐成之 ④（二封）	下卷一	文录卷一（壬申，前）	外集卷五（壬午）	下册卷一	下卷一	上册卷四	—
答罗整庵少宰（庚辰）	下卷一	文录卷一（后）	正录卷一	下册卷一	下卷一	上册卷四	中卷三

---

① 参见黎业明:《明人思想与文献论集》，第 207 页。

② 本表，参考阳明学专家黎业明先生的表格制作方法，并吸收钱明研究员对德安府重刻本与黎业明对台北藏明刻残本的研究成果，参见黎业明:《明人思想与文献论集》，商务印书馆，2017 年，第 2018 页。但笔者并不认同，黎业明先生对台北刻本的定论，就是该本没有答欧阳崇一、聂文蔚书信两封，个人以为，可能存在这样一种情况，就是，类似嘉靖二十三年德安府重刻的排列体例，答欧阳崇一、聂文蔚书信两封存在错简，放在上册卷四，这种情况可能性很是有的。

③ 湖北德安府刻本，藏于日本，国内学者多不得见，亦不知何人所刻？深入的研究参见钱明老师的论文,《〈阳明全书〉的成书经过与版本源流》,《浙江学刊》，1998 年第 5 期，第 75 页。蒙日本青年学者深川真树先生的努力，从日本得以复制全本，让我们一睹当时嘉靖二十三年湖北德安府的《传习录》重刻本。

④ 据闻人、钱德洪苏州本文录作“壬午”，即嘉靖元年，1522 年。而黄绾序本文录做壬申，时在正德七年，在南京。中科院藏闾东孙昭刻 3 函 14 册 28 卷本《阳明先生文录》与中科院藏陈效徐秉正序万历重刻 2 函 12 册 17 卷本《阳明先生文录》，均漏刻此两封书信。

（续表）

书信篇名	台北本	赤城门生黄绾序文录本	苏州府文录本	德安府本	萧彦本	钱錞本	胡宗宪本
答顾东桥（乙酉）	下卷二	文录卷二（后）	正录卷二（后）	下册卷二	下卷二	下册卷五	中卷一
答周道通（甲申）	下册卷三	文录卷二（中）	正录卷二（中）	下册卷三	下卷三	下册卷六	中卷二
答陆原静（二封，甲申）①	下册卷三	文录卷二（前）	正录卷二（前）	下册卷三	下卷三	下册卷六	中卷二
答欧阳崇一②	—	文录卷三（前）	正录卷三（丙戌）	上册卷四	下卷四	下册卷八	中卷三
答聂文蔚（一，丙戌）	—	文录卷三（中）	正录卷三	上册卷四	下卷四	下册卷八	中卷四
答聂文蔚（二，戊子）	—	文录卷三（后）	正录卷三	上册卷四	—	—	中卷四
示弟立志说③（甲戌）	下卷四	文录卷四	正录卷四	下册卷四	下卷五	下册卷七	中卷五
《训蒙》大意示教读刘伯颂等（戊寅）	下卷四	—	—	下册卷四	下卷五	下册卷七	中卷五
教约（戊寅）	下卷四	—	—	下册卷四	下卷五	下册卷七	中卷五
答储柴墟（二封，壬申）	—	外集卷五	外集卷五	下册卷一	—	—	—
答何子元（壬申）	—	外集卷五	外集卷五	下册卷一	—	—	—

在众多阳明夫子亲传弟子不断热心参与持续接力中，不断刊刻，不断完善，历时半个多世纪，最终确保《传习录》的高质量出版，形成今通行本，令人惊叹。

① 黄绾序本、钱德洪苏州本此两封书信均合在一封信中，均为卷二。中科院藏闾东孙昭刻3函14册28卷本《阳明先生文录》与中科院藏陈效徐秉正序万历重刻2函12册17卷本《阳明先生文录》，均作两封书信，均为甲申年。

② 国图藏黄绾序本此处标注年被抹除涂改，有三封给南野的书信。钱德洪本此处作丙戌，有封给南野的书信，少第三封书信，“去冬十二月十二日未时得一子，……”。

③ 黄绾序本、钱德洪苏州本此两封书信均作乙亥年，正德九年，邓艾民先生说，王阳明曾自注为甲戌年四月八日，当为确论。

第二章　王阳明《阳明先生文录》形成过程研究

在明隆庆二年郭朝宾与谢廷杰刻《王文成公全书》之前，王阳明文集主要以《阳明先生文录》刻本流通。由于历史及其他原因，学术界一直无法对国内各图书馆所藏阳明文集作系统与彻底的排查，以致我们至今尚未完全摸清嘉靖时期《阳明先生文录》的版本流传情况。有鉴于此，经过三年的密集调研，笔者在对北京国家图书馆、中国科学院图书馆、北京师范大学图书馆、中国人民大学图书馆、上海图书馆、南京图书馆、浙江省图书馆、浙江大学图书馆多次申请阅读的基础上，以及在《中国古籍总目》、CALIS（高校古籍文献检索系统）、《中国地方志集成》《北平国立图书馆甲库善本》《阳明文献汇刊》《王阳明全集》（旧本、新编本）《王文成公全书》《阳明后学文献丛书》等大型丛书的指引下，通过对数十种嘉靖、万历年间《阳明先生文录》的查阅，我们大致对《阳明先生文录》版本源流主要划分黄绾、钱德洪、佚名、董聪共四种版本体系，黄绾、佚名、董聪本均为28卷本，钱德洪本为精简黄绾本的24卷本，均发源于黄绾序刻《阳明先生存稿》本，由此发现了大量的王阳明轶文，其中王阳明公移的散佚最为严重。由于钱德洪多年不懈的努力，他掌握了对王阳明文集的编辑权，最后钱德洪的精简版与续编版汇合版本体系获得大规模的流通，并在当时浙江巡抚胡宗宪的支持下，嘉靖三十七年的24卷本《阳明先生文录》（文录5卷，外集9卷，别录10卷）获得较高的认同度，并最终吸收在隆庆二年的《王文成公全书》变成22卷本《阳明先生文录》（原四卷外集诗歌整合为2卷，别录次序提前至外集之前，为文录5卷，别录10卷，外集7卷），增加《语录》3卷（原11卷本《传习录》整合为3卷），《阳明先生文录续编》6卷（其中3卷公移），《阳明先生年谱》5卷，《世德记》（《阳明先生家乘》）2卷，总计 38 卷。目前学术界多采用的四部丛刊影印隆庆本，就源于隆庆二年 38 卷本，而其前身为苏州闻人邦正本与杭州胡宗宪本，均为钱德洪编辑。

第一节　黄绾、钱德洪前《阳明先生文录》的不断增订与修缮

阳明夫子文集是指阳明夫子所撰写的全部文章，包括书信、诗歌、记序说、奏疏、公移等，主要有《五经臆说》《居夷集》《阳明先生文录》《阳明先生诗录》《寓广遗稿》《〈武经七书〉评注》等，被钱德洪分别编入正录、外集和别录中。

(1)《居夷集》文献的版本价值

嘉靖三年（1524），时任余姚知县的阳明夫子亲传弟子丘养浩刻印三卷本的《居夷集》，同门韩柱与徐珊校订。①《居夷集》分三卷，分别为诗歌、序说记，较为原始的呈现阳明夫子早期谪居贵州时期的作品，还包括来回旅途的一些诗歌与应酬之作。《居夷集》的编校整理有助于校正《阳明先生文录》相关诗歌的散佚，其中《始得东洞遂改为阳明小洞天》诗文散佚，《移居阳明小洞天》诗题散佚，简而言之，“始得东洞遂改为阳明小洞天”，黄绾本、苏州本、胡宗宪本、隆庆本后作“三首”，然丘本《居夷集》径作“始得东洞遂改为阳明小洞天”，其诗文未见隆庆本全集。而隆庆本三首在丘本题作“移居阳明小洞天”，非“始得东洞遂改为阳明小洞天”也。全文见下。

始得东洞遂改为阳明小洞天

群峭会龙场，戟雉四环集。迩觏有遗观，远览颇未给。寻溪涉深林，陟巘下层隰。东峰丛石秀，独往凌日夕。厓穹洞萝偃，苔骨径路澁。月照石门开，风飘客衣入。仰窥嵌宝玄，俯聆暗泉急。惬意恋清夜，会景忘旅邑。熠熠岩鹘翻，凄凄草虫泣。点咏怀沂朋，孔叹阻陈楫。踌躇且归休，

① （明）王守仁：《居夷集》，三卷，《国立北平图书馆藏甲库善本丛书》，嘉靖三年（1524）丘养浩刻本影印，韩柱、徐珊校订，国家图书馆出版社，2015。丘养浩序、韩柱跋、徐珊跋，分别参见《王阳明全集新编本》，第六册，第 2191—2192 页。上海图书馆也藏有明刻本。

毋使霜露及。

移居阳明小洞天

古洞闷荒僻，虚设疑相待。披莱历风磴，移居快幽垲。营炊就岩窦，放榻依石垒。穹室旋薰塞，夷坎仍扫洒。卷帙漫堆列，樽壶动光彩。夷居信何陋，恬淡意方在。岂不桑梓怀？素位聊无悔。

童仆自相语，洞居颇不恶。人力免结构，天巧谢雕凿。清泉傍厨落，翠雾还成幕。我辈日嬉偃，主人自愉乐。虽无棨戟荣，且远尘嚣聒。但恐霜雪凝，云深衣絮薄。

我闻莞尔笑，周虑愧尔言。上古处巢窟，掊①饮皆污樽。冱极阳内伏，石穴多冬暄。豹隐文始泽，龙蛰身乃存。岂无数尺榱，轻裘吾不温。邈矣箪瓢子，此心期与论。

可见，诗“群峭会龙场，戟雉四环集。迩觏有遗观，远览颇未给。寻溪涉深林，陟巘下层隰。东峰丛石秀，独往凌日夕。厓穹洞萝偃，苔骨径路澁。月照石门开，风飘客衣入。仰窥嵌宝玄，俯聆暗泉急。惬意恋清夜，会景忘旅邑。熠熠岩鹘翻，凄凄草虫泣。点咏怀沂朋，孔叹阻陈楫。踌躇且归休，毋使霜露及。”为佚诗，五百年来，我们都不曾注意到，令人感慨万千。如果我们不能对上海图书馆藏《居夷集》做编校整理，并与隆庆本《王文成公全书》作一字一句的比对，我们肯定发现不了这首散佚诗文。②

（2）三卷本《阳明先生文录》的文献版本价值。

嘉靖六年四月（1527），邹守益外放安徽广德县，刊印绪山编校的《阳明文录》（附录一卷），共四册，所收文章均由阳明夫子本人标注年月。该书选稿的标准最为严格，按照夫子所说的专以明道讲学为旨趣，编年分类，比较精准的反映阳明夫子的文录选择标准。现中国人民大学图书馆藏有三卷本《阳明先生文录》，是叶梧、陈文学重校本，据笔者推测与研究，文集内容应该就是源出该广德本。因为，人大藏《阳明先生文录》分为三大卷，全部所收书信序跋文记全部均标注年月，而且按时间顺序排列，且所收论文截止为嘉靖五年，均

① 隆庆本“掊”作“抔”。按，抔同掊。

② 遗憾的是，2006年重版上古社《王阳明全集》、浙古社《王阳明全集新编本》、中华书局《王文成公全书》均未注意到这个问题。

符合钱绪山的回忆。《阳明先生文录》后附阳明亲传弟子王世隆《祭阳明先师文》。王世隆，本为湖南辰州卫人。正德二年丁卯（1507年）举人，时年17岁。嘉靖五年丙戌（1526年）进士，时年36岁，可谓大器中成。阳明夫子殁，作文追悼。由刑部主事升任贵州副使。在贵州副使，有风裁，重刻《阳明先生文录》三卷本，在贵州传播阳明心学功劳甚大。但是这个版本由于在西部山区贵州刻印，主要流通于贵州地区，故而流传不广，也不为钱绪山等赣浙阳明弟子所知，终成孤本，世人对之所知甚少。

三卷本《阳明先生文录》的编校整理，我们由由此发现《阳明先生文录》不少书信奏疏的散佚。现，因篇幅所限，选择几封比较重要的散佚书信，如，

答徐成之　辛未

[……延禧先生，吾乡之善人长者，先达中极为难得。同处客乡，亦为成之之一乐也。行次草率不奉，状相见望道倩。]

与王晋叔①

昨见晋叔，已概其外，乃今又得其心也。吾非晋叔之徒，与而谁与，晋叔夫何疑乎？当今之时，苟志于斯道者，虽在庸下，亦空谷之足音，吾犹欣然而喜也。况晋叔豪杰之士，无文王犹兴者乎？吾非晋叔之徒，与而谁与？晋叔又何疑乎？属有客，不及详悉。得暇，过此闲话，守仁顷首。

二

所惠文字，见晋叔笔力甚简健，异时充养渊粹，到古人不难也。中间稍有过当处，却因守仁前在寺中说得太疏略，所致今写一通去，从旁略下注脚。盖毫厘之差耳，晋叔更详之得便，别寄一纸为佳。诸友诗，亦有欠稳者。意向却不碌碌，凡作诗三百篇后，须从汉、晋求之，庶几近古。唐诗李、杜之外，如王维、高适诸作，有可取者，要在不凡俗耳。闲及之，守仁顷首。

三

刘易仲来，备道诸友相念之厚，甚愧！甚愧！薄德亦何所取，皆诸友爱望之过也。古人有言，“他山之石，可以攻玉。”诸友则诚美璞矣，然非

---

① 苏州诸本均缺“与王晋叔”及以下三段。

他山之石，则无以砥砺磨砻，而发其莹然之光。诸友之取于区区者，当以是也。甚愧！甚愧！道不远人，人之为道而远人，不可以为道。诸友用功何如？路远无由面扣，易仲去，略致鄙怀，所欲告于诸友者，易仲当亦能道其大约，不尽！不尽！惟心亮之而已。九月望，守仁顷首。

与陆元静　庚辰①

[……区区省亲本，口部中已准覆。但得旨，即当长遁山泽。不久，朝廷且大赉，则元静推封，亦有日。果能访我于阳明之麓，当然为能元静决此大疑也。不一一。]②

从吾道人记　乙酉

[……阳明山人王某书于第十一洞天之碧霞池上。]③

祭阳明先师文

嘉靖己丑三月戊辰，阳明夫子卒于官。讣闻至辰，门人王世隆等为位设主，哭于崇正书院之堂。复具香币往奠之，曰："呜呼！道丧千载，圣学梦梦。良知之谕，首开群蒙。宸濠倡乱，天下汹汹。南昌之捷，忠义攸同。斯二者，皆天下之功也。而好事之徒，乃为之云云不已。虽士大夫，犹有为之主张其说者，予不知其何谓也？

天启皇圣，公谕始明。高管大爵，以荅殊勋。人谓夫子，且将入赞帝猷，从容谕思，以相皇极而建太平。而数年之间，经营四方，卒死穷荒。使夫子弗得为皋夔稷契伊傅周召者，予又不知其何说也？呜呼！天耶！人耶！孰谓夫子而据死耶？

曩夫子之在先朝也，以危言批逆鳞，一秩几死。已而谪龙场，改庐陵，起诠曹，官留都，总师江湖，艰危万途。虽老兵退卒，蛮蜑贩夫，莫不饮其化而安其居。而今其死也，天下之人，无贤不肖，识与不识，莫不咨嗟叹息以悼夫子之死，而追咎于云云者之，未能亮夫子之心，以尽夫子之用者，又皆为之涕泗而欷歔。

呜呼！古今者，在天地间犹旦暮耳。人事之得丧，物理之兴废，议论之异同，万起万灭，此何异盎瓮之间，百千蚊蚋之聚散，而正人君子之

① 隆庆本"元"作"原"。

② 苏州诸本无此数句。

③ 苏州本无此一句。

名，乃卒与天地共敝，日月并明，衣被后世而有余。而好事者不悟，宁为彼而不为此者，抑又何也？

隆辈生长西南，宝荷夫子之教，窃尝抱此磊块，既不能深造力行以光昭夫子之训于生前，而无词累语，想与枚洎，哀号于既死者，又何足以慰夫子之魂于九原？而使沉郁侘傺者，将于此乎发虑也耶？呜呼哀哉！尚飨！

门人陈文学、叶梧重校

这些散佚书信祭文不仅有利于丰富王阳明的交游，而且有助于确考王阳明年谱，学术价值很大。

（3）嘉靖九年本《阳明先生文录》《阳明先生诗录》的文献版本价值。

嘉靖九年庚寅（1530年），岑庄、岑初、徐学等校刻的九册本《阳明先生文录》。[①] 所收阳明夫子文章比目前的隆庆通行本多六篇诗文。同年夏五月，还出版九册本的《阳明先生诗录（集）》，钱德洪与薛侃分别作序。[②] 具体的散佚诗文，学术界已有相关研究，见钱明先生编校整理的《王阳明全集新编本》。

（4）上图藏嘉靖十四年乙未贵州刻本《新刊阳明先生文录续编》的文献版本价值。

前一年，也就是嘉靖十四年乙未（1535年）六月，时任贵州监察御史的宁波府奉化人王杏刊印了阳明亲传弟子陈文学、叶梧编校三卷本的《新刊阳明先生文录续编》，所谓“续编”就是接续广德版《阳明先生文录》，专刻广德版阳明文录未载者。[③] 据永福青地与后世学者整理与研究，《新刊阳明先生文录续编》比隆庆本多二十篇诗文。

---

① 《阳明先生文录》，九册，（明）嘉靖九年（1530）岑庄、岑初、徐学等校刻本，日本九州大学文学部藏。多出诗文参见《王阳明全集新编本》。

② 《阳明先生诗录（集）》，九册，（明）嘉靖九年（1530）钱德洪、薛侃序刻本，日本九州大学文学部藏。薛侃序、钱德洪序，分别参见《王阳明全集新编本》，第六册，第2192—2193页。

③ 《新刊阳明先生文录续编》（三卷），嘉靖十四年（1535）王杏序刻本，上海图书馆藏。王杏作跋。参见〔日〕永富青地：《关于上海图书馆藏〈新刊阳明先生文录续编〉》，《版本目录学研究》2009年第228—254页。需要指出的是，陈文学、叶梧重校三卷本的《阳明先生文录》，现藏于中国人民大学图书馆，具有重要的学术价值。

第二节　黄绾与钱德洪系列《阳明先生文录》版本传播考

(1) 国图藏嘉靖十二年序本《阳明先生存稿》的文献版本价值。

黄绾刊印《阳明先生存稿》，全书前有自署“阳明门生赤城黄绾”唯一序言，未见有邹守益序言，国图书名题录为《阳明先生文录》，总共10册28卷，其中文录五卷、外集九卷、别录十四卷，10行20字，白口，左右双边，文集首有嘉靖十二年癸巳（1533年）秋九月望日作序。① 据笔者调研，这套书所采用底本应该为黄绾所说的《阳明先生存稿》，是经过钱德洪重新编辑的重刻本，或刊印于嘉靖十五年左右，在《别录》卷十末里面有载钱德洪嘉靖十五年丙申在苏州府任教授时的跋文，是后来阳明文录、王文成全书、今王阳明全集的祖本，是由黄绾与欧阳德、钱德洪、黄弘刚及其一二子侄共同编辑完成的。

《阳明先生行状》②

……【黄久庵先生曰：先生义师既集，犹谓】急冲其锋，攻其有备，[皆非计之得也]；始示【贼】以自守不出之形，必俟其出，然后尾而图之。[先复省城]以③擒其巢[穴]，彼[闻]必回兵来援。我则[出兵]邀而击之，此全胜之策也。濠果使人探公未出，先发兵出，次④南康、九江，自居省城以御公。七月初二日，[濠又]使人探公兵果不出，乃留兵万余，[属其腹心宗室及仪宾内官并伪部都督都指挥等官使]守省城，自引兵[向安庆]。公知其出，遂急促各府兵。……

---

① 《阳明先生文录》，（明）嘉靖十二年（1533）黄绾序刻本，国家图书馆藏全本，善本书号13534，中华古籍资源库全文扫描本上传；中华古籍日本京都大学文学部藏残本15卷。由于是新发现的珍本古籍，目前学术界未见有专门与深入的研究。

② 《王阳明全集》，吴光主编本，上海古籍出版社，2006，卷38，《世德纪》，第1418页。本文选取，以隆庆本为底本，粗中括号里面文字，为孙昭本多出，而西中括号文字为隆庆本多出。

③ 中国科学院图书馆藏孙昭重刻天水间东本《阳明先生文录》，别录卷十，“以”作“先”。

④ 中国科学院图书馆藏孙昭重刻天水间东本《阳明先生文录》，别录卷十，“次”作“攻”。

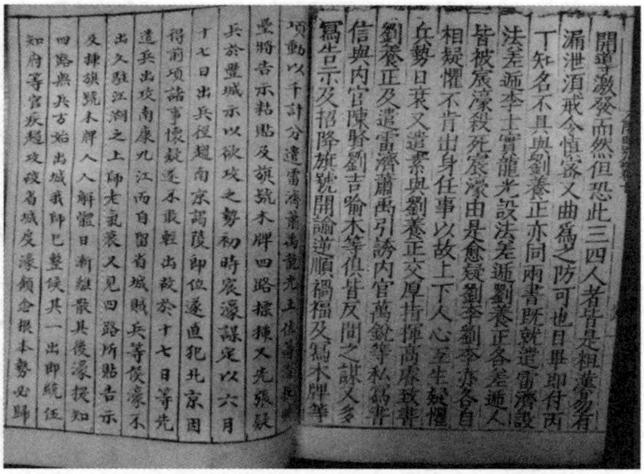

開導激發而然但恐此三四人者皆是粗淺易有
漏泄洎戒令慎密又曲爲之防可也目畢即付丙
丁知名不具與劉養正亦同兩書既就遣雷濟設
法差涵李士實龍光設法差遞劉養正各差遞人
皆被宸濠殺死宸濠由是愈疑劉李劉李亦各自
相疑懼不肯出身任事以故上下人心至生疑懼
兵勢日衰又遣素與劉養正交厚指揮高廉致書
劉養正及遣雷濟蕭禹引誘内官萬銳等私寫書
信與内官陳賢劉吉喻木等俱皆反間之謀又多
寫告示及招降旗號開諭逆順禍福及寫木牌等
項動以千計分遣雷濟蕭禹龍光王佐等[illegible]
豐將告示粘貼及旗號木牌四路標揷又先張疑
兵於豐城示以欲攻之勢初時宸濠謀定以六月
十七日出兵從趨南京謁陵即位遂直犯北京因
得前項諸事懷疑遂不敢輕出救於十七日等先
遣兵出攻南康九江而自留省城賊兵等候濠不
出又駐江洲之上師老氣衰又見四路所貼告示
及揷旗號木牌人人解體日漸離散其後濠提知
四路無兵方始出城我師已整俟其一出即統任
知府等官疾趨攻破省城及濠頓念根本勢必歸

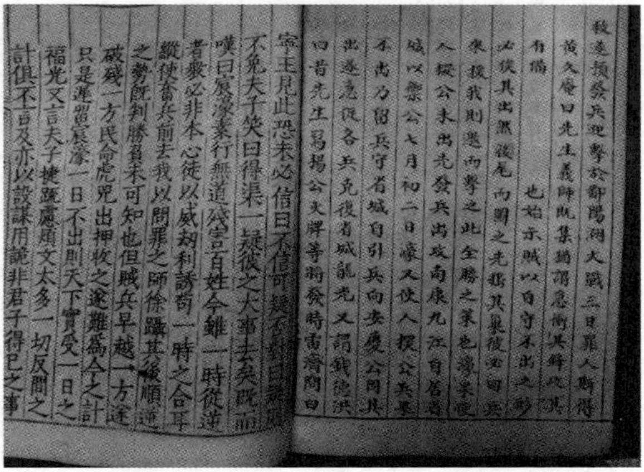

救遂預發兵迎擊於鄱陽湖大戰三日罪人斯得
黄久庵曰先生義師既集猶謂急衝其鋒攻其
有備　也姑示賊以自守不出之形
必俟其出然後尾而圖之先據其巢彼必回兵
來援我則邀而擊之此全勝之策也濠果使
人探公未出先發兵出攻南康九江自居省
城以禦公七月初二日濠又使人探公兵果
不出乃留兵守省城自引兵向安慶公因其
出遂急促各兵克復省城龍光又謂錢德洪
曰昔先生寫揭公文牌等時發時雷濟問曰
宸王見此恐未必信曰不信可疑不[illegible]
不免夫子笑曰得渠一疑彼之大事去矣既而
嘆曰宸濠素行無道殘害百姓今雖一時從逆
者衆必非本心徒以威刼利誘苟一時之合耳
縱使奮兵前去我以問罪之師徐躡其後順逆
之勢既判勝負未可知也但賊兵早越一方遂
破殘一方民命虎兕出柙收之遂難爲今之計
只是遲留宸濠一日不出則天下實受一日之
福光又言夫子捷疏處煩文太多一切反間之
計俱不言及亦以設謀用詭非君子得已之事

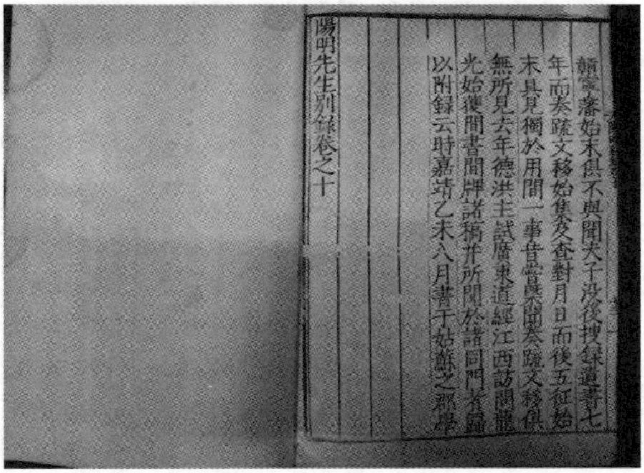

贛寧藩始末俱不與聞夫子没後搜録遺書七
年而奏疏文移始集及查對月日而後五征始
末具見獨於用間一事昔嘗與聞奏疏文移俱
無所見去年德洪主試廣東道經江西訪問龍
光始復聞書間牌諸稿并所聞於諸同門者録
以附録云時嘉靖乙未八月書于姑蘇之郡學

陽明先生别録卷之十

中国科学院图书馆藏孙昭重刻闾东本《阳明先生文录》书影

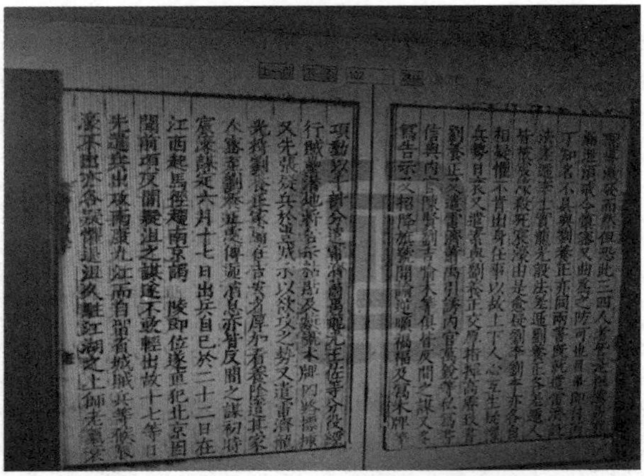

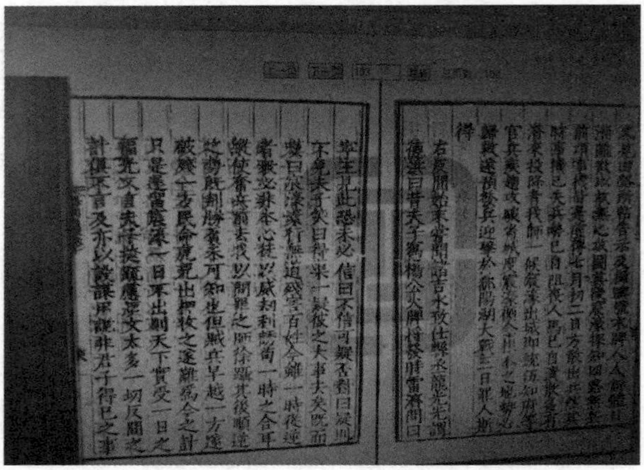

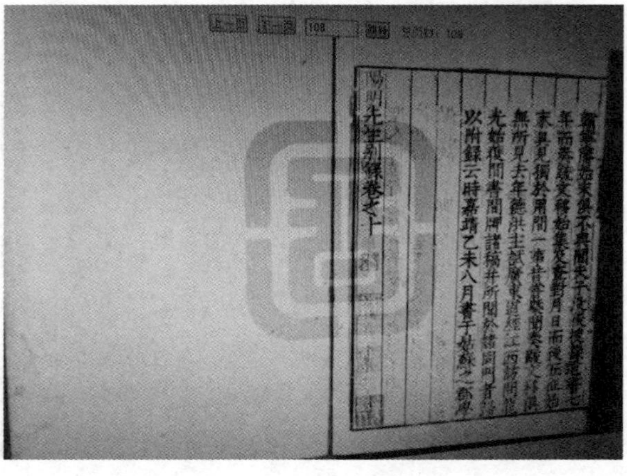

国家图书馆藏嘉靖十二年序本《阳明先生文录》书影

《叙迟留宸濠反间事》①

……去年，德洪主试广东，道经江西，访问龙光。始获间书、间牌诸稿，并访问于诸同门者归，以附录云。时嘉靖乙未八月书于姑苏之郡学。

一般的读者，如果不通读全书，仅仅阅读目录和序言，很容易将此书定为嘉靖十二年刻本。其实，在版本考订上，仅仅依据序言，是不足以对一个版本的刻者和时间作定论的，需要结合全书的内容作分析。

对比，两部书的刊刻刻法、字体和内容，我们可知，中国科学院图书馆藏文录与国家图书馆藏文录版本所采用的底本均为10行20字，所刻内容一致，只是所刻刀工笔法不一样，我们可以发觉，孙昭本所依据的底本可能更早一点，更像嘉靖初期的刻法，略显粗糙，而嘉靖十二年序本刻工更加精良，应该所刻时间晚一点。

嘉靖二十九年庚戌（1550年）秋八月，时甘肃天水任监察御史职的闾东（四川内江县人，曾官任巡按陕西监察御史。），重刻《阳明先生文录》20册28卷本，所依据的底本就是嘉靖十二年序本，在别录中里面有嘉靖十五年钱德洪跋。②

嘉靖三十四年乙卯（1555年），孙昭（字明德，号斗城，浙江温州府永嘉县人。曾官任大名府知府。）于巡按陕西监察御史任上重刻闾东本。③

万历二十一年癸巳春正月，徐秉正（江西人）序贵州贵阳陈效重刻闾东本，12册，17卷（正录5卷，外集9卷，奏疏3卷，附录），其中别录仅

① 《阳明先生文录》，（明）嘉靖十二年（1533）黄绾序刻本，国家图书馆藏全本，《阳明先生别录卷十》，《公移三·平宁藩叛乱上》（共八十八条）。隆庆全书本此文题目与内容均有不少的改动，题目改为《征宸濠反间遗事》，放在全书《世德纪》附录中，参见上海古籍出版社，2006，卷39，第1468—1474页。本文选取，以隆庆本为底本，粗中括号里面文字，为孙昭本多出，而西中括号文字为隆庆本多出。

② 我们目前没有看到闾东所说的附录，就是《传习录》《传习则言》。浙江图书馆题录的闾东本《阳明先生文录》，也未见有《传习录》《传习则言》。

③ 中国科学院图书馆所藏的两部《阳明先生文录》其底本均为黄绾序刻本系统。其中一部为两函12册，为万历21年陈效重刻本，前有闾东序、徐秉正序。其中收录嘉靖三十三年钱德洪水西精舍本《传习录三卷传习续录2卷》。另一本为三函14册28卷本，前有闾东、黄绾、邹守益，文集中别录有黄绾、钱德洪跋，后有孙昭嘉靖三十四年跋。

3卷奏疏，公移全无，附录则为《传习录三卷　附录二卷》，也未见《传习则言》。

目前上海图书馆藏清抄珍本28卷本《阳明先生文集》，共1353拍，就是以明嘉靖三十四年孙昭本为底本。内容完全一样，且未知何人所抄，书中未见抄者序跋。

这个本子收录14卷别录，是目前我们看到别论收录最多的一种嘉靖年间阳明文录版本，其底本应该是阳明夫子的家传藏本，作为年幼的正亿外舅（老丈人）托管人官方身份的黄绾比较早的获得了。

复旦大学阳明学专家吴震教授在日本看到的二册五卷本的残本，其所收阳明夫子文章比隆庆本多十三篇书信。

后来，由于石龙与东廓等人在编撰全书的方针上发生分歧，作为晚辈的绪山从石龙手里获得了这个本子，在起任苏州府教授的闲暇之余与苏州籍阳明门人黄五岳重新分类，绪山折衷石龙和东廓的意见，以正录和外集相区别，学术性强的一些文章放入正录，包括书信、序记；学术性较弱、阳明早年文章的放入外集，比如诗歌、其他的序记，二者都采用编年的顺序。而奏疏和公移全部放入别录，总共正录、外集和别录三部分，与当时学者文集分类很不类。文稿在钱德洪和黄省曾两人重新编好后，恰好阳明夫子亲传弟子闻人邦正督学江苏，促成书稿的刊印。这就是著名的闻人邦正嘉靖十五年丙申（1536年）刻印的苏州版《阳明先生文录五卷外集九卷别录十卷》，总计24卷。①

（2）国图藏闻人诠嘉靖十五年丙申苏州刻《阳明先生文录》的文献版本价值。

苏州本由于为钱德洪重新编辑，不仅打乱黄绾本所收数十封书信的次序，而且直接删掉了13封书信，增加了十多篇书信和序跋等文，且别录《公移》部分进行大规模削减，原来的7卷《公移》大幅度削减到3卷。

---

① 《阳明先生文录五卷外集九卷别录十卷》，存二十二卷缺两卷，《国立北平图书馆藏甲库善本丛书》，闻人邦正嘉靖十五年丙申（1536）刻本影印，国家图书馆出版社，2015。中华古籍资源库网站的闻人诠苏州版为全本，24卷，14册，10行20字，白口，左右双边，善本号09116。国图本比甲库本多出两卷，可以弥补甲库善本的缺本之遗憾。

《阳明先生存稿序》①

……［其］仅存者唯《文录》《传习录》《居夷集》而已，其余或散亡，及传写讹错。抚卷泫然，岂胜期文之慨！及与欧阳崇一、钱洪甫、黄正之，率一二子侄，检粹而编订之，曰《阳明先生存稿》。【洪甫携之吴中，与黄勉之重为釐类，曰文录、曰别录，谋诸提学侍御闻人邦正，刻梓以行】，庶传之四方，垂之来世，使有志之士知所用心，则先生之学、之道为不亡矣。嘉靖癸巳秋九月望日，通议大夫、礼部右侍郎、前詹事府詹事、翰林院侍读学士、同修国典、经筵讲官、门生赤城黄绾识。

《阳明先生存稿序》②

通议大夫、礼部右侍郎、前詹事府詹事、翰林院侍读学士、同修国典、经筵讲官、门人黄绾撰

……其仅存者唯《文录》、《传习录》、《居夷集》而已，其余或散亡，及传写讹错。抚卷泫然，岂胜斯文之慨！及与欧阳崇一、钱洪甫、黄正之，率一二子侄，检粹而编订之，曰《阳明先生存稿》。洪甫携之吴中，与黄勉之重为釐类，曰文录、曰别录，【谋诸提学侍御闻人邦正】，刻梓以行，庶传之四方，垂之来世，使有志之士知所用心，则先生之学、之道为不亡矣。【嘉靖乙未春三月。】

由于钱德洪在隆庆六年以前编辑老师王阳明文集的时候，他一直严格遵循

① 《阳明先生文录》，（明）嘉靖十二年（1533）黄绾序刻本，国家图书馆藏全本，《阳明先生存稿序》。中括号里面字，为国家图书馆藏全本缺，为北平国立图书馆甲库善本丛书影印闻人邦正苏州版《阳明先生文录》序所增。

② 《黄绾集》，张宏敏编校，上海古籍出版社，2014年，《阳明先生存稿序》，第226—227页。中括号里面字，为《黄绾集》所缺，为北平国立图书馆甲库善本丛书影印闻人邦正苏州版《阳明先生文录》序言，卷13，第1924页。其中，序言题目为《阳明先生文录序》，最后一段字数比《黄绾集》略有所增加，信息量更大，且有具体的年月。《黄绾集》的“垂之来世”，苏州本作“垂之万世”，明显无原苏州版尊敬阳明意味，可见黄绾集编辑者对序文的修改，或为其自己晚对阳明态度的变化有所改变。且苏州版署名“通议大夫、礼部右侍郎、前詹事府詹事、翰林院侍读学士、同修国典、经筵讲官、门人黄绾撰”，有明显变化，不再称谓为“门生”，改为“门人”，且无“赤城”二字。

师说，精选有代表性的文集，故而未有系统整理王阳明全集的想法和行动，他的想法也总是在变，故而在编辑各类阳明文集的时候，尤其是《传习录》，由于每次编辑的变动性都太大，导致后世学者在研究阳明文录版本源流考时，总是把握不住。

此本，在钱德洪等人的努力下，于嘉靖三十七年在杭州得到修缮重版。由于阳明学事实上获得天下学子普遍欢迎的大好时机，嘉靖三十六年（1556）丁巳九月，新安后学、浙江总督胡宗宪在恩师欧阳南野的督促关心下，命令阳明夫子亲传弟子杭州同知唐尧臣刊印由钱德洪、王畿等重新校正的《阳明先生文录》本于杭州天真书院。至此，体现出阳明夫子一生学术思想的精编本阳明先生文录刻印完工，并藏于天真书院，供来往杭州的天下学子学习、研读和传承。而阳明夫子家乡的浙江也就有了自己出版的阳明先生文录精华本。其底本为钱德洪苏州本，而且属于精校本，错误更少，上图馆藏书名题录为修订本。

需要注意的是，有几个匿名的明刻本，未标明具体的刻印者，更未标明具体的出版时间，均属于钱德洪系统，最著名的是河东本。中国人民大学图书馆藏的20册24卷本《阳明先生文录》，底本也是钱德洪苏州版系统，文集有茅鹿门序跋。国家图书馆所藏山西河东重刻本14卷本残本（缺别录10卷，存10册）的底本也是钱德洪苏州版系统。山西河东重刻本由宋仪望所刻，前有自序、黄绾序、邹守益序。国图藏四函24册24卷本附录《传习录》《传习则言》，不知何人所刻？其文录底本也是钱德洪苏州版系统。且文录第21—22册收录与闾东刻一样的《传习录》《传习则言》，是一个复合的明刻本体系，且收录珍贵的王龙溪、萧彦嘉靖29年重刻《传习录》，文献价值很大。

（3）国图藏范庆刻《阳明先生文录》的文献版本价值。

在钱绪山、闻人邦正姑苏版《阳明先生文录十七卷、三卷》出版的推动下，时任苏州知府的江西丰城县人范庆与吴县儒学教谕许赀、长洲儒学训导华镒于嘉靖二十六年丁未（1547）九月校正刻印《阳明先生文录十七卷、语录三卷》(现存六册17卷，残本）①。国图藏16册20卷本，为全本，10行20字，

①《阳明先生文录十七卷、三卷》，六册存17卷，残本，（明）范庆于嘉靖二十六年（1547）刻印，浙江图书馆总馆善本库藏。范庆跋，参见《王阳明全集新编本》，第六册，《阳明先生文录跋》，第2154页。据范庆的叙述，由于版本残缺，所以，他刻印的这个本子仅是原本的十分之二三，增补奏疏23篇，附语录《传习录》，总二十卷。

白口，左右双边。①

而四川大学出版社《阳明文献汇刊》影印收录的范庆重刻本却没有收录最为珍贵的三卷《传习录》语录，令人遗憾，不知其本自何出？该书前有刻者用毛笔补写的详细的目录，可以补范庆初刻本缺刻目录的不足。

浙图、国图藏范庆重刻本的贡献在于增加苏州版没有的内容即今《传习录》上卷内容，使后世学者比较早的可以看到薛侃本、南大吉本《传习录》早期规模与刊印内容，文献价值意义巨大。

范庆重刻苏州版，其自述是以钱德洪所刻苏州版为底本。但经过笔者的细心的比对，在正录和外集方面，除了卷一是苏州本系统，其他均为黄绾序本系统。这太令人意外了！

> 阳明先生遗集传于世者，有《存稿》《居夷集》《文录》《传习录》，门人绪山钱子乃并之曰《文录》，复取先生之奏疏、公移厘为别录，合刻于吴郡，惟《传习录》别存焉。未几，厄于回禄，版遂残缺。嘉靖甲辰，庆来守兹郡，亟求焉，仅得文录版什之二三。然鲁鱼亥豕，犹未免也，别录盖荡无存矣。爰重加校葺，而补其奏疏二十三篇，汇为《文录》，以《传习》附于卷后，别为《语录》，凡为卷共二十，庶可以见先生全书云！……庆不敏先生也晚，不获从先生之门，犹幸诵其遗训，愧未之能学也。梓成，敢僭识于简末。嘉靖丁未秋九月后学，丰城范庆谨识。吴县儒学教谕许赞、长洲县儒学训导华镒、张良才重校。②

根据范庆的观察，他说注意到当时已经刊刻的很多阳明存世文献，比如，黄绾序本《存稿》，余姚知县邱养浩嘉靖三年所刊刻的《居夷集》，广德版《文录》，还有南大吉嘉靖三年刻《传习录》，均为嘉靖初年刻本。编辑原则方面，由于丰城后学范庆并没有在阳明门下亲身求学过，更没有与阳明亲传弟子钱德洪、黄绾、欧阳德等人深入交流过，故而，在嘉靖二十六年，他并不知道黄绾序本《存稿》与钱德洪所“并”新版《文录》具体的较大差异，想当然的以

---

① 国图藏范庆重刻本《阳明先生文录》善本书号 02690，中华古籍资源库有扫描本全文。

② 参见浙江省图书馆总馆地下室藏，《阳明先生文录》(十七卷、语录三卷)，明嘉靖二十六年范庆吴郡刻本。

为，黄绾序本《存稿》与钱德洪所“并”苏州新版《文录》是存在很大的一致性。因此，由于“文录版什之二三”，“别录盖荡无存矣”，笔者以为，“文录版什之二三”应该包括卷一在内，故而卷一他依然采用苏州版体系，而其他部分，采用黄绾序本《存稿》，故而，在阳明文录的正录和外集部分，在范庆的重新编辑下，形成一个比较怪异的“嫁接本”，就是卷一是钱德洪修缮黄绾序本，卷二以后至别录采取黄绾序本，别录所选的23篇奏疏，没有收录一篇公移。由于，范庆特别注意到南大吉刻《传习录》收录语录的重要性，故而改为《阳明先生语录》三卷。范庆说，“以《传习》附于卷后，别为《语录》”，目前国家图书馆所藏的范庆刻本是放于最后一册第16册的，与范庆所说情况相同，这个刻本是最早刻本。而浙江省图书馆总馆地下室藏刻范庆本（善本号为5928，10行20字，白口，左右双边，存6册17卷，卷四至卷十七，语录三卷）应该为后来重刻本，其语录三卷，是放置在卷首前三卷，应该为后人重新编排，但所刻刀法和刻工与国图本一模一样，应该是后世学者翻刻本。

第三节 论《阳明先生文录》的几个版本系统

经过笔者长期的调研，我们认为在阳明夫子捐馆后，阳明文录主要存在两个版本系统，一个是嘉靖十二年黄绾序本系统，一个是嘉靖十五年钱德洪苏州版本系统，钱德洪均全程参与编辑。这两个版本系统，在阳明文集编排方面，不仅是正录、外集，还是别录，都存在很多差异。而这些差异，也只有在我们对上述两部文集进行全面性编校整理的时候，才可以洞见其细微与具体的变动！

嘉靖十二年黄绾序本系统在欧阳南野、闾东、董聪、孙昭、陈效、徐秉正等人的精心经营下，虽一直未居于主导地位，却一直在传播，多不为后人所知晓。其版本最大价值是保存大量的一手书信和数百篇公移。

首先是，欧阳南野门人闾东于嘉靖二十九年庚戌（1550）八月于关中天水刻印《阳明先生文录》，2函，20册28卷本，其中文录五卷、外集九卷、别录十四卷[①]，现藏于北京师范大学图书馆、浙江省图书馆古籍部。闾东本源自其

① 《阳明先生文录五卷外集九卷别录十四卷》，20册28卷本，（明）闾东嘉靖二十九年（1550）刻印，浙江图书馆总馆善本库藏。闾东将阳明先生文录，附《传习录》、（转下页）

老师欧阳南野，因南野也参与黄绾本的编辑，故而有机会接触到刊本。此甘肃天水本其底本为嘉靖十二年黄绾序刻本。其次是，赣州人董聪于嘉靖三十五年（1556）刻印由欧阳南野、胡直、俞献可等校正的22册28卷本《阳明先生正录五卷、外录九卷、别录十四卷》①。此江西赣州本其底本也是嘉靖十二年黄绾序刻本。

阳明文录的规模越来越大，编校水平越来越高，可谓琳琅满目，诚如胡宗宪所说的“闽、粤、河东、关中皆有刻本”②。其中，闾东本，刻印20册28卷本阳明先生文录比隆庆本多163篇诗文，而且后世重刻本，还附入黄直的《遗言录》(二卷)、朱得之的《稽山承语》(二卷)，文献保存意义特别巨大。

再后来就是大家熟知由钱绪山先生等增订辑佚的隆庆六年版由双江门人、致仕大学士徐阶序、江西人谢廷杰刊印的38卷本《王文成公全书》③，并成为后来数百年间的通行本。其底本为钱德洪苏州本的修订本，就是杭州天真书院刻本，但将收录阳明先生奏疏和公移的别录提前，置于外集之前，显然是要突出阳明夫子的显赫军功。可见，由于隆庆开明政府的时代需要，隆庆版的排版体例与以前的所有文录版本都不一样了，别录的地位更重要。如果说，阳明夫子文集编排，以前重点是要传学术，现在重点是要传军功，要塑造一个更为卓越与神奇的王阳明。隆庆本，与文录本不同的是，首次增收《传习录》，尤其

（接上页）《传习则言》合并出版，参见其序言，《王阳明全集新编本》，第六册，《重刻阳明先生文集序》，第2107—2108页。遗憾的是，浙图和北师大图书馆均缺少《传习录》、《传习则言》，均为残本。

① 《阳明先生正录五卷外录九卷别录十四卷》，22册28卷本，（明）董聪于嘉靖三十五年（1556）刻印，浙江图书馆总馆善本库藏。江西版阳明先生文录由曾任赣州知府的王春复（晋江人，嘉靖十五年进士）于嘉靖三十五年（1556）正月作引、致仕右都御史谈恺（无锡人，嘉靖五年进士）于嘉靖三十五年（1556）六月庚子作序，分正录、外录、别录三大部分，参见《王阳明全集新编本》，第六册，《阳明先生全录引》，第2150—2151页；《阳明先生全录序》，第2152—2153页。

② 《王阳明全集新编本》，第六册，（明）胡宗宪：《重刊阳明先生文录叙》，第2108—2110页。

③ 采传统说法，隆庆二年郭朝宾刻本、隆庆六年谢廷杰刻本《传习录》，采用传统说法。据黎业明说，著名学者朱鸿林先生指出，隆庆二年郭朝宾刻本实际刊行于隆庆六年（1572年），隆庆六年谢廷杰刻本实际刊行于万历元年（1573），参见黎业明：《明人思想与文献论集》，商务印书馆，2016，第207页。

是钱德洪、陈九川等人编撰的《语录》下卷。其《传习录》相比嘉靖三十七年刻本中卷书信又有微调，就是五卷合并为一卷，依然为中卷，并把卷五的《示弟立志说》(正德十年乙亥)放入正录卷七。依然是八书，分别为《答顾东桥书》《启问道通书》①《答陆原静书》(二篇)、《答欧阳崇一》《答罗整庵少宰书》、《答聂文蔚》(二篇)，总计“八书”。《王文成公全书》增加钱德洪新修缮的《阳明先生年谱》，是嘉靖四十四年《阳明先生年谱》的扩展版，无论是篇幅还是字数，规模大大增加。阳明嫡子王正聪整理的《阳明先生家乘》(钱德洪收录时改名为《世德记》)。

《王文成公全书》一出，王阳明各类单刻本与《阳明先生文录》各版本也就慢慢退出历史的舞台，变得更加稀珍，以致越来越少的人可以读到这些版本了，甚至直接导致其中的一些刻本失传，最典型的就是黄绾初刻本《存稿》。

重新汇编汇校整理阳明夫子存世文录全稿，全面系统与仔细的参校上述版本，尤其是明嘉年间的初刻本，万历年间的重刻本，不仅是必要的，也是必须的。在重新汇校的过程中，我们不仅可以发现不同版本具体文字的差异，还可以发现各自版本的源流关系，发现新的阳明史料和文章，有利于我们更好的弘扬阳明文化，转化阳明心学，为我们新时期共产党人的心学建构奉献学理资源。

① 《启问道通书》或为《答周道通书》笔误。

中部分　阳明夫子心学理论形态探

先秦儒家的道德修养论，在孔孟看来，或养中和心性，或养良心，更放置于整个家国天下的框架内进行，在修养本体论上创始之功甚巨。在整个春秋战国诸侯国忙于国力军力竞争的时代背景下，儒家们实在没有太多的空闲安心静心于为妙无穷的心性世界，当初的学理资源也限制了他们的想象力。宋代理学家糅和道家佛教思想特别是禅宗心法，以二程为代表的理学家在静敬框架内独辟蹊径的提出“存天理灭人欲”的道德修养论新诠，对于振兴世俗、共同对抗强大的外敌无疑有着巨大的道德号召力。但是，始终未能有效摆脱强大外敌的内忧环境，忙于治国理政的理学家门也埋头于建设一套较为科学与可持续性的政治制度而焦头烂额，尤其是此起彼伏的“党争”始终让他们的学说在其任期内难以大规模推行，实在也没有长时期的时间来究治我们大脑深处的潜意识和如丝毛般的意、念真相如何？明代开国以来，承平日久，国运日渐强盛，重视道德修养的理学家终于可以静心安心的探究心体与性体，埋身于乡村的老儒由于长达四五十年的全神贯注于心学，其思想便走向意念之学的精微领域。在明初著名理学家、崇仁学派的开山祖师吴康斋先生的“涵养心性本原，日用间大得”的向内涵养的修养论学风影响下，白沙先生奋起而追，其常年打坐，他的主静中探究感应万千的心体，更是把精微心学推进到一个无人超越的全新高度，整个时代的学风都非常的深厚醇雄，尤其注意人的德性涵养，推崇日用间修养，他们的生活也比较的悠闲，毋宁说是十分的潇洒，地方政府官员也与他们交往表示出极高的尊敬之意，俨然一种新的学术风潮。他们师生二人都是不屑于科举的清高之人，对于自己的道德操守更是万分的坚守，故而涵养工夫特别细密，开明代心学之先河。学者们埋头于真心实地涵养的学风形成之后，恰好 1472 年的冬天阳明夫子（王守仁，1472—1529，字伯安，号“阳明”，宁波市余姚县人，10 月 31 日生）应运而生，一方面是比较好的教育背景，一方面是他自己的“越磨难越强大”的个性，尤其是他在赣州较长时间的军旅生活，使得他的心学思想特别的引人注目，其良知学思想更是横空出世，吸引无数学子的目光，出现阳明学风行天下的壮观，家家读阳明的新一轮读书热。阳明学的大规模传播，固然与其超凡的克里斯玛人格魅力相关，也就是我们现在所说的“主角光环”，但更重要的原因是，阳明心学良知学对人自身的关注，尤其是对自身心性意念的全力挖掘，使得成圣之学不再如吴康斋先生通过几十年的读书涵养那样的繁琐辛劳，也不需要陈白沙几十年静坐持久涵养，而只需您一念顿悟，所谓一念善恶，一念良知，一念成圣，人人皆可以为圣人，这恰恰是新一轮的人性启蒙思潮的重新开启，这在泰州学派世俗化传播过程表现得最为明显。五百多年来，阳明学道德修养论历经沧桑，却也一直不断滋养读书人的心灵，尤其是偏僻山区偏于涵养抱有强大生命信仰的人，依然在现代还有重要的时代价值，不断辉耀良知的永久光明。

第一章　论阳明夫子心学的意与念

阳明夫子眼中的本心为自觉自在自动运行的彻天彻底的精灵，无所不生无所不贯，具有本体意义的实在。① 这种本体意义的存在也就是存在主义的学术精神。② 阳明的哲学旨趣与程颢所讲的万物一体的仁者心境相同。③ 阳明的心性概念与程朱心性说并无二致④。阳明的良知学则是在生死之念上赢取的带有

① 陈来教授说，此心体相当于萨特的“反思前的我思”、海德格尔“本真的生存状态”，也就是感情情绪的本然之体与本然状态。参见陈来：《有无之境：王阳明哲学的精神》，北京大学出版社，2013，第 9 页。

② 参见〔英〕瓦尔·西蒙诺维兹、彼得·皮尔斯：《人格的发展》，唐蕴玉译，上海社会科学院出版社，2006，第 67 页。再如，克尔郭尔（1813—1855）认为真理无法从与经验相割裂的事物中获得，只有当我们以个体对经验的知觉为起点，才能获得真理。罗洛·梅（1909—1994）指出，理想和真实生活的勇气就是有勇气选择未来，并且承受存在的焦虑。弗兰克（1905—1997）说，生命的真谛，必须在世界中找寻。在阅读明道、康斋、阳明论述的时候，我们经常可以感受到字里行间所踊跃出来的焦虑感与孤独感。

③ 关于王船山抽象思辨的详细研究参见陈赟：《回归真实的存在：王船山哲学的阐释》，复旦大学出版社，2007。

④ 在选取阳明心说时，优先考虑书信与诗歌里资料。论者本人论述更接近论者意思，学生门人弟子的记录（“语录”）多为论者本人启发学生而说的方便话。学生有时会曲解老师的意思。研究时，语录因为其言说的直接性可以作为补充材料以资借鉴。需要指出的是，阳明弟子绪山先生隆庆年间在编辑阳明文集的时候，为美化夫子形象，对阳明夫子原文不仅进行了润色，还在很多地方进行了随意或刻意的篡改与改动，这是颇为遗憾的。如闻人邦正版《何陋轩记》与隆庆版有 5 处不一致，《君子亭记》亦有 5 处不一致；徐珊版《居夷集》所存文章与隆庆版很多处不一致。因此，隆庆版阳明夫子全集亟需要重新校对整理。参见（明）王守仁：《居夷集》，三卷，《国立北平图书馆藏甲库善本丛书》，嘉靖三年丘养浩刻本影印，国家图书馆出版社，2015；（明）王守仁：《阳明先生文录五卷外集九卷别录十卷》，存二十二卷，《国立北平图书馆藏（转下页）

很强烈的生死关怀情怀，所以是有强大的冲击力的。阳明的良知（明觉心体）相当于自知、自觉的本心（性灵、精灵）。阳明的真心相当于天理浇灌于内心的饱满状态。有了真心的功夫修养，才会有真性的性体（至善性体）呈露。王阳明说“本心之良知，亦未有不自知者”①，又说“一念改过，当时即得本心”②，“本心之明，皎如白日”③，可见阳明在良知功夫论上强调“念”上下手，重视内心对私欲、思念的纠缠和挣扎，这与吴康斋读书和事物上“养性灵”不一样，也与陈白沙的静坐涵养“端倪”不一样，这是阳明对明代心学的创新之功。在功夫不断合本体的过程中，真心为学，如阳明说“学者欲为圣人，必须廓清心体，使纤翳不留，真性始见，方有操持涵养之地”④，这说明他自己的道德修养论最终目的还是要让心体应对世间的公共事务，使明觉心体要依托于真实事务，这样的修养才是真知真行。王阳明很担心一味的涵养心体容易让心体脱离性体的规范，所以他的“四句教”教法是要对所有人有效的，所有的教法只是权法，非定法。天泉证道要让所有人都可以获得良知学的真效用。因此，在阳明看来，所谓的“无心”心境也只是一种权境，也只是助修引者破其原初执着之念，进入新的良知世界，王阳明说的“有心俱是实，无心俱是幻；无心俱是实，有心俱是幻”⑤为的就是道德修养的本体与工夫的合一，体现出高度的不断创生性。⑥王阳明的“无心”心境其实与明道的天地万物一体、周流天下的大快活是契合的，而其成人之学就是做个大写的人，正是从这个意义上，

（接上页）甲库善本丛书》，嘉靖闻人邦正嘉靖十五年丙申（1536）刻本影印，国家图书馆出版社，2015；《阳明先生文录五卷外集九卷别录十四卷》，20册28卷本，（明）闾东嘉靖二十九年（1550）刻印，浙江图书馆总馆善本库藏；《阳明先生正录五卷外录九卷别录十四卷》，22册28卷本，（明）董聪于嘉靖三十五年（1556）刻印，浙江图书馆总馆善本库藏。

① （明）王守仁：《王阳明全集》，吴光、钱明、董平、姚延福编校，中册卷27，《书》《续编二》《与陆清伯书》，上海古籍出版社，2012，第1112页。

② （明）王守仁：《王阳明全集》，上册，卷4，《文录一》《寄诸弟》（戊寅），第193页。

③ （明）王守仁：《王阳明全集》，上册，卷4，《文录一》《寄诸弟》（戊寅），第193页。

④ （明）王守仁：《王阳明全集》，下册，卷32，《补录》《传习录拾遗》（42条），第1299页。

⑤ （明）王守仁：《王阳明全集》，上册，卷3，《语录三》，《传习录》下（黄以方录）条337，第141页。

⑥ 方同义：《中国智慧的精神：从天人之际到道术之间》，人民出版社，2004，第44—46页。方先生指出，阳明夫子所说的本体就是本心之良知，高度赞扬阳明夫子工夫与本体合一的互相展开，凸显知行合一智慧的重要性，良知学具有发展性、变动性和实践性品格。

"夫人者，天地之心，天地万物本吾一体者也"①

阳明夫子在教学中多次提出初心、本心、天心、天性、真心、真性、素心、无心等概念外，还丰富了天性与本性两个概念，也就是说阳明学在性学方面推进理学的发展。阳明所处时代心学学者辈出，学术间讨论日趋活跃，形成讲学活动的高潮。康斋良心学，白沙的端倪观，被阳明后学所吸收，为阳明学及其后学风行天下提供思想史背景、参照。阳明则直接讲真性，还提出天性与本性，主要为功夫主体而设的一些评价概念。阳明早年未倡良知学时，其心学、教法与程朱诸儒的存天理、去人欲并无二致，如"日用间何莫非天理流行，但此心常存而不放，则义理自熟"②，而阳明的洗心之法似与弼，如心"如斑垢驳杂之镜，须痛加刮磨一番，尽去其驳蚀，然后纤尘即见"③。待阳明对自己良知学自信时，方强调本心之觉悟，提出良知是宇宙的本原，是"生天生地"的精灵，抬升心之明觉能力，甚至贬低湛若水"体认天理说"为"枝叶"求"根本"，不如良知学"培其根本之生意"④。当阳明强调"知得意之是与非者，则谓之良知"时⑤，他就把良知学带入无法肉眼能见的意识领域与精深地步，康斋的"绝念"就难与其同日而语了。在某些方面，阳明就以心体为天理为良知，一定程度上背离传统程朱教法，招致部分保守派儒林人士的攻击。在阳明，他还能自觉到究良知未能知行合一可能导致"议拟仿象……只做得一个弄精魄的汉"⑥。其门人后学少有其境遇、慧根、坚韧和真实功夫，故传播阳明心学难免陷入空虚地步，空谈心性，直至阳明心学的消亡。孟子首次提出良心是成人的最低标准，他说"无恻隐之心，非人也；无羞恶之心，非人也；无辞

---

① （明）王守仁：《王阳明全集》，上册，卷 2，《语录二》，《传习录》中《答聂文蔚》条 179，第 89 页。

② （明）王守仁：《王阳明全集》，上册，卷 4，《文录一》，《书一》，《答徐成之》（辛未），第 163 页。

③ （明）王守仁：《王阳明全集》，上册，卷 4，《文录一》，《书一》，《答黄宗贤应原忠》（辛未），第 164 页。

④ （明）王守仁：《王阳明全集》，上册，卷 6，《文录三》，《书三》，《与毛古庵宪副》（丁亥），第 243 页。

⑤ （明）王守仁：《王阳明全集》，上册，卷 6，《文录三》，《书三》，《答魏师说》（丁亥），第 242 页。

⑥ （明）王守仁：《王阳明全集》，上册，卷 5，《文录二》，《书二》，《与杨仕鸣》（辛巳），第 207 页。

让之心，非人也；无是非之心，非人也。恻隐之心，仁之端也；羞恶之心，义之端也；辞让之心，礼之端也；是非之心，智之端也。人之有是四端也，犹其有四体也”①，从恻隐、羞恶、辞让与是非即仁义礼智四个层面论述良知意味。孟子以“良心”说接续中断多年的道统，将良心作为人之所以为人的最低价值标准，促进孔子成人之学在历代得到学习、继承和发展，成为中华民族的宝贵精神遗产。孟子的心学体系无疑成为宋代、明代心学的主要的精神食粮。阳明提出的四句教和王龙溪的四无说将心变为纯粹无杂念、灵明昭觉状态，后学多有禅宗风格。存理克欲自二程而大明，成己成人，以自得自觉为宗；存理即存天理，致知养气，让先知先觉者成为具有领导能力的道德英雄（Moral Hero）即圣贤。②圣贤推己及人，将善性扩充于宇宙，以至于大同。③王阳明并不是如梨洲说的那样小气，对白沙端倪学“后来从不说起”④。相反，阳明对白沙心学多有赞誉，给予其较高评价，阳明说“白沙先生学有本原，忒地真实，使其见用，作为当自迥别。今考其行事亲信友辞取予进退语默之间，无一不概于道，而一时名公硕彦如罗一峰、章枫山、彭惠安、庄定山、张东所、贺医闾辈，皆倾心推服之，其流风足征也”⑤。而其学生龙溪、薛侃则深入研究白沙心学思想，薛侃利用自己的特殊地位首次倡导将白沙配享太庙，拉近阳明心学与白沙心学的距离。

第一节　阳明夫子“致良知”学的兴起

王阳明的良知学以主体意志力的凸显来做道德修养的功夫，通过主体的意念性直觉的展开来实现道德知识，不仅与传统呆板的朱子格物之学迥异，也与明初吴康斋的静观反思、陈白沙的静养体认端倪不类。由于王阳明道德修养论的简易、通透和直接感悟的特点，再加上他自己的九死一生的传奇磨难，以及

① 《孟子》公孙丑章句上。

② 美国学者以“道德英雄”来翻译儒家的圣贤。可参见〔美〕墨子刻：《摆脱困境：新儒学与中国政治文化的演进》，颜世安等译，江苏人民出版社，1992。

③ 何信全：《儒学与现代民主》，中国社会科学出版社，2001。

④ （清）黄宗羲：《明儒学案》，卷 5，《白沙学案上》，第 78 页。

⑤ （明）魏时亮：《大儒学粹九卷》，明万历十六年刻本，四库全书存目丛书子部第 11 册第 467 页。

他晚年的非凡事功，使得他的良知学显得格外引人入胜，一下子紧紧抓住想摆脱困窘状况的读书人的心。那么多的读书人，即便是西北偏远山区的，通过直接接触、跟读、游学王阳明，或者是阅读王阳明的著作，或者直接拜于门下，或者挂像尊奉，或者传播其学，明代学风为之大变。而所有这些现象，都与王阳明良知学的特质有关。良知学的特点就是，无论你是谁，只要足够真诚、上进，您善于把握意识，善意开悟，善于知行合一，你都可以超凡入圣。以前那些艰苦的传统入圣的法子，在王阳明善于启发人教法顿悟指引下，容易上手，而王阳明对年轻学子的尊重、包容、热心和长时期的提携，慢慢形成一个庞大的学术流派：姚江学派、阳明学派，后世尊称这一学术为良知学、王学、阳明学。

王阳明与学友湛甘泉一样，主张为学“不从躯壳上起念”①，这是圣学入门第一步。“不从躯壳上起念”的学问，就是要摆脱名利财色等外在诱惑对虚灵本心思维力、决策力和意志力的干扰，公心问学，潜心治学，让本心可以对外在事物有绝对的宰制能力，使“心纯乎天理”，使得心体远离身体血肉之躯的干扰，从而实现读书人经纶天下、开物成务的最终目标。在这里，“此心纯乎天理处同”②，“心纯乎天理上用功”③，使自己实有之心“诚意”，王阳明与程朱理学家并无二异。如果王阳明的学问年仅停留在这里，那么他的学问也仅仅停留在程朱的心性之学。但是由于意外的政治生命残酷经历，贵阳绝境的“龙场之悟”，以后偏远山区血腥的军事生涯，以及随后的政治斗争的凶险，加上他自己常年对佛学、道家哲学的学习，使得他经历了生死之间的意念感悟，经过长期的系统总结，他摆脱了穷经、格物穷理、勿忘勿助、静坐等繁琐的成圣方法，提出了自己的新学问：良知学。王阳明意识到，在客观天理、主体之心之外，还有个隐微之意在保护每个人内心的道德信念、善心，使得那些卓越者可以对越神明，起死回生，力挽狂澜，逢凶化吉，这就是对良知的信念、信仰。致良知，在王阳明看来，就是要让善念从一奥妙难察觉的深层次领域开发出来，迸发出来，使得主体之心可以直接契合客观天理，从而实现千古圣贤治国平天下的壮志雄怀。

① （明）王阳明：《传习录》，阎韬注评，凤凰出版社，2009，卷上，第109条，第98页。
② （明）王阳明：《传习录》，阎韬注评，凤凰出版社，2009，卷上，第109条，第98页。
③ （明）王阳明：《传习录》，阎韬注评，凤凰出版社，2009，卷上，第109条，第98页。

王阳明发现，要使善良的意念从微妙之域呈现出来保护善良的人心的心法就是“正念头”，需要善于不断刺激内心的感悟意念，让自己时刻保持意念之善，就需要“必有事焉”上的磨炼，把潜意识的良知与外在公共事务、需要科学决策分析的事物联系起来，形成内心对事物内在道理的意向性。应该来说，王阳明使用的概念、范畴与核心命题确实令人耳目一新，与原来的理学家很不一样。即便是明代心学早期重要代表、自己好友湛甘泉的老师陈白沙，王阳明在自己的学术活动中很少提及。他或许觉得良知学是他自己很辛苦得来的，是“圣贤血脉”，自然需格外重视。在意念之学体系里，“念”作为核心范畴得到格外重视。决定善恶的也就是“念”。王阳明的“一念良知”①、“一念开明”②，都是要求道德修养者要狠狠与内心的恶念作坚决的斗争。天台宗以“一念无明法性心”为其学宗，王阳明为方便教人，也以“一念”心法开示其门人，俨然禅宗学风，其良知学也就成了“良知教”，其四句名言也就成了“四句教”。

1519年，48岁的王阳明在南昌与25岁的临川籍学生陈九川（1495—1562，号明水）问答时，讲出了意是心的发动机制，意是心活动的深层次，他说“其主宰处言之谓之心，指心之发动处谓之意，指意之灵明处谓之知，指意之涉着处谓之物，只是一件。意未有悬空的，必着事物，故欲诚意，则随意所在某事而格之，去其人欲而归于理，则良知之在此事者，无蔽而得致矣。此便是诚意的功夫”③。在这一年，王阳明任江西巡抚，戎马生涯，内心对意念的认识随着军事活动成功而逐渐自信，其意念之学逐渐成熟，指出了其心中的意是联系外在知识、自然事物和内在本心的沟通重要连接概念。④“心之发动处谓之意，指意之灵明处谓之知”相当于他后来四句教中“有善有恶意之动”、“知善知恶是良知”，“意之涉着处谓之物”也与“为善去恶是格物”联系起来，这样王阳明的四句教的功夫论根本着眼点就是意，只要可以在“意”上做足为善去恶的道德修养功夫，四句教也就成为真知真行的圣贤学脉了。诚意就成为四句教的功夫法门了，这样王阳明通过对意念学的范畴的确立，使得他的四句教

① （明）王阳明：《传习录》，阎韬注评，卷中，《答陆原静二》第8条，第179页。
② （明）王阳明：《传习录》，阎韬注评，卷中，《答陆原静二》第12条，第179页。
③ （明）王阳明：《传习录》，阎韬注评，卷下，陈九川录，第1条，第231页。
④ 黄宗羲也注意到意念二字合说，参见钱明：《阳明学的形成与发展》，江苏古籍出版社，2002，《“意”之内涵的转变》，第61页。

与《大学》内在逻辑契合起来，增强他的良知之学在士子心中的认同感。即便是进士的陈九川尚不能明白“意之所在为物”①这句话的深意时，王阳明便告诉他“身、心、意、知、物是一件”②，事实上道出了王阳明良知学的整体性、贯通性和一体性，他要用意去打通成圣的所有方面，一了百了。在王阳明的悉心教诲下，明水便做起了“正念头”的“诚意”功夫，不断遇到功夫上“打不成一片”③的困难，于是王阳明便鼓励、激励他，阳明说“意念着处，他是便知是，非便知非，更瞒地一些不得。尔只不要欺他，实实落落依着他做去，善便存，恶便去”④、“人若知章良心诀窍，随他多少邪思枉念，这里一觉，都自消融；真个是灵丹一粒，点铁成金”⑤，指出良知学要以意念为下手功夫，要靠内心的觉悟。说到良知对外物欲望的克制效果，他甚至把良知学上升到道家灵丹的效果，表现出较强的学术自信心。而明水性格颇为耿直，不肯流俗，为官颇多劫难，遭廷杖、诬陷、贬官、流放之苦，晚年更遭家庭惨变，却能依托良知学真实践履，转危为安，良知学护人之功效可见。

第二节　阳明夫子“良知”学的内在意向性

在意的发动机之下，人通过念头的转换可以在行动上表现出来，这就是“一念”心法⑥，即众所周知的“正念头”。在回答江西金溪弟子黄直“知行合一”困惑时，王阳明批评当时学者有“念头不善”的缺陷，指其“一念法动，虽是不善，然却未曾行，便不去禁止”，于是他“正要人晓得一念发动处，便即是行了；发动处有不善，就将这不善的念克倒了，须要彻根彻底，不使那一念不善潜伏在胸中”⑦，并且他自己称之为“立言宗旨”，可见其对“一念发

---

① （明）王阳明:《传习录》，阎韬注评，卷下，陈九川录，第 1 条，第 230 页。

② （明）王阳明:《传习录》，阎韬注评，卷下，陈九川录，第 1 条，第 231 页。

③ （明）王阳明:《传习录》，阎韬注评，卷下，陈九川录，第 4 条，第 235 页。

④ （明）王阳明:《传习录》，阎韬注评，卷下，陈九川录，第 6 条，第 237 页。

⑤ （明）王阳明:《传习录》，阎韬注评，卷下，陈九川录，第 9 条，第 239 页。

⑥ 杨国荣赞同王夫之的观点，认为王阳明的“一念发动”有模糊知与行的倾向，参见杨国荣导读,《象山语录、阳明传习录》，上海古籍出版社，2010,《阳明传习录导读》第 163 页。

⑦ （明）王阳明:《传习录》，阎韬注评，卷下，黄直录，第 26 条，第 251 页。

动”之学的重视。此句彰显阳明所渴望的光明心体、内心光明是纯粹至善德性满溢于内心深处，他要把心中贼、念率中不善的潜意识完全清楚，体现出一位大儒的豪迈情怀。[①] 阳明经常告诫他的学生要全心全意做为善念的功夫，这个“一念”功夫具有西方哲学家塞尔（John Searle）所说的“意向性”[②]，是行动的，如王阳明说“一念孝亲”[③]，善念如“树之根芽”[④]、“树之种”[⑤]，通过“一念”“指向、关于、涉及或表现其他客体和事态”[⑥] 来遏制内心的恶念，这些按现代科学术语来说虽是在“脑中进行的神经生理过程”[⑦]，却“表现了可能的未来事态”[⑧]，实现了“世界向人心的符合趋向的未来指向”[⑨]，沟通了心—身之间从无到有、从隐到显的感应与互动。塞尔说，“意识和意向性是有大脑中较低层次的神经元作用导致的生物过程”[⑩]，意向性的心智状态包括“信念、欲望、意向和知觉”[⑪]，意向性“指向超出了自身的东西”[⑫]，这样就从现代心理神经生物学解释王阳明意念之学具有知行合一的可能性。王阳明特地要求学生“一心一意”、“千思万想务必求得此至善”[⑬]，这说明他预见到意向性的心理活动会带来主体意想不到的气质变化。在这样的思维下，他提出“念念致良知”来做复性的道德修养功夫，也容易将后学引入意念学的精深地步，特别是那些天资聪敏的学生，更是受到鼓舞，强调“几”、“一念”等觉悟心法，开启阳明后学的

---

① 李素平：《王阳明“一念发动处即是行”解析》，《中国哲学史》，1998 年第 4 期，第 89 页。李素平博士认为，王阳明强调个体道德实践主体的“一念发动处便即是行了”，是从道德修养论上而不是从认识论说的，它并不一定导出王船山所批评的“销行归知”、“以知为行”的结论。

② 〔美〕塞尔：《心、脑与科学》，杨音莱译，上海译文出版社，2006，第 110 页。

③ （明）王阳明：《传习录》，阎韬注评，卷上，徐爱录，第 85 条，第 77 页。

④ （明）王阳明：《传习录》，阎韬注评，卷上，徐爱录，第 55 条，第 57 页。

⑤ （明）王阳明：《传习录》，阎韬注评，卷上，薛侃录，第 117 条，第 104 页。

⑥ 〔美〕塞尔：《心、脑与科学》，杨音莱译，第 110 页。

⑦ 〔美〕塞尔：《心、脑与科学》，杨音莱译，第 113 页。

⑧ 〔美〕塞尔：《心、脑与科学》，杨音莱译，第 124 页。

⑨ 〔美〕塞尔：《心、脑与科学》，杨音莱译，第 124 页。

⑩ 〔美〕塞尔：《心灵的再发现》，王巍译，中国人民大学出版社，2005，《导言》，第 2 页。

⑪ 〔美〕塞尔：《心灵的再发现》，王巍译，《导言》，第 2 页。

⑫ 〔美〕塞尔：《心灵的再发现》，王巍译，第 74 页。

⑬ （明）王阳明：《传习录》，阎韬注评，卷上，徐爱录，第 94 条，第 82 页。

更深的地步，却也容易偏离道德自我束缚，而遗忘五经、走入狂禅的地步。

意念之学的涵养需要慎独学的支持。王阳明也意识到主体慎独对善念的守护。他说“独知处便是诚的萌芽。此处不论善念恶念，更无虚假……戒惧亦是念。戒惧之念，无时可息。若戒惧之心稍有不存，不是昏聩，便已流入恶念”①，又说“能戒慎恐惧者是良知”②，使得他在世的时候良知学不至于流于过分凸显意念知觉的作用。意念本身有好坏之分。③在心性学时代，意念更多是作为自私的潜在固执的念头、“私意”或者恶意等应该除去的念头。心学兴起后，杨慈湖的不起意心法以无意为宗，也让后学不敢对意念之学深入实践、讨论。当代中国阳明学研究专家钱明研究员指出，王阳明对“意”的解释有“私意”与“公意”前后两种说法，导致其后学对意念学看法不同。④晚年阳明对意念的认识较为纯熟，多以“意念”来看待意，“凡应物起念处，皆谓之意。意则有是有非，能知得意之是与非者，则谓之良知”⑤，这时王阳明 56 岁（1527 年），功夫已到炉火纯青的地步，把知道好的意念作为检验良知的标准，提升深层次意念在良知学体系中的地位，从而为其门人重视。不难理解，天资聪颖的阳明后学高足王龙溪提出一套精深细密的“一念”学体系，专从意念上发展阳明良知学，可谓用心良苦。⑥王塘南以不懈的经历，刻苦顽强，从“几”上以生机之意、断续之念透至善性体，“不执意念”，构建庞大的“几”学体系。⑦而王一庵一生以讲学为主，以志为意，其慎独诚意之说以“意为心之主

① （明）王阳明：《传习录》，阎韬注评，卷上，薛侃录，第 122 条，第 110 页。

② （明）王阳明：《传习录》，阎韬注评，卷中，薛侃录，《答陆原静二》，第 5 条，第 174 页。

③ 钱明研究员专门分析先秦至明朝的儒学家对“意”的界定，区分了意志、意念、诚意、私意等概念，参见钱明：《阳明学的形成与发展》，第 211—223 页。

④ 钱明：《阳明学的形成与发展》，江苏古籍出版社，2002，《“意”之内涵的转变》，第 60 页。

⑤ 吴光、钱明、董平、姚延福编校，（明）王阳明：《王阳明全集》，上海古籍出版社，2006，卷 6，《文录》3，《答魏师说》（丁亥），第 217 页。

⑥ 彭国祥：《明儒王龙溪的一念工夫论》，《孔子研究》，2002 年第 4 期第 54 页。彭国祥博士对王龙溪的一念之学做了较为全面的分析，王龙溪区分“本念”与“欲念”、“正念”与“邪念”的差异，指出其着重凸显“一念之微”的“几”学心法和诚意工夫。

⑦ 钱明：《阳明学的形成与发展》，江苏古籍出版社，2002，参见《阳明后学的主意趣向》，第 223—228 页。

宰”，与刘念台的诚意说颇多契合。①总之，经过阳明后学对意念之学的发展和推进，对生意、意志、心意等意念学的百年构建，在刘念台那里，意就成为比心范畴还重要的宇宙最高本体。②按黄宗羲研究专家朱义禄教授的话说，刘念台的理学思想核心学理就是“唯意志论”③，“刘宗周的‘意’，是指人们在践履自己行为时的专一与坚定，以及战胜困难的勇气与力量”④，意成为一种信仰甚至相当于宗教理念的“神”，高扬主体内心的意志信仰与对伟大崇高目标的至死不渝，他自己也以最艰苦卓绝的努力证明意志之学的有效性，同时也捍卫明代理学努力高度的至上尊严。故王茂与蒋国保等学者指出，心学思想的发展将会出现“崇尚人的主观意志的力量，凸现人的主观能动性，以至于走上唯意志论”的现象⑤，刘念台以意范畴超越良知范畴⑥，这是阳明后学不断往内用力、重视意念的深层次心理学的学理发展。

第三节　阳明夫子“致良知”教风行天下

康斋的养良心、白沙的“养端倪”和阳明“致良知”核心思想是一致的。明初心学的发展脉络呈现出继承开拓特点，正是阳明的良知学把明代心学带入深厚精深的意念学领域，最后在念台那里形成以身献道德诚意之学。⑦良心、

---

① 钱明：《阳明学的形成与发展》，江苏古籍出版社，2002，参见《王一庵的主意说及其对泰州王学的修正》，第228—239页。

② 钱明：《阳明学的形成与发展》，江苏古籍出版社，2002，第251页。

③ 朱义禄：《论刘宗周的唯意志论：兼论阳明心学的终结》，《东方论坛》，2000年第3期，第5页。朱义禄深刻的分析刘宗周的意志之学，并认为刘宗周的意志之学终结阳明心学。此论值得深思。

④ 朱义禄：《论刘宗周的唯意志论：兼论阳明心学的终结》，《东方论坛》，2000年第3期，第4页。

⑤ 王茂、蒋国保等，《清代哲学》，安徽人民出版社，1992，第49页。

⑥ 钱明：《阳明学的形成与发展》，江苏古籍出版社，2002，第254页。黄宗羲赞同此说，甚至以念台的主意之说诠释王阳明的良知学。

⑦ 方祖猷：《黄宗羲长传》，浙江大学出版社，2011，第362—363页。方先生对念台与梨洲的意念心法进行深入的探讨，对念台意为心之体，以意制念，在意根上讨工夫，主意中见真工夫，参见该书第149—159页。对一庵、敬庵、念台的意念学的分析可参见邹建锋：《明儒学脉研究：以吴康斋到刘念台的师承为线索》，社会科学文献出版社，2014。

端倪和良知三个概念均体现出理心合一、德性内聚于生理之心的特性，而养良心、“养端倪”与“致良知”则是实现天人合一的功夫过程。15 世纪到 16 世纪明代心学史的内在理路呈现出高度一致性，明代学脉在促进学术发展的进路上长盛不衰，而作为良心的儒家道德修养的核心价值一直都得到坚守。白沙求心体“端倪”之呈现无疑为阳明心学的大明开启潘多拉之盒。尤其是他的致虚立本、主静和自然为宗，打开阳明后学真心、真性说的潘多拉魔盒。在白沙、阳明探求心体的影响下，明儒援道入儒，纳气入理，开启真心说的新路。白沙以“端居养静虚”①、“吾坐养吾真”②为“端倪”之呈现，获得万物一体、自得、自然与自由之心境，一定程度上与阳明相契。不同的是，白沙之端倪呈现追求心体之潇洒，自我的陶醉，步入“至虚”禅学，回归自然世界，而阳明功夫之后则以功利效用为念，回归真实世界，归路稍有不同。

胡敬斋的“本心即理”、“理心本一”和陈白沙理心吻合、凑泊说均与王守仁“心即理”说内涵一致。吴康斋由工夫而证本体的理契于心的感悟与王阳明“心即理”功夫进路异曲同工。陈白沙认气作理，将元气之理上升为天地之道，抬升个体内心的明觉能力和意向性，以自然为宗，以主静为入手功夫，将良心观内化，追求心体的自由、洒脱和快乐，开出明代心学的新局面，一时风靡，被誉为“真儒复出”。在此基础上，王阳明超越有无对待、敬静之分，一以直觉冥想，加上自己传奇的事功和活泼真诚的教法，阳明心学顿时风行天下，明代心学蔚为大观。

阳明对学生的关心、支持、鼓舞和培养是风动天下的。特别是王阳明的功业更是无人望其背，再加上其光明人格，所有这一切，都注定了王阳明是明代学术的主流和支柱。书写明代思想史，不对王阳明的良知学大书特书一番，也是对不起读者的。而阳明的学生中，虽然有一些豪杰之士、醇修之士，当然也没有一个有王阳明那样的教法、机遇、才华和光明人格。阳明弟子对师学的传播也是不遗余力，这点比湛甘泉对白沙学的传播有过之而无比及。在传播阳明学弟子中，有恪守师说的钱绪山，有谨严修身的邹东廓，有以禅学接洽的王龙溪，有民间化的泰州学派，更有得其“嫡传”的北方王门，不一而足。另一方

① （明）陈献章：《陈献章集》，卷 4，《五言律诗》，《南归寄乡旧》（十首），第 351 页。
② （明）陈献章：《陈献章集》，卷 4，《五言律诗》，《筑室》（二首），第 368 页。

面，崇仁后学余脉、甘泉弟子、东林学人、传统理学家也都不遗余力的批评、反对、阻击阳明学。在护卫者和批评者的交互声音中，阳明学和程朱理学共同成长、发展，也客观上推进了经学思潮和实学思潮的成长，学术风气为之一变。从养良心到致良知，最后由慎独诚意之学体现出对程朱理学的回归，明代学脉的传承表现出价值的回归和涵养方法上的成长。正是对心性涵养方法的不断探求和对德性价值的坚定坚持，中国传统文化的精华与优秀文明在时间的轨道内不断地学习成长，中华文明在满怀光芒人格的儒家的努力下赖以不坠。

总之，国内学术界普遍注意到阳明夫子良知学体系与结构中精灵概念所具有的意向性，也注意到刘念台、黄梨洲对良知意念意蕴的充分吸收，但一直以来缺乏对良知心学意念维度对唐一庵、许敬庵、刘念台与黄梨洲一脉学术思想细致与具体的分析，以致我们往往忽视去探究 16 至 17 世纪中国浙西学派对浙东学派具体传授及其工夫论。明代宁波的浙东心学的学术重要源头无疑源于阳明夫子心法，这在湖州吴兴一庵先生的文集中得到明显的确证。念台“意为心之所存”与梨洲“意是心之主宰”对意学的充分探讨与阳明夫子对意念的充分重视是密切相关的，因此，明代儒学如丝线般的深密精细主要体现在宁波学人对意念之学的幽深思维。可见，16—17 世纪中国的绍兴心学、湖州心学与宁波心学体现出逻辑的高度相关性与师承传承，而对意念、意志与意向的共同重视和分析就是他们的核心话语体系。

第二章　阳明心学实践性品格：治理思想及其影响

在家学、博览、游历、从政、外放、静坐、交友、军旅生涯、大起大落与生死之悟的长期磨炼中，阳明通过对内心良知的自信与扩充而建立起卓越的军功与不朽的教育事业。王明阳在哲学上提出“知行合一”的良知学，号召人们利用自身的良知克服内心的私欲和恐惧，致力于身心之学的践履；在行政管理实践上，他善于结合当地的风情发挥地方性知识致力于有效的治理制度的实践和创建，创造性地提出乡约治理模式，为中国落后地区地方秩序的维护贡献最好的时代智慧，他设立的乡约法规，沿用长久，并具有现代法治的精神，因此从这个意义上而言，王阳明不愧是中国行政管理思想活学活用的典范和先驱，并间接鼓励了以曾国藩为代表的一批近现代豪杰致力于乡村秩序和民族自治制度的智力探索，可谓对中国民主化进程影响深远。作为宇宙本体的精灵之学不仅要在内圣学脉上鲜活，也应该在积极服务地方发展上实践，真正从知行合一的维度上传承与推进良知学脉，从而为人与社会的双重现代化服务。阳明夫子执政思想将治理的技术力发挥到了高度艺术化的程度，同时坚持治理的道德性，体现道德力与技术力的完美耦合，对当前的国家治理也具有重要的参考价值。

在我国传统治国理政思想里，道德力与技术力总是处于相互冲突却又相互耦合的过程中。从某种程度上说，虽然国家治理是个技术问题，但却又是个道德问题。国内著名政治学者俞可平教授所说，目前全球政治过程的重心正从统治（government）通往治理（governance），从善政（good government）通往善治（good governance）①，其实，阳明夫子的治政思想呈现出他作为全能儒的高

① 俞可平：《经济全球化与治理的变迁》，《哲学研究》，2000 年第 10 期，第 17 页。

度灵活性，不再是道德化的说教，不再是极权的高压控制，而是“力图发展起一套管理公共事务的全新技术”①，融合社会参与的多方位的国家稳固方法，结合道德力与技术力的共同优点。阳明夫子的治政思想，不仅体现明代大儒对公共利益的表达、综合、确定、实现与维护的全面建构②，也体现对我国传统治理技术道德力与技术力的创造性转化与创新性发展。阳明夫子的政治思想不是迂腐的空谈心性，其治政思想就很好的体现德法融合的特点，是有一定时代意义和当代价值的。

第一节　阳明夫子治理思想

王阳明（全名王守仁，1472—1529，字伯安，余姚人）是16世纪初期乃至明朝最著名的思想家、军事家、教育家，更是一位卓有建树的行政管理思想家。年轻时，年方15岁的王阳明曾经出游居庸关月余，体察民风，感觉民情，就有平定四方的大志向。③ 28岁中进士后，阳明担任刑部云南清吏司主事，审录江北囚犯，秉着教育为主的原则，平凡不少冤假错案。后来阳明还主持山东的乡试，提拔了一批年轻有为的经世之才。④在34岁北京为官期间，他就与方献夫、湛若水、黄绾等人以昌明儒学为己任，读书讲学，提高当时政府官员的道德修养和为治之道。⑤他敢于抗争，为正义倡言，结果得罪当时的大宦官刘瑾，结果被杖责四十大板，流放贵阳龙场驿。在偏僻西部龙场驿的二年时间里，王阳明并没有自暴自弃，相反他闲暇之余默写经书，撰写了十余万字的《五经臆言》⑥，以自己的注解心得重新诠释五经思想提出不少有关治国理政的新见解。同时，在贵州时，他接受当时贵州官员席书的邀请，担任多所政府学校的讲官，为教育、文化落后的地区布讲先进的文化理念。在1509年阳历

① 俞可平：《治理与善治引论》，《马克思主义与现实》，1999年第5期，第41页。

②〔美〕阿尔蒙德：《比较政治学：体系、过程与政策》，曹沛霖等译，上海译文出版社，1987，第38页。

③《王阳明全集》第五册，据民国22年万有文库本《王文成公全书》繁体转简体版，北京线装书局，2012，卷六，《年谱一》，第4页。引用出处下同。

④《王阳明全集》第五册，卷六，《年谱一》，第6—7页。

⑤《王阳明全集》第五册，卷六，《年谱一》，第7—8页。

⑥《王阳明全集》第五册，卷六，《年谱一》，第9页。

三月十八日至九月之间，39 岁的王阳明担任江西吉安地区庐陵县知县，正式开始他一路开挂的行政管理梦幻之旅。在他短短 7 个月的地方政府首脑任职期间，他提出德性政府的理念和政策，提出先德后法的责任政府建设，表示他要以模范、负责的精神带领全县人民治政。阳明的庐陵治政首创现代契约精神，明确提出官、民之间要双方均须遵守公告的具体规定，具有现代意义上的法治和契约精神。阳明的《告谕庐陵父老子孙》① 为他治政庐陵 7 个月的工作总结，其内涵的契约精神就是后来《南赣乡约》的先声，“近于现代地方自治制度”②。

阳明在《告谕庐陵父老子孙》公告中首先指出庐陵县民“以健讼称”，这与庐陵一直以来被誉为的“文献之地”不相称，作为知县“甚为吾民羞之”，故而，阳明庐陵治政就是要息讼，要恢复理学之乡文教繁荣的状态，建设一个开化而又文明的地方政府。③ 众所周知，吉安人独立、有气节，却也带来不肯妥协的倔强特性，“健讼”之称由来已久。为了息讼，建设礼让的美丽乡村，王阳明与全县民众约定，他说，“今与吾民约，自今非有迫于躯命，大不得已事，不得辄兴词。兴词但诉一事，不得牵连，不得过两行，每行不得过三十字。过是者不听。故违者有罚。县中父老谨厚知礼法者，其以吾言归告子弟，务在息争兴让。”④ 这种官民约定，具有亲和力，更具有德治色彩。在治理中，他首先界定知县受理诉讼的范围，就是涉及身家性命的案件，除此之外的案件应该有里老负责解决。在讼的规定上，阳明通过地方分权的办法，鼓励里老处理诉讼的积极性，有利于地方平安秩序的建设。另外，为了提高阅读讼受理的效率，他限定 60 个字，设定一事一讼的办法，简化流程，都是从行政效率上着眼。最重要的是，阳明采用“约”的方法，拉近官民之间的距离，确定官民之间的权利和义务，明确官民各自的职责，有利于民众诉讼事务的解决。最后，阳明恢复朱元璋时期的乡间里老处理民间一般性民事纠纷制度，让德高望重的乡间里老处理民间纠纷有利于社会秩序和谐。

除了诉讼制度的设计，阳明还出台一系列了很多勤政爱民、体恤民情的公共政策。首先是面对庐陵全县“大行”“汤药馇粥不继，多饥饿以死”的疫情，

① 《王阳明全集》第四册，卷五，《续编三》，《告谕庐陵父老子孙》，第 125—129 页。

② 萧公权：《中国政治思想史》，新星出版社，2005，第 372 页。

③ 《王阳明全集》第四册，卷五，《续编三》，《告谕庐陵父老子孙》，第 125 页。

④ 《王阳明全集》第四册，卷五，《续编三》，《告谕庐陵父老子孙》，第 125 页。

王阳明除了号召大家“出入相友，守望相助，疾病相扶持”，互相帮助，有钱的出钱，有力的出力之外，“官给之药”，赈济全县买不起药的贫民；并“已遣医生，老人分行乡井”，分派医生和老人到各个乡镇救灾。① 对于那些有能力帮助大家解决灾疫的优秀人士，阳明提出自己会亲自拜访，体现出其救民于难的担当精神。其次，面对全县的旱情，阳明发布了“停催征”的规定，缓解民众的焦虑感和生活压力。② 针对抗旱引发的“不下千余”家的大火，王阳明仔细分析大火绵延的原因，“衢道太狭，居室太密，架屋太高，无砖瓦之间，无火巷之隔”，接受乡民“民居夹道者，各退地五尺，以辟衢道；相连接者，各退地一尺，以拓火巷”街道房屋设计提议，提出“凡南北夹道居者，各退地三尺为街；东西相连接者，每间让地二寸为巷”，“沿街之屋，高不过一丈五六，厢楼不过二丈一二”，并官府出钱，“助边巷者为墙，以断风火”，有效地解决木屋结构房子火势蔓延的弊病。③ 再次是面对全县的盗情，阳明接受“父老豪杰”的提议，建设了保甲制度。所谓保，就是乡村者，村自为保；城市者，十家为甲。保甲制度的成立，阳明试图增强父老的道德影响力，通过父老与民众的交流，“平时相与讲信修睦，寇至务相救援”，并对子弟中“平日染于薄恶者”采取父老教诲的保甲政策，而不是命有司抓捕，体现出浓郁的德治特色。④ 最后，在处理军民“互争火巷”的纠纷的过程中，阳明采取一视同仁的公平态度。总之，阳明庐陵治政时期，针对当时旱灾、疫情与火灾接连而至的比较危急情况，王阳明敢于为民请命，“连名具呈”⑤，向上级打了个“乞蠲免以苏民困”的报告，陈述了“旱灾相仍，疾疫大作，比巷连村，多至阖门而死，骨肉奔散，不相顾疗。幸而生者，又为征求所迫，弱者逃窜流离，强者群聚为盗，攻劫乡村，日无虚夕”的严峻现实⑥，同时反映上级赋税“增至一万余两，比之原派，几于三倍”的现实⑦，并承担由此可能带来的“有迟违等罪，止坐本职一人，即行罢归田里”政治风险⑧，体现出其诚心治政的勇气和智慧。

① 《王阳明全集》第四册，卷五，《续编三》，《告谕庐陵父老子孙》，第 125—126 页。
② 《王阳明全集》第四册，卷五，《续编三》，《告谕庐陵父老子孙》，第 127 页。
③ 《王阳明全集》第四册，卷五，《续编三》，《告谕庐陵父老子孙》，第 128 页。
④ 《王阳明全集》第四册，卷五，《续编三》，《告谕庐陵父老子孙》，第 127 页。
⑤ 《王阳明全集》第四册，卷五，《续编三》，《庐陵县公移》，第 130 页。
⑥ 《王阳明全集》第四册，卷五，《续编三》，《庐陵县公移》，第 129 页。
⑦ 《王阳明全集》第四册，卷五，《续编三》，《庐陵县公移》，第 129 页。
⑧ 《王阳明全集》第四册，卷五，《续编三》，《庐陵县公移》，第 130 页。

同时，在地方事务治理中，阳明恢复很多朱元璋时期的公共政策，缓解地方矛盾，保护乡民的利益，如“清驿吏以延宾旅”、“绝镇守横征”等等。①

专权的太监刘瑾被诛杀后，阳明从正德五年冬十二月至九年四月不到三年半的时间内，连升数级，跨越式被提拔，在整个明朝不多见。他历任南京刑部四川清吏司主事（其11年前的职级）、吏部验封清吏司主事、文选清吏司员外郎、考功清吏司郎中、南京太仆寺少卿、南京鸿胪寺卿②，仕途平步青云，一飞冲天，算是朝廷对其龙场驿三年谪居时期的回报。此时的王阳明，才华之盛名传天下，深得尚书王琼的欣赏，恰好汀漳诸处贼寇犯南、赣，于是满腹才华的王阳明在正德十一年九月升官为都察院左佥都御史，巡抚南、赣、汀、漳等处③，并在次年九月改提南、赣、汀、漳等处军务④迅速升为封疆大吏。在随后的日子里，阳明事实上充当了一方诸侯的封疆大吏角色。除了众所周知的盖世军功外，阳明的省级性地方政府治理也颇见精彩。在江西、福建、广西、湖北四省交汇的剿匪中，还是南昌平定宁王的过程中，阳明融儒学于军务、政务，公共事务之中的治理技巧达到很高的艺术境界。

首先，阳明尊重当地居民的建议，先后上书奏设清平县、崇义县与和平县，其中崇义县与和平县奏疏最终获得批准。通过在边界地区重新设置县府，不仅有利于对地方经济和社会的长期管理，更有利于对四省交界的偏远地区的秩序管理。在南靖县义民乡老曾敦立、林大俊看来⑤，正是由于各乡镇地处大山峻岭之间，地理遥远，交往不变，政教不及，导致不知法度的民众聚众闹事，抢劫乡村，有的甚至相诱出劫，导致群匪猖獗的局面。而唯有新立县治方可加强对贼巢的控制，同时通过学校教育的普及，移风易俗，长治久安方可形成，故县治是“御盗安民之长策”⑥。此年闰十二月初五日，王阳明在平定江西横水、桶岗寇贼之后，再疏升上犹县崇义里为崇义县⑦，以免出逃之贼寇复来

① 《王阳明全集》第五册，卷六，《年谱一》，第11页。
② 《王阳明全集》第五册，卷六，《年谱一》，第12—16页。
③ 《王阳明全集》第五册，卷六，《年谱一》，第18页。
④ 《王阳明全集》第五册，卷六，《年谱一》，第22页。
⑤ 《王阳明全集》第二册，卷三，《奏疏一》，《添设清平县治疏》（十二年五月二十八日），第57页。
⑥ 《王阳明全集》第二册，卷三，《奏疏一》，《添设清平县治疏》（十二年五月二十八日），第59页。
⑦ 《王阳明全集》第五册，卷六，《年谱一》，第27页。

聚会。① 在《立崇义县治疏》疏文中，阳明分析江西赣州贼寇源于广东流动而来的畲贼，这批畲贼开始只是砍山耕活，后来就慢慢干起杀人抢地的勾当，并拉拢附近万安、龙泉诸县逃避徭役，百工技艺游食之人，“分群聚党”，数以万计，从抢劫乡村，到打劫郡县，最后居然设立总兵、自封为王，扰民日甚。②因此，盗贼剿平之后，招人垦田，兴修学校，建设“礼仪冠裳之地”③，维持长治久安，设立县治是首要之务。次年五月（1518 年），王阳明在平定广东大帽、浰头寇贼之后，疏升“山水怀抱、地势坦平、人烟辏集，千有余家”的龙川和平为县治地④，建议设和平巡检司于浰头以遏要害⑤，此县设立意在“控制三省贼冲之路”，防止“流贼复聚”⑥。崇义与和平县的新设，有利于两地战后社会秩序重建。

其次，阳明通过彼此之间订立契约的方式推行乡约，大力推进德治政府建设。王阳明深知，凭借单纯的设立县政府的方式只是从外在权威方面给予盗贼以打击，尚不足以治理乡村、安定民心，必须从改善人心、增进民俗等内源式方面全面推进社会稳定工作。因此，阳明在江西和广东交界处平定盗贼的两年时间里，大行乡约，移风易俗。十家牌法的建设，从军事上有效地遏制盗贼的活动空间，挤压盗贼的活动地带，入盗人数越来越少，也团结广大人民群众，是一种依靠群众军民合一的管理体制。而乡约则是利用社会自身力量，通过去恶从善的内在道德行为，利用人类自身的忏悔和反思的能力，提升整个社会的道德修养水平。《南赣乡约》是王阳明自己对乡村秩序自治政策不断发展的结果，是对其在庐陵知县任职期间的《告谕庐陵父老子孙》的推进。王阳明每到一地，必有劝谕地方民众修德行善、齐家治身的《告谕》，如《告谕各府父老

---

① 《王阳明全集》第二册，卷三，《奏疏二》，《立崇义县治疏》（十二年闰十二月初五日），第 88—90 页。

② 《王阳明全集》第二册，卷三，《奏疏二》，《立崇义县治疏》（十二年闰十二月初五日），第 88 页。

③ 《王阳明全集》第二册，卷三，《奏疏二》，《立崇义县治疏》（十二年闰十二月初五日），第 90 页。

④ 《王阳明全集》第二册，卷三，《奏疏三》，《添设和平县治疏》（十三年闰五月初一日），第 105 页。

⑤ 《王阳明全集》第五册，卷六，《年谱一》，第 32 页。

⑥ 《王阳明全集》第二册，卷三，《奏疏三》，《添设和平县治疏》（十三年闰五月初一日），第 105 页。

子弟》[①]《告谕新民》[②]《告谕》[③]《告谕父老子弟》[④]，内容大多以道德性劝诫为主，要求地方民众要有容忍的美德，要安居乐业，要生活朴素，要谦让等等。在《南赣乡约》中，王阳明强调乡民自己对内心“一念”的控制[⑤]，要求大家始终要树立善念，所谓念善成善、念恶成恶。由于个体的道德修养在群体中容易被同化，因此阳明制定一套复杂的去恶从善的程序和仪式，有着严密的“纠过”方法[⑥]，在群体行为中每个人的道德素质不断得到提升。《南赣乡约》的目的就是要让乡民之间以契约的方式解决乡村公共事务，其核心机构由 17 个人组成，其中德高望重者正副约长 3 人（正职 1 人，副职 2 人）、公直果断的约正 4 人、通达明察的约史 4 人、公直果断的约正 4 人、精健廉干的知约 4 人、礼仪习熟的约赞 2 人。乡约机构负责乡村大到上级赋税小到民间丧娶的各类公共事务，主要目的就是维护乡村秩序，使个个乡民成为“良善之民”[⑦]，防止乡民最后成为流寇。民俗民约民治这种道德内化的地方治理方法成本低，亲和力大，有助于地方治安的长久和平。

最后，阳明大兴教育，通过地方政府的力量，发展州学、社学，延请名师，重视贤才，通过普及文教的方式提高地方民众的文化水平。王阳明不拘一格的启用人才，自己身体力行的到处讲学，提高地方的文化知识水平。其中，阳明于正德十三年四月立社学，教育乡村儿童；七月，刻《古本大学》，改变朱子注《大学》的一家独尊的学风；九月，修濂溪书院，馆待诸生。[⑧]正德十五年，阳明劝留南康府教授蔡宗兖，“修葺学宫，供给薪水”[⑨]，以表示对德高望重学者的尊敬。嘉靖七年正月，阳明给予士人谭劼、苏彪社学师名号、乡老黄永坚耆老名号[⑩]；四月，兴思、田学校；六月，兴南宁学校，其中陈逅主

---

① 《王阳明全集》第二册，卷三，《公移一》，第 262 页。
② 《王阳明全集》第二册，卷三，《公移一》，第 268 页。
③ 《王阳明全集》第二册，卷三，《公移一》，第 293 页。
④ 《王阳明全集》第二册，卷三，《公移一》，第 296 页。
⑤ 《王阳明全集》第二册，卷三，《公移二》，第 324 页。
⑥ 《王阳明全集》第二册，卷三，《公移二》，第 326—327 页。
⑦ 《王阳明全集》第二册，卷三，《公移二》，第 324 页。
⑧ 《王阳明全集》第五册，卷六，《年谱一》，第 31—34 页。
⑨ 《王阳明全集》第二册，卷三，《公移二》，《仰南康府劝留教授蔡宗兖》，第 341 页。
⑩ 《王阳明全集》第二册，卷三，《公移三》，《批立社学师耆老名呈》（嘉靖七年正月），第 348 页。

教灵山诸县，支持建设敷文书院[①]，并延请博通经学的季本主教敷文书院[②]，馆待福建莆田前来游学的陈大章[③]，奖励有功儒士岑伯高[④]，大力推进了圣贤之学在广西地区的传播。传统社会的德教兴国虽然不如今天科技兴国这般有效，但对于农业时代而言，普及教育，重视人才，是儒家守成之治的重要方法，有利于乡村和地方社会的长治久安，是治本之法。

王阳明行政管理思想的内在逻辑遵循着古代士大夫理想人格崇拜。在王阳明的心里，王政的逻辑归要于德才于一身豪杰的出现，学者型官员的崛起会带来学术风气的好转，而学术风气的好转必定会带来官场士风的丕变，官场风气的好转自然会带来天下的和谐，这种思想体现出古代读书人典型的"学而优则仕，仕而优则学"学士双仕的逻辑。在孔子的眼里，"达则兼济天下，穷则独善其身"，体现出我国古代读书人轻重有余、进退自如的行政管理境界。故而，时在广西的阳明针对当时嘉靖初年的行政管理形势，他说"今夫天下之不治，由于士风之衰薄；而士风之衰薄，由于学术之不明；学术之不明，由于无豪杰之士者为之倡焉耳"[⑤]，因此治体核心重在朝廷要善于选拔德才兼备的豪杰让他们主持政局，"明学术，变士风，以成天下治"[⑥]。而事实上，王阳明在担任江西和广西行政长官的时候，推荐了一大批优秀的地方政府官员，竭力提倡以"致良知"为核心的道德修养论[⑦]，诚心治政，鼓舞并接洽后学，共成天下之治。在同时代的豪杰中，王阳明无疑算是善于发掘人才的典范，因此在其显赫的军功中，其发掘的足智多谋的豪杰都是当时最优秀的人才。阳明赞当时福建市舶副提举的舒芬（1487—1531，江西进贤人），说其"志行高古，学问深醇，直道不能趋时，长才足以济用，合就延引，以匡不及"，要求当时泉州府

① 《王阳明全集》第四册，卷五，《续编五》，《批苍梧道创建敷文书院呈》（九月初六日），第129页。

② 《王阳明全集》第五册，卷六，《年谱三》，第91页。

③ 《王阳明全集》第二册，卷三，《公移三》，《牌行南宁府延师讲札》（八月），第358—359页。

④ 《王阳明全集》第二册，卷三，《公移三》，《犒奖儒士岑伯高》，第362—363页。

⑤ 《王阳明全集》第三册，卷四，《外集四》，《送别省吾林都宪序》（戊子），第183页。

⑥ 《王阳明全集》第三册，卷四，《外集四》，《送别省吾林都宪序》（戊子），第184页。

⑦ 在近现代中国哲学领域研究范围内，国内学者对王阳明的良知学是研究最多的，对王阳明全集的整理版本特别多，对阳明良知学研究成果也最多，可参见近人陈荣捷、陈来、杨国荣、钱明等学者在良知学方面研究的著作。

“措办羊酒礼币，赍送本官”，“前赴军门，以凭谘访”，这样就把因谏止武宗南巡而贬官的舒芬提拔重用了。① 阳明对于优秀的官员不吝奖励，其赞兴国县主簿于旺，“操持清白，处事详审，近委管理抽分，纤毫无玷，奸弊划革，抚属小官之内，诚不多见”，在“近来所属下僚，鲜能持廉守法”的官风下特别难得，因此阳明令有司“即便支给商锐银两，买办花红、彩缎、羊酒各一事；并将本院发去官马一匹，带鞍一副，备用鼓乐，差官以礼送付本官，用见本院奖励之意”。② 阳明对由监察御史贬为揭阳县主簿的季本（1485—1563，绍兴人）评价甚高，赞其“久抱温故知新之学，素有成己成物之心”，“委以师资之任”，出任南宁敷文书院教事。③ 对于地方处世岑伯高，阳明雅重之，赞其“素行端介，立心忠直，积学待时，安贫养母。一毫无所苟取，而人皆服其廉；一言不肯轻发，而人皆服其信”，阳明任其所长，“使之深入诸夷，仰布朝廷之德，下宣本院之诚，是以诸夷孚信之速，至于如此，本生实与有力焉”。④ 而对于当时阳明派去侦查宁王是否有谋反的部下后来被宦官诬陷下狱而亡的冀元亨（1482—1521，湖南常德人），阳明为其“具舟差人扶柩归葬”，并亲自为其鸣冤⑤，冤案得以申诉后，命有司释放家属，其家财产等项给还收管，对其妻子特加优恤⑥。阳明夫子的重贤使能的治理方法有助于激励社会风气好转，是对传统治理智慧的实践，有利于明朝的稳定与发展。

通过设立县府、举办乡约、大力推广文教、重视贤才等众多举措，王阳明的行政管理思想充满浓郁的人文色彩，其身体力行，军功卓著，而其提倡的德治政府建设更是深得民心，提升了南赣和思田地区的文化水平。而其《南赣乡约》“协助官府劝令同约完成纳粮的任务，劝助投招新民改过自新、各守本分，以及劝诫同约维护地方安定”⑦，因其体现的乡村整合意义在嘉靖年间得以推广，

① 《王阳明全集》第二册，卷三，《公移二》，《礼取副提举舒芬牌》，第 323 页。
② 《王阳明全集》第二册，卷三，《公移二》，《奖励主簿于旺》，第 332 页。
③ 《王阳明全集》第二册，卷三，《公移三》，《牌行南宁府延师设教》，第 355 页。
④ 《王阳明全集》第二册，卷三，《公移三》，《犒奖儒士岑伯高》，第 362 页。
⑤ 《王阳明全集》第二册，卷三，《公移二》，《咨六部伸理冀元亨》，第 331—332。
⑥ 《王阳明全集》第二册，卷三，《公移二》，《湖广布按二司优恤冀元亨家属》，第 340—341 页。
⑦ 〔美〕牛铭实：《从封建、郡县到自治：中国地方制度的演变》，《开放时代》，2004 年第 6 期第 81 页。

并经吕坤、章演、陆世仪等明清儒家的完善和发展，有力地推进了明末“乡约、社仓、社学和保甲四合一的地方自治制度”①，具有现代自治制度的精神而被杜克大学著名政治学家牛铭实教授所深许。学者王金洪、郭正林也指出王阳明的乡村治理思想体恤乡民，举办乡学，“把乡里体制、保甲制度同乡规民约结合起来，构建了一个集政治、军事、教育诸功能于一体的乡村社区共同体，形成了一套较前人更完备的农村基层控制体系”②，挖掘了儒家道德主义和中国传统民本思想，“在乡村治理的界想及实践方面也是一位集大成者”③。葛荃教授则注意到王明阳行政管理思想所蕴含的平民主义精神开启王艮、何心隐具有平等主义的乡村道德秩序重建活动。④法学专家张中秋教授则认为王阳明的乡约“有其时空性、价值性和法律性……在乡民的实际生活中发挥着法的作用，是中国传统社会秩序构造链中的重要一环，其内贯一极二元主从式多样化的文化原理，与传统中国社会的结构和文化理念相契合……有益于中国类型法治社会的建立”⑤。阳明夫子复合型的德法相融的治理模式开创传统德治的新空间。

王阳明在多年的行政管理实践中，重视地方精英对地方事务的参与，善于吸取地方管理的行政智慧（“地方性知识”），包括他对地方教育事业的倾心支持和热情投入。在师生关系上，他特别善于接纳人，善于倾听学生的意见，特别容易鼓舞人、感染人。在哲学思想上，他提倡万物一体的博爱思想，因此反映在行政管理思想上，他特别爱护村民和乡民的正当性利益，重视倾听平民的需求和呼声，也重视对平民的教育和宗族化管理，特别重视乡村的自治，而乡村自治的思想与明太祖的地方自治思路是一致的。王阳明的乡约、保甲法、推广教育、重视贤才等公共管理制度安排与实践是对明太祖的粮长制、老人主持

---

① 〔美〕牛铭实：《从封建、郡县到自治：中国地方制度的演变》，《开放时代》，2004年第6期，第78页。

② 王金洪、郭正林：《王阳明的乡村治理思想及实践体系探析》，《华南师范大学学报》（社会科学版），1999年第6期，第9页。

③ 王金洪、郭正林：《王阳明的乡村治理思想及实践体系探析》，《华南师范大学学报》（社会科学版），1999年第6期，第15页。

④ 刘泽华、葛荃：《中国古代政治思想史》（修订版），南开大学出版社，2006，葛全撰写第二十一章《王守仁“心学”及其后学的政治思想》，第497页。

⑤ 张中秋：《乡约的诸属性及其文化原理认识》，《南京大学学报》（哲学·人文科学·社科版）2004年第5期，第51页。

乡村诉讼、申明亭建设、老人敲锣提醒、兴社学等地方性管理技巧的推进与发展，具有可推广性。在王阳明的支持、鼓励和人格感染下，其门下江苏泰州学派的学生及其后学重视对平民智力的开发，开展长期儒学世俗化运动，致力于乡村道德秩序的重建与维护，兴起一股强大的启蒙主义运动和思潮。这股风潮震动天下，影响深远，伴随着一场世俗化与平民化的乡村改革运动。

第二节　阳明后学治理思想

王艮（1483—1541，号心斋，江苏东台人）出生于盐业之家，中道日渐富裕，遂有志于圣学[①]，自在王门多年学有所得后，心斋专以感化下层民众为己任，授课对象多为农夫、樵夫、陶匠、盐丁等下层人士，在中晚明的教育史上贡献特别大。这样的教法已经与明初醇儒吴康斋专门向读书人传播学术的旨趣不类，完全是朝着平民世俗的方向前行，可谓启蒙运动的前声了。正如方志远教授指出，明朝中后期社会出现了对精神和文化的需求[②]，社会出现多元化，官僚体系日渐腐败，读书人作为正义的承担者已经不足够来领导整个社会向着清明的方向前进，地方社会秩序失范，而强调“安身立命”的泰州学派的文化普及运动恰恰适合当时社会的需求，化觉最广大的乡民、市民才是当务之急，才真正有助于乡村秩序的维持和巩固。王心斋凸显的重视基层民众的教育、提升底下人群的道德修养的人文普及运动有利于地方秩序的和谐，是一种更为扎实稳固的政策取向和教育方向。[③]

在王艮的教育影响下，其子王襞（1511—1587年，江苏东台人，号东崖）继承父亲的遗志，往来江苏各地传播良知学；其学生朱恕（1501—1583年，号乐斋，大丰人）由樵夫成长为知书达理的儒者，并获得当时的儒臣胡直的敬重[④]。王东崖的学生韩贞（1509—1585，号乐吾，江苏兴化人）从陶瓦匠成长

① （明）王艮：《王心斋全集》，陈祝生主编，江苏教育出版社，2001；（明）王艮：《重刻心斋王先生语录二卷》，中国科学院图书馆藏明刻本，四库全书存目丛书子部第10册，济南齐鲁书社，1995。

② 方志远：《明朝百年的社会进步和社会问题》，《中国社会科学文摘》，2013年第2期，第83页。

③ 葛荃：《王艮、何心隐以“平等”为特色的理想政治》，载刘泽华、葛荃主编《中国古代政治思想史》（修订版），南开大学出版社，2006，第505—510页。

④ （清）黄宗羲：《明儒学案》，下册，卷32，《泰州学案一》，第720页。

为地方儒士，“以化俗为任，随机指点农工商贾，从之游者千余。秋成农隙，则聚徒谈学，一村既毕，又之一村，前歌后答，弦诵之声洋洋然也”①，因乐吾卓越的教育贡献而被地方县令嘉奖。在被县令问及为政之方时，他回答道，“凡与侬居者，幸无讼牒烦公府，此侬之所以报明府也”②，表示出他自立于周围乡民的道德教育，也表达出通过自身的教育来实现地方秩序的好转，展示其对无纠纷的仁治政府与和谐地方政府的追求。

颜钧（1504—1596，号山农、耕樵，江西永新人）③先后从学于阳明弟子刘师泉、徐樾、王艮，可谓尽得阳明学脉真传，故而其学术颇为自信，其讲学内容以批评当局的公共政策而著称，甚至超越当局容忍的范围，被诬陷入大狱，几致死。颜山农与王阳明一样，自视甚高，精通兵法，受到当时能臣胡宗宪的器重，参与“征剿海寇”的军舟山一战，“倒溺千百倭寇于海”④。颜山农后因参与两广总兵俞大猷剿灭海寇战役有功而免除其“罪人”身份，可惜其已年近七旬了。应该说，颜山农的一生是献给了国家的公共事务的管理，讲学启民，敢于担当，如黄宗羲所谓“赤手博龙”，这与王阳明一样。山农应母亲要求创立由乡邻700余人自愿参与的萃和会，通过山农讲课的方式提高乡民行善积德的民间组织。萃和会虽运行2月，但是村里的风气明显的好转，村民重视孝道，增强村民的乐观情绪。⑤而山农所设想的公共政策充满公共性与科学性，他提倡的“三年免征”与重视贤臣的政策如果可以实行，必定有助于民困的疏解和社会的安定。

梁汝元（1517—1579，后更名号为何心隐，号夫山，江西永丰人）学于地方乡贤颜山农，秉承老师萃和会讲学修身的宗族化传统，发扬老师为公共事务服务的精神，建立了高度组织化的聚和堂⑥，“身理一族之政，冠婚、丧祭、赋

① （清）黄宗羲：《明儒学案》，下册，卷32，《泰州学案一》，第720页。

② （清）黄宗羲：《明儒学案》，下册，卷32，《泰州学案一》，第720页。

③ （明）颜钧：《颜钧集》（《韩贞集》），黄宣民校点、重订，中国社会科学出版社，1996。

④ 黄宣民：《明代平民儒者颜钧及其思想特色：新版〈颜钧集〉前言》，《中国社会科学院研究生院学报》，1995年第3期，第76页。

⑤ 吴震：《泰州后学颜山农思想绪论》，《浙江社会科学》，2005年第1期，第135页。

⑥ 对何心隐聚合堂的研究，参见胡雪琴：《何心隐聚和思想研究》，南昌大学2007届硕士论文（指导老师：郑小江教授），第五章《何心隐“聚和”思想的外化组织形式：聚和堂》第22—29页。

役，一切通其有无”①，其倡行的师友化的“会”创新地方乡村行政管理的制度安排②，专业化的“会”所倡导的“集体生活”具有现代性意义③。聚合堂是一个类似王阳明“乡约”的组织，下设“率教”1人、“率养”1人、“辅教”3人、“辅养”3人、“维教养”4人，共计12人，规矩全在《聚和率教谕俗俚语》和《聚和率养谕俗俚语》两文中，该组织具有浓厚道德修养的公共性。④如果说，江苏泰州地区的泰州学派的讲学立教重在地方基层秩序的道德化重建，受此鼓舞，江西吉安后起的颜山农、何夫山则以批评中央政府的公共政策，积极参与公共行政，何夫山更是不顾自身生命危险敢于直面公共问题，建立带有“议政色彩的学者组织”⑤，虽然最后以惨剧告终，但是以“公德”、“社会整体利益”⑥为出发基点的师友型“会”的建立对于推进当时政府改革正视民生要求是有积极历史意义的。

总之，王阳明的良知学在凸显心灵的知觉虚明和经世致用上不自觉地糅合胡敬斋的经世本心之学与陈白沙的静养端倪之学，远通于吴康斋的“养性灵”修养论，在中明时期依靠自己的军功和诚心教学感染一大批学子。王明阳在哲学上提出“知行合一”的良知学，号召人们利用自身的良知克服内心的私欲和恐惧，致力于身心之学的践履；在行政管理实践上，他善于结合当地的风情发挥地方性知识致力于有效的治理制度的实践和创建，创造性地提出乡约治理模式，为中国落后地区地方秩序的维护贡献最好的时代智慧，他设立的乡约法规，沿用长久，并具有现代法治的精神，因此从这个意义上而言，王阳明不愧是中国行政管理思想活学活用的典范和先驱，并间接鼓励了以曾国藩为代表的一批近现代豪杰致力于乡村秩序和民族自治制度的智力探索，可谓对中国民主化进程影响深远。

---

① （清）黄宗羲：《明儒学案》，下册，卷32，《泰州学案一》，第720页。

② 葛荃：《王艮、何心隐以“平等”为特色的理想政治》，载刘泽华、葛荃主编《中国古代政治思想史》（修订版），南开大学出版社，2006，第510—513页。

③ 容肇祖整理，《何心隐集》，中华书局，1981，《序》，第1页。

④ 吴震：《十六世纪心学家的社会参与：以泰州学派的何心隐为例》，《云南大学学报》（社会科学版），2007年第3期，第36页。

⑤ 季芳桐：《泰州学派何心隐思想初探》，《扬州大学学报》（人文社会科学版），2013年第1期，第69页。

⑥ 季芳桐：《泰州学派何心隐思想初探》，《扬州大学学报》（人文社会科学版），2013年第1期，第69页。

下部分　阳明后学理论形态考

阳明学风行天下，除了亲传弟子的推动，阳明再传弟子和私淑弟子的接力也很重要。除了王阳明文献的全面多角度刊刻，全国各地纷纷建立王阳明祠堂，新修书院，形成了一大批阳明学的学者型官员，传播和研究阳明学，培养阳明后学，团结同仁，有力地推进阳明学的全国化，涌现出一大批宗师级的阳明后学名家，起敬起仰，居功至伟。其中，**罗念庵、王塘南、胡庐山、罗近溪、邹聚所、李见罗、万思默、邹元标、王敬所、徐鲁源、周海门、陶奭龄、唐荆川、唐鹤征、王东崖、王一庵、耿天台、方本庵、张弘山、尤西川、张抱初、孟我疆、孟化鲤、赵素衷、王惺所**等等，巍然大家，他们不仅是官员、身体力行者，更是教育家和学者，都是阳明后学人物的杰出者，是阳明后学的理论宗师，是当时阳明学的领军人物。无论他们走到哪里，那里就是当时的阳明学传播重要区域之一，是阳明心学种子的播种者和维护者，他们就是阳明学脉的传承者。

学脉的产生与形成，有偶然性与必然性。一个良好的学脉，不仅是该地区几百年甚至数千年区域文化的重要内容，更能持续激化该地区文化和教育的发展，从而带来该区域的文化产业化和经济社会的发展，从而形成该区域的金名片。比如，鲁迅学脉和文化，就一直是绍兴历史文化名城的金名片，不仅持续推进绍兴文化大繁荣，还给当地旅游资源开发和经济发展带来巨大的增长。孔子故里曲阜，每年都吸收全国各地的朝拜者，甚至在乡村之地曲阜建设一所现代化大学曲阜师范大学，目前成为教育部的重要品牌。孔子所在的山东，目前不仅建设世界级的儒学文化研究中心，还在筹建全新现代化大学：孔子大学。而孔子书院早就成为中国文化传播的重要符号，不断传播汉字文化和汉学精神。因此，阳明学脉的内涵产生于外延发展，肯定也会激发未来余姚、绍兴、宁波、贵阳、赣州、吉安、南昌、浙江、贵州和江西的国际性名片，不断激化浙江的经济和社会发展。学脉传承对阳明学和中国文化重要性，可见一斑。

同济大学中国哲学史名家朱义禄先生较早地提出阳明学脉的概念。朱先生指出，学脉是学术思想研究的主要内容，阳明学脉是阳明学研究的指南针，有助于打开阳明学研究的新空间、新境界，丰富中国史研究。比如，现代著名哲学家冯契先生提出“智慧”论，以转识成智为智慧实践方法，在华东师范大学好几代人的努力下，前赴后继，围绕智慧的生成，形成一个庞大的学派，门人弟子数百人，以杨国荣先生为该学派的领军带头人，成为目前中国哲学史最为重要的流派之一。我们认为，抓住阳明学脉的核心范畴与道德修养方法的心诀，有助于快速把握阳明学的主要传承过程，可以提纲挈领地走进精深、深邃的阳明学思想世界。宁波大学邹建锋副主任早在 2014 年出版的《明儒学脉研究》一书，就围绕吴康斋、陈白沙、湛甘泉、唐一庵、许敬庵、刘念台六个人的核心学术思想，紧紧依托良心、端倪、天理、真心、诚意等核心范畴的变迁，由此来透视整个明代思想的变迁历程。邹建锋虽然是对明代思想的六个范畴的研究，但对长达 200 多年的明代思想史变迁的全新理解，还是令人开卷有益，别开生面的，有助于创新明代思想史的研究。

罗念庵的收摄保聚、张弘山的“致良”、尤西川的生活良知、罗近溪的赤子之心、李贽的童心说等等，都是阳明后学的典范性理论形态，开宗立派，是阳明学的核心学脉，泽被深远，源远流长。而围绕王学推进与发展过程中，道德价值立场的坚守（道德性善论至善）还是道德修养技术优先（道德工夫论至上）之辩，在不同的宗师那里表现得尤其明显，如围绕天泉证道“四句教”而带来的钱王之辩、季王之辩，以及随后的许周南京的“四有”与“四无”的巨大规模的争论，再随后的陶刘在绍兴的“无善”与“至善”之辩，都不断活跃整个阳明心学的发展。无论是宗师的理论创新及其随后而来宗师间有关本体与工夫地位的论辩，都让阳明良知心学成为整个时代的学术热点。

第一章 钱、王之辩与本体工夫的分合

王阳明晚年最后的岁月，大部分献给了绍兴的地方教育，而来自全国各地的300余位真诚学子也都裹粮而来，一起与同仁们争辩“良知”，无论是舜穴田野考察还是龙山“中天阁”论道，都把良知学的义理发展推进到一个新的高度。而王阳明晚年所提出的良知“四句教”，在阳明看来，是适合一切人的教法，越发的圆融。在阳明夫子本人看来，“无善无恶的心之体”的对人的心理活动的经验世界的客观性描述是不存在任何问题。“**无善无恶的心之体**”是对我们意识思维现象的本真描述，表明我们在实际的决策活动中，无法辨别善恶，也就说明善恶的人类意识还没有实际表现出来。而“**有善有恶的意之动**”表明作为意识活动的实际执行者所具有的世界性，从无到有的现实世界的存在性得以辨别，世界由此可以形成，而人类决策活动才真正有了可以最初原始的评判标准。善、恶的隐蔽到善恶的出现，是人类意识活动正式运动的表现。而恶的任何活动都有可能摧毁我们生存与改造的世界的破坏性，而要阻挡恶的实际活动对人类的干扰和毁坏，不仅需要辨别善与恶，“**知善知恶是良知**”，更需要在实际生活与工作中消除恶，“**为善去恶是格物**”。由此，当现实世界向我们展开的时候，为了更好地维护道德秩序的实现，我们不仅需要良知作为道德认知、道德判断与道德情感的价值标准，更需要良知作为道德实践、道德意志与道德信仰的领导力量，在事上磨炼，坚定行善去恶的道德责任，锤炼高尚的道德品格，由此达到圣人人格的完全实现，实现人的自由而全面的发展。①

① 《思想道德修养与法律基础：2018年版》，高等教育出版社，2018，第129—130页。

阳明夫子逝世之后，由于没有阳明夫子本人在场者的出现，弟子们一下子群龙无首，阳明后学的发展直接进入百花齐放的完全自由性环境。而作为王阳明晚年最出色的两位弟子同时也是最有影响力的学者钱德洪与王畿却发生完全的分歧，这样的公开性分歧也直接导致阳明后学发展的分裂与多元化格局。围绕善、恶的有无，钱、王的分歧形成“四有教”与“四无教”。钱绪山的“四有教”紧紧依托“下根”之人，顿悟能力较低，没法直接顿悟本体，必须在意念世界里面反复训练思维，念念致良知，立足于道德对现实世界的引领力，凸显道德意志和道德信仰对现实世界的价值弘扬。而王畿的“四无教”教法，立意高远，结合自己的高妙顿悟直觉把握能力，要求主体直接把握宇宙本体，与天理合一，对修养者的要求很高，不适合资质平庸之人，因为他们无法直觉把握宇宙真理；主要是为“上根人”立法，而聪明人容易一下子把握宇宙真理。这就是阳明心学史上著名的“天泉证道”学术公案，影响深远。钱、王之辩所引发的“天泉公案”对以后阳明学的发展产生深远的影响。

嘉靖三十五年丙辰（1556 年）夏四月，余姚钱绪山先生吸收同门曾才汉《遗言录》所收语录，在湖北蕲州增刻《传习录》，也就是今通行本《传习录》（上、中与下）的祖本，首次收录著名的“天泉证道”。1558 年，嘉靖三十七年，此书重刻于杭州天真书院，今孤本藏于复旦大学。① 而水西精舍本增刻本尚未收录钱德洪、王畿二人所记载的语录，可以说明，“天泉证道”的钱、王之辩公案是在嘉靖三十五年后才被学术界大规模传播而被天下读书人所知晓的。② 在钱德洪主导的《传习录》定本中，钱德洪的叙说体系是在王畿默认同意基础上完成的。最近的孤本文献全国大调研，我们发现，其实在王畿嘉靖二十九年的重刻王阳明语录，钱、王之辩的公案并不被学术界所知晓。③

---

① 孤本，胡宗宪刻，钱德洪、王畿编，阳明江西南昌籍亲传弟子唐尧臣、贵溪籍桂轫校订，精修全本、定本《传习录》最终在杭州天真书院完成，今藏复旦大学图书馆，时在嘉靖三十七年戊午，正月初七日。

② 稀见文献，1554 年，刘起宗、丘时雍在水西精舍书院刊印《传习录》，附录增刻《传习续录》，二卷，钱德洪编辑，钱德洪序，今存四册五卷，时在嘉靖三十三年甲寅，夏六月。

③ 孤本，1550 年，萧彦任绍兴州判补刻南大吉版《传习录》，由阳明著名亲传弟子王畿重新选编，二册，分传习录上、下卷，总计八部分，今放入明刻本《阳明先生文录》第 21、22 册中，藏国家图书馆文津馆，时在嘉靖二十九年庚戌冬十月。

第一节 钱德洪所述的“天泉证道”

1556年，即嘉靖三十五年所传播的“天泉证道”内容参阅下文的楷体字，此版本由钱德洪主编。此内容后于隆庆六年收录于通行本全书语录中，即通行本《传习录》中。

丁亥年九月，先生起复征思、田。将命行时，德洪与汝中论学。

汝中举先生教言曰：“无善无恶是心之体，有善有恶是意之动，知善知恶是良知，为善去恶是格物。”德洪曰：“此意如何？”

汝中曰：“此恐未是究竟话头。若说心体是无善无恶，意亦是无善无恶的意，知亦是无善无恶的知，物亦是无善无恶的物矣。若说意有善恶，毕竟心体还有善恶在。”德洪曰：“心体是天命之性，原是无善无恶的。但人有习心，意念上见有善恶在，格、致、诚、正、修，此正是复那性体功夫。若原无善恶，功夫亦不消说矣。”

是夕侍坐天泉桥，各举请正。先生曰：“我今将行，正要你们来讲破此意。二君之见正好相资为用，不可各执一边。我这里接人原有此二种：利根之人，直从本源上悟入。人心本体原是明莹无滞的，原是个未发之中。利根之人一悟本体，即是功夫，人己内外，一齐俱透了。其次不免有习心在，本体受蔽，故且教在意念上实落为善去恶。功夫熟后，渣滓去得尽时，本体亦明尽了。汝中之见，是我这里接利根人的；德洪之见，是我这里为其次立法的。二君相取为用，则中人上下皆可引入于道。若各执一边，眼前便有失人，便于道体各有未尽。”既而曰：“已后与朋友讲学，切不可失了我的宗旨。无善无恶是心之体，有善有恶是意之动，知善知恶是良知，为善去恶是格物。只依我这话头随人指点，自没病痛，此原是彻上彻下功夫。利根之人，世亦难遇；本体功夫，一悟尽透；此颜子、明道所不敢承当，岂可轻易望人！人有习心，不教他在良知上实用为善去恶功夫，只去悬空想个本体，一切事为俱不着实，不过养成一个虚寂。此个病痛不是小小，不可不早说破。”

是日德洪、汝中俱有省。①

① 《传习录》，卷11，复旦大学藏胡宗宪嘉靖三十七年刻本，孤本。

令人感兴趣的是，或许王畿觉得钱德洪所构建的天泉证道存在一些问题，因此，在钱德洪的同意下，天泉证道在《阳明先生年谱》中的记载与《传习录》记载不一样。这已经是九年后嘉靖四十四年的事情。嘉靖四十四年后所传播的“天泉证道”内容参阅下文的楷体字。更奇怪的是，嘉靖四十四年（1565年）与其后7年后再刻的隆庆六年（1572年）的《阳明先生年谱》“天泉正道”所记载的内容又不一样，无论在词语的修饰上还是在具体的内容上，都有不一样的地方。1565年（嘉靖四十四年）与1572年（隆庆六年）《阳明先生年谱》所传播的“天泉证道”内容参阅下文的楷体字，此版本亦由钱德洪主编。

是月初八日，德洪与畿访张元冲舟中，因论为学宗旨。

畿曰：“先生说‘知善知恶是良知，为善去恶是格物’，此恐未是究竟话头。”德洪曰：“何如？”

畿曰：“心体既是无善无恶，意亦是无善无恶，知亦是无善无恶，物亦是无善无恶。若说意有善有恶，毕竟心亦未是无善无恶。”德洪曰：“心体原来无善无恶。**今习染既久，觉心体上见有善恶在。**①为善去恶，正是复那本体功夫。若见得本体如此，更无功夫可用，恐只是见矣。”畿曰：“明日先生启行，今晚可同［进］请问。”

是日夜分，客始散，先生将入内，闻德洪与畿候立庭下，先生复出，使移席天泉桥上。

德洪举与畿论辩，请问。**先生喜**，曰：“正要二君有此一问！我今将行，朋友中更无有论证及此者，二君之见正好相取，不可相病。汝中须用德洪功夫，德洪须透汝中本体。二君相取为益，吾学更无遗念矣。”

德洪请问。先生曰：“有只是你自有，良知本体原来无有，本体只是太虚。［**太虚之中，日月星辰，风雨露雷，阴霾饐气，何物不有？而又何一物得为太虚之障？人心本体亦复如是。**］太虚无形，一过而化，亦何费纤毫气力？德洪功夫须要如此，便是合得本体功夫。”畿请问。先生曰：“汝中见得此意，只好默默自修，不可执以接人。上根之人，世亦难遇。

① 嘉靖本作“今人与物应感，见有善恶在。”

一悟本体，即见功夫，物我内外，一齐尽透，此颜子、明道不敢承当，岂可轻易望人？二君已后与学者言，务要依我四句宗旨：'无善无恶是心之体，有善有恶是意之动，知善知恶是良知，为善去恶是格物。'以此自修，直跻圣位；以此接人，更无差失。"

畿曰："本体透后，于此四句宗旨何如？"先生曰："此是彻上彻下语。自初学以至圣人，只此【一个】功夫。初学用此，循循有入，虽至圣人，穷究无尽。尧、舜精一功夫，亦只如此。"先生【言止】又重嘱咐曰："二君以后再不要更我四句宗旨。此四句，中人上下，无不接着。我年来立教，亦更过几番，今【较来较去】始立此四句。人心自有［知识］以来，已为习俗所染，今不教他在良知上实用为善去恶功夫，只去悬空想个本体，一切事为，俱①不着实【，只养成一个虚寂】。此【个】病痛不是小小，不可不早说破。"

是日德洪、畿俱有省。②

应该说，隆庆本年谱叙说比嘉靖本更精炼，更有背景铺说，也更有夸张成分，语言叙述更精炼。

第二节　王畿所述的"天泉证道"

而钱绪山先生在1574年逝世后，王畿为其作行状，又对"天泉证道"有更详细的回忆。应该说，王畿的回忆版本，无论与通行本《传习录》还是与通行本《年谱》两种文献记载相比，都有特别的感情投入。

1574年（万历二年甲戌）后，钱德洪行状所传播的"天泉证道"内容参阅下文的楷体字，此版本由王畿回忆。

夫子之学，以良知为宗，每与门人论学："无善无恶心之体，有善有恶意之动，知善知恶是良知，为善去恶是格物。"以此四句为教法。君谓

① "俱"，嘉靖本作"惧"，是嘉靖本误刻字，后来隆庆本校正了。

② 嘉靖四十四年赣州刻《阳明先生年谱》，国家图书馆藏，稀见珍本。［ ］里面的字句，为隆庆本有而嘉靖本没有的内容。【 】里面的字句，为嘉靖本有而隆庆本没有的内容。

此是师门教人定本，一毫不可更易。予谓夫子立教随时，未可执定。体用显微只是一路，若悟得心是无善无恶之心，意即是无善无恶之意，知即无知之知，物即无物之物。若是有善有恶之意，则知与物一齐皆有，而心亦不可谓之无矣。君谓若是，是坏师门教法，非善学也。予谓学须自证自悟，不从人脚跟转，若执定师门教法，未免滞于言诠，亦非善学也。

丁亥秋，夫子将有两广之行。君谓予曰："吾二人所见不同，何以同人？盍相与就正夫子。"晚坐天泉桥上，因各以所见请质。夫子曰："正要二君有此一问。吾教法原有此两端，四无之说，为上根立教；四有之说，为中根以下通此一路。汝中所见，我久欲发，恐人信不及，徒起躐等之病，故含蓄到今。今既已说破，岂容复秘。然此中不可执着，若执四无之见，中根以下人无从接受；若执四有之见，上根人亦无从接受。德洪资性沉毅，汝中资性明朗，故其悟入，亦因其所近。若能各舍所见，互相取益，使吾教法上下皆通，始为善学耳。自此海内相传"天泉辨正"之论，始归于一。

夫子赴两广，予与君送至严滩。夫子复申前说，二人正好互相为用，弗失吾宗。因举"有心是实相，无心是幻相，有心是幻相，无心是实相为问。"君拟议未及答。予曰："前所举是即本体证工夫，后所举是用工夫合本体，有无之间，不可以致诘。"夫子莞尔笑曰："可哉。此是究极之说，汝辈既已见得，正好更相切劘，默默保任，弗轻漏泄也。"二人唯唯而别。过江右，东廓、南野、狮泉、洛村、善山、药湖诸同志二三百人，候于南浦请教。夫子云："军旅匆匆，从何处说起。我此意畜之已久，不欲轻言，以待诸君自悟，今被汝中拈出，亦是天机该发泄时。吾虽出山，德洪、汝中与四方同志相守洞中，究竟此件事，诸君只裹粮往浙，相与聚处，当自有得，待予归未晚也。"

……与斛山辩无善无恶之旨："人之心体一也，指名曰善可也，曰至善无恶亦可也，曰无善无恶亦可也。至善之体，本来虚寂，恶固非所有，善亦不得而有也。"著《困学录》："生知者不见困，学知者不受困，困而学之，致命以遂其志，又次也，不学则为下矣。"

……君既释狱，予亦以言官论荐，致忤时宰，罢归山中，聚处者二十余年，心迹合并，益得以究极所闻，会归于一。窃念吾人所志虽同，资性稍异，各有所得力处，亦各有受病处。

予尝谓君："所造大概已坚悬凝定，中间形迹，未尽脱化，未可全道，功行未修，或者彻底透露处，尚有可商量在。"君谓："彻底未尽透露，此正向来功行之未修耳。功行若修，更无可商量矣。先师云：'眼前利根之人不易得。'学者未肯实用克己功夫，未免在意见上转，遂谓本体可以径造而得，乃于随时实用功处，往往疏略而不精，流入于禅寂而不自觉，甚者恣行无忌，犹自信以为本体自然。此吾党立言之过，不可以不察也。"予谓："君指点学者之病，大概了了，未可执以为定见。司马君实功行非不修，说者以为未闻道。吾人所学，贵在得悟，若悟门不开，无以证学，一切修行，只益虚妄耳。此非言思所能及，姑默识之，以俟日后之证可也。"

君尝与季彭山书曰："兄与龙溪往复辨论，未免各执所见，非所以相取也。良知是千古灵窍，此处信得及，彻上彻下，何所不通？龙溪之见，伶俐直截，泥功夫于生灭者。闻龙溪之言自当省发，是龙溪于吾党学问头脑，大有功力也。但于见上微觉有着处，开口论说，千转万折不出己意，便觉于人言尚有漏落耳。"观此，君于予言，大段已无逆于心。着见之教，敢不自勉？夫子互相取益之言，庶几不至辜负耳。①

作为钱德洪行状这样一种重要的文献而言，王畿于1575年2月的回忆是没必要刻意作伪的，这是对阳明最重要弟子起码的敬意。据王畿回忆，我们可以发现王阳明认为王龙溪的"四无教"是透露天机，因此，阳明夫子特别告诫王龙溪不要过早的给全国学术界透露自己的"四无教"，以免引起不必要的麻烦。现在看来，龙溪先生的四无论，"心是无善无恶之心，意即是无善无恶之意，知即无知之知，物即无物之物。"这句话主要从主体的道德涵养的境界论而言的。因为，在现实世界里面，物确实是客观存在的，是真实不二的，具有绝对的存有的本体论意义。事实上，龙溪采用现代逻辑学的推理过程，具有现代语言哲学的义理分析价值，从理论分析而言，并不存在明显的纰漏。但从现实的

① 王畿：《王畿集》，吴震编校整理，卷20，凤凰出版社，2007，《刑部陕西司员外郎特诏进阶朝列大夫致仕绪山钱君行状》，第584—593页。

检证角度而言，肯定是滑天下之大稽，显然是错误的。在顿悟者的世界里，一了百了，见山不是山，透过现象看本质，就是要看到现实世界背后的抽象真理，因此，阳明学具有精神哲学的价值，是精神性领域。但是，执着于现实世界的同门，钱德洪显然在当时看不到王龙溪思想积极的一面，他要奋起抗争，反对王龙溪。

需要提醒读者的是，钱德洪曾经在监狱里面煎熬过一段时间，因为他所处场景的极度困难，万念俱灰，他曾经很长一段时期在绝望中修炼高尚的道德品格，锤炼圣人般的理想人格，因此，他曾经一度对王龙溪的“四无论”有很深的契合。所以，他在监狱中与斛山论“四句教”，一定程度上赞同王龙溪的“四无论”。钱德洪说，“人之心体一也，指名曰善可也，曰至善无恶亦可也，曰无善无恶亦可也。至善之体，本来虚寂，恶固非所有，善亦不得而有也。”“无善无恶亦可也”这样的论调，说明钱德洪体会到无声无臭的天地境界。“至善之体，本来虚寂，恶固非所有，善亦不得而有也”，说明钱德洪认识到无中生有的宇宙变迁原理，“本来虚寂”暗示每个个体的非永恒性与短暂性，恰恰说明族群的永恒性，钱德洪感受到生生不息的大宇宙所具有的厚德载物特性。其实，他曾是一个调和论者，这与他之前对王龙溪四无教的激烈批评有很大的转变。但这样的涵养境界并不是一生的，也是会随着环境而改变。晚年的钱德洪，总体上是师说的守护者，当他看到龙溪学对阳明后学的巨大引领力而导致的夸夸而谈的形式主义的兴起，他又回到批评龙溪学的老路上去。但这样的批评，已经是见山还是山之后的新境界。

钱德洪明确地对龙溪说，“学者未肯实用克己功夫，未免在意见上转，遂谓本体可以径造而得，乃于随时实用功处，往往疏略而不精，流入于禅寂而不自觉，甚者恣行无忌，犹自信以为本体自然。此吾党立言之过，不可以不察也。”这是对龙溪讲学之过的总体性鉴定，也是对泰州学派过度社会化问题的直接批评。而1574年以后的王龙溪在感觉到到责难后，也发表他自己的辩解。龙溪说，“吾人所学，贵在得悟，若悟门不开，无以证学，一切修行，只益虚妄耳。此非言思所能及，姑默识之，以俟日后之证可也。”龙溪主要从个体修行的角度为自己辩护，坚定地认为“默识”工夫论对开悟圣学的重要性，而这与江右王门的主静主义、收摄保聚存在涵养上的契合性。龙溪后来说，“着见之教，敢不自勉？夫子互相取益之言，庶几不至辜负耳。”这句话表明，龙溪接受钱德洪的批评，也承认自己“四无教”具有的问题。

阳明夫子之学，以良知为宗，每与门人论学，提四句为教法：无善无恶心之体，有善有恶意之动，知善知恶是良知，为善去恶是格物。学者循此用功，各有所得。

绪山钱子谓：“此是师门教人定本，一毫不可更易。”先生谓：“夫子立教随时，谓之权法，未可执定。体用显微，只是一机；心意知物，只是一事。若悟得心是无善无恶之心，意即是无善无恶之意，知即是无善无恶之知，物即是无善无恶之物。**盖无心之心则藏密，无意之意则应圆，无知之知则体寂，无物之物则用神。**天命之性粹然至善，神感神应，其机自不容已，无善可名。恶固本无，善亦不可得而有也。是谓无善无恶。**若有善有恶，则意动于物，非自然之流行，著于有矣。**自性流行者，动而无动，著于有者，动而动也。**意是心之所发，若是有善有恶之意，则知与物一齐皆有，心亦不可谓之无矣。**”

绪山子谓：“若是，是坏师门教法，非善学也。”先生谓：“学须自证自悟，不从人脚跟转。若执着师门权法以为定本，未免滞于言诠，亦非善学也。”

时夫子将有两广之行，钱子谓曰：“吾二人所见不同，何以同人？盍相与就正夫子？”晚坐天泉桥上，因各以所见请质。夫子曰：“正要二子有此一问。吾教法原有此两种：四无之说为上根人立教，四有之说为中根以下人立教。上根之人，悟得无善无恶心体，便从无处立根基，意与知物，皆从无生，一了百当，**即本体便是工夫**，易简直截，更无剩欠，顿悟之学也。中根以下之人，未尝悟得本体，未免**在有善有恶上立根基，心与知物，皆从有生，须用为善去恶工夫随处对治，使之渐渐入悟，从有以归于无，复还本体，及其成功一也。**世间上根人不易得，只得就中根以下人立教，通此一路。汝中所见，是接上根人教法；德洪所见，是接中根以下人教法。汝中所见，我久欲发，恐人信不及，徒增躐等之病，故含蓄到今。此是传心秘藏，颜子、明道所不敢言者，今既已说破，亦是天机该发泄时，岂容复秘？然此中不可执着。若执四无之见，不通得众人之意，只好接上根人，中根以下人无从接受。若执四有之见，认定意是有善有恶的，只好接中根以下人，上根人亦无从接受。但吾人凡心未了，虽已得悟，仍当随时用渐修工夫。不如此，不足以超凡入圣，所谓上乘兼修中下也。汝中此意，正好保任，不宜轻以示人。概而言之，反成漏泄。德洪却须进此一格，始为玄通。德洪资性沉毅，汝中资性明朗，故其所得亦各因其所近。若能互相取益，使吾教法上下皆通，始为善学耳。”

自此海内相传天泉证悟之论，道脉始归于一云。①

在王龙溪全集里面的叙述，龙溪夫子对自己的四无教的分析整体上略显简洁，但义理的剖析上最为精深，是充分体现龙溪先生对老师王阳明良知学的创造性发展与创新性转化。

第三节　钱、王之辩及其危害

在《天泉证道纪》文中，给我们呈现王龙溪晚年对四无教的圆融表述，新增更多更深刻的论述，这是意识心理学的内容。龙溪说，“盖无心之心则藏密，无意之意则应圆，无知之知则体寂，无物之物则用神。天命之性粹然至善，神感神应，其机自不容已，无善可名。恶固本无，善亦不可得而有也。是谓无善无恶。若有善有恶，则意动于物，非自然之流行，著于有矣。自性流行者，动而无动，著于有者，动而动也。意是心之所发，若是有善有恶之意，则知与物一齐皆有，心亦不可谓之无矣。”在龙溪更全面的论述里面，他把“四无教”与天理至善而无善的内容相联系，同时与“意是心之所发”这样的“主意”说联系起来，这样不仅让阳明良知学具有超越性权威，也具有意志力的信仰感，龙溪的良知学具有极高的圆融性。钱德洪在监狱中历经艰辛，寒雪天，桎梏在身，倍感心酸，故而感悟时说，“（至善）无善可名，恶固本无，善亦不可得而有也，是谓无善无恶”，这句话最终却变为王龙溪所说，令人有趣。让我们联想的是，或许这句话，本最初为王龙溪所说。而“盖无心之心则藏密，无意之意则应圆，无知之知则体寂，无物之物则用神。”这句话里面，龙溪充分吸收易经生化万物的过程，就是无心藏密，无意应圆，无知体寂，无物用神，也凸

① 王畿：《王畿集》，吴震编校整理，卷 1，《天泉证道记》，第 1—2 页。

显出中国哲学的直觉主义和神秘主义。龙溪的“神感神应，其机自不容已”，把良知的超凡感应能力宗教化，极大地发展了阳明心学的义理性、思辨性与思想性，有力推进了阳明学的全国风行。

王阳明的心学里，他强调学术的实践性，事上不断磨炼天理由此来实现本体与工夫的合一，“工夫所至即是本体”。而在龙溪的心学世界里，更凸显思辨性，缺乏实践性场域的磨炼，他夸大了我们潜意识的直觉把握外物的能力，龙溪称之为“即本体便是工夫”，这样容易使得他的心学思想有更多的自由性，实学色彩降低，不利于后学保存与维护其学脉。龙溪说，“悟得无善无恶心体，便从无处立根基，意与知物皆从无生，一了百当，即本体便是工夫，易简直截，更无剩欠，顿悟之学也。”龙溪的顿悟之学，“无处立根基”，显然与禅学合流，他的这种“意与知物皆从无生”也与道教哲学暗合，被后世所诟病。王龙溪的“即本体便是工夫”新思想直接发展了王阳明的“本体与工夫的合一”，因为龙溪直接从本体上顿悟，就缺少了一系列渐修的工夫过程。正如阳明夫子所警告的，“但吾人凡心未了，虽已得悟，仍当随时用渐修工夫。不如此，不足以超凡入圣，所谓上乘兼修中下也。汝中此意，正好保任，不宜轻以示人。概而言之，反成漏泄。”阳明夫子明确告诉龙溪，顿悟之后，还有人生很长时期的“渐修”，需要“随时用渐修工夫”。王阳明特别赞赏钱德洪的严谨治学，阳明褒扬到，“在有善有恶上立根基，心与知物，皆从有生，须用为善去恶工夫随处对治，使之渐渐入悟，从有以归于无，复还本体，及其成功一也。”王阳明所告诫的“为善去恶工夫，随处对治，使之渐渐入悟”，说明渐修随时而事上磨炼，日积月累，最后还是要悟，只是“渐渐入悟”，而悟了之后，更要随时渐修。由此可见，无论是直接顿悟，还是渐渐修炼顿悟，在阳明的“四句教”看来，都必须要顿悟，更要渐修，也就是类似王阳明早年的龙场悟道，体悟到天人合一的奇妙心境，体会到万物之理内化于心的契合，至善在心，日用渐修，为善去恶，知行合一，致良知。

第二章　季、王之辩与主客分合

王阳明绍兴著名亲传弟子季彭山猛烈地批评其同乡王龙溪的自由自然主义心学，以易经的乾卦为其学理资源，彰显其自强不息的主动性与乐观性精神；吸收《大学》、《中庸》的慎独与警惕，目的就是批评龙溪丧失主敬主义，保护良知学的道德规范性功能。季彭山从四个方面对龙溪进行全面深度批判，他以龙德天健矫正王龙溪的“无情”良知学，以惺惺主宰矫正王龙溪的精神自由论，以精一独知论矫正王龙溪的“一念灵明”，以主敬工夫论矫正王龙溪的自然无为。季彭山的主敬良知论有效阻挡了王龙溪的自由、自然主义心学在绍兴地区的泛滥，维护了良知学的至善性。

阳明夫子去世后，王学内部陷入分裂，弟子后学们主要围绕心体有无善、恶而展开，由此在工夫论上也产生渐修和顿悟两大派别，其中，以王龙溪、王心斋、陈明水、朱近斋、聂双江、罗近溪、刘邦采为代表的主静主义为一派，他们以周濂溪、程明道和陈白沙的主静派心学为资源，沟通阳明学与白沙心学，由此增强阳明学道德修养论上的认同性和时效性，他们偏于义理玄思和工夫涵养，心通九境，由此走近良知学最高明心境；另一派主要有陆澄、黄卓峰、钱绪山、邹东廓、季彭山、薛中离、南大吉、顾箬溪等人为代表，他们不羡慕高明心学，而是脚踏实地，实实在在，工夫论上强调慎独之中实践良知，以主敬契合良知学，将良知学安顿在日用生活与政治实践之中，彰显良知的规范性、道德性与权威性，多批评王龙溪高明一派。因为在阳明前学的学术世界里，从朱子以后的理学家，或偏于主静派，或偏于主敬派，而在实践中，主静派偏于理学的内在涵养与身心受益，侧重于心性细微处的自我愉悦，而主敬派偏于将理学安置在日用实践中，主敬致知，强调理学的规范性和权威感，反感空谈心性。① 由此，阳明后学总体而言，亦可以将良知学分为主敬派和主静派，主敬派更愿意接受良知的道德性，不全心作玄妙的内向思索，而是积极从政，改善世界，经世致用；主静派淡泊名利，不愿从政，更愿意身体修炼，延年益寿，主张良知学对自我身心的愉悦与满足，更喜欢教书育人。阳明弟子之间，展开很多激烈的学术论辩，有一场重要但不为人知的论辩，就是季彭山与王龙溪之辩，争论论题主要就是工夫论究竟是主敬还是主静。

当绍兴著名阳明后学季彭山（季本，字明德，1485—1563，原绍兴府人。）因为其偏于过激的为人处世原则和行为被罢归的时候，其内心的孤独、不平和激愤是可想而知的。在明代嘉靖腐败的政治环境里，做一个心平气和的地方政府官员，显然是比较适合的。但是，作为身担王阳明良知学使命的著名亲传弟子，与世俗同流合污，显然是他要避免的。而学术上，他的一贯的偏激性格，很可能让后世的我们以为他的良知学思想带有一定的激进色彩。而沉溺于经学之中，反而让他的良知学带有平和的色彩。由于读书涵养心性，彭山先生对良知学的独特理解，经学的长期体认，使得他的心学思想带有积极的阳光性，可以定义为“警惕良知说”，比较接近其江西同门邹东廓的“慎独良知学”，把《大学》《中庸》的心学思想与良知学相转化，用他自己的话说就是“龙惕良知学”。② “龙惕良知学”就是要矫正同门王心斋、王龙溪两个人略显消极的“自然良知学”，放任性情，过于自由，有瓦解传统秩序的危害。但由于王心斋去世得早，故而，彭山先生批评的主要是王龙溪的自由自然主义心学，恢复一种积极上进的良知心学。彭山以易经的乾卦为其学理资源，彰显其自强不息的主动性精神，同时吸收《大学》《中庸》的慎独与警惕，目的就是保护良知学的道德规范性功能，保护阳明学脉。在王龙溪看来，彭山的良知学不免保守，缺乏活力，而他自己的良知学则带有灵气，凸显心灵的自由性。事实上，彭山的良知心学由于将传统经学思想大规模的心学化，不仅全面与彻底地批评朱熹的理学思想，彰显象山、慈湖心学，而且将四书五经与良知学全面印证，开拓经学心学化与良知经学的新境界，是明代浙东王学的重要流派。

① 深入的研究，参见邹建锋：《敬、静与存理去欲：崇仁学派的道德修养论及其反思》，《哲学与文化》，2014 年第 2 期，第 113—136 页。

② （明）季本：《四书私存》，朱湘钰、钟采钧整理，中国台北“中研院”文哲所，2013 年版，附录《龙惕书》，第 654 页。引用，下同。

第一节　彭山先生以龙德天健矫正王龙溪的“无情”良知学

彭山注意到王龙溪的自然心学容易走向“无情”状态，丧失王阳明良知学所具有的万物一体的经世致用特点，最终走向过分夸大自身情欲的自我主义。某种程度上，他自己也把自己的心学归纳为自然主义心学，但他自认为是自强不息、刚健上进的自然主义心学，绝对不是消极冷漠的“无情”心学。王龙溪的“四无说”，在传播中会走向“无情”，缺乏对公共事务的献身热情，陶醉于自我心性的愉悦之中不能自拔。这就是王阳明所说的“弄精神”。众所周知，王心斋以身心相安、快乐自由与国家担当的“淮南格物”风行于长江以南地区，吸引无数的下层贫困群众，纷纷潜心问学，歌弦之声响彻乡村之间。而王龙溪彻底禅学化的良知心学更是俘获了无数读书人的心，其虚明良知论所带来的对自由的向往，解放了被朱子理学束缚数千年的心性，启蒙之风吹拂大地，阳明心学风行于天下，纷纷著书立说，开宗立派。而二王所带有的佛学化的良知学确实在当时的时代，风行天下，但也导致很多人不读书、喜欢空谈与安于享乐的毛病，良知学的实践性品格缺失，阳明后学治国理政的实践性减弱，“良能”性不足，缺乏“勉强工夫”，“自然流于无节”，最后像阳明著名嘉兴籍弟子董澐石一样出家，走入佛老，不问世事，余毒无穷。①

第二节　彭山先生以惺惺主宰矫正王龙溪的精神自由论

在心安论方面，彭山与心斋一样，都主张心安理得。应该说，彭山的心学思想，主要立基于“心安论”，由此思虑生知，感动良心，理得于心，复得虚灵之本体，证得良知在心。② 不过，心斋的心安论以快乐为原则，将事业投入到广阔的社会讲学中去，让普通民众感受到心学的有效性；而彭山的心安论投身于穷经中，将良知学与经学思想相比较，以心解经，慎独涵养，大多数时间端坐于偏僻的寺庙之中，讲学著书，评判古今，多为读书人自我玩味的涵养之

① （明）季本：《四书私存》，朱湘钰、钟采钧整理，附录《龙惕书》，第 649—650 页。

② （明）季本：《四书私存》，朱湘钰、钟采钧整理，《大学私存》，第 7 页。

学。其实，彭山也意识到他自己的心学思想带有自然主义的色彩，都强调心神之妙，都凸显天则流行之妙，让龙能创新宇宙的强大魔力展现出来。但是，在与王龙溪相区别良知心学方面，彭山还是强调了龙心的“乾乾”积极上进性，惺惺主宰，凸显慎独良知力，彰显戒惧警惕的规矩力，与王龙溪遨游宇宙的精神自由心学保持了一定的距离，算得上是龙溪自然心学的修正派。作为特别近的一县之邻里，他们彼此熟悉，互相来往。彭山对龙溪学的修正，让良能自作主宰，实际上就是要把儒家实学与佛老自然心学相区分，提高阳明心学的实践力，抬升良知学的“良能”作用和地位，其“经世致用”用心是真诚的，与王阳明一脉相承。这样的一种“良能良知论”主张，与彭山长期在基层从事地方公共事务管理工作有关，其思想偏于功效主义；而龙溪则有一段中央为官的经历，使得他的学术思想不太重视公共管理的技巧性。① 由此可见，作者的为官经历也会体现在各自的学术主张中，常年基层政治的磨炼与多年政治生活的奔波辛劳容易使彭山的学术思想偏于实践性、功利性与规范性。

第三节　彭山先生精一独知论矫正王龙溪的“一念灵明”

当彭山在嘉靖三十三年（1554 年）夏季完成《说理会编》经典名著的时候，他已经 70 岁了。他不忘初心，始终坚持“以经义发先师之意”②，他所理解的阳明夫子良知学更多的是中和大正的慎独之学，是宇宙万物之“乾知大始”之知③，是“理之呈露”之知④，让这样的良知主宰一切，让心有主，使得心更具有生理性、客观性和权威性，故而他要精于这样的独知之地，来反对杨慈湖的自然心学⑤，反对同门王龙溪的任性放情之学，以免阳明后学滑入禅学、道教中去，失却儒家的社会伦理担当与现实使命。同样是对阳明老师良知的理解，王龙溪更多的是发展了“知”的身心妙处和高明性，而彭山则把“知”与

① （明）季本：《四书私存》，朱湘钰、钟采钧整理，《中庸私存》，第 69 页。

② （明）季本：《说理会编》，黄琳、严寿澄整理，天津古籍出版社，2017，第 2 页。引用，下同。

③ （明）季本：《说理会编》，黄琳、严寿澄整理，第 5 页。

④ （明）季本：《说理会编》，黄琳、严寿澄整理，第 7 页。

⑤ （明）季本：《说理会编》，黄琳、严寿澄整理，第 31 页。

天结合起来，使得良知之“知”更有“天理性”①，更有社会的责任关怀，可以说他的良知学有融合湛王之学的特色，更具有理学色彩。

王阳明晚年在绍兴良知教法多以“顺着良知做”，其本意是要求其亲传弟子莫要怀疑他的良知学，而是推广他的良知教，其实这与宋儒明道先生的“接着讲”类似，带有传道之意，这是阳明本人的不忘初心。对于无官一身轻的王阳明而言，成为平民身份的他更看重他的学问有无传承的问题。阳明心学学脉的传承，在阳明身后，出现两种截然不同的路径，一是钱绪山的“曾子”之教，完全贯彻师说，实实在在践行良知学，不敢越雷池一步；另外一种就是王龙溪的接“上根人”的“四无教”，其实就是源于王阳明“顺着良知做”，摆脱儒家名教的道德规矩，成为顺着自己本心的良知来践行，带来了晚明启蒙思潮的兴起，而不是顺着天地客观的良知来践行。由于龙溪、心斋的本心之学的自由性、启蒙性、革命性与激进性，事后证明，不仅带来性灵文学甚至是色情文学的大规模泛滥，还给中央权威产生致命性冲击；不仅对社会秩序产生瓦解性摧毁，也给政治体系的合法性带来危害，社会和政府两个层面都有对阳明后学过度自由化的全面狙击，使得阳明后学快速衰落。而这样的先知先觉者，彭山是比较早的清醒看到问题的学者之一。

第四节　彭山先生主敬工夫论矫正王龙溪的自然无为

全面阻击白沙、心斋、龙溪的自由境界论，彭山先生的“慎独”、“主宰”、“龙惕”修养论必然导致他在道德修养论上的“主敬”。作为宋代理学的看家心诀，在彭山生活的时代，主敬似乎成为一种陌生的心性涵养工夫论。吴康斋中年的“敬时静”、晚年的主静，特别是陈白沙的主静养端倪，尤其是王阳明对静、敬涵养的全面解构而代之以敬静合一，或者说无分敬静。因此，在阳明设想的良知世界里，在彭山时代，道德涵养的心诀就是事上磨炼“良知”，下根人就是要意念中念念致良知由此来实践中成己成物；而上根人则可以直接把握良知心诀而为事上磨炼，事实上早已无敬、静工夫涵养论。后阳明时代，良知实践于万事万物之中，由此摆脱悬空虚寂的问题，心学成为新的实践之学。问

① （明）季本:《说理会编》，黄琳、严寿澄整理，第27页。

题在于，伟人逝世之后的时代里，往往伴随学派的分裂与冲突，王阳明开创的姚江学派也不例外。

第五节 季、王之辩及其思考

王阳明的同事、好友湛甘泉早就在其老师陈白沙去世之后，就转手白沙心学，由此开创甘泉学派，独立新派，别开生面，而其学术资源主要就是宋学，其道德修养论就是主敬工夫论的全面回归。宋学的全面回归，一方面与湛甘泉本人秉承母命回归仕途有关，也与白沙后学张东所等人滑入禅学密不可分。而宋学的主敬道德涵养论可以矫正白沙心学的自由浪漫弊病，这是对症下药。由此，甘泉学派作为新的白沙后学学派，已经与江门心学的自得自足性宗旨很不一致，并且也丧失那个时代对读书人的大规模引领，这是矫枉过正的后遗症。彭山作为经学良知化的代表，他的守经宗旨也是很明显的。因此他说，“圣人以龙言心而不言镜。盖‘心如明镜’之说，本于释氏，照自外来，无所裁制者也。而龙则乾乾不息之诚，理自内出，变化在心者也。予力主此说，而同辈尚多未然。然此理发于孔子，‘居敬而行简’是也。敬则惕然有警，乾道也；简则自然无为，坤道也。苟任自然而不以敬为主，则志不帅气而随气自动，虽无所为，不亦太简乎？至孟子又分别甚明：彼长而我长之，非有长于我也，犹彼白而我白之，从其白于外也；此即言镜之义也。行吾敬，故谓之内也，此即言龙之义也。告子‘仁内义外’之说，正由不知此耳。”①彭山说，“‘心如明镜’之说，本于释氏，照自外来，无所裁制者也。”这里暗示阳明心学的来源是禅宗，可能会引起过度散漫、无所规范的问题，彭山用“裁制”概念引起学者的注意。而彭山自己所主张的“龙惕说”，“不息之诚，理自内出，变化在心者”，不仅没有否定心的变现功能，而且增加天理的内在性品格，具有自强不息的刚健精神。众所周知，天理的内在性品格的养成与获得，需要主敬的规范性，“行吾敬，故谓之内也”。如果“任自然而不以敬为主”，“则志不帅气而随气自动”，解决不了实际问题。由于彭山自己过于任性，性格特别刚烈，官场不顺，

① （明）季本：《说理会编》，黄琳、严寿澄整理，第32页。令人深有意味的是，这段话，也被黄宗羲《明儒学案》所全段引用，可见这段话的影响力及其重要性，令人玩味。

故而他检讨自己，需要读书涵养，需要敬畏同事，由此实现官场和谐。

众所周知，罗念庵、聂双江两位江右大儒试图以主静涵养良知的智慧性以通达万物一体的灵明，其二人的工夫论以收敛养良心、收摄保聚为特色，让良知不走做，良知具有其最灵明的虚灵特性，这种向内涵养的良知学虽然一度带有笨拙的主静主义却也在现实生活世界里保存了王阳明良知学的早期理论形态，所谓主静补小学一段工夫，但事实上与王阳明晚年超越敬静还是存在不少的距离。不管黄宗羲对江右这两位主静派大儒如何的称赞，但是主静主义的良知论无论在对外军事还是大规模的地方治理上由于其简易性、单纯性与空灵性，容易使治国理政的技术性、复杂性与变动性缺失而难以被传承，这在主静派的后学里面表现得比较明显。而彭山的主敬派更是体现出独知性难以被大规模推广，也存在后继无人的惨况。这说明，无论是主静派，还是主敬派，阳明后学必须让良知学在真实的事上磨炼中才能产生实效，事上磨炼的越多，良知之光对社会发展的推动作用越大。主敬也好，主静也罢，必须结合实践，良知学才可以发展得越来越好。脱离实践运用，空谈良知妙处，阳明后学就会走上形式主义道路，慢慢衰弱。由此，良知不仅需要理论的系统构建，更需要理论提出者对良知学理论的实践和展现，通过言传身教的方式，让良知之光发散出去。

从彭山主敬良知论的回归，可以感觉到，他的心学思想在和钱绪山、邹东廓二先生靠近。无论是彭山对慎独良知论的推崇，还是对主敬良知论的体悟，都使得良知学全面内卷，虽然一定程度保护阳明心学学脉，传承良知学，但却也丧失了良知学的发展的自由性、启蒙性与实践性动力，成为言说者个体的自我体认，难以在后学中大规模实践，其二人的良知学影响力不如二王那样活泼、快乐与大范围传播，更多的是精英之学，故而难以在下层群众中大范围传播。

第三章　卢一松光明良知论与阳明心学宗教性维度展开

作为阳明先生著名的亲传弟子，卢一松素来以道德践履而享誉浙东地区。卢一松由于长期在金华永康的五峰书院教书育人，因而其道德修养思想展现出强烈的个人修身特色。其良知学思想主要为光明良知本体论、一念觉悟的良知涵养论、万物一体的修养境界论以及良知道统论等道德修养思想都是对阳明后学的重要补充与发扬，在一定程度上对良知学有了再推进。卢一松文集一直以来深藏于东阳博物馆，由浙江师范大学黄灵庚教授近期刚刚影印出版，学术界目前还没有人对其学术思想进行深入的研究。

卢可久（1503—1579），字德卿，号一松，原浙江省金华府永康县儒堂人。从阳明子于越，三月，既得良知之学，辞归。处一松山房，端默静坐，恍觉浮翳尽扫，皎月中天之象。再见阳明夫子，商证益密，同门王畿、钱德洪，皆相许可。阳明夫子殁，归而聚徒讲学于五峰。曰："本体工夫，不落阶级，不涉有无。悟者超于凡俗，不悟即落迷途。"又曰："原无所存，更有何亡？原无所得，更有何失？默而识之，神而明之。"又曰："省愆改过，是真实下工夫处，见得己过日密，则用工益精。"或问"学之实功。"曰："非礼勿视听言动，充之而手舞足蹈，充之而动容周旋中礼。"其论学如此。一松先生负荷斯道，笃实精进，汲引提撕，至老不倦，门下弟子众多。孝事二亲，居丧尽礼。室人早丧，鳏居四十年，守严一介，芥视千乘，襟怀洒落，略无撄滞。享年七十有七，卒。所著有《光余或问》、《望洋日录》、《草巷语》、《文录》等书。①

① （明）卢可久：《卢一松集》，《重修金华丛书》第98册，上海古籍出版社，2014；（清）黄宗羲：《明儒学案》，附案三，《卢德卿先生可久》，第1604页；（转下页）

金华地区，阳明夫子的亲传弟子事迹明确可考者，总计有8位。除应典（字天彝，号石门，永康县芝英人）、周莹（1485—1566，字德纯，号宝峰）、程文德（1497—1559，字舜敷，号松溪，永康县人）、程梓（字养之，号方峰，永康县方岩文楼村人）、卢一松5人外，尚有李珙、周桐、吕璠3位被梨洲遗漏阳明亲炙弟子，他们均为永康县人，组成较为紧密的“永康王门”学派，以学术为宗，脚踏实地，传承至永康以外的金华地区，传承数百年，影响特别巨大。① 在卢一松的带领下，金华永康县的五峰书院是16世纪我国浙江地区传播良知学的极为重要场所之一，培养众多的地方读书人，推陈出新，彼此接力，推进中国心学的传承与发展。永康阳明亲炙弟子，尚有李珙、周桐、吕璠三位大儒，均在五峰书院讲过学，门人辈出，倡明良知学脉，其后学弟子传承良知学脉，一直至清初，甚为殊奇。黄绾撰有《游永康山水记》，记载其相继与应石门、林典卿、周凤鸣、周德纯、程梓等论学交游，为山水增色，一时之美谈。② 那是一群品德不凡的人，那是一个良知学灿烂的时代，那里一片光明。

（接上页）（清）王崇炳：《金华征献录》，续修四库全书，第547册，卷6，《儒学传》，第109—110页；《光绪永康县志》，《中国地方志集成·浙江府县志辑》，第47册，卷7《人物·儒林》，第648页。卢一松与程方峰同受业阳明先生之门。一松别后，阳明曰：“吾道东矣”。一松之学，主张“本体工夫不落阶级，不涉有无”，强调见己过，省愆改过，“省愆改过，是真实下工夫处”，“见得己过日密，则用工日精”，可谓良知后学中“见过”派。又据《明史》载，可久传播良知学之功甚伟，善于教化人，其传金华东阳县杜惟熙，惟熙则传同邑陈时芳、陈正道。正道年八十余犹徒步赴五峰讲会。其门人则为吕一龙（永康人）、陈其蒽（蒽），均以传播良知学为己任。这是阳明良知学脉在浙江地区传播最久、最纯正的一系，均以五峰书院为讲学中心，均为金华人，一直到明清易纪，殊为不易。参见（清）张廷玉，《明史》，第24册，卷283，列传171，《儒林二》，第7273页。关于杜惟熙、陈时芳、陈正道、陈其蒽（蒽）等儒家资料的详细情况，参见《道光东阳县志》，《中国地方志集成·浙江府县志辑》，第53册，卷18《人物志六·儒林》，第215—216页。

① 据永康县志载，松溪为首批被祀五峰书院的儒家。第二批则为应石门、程方峰、卢一峰（“一松”之笔误），时郡守陈受泉命吕瑗创正楼三，楹额曰：“五峰书院”。第三批则为李珙、周莹、杜子光（杜维熙），时后学周佑德（1574—1629，字以明，号复初）筑学易斋于楼西。详细的情况，参见《光绪永康县志》，《中国地方志集成·浙江府县志辑》，第47册，卷2，《建置书院》，第475—476页。周佑德生平从周氏后裔所撰《永康周姓稽考十六：永康周姓的待解之谜》，参见新浪博客“酌走巅溟的博客”（blog.sina.com.cn/u/2773484394）。

② 《黄绾集》，卷14，《游永康山水记》，第259—261页。

第一节　良知是光：卢一松先生对良知本体的洞见

当台州王门黄绾以“吾心光明”来总结概括阳明夫子一生人品与学术宗旨之后，后世学者无不佩服于黄绾的用词。[①] 因此，当我们对良知自身品格的反复洞究，我们也发现，良知确实具有光明性。而阳明夫子亲传弟子中，对良知的光明性的深度分析，其主要代表就是永康五峰书院的卢一松。

一松说，“心之光明，是谓良知。光明者，心之体也。光定则心静，光摇则心动，光散则心昏，光驰则心亡。心岂有出入？动静以主光而言耳。尧之光，被舜之光华。文武周公光，显孔子之容。光必照俱，以其盛养此光也。”[②] 他显然在接着隔壁黄岩县学术前辈黄绾的话头，良知就是光明，像太阳一样，普照大地。良知的本体就是光，而紧紧抓住本体，靠近光，依靠光，壮大光，心体上可以着工夫，本体所处就是工夫，这是王龙溪高明一路的道德修养论，一直被同门钱绪山所排斥和批判。而作为钱绪山所欣赏的卢一松，似乎不被知

---

① 对阳明夫子临终前所要表达的语言，目前至少有 3 种版本，一是黄绾版、年谱版，为其给王阳明所写的行状，主要是“吾心光明”，此条被放入钱德洪等人所编年谱，众所周知，广泛被流传，可谓“正统”说法；一是《遇丧于贵溪书哀感》，为钱德洪所记载，描述语言较为客观，当为真传；还有就是湛甘泉版本。甘泉墓志铭，说“至大庾岭，谓布政使王公大用曰：‘尔知孔明之所以付托姜维乎？’大用遂领兵拥护，为敦匠事。廿九日至南康县，将属纩，家童问何所嘱。公曰：‘他无所念，平生学问方才见得数分，未能与吾党共成之，为可恨耳！’遂逝。（见湛若水：《阳明先生墓志铭》，载《王阳明全集》，卷 38，《世德纪》，上海古籍出版社，第 1579 页）显然，甘泉先生自认为阳明心学还需要不断修正，暗示还是甘泉自己的心学更高明，带有贬低阳明心学的意味，并认为阳明夫子对自己临死一事很清晰，后事安排得紧紧有条，一点都不慌忙，说明甘泉对阳明心术的崇拜。绪山先生记载，“二十一日逾大庾岭，方伯王君大用密遣人备棺后载。二十九日疾将革，问侍者曰：‘至南康几何？’对曰：‘距三邮’。曰：‘恐不及矣。’侍者曰：‘王方伯以寿木随，弗敢告。’夫子时尚衣冠倚童子危坐，乃张目曰：‘渠能是念邪！’须臾气息，次南安之青田，实十一月二十九日丁卯午时也。”（见钱德洪：《遇丧于贵溪书哀感》，载《王阳明全集》，卷 38，《世德纪》，上海古籍出版社，第 1601 页）这条略显客观的描述记载，让人感觉阳明夫子对生的留恋，对归家的思念。客死他乡，对于远征在外的封疆大吏而言，确实是大忌，阳明夫子也不能免俗。我们有理由这样不带价值色彩的临终描述，可能更符合阳明夫子临死前的现状。

② 《卢一松先生遗言》，卷 2。

己的思想所左右，在修养上主要从本体上着工夫。应该来说，在本体论上，一松借鉴王龙溪的心体论，但在涵养论上，一松借鉴钱绪山的道德修养方法，一松对钱、王二人思想进行全方位融合与发展，提出有事无事、动静、体用多层面推进良知学。

一松还说，“夜气清明之际，如方出之日，其光尚微。从此扫除廓清，一向不为浮云所蔽，则光被四表矣。”① 一松显然吸收绪山的渐进修养论，没有在涵养上走上顿悟直觉主义，对良知本体的把握需要慢慢累积的过程，经历“其光尚微”的长时期潜伏涵养，再到“光被四表”的爆发，而这就需要“扫除廓清”的洗心、养心与操心的系列养法，不断去除遮蔽人类的私欲。一松接着说，“一隙之光，此光也无所不被，亦此光也。以一隙之光，较之无所不被之光，虽有偏全不同，而其为体则一也。苟能撤去籓篱，而不为一隙所限，则亦可以睹天下之全矣。圣人之心，有如长空无云，不惟照之尽，而且能照之察。少有所蔽，初未尝不照。但比之万景俱新，气象昭明，自然不同。浮云愈重，遮隔愈深，则虽太华在前，亦有所不能睹矣。”②“其光尚微”的“一隙之光”时期，虽然光芒不大，但仍然是全体性功能的，不过是褊狭的，只有不断累积，开心体，“撤去籓篱”，放眼于全宇宙。因此，在一松看来，这样的一种心性涵养论，只有越接近于圣人心地，越容易达到万物一体的大光明状态，实现天下全体光明的“气象昭明”新时代。

其实，眼前无路，往往是心中无路；而心中无路，往往是我们的内心黑暗因素太多，光明心体太小，或者我们不能打开心体，让我们内心的狭小光明越来越大，越来越多。与江山王门宗师徐东溪、慈溪王门宗师孙蒙泉不同，他们历经多年治政之后，晚年归家讲学，涵养良知，证意念之密，发挥良知学的虚静灵明的开悟色彩，一松更多的是从一名本色地方教育家的涵养读书、主静修身路径切入阳明夫子的良知学，更多的日用良知学风采，总之是，殊途同归。由此我们会问，一松良知光明论源于何处？为何他的本体说与当时的同门存在如此的不一致？原因何在？

一松在自己的修学日记中写道，“心具万理如天象，然无纤翳蔽隔，日月

① 《卢一松先生遗言》，卷2。
② 《卢一松先生遗言》，卷2。

星辰靡不灿烂。”① 可见，一松把良知本体当做“天象”，是宇宙的最高主宰，这个被万众敬仰的“天象”“靡不灿烂”，照耀宇宙大地。可是，天象由于自身的运动性，容易被物欲、私欲及各种邪思妄念所遮蔽、阻挡和阻滞，因此，不能随时随处地保持她的本体光明性。因此，在一松看来，良知是“天理之中”②，这样的良知本体就有自然性、天然性和本然性，具有更多的生理性、虚静性与真实性，这与慈溪王门亲传孙蒙泉的先天良知学似乎不类。正是这样的一种自然性和虚静性特点，使得一松的良知涵养论体现为主静、开心体、明心体等养法。

由于常年在乡村教学，五十多年的涵养，使得他的学术带有乡村老儒与醇儒的高贵品格，因此，良知是“吾心之则”③，甚至六经子史“亦吾之心而已矣”④，他的良知学更带有纯粹的心学色彩。其实，陆象山的心学非常的有创新，也与象山常年生活在偏僻的金溪乡村有关。一松也一样，常年在永康五峰附近教学、涵养与修身，他注意到天象的运转有一个客观的核心主宰，因此，对于宇宙万事万物而言，这个主宰就是吾心，这与象山“吾心就是宇宙，宇宙就是吾心”并无二致。有个学生问到宇宙运转的问题时，一松说，“万物皆吾心一元之运”⑤，这与佛教禅宗心法一样，提出心的神明力可以变现宇宙万事万物的能力，万事万物的运转由人的一心所掌控。这样的一种神奇能力，一松认为是“天机”。一松说，“天机自运为良知。少有意，必则人为之私矣。”⑥ 正是由于天机这样的自我运转，宇宙一切事物都在天理的指导下运行，这就是真性作用。“天地间，只有一个心是大家当。”⑦ 天地无体，以心为体，天心就是良知，就是真性，就是天机，一松随时都与老师王阳明保持着理论上的一致性。这个“大家当”主宰世间一切事物的运行，是人心、物心与道心的复合体所牵引的造化。

---

① 《卢一松先生遗言》，卷 2。
② 《卢一松先生遗言》，卷 1。
③ 《卢一松先生遗言》，卷 1。
④ 《卢一松先生遗言》，卷 1。
⑤ 《卢一松先生遗言》，卷 2。
⑥ 《卢一松先生遗言》，卷 2。
⑦ 《卢一松先生遗言》，卷 2。

一松的良知学，从光明心体，到天机自运，再到真性，这与北方王门山东聊城茌平一系心学中的赵素衷先生的良知学框架很像。事实上，在阳明亲传弟子的心学体系内，良知是被再次强化的一个概念。如果说，在阳明夫子自身的良知心学框架内，良知是内外合一的复合体，后来被不断创新的良知学，或者偏于内，或者偏于外，平衡被打破，也必须打破，唯有这样，阳明后学的良知理论形态才会被不断重建和创生。“良知至善论”是一松对心体的新认识，这是他不落两边的创建。一松说，“天下之理，惟以良知为至善。行而不著，习而不察，虽或暗合于理，终不免意气之私，谓之善则可，谓之至善则未可也。”① 由于一松执着于教育典范，身正为范，学高为师，故而他多以“至善”来定义良知，良知应该是看得见的一个真实具体的本体。一松又说，“学必止于至善，此学问之大头脑。至善者，心之本体，良知之谓也。以良知为学，则学得所止矣。虽未底于大成，造于极盛，而天下之大本，已得由此进之，则可与齐之理。否则，虽见得广大高明、渊微极深，终是达道之远，与圣人立脚处大不同。”② 因此，一松反对高谈玄理的良知一派，希望良知回归真实的世界，回归至善的可见世界，在日用中运用良知学。

第二节　一念觉悟：卢一松先生对良知涵养的磨炼

由于缺乏对军旅生活和治国理政具体公共事务的磨炼，对于金华永康县偏僻山村五峰书院乡村教育家的一松而言，“事上磨炼”更多的是在具体的日常生活和平淡的教育生涯中的心性涵养，或读书，或交游，或劳作，或涵养，或反观自然，或接物待人，生活略显平淡，较少扰攘，故而心性工夫更加的深厚扎实与醇浑一体，多有一念灵明转念善恶的具体心法，颇足可观。他紧紧地跟随阳明夫子的脚步，体现出一个真诚的追随者的本色。

在教学中，“或问良知。曰：‘只一念灵明之心出于天理，就尔所闻已自知有这件当问，是多少主张在，多少明白在，此便是良知。’”③ 一松在此就丝毫没有改变阳明夫子的教法，也说明了一松死守老师的训导，良知就是外在天理

① 《卢一松先生遗言》，卷 2。
② 《卢一松先生遗言》，卷 2。
③ 《卢一松先生遗言》，卷 1。

的一念灵明，这是阳明本人对良知学精髓的精准概括。良知本来是对外在公共事务的善恶的自觉判断与实际行动，良知必须在公共事务领域中实践才可以展现其客观性与科学性，在行动前还是存在意念上的贞定，也就是知善知恶的过程，表现为良知自作主宰的意识活动。作为内圣的良知开显后，才有致良知于事上磨炼，才有治国平天下的外王之效。在良知开显之前，一念觉悟的意识涵养论是非常重要的。

在对良知学发展和壮大的历程中，一松对阳明的良知学活学活用，其中一个亮点就是特别从心原上用工夫，从本体上下工夫，强调开心体，识心体，开悟觉悟，要求主体有远大的视野和心胸，要有卓尔不凡的识见与思维。这其实是很踏实的工夫论，与明初理学家、崇仁学派开山祖师吴康斋的“从本原上用工夫”一样。吴康斋也是农村老儒，扎根于乡村教育，二人有相似的道德修养论。一松说，“放得闲，便与天地相似。见得破，便放得闲。”①这句话，与禅学思维方法很像，“见得破”，“放得闲”，“便与天地相似”，这与程明道的与天地一体思想一致。主体的心宽体胖，有助于打开思维的视域，而一念良知恰恰是直接联系宇宙万物与主体的最快方法，所谓看破，也就是道德直觉的心灵感应，一悟皆悟，心体清明，自然见万物皆春，鸢飞鱼跃。

湛甘泉弟子洪觉山对感悟之念也很重视，说明在中晚明时期，整个社会都沉浸在意念学的领域内。一松说，“中心扰扰，只是妄念”②，又说“有妄念，只是昏；一起，便觉；一觉，便消除，又非至明者不能。”③妄念就是恶念，属于人心昏暗时刻，是必须时刻要去除的。转恶为善，在于人心灵明自觉，自然念念清明。“心通，则无时不通，虽处困厄至极，亦超然独得也。心穷，则无时不穷，虽居得意之地，亦如穷人而已。”④这说明，一松把人心这种灵明力上升到较高的高度，认为心时刻保持通畅比较重要。一松甚至把人心这种念觉力判断君子与小人之别，他说“君子、小人只在于一念之间，觉与不觉耳。”⑤

---

① 《卢一松先生遗言》，卷 2。
② 《卢一松先生遗言》，卷 1。
③ 《卢一松先生遗言》，卷 2。
④ 《卢一松先生遗言》，卷 2。
⑤ 《卢一松先生遗言》，卷 2。

一松说，“一念为善，此微阳之复也。”① 一念必须转向灵明之觉，这样的一念才是合乎善的，正义的，可取的。一松说，“一真自知，万虑俱息，谓此为神游千古，可也。故一念清明，康衢击壤；一念昏塞，兵戈战争。”② 一松又说，“居室一言机动，千里隐微一念，鬼神皆知。噫！可畏哉！”③ 一松再说，“圣狂限隔，何啻天壤？圣而罔念，则为狂矣。狂而克念，则为圣矣。天壤之隔，只缘一念。”④ 一松一连三次反复强调一念之维，一念之别，一念之远，无非是要求我们随时保持善念，时刻远离恶念、妄念，念念灵明，念念归真，让良知无时无刻不贞定我们看不见的隐微之念。善护一念，使得道德修养必须回复到清明心体的怀抱。

一松曾对意念的反复和工夫的困难做出一段较为详细的分析，一松说，“私欲窃发，此是主宰昏。大抵检点不精，未免因时窃发，此明中之昏也。任其纵横不知，此昏中之昏也。才窃发便明觉，觉便知究治，此昏中之明也。常明常觉，万理森然。如太阳当午，群邪遁迹，此明中之明也。夫由昏昏而至于明，亦其一念之觉悟耳。觉之之至，虽至于明明，不难也。由明明而至于昏，亦其一念之觉悟耳。不觉之至，虽至于昏昏，不难也。觉与不觉之间，圣与愚之所由以分乎。”⑤ 一松的“明中之昏”、“昏中之昏”、“昏中之明”、“明中之明”，表明道德修养的四个层次。对于初学者而言，刚领会良知学，“明”也是刹那的，不成片段，故而会出现“明中之昏”。由于对这样的工夫不自觉，或者是杂事打扰，“心体精明，则身体亦轻快。投之艰难杂剧之中，不觉困倦。此心一昏，便全无检束收拾处。”⑥ 工夫间断了，没有形成可持续性，工夫体系没有建成，“明”也就慢慢衰弱了，出现短暂的“昏中之昏”，但由于初学者不断的成长，提醒，初学者慢慢成长为中学者，故而出现“昏中之明”，这也是工夫积累量变到质变的开始阶段。越习越熟练，昏暗点越来越少，光明力量越来越强大，最终成为“明中之明”的“光明良知”阶段。

---

① 《卢一松先生遗言》，卷 2。
② 《卢一松先生遗言》，卷 2。
③ 《卢一松先生遗言》，卷 2。
④ 《卢一松先生遗言》，卷 2。
⑤ 《卢一松先生遗言》，卷 2。
⑥ 《卢一松先生遗言》，卷 2。

第三节　万物一体：卢一松先生的良知修养境界

走进一松先生的文献世界，一方面，我们惊叹于一松一生安心于偏僻乡村金华永康县偏僻山区的五峰书院，老而不懈，这充分体现中国教育精神，不计名利，不问功名；另一方面，我们也惊叹于一松先生醇厚的道德修养工夫，折服于其万物一体的高尚的道德涵养心境。上述而言，充分体现中国乡村醇儒极高明而道中庸双重修养方法，一方面是高明心法，顿悟直觉的一念良知，转恶为善，嘉和兴业，化成天下，共享太平盛世；另一方面，是中庸之道，在日常的现实世界，勿忘勿助的比慢与渐进的涵养体认方法，依然是成圣不可或缺的修养法则。毋宁说，困难处，用一念开门；平实处，用勿忘勿助保任，由此达到无念之念、心如止水与天下一体的澄明心境。

一松说，“万物一体，此是甚大心胸？岂拘拘局局做得？”①，说明他接受阳明夫子的晚年的万物一体论，但心性工夫很难。一松又说，“天地万物一体，亦克去己私之尽，方见。少有一膜之隔，便若与我不相关，何曾见得一体？”②万物一体的工夫难，难就难在需要走入圣人心性境界，全存天理，全克去人欲。其实，也就是要内心完全光明的状态，这就是良知全部填满人心的状态。故而一松说，“精神清洒，心地宽平，则天下何物非我？何我非物？”③物我一体，物我合一，也就是看得破，放得闲，也就是程明道的将身心放怀天地一体看的心法。但是，要达到万物一体的境界，是多么的不容易呀？需要主体不断的刻苦训练。

一松对于刻苦修炼的强调，令读者印象深刻，他说，“金愈炼愈精，人愈折磨愈进德。然必有层色之金，方可炼。有志之士，方可折磨。”④这与甘泉先生对学生要求真金般的品格劝诫一致，要求学生端正学习态度，学习就是不进则退的过程。孟子说，生于忧患，死于安乐，也就是从忧患意识上着眼。王阳明对良知的感悟，主要得益于他在长期军旅生涯中万死千难的反复折磨。中国

① 《卢一松先生遗言》，卷2。
② 《卢一松先生遗言》，卷2。
③ 《卢一松先生遗言》，卷2。
④ 《卢一松先生遗言》，卷2。

目前展现的超强精神力量，很大一部分得益于近百年来遭受的各种磨难。这种刻苦修养的途径，就是洗心，也就是主体不断洗心自我朝向圣途的过程，也就是勿忘勿助的自我减少物欲私心对本体的感染。一松说，“念头未有无因而起者，只缘病根潜伏，未能拔去，故因时触发。学者洗心，务令一尘不染。凡夫声色货利，真不见可欲，始当有寂然处尔。”① 洗心是涵养论的主要方法，其最高洗法就是阳明夫子相传的“拔本塞源”，就是“破心中贼”，是彻根彻底的扫荡廓清的工夫。洗心工夫之难，可见一斑。

当然，越是环境刻苦，越不能焦虑和急躁，越不能功利，越需要沉下心来，主静体认万物之理，越需要勿忘勿助、比慢的涵养。对于没有在官场和军旅历练的一松而言，安于平凡的世界，从性情上涵养，从心性上磨炼，慎独恐惧，体认至善至美至真的幽深道体。一松说，“君子学道，只从心性上学来。戒慎恐惧慎独，此心性上功夫也。外面寻求一片功利之私，如何是道?”② 真正的学者，是淡泊名利的，安心养道的，是勿忘勿助的。一松说，“神劳，则气伤。神昏，则气散。故孟子论养气，必须个勿忘勿助。求未放之心易，求已放之心难。”③ 勿忘勿助的重要性在于它直接有助于身心的健康，精神的愉悦，元气的复苏。勿忘勿助对于乡村教育家而言，涵养的不仅是生理性的身体，而是精神性的把握宇宙真理的本体。一松说，“理无空缺，工夫不可使有一毫间。心勿忘勿助，常令优游有余，流动充满，斯为合得本体。”④ 这种对良知本体的无间断的反复保任，是勿忘勿助心法不可或缺的重要原因。

由于一松先生常年刻苦涵养，动心忍性，内心的虔诚往往会激发潜意识，因心成梦，他说，“夜梦与先师论学，先师曰：‘有所不足，不敢不勉。有余，不敢尽。’真至言也，因识之。”⑤ 崇仁学派宗师吴康斋也是经常做梦，梦到周文公、孔子、朱子等大儒，这是中国传统文化不可言说的秘密。一松诚心修身，加之偏僻之地，迫切需要一个精神寄托创建自身的人生信仰，因此，重新梦到阳明夫子前来教化，鼓励一松进学不懈，不啻为雪中送炭，是很合理的潜

① 《卢一松先生遗言》，卷 2。
② 《卢一松先生遗言》，卷 2。
③ 《卢一松先生遗言》，卷 2。
④ 《卢一松先生遗言》，卷 2。
⑤ 《卢一松先生遗言》，卷 2。

意识心理学。这种长期期盼的心理状态，也容易强化一松对良知学和心学妙契神明的认知度，由此抬升良知在其学术体系中的地位，也就是良知教的神奇妙用。

第四节　良知道统论：卢一松先生对良知学的再推进

阳明夫子亲传弟子，事迹可考者大约360余人。在这么多弟子中，唯有终生投入于乡村教育的人，才有更长时期的时间体认和发展良知学，而卢一松先生无疑是其中较为突出的一位，也就不难理解，一松会提出良知“道统论”这样把良知上升为“千古”之学的观点。他说，“千古道统，发到致良知，已无复有余蕴矣。千圣万贤，发挥不出，赖此一言说破。”① 这是一松对老师思想无条件的接受，也是对外宣称良知学的永恒性、普遍性与长期科学性。其实，在慈溪王门著名弟子孙蒙泉那里，他反复强调良知之外无道、良知之外无学这样的学术独断论。一松说，良知好比是不断生长的花群，他说，“是这一种花，便开出这一种花。是这一种草，便生出这一种草。发起千百丛，相传千百世，初未间其有一处或异，此可以见天性在物不可改也。”② 良知内在于人类的天性中，是至知、常知，是可传千百世的。当然，我们认为阳明亲传弟子对老师思想的这种方式的传播，更多的是一种情感宣泄，仅仅是为了让后学弟子辈不要怀疑良知学，应该完全信任良知学。其实这样的一种对良知学的信仰式强调，固然有利于良知学的短期传播，长期来看却消解良知学传承的可持续性和推进的创新力。

良知的常知常在，无疑是入圣的不二法门。一松说，“由良知而入，是谓坦途，是谓正途。入圣无二途，舍之而旁蹊曲径，不可与入圣矣。……以良知为诚敬，则无不诚、无不敬，而圣途一辙也。舍良知而诚非其诚，敬非其敬者有矣。此毫厘之间、千里所由分也。……天之聪明，吾心不容已之体也。尧舜禹之为尧舜禹，汤文武周孔之为汤文武周孔，同一揆也。从古以来，欲为圣人者不鲜，而知所以入圣者则鲜。言之虽详，道之虽远，只成一己之私，不可

① 《卢一松先生遗言》，卷2。
② 《卢一松先生遗言》，卷2。

以语优入圣域矣。”[①]“优入圣域”的最好方法就是致良知，良知学统摄诚意之学，引导主敬之学，与天理合一，故而可以灵明妙化，变化无端。这样的知识，也就是“此吾心所谓良知，知之至也”[②]，是最高的知识。这样的知识，也是恒常正确的知识，是常知。一松说，“独知只是一个常知，慎独只是使之常知，常知则常善，何善之可为？常知则无恶，何恶可去？故曰‘做得工夫是本体，合得本体是工夫’。”[③]常知就是本体与工夫的合一，也就是最终极的知识，是无知之知，是宇宙的精灵。

我们知道，王龙溪将阳明心学良知论的义理推进到一个很高的程度，以无念之念、无意之意、无知之知、无体之体等抽象方式重新推进阳明学，可谓达到前无古人、后无来者的地步。但是，另外一个角度，却也无形当中消解阳明心学的多元性、真实性和生活性。这样一种高明玄虚的新良知心学，引起大规模的讨论和争议，反对者此起彼伏，导致阳明后学亲传弟子辈的内部分裂，钱绪山、孙蒙泉等人就是较早的理论反对者。而龙溪本人弟子后学走入禅宗，偏向佛教，弟子后学众多，其中最著名者是绍兴嵊州的周海门，为当时学术界所排挤而被边缘化。而卢一松近乎宗教化的一种新诠释，以单一的教学和研究方式，以五峰书院为中心，以一种虔诚的身心体认传承后学，反而使阳明后学在金华、衢州、台州地区传承几个世纪，传承好几代，一直到清朝初年政府当局对阳明心学的禁止传播政策出台为止。我们认为，正是一松本人扎实而又有效的身心受益的道德修养论复活阳明夫子的良知学脉，使得金华地区的阳明后学在晚明活得长时期的传播与生命力，一代传一代，默默无闻，互相砥砺，这与一松的虔诚修养与专心教育是分不开的。

金华永康王学不愧为浙江王学的重要理论代表，是浙中王门的不可或缺的标杆性学术门派，值得我们继续深入研究和体认。

---

① 《卢一松先生遗言》，卷 1。
② 《卢一松先生遗言》，卷 1。
③ 《卢一松先生遗言》，卷 1。

第四章　孙蒙泉虚明良知论与阳明心学义理化的再推进

浙东余姚地区孙蒙泉良知学思想目前除钱明先生与邓凯博士研究外，尚未见有其他学者研究，研究空间仍然很大。在邓凯编校整理《燕诒录》10 万余字之后，学术研究慢慢可以打开局面。经过我们的研究，孙蒙泉良知学主要有以下几个特色。其中赤子之心与虚灵本体是孙蒙泉良知修养论的起点。察几念诚是孙蒙泉良知修养方法论，其中包括转念、护善念等。以融摄陈朱而形成的虚明良知论是孙蒙泉良知修养论的特色。

孙应奎（1504—1586，字文卿，号蒙泉，原浙江绍兴府余姚县上林乡双河人，今浙江省宁波市慈溪横河镇烟墩村人）。农历十一月十一日生。少治《诗经》闻名。娶岑士。[①] 据史载，他由进士授行人，擢礼科给事中。疏劾汪鋐奸，忤旨下诏狱。已复杖阙下，谪华亭县丞，鋐亦罢去，两孙给谏之名，并震于朝廷。累官右副都御史，总理河道，逾年罢归。为山东布政时，有创开胶莱河议者，蒙泉力言不可。入觐，与吏部尚书争官属贤否，时称其直。

阳明夫子归自江西，蒙泉随绪山先生率同县孙陞（1501—1560，字志高，号季泉，嘉靖十四年进士，官至南京礼部尚书）、郑寅（嘉靖十四年进士）、俞大本、王正心（阳明侄子）、王正思（阳明侄子，嘉靖八年进士，嘉靖十六年任福建省建宁知府）、钱大经、钱应杨（字俊民，嘉靖十四年进士，著有《俊峰真存稿》）、夏淳、范引年、吴仁、柴凤、诸阳、管州、徐珊、谷钟秀、黄文焕、周于德、杨珂等七十四人往师之，听阳明在龙山中天阁讲课。

---

① 参见《孙应奎生卒年考》，cxsz.cixi.gov.cn，2011 年 4 月 28 日。

受父命，曾从学阳明夫子一月左右。[①]嘉靖三十年辛亥夏五月壬寅（1551年）序同仁蔡汝楠湖南衡水版《传习录》，其回忆阳明夫子循循善诱之教令人感动，“应奎不敏，弱冠如知有所谓圣贤之学。时先生倡道东南，因获师事焉。忆是时先生独引之天泉楼口，授大学首章，至‘致知格物’曰：‘知者，良知也，天然自有即至善也。物者，良知所知之事也。格者，格其不正以归于正也。格之，斯实致之矣。’及再见，又手授二书。其一《传习录》。且曰：‘是《录》吾之所为学者，尔勿徒深藏之可也’”，足见夫子器重之深也。[②]

蒙泉家居三十余年，讲良知之学，董天真之役。曾大力协助钱德洪编印校对《王文成公全书》[③]，对良知学在余姚地区的传播和推动贡献甚大。子孙汝斌举进士。邵廷采祖姑适孙应奎曾孙籍洵，后又二世联姻。[④]

嘉靖三十年，在湖南从政时，蒙泉曾刊印阳明夫子手授的七卷本《传习录》于石鼓书院。[⑤]为杭州天真书院编纂《天真精舍志》，可惜散轶。著有《燕诒录》十三卷、《〈大学衍义补〉摘要》（四卷，嘉靖十二年刘氏安正堂刻，藏于上海华东师范大学闵行校区图书馆古籍特藏部）[⑥]、《朱子抄》（十卷，刘教辑，嘉靖十八年陈鹤刻，中国科学院图书馆、天津师范大学图书馆藏）等。刊印祖先孙梦观《雪窗集》，万历年间再刻其父孙钥的《栖溪集》，及《孙氏世考录》等文献。[⑦]

---

① 《王阳明全集》（新编本），第五册，卷40，第1632页。

② 《王阳明全集》（新编本），第六册，卷52，第2101—2102页。

③ 钱明：《被遗忘的王学中坚：明代思想家孙应奎》，《杭州师范大学学报》，2010年第4期，第14—22页；《王阳明全集》（新编本），第六册，卷51，第2094页；吴震教授认为，蒙泉拜学夫子门下为嘉靖四年十月，可备参考，参见其《明代知识界讲学活动系年（1522—1602）》，学林出版社，2004，第19页。

④ 参见，《孙应奎生卒年考》，cxsz.cixi.gov.cn，2011年4月28日。

⑤ 据钱明先生回忆，嘉靖三十年蔡汝楠校刻本，为其亲自录自京都大学附属图书馆藏衡湘书院重印本（重印时间不详）。全书共分七卷，卷首载有南大吉原序和孙应奎序，卷末载有蔡汝楠后叙。参见钱明：《被遗忘的王学中坚：明代思想家孙应奎》，第16页。

⑥ 邓凯：《孙应奎与阳明学传播》，《宁波通讯》，2017年第21期，第70—71页。

⑦ 邓凯：《孙应奎与阳明学传播》，第71页。郭蒙泉官至副都御史，有政声，《明史》亦有传，参见（明）孙应奎：《燕诒录》，四库全书存目丛书集部，第90册，齐鲁书社，1997；（清）张廷玉，《明史》，中华书局，2013，第18册，卷202，列传90，《孙应奎》，第5335页；《光绪余姚县志》，《中国地方志集成·浙江府县志辑》（转下页）

第一节　赤子之心与虚灵本体：孙蒙泉良知修养论的起点

作为王阳明生前较为器重的亲传弟子之一，且同为余姚人，孙蒙泉身上无疑承担较多的责任和使命感。因此，无论是常年在外北京、上海与山东等地做官，还是回老家余姚横河山脚下居家讲学，身体力行，传播并发展良知学，一直成为蒙泉先生生活的一部分，这是一种出于对老师敬畏的良知学统的自觉承担。

阳明夫子捐馆后，由于阳明夫子不在场这一特定困局，师门分裂，良知学难于归一，故而良知学的有效性不断在慢慢地削弱。"'致良知'三字，师传口诀，及门者类言依本体便是，固不差，不知本体何以依得？……学者狃于初见得以为此良知矣，而不知愈无穷者即此良知也，悠悠略绰，无所征于实行，为世人厌恶、讥讪，咎将谁归？间有谓看得格物太轻者，却亦不知是看得致良知太易耳。"① 在阳明后学时代，良知学由于"无所征于实行"，出现了"为世人厌恶、讥讪"的病态和弊端，这一方面是伟大人物消失之后不可避免出现的"学术真空"局面，另一方面，则是不少阳明夫子亲传弟子或"狃于初见得以为此良知矣"，或"看得格物太轻者"，以今天的话来说，就是对良知没有深刻领会，更没有活学活用，空谈言说的书呆子越来越多，建功立业的人越来越少，上述原因，导致良知学成为一种"学术毒药"，不仅为读书人所不喜爱，更不为政府官员所待见。

针对阳明后学认识不深与实修不够理论与实践的双重困境，孙蒙泉在阳明后学时代全面接洽孔子、孟子、濂溪、伊川、白沙与甘泉等人思想中的心学因子，结合当时的时代和形势，提出了自己的新思想，就是重新发现良知本体：赤子之心与虚灵。

蒙泉说，"聪明睿知，即孩提之爱敬，不虑不学而能者，良知也，赤子之心也。此心即仁义之性。……心即是性，性即是天，又更明甚如此。只求尽心

（接上页）第36册，卷23，《列传九》，第818页。钱明研究员亦有专文研究，为目前国内第一篇研究其思想的深度长篇论文，参见《浙中王学研究》，中国人民大学出版社，2009，第112—133页。梨洲《明儒学案》所记载的蒙泉资料甚少。

① 《燕诒录》，卷2。

而知性知天，无别项功夫矣。然所为尽心者，非戒慎恐惧以完养此聪明睿知，更何用力？孟子谓‘求放心’、‘不失其赤子之心’者，尽之矣。师‘致良知’之诀，盖本诸此。”① 从这里可以看出，良知就是赤子之心，就是光明心体，而一种放心的自然状态来探求这样的光明纯洁本体，并独自时时保有，念念在赤子之心上，不为外物外力所引诱和干扰，就会实现通达天性的圣贤境界，就是蒙泉所重点强调的老师阳明夫子“致良知”的秘诀，这是蒙泉在良知学推进上的重大创新。甚至在其平生讲学语录的最后一条，蒙泉再度强调赤子之心的重要性。他说“盖语内未尝有外，言人未尝遗己，尽己未尝违天，此性体之自然，合内外天人而一之者也。若假之而霸则遗内，寂灭之而禅则遗外，是皆不识性体，自私自利而为之者也。……故霸与禅，由其不自信赤子之心乃天命之自然，抑其善端感应流行之常，矫揉造作，自以为道，而非吾之所为道矣。学术之求端用力，不可不早辨固如此。惜乎吾徒鲜好学者，反为彼之所鄙，安在其辟异端而黜霸图也哉！”② 在其晚年的思想中，蒙泉把赤子之心的有无作为辨别儒学与异端的重要武器，并指出，良知学追求实效的内在规矩需要与识性体合内外相耦合，而赤子之心为打开宏达天命之学的前提条件。从上述两则语录可看出，蒙泉在道德修养的逻辑起点上，高抬赤子之心，上接孟子，为良知学的进一步发展打开新局面。

如果说，赤子之心为良知心体的外在表现，照耀万事万物，那么，在蒙泉看来，虚幽灵性则为良知的内在特性，内隐于人心的神秘性与幽灵性。内虚外阳，共同构建良知心体的内外品格。蒙泉的赤子之心说源于孟子，而其对虚的分析，则源于白沙与甘泉。蒙泉在反复熟读白沙的心虚本体论基础上，提出虚体说，他高度赞同白沙先生的致虚道德修养论。蒙泉说，“人心虚，其体也，惟虚故明。然非即此明觉不容昧之几，致察于有无之间，不使妄念无所容，则潜滋暗长，日昏日塞，失其所以为心矣。故养心之要，莫大于知几。知几则志气清明，义理昭著，澄然无事复其体矣。”③ 蒙泉在常年的外宦政治生涯中，无数的公共决策的正确性都来源于对幽冥无涯心体的感悟，正是由于他觉察到虚体致明的存在，他提出著名的“几学”思想。察几涵养，就是转“虚”为明，

① 《燕诒录》，卷 3。
② 《燕诒录》，卷 3。
③ 《燕诒录》，卷 2。

摆脱妄念，回归正念，念念归真，存天理去人欲，让心体回归到澄然大光明境界和状态。① 对虚体的反复强调，是蒙泉学吸收白沙学的创新之处，也是阳明后学良知学继续高明化前进的表现。

当然，蒙泉之“虚”与白沙之“虚”略有不同。蒙泉的“虚”是带有主动性的全能能力，非本原性的寂然状态，带有变现力。比如，张横渠先生的“太虚”更多是宇宙本体论的气化无形的虚，带有气本论的宇宙论色彩。白沙的虚体论来源于崇仁学派开山祖师吴康斋宇宙元气的源起之“虚”，白沙从老师那里学到了宇宙起源于虚，但却开新出活泼鱼跃新“虚”感应新说，而后湛甘泉又回到宋学丰富并更系统化这一“虚”学。甘泉的虚学思想颇得青年学子的青睐。由于阳明高度融合道教思想的“无”，对虚、实的合一，“虚”不再是一个本体性的话题，让位于直觉主义的“知”话语下的“无”。正是阳明夫子晚年参透良知学，以唯一话题“良知”究竟一切概念，挣脱了禅学的“幻”本体论，通过对“无”的全新建构，“虚”体观被隐蔽了。到了蒙泉时代，由于阳明夫子的解构与建构，“无”自身带有的有破无立的困境慢慢呈现，而恰好白沙的虚体论可以有效弥补阳明学的过度幽冥性、直觉化与无痕感。

蒙泉说，“白沙先生云：‘夫动，已形者也。形，斯实矣。其未形者，虚而已。虚，其本也。致虚之，所以立本也。戒慎恐惧，所以闲之而非以为病也。’夫此心无倚之谓虚。即其应迹可见，虽动而已形，然应而无作、过而不留，亦虚而已矣，不可谓之实也。无应迹可见，虽静而未形，然此虚不息，亦实而已矣，不可谓之虚也。故‘太公’者，未应之用，而‘顺应’者，未感之体，无欲而已矣。常感常应，无间断先后，有主而实，是常致其虚也。致虚即是戒惧。若以戒惧为闲虚，动静为虚实，恐犹二之也。”② 这里，蒙泉充分吸收与借鉴白沙先生虚体论，由此，蒙泉在消化老师阳明的合一方法论上提出自己的虚体新论，他的虚是“应迹可见”的，是有潜在变现力的。故而，蒙泉的“无应迹可见”，那种完全不动不应的虚无，过度的虚静，完全的虚空，不是他所说的“虚”。由此，蒙泉的虚，“心无倚之谓虚”，此虚“应而无作、过而不留”，“有主而实”，“常感常应，无间断先后”，是流动不息的。他说的，“常感常应

① 对蒙泉几学思想的研究，可以参见钱明研究员与邓凯博士等人已公开发表的多篇论文，他们二人的论文均为开创性研究，以此向他们致敬。

② 《燕诒录》，卷 1。

者，至虚之体；有感而应者，可见之迹。然来则不迎、过则不留，亦虚而已。先贤主敬、主静，皆只是此。”① 这句话也说明，虚的自立性和自足感。“常感常应”，说明虚的感应力是时常存在的，而“来则不迎、过则不留”，说明虚应事后的不着性和大公性。蒙泉继续说，“心一也，以其无所不感谓之虚，以其感应不测谓之灵。然却无时不感，无时不应，而未尝一有加损，是常感常应者，无感无应者也，其实一而已矣。学者须是此虚灵，无事时勿令昏昧放逸，有事时勿令着物留滞，主宰常精明，虽有动处，亦不远而复，始可以言‘缉熙’之学。”② 有感带动应，有虚推进灵，感应虚灵，无所不在，无时不感应，动静合一，感应合一，这样，赤子之心才会有精明的神奇觉察力、辨别力和行动力，由此可以经纶天下万事万物。

蒙泉在此“虚为心之本体”基础上，提出挺立虚体这样一种“独体”，“虚灵作得主宰”，“虚灵处用功”，继而提出“致虚即是戒惧”，这样，就大大抬高宋明以来濂溪、明道、延平与白沙“主静学”一系的历史地位了。蒙泉说，“人心之灵，无物不具，然而未尝有也，虚而已矣，却常感常应，无有间断，其体本来如此。……提省此心常作主宰，感应不息”③，人之本体为心，心之本体为虚，由于其未显现，故而持虚，保持主宰性。特别是“中人以下，本有染之心，虽知用功，未能拔去病根，一遇应酬，私意横流，无复主宰矣。虽无事时，亦多昏昧放逸，只是未曾审察耳。虚是心之本体。舍慎独，无以为致虚之功。”④ 人生所遇到的一切决策，好比在茫茫无际黑夜的大海上行驶大舟，稍有不慎，遇到狂风大浪，遇到礁石暗流，立刻会舟翻人王。只有时刻保持警觉，放稳轮舵，才有可能穿越黑夜茫海。这种警觉力，就是人心对虚的深度认识，让虚灵主宰我们的身心，守护好我们内心的变现力。在这里，蒙泉的独体思想无疑是稽山刘念台独体学的先声。

蒙泉正是在白沙的致虚立本的思想基础上，结合自己多年涵养虚体的感受，提出自己的新的感悟。说，“人心虚灵，元是活泼泼的。无事时，固自快足；有事时，亦自快足，此本体流行之常也。忽然如有所失，不自得，却是

① 《燕诒录》，卷 1。
② 《燕诒录》，卷 2。
③ 《燕诒录》，卷 3。
④ 《燕诒录》，卷 3。

自私自利等病根潜伏在，乘间窃发，昏塞之矣。然亦能自觉，此是不可息之几也，即与扫除廓清复其本体而后已，始是克己功夫，然已非不远之复矣。故不问有事无事，只是这虚灵作得主宰，不令昏昧，虽思虑生生，却乃是这活泼之体变动不居，所谓‘百虑而一致’者，一于理也。又须体认识得此体，功夫始无弊。若狃于息思虑为功，便是不息思虑，非本体功夫矣。”① 因此，合本体的功夫不是“息思虑”这样的日常功夫，而是彻根彻底的本源功夫，就是致虚慎独，就是完全的无欲克己的终极修养论。在这里，蒙泉的虚体学与罗念庵、聂双江的主静学形成越、赣呼应的共鸣，让我们领略阳明后学对白沙主静学的消化与吸收，并在阳明后学时代给予相应的创造性变迁与发展。

第二节　察几念诚：孙蒙泉良知修养方法论

孙蒙泉的良知修养方法论总体上仍然遵循阳明夫子的致良知，而在老师那里，主要的实践方法就是事上磨炼，以便防止养成个虚寂。因此，在阳明道德修养论的体系里，让良知见实效才是其关注目标。因此，在阳明后学时代，如何让良知落地，见实效，经世致用，成为阳明门人的共同使命。蒙泉，与阳明夫子其他弟子一样，完全信奉良知学，但他不像永康王门宗师卢一松将良知学抬升到“学统”地位那样极端，却也认为良知是唯一的大道，致良知是唯一的学问，这应该更多是出于对师说的护卫吧。蒙泉说，“良知之外，无道也；致良知之外，无学也。”② 对于阳明学的最好的继承与发展，作为阳明弟子而言，反复为良知背书无疑是最好的行动。因此，把良知学抬升，上身到与朱子理学一样的高度，无疑是最好的方法。蒙泉说，“良知，天则也；致良知，知天之学也，圣学之始也。”③ 这样自然就把阳明的良知概念抬升到程朱的天理概念一样的地步，良知具有超越性、主宰性与永恒性。作为“天则”意义上的良知概念，在北方王门宗师那里，更是得到系统化与全面化的重塑。如果说，良知为天则，使得良知概念具有绝对权威地位，而良知的内在神明性无疑让良知概念获得内在合理性。蒙泉说，“良知神明不测，主于身为心，具于心为性，付于

① 《燕诒录》，卷 3。
② 《燕诒录》，卷 1。
③ 《燕诒录》，卷 1。

天为命，一也。”① 良知学作为圣学的起点，使得良知本身具有超强的能力，而这为良知学的更大范围的传播提供更广阔的上升空间。

但是，蒙泉注意到，良知本身容易被人类的各种过分的欲望所遮蔽，需要一个从无到有的生发过程，正是良知这样的“自我欿陷”性格，故而良知的内在性灵呈现，其生发机制就是主体的心悟，就是一念良知，在蒙泉看来需要“几”动。蒙泉认为，良知就是几，是几让良知无中生有，呈露性灵，爆发能量，开物成务，改造世界，主宰世界。蒙泉说，“良知者，几也，流行不息之本体也。有不善未尝不知，知之未尝复行，则其本体不息，是谓致知。”② 良知就是一个全能的运作发生机制，自我贯彻，自我执行，是一个深不可测的几。蒙泉说，“几者，性之灵、人之生，道无时不然者也。此几一昧，而人欲始横流矣。故几者，吉之先见，此是性灵呈露，从此慎之，宁复有恶？恶是乘其几之昧，非真几之所本有也。以其始动之微，亦曰‘几’耳。”③ 几其实是道心萌动的整个过程，而真几可以护航良知的整个发生与运作过程。蒙泉说，“提醒此良知为主，不使昏昧、放逸，则私意无所容，而不正之事无所隐，有以复于至善而心正矣。”④ 因此，我们认为，在致良知到的修养方法论里面，察几是蒙泉修养方法论的核心过程，而察几就是为善去恶，转恶为善，在善恶一念萌发之际贞定，随时随地让善念充满人的整个大脑，这也就是蒙泉所强调的“提醒良知”，让良知时刻见在，时刻在场。

其实，在阳明道德修养论的整个体系里，虽然良知需要不断地事上磨炼以展现其经世致用的高贵品格，但在阳明的心性论框架内，良知其实是通过时刻念念致良知而获得的，是时刻的直觉与知觉不断耦合而成的。正是通过细微繁杂意念的不断涵养与贞定，知善知恶为良知才得以可能。从具体身心涵养的微观领域来看，良知的获得主要表现为意念视域下牛丝般的无穷尽心性工夫，也就是王龙溪所说的“一念良知”。正是通过不断与系列的连续性“一念”，人的内在无穷宝藏性灵、机灵与天机才得以呈现，发出其无限的光明。在蒙泉那里，一念的系列涵养心性论表现具体的“心术”，主要有不起念、一念感应、

① 《燕诒录》，卷 1。
② 《燕诒录》，卷 2。
③ 《燕诒录》，卷 1。
④ 《燕诒录》，卷 1。

一念之灵、一念立诚、一念戒惧、念道、念中、谨念、辩念、正念、存念、流念、操念、收拾念头等等。其中，一念感应、一念之灵、一念立诚、一念戒惧、念道、念中等属于转念下意识行为，辩念、正念、谨念、存念、流念、操念、收拾念头等属于护念下意识行为。上述多重细微的不起念、转念与护善念“察几”行为，共同组成蒙泉学的“心术”体系，而这正是蒙泉良知学的创新与精微之处。

（1）不起念。

蒙泉说，“苟得其养，无物不长。养之一字，最为吃紧。只顺此良知，无为其所不为，无欲其所不欲而已。须是不放过，始谓之得其养，则心体日精明、日刚健，便有从容中道的意思。若起一念，觉于自己便宜，便因循将就，认为行权，却落机械去了。切须审察！”①道德涵养之法首先在养法的有效性。养法无效，越用功，越自信，最后伤身败德就越惨烈。

蒙泉说，“中者，天下之定理；庸者，不易之常道。惟中，故不易。过与不及，君子不由也。执中甚是难。中是性极纯无杂，加损毫厘不得，非精以察夫危、微之几，有以致其一，则一念稍有出入，即未可以言‘尽性’，未可以言‘立天下之大本’，乌得谓之中？”②一旦恶念起来，念头偏离轨道，工夫就会失败，中正之体就不容易寻获。

蒙泉借鉴阳明的“顺良知”的涵养论，不起贪念，不起妄念，让良知周流四方，无所障碍，人心的灵明性就会越高明。上述情况，蒙泉主要针对无事时的涵养情境而言。在有事时，事情变动万千，就需要不断的转念，转识成智，转恶为善，为善去恶，经纶万物。

（2）转念：知善知恶与为善去恶。

转念，往往是政府官员在遇到决策难题时，需要不断地开拓自身决策判断智慧；或者是，修养主体在面对物欲牵引而为恶时，需要转恶成善，总之，面对善恶关头的关键时刻，需要我们改变原有的思维模式，这就是所谓的转念成识、转识成智。蒙泉说，理欲之战实际上是一个理气相交的问题，其胜败关键取决于一念，“气胜则人欲肆而天理灭，失其所以为行色；理胜则不过其

---

① 《燕诒录》，卷2。

② 《燕诒录》，卷3。

则，而耳、目、口、鼻、四肢皆道心为之主，无所妄动，便是践行。……须知理、气本一滚事，其相胜之几，只系于一念，特其志先立乎其大，则流行之为气，主宰之为理，无复理、气之别矣。”① 由于蒙泉充分吸收老师阳明的理气合一思想，理、气存在彼此相融相分的不同运动方向，故而理、气只是主宰与流行的不同运动形态而已，理胜气则道心为主，气胜理则私欲为主，而且决定的关键枢纽就是一念的维度与方向不同而已。一念天理，则道心多；一念动气，则私欲多。由于蒙泉将理欲交战论题转化为理气交战，而理气交战则取决于一念之别，一念偏于天理还是一念偏于心气，而这就是蒙泉所谓的一念之几。应该来说，蒙泉的洞见不可谓不细密深刻。理与气关系不再是朱子那里的二分与分野，更多的是阳明心学那里的一体化程度差别不同而已。我们现在俗话说的“一念天堂、一念地狱”，“放下屠刀，立地成佛”，其实也与阳明心学的一体认识论高度相关。对天理人欲这样的比较理解的同情的处理，一方面影响中华后代子孙道德修养的包容与慈悲心态，另一方面，也对未来中国道德修养学术的一体化走向产生深刻的影响。

传统中国的道德修养论所具有这种不偏激与不走极端的温和处理方式与阳明心学的万物一体、人人皆可以为尧舜的大包容、大慈悲与大和谐思想一致，而其理论源头来源于中国学者道德修养论中对“转念”心术的重视与系统化发展。阳明心学的转念修养论的系统丰富有利于容纳更多的社会群众提升他们的自身素质。转念，首先就是要认识到人心有无限的可能，人的意念可以变化，人心是可以刹那间为善去恶的，这一切源于对我们内心性灵虚明本体的唤醒，也是唤醒良知学的逻辑起点，也就是“一念之灵”。蒙泉以“几”替代良知性灵的神妙力，他说，“人于应酬既往、耳目无交，若至静矣。而此心一念之灵不可磨灭者，非几乎？”② 良知的唤醒，好比天下万物在春天的刹那间复苏，好比盛世开泰，是重建新时代所焕发的新气象。“一念之灵”的另外一种表达是“一念感善”，由此唤醒我们内心的“好善恶恶”之天性，形成新的知觉与意向性，也就是阳明的“知善知恶是良知”情境。蒙泉说，“这有所不为不欲者，虚灵知觉之自然，即好善恶恶之性也。有以存之，无为其所不为，无欲其所不

① 《燕诒录》，卷 3。
② 《燕诒录》，卷 1。

欲，由是，随所感而好恶形焉，便有政事之施，有裁成辅相之道、家国天下之治，自此一念出之矣。此吾儒尽性之学，无内外者也。”① 一念善性，也容易形成治国理政的新局面、新盛世与新气象，也就是“诚心治政”，天下正义，所以蒙泉说，“故义非外也，只在一念上立诚。”②

转念，不仅是对情境的一种直觉性唤醒，其实也体现出主体的刻苦意志，这也是阳明心学良知学的艰苦品格。良知学本来就是阳明夫子千死百难、饱经风霜得来的，是在深山老林、穷崖绝谷的数十次生死战争中体验出来的。由此，坚强的内心意志有助于转念的自发机制，是一种内在美德自我的强烈性爆发，也是内心美德由隐性转为显性的外力变现过程。蒙泉说，“学者既学之为儒矣，岂乐为小人哉？为己为人，一念之差，不深察而致精之，因循假借，粉饰自安，的然而日亡矣。故克念作圣，罔念作狂，千圣心诀，只致严于几字。”③ 这种严格的道德自我要求，必然要求主体克念行为，以外在强制性方法保持内心意念的纯洁与单一，蒙泉称之为“严几”。这种主体严格的自觉行为，是一种严谨的生活方式，源于宋代理学家，特别是伊川的主敬修养论。蒙泉说，“假公济私，这发念只是为己，不真切，却自谓人莫我知。殊不知习之既久，便流于无忌惮。夫子谓‘难矣哉’者，此也。其初，只一念不谨耳。为恶如崩，大可畏！”④ 谨念，朝向善念，时刻警觉，有助于人格光辉的不断圆满。如果说，谨念是转念的消极防御维度，那么，克念可算作转念的积极进攻角度。谨念、转念与克念组成蒙泉道德修养意念视域的初始形态。

谨念、转念与克念其实早与《中庸》一书“慎独”修养论有高度暗合。众所周知，慎独修养首先取决于主体的一念贞善，是一种较高自觉性的道德意识行为。“一念之灵”、“一念感善”、“一念立诚”都属于慎独领域的道德潜意识自觉行为。蒙泉说，“耳目无交，应酬未及，而戒惧一念，常在不息，即是致知；此中勿忘勿助，即致知之。这件事得其正，是为格物而致知矣。致知如此已适得良知本体，意便无不诚，心便无不正，更别无功夫。良知无终始、无动静，须知功夫只是此念不息，孟子之所谓‘必有事’也。是在学者自悟而

① 《燕诒录》，卷 1。
② 《燕诒录》，卷 1。
③ 《燕诒录》，卷 2。
④ 《燕诒录》，卷 2。

已。”① 故而，蒙泉也意识到，转念必须与戒惧、慎独等传统修养论相契合，一念善感必须自然呈露，必须是主体的中心不自欺。蒙泉说，“知学问只以忠信为主，念念戒自欺而求自谦，则本体呈露，亦自有天君泰然气象以立得定耳。故学问之要，惟此。”② 蒙泉也把这种转念提高到独知、独体的道的层面，他说，“夫子年十五而志于学，又十五年而志始立。立者，一定而不易，无一念不在此道，所谓造次颠沛之必于是者也。然道根于性，其几极微，毫厘恍惚间未易洞彻，故又十年而后不惑，又十年而知天命，穷理尽性以至于命矣。耳顺、欲不逾矩，则化也。”③ 一念立诚，念念归诚，念念回归道体，回归高明而中庸的性命本根。

转念修养论最见主体的修养力度。一方面，它体现出修养主体对自身隐秘性灵的最大爆发，也体现出一种回归天性的逆向直觉行为。修养主体，不仅需要敏锐的道德直觉主义，也需要强大的道德意志，从这个意义上而言，细如牛毛的明儒道德修养历程从来都不是浪得虚名的道德作秀，更是严谨的道德自我磨炼行为，令人肃然起敬。

(3) 护善念：念念本体良知。

转念之后，本体之心回归性体，也需要主体的自我护卫。意念行为，进入护善念阶段，也就是不断检点，不断存念，念念归真，念念归道的意境，守护善念，让善念不断呈露。检点念头，很像《论语》中的“时习”，是一种对旧知识的重新温习，是更夯实的一种加强行为，有助于主体的成圣成王。蒙泉说，“凡人之心，终日茫茫荡荡，奔驰无定，殆不自知；才一检点，则平生放心，如声色货利等念头，灭东生西，纷然不可收拾，先儒比之破屋御寇，何等劳扰系累，安能忘？故非百倍其功，存养到心体完复时，未有能忘者也。独于颜子称坐忘，可知矣。”④ 蒙泉的收拾恶念，就是要让本体归位，是一个长久而又复杂的不断循环的修养过程，需要顽强意志力。

收拾好念头，静时存念；动时行念，也就是说无事主静，主静不让恶念迸发；有事主敬，主敬时让善念周流于天下，大济苍生。故而蒙泉说，“观‘参

① 《燕诒录》，卷 2。
② 《燕诒录》，卷 2。
③ 《燕诒录》，卷 2。
④ 《燕诒录》，卷 2。

前倚衡’之训，须知是无一刻可放过，当其无事，以此念存主；及其有事，以此念流行，流行而无有于安排，即是动时存主，存主而不忘于须臾，即是静时流行。动静以有事、无事言，而心则必有事焉，无分于动静也。”①

但是在动时，行念更不容易，需要以勿忘勿助方式不断的集义。蒙泉说，“集义者，念念求自谦于心。一念不操是忘，忘则失其所有事。一念欲速是助，助则乖其所有事。功夫不合本体，皆非所以求自谦也。故勿忘勿助，是调停集义的功夫，非议拟于勿忘勿助之间以为义也。”② 众所周知，阳明对甘泉的勿忘勿助修养方法多有批评，认为甘泉的养法仍然非本体的涵养，而是二分的涵养，非终极究竟工夫，由此达到批评白沙心学的目的。白沙勿忘勿助养法得益于吴康斋，而康斋得益于邵康节，是一种更为稳妥的修养方法。但由于阳明截断众流，开新立良知之学，彻根彻底，因此放弃勿忘勿助的养法。相反，蒙泉重新接洽白沙心学修养论，重提勿忘勿助养法的有效性，足见阳明后学在传播良知学遭遇的困境与变形。蒙泉对传统宋学的回归，也说明了良知后学的新形态的产生，是需要注意的一个现象。

蒙泉对先秦儒学的回归，就是重新提出独知、独体思想。同样，勿忘勿助养法的大规模重新诠释，也指出阳明后学之后良知学的新变化，昭示一种更保守的道德修养论的出现。勿忘勿念，也就是一种比慢的涵养，主要表现为不断的自我暗示，就是“念念归真”，其实这也是蒙泉吸收净土宗念念心法的地方，这也与传统宋明儒家惺惺法相似。蒙泉说，“知学问只以忠信为主，念念戒自欺而求自谦，则本体呈露，亦自有天君泰然气象以立得定耳。”③、“立者，一定而不易，无一念不在此道，……穷理尽性以至于命矣。耳顺、欲不逾矩，则化也。”④ 可见，念念本体，性灵时时刻刻呈现，善念源源不断的流行出来，周流天下。

勿忘勿助在阳明看来不是一种更上乘的心性涵养方法，而在蒙泉看来却是一种累积性的心性增长方法。蒙泉说，“好善恶恶，此是天聪明，不虑不学的良知，性也，故孟子指之以明性善，虽极凶暴之徒，亦磨灭不得，但有以导

① 《燕诒录》，卷 3。
② 《燕诒录》，卷 3。
③ 《燕诒录》，卷 2。
④ 《燕诒录》，卷 2。

之，即善念日长，恶念日消。此是气质禀得，不甚偏驳，犹为可移。……今之便獧狡猾，自暴自弃，日流于下愚，而犹自以为智者，良可慨也。”①他的“善念日长、恶念日消”的养法恰恰证明一种渐进的修养之道，这与朱子理学视野下的心学涵养并无二致，这是蒙泉融合朱子学的地方。

第三节　融摄陈朱：孙蒙泉良知修养论评骘

如果说，蒙泉中年在陈白沙那里获得主静学规模，由此挺立虚体，让虚灵心体自作主宰，应对万事万物，并由此打开自己的灿烂远大前程。晚年居横河后，蒙泉对朱子学，特别是朱子理学中的心学因子，再次进行全面的学习与创新。一方面，蒙泉推动自己规模宏大的读书笔记《朱子抄》公开刻印出版，这与心学家陈白沙早年弟子林光晚年居家刻印朱子著作一样试图调和陈朱，蒙泉或许看到以陈建为代表一批理学家对阳明心学的不满一样，蒙泉试图调和朱王。阳明亲传弟子合宗朱王的一系列活动，这其实也反映阳明夫子不少位居大官的亲传弟子居家后对阳明心学有所反思，试图将朱子学与王学合流。比如，湖州王门顾箬溪晚年居家的《惜阴录》著作中，大量的朱王合流思想。

众所周知，早年的王阳明学术思想得益于主静，获得心理合一与契合的快乐心境，得出理在心中不假外求的知行合一思想，故而在安徽滁州论学时，他也教人静坐，指点很多年轻学子。但由于主静带来的高明心学的泛滥，他也开始反思自己主静学思想。在江西多年剿匪的实战中，特别是被冤枉“谋反罪”时，良知思想让他渡过难关，也让他更加的自信，思想趋于成熟。由此，他把良知学统摄一切学术，包括动静合一、内外合一、虚实合一、静敬合一、忘助合一、圣王合一，单刀直入，实现本体与工夫的合一，由此超越白沙心学而开出新的理论形态。这个高度融合高度凝练的学术形态是以往先秦儒学、宋学都没有的新型理论形态，也比象山心学、白沙心学在耦合度上复杂了许多，更精微细致。但是由于阳明捐馆后，长时期阳明本人不在现场这样一个场景，不同弟子依据自己的人生经验而开创的良知新学注定阳明后学的分裂，或走向高明心学，或走向功利，或走向词章之学，或走向异端之学。而不少弟子不忍心看

① 《燕诒录》，卷 1。

到良知后学的衰弱，诚心治学，全面修补良知学，以蒙泉为代表的一批学者，回到先秦儒学，回到宋学，重新追寻致良知的口诀，做了很多努力，主要表现为主静、主敬、勿忘勿助与慎独等涵养论的回归，试图让阳明心学获得更多读书人的支持。从这个角度看，他与中晚明浙西湖州心性儒家与后学唐一庵、许敬庵、刘念台等人心性意念涵养论并无多大区别。①

---

① 本节内容为笔者与张露静同学合作，特此说明。

第五章　河南王门宗师尤西川良知学与晚明阳明心学的再突破

尤时熙（1503—1580），字季美，号**西川先生**，今河南省洛阳府人。著名教育家，阳明夫子“致良知”学北传重要代表人物之一，“洛阳王门”的开山宗师，与“聊城王门”宗师弘山同时代并齐名，并称北方王门的两大开派宗师。嘉靖元年壬午（1522 年），乡试中举。时阳明夫子《传习录》始出，士大夫多兢骇而排之，西川偕入京师，一见辄有省。昼夜读之不休，叹曰：“道不在是耶？向吾役志于词章抑末矣！”已而稍从事养生家，则又叹曰：“文成公致良知之旨，所谓养生主者非欤？何以他为？”自是深信而潜体之，毅然以圣贤为己任。嘉靖十一年壬辰（1532 年）始，先后任河北石家庄元氏学谕、章丘学谕、国子监学正、户部主事（榷浒墅税）。其任教，一以阳明夫子“致良知”学为宗旨。嘉靖二十一年壬寅（1542），先生叹以不及师事阳明夫子为恨，且曰“学无师，终不能有成“，以弟子礼见阳明夫子门人刘晴川先生，师事之甚谨。而刘先生以言事下诏狱，则书所疑契，诚心问学，不少辍。后以母病辞官，遂不复出。居家三十余年，在洛阳以教书著述为业，大力传播“致良知”学。斋中设阳明夫子牌位，晨起必焚香拜，求学者必令展谒。陕洛间士闻其风，担簦笈而至者百数十人，遂开洛阳王门之宗。尝病世之学者崇虚见而忽躬行，误认不良之知，而越绳墨以自恣，愈自我身上用功，切于日用，而不为玄虚隐怪之谈。著有《拟学小记》《圣论衍》等。①

① （清）张廷玉等撰,《明史》，中华书局，2015，第 24 册，第 7286—7287 页；（清）黄宗羲：《明儒学案》（修订本），卷 29，第 638—639 页。其生平资料请参见浙江名儒张元忭所撰《河南西川尤先生墓志铭》。

洛阳王门之宗西川夫子读《传习录》，日拜阳明像，亲炙刘晴川、朱近斋两位阳明夫子重要亲传弟子，并得阳明嫡子与阳明重要弟子绪山、龙溪二人共同赞赏，其学笃实，专从日用实学上活用“良知”，一洗玄虚之弊，鲜活了良知之学，且特别注重教法的包容性、可持续性与开放性，故而流传深远。云浦接西川之学，并与我疆同举良知学，传渑池抱初，而抱初抱坚拔之志，少时负笈化鲤门下。化鲤先生至其讲学处马岭观学后说赞“吾道西矣！”。故抱初遂得云浦之学心印，其后学或因明亡而身亡，或因朝代更替，弟子不显，学不得再传也，甚可痛也。总之，河南阳明心学名家在日用中煅炼良知，不做玄虚之高论，脚踏实地，不愧阳明夫子德性之教。“北方王门”以西川及其亲传弟子为代表洛阳王门学派，此学术中心不仅有清晰的师承所属，亦有独自的学术旨趣，激励后学，前赴后继，守先待后，学脉传承清晰，且泽被四方，当为晚明王学之真脉。他们束身自好，扎实内修，走身心证修之路，使得阳明夫子良知之学在十六世纪末十七世纪初赖以不坠。

第一节　自然心学的回归：尤西川良知学的逻辑起源

针对当时阳明心学传播中出现的玄虚无用（高明化）与功利卑陋（功效化）两种主要问题，西川先生提出自己的一套系列解决方案，其中一个就是重振良知学的日用性、有效性与真实性，为此他借鉴邵康节与陈白沙的自然主义心学资源，充分吸收老师朱近斋、刘晴川、周讷溪、季彭山等人的心学思想，在王阳明的良知学基础上，提出了万物皆备、万物一体与物我一体的通天下一心的格物新论，试图让阳明学以快乐、生意与活泼的特质，重新焕发阳明学的新活力。他这种重视主体去体贴宇宙万物与自然界事事物物的感应与一体，转手了王阳明的实践主义心学，使得阳明心学失去了直面政治问题的技巧性、技术性、复杂性与应变性，失去了良知学改造世界的公共性，使得河南阳明心学流传带有生命性、感应、感通与体验的个体心性色彩，更重视主体身心受益的精神性、愉悦性与轻松感，而这恰恰是邵康节、程明道与陈白沙自然感应一系的心学思想品格。由于西川先生重视教育，重视学脉传承，重视对学生个体体验良知学的身心受益性，使得河南王学带有了向内走的特点，而不是王阳明本人晚年所追求的外向性实践品格。西川良知学的这种内卷性特点，与他自己早年长期生病而无钱买药必须通过主静涵养心性来实现身体健康相关，也与他自觉远离政治有关。他的同年与姻家著名政治家李天宠（时任浙江巡抚）就是因为不谙官场之道，没有巴结与讨好嘉靖皇帝宠爱的权臣赵文华，结果与张经一起被恶意举报，不久就被斩杀于京城西郊。这件事在当时就是人人皆知的冤案。这件事也深深刺痛西川，使得他更不愿意参与政治，而是安心培养几个读书人。也正是由于这件事，西川感觉到一个人如果不能敏锐感受到别人对他的恶劣印象，很容易招来杀身之祸。没有主体的明觉感应，万物皆备的一体之学就不会在宇宙中自觉地展开。由此，他提出格物就是通人情，就是主体通天下于一身，感应天则，万物一体，所谓“见在工夫”的修养过程。①

尤西川说，“好恶，情也；好恶所在，则物也；好之恶之，事也。学本性情，通物我，故于好恶所在用工，而其要则在体悉物我好恶之情。盖物我一体，人情不通，吾心不安，且如子不通父之情，子心安乎？子职尽乎？而匹夫匹妇不获自尽，民主罔与成厥功，推之草木鸟兽莫不皆然。物我一体，知本相通故也。故致知必在通物情，物情通而后吾之良知始快足而无所壅遏，是以必物格而后知乃至也。‘则’字虽曰天则，然易流于意见。若‘通’则物各付物，意见自无所容。盖才着意见，即为意见所蔽，便于人情不通，便非天则。天则须通乃可验，故‘通’字是工夫。”② 西川在这段较长的注经语句中，指出“致知必在通物情，物情通而后吾之良知始快足而无所壅遏”，“于人情不通，便非天则。天则须通乃可验，故‘通’字是工夫”，这里，西川显然对其好友乡友李天宠被冤杀一事忿忿不平，他认为这主要源于嘉靖皇帝固步自封不愿听取不同意见，特别是基层老百姓的意见，而上下情不同，导致冤杀，显然是违背天理的。故而，作为决策主体，如果不能对下面的意见了如指掌，在现实决策中，肯定会犯错误的。要实现王阳明所说的万物一体与天下和谐，主体必须发挥他自身的通感能力去感应整个事情的来龙去脉，与天下事事物物随时保持感应知觉的能力，由此实现格物致知。西川时年 65 岁，他的这个说法源于他老师朱近斋，而近斋先生也已经 78 岁，时在隆庆元年丁卯，1567 年。朱近斋

① 《北方王门集》，邹建锋、李旭、刘丹等整理，《拟学小记》，卷 4，《质疑》，第 159 页。
② 《北方王门集》，邹建锋、李旭、刘丹等整理，《拟学小记》，卷 3，《格物通解》，第 150 页。

说，“物我异形，其可以相通而无闲者，情也”，“然得其理必通其情，而通其情乃得其理”，故而西川说“曰通，则物各付物。取裁于我，意见易生；物各付物，天则乃见。且理若虚悬而情为实地，能通物情，斯尽物理”，西川完全吸收并借鉴老师朱近斋的通物说。① 恰恰是主体的虚心的心怀与真切的良心才可以放开与放下自己内心的情感，打开潜意识，去走进同仁的学术世界，去走进大自然，随时呼吸，反复操练，巩固提高，物我一体，联通世界，才可以做到一个自然主义的心学家。

第二节　天则良知说：尤西川先生良知本体论

在西川先生那里，良知是天则。他说，“‘切磋琢磨’盖言学也。语学之道惟修身，语学之要惟恂栗，‘戒慎不睹，恐惧不闻’是也，所以毋自欺而慎其独也。威仪畅于四支也，亲贤乐利发于事业也，皆天则也。盛德至善，止至善也。”② 这是西川对《大学》中所蕴含天则概念的理解。天则的含义较为接近天理，天则覆盖人间一切真善美，但比天理概念更具有本然性、自然性与天然性。西川继续说，“以人治人，天则人人自有，非由外也。改而止者，圣人不自以为无过。贤人有贤人之过，众人有众人之过，无不自知者。各改其过，不须外求，改尽即本体完复，是为至道。”③ 这是西川对《中庸》中所蕴含天则概念的理解，这里他把天则理解为上天赋予人的至善的先验本性。

西川说，“《大学》只是‘止至善’。至善，性也，良知也。‘止’之云者，复之也。”④ 他又说，“仁、敬、孝、慈、信，只是一个良知。良知即至善。”⑤ 在西川的心里，良知源于天然之则，是上天掌控世界的最高法则，故而必然至善，这是对良知的先验性定义，属于规范性思考。当西川转手王阳明良知概念为至善之性的时候，事实上，他消除“无善无恶心之体”所具有的真实性、经验性与现实性。王阳明本意是要告诉所有的儒家学者，心体本身是一个经验性

---

① 《北方王门集》，邹建锋、李旭、刘丹等整理，《拟学小记》，卷 3，《格物通解》，第 149 页。
② 《北方王门集》，邹建锋、李旭、刘丹等整理，《拟学小记》，卷 1，《经疑》，第 97 页。
③ 《北方王门集》，邹建锋、李旭、刘丹等整理，《拟学小记》，卷 1，《经疑》，第 103 页。
④ 《北方王门集》，邹建锋、李旭、刘丹等整理，《拟学小记》，卷 1，《经疑》，第 96 页。
⑤ 《北方王门集》，邹建锋、李旭、刘丹等整理，《拟学小记》，卷 1，《经疑》，第 97 页。

概念，是直面现实的一个我们每天要面对的真实事物，他说的“无善无恶”其实包含了有善有恶的可能，故而需要我们每天保持警觉，时刻作道德修养的实践，去为善去恶。因此，西川说，道德修养的实践过程就是合天则，就是要消除这样的不确定性，减少自己的错误，改过迁善。他说，“人情多在过动边，此过则彼不及。格物只是节其过，节其过则无驰逐，始合天则，故能止。良知本体止乃见。”① 西川的这样带有保守主义的良知修养论，修养道德的过程就是做减法，为善去恶，在平凡的日常生活里改过为善，完复性体，符合天则，言传身教，却也在河南地区保护了阳明心学学脉。西川本人每日对王阳明像行跪拜之礼，且要求他的所有学生也要如此，他对王阳明的信仰与虔诚态度必然激发他自己去不断体贴良知，养心成德，良知的道德化、生活化与获得感容易让阳明心学在河南获得较大规模的发展。

当西川用天然自有的至善良知学转手王阳明的无善无恶的心体论之后，在实际的道德修养中，要去除影响至善的物欲与私念之蔽，恢复到性体的至善本然状态，所谓的天则至善状态，而要达到这样的至善之态，就要开发主体的最大能动性，化世界之理为吾心之理，化世界之物为吾心之物，化世界为自我，以西川的话而言，就是“天则在我”，理在我心，良知在己。他说，“克己复礼为仁。克，能也；己，自也；能自复礼，求仁之方也。‘为仁由己’，天则在我，非在外也。礼者体也，良知之见于四体与其事为也。不言‘以礼’，而云‘非礼勿’，‘非礼勿’即礼矣，此圣言所以为无迹也。‘请事斯语’，颜渊既仁矣。”② 西川的这段话说明，主体的克己复礼涵养，是心上涵养体认的长期过程，可以实现“天则在我”的目的，从而“良知之见于四体与其事为也”。因此，在西川看来，天则在我，万物一体，以实现天下和谐的过程，也就是致良知的过程。因此，天则在我，良知在我心，时时体认，时时涵养，时时实践，成为主体的日常生活。西川说，“良知者，虚灵知觉之本体也。不待安排算计，自能了了，故曰良知。《孟子》所谓‘乍见孺子入井，皆有怵惕恻隐之心者也。’乍见岂暇算计？岂不知觉？少间便生出商量计较利害得失之心，便有内交要誉，恶其声之意，即私也。依着良知行去便是致知。”③ 良知虽然在王阳明那里

① 《北方王门集》，邹建锋、李旭、刘丹等整理，《拟学小记》，卷 1，《经疑》，第 96 页。
② 《北方王门集》，邹建锋、李旭、刘丹等整理，《拟学小记》，卷 1，《经疑》，第 117 页。
③ 《北方王门集》，邹建锋、李旭、刘丹等整理，《拟学小记》，卷 3，《质疑上》，第 267 页。

是“虚灵知觉之本体”，但自身的“不待安排算计”恰恰与天则的自然、自为与自在特性相契合。因此，如果主体没有“商量计较利害得失之心”，“依着良知行去”，便可以致知了，也便是“合天则”格物的过程。合天则与致良知是同义语，西川只是变换了概念。

西川说，“物各合其天则乃止。不合天则，心自不安，不安不止，只因逐物。致知者，行其所知也。良知万物皆备，故行所知，曰致知、致至也，尽其全体之谓。良知自是天则，故行所知曰格物。格，则也，行必有事，故曰物，好恶是也。万事不外人情，只是好恶。格物者，致知之实地也。”①合天则实现天则在我，获得心安的心理感受，至善在心，万物皆备于我，主体由此把握心之全体，也就实现格物止至善的目的。在王阳明那里的致良知道德修养论，在西川这里，用合天则的新的言语体系得到全新的演绎，而是否安心成为衡量天则在我与良知是否在心的重要标准。

第三节　安分尽心：尤西川的致良知

西川的天则良知说源于其靖江籍老师朱近斋的道教哲学化的良知论。朱近斋晚年研究老庄，而老庄以自然为宗，自然即天则，故而他提出天则良知说。在这样的修养本体论的指导之下，实际的道德修养过程就变现为一种自然的慢慢打磨过程，这也就是西川安分尽心说的良知养成路径。西川说，“近日朱近斋先生寄书数种，于此学极有发明大要，安分尽心是其要语。原书未能远致，何时相聚面质受益也？”②西川说“安分尽心”于良知学“极有发明大要”，表示他要服膺这一新的言说体系。他又说，“今只依先生‘安分尽心’四字学之，不说良知而良知自在，不说格物，不说中和位育等，而诸说皆举之矣。但恐吾辈却是口说，未诚诸身，则老师与先生之忧也。”③在实际的教学和生活中，西川把近斋老师说的“安分尽心”当成一种教法，“不说良知而良知自在”，开宗立派，开洛阳王门之派，实现良知学在北方的日用化先河。

事实上，西川把自己内心是否安宁当成检验自己良知学是否获得的一个重

① 《北方王门集》，邹建锋、李旭、刘丹等整理，《拟学小记》，卷 1，《经疑》，第 243 页。
② 《北方王门集》，邹建锋、李旭、刘丹等整理，《拟学小记》，卷 3，《质疑上》，第 272 页。
③ 《北方王门集》，邹建锋、李旭、刘丹等整理，《拟学小记》，卷 3，《质疑上》，第 260 页。

要衡量标准。他在给自己的启蒙恩师刘晴川的两封书信里，都很感谢老师的提携之恩，老师的督促，愿意实践良知学，实现合天则、天则在我的道德修养目标。西川说，“自丁未辞师回家，曾因李三府省庵先生托张鹭山道长奉门下，后得李汲泉寄师教言。其时先姜母、王母相继弃孤，两月之内，迭遭大变，贱疾日进，遂不能出门。今惟以向日教言，并阳明老师文录，对越策励。盖我师之言，往日已尽，而不肖昔尚泥于所见，未能一一融会。近来辗转寻求，即心所安，乃悟吾师言不二。今者又承尊教，得睹东廓精微之论，并师序引，宗旨洞然，只是未能实有诸己，尚落虚见，自愧自惧。”① 正是在老师的初步指导之下，经历人事的磨炼，岁月的不断打磨，西川获得“即心所安”的涵养心境。而老师的继续指导之下，他对良知学“宗旨洞然”，但是还不够持久稳固，他还担心“未能实有诸己，尚落虚见”，这说明，他还在不断的成圣亲证过程之中。后来，西川回忆到，“向在京师，尝述意见请教，蒙师逐条批示甚明。时讷溪周先生亦有教言，熙时泥于旧闻，意谓师与周先生之言大旨已备，中间因人用功处似有遗义，往回于中，不释者数年。后虽渐觉其非，又以躬行不逮，回视向日所述，只成口耳。每每愧汗，以是虽时有意见，愧不敢笔出。心病身病，连岁相仍。病中觉得向来所见只是自私自利。心终不安，再诵师言，颇觉无滞。欲有请正，道阻且长，南望怅然而已。庚戌之春，渔浦项先生寄示师书，并东廓先生语，刻读之，心益省发。嗣后遇有所触即记之，思为请益之具。”② 他的“心终不安，再诵师言，颇觉无滞”形象的刻画自己在亲证良知学的辛苦历程，让人倍感亲切。西川说，“意谓师与周先生之言大旨已备，中间因人用功处似有遗义，往回于中，不释者数年。后虽渐觉其非，又以躬行不逮，回视向日所述，只成口耳。”这句话，谦虚地说明西川尚未能完全消化老师的思想，故而身心疲惫。而心安身悦的最后获得，则是在很多年以后了。这也说明儒家良知学的道德修养的艰难性。

心安可以得善得福，心安可以集义养气，甚至是治国理政的重要参考。心安与不安，是检验阳明后学是否证得良知的重要标准。西川说，“君子之学，即乎此心之安而已。”③ 在这里，西川把心安这样的心理感受抬升到很高的地

① 《北方王门集》，邹建锋、李旭、刘丹等整理，《拟学小记》，卷 3，《质疑上》，第 254 页。
② 《北方王门集》，邹建锋、李旭、刘丹等整理，《拟学小记》，卷 3，《质疑上》，第 255 页。
③ 《北方王门集》，邹建锋、李旭、刘丹等整理，《拟学小记》，卷 2，《余言》，第 147 页。

位。心安理得，这样的心理感受，是有助于主体去把握良知学的。西川说，“善恶祸福之变，不可胜穷。然其近而易知者，善则心安，心安，福之源也；不善则心必不安，心不安，祸之源也。天下事皆起于心，善恶祸福之理宜于此求之。”① 西川在这里把心安的必要性与善、福相联系，是检验人之所以为人的重要标准。西川也把心安作为判断儒学与佛学的重要标准，他说，“儒与佛老之言皆并存于世，吾惟验之吾心而安，可以通行不悖者而从之。不必苟异，不必苟同，庶几大公之义，而不负古人立教之苦心耳。”② 在治国理政方面，西川说“君臣者，事使之通称。仕必使民，有君道焉。民吾所使，有臣道焉。义者宜也，心安曰宜。君子不忍斯民之陷溺而思济斯民，非仕则不能有为。苟时不我以，才不副志，则亦无可奈何矣。若其具在我，时犹可为，乃以无道，必天下而弃之，是忘世也。于心不安，不安不宜，故曰无义。若以时虽不用，君不可忘，吾姑仕以为义，是市私也，安得为义？果如是说，孔子鲁人也，舍鲁君而外求君，君臣之义何在哉？”③ 西川的“义者宜也，心安曰宜”，“于心不安，不安不宜，故曰无义”，这样，他实际上把内心之安作为国家正义论的逻辑起点，是治国理政思想是否代表人民内心的获得感、认同感和存在感的重要标准。由此可见，作为道德涵养的心安理得的这样的实践过程，在西川那里，不仅具有是安身立命的重要性，更是学术的基础，也是国家存在的逻辑起点，可见其重要性。当然需要指出的是，西川的安心说可能得益于阳明著名弟子季彭山，而季彭山以心安论来对抗王龙溪的自然主义心学思想，确保良知学的有效性。西川有激于当时良知修养论的落空，把良知学安于日常生活，从普通老百姓安心立命的角度，将安心之学进行系统的发挥，有助于良知学在16世纪后期在全国范围内传播。

第四节　心念上工夫：尤西川先生良知涵养论

西川先生在安分尽心为目标的道德修养论养成过程中，同时也采用多种多样的养心方法，建构了一套包含实心、虚心、格心、赤心、收心、存心、直

① 《北方王门集》，邹建锋、李旭、刘丹等整理，《拟学小记》，卷2，《余言》，第147页。
② 《北方王门集》，邹建锋、李旭、刘丹等整理，《拟学小记》，卷2，《余言》，第133页。
③ 《北方王门集》，邹建锋、李旭、刘丹等整理，《拟学小记》，卷1，《经疑》，第119页。

心、一念良心、主意等心念上道德修养的养法，工夫细密，存养深厚，由此实现圣人的完美道德境界。

（1）实心为学。

西川的实心为学论注意到当时浮夸不实的学风，读书人忙于功名利禄，没有真心为圣的志向、信仰和决心，导致知识至善性与公共性的缺失，学术创新缺乏动力。西川说，“人必实心为学，然后有可商量。狂狷虽非中行，却是实心为学者，故圣人思之。乡愿只是周旋世情，不是实心为学，故圣人恶其乱德。”① 西川的实心说接近于唐一庵真心说，接近王阳明知行合一意义上的内心真切性与真诚性。西川把是否真心为学当作区分狂狷与乡愿的标准，由此来批评乡愿的虚伪与滑头。西川甚至把实心为学论提高到自学成才的高度，他说“人苟实心求益，则凡耳闻目见，无往非师，不必抠衣侍坐而后为从师也。”② 西川这样说，肯定良知人人可通过自己的勤奋习得，如果真心为学，实际上完全无师自通，由此他肯定知识的公共性与个体对知识传承创新性的辩证关系。西川是在鼓励年轻人勇敢立志良知学的学习，不畏艰辛，敢于挑战，这也有助于阳明心学的传播。

（2）虚心切己。

西川的虚心说来源于其老师朱近斋，要求读书人去除成见，保持心胸的开放性与自由性，有助于阳明心学在河南地区的传播。西川著名弟子孟化鲤问：“近斋先生论虚心受益，通篇皆是论其成功。”西川先生曰：“亦言用工，所谓接上根也，然学问亦真有如此一路。”③ 因此，在读书涵养过程中，西川要求同仁虚心读书，透视其中的真理。他说，“阳明之学平正通达，其言本自明畅，以先生识明志切，只取其全集，虚心久玩之，则此辩论处自将释然矣。近见新刻《三山丽泽录》及《天泉一勺》两书，发虚寂之义，盖阳明宗旨也。据所闻只是无意必固我，而行其所无事之意。”④ 社会上很多人对王龙溪的高明心学存在排斥意见，但西川要求大家虚心读书，清空意见，去除异见，唯有如此，才

① 《北方王门集》，邹建锋、李旭、刘丹等整理，《拟学小记》，卷 1，《经疑》，第 97 页。

② 《北方王门集》，邹建锋、李旭、刘丹等整理，《拟学小记》，卷 1，《经疑》，第 123 页。

③ 《北方王门集》，邹建锋、李旭、刘丹等整理，《拟学小记续录》，卷 7，《私录》，第 320 页。

④ 《北方王门集》，邹建锋、李旭、刘丹等整理，《拟学小记续录》，卷 4，《质疑下》，第 293 页。

可以把握王龙溪良知学的精义。而他自己的观点就是，王龙溪一念万年、一念世界的玄虚心学其实源于王阳明，并不是王阳明的别派。西川说，阳明学“平正通达，其本自明畅”，王龙溪之学“发虚寂之义”，“只是无意必固我，而行其所无事之意”，比较准确地把握王阳明到王龙溪一系的心学学脉精髓，不愧为河南王门心学的开山宗师。

西川把虚心读书、益于身心抬到很高的地位。他说，“天地无全功，圣人无全能，万物无全用。源同派别，本吾一体，在人虚心受益耳。”① 他又说，“良心真切自然，虚心受益。大贤吾师，次贤吾友，虚心之至，询于刍荛，有情无情，触处警觉。”② 在西川的心学世界里，良知等同于良心。针对当时读书人功利浮躁的心态，西川希望读书人可以虚心接受阳明心学，虚心读书，虚心待人接物，虚心治国理政，虚心感受自然，更容易体会到良知学的真切与真实，更容易获得万物一体的心境，万物皆备于我更有可能。西川说，“士不讲学久矣。人苟不随流俗，肯来讲求道理，不必所见皆同，即是同志。但当虚心切己，共求精一耳。”③ 在这里，西川呼吁大家兴起讲学之风，而虚心受益的求道宗旨有助于讲学同仁之间的可持续维持与对真理的探求。西川虚心切己的着力点就是虚心读书，由此掌握来把握真理，获得良知的感悟，“凡读书，虚心读看求益，如对师友，但不可以书册作家当。今日看此段，如此说，明日又或不同，我可自谓今见已是乎？即又虚心读看，如对师友，此孔子所以韦编三绝也。然孔子固未尝以书册为家当。”④ 而正是虚心读书的教学宗旨，这样的开放性接纳心态，让大家抛弃以前的程朱之学，纷纷放下心中包袱，没有了道德批判的世俗压力，虚心接受阳明心学，以一种大包容的心态全面接受阳明心学，从而让西川在洛阳地区开出新的学派，也就是著名的“洛阳王门”，名人辈出，一直绵延到明末清初，时长一百多年。

（3）一念良心。

阳明心学道德修养论的核心要点在于意念领域中甄别善恶从而为善去恶，由此事上磨炼来治国平天下。西川在道德涵养过程中，多次提到一念良心、一

① 《北方王门集》，邹建锋、李旭、刘丹等整理，《拟学小记》，卷3，《格物通解》，第153页。
② 《北方王门集》，邹建锋、李旭、刘丹等整理，《拟学小记》，卷3，《格物通解》，第153页。
③ 《北方王门集》，邹建锋、李旭、刘丹等整理，《拟学小记》，卷2，《余言》，第138页。
④ 《北方王门集》，邹建锋、李旭、刘丹等整理，《拟学小记》，卷3，《格物通解》，第153页。

念无私、一念通念念的养法，这样的提法上溯到王阳明“念念良知”的道德涵养论。王阳明晚年在绍兴讲学，多次在和弟子讲学中用念念良知来做存理去欲的心法，他试图通过大脑意识中的道德充满状态来实现决策的准确性与有效性。而王阳明著名弟子王龙溪更是系统的发展他的这一教法，提出一念之微、一念世界与一念万年思想，更是把阳明学的意念学体系发展到极致。而朱近斋将良知学道教化，吸收王阳明的一念心法，构建他自己的天则良知学，抬升良知学的玄妙性，将之传给西川先生，西川先生提出一念良心、一念无私与一念万物的新思想。

西川先生说，变化气质，重要的是事上磨炼，在实践中转动大脑思维，保持开放性，在念动处觉悟，改过为善。他说，“己私思着去克，徒使憧憧往来，只在事上改，是实地。若在念动处，一觉即改，是变化气质之实功。”① 西川将王阳明的事上磨炼与王龙溪的一念心法结合起来了，他注意到阳明心学意念领域内的转识成智，存理去欲。内心意念领域的觉悟，有助于主体的为善去恶。其实，在有时候，西川注意到一念万物的可能性。他说，“虽至于‘位天地、育万物’，只是一念结果，大小、物我非两事也。”② 西川发现《中庸》一书所蕴含的一念天地、一念万物的思想，由此上接王阳明的万物一体之学，通过潜意识的心理活动来实现对现实世界的辨别力与感悟力。

意念中觉悟，由此实现一念无私，西川说，“孔子未尝以圣许人，虽尧舜犹曰病诸，于伯夷柳下惠止称曰贤人，且不敢自居仁圣。其自谓但曰‘我学不厌，教不倦’而已。孟子则于伯夷、伊尹、柳下惠，俱以圣人称之。孔子在万物一体上见，孟子在一念无私上见。然惟一念无私，而后万物一体之义可尽。万物一体之义有未尽，则于一念亦未了结。由孔子之言，见理无终穷，学无止法。由孟子之言，见道不远人，圣人可学。”③ 他比较孔孟两位圣人对历代圣贤的不同定义标准，由此西川认定孟子把孔子所定义的贤人上升为圣人是在“一念无私”的层面上，人人皆可以为学以成圣，由此把天则良知下降到世俗生活领域，“道不远人，圣人可学”，这样就让圣学变成人人可学的平常之学，扩大了学术日用化的可能。

① 《北方王门集》，邹建锋、李旭、刘丹等整理，《拟学小记续录》，卷 2，《余言》，第 247 页。
② 《北方王门集》，邹建锋、李旭、刘丹等整理，《拟学小记续录》，卷 1，《经疑》，第 101 页。
③ 《北方王门集》，邹建锋、李旭、刘丹等整理，《拟学小记续录》，卷 2，《余言》，第 136 页。

一念无私，容易触发一念良心的爆发状态，西川说，“妙契疾书之言，愚始疑之，以为务外。后更思之，亦是生乎人欲横流之中。师远友隔，天理人欲互为宾主。一念良心之发是吾师也。从而札记，以代切磋，即吾友也。然省察稍懈，即有务外之念窃发，不自觉，须谨察之。”① 西川把“一念良心之发”当作是师训，满心良心所发，就是念念致良知，也就是天理在我心胸，实现圣贤心境。在这里，西川提出一念通念念的养法。西川说，“愚意指一念无私说，自一念通于念念，先生似指万物一体说，自一人通于人人，皆自一念通之。先生说似是率性分上事，愚说是修道分上事，各就自己分上见，疑于相通。”② 在这里，西川与通过念念相续与万物一体相接，实现儒家的生生不息之学，增强良知修养论的有效性。

第五节　歌诗于学、身心受益：尤西川良知学的活法

歌诗于学是王阳明在绍兴时期教育学生的德育方法。孟化鲤记录老师西川语录时说王阳明“登高不喘，歌诗如常”③，可见在绍兴讲学之余，王阳明经常带领学生们春游、爬山、观物、歌诗。在爬山后，王阳明令学生们歌诗，畅怀身心，俱见载于今通行本《传习录》中。王阳明江西吉安籍弟子晴川先生刘魁学到了王阳明这个教法，并运用到自己的教学中。“乡人饮酒，有客行令，下座饮，上座唱曲。令到晴川先生，先生歌诗。”④ 西川所听闻的故事表明，西川老师刘晴川是特别喜欢歌诗的。西川说，“予一日访何吉阳、王云野，及数友在坐。吉阳设饭，予因请益诸友，各有论说。予未契。曰：‘诸兄言良有见，但于予心尚觉鹘突，不舒畅。’吉阳曰：‘此是吾兄心中自不舒畅，不干诸兄事。’因谓云野曰：‘云野歌诗。’云野遂歌少陵、白沙七言律各一章，为阳明先生调。予时忽觉身心洞然，真有万物一体之意，向来问答，豁然无影响矣。

① 《北方王门集》，邹建锋、李旭、刘丹等整理，《拟学小记续录》，卷 2，《余言》，第 138 页。

② 《北方王门集》，邹建锋、李旭、刘丹等整理，《拟学小记续录》，卷 3，《质疑上》，第 260 页。

③ 《北方王门集》，邹建锋、李旭、刘丹等整理，《拟学小记续录》，卷 7，《私录》，第 324 页。

④ 《北方王门集》，邹建锋、李旭、刘丹等整理，《拟学小记续录》，卷 6，《纪闻》，第 231 页。

乃知歌诗于学，更是直截，不涉阶级，愧未能缉熙耳。”① 何吉阳、王云野均为当时著名的理学家，西川夫子在与湛甘泉著名亲传弟子何吉阳论学的过程中，何吉阳突然感觉到思辨的痛苦，而为了缓解学术过度思辨之劳累，西川夫子建议云野先生歌诗，于是用阳明先生调歌杜少陵、陈白沙七言律各一章，结果，西川夫子忽然有顿悟世界在我的感觉，“忽觉身心洞然，真有万物一体之意”，甚至“向来问答，豁然无影响矣”。这种歌诗带来的身心愉悦的感觉，不亚于很多阳明后学家主静涵养良知所带来的精神愉悦感。西川受益于歌诗带来精神快乐和心灵自由，他于是下结论说，“歌诗于学，更是直截，不涉阶级”，歌诗可以摆脱枯燥的理论思辨与深邃的语言思维所带给主体的焦虑感与身心压力，更容易兴起后学鼓励年轻人追随王阳明的足迹。

西川夫子的亲传弟子陈麟正是由于受到歌诗的启发而拜入西川门下成为阳明后学的一员。陈麟回忆说，“盖麟自斥归，杜门谢客十余载，亦知先生坚卧不出。曾未一谒，安知所谓讲学论道，汩没习染，几成痴癖。隆庆改元，忽承先生手约，有事于招提精舍，每小车日二次入吾庐，止谓偕行，以襄国事，不知默察予之动定，欲转予以圣学也，因书悔过几段，蒙批示云，读之感动泣下。抵冬，同志帖来，告先生有郭外荒圃之行。至则先生果来，搢绅诸儒云集，先生首命予歌诗，随见和焉，此一时也，其无怀氏太朴之风欤？揭约为会，予乃抠衣而师事之，兹非知己者耶？于乎！圣学不明久矣。予不自量，日侍先生之侧，先生亦悯予之骙鲁，乐育不倦者不一。麟两罹窘辱，人谓可暴其事，先生亟止之曰：‘反已无愧怍耳。’每嗜相术、阴阳家等书，先生曰：‘曲学也！’尝举于史、宋儒议论以求印证。先生曰：‘此皆数他人宝耳。’予有厌世心也，教之以耐烦；有兢尤心也，教之以吃亏；有忿厉心也，教之以容忍；有侈靡心也，教之以淡泊。举天壤间，罔不淳淳，破我胸中迷藏。白首握手，终日语心，真视予犹子也。”② 从陈麟的回忆录可以看出，作为北方王门的开山宗师，西川夫子是如何循循善诱启发陈麟拜入自己门下并一步一步成为圣贤的过程。陈麟本为进士，历任河间府推官、礼科给事中，以直言削籍。因为罢

① 《北方王门集》，邹建锋、李旭、刘丹等整理，《拟学小记续录》，卷6，《纪闻》，第229页。

② 《北方王门集》，邹建锋、李旭、刘丹等整理，《拟学小记续录》，附录上卷，第340—341页。

官，归家十余年，本为一俗人。但是在西川夫子的言传身教的鼓励下，尤其是让其歌诗，而大家一起随和，陈麟忽然感觉到回到了“无怀氏太朴之风”的年代了。一下子内心很温暖，于是，他毫不犹豫“抠衣而师事”西川夫子了。可见，洛阳王门的一代儒宗是如何细心地启发兴起后学的，把传统德育教法发挥到极致，以至于陈麟感觉西川夫子就像他父亲一样爱他，这就是中国传统教育的典范，鼓励学生，提携学生，成就学生。后来，陈麟成为地方著名教育家，著有《归田漫录》，被誉为“砥颓波一柱”，卒祀乡贤。由此可知，在西川的道德修养体系里面，歌诗是与鼓琴、投壶、射箭、讲论书史、静坐同等重要的道德修养方法，由此体验“物我一体”①的快乐，“使此心活泼，生意油然”②，就是让学生开心、快乐，心平气和，致中和，有读书的可持续性与获得感，这样，学生就会传承其学脉。

正是在西川先生诗教的传统教法下，河南王门阳明心学巨子纷纷以歌诗作为论学求德的重要方法，成为学友之间学术讨论重要润滑剂。郭文士记录了一段有趣的教学故事，“一日聚讲，先生命叔龙歌诗，自齐和之。王子敬斋、朱子桂麓、傅子心虞、王子见朋、苏子嵩阳皆侍坐，一时甚兴起。予目其气貌皆异常时，皆有个坐春风意，以是知朋友之益最大。”③作为西川门下最著的亲传弟子孟云浦在于同门王敬斋、朱桂麓、傅心虞、王见朋、苏嵩阳等人的歌诗中，个个激情高扬，畅怀心性，彼此都如沐春风，由此形成更为亲密的同志般关系。可见，歌诗成为联系尤门的重要纽带。

---

① 《北方王门集》，邹建锋、李旭、刘丹等整理，《拟学小记续录》，卷5，《杂著》，第221页。

② 《北方王门集》，邹建锋、李旭、刘丹等整理，《拟学小记续录》，卷5，《杂著》，第221页。

③ 《北方王门集》，邹建锋、李旭、刘丹等整理，《拟学小记续录》，卷7，《私录》，第317页。

第六章　山东王门张弘山良学与赵素衷知念之学

山东北方王门宗师张后觉（号弘山）透过对天命之性的理解，将阳明良知学转手为良学，其致良学的功夫位聚焦于随吾良处做，“养真”心，顺吾良上应事，自家良上用工夫。他吸收王艮、徐樾一系天然本然之善思想，关注良知的本然性、先验性和自然性，多年的默识体认，以“体良”说转手阳明“致良知”学，使其良知学带有求真求善的顿悟色彩，有力的促进阳明学在山东聊城地区的传播，绵延至明朝末年。其嫡传弟子聊城茌平醇儒赵维新（号素衷）的心学思想以本心即义理，抬升心的虚灵明觉对天理的把握能力，发展阳明良知学的感悟层面，凸显觉悟和念头对外物的直觉把握能力，提出顿悟明心，学问只在本体上作，扩万物一体之怀，标志着北方王门心学的终结。

山东北方王门的流传路径是王守仁——颜钥、徐樾——张后觉——赵维新、孟秋，流传地主要在聊城一带。①张后觉（1503—1578，号弘山，山东聊城茌平人）以良知学为宗，学问渊博，教育有方，曾拜王阳明弟子颜钥（1498—1571，号中溪，江西永新人）、阳明再传弟子徐樾（号波石，江西贵溪人，王艮高弟）为师。弘山高徒有赵维新（1525—1616，号素衷，山东茌平人）、孟秋（1525—1589，号我疆，山东茌平人）等，后世纳之入聊城七贤，均是北方王门的代表人物。②张弘山除了中年时期在华阴（今西安）担任

① 穆孔晖（1479—1539，山东聊城人）是王阳明北方王门的早期弟子，但他的学生似乎并不有名，未见明显的流传学派。自颜钥在茌平、徐樾在东昌传播阳明学后，张后觉以圣学自任，在他的苦心教育下，聊城地区北方王学渐盛。

② 参见赵维新：《感述续录》，中国科学院图书馆藏清道光刻本，四库存目丛书，子部第91册，山东济南齐鲁书社，1997，第184—185。补注，聊城，古称东昌、东藩。

短暂的三年教学生涯外，大部分时间从事教育工作，曾受聘为长清愿学书院、见泰书院、济南湖南书院讲席，闲暇之余，与耿定向（1524—1596，号天台，湖北红安人）、罗汝芳（1514—1588，江西南城人，颜钧弟子）、邹善（邹守益子，号颖泉）、邹德涵（1538—1581 邹守益孙，号聚所，1571 年进士）、尤时熙（1503—1580，河南北方王门开创人物）、李定庵等交往过。① 赵维新年二十（1544）从弘山（时 43 岁）学，1574 年（万历二年）冬整理弘山《弘山教言》②，1590 年夏（万历庚寅）再次整理弘山教学语录《感述录》③，曹和声遵照张蓬玄（凤翔）意编辑整理并公开出版《感述录》，并为该书写序。④ 丁懋儒（聊城 1565 年进士）、张元忭（1538—1588，号阳和，浙江绍兴人）、王汝训（1551—1610，聊城人）分别为其写了《墓志铭》《墓表》和《祠记》⑤。张元忭赞弘山为阳明“嫡传”，其学“深思力践，洞朗无碍”，必为阳明所“首肯”，“齐、鲁间遂多学者”⑥。王畿（1498—1583，号龙溪，绍兴人）在读了其学生张元忭的信之后，认为弘山学“一心立万法”，与徐鲁源较为相似，都是“勇于任道”、“卓然自信”之辈。⑦ 杨起元（1547—1599，号复所，广东惠州

---

① 张后觉：《张弘山集》，四库存目丛书，子部第 91 册，卷四，第 171—174 页。需要指出的是，四库存目丛书收入《张弘山集》的编者误认为张后觉为尤时熙的学生，须知张后觉与尤时熙为学友关系，受业各有师承，其说“尝受业于尤时熙”（参见该书第 182 页）当为非。尤时熙的老师是刘魁（1488—1552，江西泰和人）。详细的分析见下文。

② 后孟秋其利用担任河北昌黎县令之便公开印刷老师张弘山著作《弘山教言》。现今我们所阅读的四库存目本《张弘山集》源自明朝万历二十七年刻本即 1599 年本，是张弘山孙子张尚淳所刻。1599 年版本则是建立在张弘山弟子门人抄录老师所讲形成的，有万历二年即 1574 年孟秋、赵维新二序、万历戊子 1588 年孟秋再序。又据当代聊城乡贤孟传科考证，《张弘山集》再于万历戊午（1618 年）、康熙丙午（1666 年）重印。

③ 赵维新：《感述续录》，第 180—181 页。

④ 张蓬玄，山东聊城发干人，1601 年进士。

⑤ 详见张后觉：《张弘山集》，卷四，第 171—177 页。

⑥ 张后觉：《张弘山集》，卷四，《弘山张先生墓表》，第 175—176 页。需要说明的是，黄宗羲对北方王门心学章节编写不太上心。在编写张弘山条目的时候，可能找不到第一手的资料，完全抄录张元忭《弘山张先生墓表》，黄宗羲所引五个语句和评论几乎与张元忭《弘山张先生墓表》完全一致，只是黄宗羲《教谕张弘山先生后觉》篇幅简略的多。有兴趣者，请对照参见黄宗羲：《明儒学案》，中华书局，1986，卷二十九，《教谕张弘山先生后觉》。

⑦ 张后觉：《张弘山集》，卷四，《明公评附》，第 178 页。

人）也认为弘山得阳明“真传”，其学为“孔门正脉”①。弘山发展阳明良知学，创立“良学”体系，体现出北方王门后学对阳明心学的创造型转化。深入分析弘山良知学思想有利于我们看清阳明学北方流传的内在逻辑与思想进路，打开我们认识北方王门的新视野。

第一节　良知即良：张弘山的良知学

一　良知之“良”。张弘山对阳明良知学的体悟与江右王门和浙中王门不类，他以“良”摄良知。他说“近时只体验出个良字，觉得此字最妙。只说一良字，再不消说知字。说良而知自在其中矣。人能体此良字，自然本体灵明，日觉有益。”②他对自己多年对阳明良知学的体悟甚是自信，编写一歌来流传，他唱道“良知两字甚莫分，致良便是致知人”③。在给自己重要的学生孟秋在千里他乡担任地方政府官员的信里面他特别提到，“近数载只悟一良字……冀吾子时时体此，千里之祝，亦只有此而已”④。显然，张弘山以致良而不是致良知当做自己的教法，正是这一点，他开启北方王门良知学发展的新局面。在弘山心学视野里，他的良的概念与普通人所持看法不同，并不单纯具有很强的道德性，“良”字还充满较强的自然性、流动性和活泼性。其良说包含良心、良知和良能的统一体，与天心、天知和天能相对应，毋宁说弘山心中之良是天然自有之良，是对宇宙本体无限生机在人身的涵摄。故他对当时任山东提学副使的邹善（号颖泉，江西安福人，邹守益儿子）说“某近觉得良字甚为有益，透得此处，真是作圣之基。外此言知，不是真知；外此言能，不是真能。此本然之善也，生而有者也。知则天知，能则天能。天心不假人力。”⑤可见，阳明捐馆后，门下弟子的注意力普遍转向对真知、真学的注意。弘山心中的“天能”大概具有周公“不识不知，顺帝之则”⑥的流畅活泼意思，用其对重要弟子赵素

① 张后觉：《张弘山集》，卷四，《张弘山语录后续》，第 182 页。
② 张后觉：《张弘山集》，卷二，《昌黎学道堂讲话》，第 157 页。
③ 张后觉：《张弘山集》，卷三，《良知歌》，第 169 页。
④ 张后觉：《张弘山集》，卷三，《报孟我疆》（三），第 170 页。
⑤ 张后觉：《张弘山集》，卷一，《教言》（赵维新抄录），第 152 页。
⑥ 张后觉：《张弘山集》，卷一，《教言》（赵维新抄录），第 153 页。

衷的话来讲就是“每到先天在眼前，眼前无处不通玄。直须坦步青云上，日日说天不是天”①。弘山的良更多是带有“天然”②之则、“天然之知”③的含义，因此他的良心观体现着一种“无偏向”④之心和“无欲”⑤之心。因此，弘山消化其老师徐樾的良知学而自己建构的新良学具有强烈的自然性，用其自己的话说，良知学可达“天机”之学、“天真”之学、“天体”之学和“天道”之学。作为阳明最早北方王门弟子的穆孔晖，其学带有空灵虚寂的禅学化倾向⑥。他的教育思想对聊城的学子影响肯定是有的。浸润在禅学教化的氛围下，山东聊城地区的北方王门心学家们带有超越与悟性的心学机锋是不可避免的。这种偏重个体的心灵自由的教学方法，无疑带动聊城地区世风一变，也促使北方王门流传较久，心性功夫扎实。当孟秋 45 岁（1569 年，万历乙己）始前往弘山门下求教时，他对老师所讲圣学是“一触而知……何虑何学”、“顺我天聪天明”⑦恍然有悟，发现圣学竟然如此易简，不假人力，不禁雀跃。在皋陶“天聪明”⑧、“光明干净”⑨引发的天人合一思维模式下，弘山认为人本心具有之良知纯善、自明，他把人此时具有心灵称之为“良心”、“真心”，而真心所涵摄之理便是“真性”。

二　**养真心**。弘山认为良知二字可拆开来讲，他说“为学只是要真心。心有不真，终日讲说，还是假的，不谓之问道”⑩，而“人与它事或伪为，独孝弟仍是真心……古之圣人做的事业光明俊伟，亦是此孝弟之真心发现”⑪，真心学在日用生活中展开，增强良知学在社会传播中的有效性。与阳明对心意善恶的模糊不类，弘山意识到心善意也善，体现出至善主义者的报复。在回

---

① 张后觉：《张弘山集》，卷一，《教言》（赵维新抄录），第 153 页。
② 张后觉：《张弘山集》，卷一，《教言》（张后伸抄录），第 154 页。
③ 张后觉：《张弘山集》，卷一，《教言》（张一本抄录），第 154 页。
④ 张后觉：《张弘山集》，卷二，《语录》（宋维周录），第 168 页。
⑤ 张后觉：《张弘山集》，卷二，《语录》（宋维周录），第 168 页。
⑥ 参见穆孔晖：《大学千虑》，四库存目丛书，经部第 156 册。
⑦ 张后觉：《张弘山集》，卷一，《教言》（孟秋抄录），第 146 页。
⑧ 张后觉：《张弘山集》，卷一，《教言》（孟秋抄录），第 149 页。
⑨ 张后觉：《张弘山集》，卷一，《教言》（齐鸣凤抄录），第 158 页。
⑩ 张后觉：《张弘山集》，卷一，《教言》（孟秋抄录），第 148 页。
⑪ 张后觉：《张弘山集》，卷二，《语录》（宋维周录），第 165 页。

答学生孟秋的问答中，他同意学生的话，“意者，心之动；心无不善，意何有不善？意原自诚，诚其意者，复其本然之善而已”①，这样就与阳明心善但动则意有不善的观点不一样。既然心意皆善，主体道德修养功夫仅需默识本体、保养真心，从而回到至善本体本身。从本体上用工夫，是山东北方王门心性工夫论的一大特色。由于阳明心学特别突出易简工夫，故在弘山看来，“透得本体，天真自运”②。加之至善本体具有“不睹不闻”的特色，因此，“本体用功”，就是“不睹不闻”，实现“直内方外”内外双修的要求③。在内外双修一体工夫的指导下，良上体验的道德修养过程体现为存天理与去人欲的双向互进，用弘山的话讲就是“存天理去人欲只是一件事。存得天理，人欲自然去了”④，消解了程朱理欲观的内在张力。弘山认识到“为学大病”在于“全是自家意思作主张，丧失其良耳”，故“以良应去，即是圣学”⑤。这样一种良上默默体认的“圣学下手功夫”容易使弘山产生“不思之思、与不学之学”的错觉，将阳明后学带入神秘主义的虚寂。而其学生赵维新的真体之学恰恰沾染较强的直觉主义的神秘感和空灵般的顿悟⑥。养真心的客体为真性，故圣学下手功夫“顺其良心”，“随吾良处做”，“顺此良处做”，“自无不善，自不为不善”⑦。真性指孝悌，一种徐行徐长的仁爱观。弘山说“真性运用，故谓之弟。此真性随在皆然，便是尧舜孝弟”⑧，“涵养本源良心”⑨可获赤子之心。他特别批评当时一些学者纠缠于朱陆异同说事，“区区于朱陆之异同，仍于自家良心置之不顾，是自异也，非君子之学”⑩，倾向于当下自家良心上的真功夫。弘山对良知功夫之真的坚持，恐怕是有感于当时学者以良知为谋生话头、良知功夫落空的现状。弘山说，“不怕做，只怕种不真”⑪，着意突出

① 张后觉:《张弘山集》，卷一，《教言》(孟秋抄录)，第148页。
② 张后觉:《张弘山集》，卷一，《教言》(赵维新抄录)，第151页。
③ 张后觉:《张弘山集》，卷一，《教言》(赵遒抄录)，第156页。
④ 张后觉:《张弘山集》，卷一，《教言》(齐鸣凤抄录)，第158页。
⑤ 张后觉:《张弘山集》，卷一，《教言》(齐鸣凤抄录)，第158页。
⑥ 参见赵维新:《感述续录》。
⑦ 张后觉:《张弘山集》，卷二，《语录》(吴大定录)，第163页。
⑧ 张后觉:《张弘山集》，卷二，《语录》(宋饭栗录)，第161页。
⑨ 张后觉:《张弘山集》，卷二，《语录》(张尚淡录)，第163页。
⑩ 张后觉:《张弘山集》，卷一，《教言》(赵维新抄录)，第152页。
⑪ 张后觉:《张弘山集》，卷一，《教言》(赵维新抄录)，第153页。

"真我"①的功夫，以便达到"万物皆备于我"天人合一工夫。这种对"真我"的追求其实就是"良"学的核心，故"天然自有之谓良，良仍真我人我之良"②。

三　**顺吾良处做**。弘山良知学主要是通过求天之真达到自我之真的目的，去人我之私实现真我之良③。这样的一种过分突出先天良知先验性的良知学无疑受了老师徐樾的影响，而徐樾则是王艮的重要弟子。黄宗羲说，"弘山谓'良即是知，知即是良，良外无知，知外无良'，师门之宗传固如是也。此即现成良知之说，不烦造作，动念即乖"④，明确指出山东北方王门对阳明良知学的方向性转手。因此，在良知现成论的影响下，从本体上用功便是易简之道。由于对良知现成的观念，弘山良知学更多的带有王艮一系的混一、快乐、自信和易简特色，圣学人人可学，"人皆可以为尧舜"⑤，圣学"只在传人"⑥而不是著述，圣学"只在心上做不在迹上做"⑦。弘山说"士农工商皆可以入圣"⑧，"人心皆良"⑨，无疑凸显人的主体性和自由性，体现出那是那样对阳明心学倾心。弘山的良心说特别凸显本心消解外物干扰所产生的清明状态，与赤子之心和童子之心汇通，其真心说与李贽的童心说相契。他的良心说抬升本心在心灵意识中的作用，指出每一个人都有的天然本善之心，工夫的过程就是减少世俗外物对人本心的干扰，已到达无思之思自然无欲的高明境界。另外，弘山以"道之天然处"⑩为天道也，是为其主体性心学开路。与程朱一系对客观之理强调不同，弘山体悟到理之天然性、自然性、活泼性和流动性，消解理之客观性，打破客观之理的教条化，使外在之理回到主体功夫的内心，有助于人类意识的觉醒。因此，他特别强调"真心"、真知、真行、"真思"的真功夫，对知行合一工夫的操持，提出"真我"、"真意"、"真种"等新的心学概念。他说"学不

① 张后觉：《张弘山集》，卷一，《教言》（张一本抄录），第154页。
② 张后觉：《张弘山集》，卷一，《教言》（张一本抄录），第154页。
③ 张后觉：《张弘山集》，卷一，《教言》（张一本抄录），第155页。
④ 黄宗羲：《明儒学案》，卷二十九，《尚宝孟我疆先生秋》。
⑤ 张后觉：《张弘山集》，卷二，《语录》（宋维周录），第165页。
⑥ 张后觉：《张弘山集》，卷一，《教言》（孟秋抄录），第147页
⑦ 张后觉：《张弘山集》，卷一，《教言》（齐鸣凤抄录），第159页。
⑧ 张后觉：《张弘山集》，卷二，《语录》（宋维周录），第165页。
⑨ 张后觉：《张弘山集》，卷二，《语录》（宋维周录），第166页。
⑩ 张后觉：《张弘山集》，卷一，《教言》（齐鸣凤抄录），第160页。

在讲说"，而在慎独工夫，"保有我这个独得于天者"的真体，真正做到"全是天真运用"的良知学。[①]在他看来。圣学之要就是"体良"，"顺着良上应事"，而且他甚至自信"只体一良字"的易简工夫比阳明工夫还要更直接。[②]在凸显真心说、真性说的良学影响下，其高徒赵维新的心学思想比其老师更加的虚寂空灵，将心学彻底空灵化、自由化。

第二节　本体上工夫：赵素衷的知念良知学

聊城茌平醇儒赵维新（号素衷，1525—1616）是山东聊城七贤之一。[③]素衷年20，从同乡北方王门心学巨子张后觉（号弘山，1503—1578）学，而张弘山曾亲拜阳明（1472—1529）高弟颜钥（1498—1571，号中溪，江西永新人）和再传弟子徐樾（号波石，江西贵溪人，王艮弟子）为师，习得王阳明良知学。素衷50岁（1574年，万历二年）冬序老师《弘山教言》[④]，66岁又亲自整理老师教学语录。[⑤]

---

① 张后觉：《张弘山集》，卷一，《教言》（齐鸣凤抄录），第159页。

② 张后觉：《张弘山集》，卷二，《语录》（宋饭栗录），第163—164页。

③ 参见曹和声在万历四十年丙辰（1616）写的《感述录》序，载（明）赵维新：《感述续录》，曹和声、张蓬玄整理，中国科学院图书馆藏清道光刻本，四库存目丛书，子部第91册，山东济南齐鲁书社，1997，第184—185页。本文所引《感述录》，如未做特殊说明，出处均同上。遗憾的是，四库存目丛书的编者两次误把张后觉当做尤时熙弟子，诚可怪也。参见该书262页；张后觉：《张弘山集》，四库存目丛书子部第91册，台北：庄严文化出版，1997，第182页。一般来说，北方阳明心学流传有两个主要分支，绵延明代中后期，学术、教育、事功影响颇大。一支是王守仁—刘魁—尤时熙—孟化鲤—张信民—冯奋庸，流传地主要在河南洛阳一带。另一支是王守仁—颜钥、徐樾—张后觉—孟秋、赵维新，流传地主要在山东聊城一带。其中，孟秋、孟化鲤关系甚好，"联舍而寓，自公之暇，辄徒步过从，饮食起居，无弗同者"，时人以"二孟"称之。阳明外，尤时熙（号西川，1503—1580，河南洛阳人）、孟化鲤（号云浦，1545—1597，河南新安人）、张信民（号抱初，1562—1633，河南渑池人）、张后觉、孟秋、赵维新均有著作流传。张信民的心学标志着北方阳明心学实用化的终结；赵维新则代表北方阳明心学义理化的终结。

④ 同门孟秋（1525—1589，聊城茌平人）利用担任河北昌黎县令之便，印刷《弘山教言》，以便自励进学。

⑤ 赵维新：《感述续录》，第180—181页。

一　学问只在本体上作。赵素衷常年隐居于聊城乡野，潜心问学，透过对真心、真性等概念，凸显觉悟和念头的作用，体现出较为虚空、高明的思维特色，与龙溪一脉较近。素衷重新提出以“真心”为“心体”的哲学范畴，与“本体”、本原等观。在素衷看来，所谓的“心体”主要是包含道心、本心、良心、人心等意义的范畴集合。本体如澄明的深水，如明镜，具有极强的直觉把握能力，其主旨是对世界的真实与原本的反映。所谓“一点虚灵，宇宙同一”①，故“人已原是一个虚灵”②，因此，本体在反映客观世界的表象的时候，是没有价值取向的，是中性的客观模拟，不会记忆被反映的客体，即无念的客观实体，没有内在感情成分的虚廓之体，是与天地万物相独立、不被控制的客观性与独立性。它的特征用中国哲学的术语来表示就是“明”“圆融”③，“无声无臭、不睹不问”“纯白易简”，“虚灵精一”④。而透性的工夫就是要通过种种真与善的操行去除污染，让心体回复到它的本然澄明与洁白状态，实现“虚灵自照”、“体寂神澄”⑤。素衷说“本体，无念也。随感而应，应而不留，念而无念也。如鉴之未照，初无妍媸之分。及其既照，亦不留妍媸之迹。与物俱化，鉴未尝有，本体如鉴之无迹焉，则廓状”⑥，又说“本体纯白，无纤毫之翳。反观，亦纯白无翳，便是不疚。即此不疚，内境坦然，顺适便是无恶。一点清明，惺惺常在，便是天体充融，便自人不可及”⑦，可见在与自然万物的关系上，心体有“生物之心”“正心”“心神”等含义。从与社会的关系来看，因为人心面对社会习俗的污染、浸润，所以常常受到遮蔽、蒙蔽，难以让心体回复到“澄源”、“精白”的本原状态，因此“存天理、灭人欲”的工夫就显得具有合理性。王阳明的工夫论发展程朱的存理灭欲的双重性，而直接以明心见性的回复本心、至善的良知心体。阳明的重本心直透性体的工夫论着重强调存理的层面。这与伊川、朱子着重遏制人欲的“敬”就很不同。素衷师承阳明再传弟子张弘山，有重新体透性体的工夫论色彩。回到心体和性体本身就说明，素

① 赵维新:《感述续录》，第 224 页。
② 赵维新:《感述续录》，第 225 页。
③ 赵维新:《感述续录》，第 228 页。
④ 赵维新:《感述续录》，第 227 页。
⑤ 赵维新:《感述续录》，第 237 页。
⑥ 赵维新:《感述续录》，第 225 页。
⑦ 赵维新:《感述续录》，第 230—231 页。

衷的哲学范畴带有很强的心学色彩，心学即本心即心体即真心即善心，突出心性工夫，试图通过直觉主义直接获得道德至善本体的境界。这是典型的合体合用、体用一源的工夫路子。

二 **本心即义理**。赵素衷说，“知妄，明心也。明心便是本心。本心便是义理”①，继而他发展以“真性”为“性体”工夫论，重新提出“天体”、“真体”、“本体”等新的哲学概念，再次强调善、真的道德价值。在素衷的哲学体系内，性体本善，所以素衷生活、教学和学术都以“为善”、“行善”、“勇于为善”为日常锻炼，在日用之间内心锻炼与削习过程中，甚至言和意都应该是善的。在素衷语录中，“善意”和“善言”是被着重强调的。这种道德主义把儒学生活宗教化了。由于北方王门自穆孔晖习得良知学以来，其后的阳明后学对良知学的理解多有禅学化倾向。张宏山说，“人能体此良字，自然本体灵明，日觉有益”②，又说“耳本天聪，目本天明”③，其眼中的良知学尤是。因此，素衷说“所谓性善者，非有物可指也。无渣滓而已！胸中能无渣滓，何事不可做”④，可见其性体是空灵般、去物化的知。这样的“性体”概念是很难与程朱之理相契合的，而是王阳明无所不知创生万物的良知。素衷说，性体是心体的工夫，目的是回复到人的天性，也就是至善的性体上。而且这种善在素衷看来，就是“真知”、“真学”，是“真性”，是“真实”、“真切”和真成的，也是一种天真的“真性”。素衷常年淡泊的生活在乡村，生活贫苦，很容易让他的思想带有儿童般的“真境”。素衷把这种由真而善的转化，归结到“真闻”、“真睹”的学问方法，把握玄妙的“真机”和“真结果”，回到真实和真诚的生活。这种性体，就是天地人的“真宰”和“真旨”。所以，可以把素衷的学问特色归结为真性之学，性体体现出真善美的特点。他说“四境朗朗清清，一尘不挂，便是真体常在。以此真体应事，亦一尘不挂，便是真体酬酢。从此，不计事之有无，常是一尘不挂，则真体常在我矣”⑤，又说“学问只在本体做，不必在事端上模拟，不必在物理上揣量。本体精明，则事，皆性之事。性明而事

① 赵维新：《感述续录》，第 239 页。
② 张后觉：《张弘山集》，第 165 页。
③ 张后觉：《张弘山集》，第 146 页。
④ 赵维新：《感述续录》，第 242 页
⑤ 赵维新：《感述续录》，第 223 页。

自理。物皆性之物。性定而物自正。人已原是一个，成已成物工夫，只是一件。才分人已，学问便不合一，真而非真矣”①，从素衷的真实生活与学术趣向来看，性体工夫首先的一步就是把握与琢磨透性的含义与工夫，分清学术支离与学问精微的区别，坚持儒家道统与孔孟主旨的合法性，分清圣学大路的合理性，从而坚定生活和学问的信心，即“见道”。这是最重要的一步，是透性的根本主旨。日用生活的真实工夫，需要勤俭的生活和学问态度，勇于为善，真实为善，“日日本体用工”，从而本心便会自然的回复到清明纯白的状态。素衷把这种勤俭的日用生活归结为真诚的生活与真学问，实际上与程朱的“惺惺”生活精神一致。在与自然万物的关系（“格物”）关系来看，真学需要体会自然万物的生生不息与生意无限，体会“天道好生”的宇宙精神与天地境界，把天地之善与人间慈善相汇合，四合同春，性体学问可以得到最好的注解。透析性体工夫其实就是为仁、行仁与体仁的工夫，从内涵来讲，既是天人合一的内在意蕴，也是仁者万物一体、民胞物与的真实要义。素衷把仁体与善相统合，并以“真体”来命名，有天人同一之意，一定程度上抬升儒学生活意蕴、价值观和生命态度的说服力和民间化。单刀于本体工夫，论说起来，比龙溪更易入手些。

三　**常扩万物一体之怀**。赵素衷说“矩也者，则也，吾心之天则也……日循吾心之天则”②便可日入圣贤。素衷以人心本自有之规则为天体，重新提出真体为“天体”，提出天理和天道的重要性，让心性本体回复到天真和天和状态，实现天人之间、道德与自然之间、内外之间的互动与和谐，即让心性达到万物一体的胸怀和境界。他赞同阳明“心即理”，但更欣赏用一心管束万理。如他说“扩一心于大地万物”、“含天地万物于一心”，试图展现“天地万物之屈伸翕辟，皆一心之真宰妙用”大化流行、万物“同春”的生生不息意境。③天体即天理运行之体，表示出天道的自成性、一贯性和一体性和活泼性。他说“天体纯全澄然”，“天体湛然无疵，便是天然自有之体，亦便是天然自有之功”，故“天体用事，时时妙契”，这样就把先验道德化心学推进到圆融教理的地步。④素衷即重申天理的至上性，强调学问的公共性；又突出以“心纯是天

① 赵维新：《感述续录》，第 228 页。
② 赵维新：《感述续录》，第 224 页。
③ 赵维新：《感述续录》，第 247 页。
④ 赵维新：《感述续录》，第 245 页。

理”[1]来尽性。在学问和教学上，当然容不得独断和武断。作为一个老师，平时也需要自修，增强学问的广博和精深；更需要与同事和老师交流和讨论。这样，性学本末和合人己才会互动，从而传播性学，实现“性学”的公共性与天地性。这不仅是自我与他者的开放性，也把自己与宇宙天地相开放，实现天地一体胸怀，让自己的虚灵之心涵养于至善之中，“约人心为已心，扩已心于人心”[2]，善行天下，从而真正实现和谐社会的内在意蕴。在体悟天体的过程中，默识之法尤为重要。因为人之性，即天地之性。本体常明，本体昭昭，则本心常在至善之中。“随时涵养，随养默识，随识心体”[3]，合于动静，心体常在，则天体亦常在。在“天人一理”的修行模式下，性命、体用、形神、言行、理气、生死、隐显等辩证哲学范畴都能得到有机的和谐与统一。

第三节　泰州后学的北方发展：山东王学评价

赵素衷自觉地继承和发展阳明心学。他说“天地位于一心，万物育于一心”[4]，又说“圣人者，虚灵之至也。人能全此虚灵，便是全吾天命之性”[5]，这样抬升人心中知性在认识外部世界的作用，取消德性在人心的重要地位，与阳明心学相契。素衷哲学思想师承阳明学派，强调心体的自然性（虚灵、廓大）而非道德性，着重性体的至善、生意、仁和生理等美德；同时对程朱一系的“生生性理”有所涵摄。素衷的哲学体系不仅体现阳明后学的理学内部合流，也反映中国哲学的三家合流。素衷对心体、性体和天体都以真心、真性和真体等新的名词来替代和解释，带有浓浓的道家趣味。工夫论上，他多次援道入儒，摆脱程朱理学传统意义上的存理去欲、主静与主静的工夫，以内在超越的顿悟为工夫论，直指性体。他说“为学须是透性”，而“理本平易”、“道本真实”，因此工夫着力点在本体上做，直接顿悟，以无心、无思、无为、无我、无意、无必、无形、无象诸视野、超越二元对待的方法证得道体。他说“学也

① 赵维新：《感述续录》，第 238 页。
② 赵维新：《感述续录》，第 247 页。
③ 赵维新：《感述续录》，第 230 页。
④ 赵维新：《感述续录》，第 246 页。
⑤ 赵维新：《感述续录》，第 245 页。

者，觉也。人生如梦，必有惺惺斯觉，不惺无觉矣。觉斯闻，不觉无闻矣。善学者，识其晚而常觉焉”①，以觉悟为心法心学之奥。他的“即念即行”、“即言即事”，体现出很高的合一顿悟的特点。心、仁、功、事、物、道、理、人等概念具有合一性。他的正反辩证思维模式、“归一”之学沾染道家的气息。而其工夫心境上追求的从“有功夫”到“无功夫”、“费力”到“不费力”的天机活泼心态毋宁是老子哲学的旨趣。为表示简易性，他说儒家之道具有虚、空与无物的特性，以至于被四库馆臣认为“无非禅机”②。这也就说明，在清儒学者眼里，素衷心得具有禅学化特点，富有机锋，或许为中允之论。

① 赵维新：《感述续录》，第 238 页。

② 赵维新：《感述续录》，第 262 页。

第七章　近阳明而有补的讨真心：唐一庵的良知修养论

唐枢（1497—1575，号一庵，今浙江湖州市吴兴区人）以湛甘泉亲传弟子和王阳明私淑弟子的双重身份，教授浙北乡里，不求闻达，以老师甘泉先生的随处研讨的格物穷理之法，创新王阳明的致良知心诀，提出著名的“讨真心”思想，“讨真心”为其扣发先天性学的下手工夫。唐一庵试图以真心实学的心法获取客观之理，而程朱一系的“性学”讨探真心是一庵学术思想的重心。与乡贤顾箬溪探求实理的实践精神一样，针对阳明后学曲解“致良知”引发的不研实在之理，空谈心性，无益于国家公共事务的治理与自我心性的涵养，一庵先生继承与发展阳明夫子的于讲习中“讨求其真”“寻讨工夫”，融合创新，汇宗湛王二家之学的各自优势，提出以“讨真心”为研究实用之理的不二法门，打通程朱理学与陆王心学的各自隔阂，促进阳明后学良知学传承中的道德性、实用性、科学性、实践性与真实性，使良知学在浙北地区不似在浙中地区那般禅学化、玄虚化、高明化与义理化，有效的保护阳明夫子良知学的实践精神，让阳明学脉源远流长。唐一庵先生的实事求是与求实创新精神，依托浙江精神，开启明末清初浙东学派的门脉。

第一节　兴教育民的醇儒：大教育家一庵的奉献人生[①]

唐枢生于弘治十年丁巳（1497 年）农历六月六日外家前溪坊。父唐诰，

① 本文略述其生平，更详细的事迹，参见《唐一庵先生年谱》(《儒藏》史部《儒林年谱》，第 1—101 页）一卷，明李乐编撰，清王表正重编，许正绶三编，四川大学出版社，2008 年版。

号南园，湖州府归安县东门人，地方著名儒学家。

一庵少时颇顽皮，爱嬉戏，无有圣学之志。可是，在其父亲南园先生的严格管教下，开始对儒学产生兴趣，也就慢慢地产生对圣学的敬慕了。1515年（正德十年壬午），一庵十九岁以诗经补湖州（原归安）博士弟子员，次年读《文献通考》有得，随后对《律吕新书》《律吕图解》《九章算法》等书颇为精通。1525年（嘉靖四年乙酉），一庵二十九岁往南京从学理学名儒湛甘泉先生，入监受教月余，作多篇论文，得随事体认天理之说，心有得，深得甘泉先生赞许。次年，一庵先生三十岁，成进士，观政礼部，撰《同官会约》《复大礼谏官》《罢浙江太监镇守》，深得当时士人器重。嘉靖六年丁亥，一庵先生三十一岁，任刑部陕西清吏司主事，审理案件，活强盗十五名；呈孝宗《廷审仪注》，利案件审理，大司寇喜。随后，两上疏求从快审理李福达案，触逆权势，罢为民，不得不南归。自二月二十七日授职至四月十四日去官四十六日，实居司署二十五日，这也是一庵先生一生从宦屈指可数的日子。

归家后，三十一岁的一庵先生，闭户潜修，当时湖州郡守万云鹏聘为安定书院讲师，潜心讲学，再无意功名利禄，慢慢成为全国很有名望的理学名师。嘉靖七年，三十二岁的一庵撰《真谈》，首次在学术界提出“讨真心”说。嘉靖八年，先生三十三岁，筑室鲍山，有二十余年轻学子跟随游游，阳明夫子亲传弟子、归安令戚贤时常来争鸣学术，共究良知学。嘉靖九年，湖州郡守陈讃来访，求教地方政府治理之道，先生为之建言“开修荒田、税粮、停民兵、修护水利、稽考里长、均派运粮”等十策，惠泽民力，有力促进当时湖州经济和社会发展。嘉靖十二年，一庵参与归安县令刘塾主修归安县志事宜，同年《嘉禾问录》出版，先生合宗湛王，提出“心外无道、道外无事”说。嘉靖十三年，先生三十八岁，提学林云同聘先生请主教安定书院，并获赞“学本真心”、“名邦之豪杰、群英之领袖”，同年丁父忧。嘉靖十七年，先生四十二岁，浙江巡按周汝元（号冷塘）移建景行馆，聘请先生主讲，同年讲学语录《景行馆论》出版。嘉靖二十一年壬寅《冀越通》出版。嘉靖二十二年，先生与阳明夫子著名亲传弟子、同乡顾应祥等举春、秋二社于岘山，《社启》曰：“取观摩之益，温和知旧之情，申乡曲之款，寄登临之兴”，劝德业，规过失，以圣贤相自期。嘉靖二十六年丁未，先生五十一岁，思“不以一隅自限”，携仆游杭州、宁波四明、绍兴、台州天台、温州诸处；同年年秋仲，自序《国琛集》，总结明儒事迹人物，阳明后学名家王畿（龙溪）作序以“明兴以来，学术渐著，肇于薛敬轩，沿于吴康斋、胡敬斋，而阐于陈白沙。敬轩以修行，康斋以悟人，敬斋祖薛而得证于吴，白沙宗吴而尤主于自得，学术的归矣”，高度赞扬一庵“讨真心为刺赘”，“学术有赖也”；同年，与名臣杨博（1509—1574，字惟约，号虞坡，山西永济人，官至山西总督）作深度谈话，与其论学语录《偶客谈》随之得以出版。

嘉靖二十七年戊申，一庵五十二岁，再携二仆人南游，历江西、福建、湖北等地，凡山川、疆域、风俗、人才、钱粮、甲兵，一一考记，无不备揽。至江西安福县，则参与阳明夫子著名弟子邹东廓等人举办的著名的大规模学术会讲活动青原会，并发挥自己的易学思想，著《青原易著》。同年夏六月，《酬物难》刻印于楚中。嘉靖二十八年，继续西北游，出南京，过河南、山西、陕西，至潼关而回，著《游录》。嘉靖三十一年壬子，先生五十六岁，湖州府安吉县江天祥因报梅溪赵氏仇反，佥宪梅尧臣谋于先生，合议以招抚策略，委派先生前往。先生一人葛巾野服独往，反复祸福，“动其良心”，而江天祥后卒论死，先生哀之，有《焚枕文》。同年，倭寇初发沿海诸地，巡按林某谋于先生，条具十五事，凡有关海防对策论文收入《海议》。次年，倭寇再犯湖州，郡事伍伟图、巡按赵炳然均谋于先生，各陈防御六事、三十六事，以守险要之地、备军需、练水陆之兵等法为抗敌之方。嘉靖三十三年，南京兵部尚书张经就剿倭事谋于先生，巡按赵炳然疏荐先生；同年，与友人毛中岳商学。嘉靖三十四年，倭寇续犯湖州，烧掠各乡镇，郡守徐洛就剿倭事谋于先生，先生荐林植素（善弓马）、李北人（能冒矢）督水军迎敌，徐洛与先生共往督师，倭寇终不敢进城，而有乌程邀功者，用无辜平民当倭寇，按律当斩，先生为受冤的老百姓求情，全活之。同年秋九月，应同门吕巾石与王崇庆之求，作湛若水与吕怀合著《古乐经传》序。

嘉靖三十五年，先生六十岁，倭寇逼近菱湖镇，大参汪柏就守御策谋于先生，号召富绅捐资慰劳守卫军民，轮流作息，倭寇终不得近城。嘉靖三十六年，《酬物难》出版，同乡同门学友蔡汝楠序，赞先生“理一分殊”之旨。嘉靖三十七年，总督军门胡宗宪遣官礼恳先生谋划军事，上《论处王直奏情》和开市建议；而族人贫困者多，甚至有一二卖身，先生赎之，育于家，待其婚配而还之；同年仲春，《景行馆论》出版，性习二分；同年秋闰月，男唐炳言整理完《太极枝辞》。嘉靖三十八年己未，马道邪教兴，有“白包巾”之变，急请郡守李敏德招抚，祸乱得以平息；同年中秋，《太极枝辞》出版，批判了“言性滞于形色、言体滞于故居”的缺陷，提出“性学”为“性为生生之易”。嘉靖四十年，湖州水灾，先生与府县领导共同商谈对付之计，缓征税收、挪用资金等，有效地避免大规模饥荒。嘉靖四十一年，一庵先生六十六岁，四方来学者渐多，先生前在湖州城东门外隙地“大树扶疏”筑台其下，题曰“木钟台”，逢塑望日讲学，友人诗赞曰：“钟声送晓开寰宇，木气宣时壮物华”。为了表彰先生的德业和学业，时浙江巡按张科（达泉）、湖州府知府张邦彦（云屏）于城北飞英界废寺原址（即今湖州市中心飞英塔公园所在地）征“广阔”与“秀丽幽静”23亩，总计银320两，中为堂，后为寝室，傍为号舍，外衢有坊，“重门翠树”，表曰“吴兴唐一庵书院”，故而陆稳说“御史每省俭，此独侈者”，“湖州之贤者大率出于先生门下”，谱写湖州与浙江教育史上的光辉一页。嘉靖四十三年甲子，一庵先生68岁，此年立春初集《木钟台集》（十种）公开出版，内容包括元（《礼元剩语》《三一测》《太极枝辞》）、亨（《宋学商求》《景行馆论》《真谈》）、利（《辖园窝杂著》《感学编》）、贞（《一庵语录》《酬物难》）四卷。门婿陆稃（汝和）笔录的《一庵先生语录》刻印。由于声名日誉，此年秋，阳明夫子著名高徒王龙溪邀先生往杭州天真书院会讲良知学，当时参会者400多人，先生得经师与人师之赞誉，一时学术之盛事也。次年，《木钟台再集》（十种）公开出版，内容包括元（《积承录》《因领录》《六咨言》《疑谊偶述》）、亨（《易修墨守》《春秋读易》《嘉禾问录》）利（《国琛集》）、贞（《正道编》《周礼因论》）四卷。

嘉靖四十五年，一庵先生七十岁，钱镇与进士许孚远（1535—1604，字孟中，号敬庵，浙江湖州德清乌牛山麓人，有《敬和堂集》）来游学。时浙江提学屠英好学问，幕先生名久，嘱湖州郡守张邦彦躬迎书院讲学，并率嘉、湖诸生来湖州听讲，约数百人。郡守张邦彦撰《躬迎简稿》，赞一庵先生“致知一本真心，近于阳明而有补，定性须融物理”。此年（1566年）秋八月，应王龙溪友人之邀，再聚学友于杭州金波园，争鸣良知学，参会者有管南屏、孙蒙泉、王宗沐（1524—1592，号敬所，临海人）、胡石川等近百人，先生著有《金波园聚友咨言》，收入《六咨言集》。隆庆二年戊辰，《湖州府学实录》赞先生“讨真心为宗旨，敦尚践履”，《归安县学实录》则赞先生“学究天人……自阳明而后，其践履真实，默契宗旨。若唐枢者，不多得也”。隆庆三年己巳，一庵先生七十三岁，此年精近堪舆学，秋八月《正道编摘略》出版，记载秦朝至元朝千百年间执政得失、治国之道；同时《木钟台杂集》(十种）元（《政问录》《法缀》《病榻答言》)、亨（《冀越通》《未学学》、利（《海议》《列流测》)、贞（《偶客谈》《游录》《激衷小拟》）四卷公开出版。隆庆四年庚午，浙江巡抚谷中虚疏请加衔致仕，并赞先生外不忘用世之仁，内不失守身之义，“学以一为宗，以讨真心为旨”，凡性理之原、造化之奥，通方之才、进修之谊，儒宗之辩、道术之订，析道之精、应物之智，发明良知之训，揭示英才之教，讲求经史之蕴，“卓然皆可师法”；同年四月，弟子许孚远承师命序《积承录》。隆庆五年，《因领录》出版。隆庆六年，《未学学》出版，论兵法之要；同年四月，先生病肺，居木钟台，不再接门下士。而此年曾游先生门下十余年的平湖学生陆宅来访，先生出示《周礼因论》，命其归读并跋。万历元年（1573 年），痰疾，卧床数月，并推举优秀学者辅修地方志。

万历二年甲戌，一庵先生 78 岁。此年（1574 年）四月，《素史氏感学编》《易修墨守》出版。此年农历十二月十九日（跨至西元 1575 年）捐馆，无一语及身后事，家徒图书数千卷而已。墓在今妙西镇妙喜寺旁的陈村。后巡按萧某、提学藤某分别撰文纪念，吴兴门人钱镇撰《唐一庵先生墓志铭》，推官张应雷撰文（万历乙亥夏四月）祀先生于书院。后，学生许孚远撰《唐一庵先生祠堂记》。

一庵夫子的一生可谓精彩，终身投入乡野私塾教育与地方公共事务治理，不迂腐，肯做事，博学群览，凡历史、经济、地理、政治、制度、典籍、法律、军事、海防、天文、音律与易数，无所不究，亦无所不讲，堪称十六世纪中期最博学的理学家、教育家与思想家。但由于他久居乡野，故后世学者知之者少，而深入阅读他的著作的人，就更少了。[①] 但他受学名儒湛甘泉夫子门下，

---

① 《木钟台集》，亨卷，《景行馆论》，《四库全书存目丛书》子部第 162、163 册，济南齐鲁书社 1997 年版影印明嘉靖万历间刻本。本文所引著作，如未做特殊说明，均来自唐枢《木钟台集》，下文出处不复。《木钟台集》分初集十种十卷、再集十种十一卷、杂集十种十卷，综容百家，无所不包，学术体系尤其庞大。其中，初集分元、亨、利、贞四大卷，再集、杂集两种不分卷。第 162 册，第 402—751 页；第 163 册，第 1—183 页。页码小于 183 的，本节所引内容来源于存目子部第 163 册，页码大于 402 页的，本节所引内容源于子部第 162 册，不再标明其册数。

接受老师融气入心的理本论，在此基础上吸收阳明心学，提出“一念机灵”心法来“追见心之真元”①，发展出以心学方法把握客观之理的新型理学形态，开创出崭新的学术形态，居功至伟。

第二节　真心即良知

自伊川、朱子以“性即理”说昭明宋学以来，元明诸儒未敢轻易离畔。王阳明提出良知说后，心学得以大放光彩，大明于天下。至十六世纪中后期，心学已然为读书人熟知。唐枢虽拜湛若水门下，但其阳明心学思想浓厚。唐枢以性学为宗，针对阳明学流传、演变的困境和乱象，以“讨真心”是实现其究竟性学工夫，别开生面。与我们普通所认识的“性”不同，唐枢心中的性“不言有无”，“实非空灭”，故“天下之至诚”方能“尽其性”，俨然相当于程朱之“理”。② 他吸收陈白沙一系太虚之学，认同“性即理”“道亦即是气”③，“性根不变”，提出“性就是气”的新观点，批判宋儒理气二分的观点，他说：“理气无彼此，无异同，……汉、宋诸儒，分理气作二种，不知性即理，性亦即是气……只有元气流行，随在变化。”④ 继而提出人随着时间的变化有壳气、习气、母气、世气与元气五说，主张五气归“真生”的元气。⑤ 他多次与阳明高弟钱德洪、王畿论学，一方面学习二人心学长处，一方面也面陈其过。⑥ 其性学以生机、生理、仁、至善等传统伦理价值为依归，以天地一体之德为其生发流行之体。性体“清纯至然”，“纯粹至善”。⑦ 性根为“天地万物之主”，承受“空真妙一”之太虚而来。⑧ “性无有无空实……得于天地之生理，有无空实之境，物而不神，含生而就死”⑨，把性学抬高的形上层次，丰富性学的意

---

① （明）唐枢：《木钟台集》，亨卷，《真谈》，第 486 页。
② （明）唐枢：《木钟台集》，利卷，《辖圜窝杂著》，第 501—502 页。
③ （明）唐枢：《木钟台集》，元卷，《礼元剩语》，第 405 页、第 407 页。
④ （明）唐枢：《木钟台集》，利卷，《辖圜窝杂著》，第 503 页。
⑤ （明）唐枢：《木钟台集》，《三一测》，第 417 页。
⑥ （明）唐枢：《木钟台集》，元卷，《礼元剩语》，第 405 页。
⑦ （明）唐枢：《木钟台集》，亨卷，《景行馆论》，《论性》，第 464 页。
⑧ （明）唐枢：《木钟台集》，元卷，《礼元剩语》，第 407 页。
⑨ （明）唐枢：《木钟台集》，元卷，《礼元剩语》，第 406—407 页。

蕴。在其《病榻答言》中，唐枢指出，性学是学者功夫的根本。学者应以“尽性合命”“穷理正是尽性处”。① 从个体而言，尽性工夫落于实处则要“调停之机”“惜形气”，而以“凝神”“灭虑”为下手工夫，“明法像”“当境转头”，获得内外双悦之境。他要求学者要“挺挺做真汉子”，要有大同情心，不冷落世界。②“性是人心生机”③，须真心为主。而心意智识在他看来混是一物。智、识由虚灵高明之真心所控，其中“真心妙明之用为智”，“众体起欲为缘物而动为识”。④ 其性学体系兼顾物、事，以“精专”和“尽性”为“达性”之两面，在内外之间保持一种创造性张力，即他说的“不可离内外也不可合内外”博通新性学。⑤ 在他看来，心性一也。性是“天理之明通”，与“灵机发动”之心不同。⑥ 尽性是指人心要使天理流行于世界，实现人心与万物一体的仁者境界，这里与湛甘泉的合一之学有一致性。

真心与“妄心”相对应，由于私欲的对人的本心遮蔽，“原生的知能”成为“既坏的知能”，“妄心”容易干扰虚灵不测心体的决策力。⑦ 真心含有天地实理、真宰、本心、良知、生理、至善等含义，是内在于人身的本来面目，“虚而能灵，灵能通天气”，贯通心—身—元气之间；“人即天、天即心”，故心“宰制万物，放诸四海，而准与天地参”，而真心即为“天地大中之本心”，为“事物之主”。⑧ 这些说法与湛甘泉的中和之心说一致。湛甘泉以勿忘勿助的心法所涵养的中和之心，是在宇宙流行的心体，与王阳明的“事中”之心略有不同，有外、内之别。唐枢说：“阴阳立而心之真见。”⑨ 真心得阴阳之中，真心立基于宇宙阴阳的气机流行，这是他吸收陈白沙、湛若水气学的地方。唐枢的真心还具有力、灵、志、学个维度，实现“性尽则心真”的境界。⑩ 对心体在

---

① （明）唐枢：《木钟台集》，《病榻答言》，第 50 页。
② （明）唐枢：《木钟台集》，《病榻答言》，第 50 页。
③ （明）唐枢：《木钟台集》，《病榻答言》，第 53 页。
④ （明）唐枢：《木钟台集》，《病榻答言》，第 52 页。
⑤ （明）唐枢：《木钟台集》，《因领录》，第 589 页。
⑥ （明）唐枢：《木钟台集》，《因领录》，第 599 页。
⑦ （明）唐枢：《木钟台集》，亨卷，《真谈》，第 480 页。
⑧ （明）唐枢：《木钟台集》，亨卷，《真谈》，第 478 页、第 479 页。
⑨ （明）唐枢：《木钟台集》，亨卷，《真谈》，第 483 页。
⑩ （明）唐枢：《木钟台集》，亨卷，《真谈》，第 481 页、第 485 页。

宇宙流通性的强调，足见唐枢对白沙一系心学的重视。

真心说在唐枢的心性论中占有核心地位，他说："真心乃人实有之心，是人自知的……只被人自埋没，不肯露出头面……功夫只要寻讨明白，自然受用不尽。"① 在一庵看来，真心具有良知一样的自觉性与明觉性，是有灵动感的知觉力，但对一般人而言，这样的神奇创造力不会自然呈现，是属于隐藏的寂静状态，需要主体不断地向外格物穷理来激发内在的明觉呈现，而这样的"实有之心"会不断创生新的观念，改变世界的无穷无尽的知识。故而，讨真心所具有的实在性与面向世界的实践性，可以成为体认天理、尽性的根本方法。其真心说吸收天命本心说，他说："乃天地生人之根柢，亘古今不变，不著一物，是谓中者，天下大本。人孰无心？只因随情逐物生心，非天地大中之本心，不得为事物之主。得为事物之主，必寻讨精详，辨其真而用之。……此讨之之功，所以不可废也，迸出原生本体。"② 可见，一庵为何提出"讨"字诀就是要分别"随情逐物"的欲望心与"事物之主"的本体心，以现今的学术术语说，就是分别出经验心与规范心，分别现实心与抽象心，分别看得见的心与看不见的心，分别后天之心与先天之心，目的就是以道德之心来管制世俗之心，以理想价值引导现实发展，用良知光明指导人类实践的一切活动，让世界变得更美好、更繁荣、更正义与更和谐。与王阳明本人的意念领域念念致良知和事上磨炼朝向实践性的双层指向不同，一庵更强调通过"寻讨精详，辨其真而用之"的求实方法，而这样的方法多了一层博文约礼，多出长时期的问学思考与反复辨别，确实具有更多的稳妥性，带有其老师湛甘泉的体认之法，由此，我们可以说，一庵先生的道德修养论是用甘泉的修养论来做阳明的本体论，其"真心"就是"良知"，其"讨"字诀接近"随处体认"，这是他合宗湛王之处。

一庵先生敬仰阳明良知学，说良知学为"千古血脉"，高度的赞扬王阳明对明代学术的"大明"之功。③ 他自述道："问阳明先生致良知之说，欣然欲往……而先生云逝"，故"以良知为真心，即真心即是良知。良知是活机……古之豪杰都从此作根基……着实力将真心迸出……只在真实一念上辨别。"④ 一庵

---

① （明）唐枢：《木钟台集》，《景行馆论》、《论真心》，第 463 页。
② （明）唐枢：《木钟台集》，亨卷，《真谈》，第 479 页。
③ （明）唐枢：《木钟台集》，《国琛集》，第 699—700 页。
④ （明）唐枢：《木钟台集》，亨卷，《真谈》，第 486 页、第 482 页。

先生的"只在真实一念上辨别"，与阳明本人的"一念良知"并无多大的区别，侧重念头起处贞定善恶是非，"着实力将真心迸出"，周流于世界，改造世界，成为创生万事万物的"活机"，补阳明后学陷良知于死机的缺陷、毛病和弊端。

他的"道具于心，必追见心之元真"与"性尽则心真，道之本也"，① 与宋代禅宗、吴与弼等明初诸儒真心说遥相呼应。② 吴与弼"毋以妄想戕真心"，强调工夫的纯粹性。③ 唐枢认识到真心本自"天命"，人人均有"真心"，与王阳明的"良知"概念相当。④ 但是良知即工夫即本体，而其"真心"以"真性"为工夫归宿，在某些方面可能还是有所不同的。⑤ 黄宗羲虽然注意到唐枢讨真心工夫论体系的博大，并给予重视，但是，他似乎没有注意到唐枢学术归宿是以博学约礼为路子的"新性学"，这或许是他没有通读完《木钟台集》的原因，他可能只注意到《礼元剩语》等少数几部著作，这是挺可惜的。

第三节　讨真心：补救良知学

一庵看到真心的本然性，但他也注意到后天私意、气习、安逸与交与之心

---

① （明）唐枢：《木钟台集》，亨卷，《真谈》，第 486 页、第 485 页。

② 佛家讲真心讲得比较早。宗密（780—841）还作有真心图，其真心即精白之心，与妄想之心对待。真心是与妄心对待的概念，隋唐天台学说中已有清楚表述，宋初天台学者内部又反复予以争论；道教学者的真心说通过禅学而接受天台思想。全真道人心有"真心"、"真性"，即"元神"，是个人生命的内在元素。个体的身心修养需要修炼"真性"、"真心"。全真道教名"全真"，即保全"真性"，内修"真功"，实践"真行"，是为全真。可参见潘桂明：《智顗评传》，南京大学出版社，1996。

③ 吴康斋《康斋集》卷十一，《日录》条 242，第 583 页，参见网易崇仁书院博客儒家典籍电子化专栏。

④ （明）唐枢：《木钟台集》，《六咨言集》，第 603 页。他在《真谈》中还说"学问功夫说到良知处便无些子躲闪，良知是心体"，这说明他很赞同阳明心学。某些地方，他甚至说"真心即是良知"（《真谈》，第 482 页），寻讨真心即是寻讨"心之灵妙"、"元真"的过程。参见《真谈》，第 486 页。

⑤ （明）唐枢：《木钟台集》，亨卷《景行馆论》、《论功夫》，第 466 页。在《景行馆论》，一庵也注意到"功夫就是本体"，"寻得本体不走做，才是真功夫"。故在存天理、去人欲方面，他强调二者的合一与同时无间的下手。这样融本体与功夫一体的过程，他认为即是得阴阳之"中"，他说"阴阳得其中是本体功夫"。此"中"即是人刻苦上进，"精求"、"纯一"，辨真于精一之中，是为古今心学之奥。参见《真谈》，第 483 页。

会遮蔽、污染善良本心，故而他强调实力详讨工夫，恢复至善性体。一庵说心体着不得一物，功夫即是复得心之本体（即讨“真”心的过程①），使心保持“太虚之妙”与“敬虚之极”，“完具天道”，故其“讨真心”是复其新性学本体的工夫论。②而名儒黄宗羲总结说“真心即良知也，讨即致也，于王学尤近”，他认为“讨真心”与阳明“致良知”相近。③一庵的讨真心就是要防止阳明后学“致良知”之弊，可算是“致良知”再下一层工夫，与阳明夫子本人的“致良知”比较近似，但又有些为不同。“讨真心”是以“克除私欲”“情欲”为标的，而阳明“致良知”显然要超越有无对待以后更上一层工夫，以开发人心性情的自由流放与解放为目的。④阳明显然以为克制私欲此类低劣的工夫论难于以“致良知”相提并论，其心里的良知是一个更具有本体性的概念，是“彻天彻底的精灵”，是超越善恶的，而一庵的“真心”概念可能偏于程朱理学一系视野的道德心，有回归宋学的趋势，这也与顾箬溪、黄久庵等人很像。但由于一庵与王龙溪关系比较好，故而，我们也有理由认为，一庵的讨真心应该是得到龙溪先生首肯的，应该具有比较好的理论说服力。在传统宋儒的工夫论在阳明眼里显然是拙劣的，而阳明本意是要冲倒原先的一切经学传统，以狂者之心冲决一切枷锁，启蒙世俗，唤醒世人朝向澄明圣学之路。而一庵的讨真心容易让阳明心学的良知学在后学流变中保持更多的向外求真求善的探索精神，保持良知学的实践性活力，故而当时学者都看到一庵思想“近于阳明而有补”的这样的智慧特性，故而多方表扬和提倡。

在受邀天心书院讲学时，一庵公开批评良知学流传至今的问题，指出阳明后学既缺乏“力致”“精一”之功，流为“恣情无忌惮”“昏昧”“师心自用”“浮情而空讲”“机械作弄”“积染”“憧憧往来”等问题，导致“忽而不章”“行不著”“力不察”和“神不显”后果，当然，这些阳明后学道德性涵养的虚化与弱化问题其乡贤顾箬溪也指出过，甚至说得更严重。⑤所以一庵要恢复良知之流行无滞、天则昭然，坚决反对阳明后学不肯下苦功，告诫其“不以太易持

---

① （明）唐枢：《木钟台集》，亨卷，《真谈》，第482页。

② （明）唐枢：《木钟台集》，亨卷，《景行馆论》，第463页。

③ （明）黄宗羲《明儒学案》，中华书局，2008，沈芝盈点校，下册，卷四十，《甘泉学案四》，第948页。

④ （明）唐枢：《木钟台集》，《六咨言集》，第602页。

⑤ （明）唐枢：《木钟台集》，《天心书院咨言》，第606页。

说”，“不以太易持功”，重振阳明学真切有味之特点。① 阳明后学流传中，出现一批以“意见”“杂糅”为代表的学者，“以识神自认为吾知之良”，学问不扎实，道德种子不纯，“恣荡情理，逐溺世情，文饰门面”，最后“违心自味”，“弄假成真”，对于这样的学术风气，唐枢是深感痛心的。② 他要讨真心，以真心良知“灵知之妙”，实下苦工，破“无明之蔽”，挽救阳明的良知学。为此他提出“慎”字诀，试图通过“慎思明辨”的问学过程，让王阳明的良知学落到实处。③ 一庵的“慎”字诀，涵盖“真”“心”，他说“慎字从真从心，惟慎而真心现，失其本心只因不慎”，④ 事实上说明其功夫论归宿要回到慎独学，这样比较踏实的涵养论容易开启许孚远、刘宗周慎独诚意学的大门。

一庵也不拘泥于“真心”学的实践性面向，也大胆吸收阳明心学的感应性与明觉性的一面，让阳明后学焕发活力，这是一庵思想较为平和的一面。在洗心之法中，一庵特别强调“神以知来”“智以藏往”的《易经》路子，这也是一庵在江西青原会讲中与阳明弟子邹守益（东廓）、刘狮泉等反复争辩处。⑤ 一庵提出“凝神合体”功夫论，严“辨理欲关”，走刻苦践履的路子，开启了弟子许孚远的“凝神”功夫论。⑥ 一庵吸收心学家慈湖的“心之精神为圣”，继承慈湖的心学思想。⑦ 一庵对先贤之学均有吸收，其学术甚为庞大，诸家学说都能融会贯通，也比较注意学术的历史性与传统性。一庵真心说，既有客观性的一面，也有主观性的一面，是融合湛王学术的代表思潮之一，结合湖州地区的文化传统。黄宗羲说一庵的真心即虞廷之道心、阳明之良知 ⑧，一庵的讨真心则合工夫与本体一体，反身寻讨，去除物欲见闻对本心的遮蔽，恢复自然澄明心体，可纠阳明学直任灵明之弊。自甘泉承陈白沙认气为理，其门人唐枢认为天地万物是个“真生”的世界，太极元气，万物大同，宇宙生生贯通个体身心。其真心学体系提倡真思实学，以真宰做真实事，实现真人，恢复

① （明）唐枢：《木钟台集》，《天心书院咨言》，第 606—607 页。
② （明）唐枢：《木钟台集》，亨卷，《真谈》，第 486 页。
③ （明）唐枢：《木钟台集》，亨卷，《真谈》，第 487 页。
④ （明）唐枢：《木钟台集》，《积承录》，第 575 页。
⑤ （明）唐枢：《木钟台集》，利卷，《辖圜窝杂著》，第 502 页。
⑥ （明）唐枢：《木钟台集》，《天心书院咨言》，第 606 页。
⑦ （明）唐枢：《木钟台集》，亨卷，《景行馆论・论养》，第 473 页。
⑧ （明）黄宗羲：《明儒学案》，中华书局，卷四十，《甘泉学案四》，第 948 页。

真我。① 可见，一庵针对学子不务实业、崇尚虚谈的学风，以“讨真心”的工夫论教法，是有实际意义的。另外，真心寻讨工夫论以转念为法，借用佛家认识论，具有佛学色彩。一庵还把道家生生哲学体系组建其“真生”宇宙本体论，学术融合色彩浓厚。

当时理学界普遍具有一种浓厚的心学色彩，即便是那些唯理主义者，在心具万理、理契于心上，不敢持异见。16 世纪中国明儒哲学史对真心说的发展，体现出援道入儒、纳气入理的学术创新，既是对一庵心学思想的回应，也是对其“讨真心”思想的发展和创新。② 比如，张后觉（1503—1578，号弘山，山东茌平人）创立“良学”体系。其中良是本体，“人能体此良字，自然本体灵明，日觉有益”③。他将良知二字拆开来讲，别具生面。其真心主要是指求儒家之道行伦理之心，宗教性气氛浓厚。他说：“为学只是要真心。心有不真，终日讲说，还是假的，不谓之问道。”④ 从真心问道的高度看，而“人与它事或伪为，独孝悌仍是真心……古之圣人做的事业光明俊伟，亦是此孝弟之真心发见”⑤，这样容易使真心学在日用生活中展开，让儒学世俗化得以可能。而孟化鲤（1545—1597，号云浦，河南新安人）为北方王门河南一系后劲，师从洛阳王门宗师、王学巨子尤时熙（1503—1580，号西川，洛阳人），私淑阳明夫子，深得阳明良知学精微之意。⑥ 其以生理为真心，与唐枢真心说相契，他说：

---

① （明）唐枢：《木钟台集》，亨卷，《真谈序》，第 475 页。

② 明末后世学者多讲真心。胡居仁认为陈献章“认气为理”，说明陈献章的理带有道家的气息，其弟子和再传大多持真心说。而阳明后学也不例外，说明儒学内部三教合流的趋势。

③ （明）张后觉：《张弘山集》，《四库全书存目丛书》子部第 91 册，卷二，《昌黎学道堂讲话》，第 165 页。

④ （明）张后觉：《张弘山集》，卷一，《教言》，第 148 页。张后觉以教法著称，弟子众多，善于启发人。其高弟孟秋、赵维新均为儒家，留有著作。

⑤ （明）张后觉：《张弘山集》，卷二，《昌黎学道堂讲话》，第 165 页。

⑥ 孟化鲤之师尤时熙，字季美，洛阳人。时王守仁《传习录》始出，士大夫多力排之，时熙一见叹曰：“道不在是乎？向吾役志词章，末矣。”已而以疾稍从事养生家。授元氏教谕，父丧除，改官章丘，一以致良知为教，两邑士亦知新建学……居常以不获师事守仁为恨，闻郎中刘魁得守仁之传，遂师事之。魁以直言锢诏狱，则书所疑，时时从狱中质问……念母老，乞终养归，遂不出，日以修己淑人为事，足未尝涉公府。斋中设守仁位，晨兴必焚香肃拜，来学者亦令民谒。晚年，病学者凭虚见而忽躬行，甚且越绳墨自恣，故其论议切于日用，不为空虚隐怪之谈。学者称西川先生。（转下页）

"人之心即浩然之气，浩然者感而遂通，不学不虑，真心之所溢而流也……其易简……不求诸心……不本之集义，心非真心，气非浩然，欲希天地我塞难矣"①。晚明北方王学巨子张信民（1562—1633，号抱初）的真心说与张后觉真心说一致，他说"孝弟忠信，虽有四者，然总不过一真实之心。真心不失，遇亲便能孝，遇长便能弟，自尽便为忠，与人便为信"②。真心即真实之心，指本心内在的德性，具有真实性，为回归真实的世界提供理论上的可能，与一庵心学相契。明中后期儒家三家合流，真性说多有流衍，与一庵的讨真心的传播不无关系，至少也可以说有异曲同工之妙。阳明后学多发挥性学，形成性本体论，尤其是钱德洪（1496—1574，号绪山）、王时槐（1522—1605，号塘南）的透性工夫论、赵维新（号素衷，聊城王门后劲）的真性说，体现阳明后学儒佛合流的特点。

一庵的学术思想兼容并包，体系庞大，强调内心与外理的契合，以便对治万事万物，具有浓厚的实学色彩。"讨真心"则是实现其心性学的工夫论，其学术立场是融合传统程朱理学与阳明心学的新的理论形态。由于一庵"讨真心"思想令人耳目一新，在"讨真心"功夫论影响下，不少阳明后学坚持、发展和深化出"真心""真性"说，绵延近百年，一直到明朝灭亡。一庵"讨真心"有力的促进了16世纪明代心学思想的发展，体现出新的性理之学的学术感召力。一庵"讨真心"说有助于良知学在新的环境下的传播，有助确保良知学的实践性面向，不让良知学落空与玄虚化。一庵先生门人来自德清的许孚远往来师门多年，颇得"讨真心"心学思想精华，吸收龙溪心学，继续推进与发展一庵的"真心"学思想，让良知学具有更多的发展空间。③

（接上页）其相关著述有，（明）孟化鲤：《孟云浦先生集》，《四库全书存目丛书》集部第167册。也可参见《孟云浦集》，孟昭德主编，中国文联出版社出版，2007。孟云浦以教育著称，与顾宪成、邹元标、冯少墟、孟我疆、杨晋庵等人讲学，在新安建川上书院，门人弟子以新安吕维祺（1587—1641）、渑池张信民（1562—1633）为著，四库存目丛书收有其著作。

① （明）孟化鲤：《孟云浦先生集》，《四库全书存目丛书》，集部第167册，卷三，《答马子厚》，第528—529页。

② （明）张信民：《张抱初先生印正稿》，《四库全书存目丛书》，子部第15册，卷三，《脱粟会语》，第736页。

③ 本章节的内容，得到学术友人杭州师范大学的张天杰副教授的认真修改，通读此章节的文稿，指出几处错误，在此，深深表示感谢。

第八章　念不落意念念真：浙西许敬庵补救良知学

许敬庵通过对《大学》义理的重新解构与建构，由此他提出以主静涵养通达慎独诚意为核心的道德修养论，这是他向传统先贤要智慧的地方。另一方面，他不仅回归到陈白沙、湛甘泉与唐一庵先辈那里获取独知独觉的涵养心性的方法，也从王阳明、王龙溪等人那里获得并建构一套以“一念诚意”的良知修养论。他无所不摄，无所不包，这样使得他的修养论呈现出多元的色彩，可以归结为以慎独至上主义为基础以一念诚意和主静涵养为特色的道德修养论，由此开启刘宗周一派庞大的慎独诚意学的大门，思想史传教意义巨大。

第一节　一生精忠报国的阳明后学名臣许敬庵先生[①]

许孚远（1535—1604，字孟中，号敬庵，今浙江湖州德清县人）于明世宗嘉靖十四年乙未十一月初二日生于德清。父名松，为诸生，以文行著，有五子，敬庵为伯也，母沈氏。嘉靖二十六年，敬庵补邑诸生，窃慕古圣贤之为人，羞与乡党之士相争逐。嘉靖三十年，欧阳德门人、浙江提学副使薛方山督学湖州时，敬庵得试第一。嘉靖三十七戊午，敬庵与名儒张元忭（子荩）同听鹿鸣。嘉靖三十八年己未，敬庵下第，先馆于吴兴茅鹿门先生家，学文也。再拜吴兴唐一庵门下进学，时一庵先生已六十三岁，颇得其“讨真心”学大要。

① 更详细的生平参见，（明）叶向高：《嘉议大夫兵部左侍郎赠南京工部尚书许敬庵先生墓志铭》，《苍霞草》卷16，《四库禁毁书丛刊》，集部第124册，第410—414页，北京出版社，2000年版；（明）孙钅：《兵部左侍郎赠南京工部尚书许公孚远神道碑》，焦竑：《献征录》，卷41，《兵部四》（侍郎二），第1697—1699页，上海书店，1987。

嘉靖四十一年壬戌，敬庵先生二十八岁，中进士第，与申时行、李见罗、万思默切磋；此年十月授工部南虞衡主事，督南京龙江关（今南京北郊）瓜仪河道，有廉明声。前，商舟过瓜仪，旧令宜载瓶入都胥，人每倍困之，公改令计舟大小为额，商人悦焉。原，运舟入闸，例输米舟五石，名曰缆价。公欲革之不可，则止收一石，得米四千石，以千石筑堰，千石赈贫，余二千石建仓储之备，不虞远近，颂者藉藉。嘉靖四十四年乙丑，敬庵南虞衡主事满两年，改吏部南考功。嘉靖四十五年丙寅，调吏部北稽勋。隆庆改元，时尚书杨博恶敬庵先生讲学，会大计京朝官，黜浙人几半，博乡山西无一焉，敬庵遂移疾去。自司封谢病归，走四方，广从有道者游，秋学友张子荩来访论学，"讨论切磋"；复拜学于一庵先生门下，再次进修涵养德性。隆庆二年戊辰，学友张子荩下第归来，携《北归语录》一卷再来访订学。隆庆三年己巳，敬庵先生三十五岁，夏五月，于德清乌山自构山馆成，有尊乐楼、逍遥园、独照池、函虚台，作读书静思、收敛性情之所，并作《德清山馆记》。

隆庆四年庚午，敬庵先生三十六岁，时首辅高拱荐先生为考功主事，出为广东海北兵部佥事。隆庆六年，复闰察，王篆（1519—1581，湖北宜昌人）为考功，诬敬庵党拱，谪两淮盐运司判官。敬庵官场失意，意将遂终隐，往见一庵先生请焉，一庵先生曰："我二十九建言归，今七十四矣。此四十六年中，未尝一日忘起也，惟枉已则不可耳。今汝虽暂挫，然前途自平坦，但踏实地行，何害？异日，追悔晚矣。"公遂之官。

万历二年甲戌，敬庵先生四十岁，擢南太仆寺丞，并拜谒阳明南京祠堂，有"江山无语证良知"诗句。万历三年乙亥，敬庵迁吏部南文选郎中。万历四年丙子，与祝冠乡会讲良知学于杭州天真书院，后于其山庐讨论良知学月余。万历十年壬午，敬庵先生四十八岁，首辅江陵问马政，不得其心，而王篆自以为功，使亲己，敬庵先生终不应，出知江西建昌知府。此年，先生曾过金华兰溪，访名儒徐鲁源，纵论薛敬轩、陈白沙、王阳明、王塘南、邓定宇诸儒学问得失，鲁源以"志学为的"，敬庵立志清欲根、去习气，以达真性之学。

万历十一年癸未，敬庵先生四十九岁，在江西南城，秋与魏敬吾、万思默访罗汝芳于从姑山房有竟日之谈。暇时，请名儒罗汝芳序训诸生"克己复礼"章。孟冬，胡庐山不远千里，缄书遗敬庵，属之序曾凤仪刻《胡子衡齐》。敬庵说，朱紫阳议论训释，稍有矛盾于孔氏。王文成厥旨弘畅矣，但末流侈虚谈而勘实行，君子惑焉，提出自己的“止至善”说，可以安心、顺性、诚。同年，序赵德仲刻李见罗《观我堂摘稿十二卷》，指出见罗之止于修身与自己的“止至善”说相契，再次批评朱王二派后学“争衡聚讼”，导致“身心割裂”、“知行离畔”，世儒“空谈、无补世用”。万历十二年甲申，先生廉谨无庸谈，尤以敦教化为务。新城举人邓元锡，笃行著书，公甚重之，亲造其庐，谒焉。将离南城，邓潜谷追随送别，扁舟相对，周旋四十余日而别。

万历十三年乙酉，敬庵先生五十一岁，任陕西提学副使，正月西度函关，督学秦中。盖先生经给事中邹南皋推荐，擢为陕西提学副使。任上，以身作则，考核肃然。敬礼地方名士、贡士王之士。资建长武县儒学堂。万历十六年戊子，敬庵先生五十四岁，擢应天府丞。上《为李见罗上当涂诸老书》，为李材讼冤，贬二秩。万历十七年己丑，敬庵先生五十五岁，二月渡江拜张子荩墓。过数月，获送考封公终，德清山斋居忧；此年五月，陕西王之士二月，携仆人彭道、子从陕西出发，“扶病冲寒，出武关”，顺江汉，过江西黎川，与邓元锡子邓仪到德清龟溪看望敬庵，敬庵留之月余。此年腊，学者魏显国来访学，帮助其订正《史书大全》。万历十九年辛卯正月，敬庵序南昌学者魏显国《史书大全》。

日本丰臣秀吉率三十万大军假道朝鲜进攻来犯，平湖陆光祖（1531—1597，字与绳）急荐先生，起广东佥事，上欲以敬庵廉为天下第一，旋移广西副使、粤西通政。万历二十年十二月十七日升右佥都御史，巡抚福建。万历二十一年癸巳，敬庵先生五十九岁，正月当局与丰臣秀吉在平壤展开决战，取得大胜，迫使日军渡大同江，退保龙山。此年二月二十八日，敬庵入福建正式领命。吕宋国酋子讼商人袭杀其父，敬庵以闻，诏戮罪人，厚犒其使；福州饥，民掠官府，敬庵擒倡首者，乱稍定，而给事中耿随龙、御史甘士价等劾敬庵宜斥，帝不问。所部多僧田，敬庵入其六于官。又募民垦海坛地八万三千有奇，筑城建营舍，聚兵以守，因请推行于南日、彭湖及浙中陈钱、金塘、玉环、南麂诸岛。此年四月，老友李见罗发闽镇海卫，而先生与见罗最善，见罗下狱，拯之无所不至。及见罗戍闽，道上仍用督抚威仪。先生时为闽抚，出城迓之，相见劳苦涕泣，已而正色曰：“公蒙恩得出，犹是罪人，当贬损思过，而鼓吹喧耀，此岂待罪之体？”见罗弗然曰：“迂阔！”先生颜色愈和，其交友真至如此。此年，刻印《大学古本一卷大学述一卷大学述答问一卷》。书成，广寄师友门人，以求订正。万历二十二年甲午，倭陷朝鲜，议封贡，敬庵先生年六十岁，正月上《请计处倭酋疏》，敬庵说，“平秀吉此酋起于厮役，由丙戌到今，不七八年，而篡夺国柄，诈降诸岛，縶其子弟，臣其父兄，不可谓无奸雄之智。兴兵朝鲜，席卷数道，非我皇上赫焉震怒，命将东征，则朝鲜君臣几于尽为俘虏，不可谓无攻伐之谋。整造战舰以数千计，征兵诸州以数十万计，皆曩时所未有，日夜图度，思得一逞，不可谓无窥中国之心……议者多谓封贡不成，倭必大举入寇，不知秀吉妄图情形久著，封贡亦来，不封贡亦来，特迟速之间耳”，请敕谕擒斩平秀吉，不从。复旦大学樊树志教授说，“后来的事态发展证明，许敬庵的论断是正确的，封贡只是丰臣秀吉的一个幌子，一部分明朝大臣以为只要答应‘封贡’就可以使日军不再进犯朝鲜，显然是过分幼稚的妄想”。此年与丁元荐交游，同时《敬和堂集》(八卷本，现存四卷，简称四卷本)出版。

万历二十三年乙未，敬庵先生六十一岁，擢南大理卿。万历二十五丁酉，尝代大司马署事，精选勇敢将领，精心于造舰东征事务。此年八月十八日，与杨启元举会讲于神乐道院。万历二十六年戊戌，敬庵先生六十四岁，遣侦者某浮海得丰臣秀吉病亡消息，与先生前策合，众颇服先生也；而此年八月，顾泾阳与管东溟就无善无恶进行辩论，即“太极”对“无极”之辩。后，朝堂征入为左司马，先生行至清源，得知朝廷部分权臣反对，遂疾作乞归。向时倭未平，公既佐留枢，仍募闽人往探，又佐尚书料理诸兵事。当事者以公熟倭情，改北兵左。然公在南都，以闲曹，又盛讲学，与礼部杨公起元俱以部堂为领袖，持论不同，旁观者颇起口语。又昔按闽者，适宦南都二十三年外，计已谋以冒滥中公。至是，复借讲学造端，遂不可解。抵清源，甫半道，被论。前，敬庵先生抚福建，与巡按御史陈子贞颇不相得，而子贞督学南畿，遂密讽同列拾遗劾之。由此可见，万历中期的朝政是如何的衰败，官员讲学成为一大罪状，由此可见政局是如何的封闭与内卷。

此后，敬庵先生一意讲学，再无心于政治也。万历三十一年，敬庵先生六十九岁，时年二十六岁的刘念台经陈植槐介绍见许敬庵，念台遂执北面礼师事敬庵先生也。敬庵告诫念台道，“‘为学不在虚知，要归实践’。因追溯平生酒色财气，分数消长，以自考功力之进退。蕺山得之猛省”。念台回忆道，“余尝亲受业许师，见师端凝敦大，言动兢兢，俨然儒矩。其密缮身心，纾恶不肯放过，于天理、人欲之辩三致意焉。尝深夜与门人弟辈阒然静坐，辄追数平生酒色财气、分数消长以自证，其所学笃实如此。”万历三十二年甲辰，敬庵先生七十岁，是年顾叔时、高景逸始讲学东林书院，先生扁舟过锡山，与东林诸公商学；复举湖州岘山逸老堂，论文讲德，地方士大夫多从之游。是年（1604年），十年七月二日，敬庵先生因脾病捐馆。墓在德清县乌程官泽山。有一子名许大受，著有《圣朝佐辟》。1776年春，吴江震泽人杨复吉跋王炜撰的《九谛疏解》。1974年，日本学者冈田武彦撰《刘念台と许敬庵》，“湛门派的大儒，那就是许敬庵与冯少墟吧！”并专列一节讨论敬庵思想。1981年，柴田笃撰《许敬庵の思想：朱子学と阳明学の间をめぐって》论文。1983年，台湾学者蔡仁厚对敬庵《九谛》与周汝登《九解》深度比较。2008年，湖北大学姚才刚老师以《敬和堂集》(八卷本，现存四卷，简称四卷本）为基础撰《许孚远哲学思想初探》。

第二节　主静独知与一念诚意

十六世纪末期中国官场风气、学术风气和社会风气已经不再是十五世纪初的那样淳朴、单一化了，政治发展陷入困境，不少有志学者多有“转移士习、挽回运气”①“挽回国势、转移人心”②的志向和心态。许敬庵说：“近世文章日趋于巧便，议论日入于高玄，而行履多见其疏阔，事功鲜见其巍焕，其为关系不小。有世道之责者，能无虑乎？”③说“当世通患，在于风俗颓敝而不可为。”④又说，“即使大圣贤复出，未必能有济于事。”⑤他指明谋功利者多，禅学横行，假道学、伪君子大行其道，表达出对当时社会风气的担忧和无可奈何的心情。可见，到了16世纪后期，明朝的政局是如何的腐败了？不到半个世纪，明朝就灭亡了。在“不可为”“未必能有济于事”的衰世时期，读书人的

① （明）许孚远：《敬和堂集》，日本内阁浅草文库版（十三卷本），台北图书馆藏，卷五，《简焦猗园丈》，第85页。
② （明）许孚远：《敬和堂集》，卷五，《简李见罗年兄》，第59页。
③ （明）许孚远：《敬和堂集》，卷五，《简焦猗园丈》，第85页。
④ （明）许孚远：《敬和堂集》，卷三，《简李及泉兵宪》，第21页。
⑤ （明）许孚远：《敬和堂集》，卷五，《简管东溟文》，第80页。

独善其身，独知独觉的涵养，在大污染场中做好小我的至善，弥足珍贵。

作为16世纪后期中国的儒家巨擘，许敬庵比较看重独觉的修养境界，他说："欺者，物之蔽；独者，知之体……即格即致即诚，完复在于一念，而廓清在于物欲。"① 此语指出了许敬庵学的归宿，就是通过一念诚意、摄念归真的道德修养论来实现慎独知体的至善天德境界。这种"完复在于一念"的修养方法显然来源于王阳明和王龙溪等人，通过顿悟似的一念完复的廓清物欲的心诀，实现主体自身的独知独觉，恢复光明心体。许敬庵的老师是唐一庵，而一庵的同门洪觉山（即洪垣，1507—1593，字峻之，江西上饶婺源人，湛甘泉先生著名亲传弟子）的学术思想也带有心学的烙印，其学术思想多处吸收借鉴阳明心学涵养论。觉山先生以觉悟为宗，通过不以躯体上起念实现神明心体的明觉状态，使心保持常寂常感的功用，而试图通过念头上的工夫来去除外物、外欲之累，这些与当时阳明心学的大范围流行相关。在举国上下阳明心学风行天下之际，作为甘泉后学的重要代表，觉山先生也部分吸收阳明心学的心决抬升自己思想传播的有效性。作为明代心学的两种重要理论形态，白沙心学与阳明心学各有侧重，心性涵养方法迥然不同，但均重视心的明觉神明能力，重视心的智慧性面向。作为甘泉后学的一庵先生，事实上他精心阅读阳明文集，私淑阳明夫子，其学术思想"讨真心"就大量吸收致良知心法，其真心不仅仅拘泥于道德之心，带有不少智慧性、知觉性与神明性面向，这样的"真心"才可以变现万事万物。可见，佛教的觉悟内心的意念感应天理，由"明心见性"把我天理，有助于儒家学者存天理、去人欲，实现精白一心的道德完美状态。

许敬庵在万历五年（1577）夏和友人在慈相寺听松堂所做《觉觉堂说》时指出："夫觉者，人之性也……人之灵觉之性，盖无所不贯……无所不能通，而无所不能顺……觉性之所以为妙也……故学者，贵于觉之而已矣。"② 他指出觉悟力对儒者工夫操守的重要性，凸显人的道德主体性，以达"清明"、"湛然"和"圆融洞达"的境界③，以区别于"掩非匿垢以欺己"的道家之学和"肆为幽冥恍惚之谈"的佛学④，并视之为"觉之贼"。洪觉山说："从人欲上起

① （明）许孚远：《大学述一卷答问一卷附大学古本一卷》，台北图书馆藏善本（万历二十一年刊本），序，第1页。

② （明）许孚远：《敬和堂集》，卷十，《觉觉堂说》，第9—10页。

③ （明）许孚远：《敬和堂集》，卷十，《觉觉堂说》，第10页。

④ （明）许孚远：《敬和堂集》，卷十，《觉觉堂说》，第11页。

念，便踏危机、凶机；从天理上起念，便踏安机、吉机。”①他又说“理欲只是一念。”②可见在湛甘泉嫡传弟子觉山先生的眼里，通过正念头明辨理欲之分来做体认天理的工夫，尤显迫切。在这里，洪觉山明显吸收王阳明的“正念头”心法，由此分别理欲，走进“安机、吉机”之域，逼害趋利。湛甘泉与洪觉山工夫论的区别在于一个强调体认天理工夫的空间性，一个凸显工夫的时间性，即“随处体认”与“随时体认”的不同。因此，洪觉山的思想体系似乎融合阳明与甘泉二人思想优势开创出一套强调在合适的时间审“几”的思想体系。而其同门唐枢在工夫论的整合上，与洪觉山一致，他的“讨真心”思想体系也是吸收阳明与甘泉二人思想各自不同部分来挽救当时空疏的学风。许敬庵的销铄尽“种种血气之私”③与甘泉的“消除习心”工夫相通，有暗合王阳明去除人心深处意的不善因子。在对天理的体认上，许敬庵提出“随处熏蒸透彻”天理的观点④，其颇有自觉接洽甘泉、觉山“体认天理”一系工夫论的意图。

许敬庵也比较重视独知，看重主静中感悟慎独，对自己从静坐沉思中涵养出来的学问颇为自信，他说：“与胡子论辩不以为然。及谪居山庐……兀坐沉思，恍然觉悟，知此心不可着于一物，澄然无物，性体始露，乃知圣门格物之训，真为深切而著明。”⑤这话说出了他的工夫路子，其实模仿陈白沙长期静坐呈现至善性体密切相关，借鉴甘泉老师陈白沙主静涵养端倪的工夫论，这是他的自得为己之学可贵之处。儒学虽以经世宰物为归宿，但也需要通过学习主静涵养心性的过程来凸显心的明觉（复本心），使心“不可着于一物，澄然无物”，获得至善之心，“性体始露”，使心不为物欲所蔽，挺立心体，从而心具备对外物神奇的感知能力，这样的过程就是透性现性的过程，性体至善在外在事物得到展现、展开，表现为人类利用自身的智慧开物成务的创造过程。作为政府官员，往往事务繁杂，疲于奔命，而百忙之中“兀坐沉思”，反而容易更快的把握至善性体。由于心体对性体的无限把握需要一个终极归宿即知止或者说规矩、极限，在许敬庵看来，如果借助不断主静透性这样的心性涵养过程，

① （明）洪垣：《洪觉山绪言》，续修四库全书，子部第1124册，卷一，第48页。
② （明）洪垣：《洪觉山绪言》，续修四库全书，子部第1124册，卷二，第76页。
③ （明）许孚远：《敬和堂集》，卷五，《简李见罗年兄》，第63页。
④ （明）许孚远：《敬和堂集》，卷四，《答苏紫溪参政》，第30页。
⑤ （明）许孚远：《大学述一卷答问一卷附大学古本一卷》，序言，第3页。

这个过程其实就是不断“一念几微”的工夫[①]，由此上契洪觉山的觉悟心法，有助于实现修养主体快速体会先贤哲学。

当时的学风，用许敬庵自己的话说就是异端、曲学与儒学名教并存，而异端崇尚“虚无寂灭”[②]，主要是指以“绝仁弃礼、剖斗折衡”的道教、“离弃人伦、幻化天地”的佛教[③]以及强调“权谋术数”[④]的曲学，均直接导致社会核心精英阶层浮躁、不踏实的风气，都是对当时的读书人行为起着误导作用的。即便是“虚而实、寂而感”“湛然虚明”的儒学体系自身之内[⑤]，也存在着各种不同的声音，都在慢慢降低儒学扶持社会秩序的有效性。以格物说为例，按许敬庵的理解，到万历癸巳（1593年）就已存在着“凝支”派（“即物而穷理”）、“涉径”派（“于事事物物格其不正”）、“虚见”派（“格知物之本末”与“格无物之物”两个分支）、“格外物”派（以司马光为代表）、“格物欲”派（以胡庐山、耿天台、顾泾阳等）。他自己试图以温陵、苏子等人格物说为宗来统率当时的格物说，给社会一个正确的格物观。[⑥]在许敬庵看来，所谓的“格物”是指“格其物之累吾心而不安者”[⑦]，使心体获得自由活跃的轻松之境以便实现心主宰万物的明觉能力，心体的快乐与自由是工夫论目标，这显然也是阳明心学一派的格心说。在具体清洁心体的过程中，许敬庵的“格物”工夫，与先儒的“洗心”“克己”“闲邪”一致，呈现至善真性的道德涵养过程。[⑧]许敬庵正是因为看到当时学风浮躁、混乱和无序，当时的学术界需要一种强有力、更有效与更正确的儒学学术思想来规范当时各种学术流派的流传，为此，他提出“一念诚意”的“格物”工夫论，“格去物累”，恢复真性的“湛然”状态。这里，他显然借鉴王龙溪的一念心法，通过念念诚意的具体方法实现心体的快乐。[⑨]他还说“古人为学只在一念上用功，一念诚与不诚，得失存亡至切，

① （明）许孚远：《大学述一卷答问一卷附大学古本一卷》之《大学述》，第2页。
② （明）许孚远：《大学述一卷答问一卷附大学古本一卷》，序言，第2页。
③ （明）许孚远：《大学述一卷答问一卷附大学古本一卷》之《大学答问》，第8页。
④ （明）许孚远：《大学述一卷答问一卷附大学古本一卷》，序言，第2页。
⑤ （明）许孚远：《大学述一卷答问一卷附大学古本一卷》之《大学答问》，第8—9页。
⑥ （明）许孚远：《大学述一卷答问一卷附大学古本一卷》，序言，第2—3页。
⑦ （明）许孚远：《大学述一卷答问一卷附大学古本一卷》之《大学答问》，第6页。
⑧ （明）许孚远：《大学述一卷答问一卷附大学古本一卷》之《大学述》，第5页。
⑨ （明）许孚远：《大学述一卷答问一卷附大学古本一卷》之《大学述》，第5页。

故《大学》特提诚意为全经枢纽”①，并说“一念之微，迥然不昧”②，工夫容易上升到“知善知恶”的虚明之境。他说“意有真妄”，“知无不明”，因此提出“摄念归真”的心性口诀，让“知”规范妄意，消除妄意，保持内心的纯洁，实现心体的时时刻刻的“神明”功能。③当许敬庵用“一念诚意”与“知无不明”的涵养论，融摄了王阳明与王龙溪的高明心法，有助于对抗当时功利社会对人心的污染，保护人类的光明心体。可见，在晚明混乱的世道，道德价值失位，恰恰主体修养者可以通过一念诚意的道德修养论，修身齐家，做好独善其身的小我涵养，在明朝将亡的天崩地裂格局下，容易让自己的身心在纷乱的时局下保持内心的纯洁、充足与快乐。通过知觉的感应规范人心流动之意念，时时刻刻一念诚意，廓清物欲，使心体光明与舒坦，这也是许敬庵留给刘念台的最为重要的道德遗产之一。

许敬庵曾说：“近时学者多被禅学汩没，因援儒入墨，乱人趋向，其惑已久。”④当时过度崇尚功利、权术与名利的社会，社会风气显然已经变坏了，读书人扭转社会风气的能力渐趋衰微。许敬庵提出诚意工夫论，他说“诚意工夫透的是一格物”⑤，“格物真际”完全没有“血气心知”和“声色种种”困惑，其实就是“不挂一尘”的潇洒自由心态⑥，诚意过程实际上相当于道德义理上的“格物”，而这样的“格物”可以实现王阳明致良知学而万物一体，归于诚意的致良知过程可以避免“空虚、疏略之病”⑦，扭转阳明后学流传中的禅学化、功利化与虚假化的不足。王阳明本人由于通过生死历练、佛道参悟和多年的读书涵养开创良知学的新局面，打开16世纪早中期中国思想的新气象，阳明心学风行天下。但其后学鲜有王阳明本人的事功磨炼、知识格局和恢宏气度，缺乏出生入死的艰苦磨炼，因此在传播阳明学的过程中，多加进各自的生活历练、理解方法和知识积累，传播中的阳明后学已经不是那个随机而教、善

① （明）许孚远：《大学述一卷答问一卷附大学古本一卷》之《大学述》，第7页。
② （明）许孚远：《大学述一卷答问一卷附大学古本一卷》之《大学述》，第8页。
③ （明）许孚远：《大学述一卷答问一卷附大学古本一卷》之《大学述》，第4页。
④ （明）许孚远：《敬和堂集》（十三卷本），卷五，《简耿楚侗先生》，第48页。
⑤ （明）许孚远：《敬和堂集》，卷四，《简蔡见鹿少宰》，第17页。
⑥ （明）许孚远：《敬和堂集》，卷四，《简蔡见鹿少宰》，第17页。
⑦ （明）许孚远：《大学述一卷答问一卷附大学古本一卷》之《大学答问》，第7页。

于教人那样王阳明本人的良知学，而是阳明后学学人自身对阳明学的“知解”（钱绪山语）。导致的结果是，阳明后学流传到十六世纪末期已经算是“余毒无穷”了，已经导致不少有正义感学者所担忧甚至惊恐，最后在明末清初成为一种全国范围内的“尊主僻王”社会运动。许敬庵总结当时流传中的阳明后学的两种主要缺陷，一是良知学传播的形式化、教条化与僵硬化，表现为势力比较大的“接着讲”这一派，喜爱讲学，疏于实践，“以知解议论，其说渐长，其味渐薄，致使‘良知’二字若为赘疣”①，使良知学成为多余而无用的东西，阳明末学成为“鸡肋”之学；二是良知学传播的随意性、娱乐性与小品化，表现为人数较少的“维持”派，“自作主张，仍以意见为话柄相夺”②，良知学的理论思辨力大大降低，令人反感。此二派的存在均使良知学流传背离王阳明本人的旨趣，已经不能引领社会走向健康的道路。湛甘泉、洪觉山、唐枢和许敬庵都看到了阳明后学禅学化、实用性不足的困境，并试图通过以慎独诚意为中心的学术思想来遏制阳明后学流传之弊，通过回归理学传统资源补救良知学，重视道德践履，脚踏实地，刻苦用功，“收敛向里为学”，“凝神养德”③，回归“真意”、“善意”，由此来提高良知学的社会影响力，让良知学回到领导社会风气不断改善的正能量状态。许敬庵正是在与阳明后学多次交战中，矫正无善无恶心学的泛滥，客观上哺育新的学问种子，抬升甘泉一系心学在晚明传播的新态势。最后，许敬庵亲传弟子刘念台接过老师补救良知学的大旗，念台先生通过慎独学体系的新型理论形态的建构，尤其是其诚意工夫论，对流毒无穷过度禅学化的阳明末学进行总的清算与有效“狙击”，终结了阳明后学浙江地区的大面积流传，确保良知学脉在全国范围内的继续传播与发展。④

第三节 念不落意与念念真诚

许敬庵针对功利主义与浮躁的社会不良风气，提出真诚为善，慎独养心，

① （明）许孚远：《敬和堂集》（十三卷本），卷五，《简王敬所先生》，第46页。

② （明）许孚远：《敬和堂集》（十三卷本），卷五，《简王敬所先生》，第46页。

③ （明）许孚远：《敬和堂集》（十三卷本），卷五，《启徐存斋老先生》《简钱淡庵先生》，第45、46页。

④ 朱义禄：《论刘宗周的唯意志论：兼论阳明心学的终结》，《东方论坛》，2000年第3期。

念“不落意”的诚意工夫，念念归真，真念至善，由此精白一心，对越神明。他说：“念安得无，只反诸一诚，念念归真，便不落意。”①通过忠信笃敬的诚意工夫，“斩钉截铁”②，“念念归真”，实现“诚体”的流行，这样诚意工夫便到家了。许敬庵的“念念归真”就是要去除人心深处恶意的萌芽，消除意的不善成分，达到善念、真念时刻涌现，解决了王阳明“有善有恶意之动”的难题。在这里，敬庵先生与甘泉、觉山的随处、随时“体认天理”的工夫实质上有暗合之处，都强调工夫过程中时时刻刻观照时间的连续性，以便实现工夫的连绵不绝，这与弗格森、梁漱溟的生命流行连绵说一致。所以，许敬庵的“一念”、“摄念归真”诚明工夫就是要解决王阳明过于“依傍灵明知觉”的流弊③，使“致良知”落到实处、迈入真知真学的地步需要“诚意”工夫论护航，“格去物累以致此良知，而一归之诚意”④，使良知学回到“至善”之学的正途。在这里，敬庵先生融合湛王，充分王龙溪的一念光明，比其老师一庵先生更接近阳明心学，使理学与心学的融合更加密切。

许敬庵对自己的诚意之学甚为自信，从儒家学脉的高度来立论，他说：“‘慎独’一语是学者命脉上工夫，这独处打叠得净尽，与鬼神相通，更有何事？”⑤敬庵提出他要以慎独学开辟新的学术流派，这样的学术声音直接诱发并开启后来其亲传弟子刘念台慎独学宏大体系的先河。在阳明后学禅学派大行其道的十六世纪末期，许敬庵力挽狂澜，不懈努力，在对程朱理学学术坚守上客观上抬升了慎独学的地位和层次。他说：“独处未尝不知，知不足以尽独。《大学》、《中庸》，但言慎独。‘独’之一字最可玩味，此神明独存而为万事之主宰者也，于此不慎，一差千差。故，程子曰‘有天德，便可语王道’，其要只在慎独。”⑥敬庵的这一段对《学》、《庸》的经典论述，他明确指出慎独可以实现良知，而良知却不可以穷尽慎独的妙处。他的“独处未尝不知，知不足以尽独”，暗示了慎独可以涵摄并包容阳明心学的良知思想，指出慎独学比良知学

---

① （明）许孚远：《大学述一卷答问一卷附大学古本一卷》之《大学答问》，第11页。
② （明）许孚远：《大学述一卷答问一卷附大学古本一卷》之《大学答问》，第11页。
③ （明）许孚远：《大学述一卷答问一卷附大学古本一卷》之《大学答问》，第7页。
④ （明）许孚远：《大学述一卷答问一卷附大学古本一卷》之《大学答问》，第7页。
⑤ （明）许孚远：《大学述一卷答问一卷附大学古本一卷》之《大学答问》，第11页。
⑥ （明）许孚远：《大学述一卷答问一卷附大学古本一卷》之《大学答问》，第10页。

更稳妥、更扎实与更广阔。在实践中，过分重视知，有可能带来自由的泛滥，破坏规矩，而这在明末衰世表现得更明显。许敬庵以“慎独”学为核心的学脉能够保养神明的觉悟能力和宰制万事万物的事功能力，可以比当时的良知学更有认同性与支持度，可以抵御当时空虚浮夸的学风，可以培养第一流的真才实学的优秀人才，有助于抵制晚明的奢华生活风气和糜烂的纵欲世俗生活。正是在这里，许敬庵认为，慎独学是可以替代并优越于良知学，慎独工夫容易带来神明决策能力是实现对外物的转化实践能力，可以实现与天德相通的境界，是更高明的德育涵养理论体系，更具有实践性和外向性。

许敬庵的慎独主要是为了诚意，由此对越神明，上达天德，变化世界。许敬庵在心法上吸收王阳明、王龙溪二人的一念工夫论，念念归真，念念至善，反复实现意念真诚，正心诚意，问心无愧，走入圣贤之域。他说：“独之可畏也，能慎独而诚意才是有德，何者？念虑真纯，不愧屋漏，此天德也……只慎独诚意则心正身修，一起都了，而齐家治国平天下，将举而措之……自古圣贤，莫非此学。”① 敬庵说的“念虑真纯，不愧屋漏，此天德也”，说明他还是把天德的获得建立在念虑真纯之上而达到天人感应天人一体，试图以念头的真诚澄明实现精白一心与对越神明的状态，这是他吸收阳明心学意念上的工夫论地方。在敬庵看来，慎独到诚意地步才是真正的慎独，凸显“真纯”念头在工夫中的地位，是真工夫，人德在精白念头中实现与天德相通的可能，这就是圣贤学问的精髓。许敬庵在自己的道德修养中，追求“小心翼翼、昭事上帝”与“终日乾乾、夕惕若”的“慎独样子”②。敬庵所谓的“独”，并不仅仅是先秦儒学家的那种本体论意义上的慎独，而是带有龙溪心学的一念良知的工夫层面的修养论，其实包含一念至善、“一念明觉”③“一念纯明”④一念诚意的含义，即“与物无对之称”⑤，让念头始终保持“真笃”的状态。⑥ 对念头真笃的凸显，在其弟子刘念台那里，得到不仅是理论义理上的发展，更是在实践层面得到最

① （明）许孚远：《大学述一卷答问一卷附大学古本一卷》之《大学述》，第9—10页。
② （明）许孚远：《大学述一卷答问一卷附大学古本一卷》之《大学述》，第8页。
③ （明）许孚远：《大学述一卷答问一卷附大学古本一卷》之《大学答问》，第3页。
④ （明）许孚远：《大学述一卷答问一卷附大学古本一卷》之《大学述》，第22页。
⑤ （明）许孚远：《大学述一卷答问一卷附大学古本一卷》之《大学述》，第8页。
⑥ （明）许孚远：《大学述一卷答问一卷附大学古本一卷》之《大学答问》，第3页。

好的行动，实现精白一心的心如水，这是他借鉴吴康斋道德修养论的地方。敬庵通过“调理性情”通达慎独的道德修养过程[①]，工夫修养主体借以此来完善自己的德性，涵养自己的学问，“遏欲存理”[②]，变化气质，慎独神明。敬庵先生的“慎独即所以慎德”，“纯心要”，获得“冲虚淡泊、明镜止水”的心性境界，在内圣转向外王的过程中，通过“理而使均”的治理方法，“治天下之道”便自然而然，带有理想主义的思维倾向。[③]

敬庵对自己的慎独学思想比较自信，认为慎独学不仅可以补救良知学，优越于良知学，将之上升到道统地位，并试图使慎独概念运用到公共事务领域，提高国家正义。在圣学治理天下公共事务的实践过程中，政府官员周旋于事事物物之间，“与物欲交病，而性为之蔽”，“复性”之学就是“怯蔽”，消融气质，廓清物欲，而《大学》、《中庸》的慎独学正好是复性学的关键，故敬庵先生说：“圣贤教人，千言万语，总是这个脉络。”“但看慎独一言……舍此，则无所致其力也。”[④]在他看来，慎独是中国历代学术的总线索，接近朱熹的“天理”范畴、陈白沙的“端倪”。慎独学是中国历朝历代圣贤传学传道的学脉，是中国一切学术的逻辑起源、逻辑起点，也是中国涵养论的核心法诀，慎独诚意是完全可以达到圣学的最高境界。为了对抗庸俗的社会风气，许敬庵彰显慎独学的精神，要求门人实下工夫，来挽救世风，故他对钱青甫说：“但要识得独是何等面目？慎是何等工夫？切切实实向自己身中讨究下落，操存涵养，时刻不肯放过，方与此理有相干涉。”[⑤]敬庵的“切切实实向自己身中讨究下落”不就是老师唐一庵的“讨真心”中“讨”字诀心法吗？通过反复操练对我们内在真心的寻找与探求，找到真笃之念的精神状态，认识慎独的真面目、真精神，由此优入圣域。与老师唐一庵博文约礼、格物穷理的广博向外实践天理的理论形态不一样，许敬庵借助主静涵养的修养论，偏于吴康斋、陈白沙的向内涵养，是“操存涵养，时刻不肯放过”，是要涵养出一个神明能力，似乎回到明初理学家注重道德践履、偏于涵养的路子。通过慎独诚意内向性的意念工

---

① （明）许孚远：《大学述一卷答问一卷附大学古本一卷》之《大学述》，第14页。
② （明）许孚远：《大学述一卷答问一卷附大学古本一卷》之《大学述》，第14页。
③ （明）许孚远：《大学述一卷答问一卷附大学古本一卷》之《大学述》，第21—22页。
④ （明）许孚远：《大学述一卷答问一卷附大学古本一卷》之《大学答问》，第4、5页。
⑤ （明）许孚远：《敬和堂集》，卷三，《答钱青甫》，第36—37页。

夫，敬庵偏于涵养的道德修养论转手老师一庵先生的“真心”学，创建慎独涵养学，与朱元璋的“精白一心、对越上天”和康斋先生的“精白一心，对越神明”相契合与一致，使得整个明朝思想史转了个圆圈，似乎终于又回到明初思想界的精一工夫阶段，但工夫论上由于吸收王阳明与王龙溪的意念之学变得更加精密、复杂与圆熟。在晚明政治衰朽难有作为的末世这样的一个矛盾与困局时期，晚明皇帝怠于朝政，太监专权，六部首脑经常无人管事，而正直儒家由于缺乏中央权威的支持也只能隐居以独善其身，中央政策长期缺失、缺位，税收越来越高，老百姓得不到实惠，难以打开外王事业的新局面，体现出明朝走向了人治政治的末期，暗示着明朝政局不可挽回地要覆没了。学术为时代而设，敬庵的慎独主义思想针对特殊的时局，吸收借鉴并融合唐、王二人心学思想的长处，更接近王阳明良知学的风格，是有其历史必要性的，比儒佛合流的思潮更有道德性坚守。敬庵慎独学的兴起，从反面暗示了明代衰落的开始。

第四节 凝神涵养与独对神明

许敬庵的思想与吴康斋、陈白沙、聂双江、罗念庵一样，比较注重涵养，偏于向内用力，注重学问对自己内心身心的受益，不如其老师一庵那样偏于问学思辨的智性主义，总体上有一种“主静主义”（复旦大学吴震教授语）倾向，属于更为道德性的价值取向，是德性至上主义在晚明修养论的代表。

敬庵曾说：“天然自有之谓性，效性而动之谓学。性者，万物之一原，学者在人之能事。故曰‘天地之性人为贵’，为其能学也。学然后可以尽性，……高之沦于空虚，卑之局于器数，浸淫于声利，靡滥于词章。……故学以尽性为极，以孔子为宗。”① 他明确指出学问归宿是孔子的复性之学（仁学），也就是所谓的程朱理学，回归道理无穷的外王之学，以区别于禅学化的阳明后学。他说“孔门学脉”以仁学为宗，仁就是本心所具“生理”，凸显克己复礼的修养工夫以达天德王道层面，天下归仁。② 在心性学上，他既不同意学友胡庐山的以灵觉为性的观点，认为此说“犹是未莹”③；也不同意挚友李见罗以

① （明）许孚远：《敬和堂集》，卷十，《杂著·原学篇》，其一，第1—2页。
② （明）许孚远：《敬和堂集》，卷十，《杂著·原学篇》，其二，第2—3页。
③ （明）许孚远：《敬和堂集》，卷五，《与胡庐山先生论心性书》，第3页。

灵觉为心的观点，认为此说“主张太过”①，暗示其心性学要回归孔孟学脉，以“灵觉”为提升心的明觉能力的方法，是工夫主体把握世界、开物成务的认识工具而已，既不是灵觉的心，也不是灵觉的性。在许敬庵看来，性体“是一个天命之体”，本善，无形气之杂，而心体“合灵与气”，有形气之杂，故有道心与人心、真心与妄心、公心与私心之别，“心者，至虚而灵，天性存焉”。②性在心内，故需要工夫主体不断地做存心复性的磨炼，这些看法与程、朱、吴康斋等人的心性观暗合。养性主要就是明德、止至善的为仁工夫。

工夫论上，许敬庵强调躬行、体念的定性工夫，要求修养者在理欲、志气、动静、感应等关节点上修养天德，所谓“安以舒养……容静以肃”的实修实学，③以“勿忘勿助”为教法，强调凝道养神、主敬存心与事亲事君，显然是以实用仁学试图挽救当时的虚夸之风。④因此，敬庵任陕西提学副使时（1585—1587）训诫关中诸生，要求学生务必“专务自治，时时反观内省，闲邪存诚”，务必以“悠游厌沃、日就月将”的态度“读书”、“蓄德”，做自己“性分内事”。⑤敬庵培养了以冯从吾（1556—1627，字仲好，号少墟，陕西西安人）为代表的一大批关中学者，在明末注重道德涵养，广泛传播学术，以教育振兴世俗，是学者型官员的代表。许敬庵在对复性之学的价值取向上与其老师唐一庵一致，甚至在凝神、裕政层面上也一致。许敬庵的凝神口诀“凝神于一物之微而得其至者”，“深造自得”。⑥敬庵凸显全养精神实现灵台清明无物的明觉状态，在处理公共事务之时通过定志、慎思的方法实现气充才达的效果。⑦许敬庵常利用归山闲居时机保养精神，这也是他主静主义的表现，“时刻不忘检点……觉精神凝聚”，“凝养此心……令冲虚缜密，无有一毫英气发露”。⑧敬庵在繁忙的工作之余，通过主静涵养，冲虚缜密无英气发露，“精神凝聚”，让精神愉悦，这是心思想具有精神哲学的特性，有助于修养主体身心

① （明）许孚远：《敬和堂集》，卷五，《与胡庐山先生论心性书》，第 3 页。
② （明）许孚远：《敬和堂集》，卷五，《与胡庐山先生论心性书》，第 1—2 页。
③ （明）许孚远：《敬和堂集》，卷十，《杂著 · 原学篇》，其三，第 3—4 页。
④ （明）许孚远：《敬和堂集》，卷十，《杂著 · 关中示诸生》，第 4、5 页。
⑤ （明）许孚远：《敬和堂集》，卷十，《杂著 · 关中示诸生》，第 7 页。
⑥ （明）许孚远：《敬和堂集》，卷十，《杂著 · 养神说赠章元礼》，第 15 页。
⑦ （明）许孚远：《敬和堂集》，卷十，《杂著 · 积学说赠卓樨成》，第 18 页。
⑧ （明）许孚远：《敬和堂集》，卷四，《简吴行之书》《答万从训》，第 38、34 页。

受益。这与吴康斋的“养元气”、陈白沙的“养端倪”并无二致，由凝神进而调养身心的心法是吴康斋、陈白沙、湛甘泉、唐一庵一系学脉传承的标志。许敬庵颇赞誉吴康斋的出处可鉴。① 对陈白沙“元神灏气”说倾心，认为白沙心学得“禅之精者”，“近玄而不近禅”。② 并以自己的慎独学、“凝神”口诀对接陈白沙“静中养出端倪”深造自得工夫，令我们感觉其醉心于白沙心学“参前倚衡”的倾向。③

对于政府官员而言，不仅需要用“静时敬”来抵消“动时敬”带来的决策正确，也需要静以修身的有效涵养确保个体未来继续优秀工作的可持续性。湛甘泉一派的“凝字诀”在其后学洪觉山那里得到重视，在许敬庵这里得到更大规模的义理推进。许敬庵的“凝神”工夫论要求修养者专事“静修”，消除情识，呈现“独体”和“止体”，使内心完全安静下来。“凝神”是慎独通往致良知的口诀，也是对白沙、甘泉学派注重内心涵养的继续发展与创新。④ 在给其弟弟许仲毅调养身体的信中，许敬庵详细地道出了静心凝神、保养身体的方法，敬庵说：“人只为情想扰动，精神汗漫而不收，一点火动郁积于中，便有疾病发作。今须着实看破，将种种情想，全身放下……惟是念头放得下，则欲火渐消，精神渐敛，读书作文，随其分量，只以平淡心为之，莫强思索，过于劳耗。平时坐作，要静定，莫涉浮杨，言语要简省，莫生枝蔓。”⑤ 晚明时期，社会世俗随着启蒙思潮的出现，有一种情欲主义泛滥，以性灵文学倡导的情欲过度泛滥最为代表。对于一般人而言，其实是难以克服内心的情识冲动，难免为情想所困。这样一种困局，就好比一个年轻气壮的小伙子，难免为美女的投怀送抱而心乱情迷，属于生理期很正常的一种冲动。情想扰动我们的内心，势必引发我们对这样一种目标的渴求感、获得感和拥有感，由此引发我们内心的心火、欲火，产生焦虑和烦闷，久而久之，渴求的目标不能实现，内心的压抑和抑郁自然产生，就会产生身体上的各种疾病。著名心学家罗近溪年轻时就得

---

① （明）许孚远：《敬和堂集》，卷四，《简邓潜谷丈》，第 33 页。
② （明）许孚远：《敬和堂集》，卷五，《答沈实卿》，第 37 页。
③ （明）许孚远：《敬和堂集》，卷五，《答陆以建》，第 28 页。值得褒扬的是，许孚远对“胡陈之辨”也有调和的倾向，认为胡敬斋学术中正，不可以有见、无见评价前贤。
④ （明）许孚远：《敬和堂集》，卷三，《答钱青甫》，第 36—37 页。
⑤ （明）许孚远：《敬和堂集》，卷三，《寄仲弟毅》，第 41 页。

过想做圣人而做不成的心火之病，在遇到恩师颜山农之后，通过一系列的静坐闭关收摄保聚，才彻底解决罗近溪的心火。正是在解决了自己的心理问题，总结提高，罗近溪成为阳明后学的“新教主”和“传教者”，倡导童子之心与真心说，使得其日后成为一代心学大师奠定重要的心理基础。在敬庵看来，治对心火，不仅要求工夫主体觉悟，看破一切情想，放下一切贪念，还需要长期日积月累，在真实的世界读书劳作，心平气和地待人接物，在生活中消磨心火和欲火。这样的在生活世界里克治欲望的过程，养心养性，俨然是儒家慎独养身的规矩。通过放下念头，去除物欲、情想的意，实现善念在心，保持内心的清凉，以“念不落意”为遏欲存理的工夫正是许敬庵学的秘密所在。

许敬庵崇尚主静，对静坐中克治身心毛病颇有心得，他说：“调治要诀只一静字。凡事放得下是静，愤怒不作是静，撇得家累是静，谢得世俗应酬、置是非毁誉于度外是静，起居惟时、不自拘碍是静，不如意处不生烦恼是静，病痛作苦时且自甘受不求医药速效是静，心下常令空空荡荡、不著一毫思虑是静，有思虑动时视为邪祟、一觉而消之是静，持此一决，怯病不难。”[①] 在他看来，主静不仅可以内心超脱、不愤怒、内心轻松、无是非，还可以了无挂碍、无烦恼、不痛苦、身心自由无思虑，甚至获得内心的明觉能力，主静有助于人的整个身心灵的全面提升与成长，这仿佛是陈白沙思想在晚明的再一次回响。在白沙主静主义的修养论框架里，敬庵通过内心的宁静的修养来对抗浮躁的社会风气，以静凝神，放下对功名利禄的执着，修身治病，延寿延年，保养心灵的纯洁，实现对抗末世的腐败污浊之气。

第五节　一念独知及其对后学戢山学派的影响

无论是独知独觉中的主静涵养，还是慎独中意念真诚，或者是一念灵明，与阳明心学直接参悟心体相比较而不同的是，许敬庵之学更强调“厚积负道”、“周旋进反”的知识积累阶段，[②] 其“学之准则”其实就是日积月累的传统理学家存养路子，其“勿忘勿助见真精”[③] 说有回到康斋之学的读书路子倾向，但

① （明）许孚远：《敬和堂集》，卷三，《简钱惟凝》，第 33 页。
② （明）许孚远：《敬和堂集》，卷十，《杂著 · 积学说赠卓樨成》，第 17—18 页。
③ （明）许孚远：《敬和堂集》，卷一三，《诗 · 壬午冬瞻谒孟庙携侣俊夫沈虚中》，第 5 页。

又扬弃了程朱的繁琐路数，吸收了一些阳明心学的合理心诀，甚至是禅宗的觉悟方法而已，如他有诗歌“静夜观心转法华”①“顿觉万虑空”②等，所有这些，都说明，敬庵确实在心学义理上对阳明后学的本体论、认识论、涵养论有所推进，这是我们需要特别重视的地方。而且由于其孤本全集一直深藏于日本，近期才有钱明先生从日本带回，我们学术界才可以慢慢揭开敬庵学博大而又深刻的一面，探析敬庵学与阳明学、一庵学、龙溪学的异同。

许敬庵曾总结自己的学问归宿时说：“古今圣贤学问，总只在一念上工夫，不论动静闲忙、难易繁简，学无往而不在，愈笃实愈精明，愈体验愈亲切，真有人不及知而已。独知之妙，此吾夫子所以学而不厌者。”③他明确指出其学问枢纽是以“一念”诚意为核心的慎独学，“愈笃实愈精明”，“愈体验愈亲切”，这是他借鉴龙溪“一念灵明”道德修养论的地方，以体验“独知”之妙，体会到圣学的至上妙处。学者或潜心乡村，穷经终身，学问渊博，涵养深厚，可惜一生无法施展其学问，令人遗憾；或，少年得志，凭借其聪明，终身在官场中打磨，位居高位，可惜无暇深入阅读与持续性涵养，学养不够，纠结于流俗，未能团结同志，在政局打开盛世新局面，也令人可惜。故而，当时内圣外王都通达的真才实学型学者并不多见，许敬庵算是其中一个学者型官员的典范。敬庵时有感叹，他说：“今之学者，只觉浅陋空疏，视诸大儒气象迥不相及。”④正是担忧学脉不传，于是他晚年罢官后，安心在德清老家教学，竭力培养读书种子，尽心接洽后学，并从理论上以传统慎独学来作收敛向里的学问，遏欲存理，恢复真性，试图复兴实用儒学。他说：“鄙人论学大端……具在《原学》诸篇。真性在人，无不具足，只为血气所乘，物欲所蔽。千古圣贤，总在去欲存理，更无别法。但工夫无穷，不可容易放过。”⑤由此可见，在长期的仕宦生涯中，敬庵先生充分意识到作为血肉之躯的个体受制于肉身的限制，是如何的难以摆脱这个生理性的躯壳朝向圣人之理想人格路的。况且在社会利益面前，个体承担家庭抚养与养育亲人的任务，还有职业性的利益维护与表达。无论是

① （明）许孚远：《敬和堂集》，卷一三，《诗·壬午仲冬宿杨庄纪事》，第19页。
② （明）许孚远：《敬和堂集》，卷一三，《诗·甲午春秋玩月》，第37页。
③ （明）许孚远：《敬和堂集》，卷三，《简钱惟凝》，第31页。
④ （明）许孚远：《敬和堂集》，卷三，《简钱惟凝》，第31页。
⑤ （明）许孚远：《敬和堂集》，卷三，《简寸宁宇别驾》，第26页。

生理性因素，还是社会性因素，在“血气所乘”与“物欲所蔽”的双重压力之下，超脱于个体性和社会性双重限制，真性难以呈现而展露其活泼机能。唯有真实有效的涵养工夫，“工夫无穷，不可容易放过”，“去欲存理”，方可成就圣贤本色。敬庵要回到传统先贤那里寻找对抗俗学的武器，他的学问基石与起点就是程、朱一派性善之学，而其工夫论就是合宗湛、王的养性修养方法。

许敬庵针对当时浮夸与玄虚的学风提出真笃、纯明念头的慎独工夫，无疑是一剂清新剂。正是由于许敬庵自身对纯明念头的坚持使得他自己在官场一路磕磕碰碰，四起四落，绝不同流合污，甚至连委屈自己的身份都不愿意，而在十六世纪后期地域性党争与官方厌恶讲学的官风下，势必决定其自身的政治仕途命运尤其坎坷。如果不是两次中日战役，国危思将，精通海防的他才得以重用，许敬庵的官场命运势必更加坎坷。另外，由于他对真笃念头的特别自信，也在一定程度上妨碍他对知识学习“无所不读”态度的缺失，使得他的圣学思想“内卷”，也直接导致其门人刘念台（蕺山）慎独学的“迂阔”，在崇祯皇帝看来的“迂阔”直接导致明朝在军事火器技术革新上难以突破，自然难以挽救大明王朝的覆灭。许敬庵说“古人之学以养心而检身，读其所当读之书，考其所当考之物……具从根本上探究，未以诵读考索为急也”①，这是他教法，依此教法，则刘念台（蕺山）的慎独学势必会走上更加精密的地步，或许就与“无所不读”、博学等程朱教法不一致。事实上，在阅读许敬庵文集的过程中，他对明道、伊川、朱子、湛甘泉、王阳明的格物致知之学都有意见，比如说二程致知学“不免骑墙之见”，说朱子、甘泉格物说“词旨汗漫”，说阳明之教“多沦于空虚疏略”；②甚至说朱子、阳明二人格物穷理说都“未尝照应理会经传义理”，有“字面牵和”的缺陷。③我们明显感觉到许敬庵试图开宗立派、独树一帜，在学问“精一”上与道德操守、念头工夫上的笃定的坚守，他对意念“灵明透彻”、“精神归一”执着④，也仿佛与传统程朱理学、甚至他的那个时代越走越远。但无论如何，许敬庵都是十六世纪末期中国大儒的肖像典范，混乱学术界的翘楚，是晚明最为重要的阳明后学名家之一。

---

① （明）许孚远：《大学述一卷答问一卷附大学古本一卷》之《大学答问》，第5页。
② （明）许孚远：《大学述一卷答问一卷附大学古本一卷》之《大学答问》，第7页。
③ （明）许孚远：《大学述一卷答问一卷附大学古本一卷》之《大学答问》，第10页。
④ （明）许孚远：《大学述一卷答问一卷附大学古本一卷》之《大学答问》，第10页。

第九章　意志主义：越中名臣刘念台“讨意根”良知论

刘宗周（1578—1645，号念台、克念子，绍兴越城区人，创办证人书院、蕺山书院，后世尊称为蕺山先生）的“慎独”工夫论是接着他老师许敬庵（1535—1604，湖州德清人，曾任福建巡抚任）的“慎独”、“独体”思想讲的，都是为了提升传统儒家道德哲学的社会和政治影响力而作出的理论创新，以此来对抗晚明时期佛学、禅学、庸俗儒学风行对社会风气的变坏。念台为遗腹子，自少便尝尽人生生活艰难与别离之苦，于是刻苦自学，与祖父相依为命，发奋出人头地，年仅24岁（1601年）便中得进士，自后其人生便展开宏大的画卷。[①] 作为17世纪初期道德修养最为卓越的儒学“殿军”，念台以其艰苦的修行和挺拔的气节积极参与公共事务，冒政治前途危险不惜多次疏劾沈一贯、魏忠贤、温体仁等，罢官之后，却能安心乡里公共事务，倡仓募捐，刻苦讲学，培养一大批独立好学的读书种子，如恽日初、陈确、黄宗羲等。明朝灭亡，念台为报勤政不息、亡国之君崇祯的知遇之恩，绝食多日而亡，体现了中国儒家表里如一、知行合一的高贵气节，对后世儒家的人格发展树立了不朽的丰碑，影响深远。念台一生内圣外王的个体行为，归根结底与他一生的学术宗旨“慎独”“诚意”道德修养论密切相关。其子刘汋1651年（顺治八年）曾总

① 对念台少年时期的清贫孤独生活的描述，参见陈永革：《儒学名臣：刘宗周传》，浙江人民出版社，第1—16页。对念台政治生涯、道德修养践履过程的描述，参见加拿大多伦多大学黄敏浩先生的博士论文，《刘宗周及其慎独哲学》，台湾学生书局，2001，第1—27页。

结其父学术旨趣，说“学圣人之诚者也。始致力于主敬，中操功于慎独，而晚归本于诚意……以诚意为宗而摄格致于中……即内而即外，即动而即静”①，作为多年跟随父亲生活的人，刘汋对念台融合动静、内外于一体的诚意之学的总结值得注意和重视。

第一节　批评儒佛合流：增强社会良心

念台与老师敬庵一样，他的学术体系俨然是为了对抗当时走入歧途的社会风气和学术风气的，提升阳明良知学在当时社会、学术界的公共影响力。这股风气主要是指佛学对儒学尤其是良知学的渗透，也就是有些人“辄欲范围三教以谈良知之学”②，损害阳明良知学对读书人、士人官员道德修养的指导作用。他说，“吾儒与二氏终异途径”③，可见他要严格区分儒家与道家、佛家之学，挺立儒家名教对读书人道德发展的指导性作用。当时的浙东地区，在阳明后学大师周海门的努力下，尤其是周海门的细心培育，整个地域性思想呈现出儒佛合流的思想风气。

念台不仅反对佛教学者对良知学的浸染来扩大佛教的影响力，也反对儒家学者对佛教禅学的浸染，后者主要以杨慈湖、王龙溪、周海门、高景逸、陶石梁（1571—1640，绍兴人）、袁了凡（1533—1606，嘉善人）、颜壮其为代表。他说“今之言佛氏之学者，大都盛言阳明子，止因良知之说于性觉为近，故不得不服膺其说，以广其教门，而衲子之徒亦浸假而良知。呜呼！”④这里说的是佛教对儒学的吸收。另一方面，儒学内部也对禅学又吸收，可是这些学者在佛道二教风行的风气下，念台说“当圣远言淹之日，又无老师大儒以为之依归，遂不觉惑于二氏，而禅尤其甚者耳”⑤，指出学术界儒佛合流的现

① （明）刘宗周《刘宗周全集》，吴光主编，第6册，吴光点校，附录二，（清）刘汋：《蕺山刘子年谱》，浙江古籍出版社，2007，第173—174页。引用出处下同。

② （明）刘宗周：《刘宗周全集》，第3册，丁晓强点校，《与以建五》，第303页。

③ （明）刘宗周：《刘宗周全集》，第3册，丁晓强点校，《与以建五》，第303页。

④ （明）刘宗周：《刘宗周全集》，第3册，丁晓强点校，《答胡嵩高、朱绵之、张奠夫诸生》(戊寅十一月)，第349页。

⑤ （明）刘宗周：《刘宗周全集》，第3册，丁晓强点校，《答胡嵩高、朱绵之、张奠夫诸生》，第348页。

象很严重，甚至不少知名儒家学者公然倡导佛学，参禅打坐，不以为耻反以为荣，当时的虚玄学风对有志于圣人之道学者的误导。对于多年讲学老友陶石梁入禅，以至于其门人弟子多入禅教去，念台不无感慨地说，“吾乡陶石梁子，雅为吾党推重，特其入门不免借途于释氏，一时从游之士多以禅起家，卒难骤返於正，亦其弊也。”①念台对于阳明弟子王龙溪入禅这件事深有想法，他说“阳明不幸而有龙溪，犹之象山不幸而有慈湖，皆斯文之厄也……‘禅’之一字，中人日久，以故逃之者既明以佛氏之说纳之吾儒之中；而功之者转又明以吾圣人之精微处推而让之，亦安见其有以相盛？古之有慈湖，今之有忠宪先生，皆半杂禅门，故其说往往支离或深奥，又向何处开攻禅之口乎？”②“忠宪先生”就是当时东林学派领袖高攀龙，他也非常喜欢禅学，比较欣赏陈白沙的主静涵养，提倡援佛入儒。故而，念台不无感慨地说，如果由高攀龙来领导儒学前进与发展，排斥佛学，这其实是“王婆卖瓜自卖自夸”，根本就是不可能的事。

对于袁了凡、颜壮其两位融通佛儒的学者，认为其二人的儒学思想“浸入因果边去”，他批评秦履思的杂禅思想说“大抵君子之意，皆从袁了凡、颜壮其来。了凡之意，本是积功累行，要求功名得功名，求子女得子女，其题目大皆显然揭出，虽是害道，然亦成一家言”。③在现实生活中，念台更多的是作为一位儒家传统道德的“斗士”形象而出现的，其一生力作《人谱》也主要是为了对抗当时背离儒家道德修养的道家与佛教界人士，尤其是以袁了凡为代表的因果报应思想，他说“今之言道者，高之或沦于虚无，以为语性，而非性也。卑之或出于功利，以为语命，而非命也。非性非命，非人也，则皆远人以为道者也。然二者同出异名，而功利之惑人为甚。老氏以虚言道，佛氏以无言道，其说最高妙，虽吾儒亦视以为不及。乃其意主于了生死，其要归之自私。故太上有《感应篇》，佛氏亦多言因果。大抵从生死起见，而动援虚无以设教，猥云功行，实恣邪妄，与吾儒惠迪从逆之旨霄壤。是虚无之说，正功利之尤者也。”④指出道家与佛教界人士以“虚无”“功利”害人，特别是袁了凡“功

① （明）刘宗周：《刘宗周全集》，第3册，《答王生士美》，第351页。
② （明）刘宗周：《刘宗周全集》，第3册，《答韩参夫》，第359—360页。
③ （明）刘宗周：《刘宗周全集》，第3册，《与履思十》，第320页。
④ （明）刘宗周：《刘宗周全集》，第2册，何俊点校，《人谱》(自序)，第1页。

过格”“病于道者”①，导致社会风气德性修养不足，故他耗精力于57岁（1634年，崇祯甲戌秋）作了以“慎独”“心法”②为中心的《人谱》来对抗当时流行的因果思潮。就是与《了凡四训》一样，《人谱》也是面向社会一般大众，主要是对治佛学的玄虚与因果论。念台结合深刻的理论与传统儒家的历史实践，透过宋明儒家大量的道德修养案例来证明他的成人之学，去除了功利化的报应之说，列举当时读书人和政府官员大量的“大过”“丛过”行为③，为当时的士人构建了严密的“纪过”体系，提供了详细与有效地“廓清”“动念”的修养方法④，不啻为末世、衰世的疗世之方。

不过，念台却指出阳明良知学不是禅学，这令人费解。念台说，“未可病其为禅学”⑤，“阳明而禅，何以处豫章、延平乎？”⑥可见念台思想上得益于阳明很多，或者他曾经很长一段时间着迷于阳明良知学，故而对王阳明良知学有所维护，其维护阳明良知学的衷曲可见。可见，念台对王阳明良知学的态度与其老师许敬庵一致，都认为阳明后学在无善无恶上过度发挥背离阳明本人的良知学，都评判当时禅学化的阳明后学。

应该来说，处于晚明的末世，念台对当时的社会现实和明朝将没的历史命运有清醒的认识，而这样的历史境遇与早期陈白沙、中期王阳明的心学大家迥异。对当时社会环境的焦虑和清醒，使得念台的慎独、诚意之学在历史的逆流中显得格外的引人注目。而被崇祯皇帝视为迂阔的慎独、诚意之学在没落王朝中急需军事革新的特殊背景下又显得那样的不合时宜。勤勉自律的崇祯皇帝非常爱惜欣赏念台的德行修养，却得不到身为工部尚书念台的有力支持和辅助，而性格传统而又忠厚的念台唯有内心的赤诚可以报答“不是‘亡国之君’的亡国之臣”了。大厦将倾，谁都不能幸免做亡国奴。300多年过去了，念台文献尚存，清理其德性修养论，总结其心法和德性论，古为今用，对于流俗滔滔的当代中国读书人和政府官员的安身立命、人格发展和事业发展必有裨益。

---

① （明）刘宗周：《刘宗周全集》，第2册，何俊点校，《人谱》（自序），第1页。
② （明）刘宗周：《刘宗周全集》，第2册，《证人要旨》，《人谱续编一》，第5页。
③ （明）刘宗周：《刘宗周全集》，第2册，《纪过格》，《人谱续编二》，第11—15页。
④ （明）刘宗周：《刘宗周全集》，第2册，《证人要旨》，《人谱续编一》，第6页。
⑤ （明）刘宗周：《刘宗周全集》，第3册，《答韩参夫》，第359页。
⑥ （明）刘宗周：《刘宗周全集》，第3册，《答韩参夫》，第359页。

第二节 讨独知之中显良知：补救良知学脉

在当代儒学家牟宗三的心里，独体是寂寞的[①]；在念台的心里，独体好比无边荒原中的盎然大树，也就他自己说的“太极”[②]，是饱满的，是人之所以成为高贵德性充溢饱满之人的本体，故他自己以“独体”代表慎独工夫的真实修养而获得的自为自立的光明之体。独体为独善其身的最后堡垒，实是念台万不得已而提出的一个概念，他要用这个概念整合历代理学家的道德修养论，来创立他自己的慎独学。他的独体概念不仅是儒家唯一的工夫，也是融合《大学》戒惧、阳明良知和内心意念的无所不包的体系，张立文先生认为这是念台试图“综罗百代、另辟路径、会通圆融、智能创新”之处。[③]独体不仅可以是独善其身，也可以是“独知”，还可以是“独意”，因此实践上他可以修正阳明的良知学，不自觉的最后完成他的独体学体系。

他在55岁（1632年，崇祯壬申）给秦弘祐的信中曾对自己的“独知”学有过全面的论述，他说“迩来深信得阳明先生‘良知只是独知时’一语亲切，从此用功，保无走作。‘独’只是‘未发之中’……学者只为离‘独’一步说良知，所以面目不见透露，转费寻求，凡所说‘良知’都不是良知也。‘致良知’三字便是孔门易简直截之旨，今日直须分明讨下落耳。若不讨下落分明，则‘知善知恶’四字亦无用处，终归之不知而以……良知即太极，无圣无凡……良知吃紧处，便只用在改过上，正是慎独工夫……念已发矣，机已赴矣，觉亦无及矣，正系失之于未发者，先不可救也。若是从慎独后所发，又何需更加辨别、更加决断乎？……都只向事物上求善恶，而不从一念未起时求个有善无恶之体，是以生出种种葛藤，终日求此良知，而尚未见有入手工夫之可言也。（须知良知）若不用向‘独’上讨下落，便是凡夫的良知……孔门说个慎独，于学人下手处已是千了百当，只为头面未见分明，故阳明又指个良知，见得仁义不假外求……故曰‘良知只是独知时’，吾党今日所宜服膺而弗

① 牟宗三：《寂寞中的独体》，新星出版社，2005，第98页。

② （明）刘宗周：《刘宗周全集》，第2册，何俊点校，《学言》（补遗），第481页。

③ 张立文：《刘宗周慎独诚意的修己之学》，《江南大学学报》（人文社会科学版），2012年第2期，第6页。

失也”①。念台先生这段很长的论述，基本上把他自己的道德修养论与王阳明道德修养论的异同说清楚了，点明自己的心诀就是“讨独知”，而且是先于事物上磨炼而先期辩讨明白，也就是在“一念未起时求个有善无恶之体”，这个就是独体之知，是意根，是至善本体，是不让良知落后的终极本体。在念台看来，以前我们先贤都“只向事物上求善恶”，过于破碎化，拘泥于细节和支离，所以“生出种种葛藤，终日求此良知，而尚未见有入手工夫之可言也”，也就是只见树木不见森林，容易遮蔽我们的整体性良知呈现，可见，念台在明末大厦将倾之际提出“讨意根”的良知修养论，试图补救王阳明的良知学在当时的传播困境。正是由于儒学家未能坚守至善本体，以致陷入援佛入儒的因果论、宿命论与玄虚化，导致整个社会弥散着一种消极与萎靡不振的风气，道德主体性不可能挺立，自强不息的阳刚精神缺乏，这也是刘念台所要着力解决的问题。

可见，念台的“独知”学就是要推进良知后学的义理成长，挽救社会风气，振奋社会习俗，从良知学自身角度解决修养落空的问题。念台说，讨得‘致良知’下落，使得读书人‘知善知恶’，真知真行，不自觉地接洽许敬庵老师唐一庵的“讨真心”实修工夫论。一庵的“讨”字诀，历来都是其门人后学许敬庵与刘念台一系学脉的传承家法。众所周知，唐一庵的“讨真心”工夫论其实就是以湛甘泉的性体思想糅和阳明的良知心法而生成的新的道德修养论，补救良知学而设计的一套心法，是面向博文约礼的实践面向来弥补阳明后学过分讲学缺乏实修的对症之药。在念台那里，讨得‘致良知’下落的方法就是“独知”时“克念”，也就是“从一念未起时求个有善无恶之体”，不再向阳明后学所说的破碎化“事物上求善恶”，可见念台试图构建一套彻底的全新心法，从先验上一劳永逸地解决“无善无恶”去道德化的流弊。

念台着意于改过，着意于修身，让良知不落空，这与其前贤顾箬溪一派反对过度讲学的湖州王学相契合，也与阳明后学修正派李见罗修身派思想相呼应，都属于王学的自我补救思潮领域。念台这样的思维逻辑，势必要回到慎独诚意的程朱理学老路上去，这也是他老师许敬庵所倡导的一念独知思想。念台确实在这里“转手”阳明的良知学，一方面念台的向内心无所捉摸而又深微的

① （明）刘宗周：《刘宗周全集》，第3册，《答履思六》（壬申），第313—315页。

“意”上而不是广阔的公共事务领域求性体，固然可以让善良的性体确保善念善行，免生功利俗念，确保修养主体至善行为，但是这样可能使工夫者独自拘束到一块狭小的领地，失却程朱理学所推崇的格物致知之学具有的外向性、开放性、宽阔性和实用性，使得其慎独之学具有道德理性的超验性①，在晚明困局的政治环境里，被视为“迂阔”也是难免的。其实，王阳明的“为善去恶是格物”良知学已经使程朱的格物之学道德化，失却朱子所具有的开放性、磅礴气势和无穷的穷理探索精神，学术规模狭小了，失却理论的求真性与博文性。念台重“意”的独知学最后变成独善其身的独知学②，这是对他那个将灭亡的明朝不得已的自保之学，也是敬庵之学继续推进不缺避免的结果。因此，念台，最终以至善独知之心舍身报君王，成为卓越儒家对明朝最后的敬意，是可以理解的。

第三节　讨意根：有善无恶

在念台看来，独知学的推进就是“独意”、“无朕之意”，慎独之体需要诚意之根的养料。故，慎独之功落在实处需要诚意工夫再进一层，而修养主体只有做到诚意的境界，才可以算作真正地慎独，才是真正的道德英雄。念台在 65 岁（崇祯壬午，1642 年）时与叶廷秀（1625 年进士，河南濮阳人，号润山）的信中，说“意为心之所存……心安得不本于意？……意字看得清，几字才分晓；几字看得清，则独字才分晓……此可以得诚意正心先后本末之辨。阳明先生惟于此解错，所以只得提出‘良知’二字为主柄，以压倒前人……知本则知至而知止，故授之以意诚，意诚则心之主宰处止于至善而不迁矣。故意以所存言，非以所发言也。止善之量，虽通乎心身家国天下，而根柢处只主在意上……知此，则动而省察之说可废矣……不省不察，安得所为常惺惺者？……今专以存养属之静一边，安得不流而为禅？又以省察属之动一边，安得不流而为伪？又于二者之间，方动未动之际，求其所为几者而谨之，安得不流而为杂？……心只是一个心，常惺而常觉，不可以动静言……此心极之妙，所以无

① 张学智：《论刘宗周的“意”》，《哲学研究》，1993 年第 9 期，第 67 页。

② 对念台的意学，深入分析的学者有张立文、钱明、杨国荣、张学智等。

方无体，而慎独之功，必于斯而为至也。”[①]在念台那里，心、意、几、独是义理上不断推进的几个概念，其中，主体的独知涵养产生神明之几，可以决断一切事务，主宰宇宙一切事物的运行，而神明之几容易挺立个人的主体意志，形成较为稳固与成熟的意见，而主意最终让人心安，形成一套更为强大的心性本领。念台一直坚持认为，“意为心之所存”，认为意是比心更为强大的精神力量和主宰范畴，更为本体性的概念，因此，意本身就是可算是精神性的实体，这是他超越程朱陆王的地方。在念台看来，意是一个未发之域，不是心之所发，心之所发是念，而以前先贤所说的“意为心之所发”都说错了。由于此一说错，在念台看来，阳明后学以龙溪、双江、念庵、近溪和海门为代表的主静主义，专注存养，属之静一边，流而为禅。阳明后学以心斋、南野、胡梅林（宗宪）、徐少湖（阶）等为代表的事上磨炼实践派，专注省察体认，属之动一边，流而为伪。阳明后学中，以狮泉、彭山、孙蒙泉（应奎）、徐东溪（霈）等为代表，专注于二者之间，方动未动之际，求其所为几者而谨之，流而为杂。在念台看来，阳明后学中的禅学派、虚伪派和杂家派，这三派都是在动静上起了分别心和区别心，以为心或动或静，以致“致良知”缺乏慎独诚意之功而致学术落空。

念台的意、念之别，确保了人心潜意识领域意的至善性[②]，挺立意对心的绝对主宰性和本体性，而念作为已发而具有变动性，故而以意治念，把意就是未发的看不见的独体是念台精神哲学的出彩之处。念台的意思就是说，意不是有善有恶的，念才是有善有恶，因为意是未发的先验本体故而至善无恶，念是已发故而因现实的纠缠而有善有恶，王阳明四句教中的“有善有恶意之动”应该是“有善有恶念之动”，是念而不是意方才有善有恶，这样，念台的意学思想其实与西方的“唯意志论”所主导的意志主义思潮相通了。

可见，晚年的念台思想较为成熟，对自己思想的阐释显得更为自信，故敢于放开批评阳明的良知学，敢于批评当时的“禅”学、“伪”学和“杂”学。而念台之所以反反复复不断提出自己的诚意之学，就是要让当时的儒学回归到至善德性之学的大路上去。他一开始是抱着尊敬阳明良知学的目的，试图通过

① （明）刘宗周：《刘宗周全集》，第3册，《答叶润山四》（附来书，壬午六月朔日），第373—375页。

② 〔日〕冈田武彦：《王阳明与明末儒学》，钱明校译，重庆出版社，2016，第385页。

自己的慎独学来修正良知学，使良知学有至善的归宿。结果，在多年的诚意涵养之后，慎独学发展到深密的诚意学阶段，通过对意根之学的体认，他意识到阳明的良知学走到了尽头，以自己的诚意之学终结阳明的良知学。念台甚至说阳明对《大学》《中庸》的解释均存在错误，“两相迁就，以晦经旨，而圣学不明于天下矣”①，指出阳明良知学对传统儒学经典传播的歪曲，这样的评论不啻对阳明良知学的整体性否定。念台自觉不自觉的以他自己开创的诚意之学扫荡一切虚无功利之学，让德性之学大行天下，气魄与勇气之大尽藏于文字之间。

作为“意根”的意，是至善的，在念台那里是“心之主宰”，心的“定盘针”，“至善之所止”，张立文、张学智二教授对此有专门系统研究，杨国荣教授从西方心理学、逻辑学层面分析念台的意、念之分与诚意行为试图将人的“意向活动重新纳入理性规范的轨道”②。同济大学著名中国哲学史家朱义禄先生较早地提出念台具有道德意志的意是“囊括客观物质、主观意识的形而上学实体”。③ 崔大华研究员将念台之学放置在心学的大背景下，从“意本论”的高度将之与明代的心本论、理本论、气本论并举，抬升念台诚意之学的历史地位。④ 阳明心学研究专家钱明先生则从抓住念台重意、主意层面进行分析，区分王畿、王时槐、王栋的意念之学。⑤ 所谓英雄所见略同，众多哲学史家均一致同意在刘念台那里，意是道德意志，是本体，是主宰，是理性的意向活动，侧面证明刘念台意学的合理性与体系性。

第四节 “克念”之功与刘念台诚意学的形成

念是人心之意展现为外的表现，它与人的行为直接相联系，是现实性的面向。在念台看来，念其实是已经在行为的概念，是经验性领域范畴。刘宗周以

① （明）刘宗周：《刘宗周全集》，第3册，丁晓强点校，《答叶润山四》(附来书，壬午六月朔日)，第374页。

② 杨国荣：《晚明王学演变的一个环节：论刘宗周对“意”的考察》，《浙江学刊》，1988年第4期，第73页。

③ 朱义禄：《刘宗周思想比较初探》，《浙江学刊》，1987年第2期，第96页。

④ 崔大华：《刘蕺山与明代理学的基本走向》，《中州学刊》，1997年第3期，第67页。

⑤ 钱明：《阳明学的形成与发展》，江苏古籍出版社，2002，第244—250页；辛锡：《刘宗周学术讨论会纪要》，1989年第2期，第109页。

念台、克念子为号，虽与“一庵”“敬庵”的“庵”字号不同，也与“康斋”“敬斋”的“斋”字号不同，但“台”“庵”与“斋”三个字的内在联系，我们也似乎可以嗅到明儒学脉暗中的流淌和绵延，体现出一种专注于圣贤理想人格的献身意识。王阳明、许敬庵在已发之念上做道德修养的工夫，而念台却要在未发之意上寻个克念的根本心法，而其终生工夫归宿都是在克念为善的一系列上，让念在至善之意的规范下发出来，形成以转念、率念、化念和不起念不同维度较为完备与体系化的克念学，形成善念，或者无妄念，由此义理上推进明代的心性意念学的成长。

（一）转念：变恶念为善念。转念是指通过内心自觉地省察和知觉意识，使恶念在意的领域内转为善念。念台说“任情而流，便是大恶；能知非自反，便是自善。可见善恶只在一念转移间。然出此入彼，真是可危。每日自勘做人能自勉于禽兽，其庶几乎！”① 人心感情的过分流出便是恶念，因此要防止这样的恶念头，需要每日的日新工夫，以防止恶念的随时出现。敬菴说“念安得无？只反诸一诚，念念归真，便不落意”②，强调念与意的二分，并没有如念台的念需要意的宰制。念台转化善恶之念的心法与敬菴的“念念归真”善念目标并无二异。但是，敬菴是通过“一念明觉”③、“一念纯明”④ 的方法，采取的心法与王阳明的顿悟一致，这与念台主张的合动静于一体的知觉省察还是有很大区别的。念台的转念心法用他自己的话说就是在动念处用“勘”字诀，如他说“学者只就动念处早勘人、禽关头”⑤，指出转念其实就是省察、勘定的意思，这和阳明、敬菴的“一念明觉”确实不一样。勘定念头带有谨慎的味道，是一种比较稳妥的心性修养方法。

（二）率念：合初念。念台说，“吾人只率初念去便是，此孟子所以言本心

① （明）刘宗周：《刘宗周全集》，第2册，何俊点校，《语类十四：证人会约、会讲申言、会录》，第508—509页。

② （明）许孚远：《大学述一卷答问一卷附大学古本一卷》，台北中央图书馆藏善本（万历二十一年刊本），《大学答问》，第11页。（此本为浙江省社会科学院钱明研究员私人惠赠给我的孤本，仅藏于日本，中国内地未见有藏本）

③ （明）许孚远：《大学述一卷答问一卷附大学古本一卷》，《大学答问》，第3页。

④ （明）许孚远：《大学述一卷答问一卷附大学古本一卷》，《大学述》，第22页。

⑤ （明）刘宗周：《刘宗周全集》，第2册，何俊点校，《语类十四：证人会约、会讲申言、会录》，第508—509页。

也。学问深者，率此念去；学问未醇，必有转念。然而是非之心仍在，当其转念时，复转一念，仍与初念合。若转转不已，必至遂其私而已。”① 率念是转念心法涵养已久的必然结果。转念适合学问未醇的儒者，而率念则是学问深厚儒家的心法，二者属于入手工夫时间上的递进关系。可见，在意念领域的工夫里，念台比较重视根本的方法，他希望工夫入手者可以直接对初念的引导、控制，以便直接实现善行，这就是念台的“率初念”。可是，现实社会中，很多不明白工夫入手心法的人，不得不采取较为粗糙而又容易把捉的“转念”心法。他告诫年轻人，“复转一念”即可，没必要“转转不已”，要有“与初念合”的最初目标。他认为阳明的良知心法也具有转念的缺陷，如他说“起一善念，吾从而知之；知之之后，如何顿放？此念若顿放不妥，吾虑其剜肉成疮。起一恶念，吾从而知之；知之之后，如何消化？此念若消化不去，吾恐其养虎遗患，总为多此一起。才有起处，虽善亦恶，转为多此一念，才属念缘，无灭非起。今人言致良知者如是。”② 这说明他对转念工夫论不放心，念头在内心难以安放、消化，带有“剜肉成疮”、“养虎遗患”的遗留问题，所以，他要探究根本的方法，结果就落实在不起念、无意的工夫论上。

（三）化念：起虚明心思。化念是一种理性的思辨活动，是主体对自己一系列念头的潜意识贞定和善恶之念的分别活动。念台在自己 63 岁（崇祯庚辰，1640 年）的时候提出“化念还虚”③，就是要起虚明心思，回归到明觉本体的至善之体，也就是虚灵明觉本体的至善之意。在念台看来，念回归心灵之中是比较稳妥的，故念台也有“化念归心”④ 的说法。牟宗三先生看到念台的化念工夫论，他说念台的“化念归心”就是将实然、感性之意诚化为纯善、超越与理性之意⑤，属于潜意识领域的自我净化恶念的自觉与反思，其实相当于王阳明的转化意念⑥，念念致良知，一念灵明显良知，体现出良知的自我觉察与回复行为。而念台在自己 65 岁（崇祯壬午，1642 年）的时候提出“化念归

① （明）刘宗周：《刘宗周全集》，第 2 册，何俊点校，《语类十四：证人会约、会讲申言、会录》，第 498 页。
② （明）刘宗周：《刘宗周全集》，第 2 册，何俊点校，《学言》（下），第 458 页。
③ （明）刘宗周：《刘宗周全集》，第 2 册，何俊点校，《学言》（中），第 424 页。
④ （明）刘宗周：《刘宗周全集》，第 2 册，何俊点校，《学言》（中），第 417 页。
⑤ 牟宗三：《从陆象山到刘蕺山》，上海古籍出版社，2007，第 324—325 页。
⑥ 牟宗三：《从陆象山到刘蕺山》，上海古籍出版社，2007，第 327 页。

思”①，试图通过“慎思”②中的自我觉悟，“化念归思”，让繁杂纷乱之念进入理性的思维活动之中，进而“化思归虚”③，消除“念念”、“转转”等“转念”心法拖泥带水的支离化缺陷，由“治念”达到“无念”，最终，至善之学目的得以实现。

（四）不起念：无念之念。念台说，“所谓不起念，就是不起妄念”④，而不起妄念，内心在“正当”意的时候落实⑤，所发之念皆为善念。其实，“正当”意就是“中”的意思，体现出喜怒哀乐之未发，有时念台把“不起念”的过程叫“无意工夫”⑥。念台在晚年66岁（崇祯癸未冬十月，1643年）的著作《存疑杂著》中，说“起一念，故是恶；除一念，亦是恶。然后念胜前念，知道者，觉之而已”⑦，无论是起念，还是除念，都是念头之间的彼此消长工夫，会产生循环往复的轮回之苦，因此念头不可以起，也不可以消除，需要通过觉悟的方法将妄念消失于无形，妄念始终不会再起。念台还说“万起万灭，总是一念起灭。圣人无念。才有念，便是妄也。”故而，有学生问，“念亦有善乎？”曰：“‘克念作圣’是也。”⑧可见，圣人通过一生的“克念”之学，将万年均觉悟于虚无之中，无妄念的淡如止水之心，实现“无念”的心境，也就是冲和平淡的致中和状态，这与明初醇儒吴康斋晚年心性修养达到的无声无臭道德修养境界一致。⑨在此，我们也可以把念台一生的道德修养论归结为“克念作圣”，

① （明）刘宗周：《刘宗周全集》，第2册，何俊点校，《治念说》（崇祯壬午六月），《语类十：说》，第317页。

② （明）刘宗周：《刘宗周全集》，第2册，何俊点校，《治念说》（崇祯壬午六月），《语类十：说》，第316页。

③ （明）刘宗周：《刘宗周全集》，第2册，何俊点校，《治念说》（崇祯壬午六月），《语类十：说》，第317页。

④ （明）刘宗周：《刘宗周全集》，第2册，何俊点校，《语类十四：证人会约、会讲申言、会录》，第512页。

⑤ （明）刘宗周：《刘宗周全集》，第2册，何俊点校，《语类十一：问答》，第339页。

⑥ （明）刘宗周：《刘宗周全集》，第2册，何俊点校，《语类十一：问答》，第340页。

⑦ （明）刘宗周：《刘宗周全集》，第2册，何俊点校，《学言》（下），第434页。

⑧ （明）刘宗周：《刘宗周全集》，第2册，何俊点校，《学言》（下），第433页。

⑨ 正是在这个道德修养境界相似性上，黄宗羲、尹晓宁都认为，念台学的思想来源，可以上溯到“吴康斋那里”，参见何俊、尹晓宁：《刘宗周与蕺山学派》，中国人民大学出版社，2009，第29页。

故他自己起的号也叫“克念子”。

刘念台在其65岁撰写的《原心》说，“因感而动，念也；动之微而有主者，意也，心官之真宅也。主而不迁，志也……自心学不明，学者往往以想为思，因以念为意。”① “主而不迁，志也”这样的说法倡导志向和意志的重要性，势必刺激到意志主义思潮的兴起，一种主观对治客观精神的展现。“意也，心官之真宅也”，说明意才是心背后最大的主宰，知善知恶非良知，而是我们内心的意，是意而不是良知才是人的本体，是人类一切思维活动理性真宰。因此，以前的一切“以想为思”“以念为意”的主观化问题都可以得到圆满的解决。这也指出念台一生学问就是主意，坚定的意志才是养德至善的最好保证，其最终目的就是要使自己理解的心学大明于天下，让学者行为有所归宿，即慎独主意之学。故他66岁冬十二月在《证学杂解》时说，“古人慎独之学，故向意根上讨分晓”②，于“一念未起之先”③，“克念作圣”④，通过“讨意根”的克念之学实现无意的圣人心境，了生死关，体现“醇之又醇”晚明儒家的高大丰满形象，不愧为明代儒家的殿军，明代学脉的守护神，是明末道德学说的集大成者。

总体看来，作为唐一庵、许敬庵一系的嫡传后学而言，其思想总体上属于阳明后学良知学的修正派，一方面，念台通过对敬庵独知之学的发挥，去除了老师视野里主静涵养的诚意独知之学，摆脱湛甘泉、陈白沙一系的专于涵养的自然论，建立一个更有理性与纯一的慎独诚意之学，这是他转手江门学派与湖州王学思想的地方。另一方面，念台挺立意体对抗世俗的佛学扩张，挺立个体的道德主体性与至善性，通过“讨意根”修养论建构一系列的克念之学，试图让禅化、功利化与驳杂化的阳明后学回归到更为道德化的性善之学的轨道，事实上让主意之学更加的专一化、单纯化与内卷化，以意治念让阳明后学走到了事上磨炼的尽头，良知无需事上磨炼，良知只需要意上贞定善恶之念，德性学问变得更加的简易直接，似乎丧失了对世界的敏感度和鲜活力。随着明朝的灭

① （明）刘宗周：《刘宗周全集》，第2册，何俊点校，《原心》，《语类九：原旨》，第279—280页。

② （明）刘宗周：《刘宗周全集》，第2册，何俊点校，《语类八：证学杂解》，第264页。

③ （明）刘宗周：《刘宗周全集》，第2册，何俊点校，《语类八：证学杂解》，第262页。

④ （明）刘宗周：《刘宗周全集》，第2册，何俊点校，《语类八：证学杂解》，第265页。

亡，天崩地裂的新时代，在其亲传弟子黄宗羲那里，万事万物均是心的变现与幻化，过度潜意识化的精神哲学完全让位于实学，让位于对生活世界的真实把握和外在实理的调研，总结过往历史的经验和教训成为有担当学者的历史使命，这样的由心学转实学学风也直接导致浙东史学学派的兴起，一个崭新的考据和历史学的时代即将到来。

卷下

胡敬斋先生与崇仁学派年谱

胡敬斋先生与崇仁学派年谱

1434年，明宣宗宣德九年，甲寅，敬斋先生一岁。

是年，胡居仁（字叔心，1434—1484，号敬斋）生于江西饶州府余干县梅溪村①。父处士南俊（号环溪）赘安仁大原之王氏（公器之女），有二子：居安、居仁，都曾寓居安仁大原二十余年②。学士沈度后题南俊宅“环溪堂”。祖

① （明）胡居仁:《敬斋集》,《儒藏》精华编，第252册，北京大学出版社，2008，董平校点，卷2,《墓志》,《先君墓志》，第960页；《先石墓志》,《胡文敬集》，四库全书第1260册，第43—44页（“先石墓志”当为抄写监生“先君墓志”抄录笔误）；《胡居仁文集》，冯会明校点，江西人民出版社，2013，第192—193页。敬斋《居业录》版本有中华书局影印王云五主编丛书，1986；（明）胡居仁:《居业录》，四库全书，第714册。董平校点《儒藏》版《敬斋集》是明弘治十七年余祐刻本（1504），是最早的底本。另，敬斋著名弟子“余祐”或为“余祜”笔误（《中国地方志集成》,《江西府县志辑》第30册,《同治鄱阳县志》，江苏古籍出版社，1996，卷11,《儒林》，第237页），四库全书《胡文敬集》似作“余祜”。现上饶师范学院冯会明副教授汇合敬斋文集、语录，校点新版简体字版《胡居仁文集》。早前，余不揣浅陋之资，冒昧《胡敬斋年谱新编》(《江西广播电视大学学报》，2011年第1期，第39—44页）。拙稿一出，先得南昌大学杨柱才教授关注，并赞在敬斋交游方面“广为敷陈，此其可观者”（参见《赣文化研究》2012年卷，第50页），杨柱才教授专门撰其长篇新作《重编胡敬斋年谱》，着意发挥敬斋论学处。余在《吴康斋年谱》重做之后，便有《胡敬斋年谱》修改工程。近阅江西教育学院张劲松教授对拙稿进行修正,《〈胡敬斋年谱新编〉补正》(《江西教育学院学报》，2013年第4期，第36—39页、第4页下），指出多处不足之处。拙稿得两位儒家研究学者注意，笔者深感荣幸，“一石激起千层浪”，非常感谢杨柱才教授、张劲松教授的指导和爱护。“梅溪村”，有作“梅港”。

② 《中国地方志集成》,《江西府县志辑》，第32册,《同治安仁县志》，江苏古籍出版社，1996，卷11,《寓贤》，第824页。

父子仪（1396—1466，号竹友）教授乡里，著有《流芳诗集》，妻桂氏①。

是年，康斋先生（吴与弼，1392—1469，崇仁莲塘人）因眼痛废书一年，仍然力耕不辍，对崇仁萝溪学生胡九韶（字凤仪，崇仁萝溪人）寄予厚望②，“琴书深托绿萝溪，风月何人共品题。流水旧穿幽径转，乔林新与碧云齐。一犁春雨儿耕稼，百瓮寒泉自灌畦。随分无非安稳地，相逢何必问丹梯”。③

此年，敬斋父友、书法家沈度（1357—1434，字民则，号自乐，华亭县人）捐馆。理学家曹月川（曹端，1376—1434，字正夫，河南渑池人）捐馆。月川历任霍州学正、蒲州学正，清贫力教，有宋儒之风。（明）陈建《通纪》赞曰：“理学肇自曹静修”，《四库全书总目提要〈曹月川集〉》赞其与薛敬轩为明初理学最醇者④，《明史》引论者称其为“明初理学之冠”⑤。

是年，十二月二十一日，一斋娄谅（1423—1492，字克贞，广信府人）年13岁⑥；十月二十一日，白沙陈献章（1428—1500，字公甫，初号石斋，广东新会人）7岁⑦；一峰罗伦（1431—1478，字彝正，吉安永丰人）4岁。

---

① （明）胡居仁：《敬斋集》，董平校点，卷2，《序》，《流芳诗集后序》，第958—959页。

② 胡九韶非金溪人，余于2011年曾亲往抚州金溪县考查，金溪县文化馆的工作人员亲口告诉我，胡九韶非金溪县人，而是崇仁四十五都萝溪人，盖“金”为“萝”字抄录笔误也。九韶为人蔼然可亲，动修规矩，文务典实，不空谈性命，故《同治崇仁县志》编者认为其“可传与弼衣钵也”，著有《凤仪堂文集》（已散佚），《中国地方志集成》，《江西府县志辑》第49册，《同治崇仁县志》，江苏古籍出版社，1996，卷九之四，《艺文志·集部》，第588页；卷八之三，《人物志·理学》，第402页。

③ （明）吴与弼：《康斋集》，四库全书，第1251册，卷2，《赠友人》，第390—391页。笔者另撰有《康斋年谱长编》，为避免重复，敬斋年谱相关部分节略编入。

④ （明）曹端：《曹端集》，王秉伦校点，理学丛书，中华书局，2010，第378页。

⑤ （清）张廷玉等撰修，《明史》，中华书局，2013，第24册，卷282，《列传第170·儒林一》，第7239页。

⑥ （明）张元祯：《东白张先生文集》，四库全书存目丛书补编，第75册，《一斋娄先生墓志铭》，第124页。一斋生于永乐壬寅十二月二十一日，已进入1435年，但乃属农历壬寅年，年龄计算不受影响。

⑦ （明）陈献章：《陈献章集》，中华书局，2012，孙通海点校，下册附录2《年谱及传记资料》，阮榕龄：《编次陈白沙先生年谱》，卷1，第803页。《陈献章集》引用来源下同，引用下简称《编次陈白沙先生年谱》。

1435，宣德十年乙卯，敬斋 2 岁。

正月初三日宣宗朱瞻基崩（1398—1435）。宣宗治国理政十年，开创“仁宣之治”局面，重用贤臣张辅、胡濙、“三杨”，虚心纳谏，作风民主，故明朝开国六十余年，社会风气缓和，有治平盛世气象。史学家谷应泰比之为“成康之治”“文景之治”。年仅 9 岁的英宗朱祁镇（1427—1464）在“三杨”的辅助下即位，以明年为正统元年。① 此后数年，年幼天子无知，朝政主要由张太后和“三杨”主持，而“三杨”崇尚文治，政通人和，“仁宣之治”得以延续，经济和社会继续平稳发展。

1436，正统元年丙辰，敬斋 3 岁。

是年，白沙九岁。无岁不病，其母以乳代哺。②

康斋衢州弟子郑伉（1436—1478，字孔明，号敬斋，浙江常山象湖人）生。③

---

① 正统十一年（1446）后，随着“三杨”去世，少年天子懵懂随性，倚重宦臣王振，难以有效驾驭朝政，终酿 1449 年的“土木堡之变”，明军死伤十余万，众多优秀文武大臣战死，致明国力大损，明朝盛世不再。“三杨”指三位当时的大学士杨士奇、杨荣和杨溥，其中，杨溥是康斋少年求学时的老师。对正德皇帝一生事迹的深入研究，参见赵毅、罗冬阳：《正德皇帝大传》，辽宁教育出版社，1993。

② 《陈献章集》，（清）阮榕龄：《编次陈白沙先生年谱》，卷 1，第 804 页。

③ 郑善夫：《敬斋郑先生伉墓表》，（明）焦竑编《献征录》，卷 114，《儒林》；常山象湖郑伉后裔藏家谱。“（郑敬斋）三岁闻父母哭而知哀，五岁诵故事，十三读《易》，治举子，文理蔚然。二十为博士弟子，及省试一再不合，弃之。”曰：“显亲扬名，恐不在是也。”乃走丰城拜于丁潜轩（秉英）之门，求践履实学，时年三十余矣。乃复见康斋先生于崇仁。康斋曰：“此间工夫，非朝夕可得，恐误子远来。”对曰：“此心放逸已久，求先生收留之耳，敢欲速乎？”因受小学，日自验于身心，徐得闻四子六籍之要，久之于道，若有见焉。乃归，筑室于龙池之上，日取诸儒论议，一切折衷于朱子，凡古载籍，鲜不读，但不读佛老之书。尝谓其“毁肢体、灭人伦，即不容诛，又何待读其书，而后辨其谬哉！”一时名公，若兰溪章枫山、开化吾文山、南昌张东白，皆与相可否。所著有《易义发明》《卦赞》《读史管见》《观物余论》《蛙鸣集》，凡数十万言，惜以毁烬，康斋于 1460 年（天顺四年庚辰）有“残经讲罢慨虞唐，步月归来兴未央。诗卷写阑吟更好，又挥余墨两三行”（《康斋集》，卷 6，《书郑伉卷子毕偶成》，第 464 页），则当时郑敬斋 25 岁也，康斋时年 70 岁。故郑敬斋 30 岁后拜学康斋门下，当再考。余曾亲自往常山县调研，得以阅其郑氏家谱，郑敬斋有三子，分别是郑性、郑心和郑道，一女名郑适。需要说明的是，郑伉不是一个人独自前往崇仁拜学的，而是与其侄子郑协一起去的。郑协除拜谒康斋之外，又曾学易于会稽胡渐斋谧，三年而归。渐斋目送之曰：（转下页）

1437，正统二年丁巳，敬斋4岁。

二月初二夜子时，张元祯（1437—1506，号东白）生于南昌南浦桥。①

1441，正统六年辛卯，敬斋8岁。

康斋安徽弟子谢复（1441—1505，字一阳，号西山，安徽祁门人）生。②

（接上页）"吾易西矣！"戊子举于乡，会试谒薛敬轩，敬轩教之以"克一"之说，并以"克一"名其斋，后登弘治庚戌进士。白沙曾贻书曰："中世士大夫修于家，或让于天子之庭。兄之志节，可保无虞！"授行人，奉使陕西，道卒。学行多为士林推重。《光绪常山县志》，《浙江府县志辑》第56册，卷48，《人物·儒林》，第760页。

① （明）张元祯：《东白张先生文集》，四库全书存目丛书补编，第75册，张远楷、赖丕祥：《东白张先生行状》，第221页。

② 谢复稍长，授《春秋》于翰林竹坡先生，即了大义。已叹曰："学以谋道，滞心文义以干禄，吾弗为也。"于是潜心经史，以古人自期。闻康斋吴先生，讲道小陂。遂弃举子业，不远千里，往从之。凡有得于讲授者，必心体力行以求自得。三阅寒暑，弗少懈。康斋喜曰："吾道有望矣"。既归，益修躬行，日率其弟嘉侍亲侧，馔具必躬治，坐立不敢南面，退与其妻叶孺人相敬如宾。与弟嘉敦友爱。亲殁，不御酒肉。盖孝友之性，发自天至，垂老如一。复率族人即城南建祠祀始祖唐金吾公以下。冠婚丧祭，悉遵古礼，为乡人倡。平居寡言笑，接人和易，有问应答，如悬河然。入市，整容徐行，不苟一步，人多□为其迂。先生居之，晏如也。先生之学自践履入，尝聚徒南塘，每开迪以孝弟为先。然穷年一室，讨古论今，遇感有作，多悠然发□养。弘治中，与修邑志，太守幸庵彭公深敬礼之。造诣既久，远近知名。叶畏斋君问学，曰："知行并进，否则，落记诵训诂格矣"。令郑公问政，曰："辨义利，则知所以爱民、励己"，时以为名言。世居庠西，晚徙筑西山之麓，学者称为西山先生。其曰南塘渔隐，曰废翁，曰无虑子，皆其自号。以弘治乙丑正月三日卒，得年六十有五。所著有《西山类稿》。谢西山事，见《中国方志集成》，《安徽府县志辑》第55册，《祁门县志》，江苏古籍出版社，1996，（清）倪望重《光绪祁门县志补》（稿抄本），王玉峰（讽）《西山先生传》，第546—548页。此传作于嘉靖庚子（1540年）孟夏。（明）程时言（昌）撰有《西山先生墓志铭》，载西山曾建南塘书院，阐发知行并进思想，与梨洲《明儒学案》语句不类。"古之人知行并进，闻一善言，见一善行，未之能行，惟恐有闻。若缠蔽于文字间，待知至而后行，终无可行之日……妻沙堤文鼎公女。子三：觉、劳、梦，女三。合葬北隅黄虎山谢家塘"，（清）倪望重《光绪祁门县志补》（稿抄本），程时言（昌）：《西山先生墓志铭》，第550页。另《徽州府志》载，"从父玺往从康斋，康斋赞'程门吕与叔'"（卷十一之三《儒林》，《祁门县志》，第297页），盖西山亦非一人前往小陂求学的而是在父亲吴玺的带领下，往崇仁求学的。

1445，正统十年乙丑，敬斋年12。

敬斋在12、13岁左右，随父始迁居安仁县（现余江县）之大原，居20载后再迁回原梅溪，并于梅溪西南五六里之福寿墩卜居。① 安仁大原寓居时期，敬斋拜学康斋有得归家之后，在居所附近孝诚乡大梧村创办“礼吾书舍”，教授乡里。②

约在此时，东白七、八岁左右，曾求教于娄一斋。③

1446年，正统十一年丙寅，敬斋年13。

是年康斋56岁，时任山西按察使佥事的何自学（字思举，1397—1452，江西金溪县左坊后车人）向朝廷推荐，“儒士吴与弼守素尚义，好古通今，上无所传，闻道尚早，待妻子如宾客，视财力如鸿毛，年过五十，不求闻达，弟子乐从，乡人敬式，真儒林之清节，圣代之逸民。乞敕取到京，授以文学高职。如不愿仕，量以褒嘉，亦足敦励风操。”④

此年，白沙先生19岁，拜学于好友梁益之父淡斋先生（梁继灏，字行素，地方著名教育家）之门，在新会罗山，初入理学之门。后梁益中举人，成化十一年官任广西兴化知县。⑤

---

① （明）胡居仁:《敬斋集》，董平校点，卷2，《记》，《移居记》，第962页；《胡文敬集》，四库全书第1260册，第36—37页；《胡居仁文集》，冯会明校点，第183页。另梨洲载，叶畏斋问行……曰：“知至至之，知终终之，非行乎？未之能行，惟恐有闻，非知乎？知行合一，学之要也”（《明儒学案》，卷2，第45页），与王玉峰、程时言所记均不同，待考。

② 据同治年间《余干县志》载，礼吾书院在孝诚乡大梧村，参见《中国地方志集成》，《江西府县志辑》，第30册，《同治余干县志》，江苏古籍出版社，1996，卷6，第624页。

③ （明）张元祯:《东白张先生文集》，四库全书存目丛书补编，第75册，《一斋娄先生墓志铭》，第124页。

④ 熊赐履:《学统五十六卷》，卷四十二上，《附统》，《四库全书存目丛书》，史部第124册，第415—416页。补：何自学，金溪县人，宣德元年进士，授刑部主事。升广西按察司佥事，移山西。丁内艰。后升山西按察使，卒于官，见《弘治抚州府志》，《天一阁藏明代方志选刊续编47》，上海书店，1990，下册，第555页。

⑤ 黎业明:《陈献章年谱》，景海峰主编《岭南思想家研究丛书》，上海古籍出版社，2015，第9页。本年谱所引白沙先生事迹史料，多源自业明先生等人研究，下不赘述。

1447，正统十二年丁卯，敬斋年 14。

白沙此年 20 岁，九月中乡试第九，充邑庠生。[①]

1448，正统十三年戊辰，敬斋年 15。

正月乙未，封淮世子朱祁铨为淮王[②]，属地在江西鄱阳县鄱阳镇（明代属饶州府地），后建永乐宫。[③]淮王好学，曾多次与康斋书信往来，后亦曾请敬斋于淮王府讲论五经之学。

二月辛巳，礼部引岳正等举人 151 名陛见。[④]三月丙申，礼部依旧例，二十五岁以上副榜举人可授教授，二十五岁以下则或入监，或依亲。副榜举人司马恂等 413 人或入监读书，或归家依亲；刘瓛等 189 人愿授教职。[⑤]三月庚子，英宗奉天殿亲自策士岳正等举人 151 名。[⑥]壬寅，英宗亲自阅策，赐彭时等 151 人为进士及第出身有差。[⑦]癸卯，英宗赐彭时等进士宴于礼部，英国公张辅侍宴。[⑧]

白沙 21 岁，首次会试下第，选择入国子监读书。[⑨]夏寅、刘吉、王恕、尹旻等中进士。

上饶周文（字焕章，号复斋）[⑩]、娄谅（1422—1491，字克贞，号一斋，江西广信府上饶人）承其府主命始来小陂游学，一斋得寒疾先归，“稚志谆谆在广居，闲侯盛德远吹嘘。独怜樗散空衰迈，丽泽何时重起予？”康斋对一斋寄

---

① （明）陈献章：《陈献章集》，阮榕龄：《编次陈白沙先生年谱》，卷 1，第 804—805 页。

② 《明英宗实录》，卷 162，第 3142 页。

③ 《江西鄱阳县王府遗址主人系明代淮王》，《江西晨报》，2013 年 1 月 14 日。朱祁铨（1435—1502），为第二代淮王。

④ 《明英宗实录》，卷 163，第 3173 页。

⑤ 《明英宗实录》，卷 164，第 3178 页。

⑥ 《明英宗实录》，卷 164，第 3179 页。

⑦ 《明英宗实录》，卷 164，第 3181 页。

⑧ 《明英宗实录》，卷 164，第 3181 页。

⑨ （明）陈献章：《陈献章集》，阮榕龄：《编次陈白沙先生年谱》，卷 1，第 806 页。

⑩ 《中国地方志集成》，《江西府县志辑》，第 21 册，《同治广信府志》，江苏古籍出版社，1996，卷九之三，《人物 · 儒林》，第 87—88 页。

予厚望。① 不久，周文（复斋）亦因家事而归，“日讲残经味正齐，告归情急忽依依。人生万事无不有，细诵前贤素位辞”②，康斋为此颇感慨，时一斋年27岁。一斋后来多次来往师门“十余年”③，力行高明心学。

1451，景泰二年辛未，敬斋年18。

三月庚子，景泰帝亲奉天门策举人吴汇等，王直、金濂、于谦、陈循、商辂等为读卷官。④ 壬寅，景泰亲阅举人所对策，赐柯潜等201人进士及第出身有差，马文升、杨守陈等中进士。⑤ 癸卯，景泰帝赐进士宴于礼部，宁阳候陈懋侍宴。⑥ 三月癸亥，礼部上陈会试不中式举人多自陈愿就教职，景泰命不中式举人及监生愿就教职者试而授之。⑦

24岁的白沙，此年再次会试下第。⑧

1452，景泰三年壬申，敬斋年19。

敬斋从楼山乡贤、康斋先生亲传弟子于准（字世范，号平斋，余江县春涛乡楼山村人）门下学经学。⑨

---

① 《康斋集》，卷3，《赠娄谅归上饶并序》(并序)：上饶郡庠生周文娄谅，承其府主命来学。谅得寒疾归，裁此且赠其行云，第414页。有趣的是，夏东岩、黄梨洲似乎为表彰一斋求学之志，专门说明一斋是主动慕名来小陂求学的，“少有志于圣学，尝求师于四方，夷然不屑曰：‘率举子学，非身心学也。’闻康斋在临川，乃往从之”，见（明）黄宗羲：《明儒学案》，沈芝盈校点，中华书局，2008，卷2，《教谕娄一斋先生谅》，第43页；（明）夏尚朴：《夏东岩集》，卷5，《娄一斋先生行实》，第41页。

② 《康斋集》，卷3，《赠周文东归》，第414页。

③ （明）夏尚朴：《夏东岩集》，卷5，《娄一斋先生行实》，第41页。

④ 《明英宗实录》，卷202，第4317页。

⑤ 《明英宗实录》，卷202，第4319页。

⑥ 《明英宗实录》，卷202，第4319—4320页。

⑦ 《明英宗实录》，卷202，第4331—4332页。

⑧ （明）陈献章：《陈献章集》，阮榕龄：《编次陈白沙先生年谱》，卷1，第805页。

⑨ （明）胡居仁：《敬斋集》，董平校点，卷1，《奉于先生》，第917页。于准，又字世范（“衡”或为“范”之抄录笔误），正统十二年（1447）领乡荐，历长沙、卫辉府（河南）通判，有惠民政。巡镇二司荐，成化十年升松江同知。期满乞致仕，升本府松江知府，三日后归。时人高之。居家后，与乡贤苏章等辈成立耆乐会，一起论学会饮，昌明正学。见《中国地方志集成》，《江西府县志辑》第29册，《同治饶州（转下页）

白沙时年 25 岁，此年二月十九日，其长子景云（字仲彩，号睡乡）生。①

1453，景泰四年癸酉，敬斋年 20。

是年，敬斋从老师于准处归家，得《春秋》学义理规模。②

32 岁的一斋是年举于乡③，此后埋头读书，不意仕进，涵养博学。

老师康斋七月自临川出游，过南康，顺长江而下，经安徽同安，至江苏南京求医，经丹阳、苏州吴江、浙江嘉兴、杭州、衢州、常山、江西玉山、上饶诸地，一路有诗作，有《金陵稿》诗。七月壬午，过同安，应学生方文照之请（临川述溪人，以书经领荐教同安），序其族谱④；访安徽同安旧生李宜之，为其族谱写序，并宿其家。⑤

1454，景泰五年甲戌，敬斋年 21。

三月壬子，景泰帝御奉天殿亲策会试举人彭华等 349 人。⑥甲寅，景泰赐孙贤、徐溥等进士及第出身有差，其中，丘濬二甲第一，谢士元、尹直、周瑛等中进士。乙卯，景泰帝赐进士宴于礼部，宁阳侯陈懋侍宴。⑦丙辰，赐状元孙贤朝服冠带、诸进士钞各五锭。丁巳，状元孙贤率诸进士上表谢恩。⑧乙丑，擢第一甲进士孙贤为翰林院修撰，徐溥、徐鐠俱为编修，改进士丘浚、耿裕、尹直、夏时等十八人为翰林院庶吉士，命左春坊大学士兼翰林院侍读彭时、右春坊大学士兼翰林院侍讲刘俨教习文章，少保兼太子太傅户部尚书文渊阁大学

（接上页）府志》，江苏古籍出版社，1996，卷 12，《人物志四 · 宦业下》，第 553—554 页；顾清等修撰，《松江府志》（三），《中国地方志丛书》，第 455 册，正德七年刻本，台北成文出版社，1983，第 974 页；刘兆杰等撰修，《安仁县志》，《中国地方志集成》，《江西府县志辑》，第 32 册，卷三十之三，《艺文 · 序》，于准《锦江耆乐会集序》，第 876—877 页。

① 黎业明：《陈献章年谱》，第 13 页。

② （明）胡居仁：《敬斋集》，董平校点，卷 1，《奉于先生》，第 917 页。

③ （明）黄宗羲：《明儒学案》，沈芝盈校点，《教谕娄一斋先生谅》，第 43 页。

④ 《康斋集》，卷 9，《述溪方氏族谱序》，第 544—545 页。

⑤ 《康斋集》，卷 4，《重宿南庄》，第 423 页。

⑥ 《明英宗实录》，卷 239，第 5202 页。

⑦ 《明英宗实录》，卷 239，第 5203 页。

⑧ 《明英宗实录》，卷 239，第 5204 页。

士陈循等提督考校，务令学有进益，以需他日之用，给纸笔饮馔灯烛第宅，俱如旧例。①

白沙先生曾进入国子监读书时，但国子监因为当时外部环境（战争等）的恶劣而在经济上不堪重负，不得不将一些学生放还家乡。这些放还家乡的学生，通常到一定年头后国子监会请求礼部行文将他们召回，此即所谓“复班”或“复监”。②吴宣德教授考证，白沙可能是在景泰四年被放还家乡，故而未能参加在景泰五年二月举行的会试。也因为他回到了家乡，所以才能在景泰五年到崇仁康斋先生门下学习。由于对科举管理制度极度失望的白沙留意于圣学，其时在京闻康斋博学深德之名。

白沙家居时，其妻已怀有次子景旸（1455—1499，字奉时，新会人）身孕。秋季，与舅执谢胖、乡友何潜（番禺南海人）远道来学小陂，作半年游学之旅。③今据白沙自述，“仆年二十七始发愤从吴聘君学，其于古圣贤垂训之书，盖无所不讲，然未知入处”。④（白沙）自广来学。晨光才辨，先生手自簸穀。白沙未起，先生大声曰：“秀才若为懒惰，即他日何从到伊川门下？又何从到孟子门下？”⑤“戊辰、辛未两赴礼闱，俱下第。闻江右吴聘君康斋先生讲伊洛之学于临川之上，遂弃其学从之游，时年二十有七也。康斋性严毅，来学者不与语，先令治田，独待先生有异，朝夕与之讲究。”⑥

八月五日，康斋先生为白沙撰《孝思堂记》，表彰其母亲勤俭持家，鼓励白沙刻苦进学，以心立志，弘扬儒家之学。⑦

冬，敬斋将《小学》等书习读，有所感，往受教于崇仁康斋先生吴与弼，

① 《明英宗实录》，卷 239，第 5208 页。

② （明）陈献章：《陈献章集》，阮榕龄：《编次陈白沙先生年谱》，卷 1，第 805 页。原华东师范大学、今浙江大学吴宣德教授对陈白沙从游康斋先生门下缘由和具体时间有深入论文详细考证，参见吴宣德：《太学生陈献章何以能从学临川吴与弼》，崇仁县人民政府网，2010 年 5 月 19 日。

③ 《陈献章年谱》，第 18 页；（明）吴与弼：《康斋集》，四库全书，第 1251 册，卷 10，《孝思堂记》，第 559 页；（明）李承箕：《大崖李先生诗文集》，四库全书存目丛书集部，第 43 册，《陈奉时传》，第 565 页。

④ （明）陈献章：《陈献章集》，上册，卷 2，《复赵提学佥宪》（三则），第 145 页。

⑤ （明）黄宗羲：《明儒学案》，沈芝盈校点，卷 1，《聘君吴康斋先生与弼》，第 15 页。

⑥ 黎业明：《陈献章年谱》，第 14 页。

⑦ 黎业明：《陈献章年谱》，第 15 页。

自记云“甲戌冬，将小学习读，略有所感。于是往受教于临川吴先生之门。乃知古昔圣贤之学，以存心穷理为要，躬行实践为本，故德益进，身益修，治平之道固已有诸已。是以进而行之，足以致君泽民，退而明道亦可以传于后世，岂记诵词章智谋功利之可同日语哉！……不安于自弃而为下民之归，是以不胜戒惧，力将《诗》《书》《易》《礼》勉强玩索，而日用事亲接物之间亦不敢不尽力于所当为”。①

此时敬斋同学者，除白沙外，尚有康斋女婿、丰城人胡全（1424—1487，字震卿，号默斋，丰城人），“潜心正学”，甘贫乐道，默斋妻为康斋长女吴京世（1418—1500）。京世幼读小学诗书，知书达理，育有一子一女。子即宁寿，其有三子，裕升、裕宏、裕生。胡默斋赘居小陂近20余年。康斋捐馆后，归丰城，教宗族子姓，先以《小学》，再及《大学》，敦实行，略浮词。白沙与其论学，甚服之。②敬斋、白沙、东白与默斋及其子宁寿均相友善。京世卒后，大学士东白为之撰墓表。③

学术界很少有人知道陈白沙与胡敬斋同处康斋门人至少三个月之交，特表之。

1455，景泰六年乙亥，敬斋年22。

春，白沙28岁，因老母在堂，且其次子景旸即将出生，④对康斋无所不讲、不所不读之教法颇觉繁琐，顿感圣学方向，然未有细致下手处，故自崇仁习学半年后归家，专心于涵养。此后，闭户读书，专意心性直觉工夫的深造，自修涵养。

可见，陈白沙因妻临产在即，离别康斋，此为客观原因。而其同学谢胖，何潜则继续在崇仁求学。

---

① （明）胡居仁：《敬斋集》，董平校点，卷1，《奉于先生》，第917页。

② 《江西通志》，四库全书，第515册，卷68，第373页。

③ （明）张元祯：《东白张先生文集》，四库全书存目丛书补编，第75册，《处士胡先生孺人吴氏墓表》，第172—174页。

④ （明）陈献章：《陈献章集》，上册，卷2，《复赵提学佥宪》（三则），第145页；阮榕龄：《编次陈白沙先生年谱》，卷1，第807—808页。

1456，景泰七年丙子，敬斋 23 岁。

冬，敬斋从 66 岁的康斋先生出游上饶诸地，访同门学友娄谅（时 35 岁），并登其家芸阁。敬斋自述，“上饶娄君克贞，予同门友也。所居东有重屋，为燕朋讲学之所。每遇有学之士，则延于其间，相与讨论。景泰癸酉冬，吾康斋先生尝登焉，因书‘芸阁’二字以贻之。丙子冬，予从先生往闽，亦登是阁于此。”① 康斋旅途中赠诗《枫山道中口占授车、胡二生》，“惆怅枫山道，当年此息肩。重来如昨日，时序梦中迁。”② 此胡生即是敬斋先生。此前，康斋旅途中曾晚宿枫山车氏家，并赠诗，“明月清风夜，殊非远别时。熏衣茶宴罢，为尔细谈诗”。③

或在此时，一斋陪康斋、敬斋畅游弋阳龟峰著名风景名胜，有诗，“我来游龟峰。屹然在青苍。欲穷此理妙，应难尽其详。太极本无极，动静生阴阳。阴阳有变合，五行自相当。造化自此成，阖辟乃其常。穹窿须有际，磅礴非无疆。清泉流碧涧，奇石何高昂。水得阴之盛，周流无定方。土本得冲气，体具柔与刚。石乃刚之质，壁立千仞强。人皆览形色，此处诚茫茫。我从同类士，行行入其乡。目遍心多感，理趣深且长。物物有太极，此说非荒唐”④。

陈白沙筑春阳台，常端坐其中，涵养本源，体验未发气象。初用功太过，几至心病，后悟其非。⑤ 白沙此后数十年静坐，涵养心性，终成一代宗师。

或在此一二年左右，白沙进入学术而立之年，学术开始成型，感悟学术重在自得，一意检点身心，涵养心性有得，摆脱经书对自身的束缚，其亲传弟子张诩（1456—1515，字廷实，号东所，南海县人）回忆说，“闭户读书，尽穷天下古今典籍，旁及释老、稗官、小说，彻夜不寝，少困则以水沃其足。久之，乃叹曰：‘夫学贵乎自得也。自得之，然后博之以典籍，则典籍之言我之言也；否则，典籍自典籍，而我自我也。’”⑥ 这是白沙自觉成圣的感悟，更是

---

① （明）胡居仁：《敬斋集》，董平校点，卷 2，《芸阁记》，第 966 页。

② 《康斋集》，卷 4，《枫山道中口占授车胡二生》，第 432 页。遗憾的是，多次编翻整部《康斋集》，唯有这首诗歌是与敬斋有关的。

③ 《康斋集》，卷 4，《宿枫山车氏庄》，第 432 页。

④ （明）胡居仁：《敬斋集》，董平校点，卷 3，《游龟峰》，第 1004 页。

⑤ 黎业明：《陈献章年谱》，第 18 页。

⑥ 黎业明：《陈献章年谱》，第 17 页；张诩：《翰林检讨白沙陈先生行状》，载徐纮编《皇明名臣琬琰后录》，第 22 卷，第 9—10 页。张诩所撰《翰林检讨白沙陈先生行状》一文多不为学者所知，而甘泉先生所撰行状为人所知晓。感谢黎业明教授的整理。

历代读书种子在功利无望情况下的抉择，反而造就一大批中国的具有“光明人格”的道德典范，泽被深远。

白沙也自述说，“所谓未得，谓吾此心与此理未有凑泊吻合处也。于是舍彼之繁，求吾之约，惟在静坐。久之，然后见吾此心之体隐然呈露，常若有物。日用间种种应酬，随吾所欲，如马之御衔勒也。体认物理，稽诸圣训，各有头绪来历，如水之有源委也。于是涣然自信曰：‘作圣之功，其在兹乎！’”① 其实这也是白沙老师康斋夫子30岁反复阅读四书五经特别是孟子思想所获得理心合一、身心收益与万物生意心境。

其亲传弟子李承箕（1452—1505，字世卿，人称大厓先生，今湖北嘉鱼人）回忆则说，“习静端坐，积以岁月，以我之所得者取正于古先贤圣格言，始似各得其职者矣。于是又优游停涵，积以岁月，翳者去而明者来，往者过而来者续，泯然无支离糠秕之患，怡然无内外动静之别，洒然与万物同其上下而不庸我矣。先生之学，厌据故迹，故能超然自得有如此。”② 大崖先生所说的“超然自得”也就是追求圣学所带来的万物潇洒、内外两忘与主客合一的心理愉悦。

1457，天顺元年丁丑，敬斋24岁。

正月十二日，景泰帝病，命诸臣议立太子事，但所见不一。石亨等谋认为立太子不如复上皇可邀功赏。夜，石亨、徐有贞、曹吉祥、杨善、张軏等密语定计夺门以邀功。壬午凌晨，太上皇英宗于奉天门复辟，即皇帝位。此谓“夺门之变”。二十一日，改景泰年号为天顺，命徐有贞以原官兼学士于内阁参与机务，次日加兵部尚书；陈循仍任华盖殿大学士；命执于谦、王文于班内，执太监王舒、张永等于禁中。甲申，六科给事中奏于谦、王文等朋奸恶党，勾结陈循、江渊、商辂等，逢迎景泰，易立储君，废黜汪后，卖权鬻爵，弄法舞文。乃者景泰不豫，而文、谦、诚、良等包藏祸心，阴有异图，欲召外藩入继大位事。虽传闻，情实显著……乞将谦、文等明正典刑，循等诛其一二，余悉屏之远方，以为不臣之戒。于是，十三道亦劾俞士悦等……俱乞黜逐之。上

① 黎业明:《陈献章年谱》，第17页;《陈献章集》，第145页。
② 黎业明:《陈献章年谱》，第17页;《大崖李先生诗文集》，第606—607页。

曰："汝等所言是，但朕初复位，首恶已就擒，余姑置之，以定人心。"升大理寺卿薛瑄为礼部右侍郎兼翰林院学士，于内阁参与机务，以左都御史杨善荐也。六部尚书王直、王翱、胡濙、俞士悦、江渊、尚书兼学士陈循、萧镃、高谷、侍郎邹乾、俞纲、学士商辂都御史萧维祯、罗通、杨善等辞太子师傅等职，从之。乙酉，六科复劾陈循等党比王文、于谦等罪大，请正典刑。十三道亦劾循等党。上命群臣杂治循等于庭。丙戌，升石亨为忠国公，张軏为太平侯，张輗为文安伯，都御史杨善为兴济伯。丁亥（二十二日），斩原少保兵部尚书于谦、吏部尚书王文、太监王诚等于市，籍其家；谪陈循、江渊等充铁岭卫军；罢萧镃、商辂等为民。己丑，封右都督孙镗为怀宁伯。……改左春坊大学士兼翰林院侍讲倪谦、右春坊大学士兼翰林院侍讲吕原、右庶子兼翰林院侍讲刘定之俱为通政司左参议仍兼侍讲。辛卯，吏部尚书王直乞致仕从之。癸巳，礼部尚书胡濙乞致仕从之。甲午，吏部尚书王翱乞致仕，不允。①

二月乙未，废景泰帝仍为郕王，迁之西内。丁酉，释奠先师孔子，遣兵部尚书兼翰林院学士徐有贞行礼。戊戌，应礼科给事中王铉奏，令正统十三年至景泰七年前后四科新旧举人约有三千余名于今年会试，三场合格词理通畅者不拘名数取中正榜，以备录用；其次文理平顺者取中副榜，授以教职从之。己亥，发王文、于谦等家属于口北、开原等卫充军。庚子，工部尚书谨身殿大学士兼东阁大学士高榖请致仕，从之。壬寅，命礼部右侍郎兼翰林院学士薛瑄、通政司左参议兼翰林院侍讲吕原为考试官，赐宴于礼部。癸卯，命吏部右侍郎李贤兼翰林院学士于内阁，参与机务。诛都督范广，广素骁勇，为于谦所信任，石亨等嫉之，云与谦等谋反，故诛之。诛司礼监太监廖官保、少监许源、御马监太监郝义、锦衣卫千户刘勤、锦衣卫百户艾崇高等。癸丑，郕王卒，辍朝一日，毁所营寿陵，以亲王葬西山。礼部奏考试等官薛瑄等言，考得试卷三场合格词理通畅者三百三十人，其余文理平顺堪中副榜者甚众，上命正榜取三百人。②

三月甲子，命国子监祭酒刘铉为詹事府少詹事、翰林院侍孙贤为左春坊左

① 《明英宗实录》，卷 274，第 5787—5828 页。笔者说明，敬斋一生不出仕，与国家政治保持一定的距离，盖其向道之间，非常人所及，故特多费笔墨，补漏明代大事，此部分为《康斋年谱长编》所缺乏。

② 《明英宗实录》，卷 275，第 5829—5863 页。

中允修撰等职，以将立皇太子，先设宫臣也。己巳，遣忠国公石亨为正使、靖远伯王骥为副使册立见深皇太子。癸酉，封兵部尚书兼翰林院学士徐有贞为武功伯，从石亨之请也；升吏部右侍郎兼翰林院学士李贤为本部尚书仍兼学士，任职如故。丙子，命武功伯徐有贞兼华盖殿大学士，仍供职于文渊阁。礼部侍郎邹干奏殿试天下举人二百九十四名，合请读卷并执事等官。上命武功伯兼华盖殿大学士掌文渊阁事徐有贞、靖远伯兼兵部尚书王骥、兴济伯掌鸿胪寺事杨善、吏部尚书兼翰林院学士李贤、吏部尚书王翱、工部尚书赵荣、户部右侍郎杨鼎、刑部左侍郎刘广衡、左副都御史寇深、通政使王复、大理寺卿李宾、尚宝司卿兼翰林侍讲李绍为读卷官，余执事如例。戊寅，上御奉天殿亲策举人夏积等二百九十四人。庚辰，上亲阅举人所对策，赐黎淳等二百九十四人进士及第出身有差。辛巳，宴进士于礼部，命忠国公石亨待宴。赐状元黎淳朝服冠带，诸进士钞各五锭。癸未，状元黎淳率诸进士上表谢恩。丙戌，擢第一甲进士黎淳为翰林院修撰，徐琼、陈秉中俱为编修。①

六月甲午，右都御史耿九畴、右副都御史罗绮下锦衣卫狱。初御史杨瑄既奏吉祥、石亨侵占民田不法。上从徐有贞等言，以瑄所奏为是，命核实所侵田。……悉收诸御史下狱，且究其主使之者。至是，锦衣卫奏诸御史劾亨皆九畴、绮所讽，故并执问之。丙申，石亨欲辞总兵官，不允。己亥，武功伯兼华盖殿大学士徐有贞、吏部尚书兼翰林院学士李贤下锦衣卫狱。初有贞附石亨有迎复功。既执政，以亨及吉祥贪横，欲正之，数言于上。会十三道御史亦以欲劾亨，为亨所词连，都御史耿九畴、罗绮俱下狱。鞫谓其阿附有贞，及贤主使御史劾亨，上命六科十三道劾有贞、贤欲独专擅威权，排斥勋旧，遂亦下狱。庚子，命通政使司左参议兼翰林院侍讲吕原于内阁，参预机务。降武功伯兼华盖殿大学士徐有贞为广东右参政，吏部尚书兼翰林院学士李贤为福建右参政，都察院右都御史耿九畴为江西右布政使，右副都御史罗绮为广西右参政，调监察御史盛颙等人俱为知县，谪监察御史杨瑄、张鹏充铁岭卫军。有贞等俱以排斥忠国公石亨，得罪下狱，会有风雷雨雹之变，上感悟，亨等亦惧，请轻其罪，于是遂宥有贞等俱降调外任第，谪瑄、鹏以其首谋也。壬寅，礼部左侍郎兼翰林院学士薛瑄以老疾乞致仕，许之。癸亥，命翰林院修撰岳正于内阁参赞

① 《明英宗实录》，卷 276，第 5865—5897 页。

机务。甲辰，命除福建右参政李贤复为吏部右侍郎。庚申，停造徐有贞诰命、铁券。①

七月乙丑，下广东右参政徐有贞下狱。② 庚午，升吏部左侍郎李贤为本部尚书兼翰林院学士，掌文渊阁事。③ 辛未，吉祥、石亨言正党附有贞，调翰林院修撰岳正为广东钦州同知。④ 癸酉，英宗有维新治政之举，遂大赫天下。⑤其中有一条为“处士中，果有学贯天人，才堪经济，隐居高蹈，不求闻达者，所司具名实来闻，当以礼征聘”，故天下名士后俱引荐康斋。⑥ 癸未，黜徐有贞为民，押发云南金齿。有贞既左迁广东右参政，赴任会有以飞章诽谤者，上疑有贞所为，差官追至德州，执还命锦衣卫及三法司杂治之。⑦ 至此，原武功伯徐有贞在与武将石亨、太监曹吉祥的权力斗争中完全失败，政治生命从此终结，终身为民。

1458 年，天顺二年戊寅，敬斋 25 岁。

五月十五日，康斋至京。⑧ 十六日（壬寅），朝廷授左春访左谕德，康斋辞不就。⑨ 英宗见康斋辞奏，令大学士李贤引康斋于文华殿，从容顾问，并赐宴于文华殿，命李贤侍宴，复赐彩、币、羊、酒、薪、米，遣中贵送至寓舍。⑩ 二十二日，康斋给内阁大臣讲《中庸》，内阁群英认真听讲，分惠御桃。⑪ 六月己未，处士吴与弼复以疾辞。上曰：“既患病，待调理痊日来闻。”⑫七月辛卯，康斋访大学士李贤求辞，再上辞官第四本，终获英宗允，作策文《陈言十事》上呈以示谢意，“崇圣志、广圣学、隆圣德、子庶民、谨命令、敦

① 《明英宗实录》，卷 279，第 5967—5987 页。
② 《明英宗实录》，卷 280，第 5993 页。
③ 《明英宗实录》，卷 280，第 5997 页。
④ 《明英宗实录》，卷 280，第 6000 页。
⑤ 《明英宗实录》，卷 280，第 6000—6010 页。
⑥ 《明英宗实录》，卷 280，第 6010 页。
⑦ 《明英宗实录》，卷 280，第 6018—6019 页。
⑧ 《康斋集》，卷 8，《辞左春坊左谕德第一本》，第 509 页。
⑨ 《康斋集》，卷 8，《辞左春坊左谕德第二本》，第 509 页。
⑩ 《明英宗实录》，卷 291，原版第六页，新版第 6218—6219 页。
⑪ 《康斋集》，卷 6，《忆前年今日》（五月二十二日），第 463 页。
⑫ 《明英宗实录》，卷 292，第 6232 页。

教化、请百僚，齐庶政、广言路、君相一德同心”十条，给英宗建言献策。[①]七月二十一日，作《跋忠国公石亨族谱》，称“门下士”，为后世儒者不满。允成、梨洲均宽解之，梨洲曰，“以羲论之，当时石亨势如燎原，其荐先生以炫耀天下者，区区自居一举主之名耳。向若先生不称门下，则大拂其初愿，先生必不能善归。先生所谓欲保性命者，其亦有甚不得已者乎？”[②]八月初四，康斋获英宗于文华殿接见。[③]八月初七，英宗赐归。[④]十月十二日到崇仁小陂家，时郡侯、临川、崇仁二县官、郡县师生均已在家候矣。康斋居京两月多，多与权臣、学士、名士交游，有诗文书信往来往，如王医士、文安伯张輗（1390—1462，开封人）、李贤（1408—1467，河南邓州人）、大学士彭时（1416—1475，江西庐陵人）、大学士吕原（1418—1462，嘉兴人）、孙曰让、张永、孙茂等。

吏部尚书、大学士李贤为康斋归家作《赠吴先生还家序》。

“道在天下，无物不有，无时不然，必有圣贤者出，乃能明而行之。苟无圣贤，道固自若也。为圣贤者，岂有他哉？能不谬于是，道而已。若夫众人，则听其自谬，不着不察。惟学者能知斯道之仿佛，然择之弗精，执之弗固，失之多而得之寡，所谓获十一于千百者也，岂惟后世为然？虽圣门高第颜曾之外，未见复有纯者，寥寥千载。迨宋之兴，有周程张朱者出焉，于斯道也始能大明而允蹈之。然圣贤之生世不常有，殆无异于祥麟威凤之稀踪也。今去数贤，又若是其久矣。间有一二豪杰之士颇欲振作其间，然于斯道之全体，终有憾焉。呜呼艰哉！若崇仁吴与弼先生，盖有志于斯道者也。予承乏吏部时，凡有自抚来者，必询先生之动履造诣何如，卒亦未有知其详者。尝致书以伸景慕之私，既而累年讫无消息，意其引避者宜然，不复计念。后有出于其门及游宦其地者，交章论荐，竟亦不起。天顺改元，予始被命入内阁，言及先生学行之懿，忠国石公慨然上疏荐之。朝廷遣行人赍玺书币帛往聘于其庐，既至京师，上喜其来。陛见之日，即拜左春坊左谕德，召至文华殿，从容顾问，宠赉有加。先生以衰病不能供职固辞，上坚意不允，留之数月，见其病势弗已，乃允

① 《康斋集》，卷 8，《陈言十事》，第 510—514 页。

② （明）黄宗羲：《明儒学案》，沈芝盈校点，卷 1，《聘君吴康斋先生与弼》，第 17 页。

③ 《康斋集》，卷 6，《忆去年今日》（八月初四），第 460 页。

④ 《康斋集》，卷 6，《忆去年今日》（八月初七），第 460 页。

其辞。复赐之玺书赉，以白金彩币，仍遣行人送还故里，令有司月供廪饩，冀有精力著书以廸后学。圣心眷望如此，其盛盖旷世所未闻也。昔者范文正公谓严子陵与汉光武以道相尚，而使贪夫廉、懦夫立，为大有功于名教。以今观之，皇上之量尤大于光武，与弼之志不下于子陵，君德由此而益光，士风于是乎大振，而国家元气亦将藉此益厚矣！岂曰小补之哉？予既得与先生面见，其学极高明，动遵古礼，有深造自得之乐，愿留以自辅而不可得也。告别之际游其门者乞予言以赠。嗟夫！予言乌足以轩轾先生哉？健羡之余有不能已焉耳。是为序！”①

李贤曾撰日记《天顺日录》，详记朝廷邀请康斋出山始末。

“先是忠国公石亨来阁内议事，因说山林隐士。闻江西抚州有吴与弼者，乃司业溥之子，累荐不起，实淹贯经书，动遵古礼。亨慨然曰：‘吾荐之，烦子代草章。’奏即日上之，数日不报，盖为左右所沮也。一日，上召贤问曰：‘吴与弼如何？’贤曰：‘与弼，儒者之高蹈。自古圣帝明王莫不好贤下士，征聘隐逸，若陛下行此一事，亦本朝盛举。’上遂决，乃命行人赍敕书束帛造其庐，与弼接见之际，即谓朝廷厚意如此，当赴阙谢恩。但本意不受官职，就辞币帛数月未至，上问数次。一日行人来报，至通州矣，贤即入言之。上曰：‘当授以何职？’贤曰：‘今东宫讲学，正宜老成儒者辅导之，宜授宫僚。’上曰：‘何职？’贤曰：‘庶子谕德皆可。’上曰：‘莫若谕德之名？’贤曰：‘谕德有左右。’上曰：‘与之左贤。’曰：‘若见毕，可召至文华殿，顾问以重之。’上曰：‘然仍以文币赐之。’贤曰：‘再与馆次，张具尤当’。上许之。次日见，上发玉音，召吏部，命为左春坊左谕德。朝士皆悚然惊异，以为布衣召至，一旦授此。上召贤曰：‘明日可引至文华殿。’次日，既见引至上前，问曰：‘久闻高义，特聘尔来，如何不受官职？’初不对，贤促其对。良久方对，云：‘微臣草茅贱士，年二十婴疾，日加虚怯，以此不能出仕。山林之下不敢接见一人，虽闻犬吠亦惊，调治病躯不暇，非有高世之心，不意声闻过情，为当道论荐，蒙皇上厚意，以天书、币帛来聘。天使到门，不胜感愧，因而动作，老疾复发，延至数月方能起程。至通州，忽失声一日，又痰作二日，洎入。见皇

① （明）李贤：《古穰集》，四库全书，第1244册，卷8，《赠吴先生还家序》，第561—562页。

上之时，幸不痰作。况年六十有八，老疾衰朽之人，实不堪供职。’上曰：‘宫僚亦从容优闲，不必辞。’与弼对曰：‘朝廷之职，台谏之次，宫僚为重。’上曰：‘宫僚亦众，不专劳先生。’不允所辞。终不敢应。于是赏文币四表里、羊酒、柴米，遣太监牛玉送至馆。上顾谓贤曰：‘此老非迂阔者，务令就职。’与弼终不就，三辞，后称病。叩其所以不就之故，以敕书太重，以伊、傅之礼聘之，却以此职授之，故不受。贤谓：‘如此，亦固执矣。且朝廷致敬尽礼，待先生非轻。初不无承权舆之意，今必欲如傅说爰之。作相亦难，既称衰病，又务当大任，倘势不能行，人皆失望。不若且就宫僚，若果有建明，则大任以渐而至。不然，三辞不允，亦宜就职，以答朝廷至意。’间日，上谓贤曰：‘与弼既来，如何不受职？若受职亦不相拘，听其自在，候秋凉欲归，亦不相留，以俸禄养其终身，不亦可乎？’复命贤谕以此意，亦不受。贤初见与弼，待以宾师之礼，于是公卿大夫莫不加敬，以为待布衣之重如此，近世罕见，所以人咸惊讶，中官尤不然之。贤每为之解云：‘待此所以励风俗，使奔竞干求乞哀之徒、孜孜于利禄宦达者观此自觉羞愧，孟子所谓贪夫廉、懦夫有立者，此举庶几能之！’”①

“处士吴与弼不肯受职，三辞后，以疾不能动履，留京两月不敢具本再辞，来贤舍诉衷曲，乞回。贤谓：‘若肯就职，或有可行之道。且东宫早晚天凉讲学，凡有辅导进学之法，贤必能赞说依行。或因其留，可以开圣学。贤当乘间进言，云与弼于经书义理穷究最精，皇上励精图治，日勤政务，凡天下章奏一一亲览自断，比先于经书虽尝讲读，彼时春秋尚早，至今岁久，岂无或忘？况此圣心开明，又非前日可比，若于万几之暇，令与弼从新讲说发明，则陛下于义理愈加精熟，由是剖决政事益得其当，有助于圣治不浅矣。又况贤早晚亦得请教，以治身心，以赞治道。’与弼坚辞，谓衰疾不能供职，决意乞回，又恐上意见谴，乞贤成全。贤次日早见上言：‘与弼本意亦愿供职，第以老疾不愈，进退狼狈，望陛下宽容。若不见谴，许其具本再辞。’上曰：‘果然，亦难留也。’贤曰：‘朝廷盛事，若始终成美，尚得赐与为善。’上首肯之，且曰：‘既以行人聘来，还以行人送归，再与敕书，令有司供月粮米以赡终身。’贤即拜贺云：‘此举实帝王盛德之事，旷世稀有。’于是与弼感激无以报称，条陈十

① （明）李贤：《古穰集》，卷 25，《天顺日录》，第 752—753 页。

事上之，复上表谢恩而去。”①

“处士吴梦，字与弼，抚州人。司业溥之子。读书穷理，累辟不就。不教人举业，弟子从游者讲道而已。父在京师，命还乡毕姻而来。及至亲迎后，不行合卺之礼，另舟赴京，拜父母毕始入室。禁酒胡俨，父执也，自京还家，梦往谒之。至大门，四拜而退。明日又造其宅，方请见。曰：‘昨日已行拜礼，今惟长揖。’问其故，曰：‘先生，父执也，若面拜，恐劳尊。’凡行类此。有来从学者，不纳贽见之礼。或极其诚敬，姑收之，不动，后或有过，即以所收者还之，辞而不教。非其力不食，一介不以取于人。或亲农事，弟子亦随而助之，多不能堪。躬行书践，乡人化之。往时闽中盗起，四方摇动，闻抚之贫者亦欲乘机劫富家，梦早觉之，即晓其富家曰：‘宜散积粮。’于是皆从之，一方遂安。能自重，不妄交人，师道尊严。好书，字奇古，自成一家。不立文字，暇则咏物运兴，胸襟高迈，凡经史子集、天文兵法、阴阳医卜，无不晓悉。杨溥先生深重之，两荐不起。尝曰：‘宦官、释民不除而欲天下治，难矣。必除之，吾可出。’人皆笑其迂。曾见咏桃一诗云：‘灵台清晓玉无瑕，独立东风玩物华。春气夜来深几许，小桃又放两三花。’有吾与点也，气象方岳。名公皆重其为人，分巡至，多造其宅。”②

其间，吏部尚书李贤曾于宴会时推康斋上座，编修尹直（1431—1511，字正言，江西泰和人）大愠，出即谤。③

英宗颇感吉祥、亨专权之烦恼，有意遏制之。七月戊申，上召内阁臣李贤至文华殿，语曰：“太监吉祥好惹□，朕复位初，念其随侍旧人，凡有奏请必从之，奈其心无餍足，不顾可否，辄为人请求。虽十不可其二三，然外人不知，以为其言必行。是以四方奏事者，往往先造其门以通情，如此不已，甚非所宜。朕今一以公道断之，使彼之私意不得行，则造其门者自然少矣。”贤顿首曰：“愿陛下抑之以渐，幸甚！”④

十月，英宗自思能勤政，颇为自得。戊辰，上召内阁臣李贤，谓曰：“朕每得奏章，无不亲阅，易决者即断，有难决者付卿等计议，期必当而后出。”

① （明）李贤：《古穰集》，卷 25，《天顺日录》，第 753—754 页。
② （明）李贤：《古穰集》，卷 29，《杂录》，第 785—786 页。
③ 《同治崇仁县志》，卷八之三，《人物志 · 理学》，第 399 页。
④ 《明英宗实录》，卷 293，第 6264 页。

贤曰："臣等所见未必皆当，更望陛下留心审处，务求至当，然后施行，则政无不善者矣。"上曰："然又曰左右或以为万机至繁，一一亲览奏章，未免劳神，恐非养生之道。朕谕之曰，予负荷天下之重而自图安逸可乎？劳一身以安兆民，予所欲也。左右乃不敢复言。"贤曰："自古圣帝明王莫不修德勤政，所以天下长治久安，彼邪佞辈安知远虑。陛下不为所惑足见至明，更望持守此心，坚如金石，可以驯致太平。"上曰："朕处之如常，亦有何劳？不然怠荒且至，虽悔何追？"贤曰："陛下言及，此社稷苍生之福也！"①

十一月辛丑，白沙友邢让复除翰林院检讨仍旧任，以亲丧服阙也。②

康斋先生入京途中，多有诗作，其手书多寄新会弟子陈白沙处，总计凡七纸。③

1459年，天顺三年己卯，敬斋26岁。

此年八月，英宗专治定远侯石彪之罪，兼及忠国公石亨。先是，八月庚戌，定远侯石彪下锦衣卫狱。彪谋镇守大同，命致仕。千户杨斌等五十三人奏保，上觉其诈，命执斌鞫之，果得彪所使实情，言官因劾彪，遂下狱。④彪一介武夫，生活作风邋遢，且与其叔亨位高权重，英宗惊疑，遂有此动作。甲寅，亨奏自己管束侄子不当请并下狱，不允。己未，为更加有效的打击石亨党人，英宗禁止百官无故往来。其敕谕文武群臣……今后尔文武大臣无故不许互相往来，给事中御史亦不许私谒文武大臣之家，违者治以重罪。敢有阿附势要、漏泄事情者，轻则发戍边卫，重则处死。锦衣卫指挥乃亲军近侍，关系尤重，亦不许与文武大臣交通，如违，一体治罪不宥。其各卫指挥以下非出征时不得辄于公侯之门侍立听候，违者照铁榜事例处治。⑤八月癸亥，石亨虑侄彪不能免死罪，求请放归田野，不允。⑥戊辰，都察院奏镇守居庸关内官崔保、都指挥仲福阿附定远侯石彪，宜逮治之。上曰，姑不问，令陈状以闻。命

① 《明英宗实录》，卷296，第6305—306页。
② 《明英宗实录》，卷297，第6320页。
③ 黎业明：《陈献章年谱》，第19页。
④ 《明英宗实录》，卷306，第6443页。
⑤ 《明英宗实录》，卷306，第6443页。
⑥ 《明英宗实录》，卷306，第6449页。

左佥都御史王俭、锦衣卫指挥佥事逯杲往大同执都指挥使朱谅等七十六人械京鞫治，以其阿附定远侯石彪故也。[①] 戊寅，锦衣卫指挥佥事逯杲奏大同等卫都指挥同知杜文等三十三员俱无军功，阿附定远侯石彪冒升官职事下法司，请械文等至京鞫治，从之。己卯，兵部奏奉旨查自大同来京官数都指挥指挥千户镇抚等官石宁等共五十六员俱系忠国公石亨亲属。上曰："凡杀贼升职者不动，但报夺门守门升者俱革职，有官者调外卫差操，无官者发回原籍当差。"[②] 九月庚辰，锦衣卫指挥使门达诣都察院会鞫石彪，得其绣蟒龙衣及违式寝床。[③] 至此，英宗遂有大治亨党计划。乙酉，调石亨家属京卫指挥佥事石宁等十人于广东雷州等卫。[④] 丁亥，命石亨养病。[⑤] 庚寅，忠国公石亨奏："臣奉命管五军营及掌后军都督府事，今以疾废，蒙恩优养不能莅事，乞改命能者。"上曰："既病，宜加调摄，公务暂遣人代理，病愈仍复治事。"[⑥] 辛卯，义勇后卫指挥邹叔彝尝往来忠国公石亨家，讲论遁甲兵法及太乙书数被行事校尉缉知以闻。上命执叔彝送法司鞫之，亨置不问。[⑦] 戊戌，降吏部左侍郎孙弘等石亨党人，先附石亨冒夺门迎驾之功得升秩，至是以亨等败露，故有是命。己亥，治义勇后卫指挥同知裴瑄出居庸关市材木之罪。械瑄至京下狱，会三法司鞫得状请治亨罪。且劾守居庸关都指挥佥事仲福凭亨私书即纵瑄出关，阿附之罪尤重。上命姑宥亨罪，降福为指挥使。[⑧] 庚子，大同总兵官高阳伯李文奉旨籍石彪私庄，得其驼马骡驴牛羊七百有奇，送至京。[⑨] 随后，都察院、法司均请治亨罪。乙巳，降四川按察司按察使王裕、卢彬为民。先是裕等俱坐罪落职，以附石亨冒夺门功得复升秩。至是亨败，故有是命。[⑩] 十月庚戌，黜山西行都司都指挥使蔡芳等七人广东沿海卫所守哨，坐尝阿附石彪，躬为催督庄田耕获

---

① 《明英宗实录》，卷 306，第 6453 页。
② 《明英宗实录》，卷 306，第 6459 页。
③ 《明英宗实录》，卷 307，第 6461 页。
④ 《明英宗实录》，卷 307，第 6463 页。
⑤ 《明英宗实录》，卷 307，第 6464 页。
⑥ 《明英宗实录》，卷 307，第 6465 页。
⑦ 《明英宗实录》，卷 307，第 6466 页。
⑧ 《明英宗实录》，卷 307，第 6469 页。
⑨ 《明英宗实录》，卷 307，第 6469 页。
⑩ 《明英宗实录》，卷 307，第 6472 页。

也。[1] 癸丑，初石彪充游击将军，在大同时擅入博野王府，贺王生子，王延款至晚方出，复送香囊等物。及彪还京，隰川王令长子携酒礼造彪家饯行，至是事觉。上贻书二王，切责之。巡抚大同右副都御史王宇奏石彪尝瞰玉林卫一军士出，夜至其家，强其女污之。明日遂取以归，十日始还之。既而其军士欲诉之，彪擒系于玉林，卫狱竟瘐死。上命佥都御史王俭、锦衣卫指挥佥事逯杲往核具实，三法司、锦衣卫会鞫论彪强奸及故禁平人致死罪，皆应死命，仍固禁之。[2] 十月甲寅，三法司锦衣卫会鞫石彪侮亲王事，奏彪初为大同游击将军见代王，谓王新得增禄皆石亨与彪侍上数为言之，王为跪谢。因索妓女劝酒，自后以为常，彪谲诈欺侮如此，罪亦应死命，仍固禁之。[3] 十月庚午，令亨闲住，不许管事朝参。时三法司锦衣卫鞫石彪罪，因劾亨。[4] 命冒报夺门有功升官者能自首改正免罪；敢隐者，罪而降调之。丙子，六科十三道劾忠国公石亨怙宠作奸招权纳赂罪，不允。[5] 十一月己亥，户部劾忠国公石亨私役边军占种怀来等处地一千七百顷有奇。上宥亨罪，命没其地于官。兵部奏天顺元年正月十七日夺门迎驾官军武清侯石亨下一千五百三人，都督张軏下一千二百八十九人，张輗下九百三十六人，太监吉祥下二百七十一人，俱升职有差。近者亨诈冒事露，有旨令自首免罪。缘亨、軏下官军已有陆续首送在部者，而輗、吉祥下独无一人首告，恐有朋比欺罔，宜廉察得实，不限职之大小，俱连家属谪两广贵州充军，从之。盖英宗治亨党，必及吉祥党人也。[6] 丙午，金吾左等卫带俸都指挥使等官苏通等七十二员俱冒随太监吉祥夺门功升职有差首乞改正，兵部以闻。上虑其中有不系冒滥者，仍命吉祥查审存革之。[7] 十二月己酉，降亨党人锦衣卫掌镇抚司事指挥佥事赵瑛为百户，调广西柳州卫。辛亥，英宗接受李贤建议，不再用“夺门”字样，一律用“迎驾”，盖英宗、李贤欲穷治亨党。李贤继而指出，皇位本为英宗得之，“景泰不讳，陛下即当复位，天命人

---

① 《明英宗实录》，卷 308，第 6478 页。
② 《明英宗实录》，卷 308，第 6480—6481 页。
③ 《明英宗实录》，卷 308，第 6481 页。
④ 《明英宗实录》，卷 308，第 6486—6487 页。
⑤ 《明英宗实录》，卷 308，第 6490 页。
⑥ 《明英宗实录》，卷 309，第 6499—6500 页。
⑦ 《明英宗实录》，卷 309，第 6503 页。

心，无有不顺，何必夺门？况内府门岂可言夺？言夺门者，徒欲张大其功耳。易曰：‘开国承家。小人勿用。’言其必乱邦也。”太监吉祥奏金吾右等卫都指挥同知虞得等三十一员俱冒功升三级，兵部请如例革之。上命第革其一级，不为例。① 金吾左等卫带俸都指挥使等官杨义等六十八员首先冒随太监吉祥迎驾功升三级，大汉千户周政等三十五员亦首冒功升三级，俱已改正，上命第革其一级。革锦衣卫带俸指挥使徐甫为指挥同知。先是甫父旸以副千户冒随太监吉祥迎驾功升指挥同知，寻升指挥使，旸卒甫袭职。至是首乞改正，上命第革其一级。② 庚申，治贿赂亨的官员，调吏部右侍郎张用瀚为陕西右参政，降刑部右侍郎黄仕俊为广西右参议，罢长芦都转运盐使司同知李真为民。进士石后以其叔祖亨得罪诈病家居，事觉下狱。都察院论当赎徒还职，上特命罢为民。③ 初内官监为忠国公石亨造房屋大小三百八十六间，至是复入官。④ 戊辰，升锦衣卫指挥佥事逯杲为指挥同知。昭武伯曹钦乞辞，不允。治亨党，癸酉，调南京吏部右侍郎萧璁为湖广右参政、刑部右侍郎朱铨为贵州右参政，俱仍支正三品俸。大理寺右少卿翟敬为广东惠州府知府、太常寺少卿王谦为四川夔州府知府。兵部奏天顺元年正月十七日贴直将军总小旗将军赵继宗等五百二十人俱冒迎驾功升职有差，今各首乞改正。上命冒三级者革一级，冒一级者复旧。⑤

七月丁巳，命翰林院学士刘定之、倪谦为顺天府乡试考官，赐宴于本府。⑥

1460 年，天顺四年庚辰，敬斋 27 岁。

正月癸卯，锦衣卫指挥同知逯杲上章言忠国公石亨怨望愈甚，与其侄孙石后等日造妖言。尔者光禄寺失火，亨曰：“此天也。”且畜无赖二十余人专伺朝廷动止，观其心实怏怏怀不轨。上以章示在廷文武大臣，皆曰：“亨罪大，不可宥。”上曰：“亨罪于法难容，朕念其微劳累，曲法宽宥，特令闲住以保全

① 《明英宗实录》，卷 310，第 6507 页。
② 《明英宗实录》，卷 310，第 6509 页。
③ 《明英宗实录》，卷 310，第 6511 页。
④ 《明英宗实录》，卷 310，第 6517 页。
⑤ 《明英宗实录》，卷 310，第 6519—6520 页。是年年底，全国人口 53713800 人。
⑥ 《明英宗实录》，卷 306，第 6445—6446 页。

之。今乃不自悔悟，敢背义孤恩，肆为怨谤，潜谋不轨。锦衣卫执来，会百官廷鞫之。”甲辰，三法司锦衣卫言石彪罪大请籍没其家，从之。乙巳，文武群臣言石亨诽谤妖言，图为不轨，具有实迹，论谋叛罪当斩，其家当籍。上曰：“然。”其令内官同御史及锦衣卫官籍之。丙午，三法司请遣官籍石亨家属庄田之在陕西渭南县及山西蒲州大同府者，从之。①

二月辛亥，敕谕文武群臣，解释为何要穷治亨党，“亨貌若忠淳，心实狡险，作威作福，黩货无厌，欺厌诸司，卖官鬻爵，而又纵侄彪肆为凶逆，暗结人心，图谋镇守”。②癸卯，石亨病死狱中，英宗全其尸，令葬之。③丁卯，诛定远侯石彪。彪及诛，人既快之，复惜朝廷失一骁将云。④辛未，亨侄孙石后坐妖言诛，籍没。⑤至此，亨党治理完毕。

二月乙卯，命翰林院学士吕原、尚宝司少卿兼翰林院修撰柯潜为会试考官，赐宴于礼部。⑥壬申，礼部引会试中式举人陈选等 150 人陛见。⑦礼部尚书萧晅奏三月初一日殿试天下举人，合请读卷执事官。上命吏部尚书兼翰林院学士李贤、吏部尚书王翱、户部尚书年富、刑部尚书陆瑜、工部尚书赵荣、左都御史寇深、通政使张文质、太常寺少卿兼翰林院学士彭时、翰林院学士林文为读卷官，余执事如例。⑧

三月戊寅，上御奉天殿策试举人陈选等一百五十六人。庚辰，上视阅举人所对策赐王一夔等一百五十六人进身及第出身有差。辛巳，赐进士宴于礼部，命会曰侯孙继宗待宴。壬午，赐状元王一夔朝服冠带、诸进士钞各五锭。癸未，状元王一夔率诸进士上表谢恩。丙戌，擢第一甲进士王一夔为翰林院修撰，李永通、郑环为编修。应大学士李贤等请，选进士刘健、张元祯等为庶吉士，并修撰王一夔、编修李永通、郑环俱于翰林院读书，仍命学士刘定之、侍

---

① 《明英宗实录》，卷 311，第 6536—6539 页。
② 《明英宗实录》，卷 312，第 6542—6543 页。
③ 《明英宗实录》，卷 312，第 6549 页。
④ 《明英宗实录》，卷 312，第 6549 页。
⑤ 《明英宗实录》，卷 312，第 6549 页。
⑥ 《明英宗实录》，卷 312，第 6552 页。
⑦ 《明英宗实录》，卷 312，第 6547 页。
⑧ 《明英宗实录》，卷 312，第 6555 页。

读学士钱溥教习文章，其纸笔饮馔膏烛第宅，悉如例给之。[①]己丑，英宗令今科进士回原籍依亲读书。先是，吏部言今科进士除擢用选留外其余138员欲依例分拨各衙门办事，缘前科进士尚有一百七员未选。[②]盖，在职官员人满为患，科举考试流于形式，新进进士少有机会立刻从政也。

是年，白沙与敬斋的共同学友张元祯（南昌人）、邱霁（鄱阳人）、辜颙（安仁人）、陈炜（闽县人）同中进士。[③]

与同学潘某信，“阁下学博而才敏，长于予者四岁，重厚静密过于予。居仁是以敬慕而欲取以辅仁焉，又期共进于远大之业”。[④]

1461年，天顺五年辛巳，敬斋28岁。

七月庚子，曹吉祥及其养子曹钦造反被杀。

英宗复降敕谕，吉祥、钦度不免，遂谋反。会怀宁伯孙镗奉命征西，钦使其党掌钦天监事太常寺少卿汤序择是日。天未明，视朝遣将，钦欲以是时举兵入。先夕召诸达官及其党群饮于家，厚赠之。时镗候陛辞，宿于朝房。达官都指挥使马亮等恐事败，自钦家逸出，走告恭顺侯吴瑾、广义伯吴琮。时瑾、琮亦以陪祀罢宿朝房，急趋以告镗，同于长安右门隙入投书上。即召吉祥，縋入

① 《明英宗实录》，卷313，第6557—6561页。

② 《明英宗实录》，卷313，第6562页。

③ 四位进士张元祯、邱霁、辜颙、陈炜都是胡敬斋论学友人。丘霁，鄱阳（有作辽阳人一说），字时雍，历官刑部主事、苏州知府，千顷堂书目载有《草堂集》，见《中国地方志集成》，《江西府县志辑》，第30册，《同治鄱阳县志》，江苏古籍出版社，1996，卷12，《文苑》，第261页。辜颙，余江（原安仁北隅）人，字主敬，号倦庵，曾任吏部稽勋司主事、南京兵部职方司郎中，1479年任广东布政司右参政。以诚信治柳庆，事见《中国地方志集成》，《江西府县志辑》，第29册，《同治饶州府志》，江苏古籍出版社，1996，卷12，《人物志四·宦业下》，第555页。辜颙年50致仕后，居家读书，与于准等退休官员组成锦江耆老会，每月四次聚会，聊学进德，见《中国地方志集成》，《江西府县志辑》第32册，《同治安仁县志》，江苏古籍出版社，1996，卷三十之三，《艺文·序》，《锦江耆老会集序》，第876—877页。张元祯（1437—1506），字廷祥，号东白，南昌人。翰林庶吉士，因与执政官意见不合，家居20余年，讲学授徒。弘治时官至吏部左侍郎、翰林院学士。陈炜（1430—1484），叔刚长子字文耀，号耻庵，字文耀，号耻庵。历任御史、江西按察使、江西布政使。后升浙江左布政使，未拜而卒。

④ （明）胡居仁：《敬斋集》，董平校点，卷1，《寄潘友》，第921页。

宫城，锁系之，令皇城四门、京城九门毋开。顷之，钦以亮等逸出，知事泄，遂于中夜自往锦衣卫指挥同知逯杲宅，执杀杲。遣其党杀左都御史寇深于西朝房，斫伤内阁学士李贤于东朝房，遂攻皇城东西长安门，不得开，纵火焚之。门内守卫官军拆卸河岸砖石堆塞各门，贼往来啸呼于各门外。镗召太平侯张瑾同击贼，瑾不敢出。镗谓其二子曰："征西官军多从京城宣武门出，尔往号召之曰：'法司强贼反狱，获者有重赏'，且不可出城。"于是官军稍集至二千人，甲兵皆惧。镗谓之曰："尔等不见西长安门火耶？曹钦反矣。其党不多，当奋勇杀之，朝廷必不惜升赏，众皆诺。从镗逐贼，至东长安门。钦去攻东安门，途遇恭顺侯吴瑾，追杀之；复纵火焚东安门，天渐曙，钦党稍稍散去。钦遇镗子軏于路，軏奋刀斫钦中膊，钦气慑率数骑走安定东直齐化各门，求出，门俱不开。遂窜归其家，拒官军。镗督军与战。顷之，会昌侯孙继宗亦集兵至。时大雨如注，钦率家众及达官犹出战数次。镗令军士能杀贼获其财者，即与之。于是官军奋呼而入，钦投井死。遂毁其宅，尽掠其财物。其兄都督铎、弟指挥铉及堂兄都督浚皆为众所杀，并其亲党同谋之家，皆一空焉。……知（李）贤在甚喜，明日召贤，裹伤入，被刀伤及首、耳见，慰劳之。"① 左军都督府吴瑾、左都御史寇深等卒。癸卯，磔吉祥于市，并磔钦、铎、浚等尸以徇。丙午，磔吉祥党人太常寺少卿掌钦天监事汤序等人于市，籍没其家。② 戊申，命三法司锦衣卫会审官军人等所捕反贼曹钦党人。庚戌，以平反贼曹吉祥、曹钦等，大赦天下。癸丑，命天顺元年正月官军于反贼曹吉祥下冒功升三级者俱革所升复原职役，调补外卫。戊午，进封怀宁伯孙镗为怀宁侯，以平反贼曹钦功也。镗与兵部尚书马昂先受命西征，至是俱止不行。③ 癸亥，命右军署都督佥事刘纪实授都督佥事，锦衣卫指挥使门达为都指挥佥事，仍掌卫事。金吾左卫指挥同知张通为指挥使，俱以曹钦反时守卫效劳故也。给怀宁侯孙镗岁禄一千三百石内米九百石，余折钞。

至此，"夺门"政变小人多身没，朝局趋于清明、和谐与稳定。

十一月庚申，太仆寺寺丞李龄（1406—1469，字景龄，号东坦，广东潮阳

---

① 《明英宗实录》，卷 330，第 6777—6781 页。

② 《明英宗实录》，卷 330，第 6783—6784 页。

③ 《明英宗实录》，卷 330，第 6784—6798 页。

人）选擢江西按察司佥事，提督学校，吏部会廷臣荐举也。①

1462 年，天顺六年壬午，敬斋 29 岁。

72 岁的康斋有福建建阳、武夷朱子讲学之地遗迹考察之旅，三月顺道过安仁孝诚乡实地考察敬斋的礼吾书院，鼓励讲学，“壬申岁始师于于先生准，至甲戌岁复游康斋先生之门，始知圣贤之学，不在于言语文字之间，而在于身心德行之实，故追前非，欲求自新之实。但终以驽庸之才，不堪鞭策而进也。思与二三同志，别求燕闲之地，以共讲其所闻而不可得。于是乡党某等捐割已资，即幽旷之地，构屋数间，以为群居讲学之所。至壬午三月，师吴与弼经历至所，赐之扁曰‘礼吾书舍’。盖因其地而寓号焉。”康斋特意赐扁“礼吾书舍”，励其讲学，嘉其进学艰苦之志。② 康斋有《安仁道中》诗作，“日丽风暄三月三，安仁登陆望龙潭。路经旧识犹能忆，不必逢人问指南”。③

敬斋有诗作怀念自己多年来追随康斋进学的历程，“数仞师门力学真，明乎庶物察人伦。芳塘活水今犹昔，喜际龙潭复有人。抱膝茅檐盖世豪，管教得志失萧曹。登攀自是男儿志，谁道龙门特自高”④，“四龙冈上记行踪，往复师门九载中。每愧光阴虚度也，从头重拟更加功”⑤，盖自甲戌至壬午九载，将此敬斋诗放于壬午年。

盖在此数年，敬斋《春秋》师于平斋官满长沙通判，明年将有赴河南卫辉府通判之行。⑥ 康斋赠别于准通判，“惜别问官居，宜思位莫虚。有为兼有守，庶以答除书”。⑦ 康斋迎恩桥口再赠于准，“玉壶春酒别情深，满向迎恩桥上斟。

---

① 《明英宗实录》，卷 334，第 6841 页。李龄任江西提学时间，坊间书籍多未详。

② （明）胡居仁：《敬斋集》，董平校点，卷 2，《上邑宰》，第 943 页。

③ 《康斋集》，卷 6，《安仁道中》，第 477 页。

④ （明）胡居仁：《胡文敬集》，四库全书影印文渊阁版，上海古籍出版社，1987，卷 3，《奉吴先生二首次于先生韵》，第 68 页。

⑤ （明）胡居仁：《胡文敬集》，四库全书影印文渊阁版，上海古籍出版社，1987，卷 3，《行至四龙冈绝句》，第 68 页。此诗上海商务印书馆版《胡敬斋集》遗漏。

⑥ 于平斋为敬斋的老师，与于平斋有五封书信往来，参见其集。敬斋与平斋诗作有，“投装野寺爱幽栖，翠竹苍梧趣正宜。久坐檐楹师弟子，清风明月更输谁”，《胡文敬集》，四库全书影印文渊阁版，上海古籍出版社，1987，卷 3，《同于先生绝句》，第 82 页。此诗上海商务印书馆版《胡敬斋集》遗漏。

⑦ 《康斋集》，卷 6，《赠别于准通判》，第 477 页。

惆怅为君歌一曲，拳拳报国爱民心”。①

白沙35岁，广西盗寇劫掠新会居民，协助县丞陶鲁率领父兄弟子讨贼，筑辅城以御之，作《新会县辅城记》。②

1463年，天顺七年癸未，敬斋30岁。

自此，敬斋学问大进，自得自信，逐渐成体系。

他自述，“居仁三十后工夫方亲切”。③又述，“弱冠时志于此学，用工不得其要者十余年，徒自辛勤，竟无所得。年至三十，于体验上颇得力，才做得圣贤工夫上手，于圣贤门户，似乎可入。”④

或在数年间，敬斋父环溪先生染疾，不敢远游，在鸦山习学，计划有空的时候再去访老师康斋，进学修德。他自述，“今岁因家尊久疾，不敢远游，故在鸦山习学，拟来岁复游吴先生之门，但不肖之质，不知终能有所进否？”⑤此时，因余平斋推荐介绍，邑宰闻敬斋贤，再三令人召见，敬斋守身甚严，不见。“闻先生所寄家书及寄邑宰李公书，皆齿录贱名。七月初一日，邑宰到本都，再三令人召见。某尝谓灭明非公事不见……而守身之法亦不敢不以圣贤为法”⑥。并寄邵子《击壤集》给于老师。敬斋希望阅读《程子遗书》《朱子语类》《伊洛渊源》《晦庵文集》等书，故求老师帮忙复印这些重要的宋学学脉典籍。“去岁往建阳书坊买求，止有《晦庵文集》，即今刊板未完”⑦，可见写信的前一年，敬斋前往当时中国的书都之一福建建阳购书之行。

或此年，看朱子讲习之地、余干东山书屋旧趾，有“十年勤苦读书心，绿

---

① 《康斋集》，卷6，《迎恩桥口占授于准》，第477页。

② 黎业明：《陈献章年谱》，第19页。

③ （明）胡居仁：《居业录》，四库全书，第714册，卷8，第82页；《胡居仁文集》，冯会明校点，《居业录》，卷8，第101页。

④ （明）胡居仁：《敬斋集》，董平校点，卷2，《寄新昌王御史》，第954页。

⑤ （明）胡居仁：《敬斋集》，董平校点，卷1，《书》，《奉于先生》，第917页。

⑥ （明）胡居仁：《敬斋集》，董平校点，卷1，《书》，《奉于先生》，第917—918页。

⑦ （明）胡居仁：《敬斋集》，董平校点，卷1，《书》，《奉于先生》，第918页。建阳书坊是明朝最著名的书店之一，在福建建阳市，专门负责出版书籍。因去年敬斋有建阳之行，而今年老师平斋在北京，故而笔者猜测，第一封信《奉于先生》（弘治十七年版、四库全书版）当在1463年天顺七年癸未。建阳与潘阳距离约在300公里左右。

树阴中认故岑。成已功难增永叹，愚蒙空数岁华深”。①

二月九日（戊辰），是日大风，至晚试院火，举人死者甚众。翌日，礼部以闻。上命改试于八月。己巳，以试院火下知贡举及监试等官礼部左侍郎邹乾、郎中俞钦、主事张祥、监察御史唐彬、焦显等于狱，寻宥干复任。辛未，举场烧死举人，其亲人不能辨认收瘗者颇多。上闻而悯之，悉令有司具棺木收瘗于朝阳门外。丙午，国子监丞、薛敬轩高弟阎禹锡因奏请无辜卒于火之举人表其门，下锦衣卫狱。②

时，一斋受父兄之命，“强复会试”③，中途而返，盖一斋料京城有灾祸。梨洲赞曰，“先生静久而明”。“杭州之返，人问云何，先生曰：‘此行非惟不第，且有危祸。’春闱果灾，举子多焚死者”。④

时，罗一峰在京城会试，“场屋灾，一峰攀垣……一老人以杖提而出。比招老人出谢之，不见。”⑤

十二月，英宗废除殉葬制度。

1464年，天顺八年甲申，敬斋年31。

正月，英宗崩，太子朱见深（1447—1487）即位，以明年为成化元年，是为宪宗。

一斋“登乙榜，分教成都”⑥，任成都训导。与妻携《朱子语类》赴四川之任，到任两月即告归。居家，一斋绝意仕途，主敬穷理，究心性之密，以著书造就后学为事。⑦

---

① （明）胡居仁：《敬斋集》，董平校点，卷3，《看东山书屋旧趾》，第1007页。

② 《明英宗实录》，卷349，第7020—7022页。

③ （明）夏尚朴：《夏东岩集》，卷5，《娄一斋先生行实》，第41页。东岩主至三衢而返，梨洲主至杭州而返。

④ （明）黄宗羲：《明儒学案》，沈芝盈校点，《教谕娄一斋先生谅》，第44页。

⑤ 《同治永丰县志》，卷22，《理学》，第137页。

⑥ （明）黄宗羲：《明儒学案》，沈芝盈校点，《教谕娄一斋先生谅》，第43页。

⑦ （明）夏尚朴：《夏东岩集》，卷5，《娄一斋先生行实》，第41页。一斋捐馆后，广信府学教授余元默（龙游人）赞之为“当世鸿儒”，大学士张东白称之为“吾道真儒”。一斋知名弟子还有韶州知府蒋钦、四川布政使郑龄、蔡登等。一斋子娄性、娄忱均为当时知名之士。（明）张元祯：《东白张先生文集》，四库全书存目丛书补编，第75册，《一斋娄先生墓志铭》，第123—124页。

三月庚午，彭教、吴釴、罗璟三名进士及第，李东阳二甲进士第一，倪岳、刘大夏等中进士。①

或此年，写《丽泽堂学约》(并序)②：

“人受天地之中以生，莫不全具仁义中正之德。但气质或异，而贤愚以分，此圣人修道之教，所以不能无也。夫自唐虞三代之盛，人君躬行仁义以为教化之本，建立学校以广教之之道，故人皆得以明其善，复其性，无愚、不肖之患。及周之衰，教化不明乎上，士无学于下，人道或几乎熄矣。吾夫子以圣德无位，与颜曾之徒，讲道洙泗，是以君上之教虽已不兴，而师友之传，道学之绪，垂无穷矣。汉魏以下诸儒之学，虽有未纯而其用力之勤，亦各有以成其一家之学。至宋，则真儒迭出，道学益明，远绍洙泗之盛。今企仰于数百年之后，恨不生于其时也。方今海内之士，学明德尊，足为师表者，康斋先生一人而已。愚往复从游数载，仿佛有以得其依归，但志卑质鲁，又相去之远，不获常相亲炙。恐离群独学，终无以成德也。于是乃与同志某等，构为丽泽堂，相与肄业其中。盖本易之《大象》曰“丽泽。兑，君子以朋友讲习”之义也。凡学于此者，谨德行，明义理，持其志，敏其力，期底于成功，庶乎丽泽之益，为无穷矣。成其美者，地主某焉。所立条约，明示于后。

一、凡入丽泽堂者，一以圣贤之学为宗，削去世俗浮华之习，尚节行，惇信义，毋习虚诞之文以干利禄，毋作草率之诗以取时宠，各立日录簿一册，逐一书写所习之业、所行之事，朔、望鸣鼓升众，会于堂上，稽其所进书于总籍，以尽诱掖，激励渐磨成就之道。

一、学中规矩，一依白鹿洞，及程端蒙、西山真先生为准。

一、读书务以小学为先，次四书以及六经，与周、程、张、朱、司马、邵之书，非理之书不得妄读。

一、读书务在循序渐进，一书已熟，方读一书。毋得鲁莽躐等，虽多无益。

一、凡学以德行为先，才能次之，诗文末焉。

一、凡学者行事，皆于丽泽堂，禀于师友，会众裁度，其必合义，然后许之。如有立志不坚，汩于利诱，以致违理害义者，众规之三，不悛者责之，不

① 《明宪宗实录》，卷3，第82页。

② 此说，参见（清）杨希闵编，《胡文敬年谱》，《儒林年谱》，第19册，四川大学出版社，2007，第98—99页。

率者绝之，仍于丽泽削去其名。”①

或在此年，敬斋受到老师平斋从北京寄来的一些书籍，其中可能有《二程遗书》，尚未收到《伊洛渊源录》，大部头的《朱子文集》《朱子语类》尚未阅读。敬斋信中说，“先生在任，以文学清谨见称，政事之间亦望勉力。程子云，一命之士，苟存心于爱物，于人必有所济，况先生乎？去岁辱惠书，皆蒙过假褒美。拜读之余，愈增悚惧。先生又过自谦，抑谓‘聪明不及于前时，道德日负于初心’，在先生岂有是哉？正所以悯居仁之昏惰，而以是警教之也，敢不拜教。居仁因奉教言以自省，所以致此者，良由主敬功疏，故日用之间，身心纷扰，志气易昏。苟能敬以直内，则心存理明。岂有此患哉！程子曰：‘唯一于恭敬，聪明睿智皆由此出。’朱子曰：‘唯敬则聪明。’居仁所闻如此，敢请质于函丈也”②。

是年九月，娄一斋亲传弟子玉斋先生潘润（字德夫，上饶永丰人）生。③

此年，伍云（字光宇，新会人）从学白沙门下，为白沙较为器重的弟子门人。④

1465 年，成化元年乙酉，敬斋年 32。

是年二月，南康白鹿洞书院经李龄等人的努力修葺一新，“成化改元，潮阳李公提学江右，一新书院”⑤。“成化纪年乙酉春，龄奉命督学至南康。翼日谒书院，仰瞻其陋，谋欲修之，适知府中州何君濬抵任，且在国学素有师弟之好，因以命之。君乃谋于推官沈瑾英、知县周让，募义民广达华等，得谷五百斛，鸠工聚材，命主簿曹升、耆民廖筀、高鉴，教读唐雅桢董其事。邑人闻风慕义，捐赀财，施砖瓦，助力役者比比。经始于是岁八月朔日，以明年二月讫工。”⑥

① （明）胡居仁：《敬斋集》，董平校点，卷 2，《杂著》，《丽泽堂学约》（并序），第 994—996 页；（清）杨希闵编：《胡文敬公年谱》，《宋明理学家年谱》，第十册，北京图书馆出版社，2005，第 237—238 页。

② （明）胡居仁：《敬斋集》，董平校点，卷 1，《书》，《寄于先生》，第 918 页。一般收信人在收到客人的购书信件的话，一般会在一个月内完成寄书工作，故笔者猜测此信当在 1464 年天顺八年甲申。

③ 《夏东岩先生文集》，明嘉靖刻本，卷五，《教谕潘德夫墓志铭》。

④ 黎业明：《陈献章年谱》，第 21 页。

⑤ （明）胡居仁：《敬斋集》，董平校点，卷 2，《贯道桥记》，第 964 页。

⑥ 朱瑞熙等：《白鹿洞书院古志五种》，中华书局，1995，李龄：《重修白鹿洞书院记》，卷 8。

冬，与兄胡居安请亲命从安仁县迁家回余干县梅溪西南五六里之福寿墩。敬斋作《移居记》自述，“近得梅溪西南五六里，有地曰福寿墩。墩屹立于地数仞，两溪交流于下。墩之西，宽旷数里，四山远耸，中有高爽之地数亩，可卜居焉。至于平畴，可供耕种，山林可供樵爨，长冈可牧，溪水可渔，固足以为理生要务。逮夫暇日，或纵步于平道，或登览于高峰，或盥濯于清流，又足以畅素怀，而遂幽志。于是，与兄居安请亲命而迁家焉。成化乙酉冬，移屋数间，覆檐以茅，墐壁以泥，周屋以土为堑，而杂植竹木于上。盖取其功之易成，而不费，亦予贫贱之所乐也。嗟夫！世人务为高堂广厦，固有富而恃财以骄盈者，亦有贫而勉强以慕外者，岂知古人居室之义哉！古人之居，取足以障风雨，虽曰志尚乎俭，实其以道义为重而不暇于此也。彼役心力于华靡者，安知道义之贵乎。记此，虽以自述，抑以戒子孙云。”①

从安仁迁回余干后，敬斋后在居所附近孝诚乡十八都深山碧霄峰、安乐乡南极峰分别筑碧峰书院、南谷书院②。

此年，与别后五年不见的学友潘某信，“周子曰：‘道义者，身有之则贵且尊，人生而蒙，长无师友则愚，是道义由师友有之，而得贵且尊，其义不亦重乎！其聚不亦乐乎！’。居仁尝窃诵此，而知道义之贵，不可不求，师友之重，不可不笃。庚辰岁，与阁下共学……别后倏觉五年，想阁下学益日进，操益日坚矣。居仁抱不逮之资，独无师友之助，悠悠度日，甚惧湮没，已在山中结庐自学，但觉操持不密，身心昏怠，有负夙志耳。今因仁里徐君谦，携琴访于敝庐，敬奉尺牍，以通音问。鄙拙于文，不能委尽情谊，更望益勉所学，以进于圣贤之道为幸。徐君甚豪爽，居仁具告以古人为学之意。渠自言回家，奋志进学，果能尔，亦足以激励后学，更望辅翼为幸。但其威仪略粗，亦望检摄。仁里，或有后进可进于善者，便当开示以圣学门庭，庶使吾道不孤。刘友操未知其所进如何。可勉励之，无使废坠，会晤无期，徒增耿耿耳”。③

盖在此年，康斋在鄱阳湖舟中有伤早年重要弟子胡九韶诗作，“时傍邻舟

---

① （明）胡居仁：《敬斋集》，董平校点，卷 2，《记》，《移居记》，第 962—963 页。

② 《中国地方志集成》，《江西府县志辑》第 30 册，《同治余干县志》，江苏古籍出版社，1996，卷 6，第 624 页。碧霄峰、南极峰在《同治安仁县志》的地图上有地理位置标注的，清同治时期（1862—1874 年间）分别位于孝诚乡、安乐乡。

③ （明）胡居仁：《胡居仁文集》，冯会明校点，《寄潘友》，卷 1，第 152 页。

向日吟，天涯忽动故人心。始知一失钟生尔，宜绝当年伯氏琴”。① 如《同治崇仁县志》所载资料“年 70 余卒”属实的话，可推测九韶生卒当在 1396 年至 1465 年之间。②

1466 年，成化二年丙戌，敬斋 33 岁。

二月二十九日，敬斋父环溪先生捐馆。③ 前，江西提学佥事李龄亲往余干来聘白鹿洞书院讲学，因父忧，辞。④

三月后，居忧中。

三月甲辰，吉安永丰罗伦（1431—1478，字应魁或彝正，号一峰）⑤ 殿试第一，状元，其中，一甲进士 3 人，二甲进士出身 98 人，三甲刘烜等同进士出身 258 人。己酉，李贤父昇卒于家，贤乞归守制，不允终制。壬子，李贤再乞终制，不允。⑥ 乙卯，授罗伦翰林院修撰，程敏政、金简为编修，选进士章

① 《康斋集》，卷 7，《鄱阳舟中伤九韶》，第 491 页。

② 《同治崇仁县志》，《人物志 · 理学》，第 402 页。胡九韶先于康斋而捐馆，其著名弟子有罗明（字元亮，崇仁四十九都人），景泰六年进士，除监察御史，巡视浙江盐课。复巡按广西，升广西按察司佥事。升广西按察司副使，未拜命而卒，参见《同治崇仁县志》，卷八之二，《宦业》，第 372 页。另有丰城著名弟子杨崇（号复庵），南京礼部尚书杨廉之父。丰城杨崇（1425—1509，字尚贤，号复庵）“甫长，闻崇仁笋溪胡九韶先生师事康斋吴聘君，学有源委，乃往师之。笋溪教人，必使先读小学、四书涵养性情以端其本，故公虽治举子业，然力敦行检，为文崇雅黜浮，不逐时好，皆以学有师承，自规矩绳墨中来也”，参见（明）张吉：《古城集》，四库全书，第 1257 册，《补遗》，《复庵先生墓志铭》。盖复庵游九韶之门，得小学之教，崇尚经事之学，历桂林、柳州、永州等地太守，“居家居官，务尽其当然，常恐其不然”，（明）林光：《南川冰蘖集》，罗邦柱校点，卷 6，《墓表》，《明丰城杨宜人刘氏墓表》，第 184—185 页。杨崇子杨廉（1452—1525，号畏轩、月湖）秉承家学，为当时知名的理学家，从事主敬之学，反对王阳明的良知学，撰有《皇明理学名臣言行录》，（明）杨廉：《皇明理学名臣言行录》（2 卷），《丛书人物传记资料类编》（学林卷 6），（明）祁承业辑，国朝征信丛录本，北京图书馆出版社，2010，第 411—570 页。

③ （明）胡居仁：《敬斋集》，董平校点，卷 1，《寄晏淯》，第 941 页。

④ 李龄，正统元年以乙榜授宾州学正，历任国子学正、江西道监察御史、詹事府丞、太仆寺丞、江西按察司佥事、提学。

⑤ 一峰曾师事乡贤邓淮（字表臣，永峰漕溪人）三十年。邓淮谈经授徒，日以礼乐之学从事。事迹见《同治永丰县志》，卷 22《儒林》，第 274 页。

⑥ 《明宪宗实录》，卷 27，第 533—534 页。

懋、黄仲昭、庄昶等为庶吉士，命学士刘定之、柯潜教习文章，大学士李贤等考校，其余进士分各衙门办事。①

敬斋学友刘烜（字用光，号谦斋，安仁人）以《春秋》中进士。后刘谦斋由南京刑部浙江清吏司主事出守廉州知府，敬斋有信与其论守城之策。②

五月癸酉，一峰因上书弹劾内阁首辅李贤（1408—1467，字原德，河南邓州人）事，第二日黜为福建泉州府市舶司副提举。③御史陈选、杨琅、王翱均有疏救，或不报，或遭帝责。是月丙子，大学士李贤奔丧回京，命复任视事。④

是年，陈白沙39岁，秋，受顺德知县钱溥（字原溥，1408—1488，原翰林院侍读学士，华亭人）鼓励，往北京复游太学。自南海出，过大庾岭、鄱阳湖、庐山、萧山、西湖诸地。过杭州，作《湖山雅趣赋》，"丙戌之秋，余策杖自南海循庾关而北涉彭蠡，过匡膏庐之下，复取道萧山，溯桐江，舣舟望天台峰，入杭观于西湖……撤百氏之藩篱，启六经之关键，于焉优游，于焉收敛；灵台洞虚，一尘不染"⑤，含蓄地表明了自己的心学思想包容百家之学、追求光明洁净心体的特点。

孟冬，过南昌，拜谒李龄。⑥

至京，原正统十三年考友邢让（1427—1471，字逊之，山西襄陵人）刚主国子监祭酒⑦即令作大学小试赋，并律诗一首。次日，邢让约白沙游山，归，

---

① 《明宪宗实录》，卷27，第535页。

② 刘烜在平叛廉州桃花洞贼颇见儒家事功精神。据载，刘谦斋下车伊始，询及里民，备陈其状，得求平乱之方。其单骑前往，见地平水少，遂捐俸建坝，雍水灌地，给牛种，贼成编氓，改桃花洞为兴中里。民作赞诗曰："悉力为民不减召，杜单骑入虏和惭？"范韩闻朝，升福建参政。子堪中弘治乙酉举人，官钱塘知县，有善政，见《中国地方志集成》，《江西府县志辑》，第32册，《同治安仁县志》，江苏古籍出版社，1996，卷二十六之一《人物志·宦业》，第758—759页。

③ （明）罗伦：《一峰集》，四库全书，第1251册，卷1，《奏状》，第647页。

④ 《明宪宗实录》，卷30，第590页。

⑤ （明）《陈献章集》，卷4，《湖山雅趣赋》，第275页。

⑥ 黎业明：《陈献章年谱》，第21页。

⑦ 邢让为国子监生时，为李时勉所器重。正统十三年（1448）中进士，改庶吉士，授翰林院检讨。景泰元年（1450）邢让附和李实之意上书请英宗归，景帝委曲谕解之。修《英宗实录》，进翰林院修撰。成化二年升国子监祭酒任，以师道自任，修《辟雍通志》，督诸生诵小学及诸经文。成化五年升礼部右侍郎。两年后因国子监用会馔钱之事被追究为死罪，用钱赎罪减刑，降为平民。

令和《和杨龟山此日不再得韵》诗，白沙和之。①

"能饥谋艺稷，冒寒思植桑。少年负奇气，万丈磨青苍。梦寐见古人，慨然悲流光。吾道有宗主，千秋朱紫阳。说敬不离口，示我入德方。义利分两途，析之极毫芒。圣学信匪难，要在用心臧。善端日培养，庶免物欲戕。道德乃膏腴，文辞固秕糠。俯仰天地间，化身何昂藏！胡能追轶驾，但能漱余芳。持此木钻柔，其如磐石刚。中夜揽衣起，沉吟独彷徨。圣途万里余，发短心苦长。及此岁未暮，驱车适康庄。行远必自迩，育德贵含章。迩来十六载，灭迹声利场。闭门事探讨，蜕俗如驱羊。隐几一室内，兀兀同坐忘。哪知颠沛中，此志竟莫强。譬如济巨川，中道夺我航。顾兹一身小，所系乃纲常。枢纽在方寸，操舍决存亡。胡为谩役役，斲丧良可伤。愿言各努力，大海终回狂！"②，祭酒大惊曰：'龟山不如也。'明日飏言于朝，以为真儒复出，由是名震京师。盖此时的陈白沙，自崇仁归家后，十年磨剑，"善端日培养"，致力于通过积累的方式养"善端"，"枢纽在方寸，操舍决存亡"更是表明究心于心学之密将有无穷之妙。

白沙居京，寓居神乐观，与章枫山、庄定山、张东白、黄仲昭等新科进士交游，官员士子多有往来，"皆情浓心醉，京师风动"。③黄门贺钦（1437—1510，字克恭，号医闾，先浙之定海人，以戍籍隶辽东义州卫）一见倾绝，拜学于白沙门下，不久即绝意仕途，归家讲学。原考友、时任吏部右侍郎的尹旻（1423—1505，字同仁，济南人）仰慕白沙之学，遣其子往求学，来往多次，均不纳，大怒之，白沙虽由国子监生升吏部文选清吏司历事，故而不得重用。④

同读书国子监的陈肃（上海人，后官至顺天府通判）拜师于陈白沙门下。⑤

① （明）林光：《南川冰蘖全集》，罗邦柱校点，卷6，《明故翰林院检讨白沙陈先生墓碣铭》，第178页。

② （明）《陈献章集》，卷4，《和杨龟山此日不再得韵》，第279页。

③ （明）林光：《南川冰蘖全集》，罗邦柱校点，卷6，《明故翰林院检讨白沙陈先生墓碣铭》，第178页。

④ （明）《陈献章集》，阮榕龄：《编次陈白沙先生年谱》，卷1，第809—810页。

⑤ 黎业明：《陈献章年谱》，第25页。

十二月甲寅，少保吏部尚书华盖殿大学士李贤卒。贤好读书，喜谈性理之学，有治理之才。①

是年，夏东岩生于永丰县二十三都之育英坊，宋名臣从龙黄公之裔。

家世嗜善，清苦业儒，迄于曾大父讳孟成公，赘夏氏，生三子，因姓焉。长讳福，永乐癸卯，以春秋魁江西第四，任陕安塞县知县，仁廉得民，保留一十三载，朝廷赐有特敕，托疾归隐，乃先生之伯大父也。次讳原贵，邑庠生，砥德砺行，乃先生之大父也。止生先生父一人，讳广洪，以先生贵，累诰赠南京太仆少卿。太恭人叶氏，生先生，兄弟三人，先生居次。生有殊质，颖异绝人，自幼不与群儿习嬉戏，言动知避非礼，九岁始就外传，嶷然有大人之志。习句读辄成诵不忘，弱冠与从侄一之从冰溪娄公受举子业，时冰溪父一斋公得聘君吴康斋的传，遂欲求为圣贤之学。②

1467 年，成化三年丁亥，敬斋年 34。

此年继续居忧中，无诗歌论文创作。③

二月壬申，葬处士父亲于梅溪下埠。敬斋充满深情的回忆自己的父亲，“资禀雄迈质朴，不事浮靡，好宾客而尚儒术，尤喜吟诗。所居梅溪，前有溪水环绕，因号曰‘环溪堂’，学士沈公度为之隶额。岁晚寓居安仁之大原，以疾而终，时成化丙戌二月二十九日也。妻王氏，公器之女，子居安、居仁，女二人，长适楼山于熙元，幼适河桥周愈。孙五人，崇琏、崇广、崇修、崇益、崇正，女孙二。”④

---

① 《明宪宗实录》，卷 37，第 736—738 页。

② 《夏东岩先生集》，上海图书馆藏清刻本孤本，卷首，《理学夏东岩行实》。

③ 据张劲松教授研究，依明代丧礼，父母丧者丁忧二十七月，其中期年曰小祥，十二个月；二年曰大祥，二十四个月；大祥之后，尚有三个月禫服，禫者是服除之名。故而，敬斋需要至成化戊子五月二十九服阙（若有闰月则应相应提前），参见张劲松：《〈胡敬斋年谱新编〉补正》，《江西教育学院学报》，2013 年第 4 期，第 38 页。

④ （明）胡居仁：《胡敬斋集》，王云五主编《丛书集成丛书》，商务印书馆，1935，卷 2，《墓志》，《先君墓志》，第 51 页。（明）胡居仁：《胡文敬集》，四库全书第 1260 册，《先石墓志》，第 44 页。沈度（1357—1434），字民则，号自乐。上海金山人。曾任翰林侍讲学士。与弟沈粲皆擅长“馆阁体”书法。

此年二月，张东白与执政意见不合，因疾乞归，自是居家二十余年。①

春，白沙40岁，居吏部文选清吏司主事，因“与群吏杂立厅事下”，甚劳，同时郎中等友人劝休退，感仕途无望，称病自京城归家。②

此年，张诩之父张璝任抚州知府，闻康斋名，召见。康斋不应，心怒之。“因先生拒而不见，璝知京贵有忌先生者（尹直之流），欲坏其节行，令人讼之。久之无应者，璝以严法令他人代弟讼之，牒入，即遣隶牒拘之。门人胡居仁等劝以官服往，先生服民服，从拘者至庭，璝加慢侮，方以礼遣。先生无愠色，亦心谅非弟意，相好如初。璝以此得内贵心”。东白不知始末，遣书“上告素王，正名讨罪，岂容久窃虚名”诮康斋。而尹直复笔其事于《琐缀录》，陈建《通纪》载其事轻康斋，《宪章录》乃复仍其谬。③

冬十二月，宪宗将于元宵大张灯彩烟火，命词臣撰诗进奉。章枫山（章懋，1436—1527，兰溪人）④与同官黄仲昭（1435—1508，名潜，号未轩，福建莆田人）⑤、检讨定山（庄昶，1437—1499，字孔旸，号木斋、定山，南京浦口人）⑥上疏谏道，“今川东未靖，辽左多虞，江西、湖广赤地千里，百姓嗷嗷，张口待哺……伏乞将烟火停止，移此视听从明目达聪，省此资财以赈饥

① （明）张元祯：《东白张先生文集》，四库全书从目丛书补编，第75册，卷24，张元楷、赖丕祥：《东白张先生行状》，第222页。

② （明）《陈献章集》，阮榕龄：《编次陈白沙先生年谱》，卷1，第810—811页；（明）林光：《明故翰林院检讨白沙陈先生墓碣铭》，第178页。

③ （明）黄宗羲：《明儒学案》，卷1，《聘君吴康斋先生与弼》，第16—17页；《同治崇仁县志》，卷八之三，《人物志·理学》，第399页。

④ 章懋为成化二年（1466）会试第一，选为庶吉士。次年冬，授翰林编修。贬临武知县，改南京大理寺左评事，后调福建按察司佥事。因母病，于成化十二年辞官归里，读书讲学。弘治十四年（1501），起为南京国子监祭酒。著有《枫山语录》（上海古籍影印版《四库全书》，第714册）、《枫山集》（上海古籍影印版《四库全书》，第1254册）。

⑤ 黄仲昭为1466年进士。初官翰林院庶吉士、编修。后谪湘潭知县，在道改南京大理寺评。未轩曾躬耕于家17年，1488（弘治元年）年授江西提学佥事，1495年乞归。著有《未轩集》（上海古籍影印版《四库全书》，第1254册）、《八闽通志》。未轩与枫山、定山、东白、白沙均有善，多有书信诗歌酬答。

⑥ 庄昶为景泰七年（1456）举人，成化二年（1466）进士，翰林院检讨。其诗作与白沙齐名。后，被贬桂阳州判官，寻改南京行人司副。以忧归，卜居定山二十余年。晚年，为稻粱谋，起为南京吏部郎中，得风疾乞归。著有《定山集》，十卷（上海古籍版《四库全书》，第1254册）。

恤困，则灾祲可消，太平可致”①。时人以枫山等三人与先以言事被黜的修撰罗伦，合称“翰林四谏”。②宪宗大怒，杖之，调外任，章懋为湖广临武知县、黄仲昭为湘潭知县、庄昶为桂阳州判官。③

是年，同门学长娄一斋先生46岁，开始有《日录》册子，记载其为学工程，多平正明白。④

1468年，成化四年戊子，敬斋35岁。

敬斋继续服忧，至此年五月底，服阕。

是年，何濬再聘主洞学，因礼意已至，难以再辞而应聘。主持书院讲席，一时士多兴起。同时讲学者还有星子县选贡查抗。⑤

四月，朝廷召一峰还，改南京翰林院修撰。⑥

秋季后，在庐山白鹿洞讲学。

受周孟中推荐，武平好学之士舒冕与敬斋同入白鹿洞月余方归，“蒙遣武平舒冕从刘文纲受经，卒业后复从居仁游，与同入白鹿月余方归。后生辈如此人之志，亦不多见，此皆时可作兴奖拔之功也”⑦。

有书信给前任白鹿洞主教事者周孟中（1437—1502，字时可，号畏斋，庐

① 章懋：《枫山章先生集》，第8—10页。

② 嵇曾筠、李卫、沈翼机、傅王露等，《浙江通志》，上海古籍出版社，1991。

③ 《明宪宗实录》，卷49，第999—1000页。

④ 《夏东岩先生文集》，明嘉靖刻本，卷五，《娄一斋先生行实》。

⑤ 成化元年（1465），李龄与南康知府何浚倡修书院，增学田、祀器、书籍，制定《白鹿洞书院八戒》。敬斋述，“佥宪潮阳李先生与贤执事好古笃信，即先贤故居、文公旧日讲道之所重建学宫，招至四方贤俊，共明圣道……去岁（成化二年）佥宪先生辱枉下顾，今者贤侯善辞令，厚币帛，重烦郡学司训降临衡茅。然此聘贤厚礼，居仁愚陋，曷足以当之！但礼意已至，有不得辞焉者。”（明）胡居仁：《敬斋集》，董平校点，卷1，《复南康何濬太守》，第923—924页。可参见江西教育学院张劲松教授（华中师范大学博士）详细考证，《明儒胡居仁首任白鹿洞书院主洞时间考述》，《江西教育学院》，2013年第4期，第167页。

⑥ （明）罗伦：《一峰集》，四库全书，第1251册，卷1，《奏状》，第647—648页。阮榕龄撰《编次陈白沙先生年谱》所载一峰调还南京时间有误，（明）《陈献章集》，阮榕龄：《编次陈白沙先生年谱》，卷1，第809—810页。

⑦ （明）胡居仁：《敬斋集》，董平校点，卷1，《寄周时可》，第931页。

陵县人，1469年进士，官至广东布政使，白沙好友），请教续修白鹿洞志事，“‘希贤室’不知谁做？闻是先生命名，不知是否？今已无存。‘文会堂’亦无存。今欲修洞志追述其事，望回示本末为幸。洞中少书籍，望广求入洞，以嘉惠后学。幸甚！”。① 此信寄出，一直未得回复，盖周畏斋忙于准备京城成化五年己丑科考试也。

冬，李龄节俸捐资修贯道桥、延宾馆，明年春讫工。②

撰《续白鹿洞规六则》，续接程朱学脉与道统，阐明自己的六条学规，分别为主诚敬以存其心、博穷事理以尽致知之方、审察几微，以为应事之要、克治力行以尽成己之道、推己及物以广成物之功。

正趋向以立其志。……愚谓圣人设教，无非因人固有之理而品节之，使由是而学焉，则德无不明，身无不修矣。今之学者，有气高者，则驰骛于空无、玄妙之域。明敏者，类以赅博为尚，科名为心。又其下者，不过终于诗句浮词，以媚世取容而已，未尝知有圣贤之学也。夫圣贤之学，得之于已，可以成善治，美风俗，兴教化，三代可复也。或者以为圣人之道高远难至，非后学之所敢及。殊不知有生之类，其性本同，但圣人不为物欲所昏耳。今学者，诚能

① （明）胡居仁：《敬斋集》，董平校点，卷1，《寄周时可》，第931页。“居仁于戊子年曾奉书于左右，未知达否？于后虽病困山林，怀想不已。盖昔在白鹿洞，询知阁下本心，故未敢相忘于江湖也”，（明）胡居仁：《敬斋集》，董平校点，卷1，《与周时可》，第944—945页。按：周孟中（1437—1502），字时可，号畏斋，江西吉水庐陵人。正统丁巳生，父亲周询，曾任嵊县教谕。年十六，从嵊县王千斋学，厌举子业。从父命，补郡学弟子。1466年会试下第，后被李龄聘为白鹿洞书院主教事，以程端蒙、董铢、朱子学法为教法，严率诸生，有教声。因与南康守不和而辞去。1469年成化乙丑进士，历南京礼部文选主事，戊戌转福建按察司提学佥事，甲辰以服阙改贵州佥事，丁未升广西提学副使，弘治乙卯转按察使，戊午转浙江右布政使，转广东左布政。1502年致仕。曾于1500年访陈白沙于新会，事迹见白沙年谱。享年66岁。主纂《广西通志》著《畏斋集》，10卷。参见杨廉：《杨文恪公文集》，续修四库全书，卷53，《都察院副都御史畏斋周先生墓表》，第158—160页。今翻阅王云五版《胡敬斋集》（第26页）、《敬斋集》（董平校点），或敬斋同里姚润与贵溪东岭姚明当为亲戚，故其应姚润之请，撰《姚仲元传》（四库全书版《胡文敬集》，卷2，第61—62页）。

② 胡居仁：《延宾馆记》，“潮阳李公龄，既新白鹿书院，置学田，延师儒，聚英俊，拳拳以德行为教，揭朱子学规以示学者。好古乐义之士，自公卿以至岩穴之贤，来游是洞者接武联镳。公欲立馆以延宾客，而重用民力，至戊子冬，岁稔民安，乃于农隙兴工。木石之费，皆公捐已资，未尝有毫米敛于民。始事于仲冬，毕功于孟春。”

存养省察，使本心常明，物欲不行，则天性自全，圣人可学而至矣。圣人岂隐其易者，反使人由于艰难阻绝之域哉。又有以为道学固美，但非世俗所尚，不利行耳。殊不知日用之间，无非此道之流行。近自洒扫应对，事亲接物之间，推而至于仁民爱物，无所用而不周，无所施而不利，特由教养无方，人自不察耳。居仁不揆愚陋，窃有志于斯焉。于是不敢自私，将欲与有志之士，讲明而践行之。故为此规，以告同类，必先开发此志，然后进于有为也，至于用力之方，条列于左云。

主诚敬以存其心。……愚闻人之一心，万理咸备。盖其虚灵之体，得之于天，所以主乎吾之一身，宰制天下之事者，孰有大于此者乎，孰有贵于此者乎。然放而不存，日以昏昧，至大至贵之物，反流于卑污苟贱之域，而不自知矣。然所以放者，由于物欲牵引，旧习缠绕，故杂虑纷纭，不能休息，而无时在腔子之内也。唯能主乎诚敬，则本心全体即此而存，外邪客虑无自入矣。盖真实无妄之谓诚，主一无适之谓敬，二者既立，则天理安有不明，人欲何从而生哉！但其功夫效验，周遍精切，非一言所能形容。是以类集圣贤所言诚敬之道共为一篇，庶乎可以体验而有得焉。愚以为今之学者，但当尽已之心，毋使有一毫之虚妄；齐庄严肃，毋使有一毫之惰弛，则所谓真实无妄、主一无适者，自可至矣。由是以穷理修身，由是以齐家治国，亦何所不可，何所不能哉！程子所谓聪明睿智，皆由此出，信不欺我矣。

博穷事理，以尽致知之方。……愚谓《大学》之教，以致知为先。盖能推致吾之知识，使无不尽，则本心洞然，万变毕照。由此而之焉，则意诚心正而身修，天下国家可得而治矣。但其用力之方，则在于即物推求以究其理，方为的实。若泛然从事于言语训诂之末，则讲说虽勤，文辞虽丽，乃程子所谓玩物丧志之学，徒敝精神，于身心无纤毫之益。其遇事变，亦茫然不知理之所在，颠倒错缪，殆有甚焉。尚望其能成已成物而无误乎？然亦无以他求为也。今学者，诚能读圣贤之书，反复寻究以求其理，亦可以得致知之大端矣。更于日用之间，穷其何为是，何为非。事事求其至善，物物寻其当然，则致知之功，莫切于此。如此既久，则知益明，理益精矣。

审察几微，以为应事之要。……愚谓人生日用之间，起居动息，以至设施措置，不能不与物接，故不能无事。然所以为事之理，固已具于性分之内也。若厌其烦扰，欲绝而去之，则陷于老佛之空寂。若不察其理之当然，以机变为足以应事，则流于仪、秦、商鞅智谋之末，为小人之归矣。然事物之间，虽曰无非天理所在。苟失于省察，则不觉陷于人欲之私。虽或悔悟，亦无及矣，故必于事物初接本心萌动之际，谨察精辨。孰为天理，孰为人欲，使善恶是非公私义利，判然于前，然后从其善而去其恶。如此既久，则义理益精，自无过与不及之差矣。

克治力行，以尽成已之道。……愚闻人之有生，便有所以为人之理，是皆天之所赋，非人力之所为也。虽圣人不过，尽为人之理而已。孟子所谓践形是也，非圣人于此身之外，别有所以为圣人之理也。今所以不能如圣人之从容中道者，是气质有偏，物欲有蔽，故必克治其气质之偏，物欲之蔽，使所行无过不及之差，然后可以尽此身之理，以成乎已也。苟或知而不行，则前所穷之理，无所安顿，徒费讲学之功，无以为已有，岂不重可惜乎！今学于此者，务必实体此理，而力行以终之，以脱乎俗学之陋。其力行之方，圣贤方册已详，姑举大端于此，以示同志。

推己及物，以广成物之功。……窃谓学者须要有如此心胸，则规模广大，私吝之心自消，推而行之，岂有一民不被其泽，一物不得其所哉！此儒者之学，必至于参天地、赞化育，然后为功用之全也。圣贤开示后学深切如此，顾乃背其名教，偏狭浅陋，成一己之功名。苟一家之富贵，使明德新民之大道、正君善俗之太业不行于世。呜呼惜哉！有志之士，尚当勉力于此，以进复先王之治。①

又亲撰《白鹿洞讲义》。

“古之学者，必以修身为本。修身之道，必以穷理为先。理明身修，则推之天下国家，无不顺治。今诸君在洞者，务必用功于此。虚心一意，绝其杂虑，而于圣贤之书，熟读精思明辨，反之于身而力行之。又于日用之间，凡一事一物，必精察其理。一动一静，必实践其迹，则所学在我。而于酬应之际，以天下之理，处天下之事，必沛然矣。又何古人之不可学哉！且诸君以为，今人之性与古人之性，同乎异乎？今人之心与古人之心，同乎异乎？苟异矣，不敢强诸君。若吾之心、吾之性，不异于古人，又何古人之不可学哉！诸君其勉之，务使今日白鹿洞，即昔日之白鹿洞；今日之学，即文公昔日之学；今日之道，即文公昔日之道，不惟能尽乎吾身所赋之理，而于国家崇建人文之盛典，

① （明）胡居仁：《敬斋集》，董平校点，卷 2，《杂著》，《续白鹿洞学规》，第 983—994 页。

诸名公作兴之盛意，庶不负焉，诸君勉之哉。”①

是年，母丧，辞白鹿洞书院主事，归家。②

白沙四十岁，冬复入京师，为赴来年会试，有《送吴廷介归开化》。

是年，白沙弟子贺医闾以病辞归，时年三十二岁。

1469 年，成化五年己丑，敬斋 36 岁。

春，经提学李公、同知谯公赞、推官沈公瑛、星子教谕吴君慎、检校黄君恭等人捐资，庐山白鹿洞书院贯道桥、延宾馆成。③

二月，夏寅（字正夫，上海华亭人，号止轩）由南京吏部郎中升任江西副使，督学政，教务以德行为先。敬斋、一峰、东白、文耀均与之交游，多有书信诗歌酬答。④敬斋佩服夏寅治赣有声，赞其“儒道宗主”，即寄给他自己多年在水利方面的心血之作，并阐发自己对发展教育的一系列理解，体现出其道德至上主义的教育政策价值取向。

“窃思古之学校所系甚重，凡国家之事无不出于学者。非惟举用贤才，出于学；虽行兵出师，亦受成于学也。盖以政由教出，治以道明，故士之所学

① （明）胡居仁：《敬斋集》，董平校点，卷 2，《杂著》，《白鹿洞讲义》，第 983—994 页。

② （明）胡居仁：《敬斋集》，董平校点，卷 1，《寄晏洧》，第 941 页。

③ 《胡居仁文集》，《贯道桥记》，第 185 页；《延宾馆记》，第 185—186 页。

④ 夏寅，正统十三年（1448 年）举进士。景泰元年六月甲午，由进士升南京吏部主事。力学，为文以宏奥称，进郎中。成化元年考满入都，上言：“徐州旱涝，民不聊生。饥馁切身，必为盗贼。乞特遣大臣镇抚，蠲租发廪。沿途贡船，丁夫不足，役及老稚。而所载官物仅一箱，余皆私赍，乞严禁绝。淮、徐、济宁军士，赴京操练，然其地实南北要冲，宜各设文武官镇守，训兵屯田，常使两京声势联络，仓猝可以制变。”章下所司行之，唯不设文武官。迁江西副使，提督学校，其教务先德行。成化十九年五月辛亥，复除山东管理海道。成化二十年二月辛酉，升浙江布政司右参政。处州民苦虐政，走山谷。寅檄招之，众皆解散。成化二十二年十月，升山东布政司右布政使。弘治元年闰正月乙酉（1488 年），以年老令致仕。寅清直无党援。尝语人曰：“君子有三惜：此生不学，一可惜。此日闲过，二可惜。此身一败，三可惜。”世传为名言。著有《禹贡详节》《夏文明公集》《记行集》《备遗录》等，现存《政监》（三十二卷，四库全书存目丛书，史部，第 281 册，齐鲁书社，1996）。东白文集称其为“止轩”（《东白张先生文集》，第 9 页），一峰文集称其“止庵”（见《一峰集》，四库全书，第 1251 册，《答夏宪副止庵见赠二首》，第 782 页）。

者，无非修身致治之道；上之所行者，无非学校所穷之理也。自汉魏以下，学校之教不过以训注记诵为业，未尝即物以穷天下之理，故无修身致治之具。上之所用者，非得乎明德致治之人。如萧、曹、房、杜等号称贤相，然亦以其智谋才力之长，其于天下之事，不过补其罅漏，修其缺坏，岂能事事物物尽其当然之则，使生民各得其所乎？程子谓“其未尝以道治天下，不过以法把持”是也。至宋之时，安定胡先生，能知乎此，故立经义斋、治事斋以教学者。凡治民治兵水利算数，无不讲究，其后关、洛诸公继出，故格物穷理之学，修身治世之道，焕然如出三代之上……向因家贫饥旱，穷究水利，编集成篇，特以身居下贱，未能推行，痛念乡邻贫困，家人无以为生，谨此上呈。虽曰救时之急，亦所以示学者，使知即事穷理，不专为纸笔无用之学也。所以呈于先生者，以先生儒道宗主，使人知学校之重也”。①

夏寅在收到信后，深赞敬斋先生有君子之学，并赠朱子《伊洛渊源录》，为表谢意，敬斋回信。②

敬斋此年丁母忧。

白沙 42 岁，与同乡林光（1439—1519，字缉熙，号南川，番禺人）、李桢（字德孚，番禺人）北京会试同下第，遂南归。③考友周瑛（1430—1518，字梁石，号翠渠，莆田人）、周孟中均中进士。期间，在北京神乐观寓居讲学，多有政府官员、学者前来听学丽泽。④

去岁冬，周翠渠“孟冬……旅食京师”，“会陈献章”，“因献章得抄《朱子

① （明）胡居仁：《敬斋集》，董平校点，卷 1，《奉夏宪副》，第 933—934 页；（明）胡居仁：《胡居仁文集》，冯会明校点，卷 2，第 183—184 页。

② （明）胡居仁：《敬斋集》，董平校点，卷 1，《谢夏宪副》，第 936 页。

③ （明）《陈献章集》，阮榕龄：《编次陈白沙先生年谱》，卷 1，第 812 页。林光成化二十年（1484 年），从母命，复赴会试，中副榜，任浙江平湖县教谕。在平湖任职九年，其间曾主考福建和湖广乡试，顺天府同考，修《嘉兴县志》。弘治六年（1493 年）十月，秩满还家。弘治八年（1495 年）三月，升山东兖州府儒学教授，因丁忧，回家守制。弘治十一年（1498 年），起补严州府儒学教授。弘治十四年（1501 年），升国子监博士。三年任满，奏乞致仕，不允。弘治十八年（1505 年），任襄王府左长史。他到任后，整顿积弊，事无巨细，皆得其当。正德八年（1513 年），恳乞致仕，遂进阶中顺大夫，回归故里六年卒。

④ （明）《陈献章集》，阮榕龄：《编次陈白沙先生年谱》，卷 1，第 811 页。

语类》，四十本凡百四十卷……记工抄写，今冬可抄完”。① 盖此年，翠渠与白沙为学友，二人得以纵论学术。

在神乐观，翠渠和献章诗，“虫声秋院静，木榻自来凭。细数千年事，闲挑五夜灯。子房真学道，王旦谩为僧。湖水渺无际，寒鱼不受罾”②。

二月，一峰因病请辞南京翰林院修撰。去年十月，一峰请求南京吏部行应天府调治身体。③

白沙三月行李出京。五月二十一日，过南京，与一峰交游，二人一见定终生之教，论学三日。二十四日，白沙南归，一峰赠《送白沙先生诗序》，“白沙先生处南海者廿余年矣。观天人之微，究圣贤之蕴，充道以富，尊德以贵，天下之物，可爱可求，漠然无动其中者。……自我而大者，彼恶得而小哉？大自人者，小人大之，一时大之，君子不大也。小人大之，君子大之，天下大之，后世大之，大自我也，然后可以为大也。先立乎其大者，然后小者不能夺也，然后亦可以为大也。可大者，独先生哉？先生南归，道金陵，诸君各为四韵诗以别。谓余言，余顾谓‘诸君自立其大者，余何言？’成化五年己丑夏五月廿又四日，永丰罗伦书。”④ 一峰先生早年曾往崇仁求学康斋先生门下，然康斋有严格学规，泛泛学者辈不见，故而一峰不得见康斋也，时白沙、胡敬斋在崇仁，故而得闻此事，也铺下二人与一峰深厚友谊的开始。

在南京，与老友章枫山、庄定山、黄仲昭、沈钟等人交游论学。⑤

六月，白沙过清江县，以手书问老师康斋，尚无恙也。⑥

秋，白沙过南昌，拜会老友张东白，听其讲述与东南大儒、周翠渠恩师陈剩夫为学故事。后，白沙作诗寄陈剩夫，“千载武夷峰，伊谁事幽讨？垂老赴

---

① （明）陈真晟：《陈剩夫集集》，四库全书存目丛书，集部第 38 册，卷 2，《答门人翠渠周瑛书》，第 691 页。

② （明）周瑛：《翠渠摘稿》，四库全书，第 1254 册，卷 7，《和陈公甫神乐观夜坐韵》，第 847 页。

③ （明）罗伦：《一峰集》，四库全书，第 1251 册，卷 1，《奏状》，第 648 页。

④ （明）《陈献章集》，附录 4，《送白沙先生诗序》，第 923—924 页；（明）陈真晟：《布衣陈先生存稿》，《续修四库全书》，第 1330 册，上海古籍出版社，2002，第 402—403 页。

⑤ 黎业明：《陈献章年谱》，第 31—33 页。

⑥ （明）《陈献章集》，卷 1，《跋张声远藏康斋真迹后》，第 67—68 页；《陈献章集》，上册，卷 2，《复赵提学佥宪》（三），第 147 页。

江山，怀贤庆苹藻。多谢泉南翁，神交愿倾倒。聊将一瓣香，寄向君怀抱!”表达敬仰和交往之情。①

白沙写信寄陈剩夫，“仆自北京与梁石辈游处，见语盛德，每惜不得一面。去秋，经过洪都，因访张内翰廷祥，留宿，语先生所以告内翰者，某才一二闻之，又恨不能详也。今忽拜承手书，许以枉顾，良用慰沃。顾仆年少，何敢屈先生远来？开春拟携一二同志东游罗浮，历惠、潮，达闽，访武夷故趾，寻有道者之庐而请问焉。先生倘未他出，仆更不牵制余意，但老母粗康，贱躯无疾，决不负此游也。书既称旧岁连得周进士书，而先生之问乃尔，岂无一语及仆平生出处、志愿耶？僭渎不罪。”②

白沙归家后对仕途愈加地失望，又重新涵养于日用之间，教学育人，学者日众。

十月十七日，老师康斋先生捐馆，“门下凡数百”③。特录未见《明儒学案》的康斋弟子事迹。

黄柏崖，黄范（字顺模，号木斋）之父，丰城人。杨廉年少时，与其父复庵曾访柏崖。柏崖“所为诗音响格调，异于寻常所见。乡之人为诗者，心窃慕之。”④

杨尚礼（1423—1487），临川瑶溪里人。先后从康斋、九韶学。⑤

孙琮（1455—1491，字伯康，号恕斋），丰城同造里人。成童时从康斋学，时已治经，康斋教以朱子《小学》，又教之以静坐澄心，“悦而学”。恕斋以其所得教授子弟。⑥

此年，李龄去世，敬斋作《祭潮阳李先生》，白沙作《奉悼李先生十四

---

① 黎业明:《陈献章年谱》，第 37 页。

② 黎业明:《陈献章年谱》，第 37 页；（明）陈真晟:《布衣陈先生存稿》，续修四库全书，第 1330 册，第 420—403 页。

③《同治崇仁县志》，卷八之三，《人物志·理学》，第 399 页。

④（明）杨廉:《杨文恪公文集》，续修四库全书，卷 55，《黄君顺模墓志铭》，第 177—178 页。

⑤（明）杨廉:《杨文恪公文集》，续修四库全书，卷 59，《临川杨君尚礼墓表》，第 226—227 页。

⑥（明）杨廉:《杨文恪公文集》，续修四库全书，卷 60，《恕斋孙君墓志铭》，第 234—235 页。

韵》，二人均表达自己的哀悼追思之情。①

孟冬，时年三十三岁得白沙弟子贺医闾（时归家辽东）七月十二日得老师书，回信给老师陈白沙。

> 七月十二日始得潞河发舟前一日书，具悉雅怀。钦向于京师听教一年余，虽鄙陋之质不能少变，然非先生之教，则患得失之鄙夫耳。今幸免此，得不为祖宗门户辱，其恩不亦大哉！先生之恩，固不啻此耳。其所以教育钦者，必欲勉进于道，是诚父母之恩也。顾钦庸下不能自振，然勉奉教言，誓死不敢废焉耳。钦比自谓：此出不喜得是官，所幸遇先生。自今思之，辽越万里，又钦之大不幸也。
>
> 钦自抵家，杜门调摄，今秋于后圃构小斋三间，为养病读书之所，颇幽静。朝夕处此，以奉先生之教，此外他无所。顾犹未能少见意趣，无可以请问者，日后若知所疑，续当求教。向钦作桐乡深处诗，虽不成语，然末二句云"何时三十六岩下，日与尧夫御小车"，则实钦之素心。皇天佑人，不识何日得遂此愿也。向书喻以贵处无人于辽东往还，然亦少耳，非全无也。若能闵钦之久违函丈，因便赐教，莫大之幸。
>
> 孟冬作此，附子仁处转寄。不能尽所欲言，惟先生亮之。②

1470年，成化六年庚寅，敬斋37岁。

敬斋此年丁母服阕。

三月，陈音（1436—1494，字师召，号愧斋，莆田人）上疏谏言，启用白沙、一峰、东白等名士，"置献章台谏"，被责。③

白沙是年四十三岁，门人伍云（1425—1471，字光宇）来学，并筑草堂三间于白沙屋左，坚求学成圣之志。

夏，三十二岁的林南川亦来白沙从学，六月拜别。

秋，白沙为门人张瑛（字声远）跋康斋先生真迹。

此年冬，白沙与弟子林光多次讨论。白沙十二月二十七日说，"万梅书屋

① 黎业明：《陈献章年谱》，第37页。
② 《医闾先生集》（武玉梅注本），卷五，《简石斋陈先生》，第56页。
③ 黎业明：《陈献章年谱》，第39页。

且当闭关独坐，早晚仆同德乎一叩，却往罗浮也。《语类》搜寻得琴轩家板本否？望作急见报，免抄京师错本为好也。”林光回信说，说“万梅书屋近又为山主贫卖与人，遂无所措。残岁寒居辑成，一家稍免露处，又当别计也。《语类》再询得琴轩书目所载三十八本，但为蝼蚁所毁，不堪抄对。”二人讨论万梅书屋闭关独坐之事，《朱子语类》善本所在，且求主静“端绪”之学，如“斯理之全，转觉洞洞，任卷任舒；渊冰之味，不数刍豢。”①

十二月十九日，白沙为曾同往崇仁小陂康斋先生门下求学的老友何潜作《东晓序》，“何氏子隐南海之滨，更名潜，榜其居曰东晓。盖亦以其识见之超卓，能及于微远，如阳气始舒，昭晰无间，故以其象谕之云耳。”白沙赞其隐居涵养志向。②

此年，白沙有书信寄给东南儒宗陈剩夫，白沙表达明年春有武夷之游并请教商学的意向。陈剩夫接到书信后，“承来书欲游武夷，适合鄙愿，盖亦每有念于一往也。若得陪侍，岂胜慰幸！庶几晨夕必得商量平生事也。谨此颙俟，草草不具。”剩夫先生表达愿意奉陪武夷之游，并商量平生学术的意愿。③

1471 年，成化七年辛卯，敬斋年 38。

此年，敬斋得疾。④此年有信给于老师，告知他康斋于前年十月捐馆。

“伏闻先生力学不已，廉谨自守，为国为民之心，久而益切，敬仰！敬仰！生窃以为，人之有生，均气同体，固无物我彼此之间，况上之于民。尊临抚育，有父子之义，故贤君忧勤恻怛，所以爱民如子者，非出于强为也。彼其视民，漠然而无干者，亦以为欲所汩，失其天地之心，且如《康诰》言‘如保赤子’一句，人谁不读，实能体此者寡焉！如此读书，虽读万卷何益。若上之忧民，真如慈母之爱赤子，则凡以安其生、防其逸、新其德者，无所不用其至矣。然非得贤才讲究条画，亦无以尽施设之方也。故古之为政者，以修身为本，爱民为重，求贤为急。又蒙教翰，言居仁于父母之丧葬，能尽其礼。拜读之余，愈惭愈惧。自念学力疏浅，操存不密，违礼甚多，过后悔悟追回不及。

① （明）《陈献章集》，下册，《陈献章诗文续补遗》，《与林缉熙书》，第 968 页。

② （明）《陈献章集》，阮榕龄：《编次陈白沙先生年谱》，卷 1，第 813 页。

③ 黎业明：《陈献章年谱》，第 47—48 页。

④ （明）胡居仁：《敬斋集》，董平校点，卷 1，《寄晏洧》，第 941 页。

自今以后，再欲改过，庶全人道以求无辱于亲，不知果能如何？又念道，自宋儒去后，不胜寥落。自元及今，儒以训诂务博为业，以注书为能传道，使世之学者浅陋昏昧，无穷理力行之实，此有志者不能不以为忧也。康斋先生前年十月捐馆，未审知否？某僻处穷乡，难得书籍，闻京国多书，困于贫乏，不能往求。如遇有圣贤遗书，更望赐焉"①。

春，永丰李立武来白沙处访学，纵论风水之学。刚升任广东提学佥事的胡荣（1424—1484，字希仁，江西新余人）下车伊始即来看望白沙，"青灯话旧"，"教以心驭气之术，试效立验。但应接事烦，工夫不精"，纵谈学术。②故而此年上半年，白沙有两封书信给胡荣，见《与胡佥宪提学（二）》《与胡佥宪提学（四）》。③

此年东莞大儒南川先生林光学问大进，多次向老师白沙汇报所学所得。

正月五日夜，白沙告知其心学法门，"进业之勇如此，可畏，可畏。章始有志于此，亦颇刻苦。后来忧患妨夺处多，或前或却，故久而无成。缉熙今认得路脉甚正，但须步步向前，不令退转；念念接续，不令间断，铢累寸积，岁月既久，自当沛然矣。"④盖四十四岁时的白沙先生心学专门致力于念念相续的意念中存天理去人欲，其感应之学越发的缜密。

正月二十五日，三十三岁的南川先生林光感悟"参前倚衡"之学有得，即有信给白沙，"至于一事之不苟，一念之不忽，尘积而滴贮，日思而夜继，亦乾乾矣。然终不能不间断，此所［以］心闻命而愧惧交也。虽然，亦终吾身而已矣。天命之理流行而不已者，日参倚在前，有目者能尽见之乎？故养之不周

① （明）胡居仁：《敬斋集》，董平校点，卷1，《复于先生》，第919页。

② 胡荣为景泰五年进士，历给事中，迁按察副使，奉使提都浙江广东学校，进布政使参政。著有《道器图》《东洲稿》。参见《天一阁藏明代地方志选刊续编》，第49册《嘉靖临江府志》，上海书店，1990，卷8，《人物志七之三》第509页。胡希仁与东白甚友善，东白有赠其福建宪使之任。（明）张元祯：《东白张先生文集》，四库全书存目丛书补编，第75册，卷10，《送广之大参胡公之任序》，第100页。另据东白述，胡希仁自黄门给事迁广东提学佥事，职满后升浙江提学佥事。母丧服除，升福建宪使。后升广西参政。章枫山先生赞赏他说，"胡东洲提学好贤乐善，能受人言处人不可及"，参见《枫山语录》。

③ 《陈献章年谱》，第55—56页。黎业明先生多有考证，请参考。

④ 《陈献章年谱》，第48页；《南川冰蘗全集》，第441—442页。

而欲区区于论辩，亦训解焉而已耳；见之不明而欲自试于众务，亦億逆焉而已耳。如是而学，必日在口耳私意中也，其于性命之理，盖日相远，况能自得而至于沛然之境乎？无自然之味，欲独强其心而求前，亦气使之耳，久能无变乎？孟子之言曰：'君子深造以道，欲其自得之也。'孔子之言曰：'予欲无言。'意何深也！"[①] 南川已过而立之年，年富力强，且亦无心功名利禄，在老师白沙心学的指导下，专心于意念之学的涵养，体会到了天理周流不息的自强真生命，体会到自然廓大之学的真精神，故而是白沙门下较早体会到了白沙心学精微的学者。

二月二十八日，门人林南川再次写信汇报自己读书感悟、涵养心性的所得，"元来四方上下，往古来今，直是这个充塞周洽，无些小欠缺，无毫发间断，无人我大小远近，如一团冰相似，都滚作一块，又各各饱满，无不相干涉者。前辈谓'尧舜事业亦是一点浮云过目'，往时耳虽闻而心实未信，今始知其果不我欺。深山清夜，一语秉之，渠谓如此方推得去。光妄谓：此处着不得一个推字。实见得，则所谓'充塞天地之间'，所谓'天地位、万物育'，所谓'建诸天地而不悖，质诸鬼神而无疑，百世以俟圣人而不惑'，所谓'至诚而不动者，未之有也'，所谓'洋洋乎如在其上，如在其左右'，与夫高宗梦说之事、朝闻夕死之说，方各各有着落处。曾点三三两两，真个好则。剧看来，自家多少快活，何必劳劳攘攘？都不是这个本色。千古惟有孟子'勿忘勿助'之说，最是不犯手段也。"南川辛卯之悟指出大道天理"如一团冰相似，都滚作一块，个个饱满，不想干涉者"[②]，这就是白沙体会到前辈朱子所说的万殊之理各自圆融、自成体系，故而产生超越功名利禄的人生真乐，这是康斋在观物中体会到的崇仁学派心学传统，也就是自然之乐，独立于世俗之乐。

白沙为此于四月十七日的回信，给予高度赞扬，"昨晚得缉熙二月二十八日手书，承谕，进学所见，甚是超脱，甚是完全。病卧在床，忽得此柬，读之慰喜无量，自不觉呻吟之去体也。终日乾乾，只是收拾此而已。此理干涉

① 《陈献章年谱》，第 49 页；（明）林光：《南川冰蘖全集》，中国文史出版社，2004，罗邦柱校点，卷 4，《奉陈石斋先生书》，第 101—102 页。

② 《陈献章年谱》，第 51 页；（明）林光：《南川冰蘖全集》，罗邦柱校点，卷 4，《奉陈石斋先生书》，第 102 页。又参见《南川冰蘖全集》，卷 6，《明故翰林院检讨白沙陈先生墓碣铭》，第 178—179 页。

至大，无内外，无终始，无一处不到，无一息不运。会此则天地我立，万化我出，而宇宙在我矣。得此把柄入手，更有何事？往古来今，四方上下，都一齐穿纽，一齐收拾，随时随处，无不是这个充塞。色色信他本来，何用尔脚劳手攘？舞雩三三两两，正在勿忘勿助之间。曾点些儿活计，被孟子一口打并出来，便都是鸢飞鱼跃。若无孟子工夫，骤而语之，以曾点见趣，一似说梦。会得，虽尧舜事业，只如一点浮云过目，安事推乎？此理包罗上下，贯彻终始，衮作一片，都无分别，无尽藏故也。自兹已往，更有分殊处，合要理会。毫分缕析，义理尽无穷，工夫尽无穷。书中所云乃其统体概括耳。病中还答不周，言多未莹，乞以意会。前此所谕，命之理以下数段亦甚切实有味，愧不时复。”①

白沙对自己的主静之学较为自信，“秉笔欲作一书寄克恭，论为学次第，罢之，不耐寻思，竟不能就。缉熙其代余言。大意只令他静坐，寻见端绪，却说上良知良能一节，使之自信，以去驳杂支离之病，如近日之论可也。千万勿吝。”白沙令南川写信给远在辽东的贺医闾，特别希望贺医闾在端倪之学上有继承与发展，这与吴康斋30岁体会到涵养心性的好处，多次写信给自己的学友，一起分享成圣的体验一样；这与东白传给其门人弟子的“寻真心”一致。②

九月，南川辛卯年第三次体验又有心得，他向老师白沙写信汇报到，“辛卯九月某日，伏承面命，无所不及，载之鄙抱，何时能忘？昨经番禺，独辱时矩虚己一宵，下叩屡切。光因以平日下手工夫告之，向上层盖亦难言，须其自得也，若友外不欲呶呶矣。恒切思之，一语一默似细也，少或苟焉，诚不立矣。守吾默默，时而应之，庶乎弗畔，况于有倡斯和，万汇莫逃？顾吾畜之不茂，且安敢以望人者终责于人乎？孔子曰：可与之言而不与之言，失人；不可与之言而与之言，失言。孟子所愿学者，孔子也。孟子曰：士未可以言而言，是以言餂之也；可以言而言，是以不言餂之也，是皆穿窬之类也。失言失人，不知者也，以言䑛，不以言䑛，则有意矣。孟子遂同其罪于穿窬，无细可遗矣。又曰：人能充无空穿之心而义不可胜用也，无大可过矣。君子语大，天下

① 《陈献章年谱》，第52页；（明）《陈献章集》，卷2，《与林郡博》（七），第216—217页；《南川冰蘖全集》，第442—443页。此段文字，各集所载不一。

② （明）《陈献章集》，《陈献章诗文续补遗》，《与林缉熙书》（七），第971页。

莫能载；语小，天下莫能破。孟子盖有所受矣故其学细，严于毫芒；大则塞乎天地，舒卷开辟，如如自得。修辞立诚，精而密也，久而熟也。前辈谓学孟子无所依据，奚而不可？患不善学耳。谬见如此，未审以为何如。”① 这样，1471 辛卯年的南川为白沙心学找到四书学基础，把孟子的自得养气之学更加细密化了，从心性体验上推进孟子心学的涵养论。

可见，此年夏秋间，白沙多次与弟子林南川讨论向内用力识“端绪”之学，指出“端绪”就是上蔡所说的“真心”②，并强调默默涵养的养法以守住此“端绪”③，这就是著名的“寻端绪”心性口诀。此年十月十一日应该是白沙“静坐中养出端倪”思想最早最体系化的逻辑起源处。

十月十八日，白沙著名弟子光宇因苦读致病捐馆，年仅 47 岁，白沙深为之痛惜。④ 盖白沙夫子门下弟子众多，而虔诚向学者，莫如光宇也，故而白沙多为伤痛。后作《寻乐斋》一文表示哀思，白沙明确反对过度用心于书，提出“得心”“心不可用”之论。⑤

此年，白沙怀念江西丰城的易学老师清江先生，当年是康斋夫子让其跨越群山而去拜学的，“清江之去白沙，几山几水。一夕，恍然与德雍先生葛巾青藜相值于宝林，拍手笑语，坐佛灯前，促膝嬉戏若平生，不知其在梦也。及觉，始怅然若有所失。即复闭目入华胥，寻向来所见，一恍惚既不可得，则又叹清江之去我远，德雍今存亡不可知，况欲与之握手耶？某别后况味如昨，但年来益为虚名所苦，应接既多，殊妨行乐耳。平生只有四百三十二峰念念欲往，亦且不果。男女一大俗缘，何日可尽？虽云道无凝滞，其如野性难拗，寻欲振奋一出，又未能也。德雍老矣，颇复能记忆宝林昔日之言否乎？临纸不胜怅惘。”⑥ 白沙由于诚心入圣，故而在成圣过程中，那些知遇之师往往会出现在梦境，由此彼此激励，故而学问更能大进。

---

① 《陈献章年谱》，第 58 页；《南川冰蘗全集》，第 102—103 页。

② （明）《陈献章集》，下册，《陈献章诗文续补遗》，《与林缉熙书》（五），第 970 页。

③ （明）《陈献章集》，《陈献章诗文续补遗》，《与林缉熙书》（七），第 971 页。

④ 《陈献章年谱》，第 58 页；（明）《陈献章集》，阮榕龄：《编次陈白沙先生年谱》，卷 1，第 814 页。

⑤ 《陈献章年谱》，第 65 页。

⑥ 《陈献章年谱》，第 66 页；（明）《陈献章集》，第 238—239 页。

此年，白沙因个人身体欠佳原因，未能远赴去年与剩夫先生的福建武夷之游，故而写信表示道歉，“穹壤百年，极欠一会。某自春来得厥疾，一卧至今，武夷之游遂成虚语。比者奉手教，慨血肉之为累，念岁时之将穷，引领南闽，魂爽飞去，是以不能默默托于呻吟而废裁答，用布匪朝之忱于左右也。”①

此年，名儒周翠渠入北京，先后与吴绎思、丘时雍、梁廷美、胡以道、贺克恭交游。②

1472 年，成化八年壬辰，敬斋 39 岁。

16 年后复访上饶同门学友一斋先生，讲论累日，闻所未闻，“上饶娄君克贞，予同门友也。所居东有重屋，为燕朋讲学之所。每遇有学之士，则延于其间，相与讨论。景泰癸酉冬，吾康斋先生尝登焉，因书‘芸阁’二字以贻之。丙子冬，予从先生往闽，亦登是阁，于此十六载矣。今复访娄君于阁中，极论累日，得所未得者甚多，非娄君发明精致，何能然乎？因谓予曰：‘昔先生登此，得亲至教。先生逝矣，子今复来，相与讲学于此，岂偶然乎。子盍记之？’曰：‘予访君者，正以德不修，学不讲，欲求丽泽之益，岂有德有言可以记其所以然乎。虽然，人之所以能参赞天地、经纶万事者，以其具此理于心也。然则存心穷理之功，可须臾间乎。必也庄敬涵养以立其虚灵之体，读书穷理以致其广大之用，则所以行道济时者，其具本于此焉。若然，则先生虽逝，此道未尝亡，此台重可敬也。阁下之书，不为虚藏矣。若夫造乎广大高明之域，收敛完养，以至精密纯全之地，以入圣者，则有望于娄君焉。友爱教养有赖于厥兄谌，推行辅翼岂不在于厥弟谦乎？继承而求其传者，厥子性、忱，不得不勉也！’君名谅，一斋其号云”。③

或在此时，一斋陪敬斋再游龟峰，作诗，“路达龟峰本不暇，泛舟反复傍溪涯。如何吃尽多劳扰，只为源头一步差。不道吾心识未真，妄将指点误旁人。惕然到此方知省，敦复真能胜似频”④。

二月初，丰城友人胡全以康斋先生讣至新会白沙处，白沙自述说，“二月

① 《陈献章年谱》，第 67 页；（明）《陈献章集》，第 268 页。

② （明）周瑛：《翠渠摘稿》，卷 1，《金兰真意序》，第 723 页。

③ （明）胡居仁：《敬斋集》，董平校点，卷 2，《芸阁记》，第 966 页。

④ （明）胡居仁：《敬斋集》，董平校点，卷 3，《再游龟峰二首》，第 1015 页。

初旬得丰城同门书，报先生弃世、属纩乃在己丑冬，不知彼间许多时，何故不以讣闻？或所寄书偶沉浮，后更不寄；或茂荣自不肯报，亦未可知也。来书见责赴哭，而章自五羊归后，厥疾又作，跬步不能离庭户，惟东向哭而已，奈何，奈何。来讣邓生，可惜岑寂山中，忽然失却一贤主人，其无味可想。缉熙作铭，拙者奚吝书丹？但自觉笔意凡近，终不能传远，而平生亦未有可倚仗处，徒劳往复，不若缉熙自书为佳耳。惟裁处。”① 白沙有“师友代凋、知己悠邈”伤感之怀。正因为感觉到自己在崇仁学派中被边缘化，且时常收到胡敬斋等保守主义理学家的责难，白沙随即写信给弟子南川，希望请他写铭。

白沙当时也作诗一首，“忽看华表鹤来还，白首书生尚掩关。四海未应无汝水，千秋只合对巴山。声名老去乾坤大，衣钵相传父子间。今夜越南思巅北，灯前空有泪阑斑。”② 其时，从这首极其重要的散佚诗歌，我们可以看出白沙还是表示哀悼，留下了深深的眼泪，这首诗歌不见于今任何一种版本的《陈献章集》，极为珍贵，反映了早期白沙与恩师的微妙情感。

五月二日，白沙作《奠伍光宇文》，六月作《告伍光宇文》。是年，白沙娶继室罗氏。③

五月十二日，白沙怀念师恩，为弟子张声远作《跋张声远藏康斋真迹后》。

“先师康斋遗稿，某藏之十二年矣，出入必偕。天顺初，先师膺聘入京，途中纪行诸作，皆当日手书，寄白沙凡七纸。成化己丑春三月，行李出北京，是日次于析木之店，以示东吴张声远。锳一见惊绝，阅之竟日不目瞬，以手抚弄以口吟哦，某怜之割一纸。是岁六月，过清江，以手书问，先师尚无恙也。明年秋，锳书来求跋。又二年壬辰二月，丰城友人始以讣来，先师之卒在己丑十月，至是三易岁。当锳求跋语时，属纩来一年矣。呜呼，悲乎！先师道德名誉倾一世，妇人小子知之，华夏蛮貊咸知之。平生爱一字一辞，不以假人，某之所得，徒以一日在门下。然诵其言，想见其丰采，而得其为人，则宜其有惕然而感，勃然而兴者矣。某犹望此于百世之下，况其迩者乎！后生可畏，锳其

① 《陈献章年谱》，第 68 页；（明）《陈献章集》，第 972—973 页；《南川冰蘖全集》，第 444 页。

② （明）章衮：《章介庵文集》，卷 11，《随笔琐言》，四库全书存目丛书，集部第 81 册，第 710—711 页。

③ （明）《陈献章集》，阮榕龄：《编次陈白沙先生年谱》，卷 1，第 815 页。

念诸。壬辰五月十二日，门人古岗陈某识。”①

九月三十日（10月31日）明代心学宗师王守仁（1472—1529，号阳明，余姚人）生于余姚。

秋，江西巡抚陈炜（字文耀）联合部下与士民集资于洪城刊印宋咸淳《朱子语类》刻本，合刻胡俨家藏印本（中缺二十余卷）、康斋家藏《朱子语类》（全本），时翰林院大学士彭时（1416—1475，吉安庐陵人）作序。②

是年，白沙与弟子林南川、贺医闾等弟子继续讨论心学，不仅明确要以“良知良能”接引“静坐寻见端绪”③，而且明确提出主静，提出静养端倪，白沙给远在辽东贺医闾的信说，“为学须从静中坐养出个端倪来，方有商量处。林缉熙此纸，是他向来经历过一个公案如此，是最不可不知。录上克恭黄门。岁首已托钟锳转寄，未知达否？今再录去。若未有入处，但只依此下工，不至相误，未可便靠书策也。前纸所录往来书问二首，又《记梦》一首，后有林缉熙、秉之跋尾，通奉去。病中不能作书，然所欲言者，大略不过此而已，亮之。”④至此，白沙主静中养出端倪之学已经正式形成，公开传播于门人弟子中，并正式宣告学术界，此时白沙先生45岁。这或许与伍光宇等亲传弟子未能保任元气而先后去世有关。

1473年，成化九年癸巳，敬斋40岁。

此年，因白沙学术思想为学术界所知，其倡导心学自得、追求自由的思想遭到学术界一批保守派的攻击，不仅有同门学友胡敬斋，还有一大批地方政府官员，白沙的心理压力越来越大。

二月十三日，白沙与李德孚论学，“闻老兄近复假馆禅林静坐，此回消息必定胜常。耳根凡百所感，便判了一个进退，老兄今日此心，比诸平时更稳帖无疑否？贱疾幸少脱体，但寻常家中亦被聒噪，情绪无欢。大抵吾人所学，正欲事事点检。今处一家之中，尊卑老少咸在，才点检着，便有不由已者；抑之

① （明）《陈献章集》，卷1，《跋张声远藏康斋真迹后》，第67—68页。

② 《朱子语类》，（明）彭时：《重刻〈朱子语类〉序》，岳麓书社，1996，第13—14页。陈炜成化六年宪副江右，七年任江西布政司。后刊刻《近思录集解》。

③ （明）《陈献章集》，《陈献章诗文续补遗》，《与林缉熙书》（十），第972页。

④ 《陈献章年谱》，第78—79页；（明）《陈献章集》，第133页。

以义，则咈和好之情。于此处之，必欲事理至当而又无所忤逆，亦甚难矣。如此积渐日久，恐别生乖戾，非细事也，将求其病根所在而去之。……昔者，罗先生劝仆卖文以自活，当时甚卑其说，据今事势如此，亦且不免食言。但恐欲纾目前之急，而此货此时则未有可售者，不知如何可耳。老兄幸为我一筹之。此语非相知深者不道，惟心照。癸巳二月十三日，某拜德孚侍史。”白沙赞其主静进学，同时因自己经济拮据，不得不卖文维持生计，担忧工夫难做，心中不免忧虑。

四月二十四日，白沙收到苏州知府丘霁的来信，于是回信祝贺好友丘霁荣升苏州知府。① 白沙信中说，“仆在京时，居仁尝通一札，但未识面耳。梁石、克恭，皆仆平生所深望，便中声意为感。”可见，当时白沙在学术界已经受到了以胡敬斋为代表的一批学者和政府官员的攻击，可能丘霁在信里面说到了这些问题。因为，丘霁与同乡胡敬斋关系非常密切，不仅有是诗歌往来，还有多封书信往来。也可见，与白沙私人关系比较好的学者有周翠渠（字梁石）与贺医闾（字克恭），而白沙明确表示胡敬斋与之关系不好，所谓“未识面”，也是客气的托词而已。作为当时同时拜学于康斋门下，陈、胡二人是熟识的。

比如，丘霁就曾向胡居仁传达陈白沙所写的诗歌，胡敬斋在阅读后，当即写信给丘霁，敬斋先生说，“昨蒙见示陈公甫诗，诵读之余，令人情意浩然。夫公甫，资性英明，才气高迈，抱负宏大，居仁所以深为公甫喜也。观其诗，皆雄才大略之所发，其体律句语，又皆高切古健，靡不有法。岂其以此为重，而用心乎？抑以此为末，而不为所累乎？夫人之心，虚灵不测，函具万理，必其无一毫之累，乃能与天地同其大，故仆之所以望于公甫者，在此而不在彼也。”② 胡敬斋对白沙诗学给予很高的评价，赞其“高切古健”，但对其心学思想不置可否。

四月二十六日，白沙又收到林蒙庵的来信，“蒙庵所称胡提学，亦如蒙庵之忧者也。彼其意以为古之道不征于今则人不信，不信民弗从，是固忧时者之所图也。其为人也，雍容平恕，乐善而忘势；其于仆也，有一日之雅焉。仆之得誉于提学，苟非其为人之急，亦朋友相好之私耳，非提学之心本然也。蒙

① 《陈献章集》，第 80 页。

② 《胡居仁文集》，冯会明点校，《朱子学与地方文化丛书》，江西人民出版社，2013，《与丘时雍》，第 155 页。

庵置之勿言可也。”① 此信写得比较委婉，似乎透露出白沙对于胡提学的个人看法，暗示胡提学个性比较急的特点。

八月十七日，东南名儒、朱子学名家剩夫先生陈真晟（1410—1173，号剩夫，漳州人）捐馆，享年64岁。② 白沙悼诗，“武夷为约后，垂死又三年。朗月罗浮外，高楼镇海前。独疑何面目？相望此山川。忽报龙岩讣，乘春欲理船。拙诗一章，奉烦龙岩掌教李先生致之布衣陈先生柩前，以表哀悼之忱耳。布衣先生，余雅敬慕久矣，曩岁有书约予游武夷，冀得一会，今弗及矣，可胜悼哉！”③

九月一日，白沙于胥江舟中写信给门人林光，记载前月与陶佥宪、胡佥宪论学事。白沙回忆道，八月二十八日，白沙与陶佥宪联舟从佛山水上胥江，与广东提学佥宪胡荣相遇。次日，三人登清远峡山寺，相与论为学之要，白沙作诗“一片虚灵万象全，何思何虑峡山前。洪城内翰如相问，为说山人已遁禅”，为自己近禅之学辩解开脱。盖，东白、一峰皆因白沙之学近禅而对白沙有所误会。④

十一月冬至前一日，门人林南川三十五岁，回信给恩师陈白沙，阐发他对文论和涵养的关系，提出涵养文学论主张，“夫文溢而奇，奇非得已也。不风而澜，江河不能有也。奇而奇，奇斯病矣。不有安流者乎？习之不久，积之不素，如之何其不难也。是故国手不迷于当局，其中闲也；旁观者见出于当局，当局非国手也。是故机而神者，天下之至难也，直文乎哉！恒寻索：己暗而人明，抱暗以为明久矣，虽有至明者，其谁乐告也。幸而知者渐磨而渐消之，若是其不能了了也，况有不知而人不告者乎。”⑤

此后一二年间，白沙与张东白、胡希仁多次论学，兼赋诗一首。

“承谕‘义理须到融液处，操存须到洒落处’。仆僻处海隅，相与丽泽者某辈数人耳，抱愚守迷无足以副内翰期待之重。然尝一思之，夫学有由积累而至

① 《陈献章集》，第81—82页；《陈献章集》，第241—242页。

② （明）《陈献章集》，《陈献章诗文续补遗》，《与林缉熙书》（十四），第974页；阮榕龄：《编次陈白沙先生年谱》，卷1，第816页。

③ 《陈献章集》，第83页；《布衣陈先生存稿》，第403页。

④ （明）《陈献章集》，《陈献章诗文续补遗》，《与林缉熙书》（十三），第972—973页。

⑤ 《南川冰蘖全集》（罗邦柱校本），卷四，《复陈石斋先生书》，第104页。

者，有不由积累而至者；有可以言传者，有不可以言传者。夫道至无而动，至近而神，故藏而后发，形而斯存。大抵由积累而至者，可以言传也；不由积累而至者，不可以言传也。知者能知至无于至近，则无动而非神，藏而后发，明其几矣。形而斯存，道在我矣。是故！善求道者求之易，不善求道者求之难。'义理之融液'未易言也，'操存之洒落'未易言也。夫动已形者也，形斯实矣。其未形者，虚而已。虚，其本也。致虚，之所以立本也。'戒慎恐惧'所以闲之而非以为害也。然而世之学者不得其说而以用心失之者，多矣。斯理也，宋儒言之备矣，吾尝恶其太严也。使著于见闻者不睹其真而徒与我哓哓也，是故道也者，自我得之，自我言之，可也。不然，辞愈多而道愈窒，徒以乱人也，君子奚取焉？仆于义理之原窥见仿佛，及操存处大略如此，不知是否？疾病之余，言不逮意，惟高明推而尽之，还示一字，仆之幸也！比者，娄克贞教谕亦有书来。仆既未接其人，不可遽有往复。内翰傥以愚言为有益，择其中一二可者示之，否则置之。"① 从白沙信可知，当时同门娄一斋先生也有书信来，似乎是责问白沙的心学思想，可见当时白沙心学不啻为石破天惊，震动当时学坛。

白沙诗，"古人弃糟粕，糟粕非真传。眇哉一勺水，积累成大川。亦有非积累，源泉自涓涓。至无有至动，至近至神焉，发用兹不穷，缄藏极渊泉。吾能握其机，何必窥陈编？学患不用心，用心滋牵缠。本虚形乃实，立本贵自然。戒慎与恐惧，斯言未云偏。后儒不省事，差失毫厘间。寄语了心人，素琴本无弦。"② 此诗一出，天下震惊。为了鼓励老师，林南川此年十一月冬至前一日写信。

因经济拮据，平冈乡贤钟氏兄弟赠田十余顷及屋基给白沙先生，盖敬白沙之人品也。白沙在给南川的信里面说，"平冈人钟氏兄弟好事，惠余屋基，有田十顷余，其地近海，在吾邑西南数十里，即屋之北山是也。众议复欲于旁近建学舍一所，割田以供诸生之贫不能自振者，计亦不下四五顷。所得尽佳山水，旦夕殊以此自庆耳。缉熙前过白沙，倪麟梦一人被发指余言曰：'如崖山

① （明）《陈献章集》，卷 2，《复张东白内翰》，第 131—132 页。此书信，黎业明考证为成化十一年，可作参考。

② （明）《陈献章集》，卷 4，《答张内翰廷祥书，括而成诗，呈胡希仁提学》，第 278—279 页。此诗作，黎业明先生考证为成化十一年，可作参考。

间七八大贤'云云。当时莫晓所谓，今卒应之，是何神也！时矩欲从余于平冈，近与李玉俱在馆中。城中人语云：秉之中道，叔馨绝倒。不知何所自去也。幸语秉之。癸巳九月朔日。"①

1474，成化十年甲午，敬斋41岁。

敬斋《春秋》师于准由河南卫辉通判升松江府同知，重修原松江府通判黄平（其由吏部主事而升通判）所建棠溪书院。于准多捷其师聘君康斋先生"黄堂勤政""勤谨和缓"等字于休憩之所。②

是年夏，白沙遣门人陈秉常、容彦昭、易德元三人往永丰访一峰，"夜发白沙口，席影江门月。洋洋一峰伦，望望何时接。男儿亦何事，料理经事业。千载曲江祠，中间可停楫"。③在永丰，罗一峰与三人论学之外，"相与探奇猎胜"，"酣饮浩歌"，纵情于山水之间，多有诗文酬作。④

此年，白沙论学好友罗璟（1432—1503，字明仲，号冰玉，江西泰和人）、胡荣、丘霁、周翠渠、林蒙庵（林雍，字万容，漳州龙溪县人，景泰五年进士，官至礼部郎中）、吴绎思（天顺元年丁丑科进士，莆田人，曾官惠州知府）均官运亨通，均有书信往来，互探有无。

1475，成化十一年乙未，敬斋42岁。

春，敬斋先生乡贤、学友苏章（1442—1495，字文简，号云崖，江西余干人）中进士。初任兵部职方主事，出镇山海关；后转任兵部武选主事，奉命出使岭南地区，回来后又去保定（在河北省）督兵。后任姚安通判、延平知府、浙江参政，著有《云游集》二卷《滇南行稿》五卷等。⑤

此年清明节，白沙与门人南川先生林光再详论主静读书、养善穷理之学，

① 《陈献章集》，第973页；《南川冰蘖全集》，第444—445页。

② 《中国地方志丛书》，第455册，正德七年版《松江府志》（三），成文出版社，1983，第974页；《胡居仁文集》，冯会明校点，卷2，第190—191页。

③ （明）《陈献章集》，《陈献章诗文补遗》，《夏赠陈秉常、容彦昭、易德元使永丰谒罗一峰》，第694页。具体访学时间，学术界一直无定论，黎业明考证为成化十一年，可作参考。

④ 《一峰集》，卷4，《西园清隐记》，第682页。

⑤ 《苏章苏桥乡明代著名古文家》，苏氏宗亲网，2018年12月27日。

“前日告秉之等只宜静坐。子翼云：‘书籍多了，担子重了，恐放不下。’只放不下便信不及。此心元初本无一物，何处交涉得一个放不下来？假令自古以来有圣贤，未有书籍，便无如今放不下。如此，亦书籍累心邪，心累书籍也。夫人所以学者，欲闻道也。苟欲闻道也，求之书籍而道存焉，则求之书籍可也；求之书籍而弗得，反而求之吾心而道存焉，则求之吾心可也。恶累于外哉？此事定要觑破。若觑不破，虽曰‘从事于学，亦为人耳。’夫子语‘为政’曰：‘足食，足兵，民信之矣。’子贡曰：‘必不得已而去，三者何先？’曰：‘去兵。’必不得已而去，二者何先？‘去食。’必不得已而去，非恶而去之，三者不可得兼，则亦权其轻重次第，取舍之而已。夫养善端静坐，而求义理于书册，则书册有时而可废，善端不可不涵养也，其理一耳。斯理也，识时者信之，不识时者弗信也。为己者用之，非为己者弗川也。诗、文章、末习、著述等路头，一齐塞断，一齐扫去，毋令半点芥蒂于我胸中，天然后善端可养，静可能也。终始一意，不厌不倦，优游厌饫，勿助勿忘，气象将日进，造诣将日深。所谓‘知近而神’、‘百姓日用而不知’者始自此迸出体面来也。到此境界，愈闻则愈大，愈定则愈明，愈逸则愈得，愈易则易长。存存默默，不离顷刻，亦不着一物，亦不舍一物，无有内外，无有大小，无有隐显，无有精粗，一以贯之矣。此之谓自得。清明日书”。① 这段著名的论述，可谓一石激起千重浪，极大地推动明代心学的理论发展，标志明代心学新型理论形态的产生。白沙一方面是鼓励三十七岁的林南川，敢于坚持涵养的心性道路，另一方面对自己的心学理论进行总结和提高，提出了自得心学较为完备的理论解说，那就是专意于涵养，完全摆脱经学的窠臼，求知于我们的内心，放心于大自然。

十月二十日，林南川在重阳日后携族中家人周游罗浮山数日后，回信给恩师陈白沙，对感应和默会二者的关系，磨炼出真知，提出自己独到的见解，把白沙心学往前推进一步，肯定白沙心学在未来时代的重要意义，“虽然，必难涉如是，见乃如是。光于是益知天下之事，凡其沮丧于利害，畏难而惮劳者，皆不足以有成，其病在志之不立而气之不从也。山水游放之乐，虽人生

① （明）《陈献章集》，下册，《陈献章诗文续补遗》，《与林缉熙书》（十五），第974—975页。

难必之事，亦岂足以谍谍于先生之前，惟其可以言者，不可以不讲也。峡山之饯，愧不在会，拙句蒙一点化，感谢感谢。来教谓复去某书云云，可付一笑。呜呼！斯理也，凡信之未至者，孰能无疑，疑而降志以相明，此天下之公道之所以明也。信之未至而强为黑白者，非不察即自诬也。此一人之私，季世之弊，道之所以不明也。信则有诸已矣。人固有得诸心而能形诸手，昭于外而即了于中者，故有感发者，付当自天完；默会者，机缄若神启。千里之外，百世之后，毫毛不爽，若火钻于木，戛于竹，击于石，其发者固有，其见者奚惑？自不尝见者言之，不以为妄则怪也。是故钟期死，伯牙为之毁琴，非琴之罪也。矧难明而易惑者人心，出前人所未道，以话于人人，奈之何其能入也？其哓哓于我特细故耳。'一傅千只咻'，直悲斯道之难明，斯人之不遇也，又奚较乎？"①

冬，45 岁的状元罗一峰在吉安永丰的龙冈畲族乡茅坪村金牛洞（原明德乡）创办金牛书院，开馆授学，隐士张邦俊捐田山，汤克宽曾撰记。② 敬斋闻之，"不胜欣悦"，并许诺"俟疾一愈，即来观光，而少赞于下风焉"，并希望与之面论易学思想。③ 一峰此后在永丰的讲学影响对当地读书人的人格发展和理想抱负甚深，与地方绅士和读书人平和交游，培养一大批地方政府官员和饱读诗书的地方士人，形成一个颇为壮观的地方性学术群体。一峰的地方学友有张邦俊（字泷崖，永丰车溪人）④、刘彬（字肃庵，永丰秋江人）⑤、刘忠（字

① 《南川冰蘗全集》（罗邦柱校本），卷四，《奉陈石斋先生书》，第 109 页。

② 《同治永丰县志》，《江西府县志辑》第 66 册，卷 22，《理学》，第 267—268 页。一峰金牛洞书院讲学具体时间，史书多不详。今考诸一峰文集，书中多记其事，"成化乙未冬，湖西罗伦来主金牛洞"，盖乡贤张邦俊捐建书院，"筑会秀堂居游士，给田百米以养之"，参见（明）罗伦：《一峰集》，四库全书第 1251 册，卷 4，《西隐堂记》，第 690 页；卷 3，《泷崖记》，第 697—698 页。

③ （明）胡居仁：《敬斋集》，董平校点，卷 2，《与罗一峰》，第 937 页。

④ 张邦俊家甚富裕，富藏书。除捐建金牛书院外，还构会秀堂以讲身心性命之学。一峰为之作《泷崖记》。享年八十岁。事迹参见《同治永丰县志》，卷 23，《处士》，第 290 页。

⑤ 刘彬为成化丙戌进士，任广东程乡县知县。晚以雷州知府同知乞归。曾与白沙讲学碧玉楼中，湛甘泉为之作传。事迹参见《同治永丰县志》，卷 22，《儒林》，第 274 页。刘彬子刘霖曾受学于白沙，从学数月；亦曾受学于杨敷。晚信良知学。构离明书院，教书育人，日以默坐澄心为事。事迹参见《同治永丰县志》，卷 22，《儒林》，第 275 页。

显仁，号复斋，永丰东湖人）①、刘彦刚（永丰濠里人）②、罗孔哲（字师古，永丰湖西人）③、罗眉清（字东墅，永丰湖西人）、王信立（字冰崖，永丰篠岭人）④。一峰门下弟子有罗养明（字用晦，一峰族弟，永丰湖西人）⑤、罗奎（字中峰，一峰从叔父，永丰湖西人）⑥、杨敷（字荼夫，永丰温坊人）⑦、黄全衮（字耿庵，永丰杏塘人）⑧、王敦、严魁伦、张舜铎（字可庵，永丰沙溪人）⑨、方声震（永丰湖西人）⑩、罗梁（一峰长子）⑪。由此观之，一峰对吉安永丰地区的教化、引导之功卓著。

---

① 刘忠，早失怙，二十七岁始从事于学，作龙云书院。五十二岁等罗伦进士榜，授南京兵部主事。侍经筵，迁痛奉大夫。曾与张汝弼、周翠渠讲学于庆寿寺。议论据理。任五载，卒于官。白沙有挽诗，“曾倾白下郎官盖，忍读青田太守文。今日九原谁是伴？里中新有一峰坟”。门人有周昂。事迹见《同治永丰县志》，卷22，《儒林》，第274页。成化丙申仲秋望日，白沙撰有《刘公祀典碑记》，《同治永丰县志》，第512页。

② 刘彦刚以德行著称乡里。事迹参见《同治永丰县志》，卷23，《处士》，第290页。

③ 罗孔哲以筑室读书、悠游其间著称。事迹参见《同治永丰县志》，卷23，《处士》，第290页。

④ 一峰捐馆后，其子家贫无以葬。王信立助葬事，颇为乡里称颂。事迹参见《同治永丰县志》，卷23，《孝友》，第307页。

⑤ 罗养明曾往广东访学白沙一载。王阳明知其贤，命门人冀元亨（字惟乾）造庐而问焉。著有《用晦集》，双江为之序。参见《同治永丰县志》，《江西府县志辑》第66册，卷22，《儒林》，第274—275页。可见，养明与阳明后学人物交往颇多。

⑥ 罗奎为成化甲午乡试第一，甲辰会试因主司白鸾忌其才下第。长与东白、白沙、刘彬游。曾讲学南雄。太守江璞请主大中书院讲席，从游者众。著有《大中授受录》《中峰集》。事迹参见《同治永丰县志》，卷22，《儒林》，第274页。

⑦ 杨敷由科贡升福建永泰训导，一峰最著弟子。后，曾受业于白沙，白沙深与之论学。杨敷有二子士龙、士麟，以名声著。其门人严超达，隐居教授。杨敷著有《凝庵集》。事迹见《同治永丰县志》，卷22，《儒林》，第275页。

⑧ 黄全衮养亲竭力，笃志力学，士类高之，与杨敷、罗养明被时人誉为“岁寒三友”，与杨敷、王敦、严魁伦同为一峰门下四大弟子。事迹见《同治永丰县志》，卷23，《孝友》，第307页。

⑨ 张舜铎从一峰学后，即不仕举业，晚造诣甚深。事迹参见《同治永丰县志》，卷23，《文苑》，第281页。

⑩ 方声震乐讲性理之学。居家甚贫。年八十余，犹读书不辍，尝至深夜。事迹见《同治永丰县志》，卷23，《处士》，第290页。

⑪ 罗梁以科贡授景州训导。迁谷城教谕。卒于途。罗梁以孝闻，教养子弟，恩义兼至。事迹参见《同治永丰县志》，卷23，《孝友》，第307页。

同时，敬斋辗转阅读了白沙写给何时矩（何廷矩，林时矩）的信："宇宙内更有何事，天自信天，地自信地，吾自信吾；自动自静，自阖自辟，自舒自卷；甲不问乙供，乙不待甲赐；牛自为牛，马自为马；感于此，应于彼，发乎迩，见乎遠。故得之者，天地与顺，日月与明，鬼神与福，万民与诚，百世与名，而无一物奸于其间。乌乎，大哉！前辈云：'铢视轩冕，尘视金玉。'此盖略言之以讽始学者耳。人争一个觉，才觉便我大而物小，物尽而我无尽。夫无尽者，微尘六合，瞬息千古，生不知爱，死不知恶，尚奚暇铢轩冕而尘金玉耶？"① 读完之后，敬斋对白沙心学多有不满，说"公甫陈先生，名重海内，与先生所交最深。居仁与四方士子，亦以斯道望于公甫。不意天资过高，入于虚妙，遂与正道背驰，不知先生曾疑之否？若曰不知其非，则思修身事亲不可以不知人，思知人不可以不知天。知其非而不告已，亏朋友之义，所以辅仁责善者，其失已在我。获睹公甫《与何时矩书》，欣然喜其见道，大意然推之其曰'天自信天。地自信地，吾自信吾'，又曰'尘微六合，瞬息千古'，只是一个佬侗自大之言，非真见此道之精微者，乃老庄佛氏之余绪。圣贤之言，平正切实，天虽知其所以为天，而未尝曰'天自信天也'"。② 这里，敬斋先生显然认定白沙心学是异学，是佛老之学，非正统儒家之学，故而四处联络道学朋友一起阻挡与反对白沙心学的流传和发展。

秋，白沙有与康斋弟子萧子鹏（字宜聃，今新干县人）六言草书。盖，宜聃有广东之游，商学于白沙。③

这几年左右，白沙与娄一斋、胡希仁、邱霁、东白均有书信来往，而白沙之学慢慢被学术界所熟知，故而学术界批评声音越来越多，攻击力度较大，与最典型的就是后来的赵提学。④

① （明）《陈献章集》，卷3，《与何时矩》（一），第242—243页。说明：孙通海先生校点的"林时矩"当为"何时矩"之笔误。

② （明）胡居仁：《敬斋集》，董平校点，卷2，《与罗一峰》，第938—939页。

③ （明）《陈献章集》，阮榕龄：《编次陈白沙先生年谱》，卷1，第814页。张东白与宜聃交游，后宜聃学举于乡，有嘉兴府学教授之任，参见（明）张元祯：《东白张先生文集》，四库全书存目丛书补编，第75册，卷10，《送萧郡博之任嘉兴序》，第98页。

④ （明）《陈献章集》，阮榕龄：《编次陈白沙先生年谱》，卷1，第817页。

1476，成化十二年丙申，敬斋43岁。

白沙四十九岁，康斋弟子、同门番禺何潜来商学。

正月三十日，时年三十八岁的林南川写信给恩师陈白沙，汇报自己对易学之几的理解，由此通达感应之神，“来教审虑精密，所以相时而处己者，可谓不苟矣。此机微之间，君子之所独见，生何人，足以语此？虽然，夬履而致危，众允而亡悔，生得而言之。生尝忧：至难识者，时也。时无刻而不变，事无刻而不新；非有天下之至恒，不足御天下之至变。不胶于恒者，天下之至恒也。时乎，时乎，君子之随时，若形影之相随也。彼而见春之为春，见秋之为秋，此人之常也。而达者见冬则知春矣，见夏则知秋矣。不能通天下之情者，必不能成天下之务；不能睹一心之几者，又岂识一时之几哉？是故善为耕者，不临春而备器；善御寒者，不隆冬而制裘。且虞其败者，则有败中之成；专靠其成者，则有意外之败。知进而不知退，知存而不知亡，知得而不知丧，大《易》之深戒，宜先生之研虑也。夫处既极之时，有难动之势，不有以变而通之，奈之何其可也。然有说焉，显者晦，晦者显，不忧其晦而忧其显，时方以此处我，而我幸然以为安，此亦非所敢知也。若生也者，人微势轻，将混混然与世相浊，晦其迹，胶其口，守吾之所不可息者，如斯而已矣。丙申首月晦日光再拜”①。

约在此数年间，或因前礼吾书院侵占他人麦田事被仇人诬讼，敬斋陷狱。蒙兵部主事苏章帮助，“赖章以白”，得以解救。②敬斋有信表示

---

① 《南川冰蘗全集》（罗邦柱校本），卷四，《奉陈石斋先生书》，第109—110页。

② 苏章，历兵部武选主事。应诏上言，劾妖僧继晓方士李孜省，谪姚安通判。弘治元年三月由兵部郎中升松江府同知。弘治三年迁延平知府。在任期间有功，后升浙江参政，婴风疾卒。见《中国地方志集成》，《江西府县志辑》第29册，《同治饶州府志》，江苏古籍出版社，1996，卷19，《人物志二·名臣》，第528页；《中国地方志丛书》，第455册，正德七年版《松江府志》（三），成文出版社，1983，第979页。1486年秋（成化丙午）有南滇之行（《同治饶州府志》，第849页），著《滇南行稿》（四卷），末附词四阕、《祭胡敬斋》文一首。《附录》一卷，则其行实及诸家题跋与入祀乡贤文卷也。有材料指出，章少同学于陈献章之门，盖亦刻意讲学者，故所作皆率意而成，不能入格云。事迹见（清）张廷玉主编，《明史》，列传第六十八；纪昀等《四库总目提要》卷一百七十五集部二十八别集类存目二。（明）蒋一葵《尧山堂外纪》卷八十六载，成化壬寅，陈白沙应诏之京，道过南安，太守张东海欲用曹参礼盖公故事，款留数月受教，白沙不可，东海不能强，白沙有诗曰：“玉枕山前逢使君，西风吹破玉（转下页）

感谢。①

"叠山谢氏曰：'士屈于不知己，伸于知己'。夫不知己，则指善以为恶，目正以为邪，此富、韩被黜于荆公，汝愚受诬于侂胄。夫知己者，德合道同，言契气合，不以生死利害而有间，故祁奚解叔向之囚，霍谞雪范滂之狱。居仁才孤学寡，薄行凉凉，官吏不知吾之本心，仇人过诬吾之罪恶，利欲盛而天理微，宜乎屈而不伸也。虽然，求其无愧于在己者而已，岂以外至者为荣辱哉！易曰：'困而不失其所，亨此也。'今阁下乃能悯吾困辱，而解其罪，非知己者，能如是乎。然亦非私于居仁之一身。以阁下学识之明，处心之厚，不得不然尔，居仁亦不敢以一己之私情为谢。惟阁下持是心以自勉，以古道自期，益广其所知，益笃其所行，居仁得以少助其讲论切磋之益。阁下有自成之功，此所以为谢也"②。

贺医闾（1437—1510，字克恭，宁波人）迈入不惑之年，四十岁，涵养心性大有得，有书信远寄白沙处，告诉其自北京会面后九年学习心得。

> 钦往年京师承教诲之勤，恩同父母，奉别至今忽忽九载，企慕之私，无间时刻。屡辱惠书教，并《纪梦说》《自策》《读近思录》诸诗及门下从

（接上页）台巾。"巾乃白沙自制，类华阳巾，直方而无襞帻者。东海根谓白沙讥己，遂以一绝激之，曰："白沙村里玉台巾，不奈风吹易染尘。莫笑乌纱随俗态，宋廷章甫是何人？"白沙得诗谓东海侮己太甚，便口占《玉枕山》诗曰："一枕横秋碧玉新，金鳌阁上见嶙峋。使君得此元无用，卖与江门打睡人。"东海和答曰："炎瘴多收一两新，独看天柱耸嶙峋。横秋玉枕真无用，自是乾坤不睡人。"天柱峰亦南安照山也，盖东海欲自依天柱而以玉枕与白沙云。既而，又作一绝："客囊羞涩客衣单，却买南安玉枕山。纵有枕头那得睡，鸡声催入紫宸班。""寄语江门打睡人，而今天地正芳春。觉来莫管闲花鸟，须扫昆仑顶上尘。"又继之一绝曰："青茸铺榻玉枕横，白云为被天作□。东海先生睡不着，日月当天正大明。"未几，武选郎余干苏文简由广东使还，具道白沙之师吴康斋，亦千载人物，东海方悟，不惟深喜得闻前辈名德有所持循，且以谢玉台巾之过，漫赋一诗曰："耳根何处得浮尘？浪说康斋讥未真。风月周台灯火夜，伊川路上见斯人。"因遗书白沙曰："玉枕山不必买，留长揖白送矣。"

① 张劲松教授也注意到"礼吾书舍扩建受阻于乡邻"纠缠事件，"礼吾书舍地处安仁而不在余干"，"安仁县治所为今余江县之锦江镇，锦江旧称兴安"，参见张劲松：《〈胡敬斋年谱新编〉补正》，《江西教育学院学报》，2013年第4期，第37页。

② （明）胡居仁：《敬斋集》，董平校点，卷1，《谢苏文简兵部主事》，第941页。

游诸友论学书，每一拜领，如饥之得食，渴之得饮，感佩恩教，莫可云喻。第昏昧之质，立志弗坚，加以壬辰析居以来，创构室庐，课治田事，不克专意于学，是以虽荷教诲，屡屡未能少进，愧惧之至。推其病源，又以不知其要耳。何者？往时见书册中先圣贤垂教之言，及亲承先生之诲，或涵养，或省察，或致知力行，无所不信，无所不悦，随所闻见以用其力，特以实非自得，不知大要，见无一定，力且弗专，坐是迄今无少改于其故耳。

今者屡承开示，潜玩久之，乃知此理充塞天地，贯彻古今，无处不有，无时不然。事事物物，各有本然之理，吾人何必劳攘？勿忘勿助，循其所谓本然者而已。然虽见得大意如此，苟非格物致知，灼见事物本然之妙，乌能勉强以循之？此知之所以当先也。然非敬以涵养此心，使其常主于中，不弛于外，则身且无主，虽视不见，虽听弗闻，至粗至近者且不能酬应之，况于究义理精微之极乎？此涵养之功所以又在知之先也。以是知今日用功之始，惟当先事涵养，放心不收，终难为学，此则决无疑矣。林缉熙端默有见，诚晚学所当遵行也。钦又欲求僻静处，若山寺中，静坐以收久放之心，第老母年高，无他兄弟备养，理无可出。

今春二月，携一二生，始就本城奉国僧寺，杜门调摄，旬日归省母。于是收心读书，然亦弗能累旬端默，但孜孜持敬以收放心之意，则弗敢忘耳。前时因循负教，罪过千万，自今稍识用工，宁敢复蹈故辙，以自取绝于大贤君子耶？自是以后，积累久之，幸有所疑所得，续当请教。仰惟先生道明教行，乐莫大焉。钦之不肖再得亲炙函丈，不识在何年耳。相望万里，不胜驰情！

兹广州杨官人贸易毕事归，谨贡此书。无以侑缄，高丽布圆领一件，敢以渎献，不罪僭易，幸甚。未间，伏乞为道自重，不备。①

医闾先生说其对白沙心学精微开始有感觉，但还需要下苦功。

约在此一二年间，医闾写信给罗一峰，畅谈学术。

① 《医闾先生集》(武玉梅校注本)，卷五，《又》，第59—60页；《陈献章年谱》，第103页。

甲午冬季，始领令亲梁氏附书。今年五月，复领金溪李客附书，具悉雅情，不胜感荷。恭惟先生学成德尊，退处田里，士传其学，民化其德，纂集六经，羽翼圣道。钦尝自谓士之进退，各有其道。苟退而无所猷为，甘自颓靡，其视进而尸素者，何远哉？钦之不才，恒自愧惧，闻先生之风，益深斗山之仰承。风疾或发，艰于步履，愿加调摄，以拔其根。

陈白沙不偶于春官，而道鸣南海，诚天之相斯文也。其《寒夜独坐》之作，以贱子班于执事，则非其类矣，惭悚之甚。德懋、仲昭、元吉、乐用、粹之诸公出处，辱教始知其实。乐用风疾近渐愈否？在皋可悲，有子能绍其绪否？承喻移家南方，足领至意，但先垄宗戚所在，卒难动移。克修、天锡充军口北，去年之赦，所司具奏不准放免，克修闻以易学教科举，不忧贫也。钦舍田者数人，岁人不足用时，或假诸人，亲故间类不取息，用是度日，不至劳心力也。惟向学之功，无少进益，不免下愚之归，以为忧耳。

近悟进学之始，全在收放心事，日夕勉于持敬，无奈间断不能接续。旧书时复温习，觉比往时有味，但精力短，不能读所未读。今年读《易本义》，年终可了。

所喻作何工夫以还造化，此岂庸陋所能？惟先生时赐教墨，以警督之，使不终归下恐，则幸甚。①

先生所著《集要》刻板否？已刻幸惠寄，否则希录篇首三数章寄示。文耀陈宪副闻迁宪长，其所刻《朱子语类》甚便学者。是书钦囊录于京师，讹舛太甚，得为达之宪长，赐以刻本，莫大之惠。此赍书金溪李客绍庆，走辽东岁以为常，若得《语类》得附来，甚便。兹奉去人参一斤，外参一斤，书一缄，奉岭南陈白沙先生，烦觅便转致。得回音，留俟来年李客附来。八月七日，李绍庆别义州，钦作此书与之。今贵邑刘宣著解匐古宜，归之前夕，始得见，用是再敢奉渎，冀比金溪者得早达也。闻刘宣著言，南昌张先生与尊兄时有书尺往还，必多论学议道之语，幸录示以开茅塞。②

① 《医闾先生集》（武玉梅注本），卷五，《简同年罗峰先生》，第66页。
② 《医闾先生集》（武玉梅注本），卷五，《书中别纸》，第66—67页。

白沙给赵提学（赵瑢，1440—1500，字德用，号古愚，福建晋江人。成化丙戌进士，历任刑部浙江司主事、员外郎、广东提学佥事等）写信，辩护自己的心学，“曩者至京师，与诸贤士大夫游，日听其论议天下之事，亦颇有益，惟是愚懵，终不能少变以同乎俗，是以信己者少、疑己者多也……承喻有为毁仆者，有曰‘自立门户者’，是‘流于禅学者’，甚者则曰‘妄人，率人为伪者’。凡于数者之诋，执事皆不信之，以为毁人者无所不至，自古圣贤未免见毁于人。甚矣，执事之心异于时人之心也！仆又安敢与之强辩，姑以迹之近似者为执事陈之。”① 白沙与赵瑢有多封书信往来。

此年秋，白沙前往苍梧，拜访时任两广巡抚朱英（1417—1485，字时杰，号澹庵、诚庵、认真子，湖南省郴州市汝城县人。官至都察院右都御史。），后其举荐白沙往京复试。②

是年，番禺后学何潜（字宗濂）来白沙求学。③

冬，时年三十八岁的林南川在白沙的建议下，前往江西吉安永丰罗一峰处游学半年。次年丁酉二月方别，罗一峰时年四十六岁，送其至仁和。而仅仅二年后，一峰先生即捐馆。林南川随后有庐山、南昌、杭州、南京等戊戌之游，时间较长，颇尽兴。可见，林南川等人访吉安的罗一峰及其金牛洞书院，故而此数年，三十九、四十岁左右周流于江西、江苏之间。

1477，成化十三年丁酉，敬斋 44 岁。

安仁县郡侯吴忱集资修建饶郡城，于东南面高地重建唐朝大将张巡（708—757）祠，邱霁撰《重建唐忠臣张公庙碑》。④

在两次入主白鹿洞书院期间，敬斋在孝诚乡十八都碧霄峰建构碧峰书院，潜心进学⑤，“碧霄峰下构幽斋，中寓琴书惬素怀。信是心虚涵万理，更欣地僻

---

① 《陈献章年谱》，第 105 页；《陈献集》，第 146—148 页。

② 《陈献章年谱》，第 106 页。

③ 《陈献章年谱》，第 106 页。

④ 参见《中国地方志集成》，《江西府县志辑》，第 29 册，《同治饶州府志》，江苏古籍出版社，1996，卷 27，《艺文志》，邱霁：《重建唐忠臣张公庙碑》，第 730—731 页。

⑤ 参见《中国地方志集成》，《江西府县志辑》，第 30 册，《同治余干县志》，江苏古籍出版社，1996，卷 6，第 624 页。

绝纤埃。蓁芜径路由斯辟，圣学门庭自此开。欲识工夫真切处，好从博约竭渊才”①，教书育人。

春，永丰一峰遣弟养明游白沙，白沙赠诗文，“永丰罗养明，丁酉春承一峰先生命来白沙。一峰，贤者也，而养明其爱弟。与语连日夜忘倦。昔之善称人者，曰碧梧、翠竹，又曰芝兰、玉树，若养明其可称也已。养明喜论诗，予特爱其优柔不迫，近古诗人情态，稍与养明言之，养明日记吾语，手录拙稿以归，予亦不能辞也。虽然，君子之所以学者，独诗云乎哉？一语默，一起居，大则人伦，小则日用，知至至之，知终终之，此之谓知。其始在于立诚，其功在于明善，至虚以求静之一，致实以防动之流，此学之指南也。养明归，质之一峰，一峰不予谬也，岂非千载之幸欤？律诗而章以赠其别，不足为一峰道也。”②

白沙此一二年，多有书信给赵提学，反复辩解，“执事录示张东白诗，且疑仆更号逃禅，不能摆脱此语，闻之不觉失笑。执事固爱助我者，请问今所疑于仆如此，果何自来耶？若出于东白，未可据也。东白盖［缘］仆昔论学书中一二语，偶未深契而料想至此，从而疑之。窃恐未为至论，只如此诗者。”③

二月，罗一峰与林南川等人畅游峡江玉笥山风景名胜，罗一峰作《罗浮庵记》，林南川作诗歌。

> 伦自幼则闻玉笥之胜，欲一往而不可得。一日梦游焉，至山门，榜曰：“法乐洞天”，流水萦带，群峰玉立，童子出迎，延入庵中。道士睡方起，良久谓曰：“若非游者梦耶？”予矍然曰：“是若之梦真耶？予今之来者真，真游矣。若乃指实为妄，是若之梦未觉耶？何若语之魇也。”道士笑曰：“东海之东，南海之南，西海之西，北海之北，上自无始，下至无极，皆梦境也。伏羲九遽，神农轩辕，熙穆无为，尧舜禅让，汤武放伐，刘项争雄，君者吾不知其为君，牧者吾不知其为牧，百世一梦也。朝菌不知晦朔，旦夕一梦也。蟪蛄不知春秋，时月一梦也。上古大椿以八千岁为春秋，八千岁一梦也。前混沌死，后混沌生，天地以十二万九千六百年为

① （明）胡居仁：《敬斋集》，董平校点，卷3，《碧峰书院》，第1014页。

② （明）《陈献章集》，卷1，《送罗养明还江右序》，第25页。

③ 《陈献章年谱》，第120—121页。

死生，十二万九千六百年一梦也。庄子曰：‘方其梦也，不知其梦也。觉而后知其梦也。’若梦犹未觉耶？若谓予梦梦也，谓若梦亦梦也，予与若皆梦也。若见卢生乎，方其适也，知其适而已，不知其梦也。及其欠伸而寤也，适安往哉？若起草莱，登金门，步王堂，名震天下，不三月而南窜荒徼，然后去袍笏而蓑笠，远城阙而山林，视昔之有真梦耶？其非梦也耶？乃不悟此游之之非梦，非固耶？”

予方谢道士，道士辞去，蹶然而兴曰："其真梦也。"自是往来于怀。

成化丁酉春，林缉熙自罗浮来，成真游焉。黄时宪、王忠肃、许济川自吉水至，陈符用自庐陵至。自玉峡舍舟而陆，暮抵大秀宫，宛然梦境矣。

翌日约道士徙宫天王阁，约符用结庵于阁后最奇处，遂名曰"罗浮庵"，符梦也。予顾诸君曰："是游非梦矣。"缉熙曰："安知其非梦乎？谓为非梦，恐复为道士笑也。"明日各下山辞去。

明年，见缉熙于芗城，相与太息曰："昨游成梦矣。"符用来告庵成，书梦语刻于庵中，庶来者知人生之所遇，无非梦境也。以得丧而欣戚，何为？①

留别罗一峰暨吉淦诸友（林南川）

丙申冬，余访罗一峰于金牛。丁酉二月，一峰送至玉笥。舟别于仁和，时吉水黄时宪、许良楫、王忠肃、庐陵陈符用，新淦萧宜中咸在，因赋此识别。

送送江村欲暮春，北风寒雨为谁频。春杯且共消红烛，身事无端只白云。伏枕流年看佩剑，推篷入夜数星辰。不知千里东吴路，云鹤相参有几人。②

丙申冬至戊戌夏之间（1476—1478），三十八岁至四十岁之间的林南川先生在出游各地均有诗作，亦拜访乡贤和学者。在江西，朝拜罗一峰金牛书院、同春书屋，前往泷江访欧阳修祠堂，前往富田镇拜谒文天祥遗迹宗祠，前往鹅

① 《南川冰蘖全集》（罗邦柱校本），卷末，《罗浮庵记》，第467—468页。
② 《南川冰蘖全集》（罗邦柱校本），卷七，第215页。

湖拜访四贤祠。在杭州，春夏之间，淹留约半年，拜访白沙学友袁德纯，与胡复庵论学，周流于西湖、虎跑寺之间。在江苏，其中秋季在苏州，游天平山、姑苏台；冬季在南京，与庄定山先生论学，与姚润华、徐伯淳交游。返程，过江西，经过鄱阳湖，在南昌，与陈琦（1439—1504，字粹之，号冷庵，苏州人，成化二年进士）、祁顺（1434—1497，字致和，东莞人，天顺四年进士，官江西左布政）来往应酬，时二人为好友，均在南昌为官，登滕王阁，拜谒孺子亭。戊戌春，过高安，到达筠州。清明节后，走永新，过赣江十八滩，登赣州郁孤台。一路均有诗作。

是年，白沙弟子贺医闾四十一岁，写信给老师陈白沙，汇报成化四年后退居九年在家学习心得，并得一子名浙孙。

生承恩教，没齿难忘，但进学不力，退处九载，无少进益，只自愧惧。然亦岂敢违悖至教，自绝于善？亦惟日夕以持敬收心，读书玩理为事，积之以久，看又如何。所恨边关限隔，不得寻医岭南，以疗此生深痼之疾。得遂此愿，未审在何年也。生侍母粗安，去冬复得一子，名浙孙，生之先四明人故也。田者数人，岁入不足，假之故旧，类不纳息，用是度日，不至劳心。既无他慕，衣食复足，别无所事，敢不专心以奉矩诲？惟先生不以愚鄙斥外，而终教之，不胜至愿。今夏五月，广州杨官人伦贸易辽右归，尝托附书一缄，高丽布圆领一件。兹金溪书客李绍庆回，托附此书并人参一斤，致罗一峰先生，所转奉有教墨回示，附湖西与李客，渠岁走辽东故也。相望万里，承教未由，企慕之私，非笔可尽。伏乞为道自重。不备。①

奉别十载，仰如一日。今年三月末邓官人至，得拜瞻半像，并领手教及三诗草札，喜慰感佩之深，不可云喻。"端默"之训，实示以入道之门、积德之基，所以教爱钦者至矣，谨铭肺腑。惟是此时为养母治生之故，未果做此工夫，只且勉于持敬以收此心，须异时家计颇立，菽水无虑，当偿此愿也。恭闻太夫人以下均庆，太夫人年高康强，荣膺褒旌之命，诸子侄力学不怠，相从问道者以百数，南方贵宦，就谒恐后，乡邦之人熏德而善

① 《医闾先生集》（武玉梅校注本），卷五，《又》，第60—61页。

良者日以益众。然则先生虽不为世用大行于时，而此道之行于家、传诸后、孚于人、善乎俗者，有不可掩也。第以病体牵缠，南北万里，不得朝夕侍函丈，为此生之大恨耳。邓官人之事，钦虽勉为尽心，以德薄言轻之故，不能使之早归，又以贫故，甚失款待，万乞不罪。因其归，谨此上覆，高丽布一匹、人参三斤托附上，用表下忱。伏乞为道自重，不备。①

1478，成化十四年戊戌，敬斋45岁。

敬斋先生，“疾缠绵八年方愈”②。

四月，白沙前往东莞，看望亲传弟子南川先生林光，督学进业，二人多有诗歌酬酢。③林光作文自励，“不得于言，必求于心。所谓平居了然见之、临事忽然丧之者，皆非融于心、神于口、神于手者也。融则不相忘矣。不得于目，由不融于心；不融于心，故不能神于口与手也。是故需之未至而迎其来，睡之未足而强其起，亦何怪其遑遽颠倒也。夫寒暑相移，裘葛自易，而人不觉者，渐之极、和之至也。野有甘露，山有庆云，岂偶然而致哉？积之而不厚，沃之而不融，吾尚谁咎也？泰宇定者，天光发。凝默不分，又何疑乎？今已区区声口之间，屡鸣而屡发之，借使真足以谐鸾凤，调琴瑟，和金玉，犹恐其烦也。况下此者乎？精则不烦，稍烦则支；烦而能精者，抑又难矣。不精而能感人者，未之有也。是则默而成之，实愚生之所当勉；锵然发之，乃先生之所以教也。”④南川继续潜心涵养，融会于心，形成光明心体，由此推进白沙“端默”心学。

五月，东白先生父松亭病重，不久捐馆。⑤

七月，白沙弟子贺医闾四十二岁，作《示诸子》，训导儿子们勤奋学习，刻苦志学，准备科举考试。

---

① 《医闾先生集》（武玉梅校注本），卷五，《又》，第56—57页。

② （明）胡居仁：《敬斋集》，董平校点，卷1，《寄晏湷》，第922页。

③ 《陈献章年谱》，第119—120页；《陈献章集》，第145—146页。黎业明老师有详细考证。

④ 《陈献章年谱》，第119—120页；《南川冰蘗全集》，卷四，《答陈石斋先生书》，第111—112页。

⑤ （明）张元祯：《东白张先生文集》，四库全书从目丛书补编，第75册，卷24，张元楷、赖丕祥：《东白张先生行状》，第222页。

陶侃惜分阴，乃朝运百甓于斋外，暮运于斋内。自今观之，惜分阴，勤于学也。朝暮运此弗急于用之物，不亦费分阴而间于学邪？须知分阴当惜，百甓当运，不相妨费，实相成就也。若日吾方汲汲科举，焚膏继晷，不敢少暇，家蛊当干者，一切置之，况运无用之甓邪？此之惜分阴，与陶之所以用心，一得一失，一公一私，相去远矣，不可不精察而明辨之也。戊戌年七月山人书。①

九月二十四日，吉安永丰一峰先生罗伦（1431—1478）捐馆。白沙多作哀悼诗文。

白沙此年，继续向同行辩解自己的主静教法，他与赵提学论礼与道的关系，“仆用是知执事之心，一峰明白不欺之心也。一峰死，仆哭之恸，以为自今而后不复有如一峰者，今乃有执事，幸甚！幸甚！执事为说，本之经训，与仆所以为学、所以语人者，同归而殊途。但仆前简失之太略，执事见之太明，故疑仆之意异于执事，而实不异也。……若四礼则行之有时，故其说可讲而知之。学者进德修业以造于圣人，紧要却不在此也。……若以其至论之文为度数，亦道之形见非可少者，但求道者有先后、缓急之序，故以‘且省’为辞，‘省’之言略也，谓姑略去之，不为害耳。此盖为初学未知立心者言之，非初学不云‘且’也。若以外事为外物累己，而非此之谓，则当绝去，岂直‘省’之云乎？……此不欲形于笔札，俟面告。执事于仆，谓无间者也，苟事有未当，仆得尽言之，岂假讽哉？仆才不逮人，年二十七，始发愤从吴聘君学。……有学于仆者，辄教之静坐。盖以吾所经历、粗有实效者告之，非务为高虚以误人也。执事知我过胡先生而独不察此，仆是以尽言之，希少留意。”② 白沙继续表明自己的学术立场。

此后一二年，胡敬斋致信东白，批评当时心学学风流行，对一峰之学也有不满，主要是批评一斋和白沙的高明心学。

“一峰既亡，所与共事者，惟有望于尊兄。近年以来，四方士子颇知趋向，尊兄与一峰之功为多。虽然，尤有可忧者。今之士风，虽若振于昔年，陷于邪

① 《医闾先生集》（武玉梅校注本），卷五，《示诸子》，第 72 页。
② 《陈献章年谱》，第 134—135 页；《陈献集》，第 144—145 页。

异者，又非昔年比也。此实吾人莫大之责，当明理正心以先之也。盖昔年之学，专于记诵博览、训诂词赋，其所从事者，浅而陋。近年以来，学者立心稍高，而不能仔细体验圣贤切实工夫，而妄意圣贤，故遂入于空虚玄妙。其凌高驾空，反成狂妄，其入异教也，宜矣。原其存心之失有二焉。只为工夫未至，身心纷扰放逸，要求虚静，故有屏绝思虑，以为心不放者。又有体察照看，心在内里，以为存者，其心如此，自然不暇即事穷理。故穷理之失，亦有二焉。以为天地万物，无非此理，无适而非道。凡其知觉运动视听，云为无非至神至妙，其曰'无动而非神'，即此意也。又有悬空想出一个道理在虚空杳冥之中，以为无极之真，太极之妙，此乃吾之真性，不生不灭，无有始终穷尽，其曰'物有尽而我无尽'，即此意也。不意此等乱贼，生于吾世，非但为我兼爱而已，其与天地人伦物理俱已离绝，非但无父无君而已。不知一峰何故，反尊信之。一峰后来，亦有旷大之意，想必为其所染也。今吾人但当实做居敬穷理工夫，使身心内外一归于正，方有内修外攘之具。"①

冬，时任广东左布政使的彭韶（1430—1495，字凤仪，莆田县人，曾官至刑部尚书）作《荐举陈献章疏》，"切见广州府新会县依亲监生陈献章，心术正大，识见高明，涵养有素，德性坚定，立志愿学于古人，荣辱不足以介意，诚高世之儒也。往者，成化五年，应试春闱，偶失甲第，给假回还，杜门养志，沉潜圣贤之书，实窥体要；洞达事物之理，有见精微。才虽未试，行则可保。今年五十余矣，读书践履，愈觉纯熟，孝义著闻，人皆感动。……伏见天顺年间，英宗皇帝闻抚州民人吴与弼文行高古，特加礼聘，处以官僚，奈缘老病，辞不供职，是以未见作用之效。今献章年力盛强，大非与弼之比，伏乞圣明以礼征召，量处以在京儒官职事，则必有以补助圣德、风动士类矣。"②当时彭韶49岁，白沙51岁，年少2岁。彭韶好学，尊敬人才，且是干实事的官员，故而由此举荐。彭韶赞白沙"德性坚定"，"高世之儒"，"实窥体要"，"有见精微"，应该来说，比较客观，充分体现一代儒家心性涵养的至高境界。因此，吏部收到举荐奏疏之后，作了如下批示，"查得陈献章五十一岁，系前项府县人，由举人监生，成化三年本部历事……缘献章先由乡贡历事听选，系是朝廷

① （明）胡居仁：《敬斋集》，董平校点，卷2，《又复张廷祥》，第946—947页。

② 《陈献章年谱》，第125页；（明）彭韶：《彭惠安集》，四库全书第1247册，第5—6页。

待次选用人材，比与吴与弼山林布衣事体不同，合就连送该司，仰本司转行该府县官亲诣陈献章住处，以礼起送赴京，本部另行具奏定夺，以励士风，不在常选除授。”① 无论如何，这次，吏部是要给白沙先生一官职的，但官职职位肯定是要低于其老师康斋夫子的。

1479，成化十五年己亥，敬斋 46 岁。

胡敬斋作文，“成化己亥，重兴书院，司训方君文昌董其事，视贯道之废而新复立门于延宾馆前，名之曰‘由礼’，在棂星数十步东也。二门既立，于是师生出入，多由贯道，宾主揖让，则在由礼。方君既成是门，属予并记之”。②

白沙 52 岁，有《罗一峰挽词》七律三首。

四月二十日，林南川之父林彦愈卒，年享六十五岁，南川颇为伤痛，深感自己经济能力有限，愧疚万分，坚定他以后出世教学谋职提高经济生活水平的决心与勇气。③

秋，白沙得知广东左布政彭韶举荐自己，非常感动，作信与诗歌表示感谢，并大谈诚、才合一论。白沙说，“去冬，林别驾过白沙，得执事手书；后又得所寄绝句诗，具悉雅爱。继又闻诸人，执事以贱名污荐尺，天官以执事之言为重，亟赐允行。近者，蒙遣守令降临衡宇，书币炜煌，先后迭至。……夫天下非诚不动，非才不治。诚之至者，其动也速；才之周者，其治也广。才与诚合，然后事可成也。孔子曰：‘如有用我者，期月而已可也，三年有成。’圣人过化存神之妙，不可一二窥测。天下不动不治，动以治之，圣人与学者一尔，未有不须诚以动、不须才以治者也。”④ 白沙的诚才合一论是对传统人才学德才兼备思想的一大进步，也是其多年思考的结果。

1480，成化十六年庚子，敬斋 47 岁。

年初，应南康太守等荐举，江西参政祁顺、提学副使钟成、提学佥事庄恭

① 《陈献章年谱》，第 125—126 页；（明）彭韶：《彭惠安集》，第 5—6 页。
② （明）胡居仁：《敬斋集》，董平校点，卷 2，《贯道门、由礼门记》，第 965—966 页。
③ 《陈献章年谱》，第 127 页。
④ 《陈献章年谱》，第 129—130 页；《陈献章集》，第 128—129 页。

等聘，再次主持白鹿洞书院讲席。正月二十六日起行①，二月初三日入洞②，六月初二日以疾托辞回③。这次讲学时间刚好四个月，“在上者不知择人，多是奔竞势利之徒，教不可施。内中又任小人行事，故辞疾而归”④，深叹世道日衰，难以施展教学，故有辞。

期间，与祈大参、钟宪副通信，批评白沙心学，“海内之士，若陈公甫文虽高，然过于高，大多是禅学文章”。⑤

作《贯道桥记》，“贯道门者，白鹿洞书院师生、宾客出入之门也……成化改元，潮阳李公，提学江右，一新书院，选州邑士子之秀者，聚而教之，故学者云集。视是桥圮，不可不修，又不可不为坚固久远之计。于是出资募匠，始于戊子冬，成于己丑春……承李公之志，以底其成者，同知谯公赞、推官沈公瑛、星子教谕吴君慎、检校黄君恭也。居仁后十三载，复来是洞，因追述其事以记”。⑥

作《延宾馆记》，“潮阳李公龄，既新白鹿洞书院，置学田，延师儒，聚英俊，拳拳以德行为教，揭朱子学规以示学者。书院既兴……欲立馆以延宾客而重用民力，乃谋于宪府及牧伯同寅……至戊子冬，岁稔民安，乃于农隙兴工，木价、匠工、砖石、灰瓦之费，皆公捐已资……始事于仲冬，毕功于孟春，民不告劳。然所以佐其事者，同知谯公赞、推官沈公瑛、检校黄公恭。后十三载，居仁来洞，伤李公之亡，惜谯公之去，追述而记之……后十二年参政祁公、宪副钟公、宪佥庄公、太守于公重兴书院，星子县司训方君文昌复加修葺云”。⑦

后，敬斋丧妻，深感痛心。⑧

---

① （明）胡居仁:《敬斋集》，董平校点，卷2，《奉祈参政、钟宪副、庄佥宪》，第949页。

② （明）胡居仁:《敬斋集》，董平校点，卷2，《与陈大中》，第951页。

③ （明）胡居仁:《敬斋集》，董平校点，卷2，《辞祁大参、钟宪副》，第952—953页。

④ （明）胡居仁:《敬斋集》，董平校点，卷2，《答陈大中》，第955页。

⑤ （明）胡居仁:《敬斋集》，董平校点，卷2，《奉祈祈大参、钟宪副》，第950页。

⑥ （明）胡居仁:《敬斋集》，董平校点，卷2，《贯道桥记》，第964页。

⑦ （明）胡居仁:《敬斋集》，董平校点，卷2，《延宾馆记》，第964—965页。

⑧ 敬斋第二次入住白鹿洞时，其子因母亲身体迁安未能通行，“小儿因母疾未到”（《敬斋集》，卷2，《与陈大中》，第951页），故而杨希闵先生认为敬斋丧妻约在四十六岁左右不准确，应该推后，参见（清）杨希闵编，《胡文敬年谱》，《儒林年谱》，第19册，四川大学出版社，2007，第128页。

或在此时，有辞谢南康府学官诗作，“薄德何堪古道看，延留连日谢儒官。天心若欲兴斯道，莫叹人生会晤难”①。

此年秋，东白服丧期满，敬斋即去信一封，鼓励其开门讲学。

“今日天下之事，惟学校一事全不可理会。盖取士不以实行，则人无趋向，而教不可施。今人非惟失古人教养之法，主考者反摘奇搜隐，以乘学者之不知，欲其仓卒之间无所措词。学者亦终日搜截奇巧隐僻，以应副考者之意。圣贤平易明白，正大道理，惜不知察。近与士子相接，解书多失经旨，原其所自，皆由搜截奇隐，以迎合考司之意，以致如此。噫！岂非朱子所谓‘经义贼中之贼，文词妖中之妖’乎。世道至此，极矣！士生斯世，所以立身尤难，稍欲以正自立者，便与世乖违。惟随俗习非者，方得便利。苟非才志卓绝、独立不惧者，安能保其不移耶。况欲挽回世教，移变士习乎。此居仁之愚，不能不以为忧，而望于廷祥者尤切也。令兄服制已终，当讲明正学，以示当世。幸甚。”②

约在此时，詹恩（字荩臣，玉山人）来余干访敬斋传达东白身体渐愈的消息。③

此时，福建武平舒冕前往南昌游学东白门下。东白教之以“寻真心”，引起敬斋的反感，当即书信一封，表示自己的担忧。敬斋反思当时的学风，源于当时自然心学横行，故对张东白“寻真心”思想给予批评，“立教太高，求效太速，徒长其助长之病”；同时也批评白沙心学，“根基不实，语之太精”。④

归家后，与学友陈大中信，透露自己为何辞去白鹿洞教学事务的原因，对当时的心学思潮深感担忧，并反思自己的学问还需提高，遏制心学的快速流行，“世衰道微，非豪杰特立之士，必至随俗汩没。如大中者，实与吾党增气。但工夫要体认得真，做得密。居仁虽似体认上不差，只是做得不密，恐学终不能底于成也。白鹿洞事，在上者不知择人，多是奔竞势利之徒，教不可施。内中又任小人行事，故辞疾而归。世道穷极，如此奈何！”⑤。

---

① （明）胡居仁:《敬斋集》，董平校点，卷 3,《辞谢南康府学官》，第 1014—1015 页。

② （明）胡居仁:《敬斋集》，董平校点，卷 2,《寄张廷祥》，第 952 页。

③ 詹恩，由贵州戍籍等进士，授大理评事，转本寺副。治家以礼，与人孝友，为官清廉，有治声。《中国地方志集成》,《江西府县志辑》，第 32 册,《同治广信府志》，江苏古籍出版社，1996，卷九之二,《人物·宦业》，第 10 页。

④ （明）胡居仁:《敬斋集》，董平校点，卷 2,《寄张廷祥》，第 953 页。

⑤ （明）胡居仁:《敬斋集》，董平校点，卷 2,《答陈大中》，第 955 页。

此年，夏寅《政鉴》成。

八月二十八日，42岁的林南川学易有得，写信给白沙，“贱造所值两爻如此，细玩其辞，好似亲炙圣人、面受判题，对病施药也。光自受《易》而读之，粗识枝叶，辄自断此。生非敢谓能以义处命，然绝口不问者亦多年矣。今所值乃尔，理然时然，而气随之，数斯定矣，敢不顺乎？寻常着目，动千余年，难一际遇，况拘拘一人之身以求之乎？苟得静然以毕余生，造物之所遗与，可胜言哉？而犹憾乎？”① 南川表达继续学易学，储蓄德性，主静涵养心性的志向。

十二月，白沙因地方骚乱，前往新会县城避难，寓居城隍庙。

1481，成化十七年辛丑，敬斋48岁。

赴上海拜松江访年轻时春秋师于平斋（字世衡）。② 期间，过桐庐严子陵钓台，拜嘉兴陆宣公祠。③

春三月己亥，与钱塘掌教丘崇育、司训徐旭、周璘、杭郡掌教毛敏、司训舒升、仁和掌教林邦辉，拜林公祠、鄂侯墓，畅游西湖山水。周璘次日来访，并瞩记。

成化辛丑春三月己亥，予游西湖。钱塘掌教丘君崇育、司训徐君旭、周君璘，相与偕行。出杭城，涌金门外，即西湖也。憩柳洲寺，因论道之体用。诸公曰“未发为静、已发为动；静为体，动为用，古人之学多在于静乎？”予曰“人之一心，动静无端，体用全备，不可偏废也。动而无静，则体不立。静而无动，则用不行。二者工夫，皆以敬为主乎。居处恭，俨若思，不愧屋漏，此静时存养之敬也。执事敬，事思敬，修己以敬，此动时省察之敬也。若不主于敬而专欲习静，未有不入空虚者。”既而杭郡掌教毛君敏、司训舒君升至，乃相与登舟。仁和掌教林君邦辉又至，乃泛舟湖中，阅杭志以观古今人物，诸公备酒肴蔬果数品。盖以杭俗之奢，而示之以俭也。酒数行，言谈亹亹，论鄂侯之忠勇，及秦桧奸邪误国之状。予曰“大学之道以格物穷理为先，后世所学浅

① 《陈献章年谱》，第136页；《南川冰蘖全集》，第119页。

② （明）胡居仁：《敬斋集》，董平校点，卷2，《棠溪书院记》，第969—970页。

③ 不少地方网站编辑误将现存的陆宣公祠定在无锡，以胡敬斋经过江苏无锡等地，误矣。须知，明代陆宣公祠即在嘉兴，后因文革破坏，现已荡然无存。

陋者，因其不能即事以穷理也。遂因鄂侯而极论用师之理，以至于宗汤武鄙孙吴。若《周礼・司马》，乃平时讲武之法；《汤誓》《泰誓》，乃临时用武之道，岂若孙吴偷捷一时，反为残民之具乎”诸公又曰：“秦桧奸邪，固可为戒。若良相之道，可得闻乎？”曰：“愚陋无知，请以古人明之。舜举八元八恺，诛四凶，辟四门，明四目，达四聪，此为相之道也。若有贤才而不能用，有邪佞而不能去，则聪明尽为小人所蔽，恶政日施，危亡至矣。”于是舟抵孤山，拜林公祠。舟抵鄂墓山，拜鄂侯墓，徜徉登舟而回。诸公曰：“今日之游，良会也”。请人各举杯以劝先生，庶尽陪游之情也。予谢曰：“愚陋一人，岂足当诸公之劝。且杭人游于湖者，必纵酒酣歌醉，不知节，今正当示之以礼。”于是乃行旅酬之礼，雍容揖逊，自长及幼一周而罢。纵月眺望，峰之耸于南者曰南高峰，耸于北者曰北高峰，独孤山屹立于湖中，一吴山遥应于城内，其余诸山，磊落奇秀，宛然在目。然后，俯临湖水，鱼虾不惊，青草交长，清风自东南而来，云气从太空而布尔。日欲落，鸟欲栖，情思悠然，不知乐之为可乐也。既而舟泊乎岸，陆行入城而别。次日，周君璘复来相访，乃曰：“诸公身系学职，未尝出游。以先生之游，非世俗之游也，故乐陪不倦。所言所行，皆当记之而不可略也”。予因详其本末以著于篇。①

入绍兴，与绍兴戴太守交游，有感谢信，“居仁游浙，辱公礼际之厚。……夫古之君子，进则救民，退则修己，其心一也。盖修己者，必能救民，救民者必本于修己。后世此道不明，居位者不本于修己，而以才智计谋为治，仅至小康而已。若夫修己者，则其公平正大之心，昭格无间，信于上，感于下，不待教令之出而民已向化矣。况其发政施仁之际，如雨露霜雪，何物而不被哉？虽或为权势所制，不得尽施，而其心固已协于神明，孚于民庶，誉于士类，播于远近，传于后世。如此，则爵虽不进而身益荣矣。居仁向在贵郡，与公相接之久，知公才识足以有为。绍兴利疾，公已能察知。伏惟以公平正大之心，据天理以处事。凡政之有益于民者，有关于教化者，悉举而行之；有害民伤化者，悉除而去之。公之高明，固不待愚者之言，然感公之厚德，非言以陈善，又不足以报也。但居仁识浅，不足以深知公之蕴。心术隐微之间，惟明公自察自

① （明）胡居仁：《敬斋集》，董平校点，卷 2，《游西湖记》，第 968—969 页；《胡居仁文集》，冯会明校点，卷 2，第 188—189 页。

省，以尽古人修己治人之道”①。

在绍兴与朱綖谈用人，“朝廷不以德行取士，天下学校根本先坏了，非惟不能成人才，又坏人才。吾在绍兴，与朱綖说今之秀才，有六七分天资；及入学校年久，又坏了一半，只有二三分天资。綖以为然。”②

会稽拜禹庙，有“两仪未肇判，此理已具存。动静机一施，阴阳自此分。两仪有定位，阴阳互为根。二者既交错，五行斯絪缊。理气妙合凝，至灵斯在人。三才从此备，中处乾与坤。水未得所归，襄陵势逆奔。奠居本无所，民咨何日伸。昔我夏后氏，代天心独勤。四海既为壑，平土皆吾民。六府与三事，九功俱叙陈。仰惟参赞功，万世人所尊。封山作州镇，会稽属南巡，后此数千载，祀事旧益新。比来得瞻仰，遂兹秉彝真。欲勤希圣功，当寻入圣门。人心与道心，全具于吾身。大哉精一传，无间思弥敦。执中此其道，致用敷人文。绍迹俟来哲，此道毋昏昏”。③

参观绍兴佑圣观。

在松江，与郡贤达要讲论累日，作《棠溪书院记》，“松江郡治东南，旧有清军治事之所。其地宽衍，傍连溪水。吏部主事黄公平来为通判，乃创厅堂斋舍傍，曰‘棠溪书院’。同府于公钦来继其事，植碧梧数株于内，宁公祥、傅公恺又创外门并牌匾。成化甲午，冢宰尹公以世衡于先生前任河南卫辉通判，累有治绩，举升本府同知。先生来郡，重加修葺。前为治事厅，后为燕寝堂，左右两庑，外设门墙。先生于厅之楣，揭其师聘君康斋吴先生‘黄堂勤政’四大字，又以‘恺悌君子，民之父母’八字置之北壁，书《太极图解》于北壁之东，《西铭解》于北壁之西，寝堂中仍揭康斋‘勤谨和缓’四大字于楣。书

① （明）胡居仁：《敬斋集》，董平校点，卷1，《与戴太守》，第930—931页。当时的太守当为戴琥（字廷节，江西省景德镇市浮梁县人），大志孝友。景泰元年（1450）举乡荐，任南京监察御史。丁内艰，服阙。成化九年（1473年）任绍兴知府，任期十年，治水有功，筑有戴公堤、鉴湖。任内爱讲学，喜谈心性天理之学，必欲明诸心而体之用。后任广西参政，疾剧乞归。著有《太极图说》《编定八阵图》《青峰拾稿》。见《中国地方志集成》，《江西府县志辑》，第29册《同治饶州府志》，江苏古籍出版社，1996，卷12，《人物志四·宦业下》，第554页。

② （明）胡居仁：《居业录》，王云五主编《丛书集成初编》，王养吾校对，上海商务印书馆，1936，卷5，第62页。

③ （明）胡居仁：《敬斋集》，董平校点，卷3，《会稽拜禹庙》，第1004页。

‘平易近民视民如伤’于堂之南北壁。堂之东西壁，尽书古今嘉言善行，有关于政教者以自勉励。于寝堂两楹分为四室，东北曰‘清军局’，军册藏焉；西北曰‘清匠局’，匠册藏焉；东南曰琴室，中设圣贤像，古琴一张，蓍策一椟置于左右；西南曰‘雪窗’，中置一榻，傍积古今书籍，揭‘惩忿室欲，改过迁善’八字以自警。堂之前，虚轩幽敞，扁曰‘太古轩’。轩之北书“吏隐”二字。琴室之前，扁‘翠竹轩’，轩左之池名鱼跃池。池之傍有钓鱼矶，池之内有莲。因书茂叔《爱莲说》雪窗之前，扁‘碧梧轩’。轩之西南作棠溪桥，杂植花卉蔬果竹木数十余种。先生每日升公堂，与郡侯王公及诸同寅商榷政事毕，即造书院。清理公事既暇，则深衣幅巾，退坐寝堂，读书鸣琴，遍观格言以自省。又其暇，或赏花，或看竹，或观鱼，或垂钓，绿阴满窗，清香透户，草色连阶。同官士友有来书院者，则相与讲论道义，游观景物，情思洒然，而不知倦也。居仁昔受《春秋》经于先生，以情义之厚，特来拜谒，乃得于书院中，亲炙讲论者，累日。因命记其事。夫河出图，文明之祥始著，于是卦画立，书契作而文籍生焉。列圣迭兴，然后典谟训誓之书，国风雅颂之诗，礼乐灿明。《春秋》经世诸贤继之，而垂世立教之书益备矣。千有余年，宋之大儒，发明精切详至，后之人诚能熟读精思以穷其理，躬行实践以体于身，则何患已之不修、国之不治、民之不安哉！然必有斋舍堂室墙宇，以为游息讲会之所，此书院之所以立也。先生居此，正所谓仕而优则学者欤。先生于应事之际，推此理以临政；于政务之暇，读圣贤书以验政事之当否，而益求其所未至，其进岂有穷哉！昔孔子以诵诗三百，授之以政，不达；使于四方，不能专对，虽多亦奚以为？先生于诸经子史无不讲究，必能推之于政，以及松民。民安且乐，然后先生之乐可得而遂也。噫！世固有以读书为诵说之资，利禄之媒者，岂不重可惜乎！因记其说以俟来者。后之君子继此而居，讲道致治，则棠溪之泽无穷，松民世有赖焉！先生名准，平斋其号云”①。

五月，过兰溪，访大儒章枫山，信宿而别。枫山颇悔之，追之河上不及也。②

是年居家读书进学，约在此数年间，创南谷书院于余干县安乐乡之南极

① （明）胡居仁：《敬斋集》，董平校点，卷 2，《棠溪书院记》，第 969—970 页。

② 阮鹗：《枫山章文懿公年谱》，胡凤丹整理，丛书集成初编，第 3427 册，中华书局，1991，第 20—26 页。

峰，诗云“武夷踪迹为能寻，且结茅庐入南谷。知行只在日用间，圣道不容邪与曲”①“红尘应不到青山，新徙琴书入考盘。茅舍竹篱闲处乐，地炉松火静中安。数竿瘦竹风初静，满树寒梅雪未干。却笑山人多逸兴，诗成袖手面层峦。心迹高楼结构幽，吾人于此足藏修。北山崒嵂青云锁，南谷深沉紫雾浮。敬意毋荒时翼翼，善心不昧日休休。君今莫道功名事，争似箪瓢乐自优”②，表达出他与当时流行的白沙心学做抗争的教法，表达出自己坚决捍卫内心圣道的心声。

向在松江，夏寅出示《政鉴》，请敬斋评价见示。归家后，敬斋既有书信远寄，“向者，蒙以《政鉴》见示。先生之心，远矣。盖欲垂教天下后世，以泽民也……观先生所著，未有推行王政之意，未免汉唐以下手段……居仁欲先生因后世之事，准以先王之道”③，对其书评价不高。

是年，白沙五十四岁，其心学思想远近闻名，结交者甚多，经济状况略微好转。

元旦，白沙作诗，心情愉悦，“酒杯不与年颜老，诗思还随物候新。分外不加毫末事，意中长满十分春。栖栖竹几眠看客，处处桃符写似人。除却东风花鸟句，更将何事答洪钧。”④可见白沙丝毫没有受土人事件影响，盖新会地方长官、亲传弟子丁积（字彦诚，号三江渔樵，宁都人，成化戊戌进士，与白沙弟子梁储、李祥同年）对其照顾有加也。

正月六日，白沙在城隍庙给林南川写信，自述遭难经过，他说，“旧腊因土人阴谋为孽，避地城中，今幸无虞矣。前此举邑汹汹，蠓毒将作，乡人挈妻子东西避者相继，若无尹彦明之先见，章几陷虎口矣。方此妖未殄，浮谤山起，赖丁县主、倪圣祥协力济艰，渠凶授首，罪道昭然，四境获安，亦大幸也。或者谓四海之声名，不能压如山之谤，东南不可居矣！”⑤可见当时情况的危急。

与乡友、崇仁同门谢胖相遇，温语话旧，临别赠诗，“柳市南头望客舟，

① （明）胡居仁:《敬斋集》，董平校点，卷 3，《南谷即事》，第 1016 页。
② （明）胡居仁:《敬斋集》，董平校点，卷 3，《南谷》，第 1016—1017 页。
③ （明）胡居仁:《敬斋集》，董平校点，卷 2，《寄夏宪副正夫》，第 967 页。
④ 《陈献章年谱》，第 138 页；《陈献章集》，第 411 页。
⑤ 《陈献章年谱》，第 139 页；《陈献章集》，第 977 页；《南川冰蘗全集》，第 448 页。

青山无语水东流。江花自对黄鹂晚，风雨偏催白发秋。宇宙万年开老眼，肝肠一缕入春愁。明朝日出波涛暖，依旧忘机对海鸥。”① 白沙这首诗歌把地方骚乱背景下村民流离失所、四处投奔故旧的局面烘托出来，而故旧老友相遇，自然是一把辛酸泪。

春，著名弟子张诩（1456—1515，字廷实，号东所，南海县人）始来新会求学，白沙馆待之。

四月，林南川接到信后，有两封书信安慰老师。

五月，四十三岁的林南川为新会知县的游息之所游心楼作文。

群动不可以不息，息之者以闲之地。冗之至者，动之极也。冗不可厌，惟闲者然后能冗。不闲者未有不冗于冗也。冗于冗者，物大而我小，受役于物而不能役物，此无他，神昏而诚不至也。

直人乎哉？尝验草木于旦朝，其露凝者，其精神百倍；其受风暮夜挠乱不息者，其容憔悴而生意自欠。是故闲岁以冬，闲日以夜。闲雷于地，闲龙于渊，闲百虫于蛰，其理然也。不闲其心而应天下之务，是犹汩泥扬波而求炤于水也。

余少之时，学不得其要，穷日夜疲劳精神以觊旦夕之效，书册满前，甲矛乙盾，注说愈多而思益乱，神益昏，非欠伸瞌睡不已也。故俗诮诸生，有谓邻媪借书睡儿者，是皆不闲其心之过也。如是而学，假令终生不悟，可哀也已，可哀也已。昔尹和靖初见伊川，半年而后，授以《大学》、《西铭》，岂无故哉？浴沂咏归，夫子与点，亦以其无所累而中闲也。故说者谓其有尧舜气象。夫人之一心，息之极而闲之至，足以参两间，而后群动万物不足以相挠，死生不足以为变，视世之为仁义者犹若拘拘，而况于功名富贵乎？

三江丁君彦诚以名进士来尹古冈，既三年，为楼于治之北，以为游息之所。经始于成化丁丑二月二十一日，逾两月而落成之。石斋先生名曰“游心楼”，为赋五韵八句，诗有曰：“生来白日心能静，看到浮云世亦轻。”余过白沙，丁君来拜余，求文为记。余谓县尹，天下之剧吏，而古

① 《陈献章全集》，第570页。

冈又岭南之冗邑，其地广衍，其民殷富，上牒下讼，钱谷出入，文书簿会，旁午沓至。日行乎利害之途，而涉乎忧患之境，使不得闲其心以应之，徒矻矻终日，不几蹈予谬学之悔乎。

虽然，所以闲其心者，有要也。要者，一而已矣。事之未至，一其心则静而闲矣；事之既接，一其心则动而闲矣。知静养而不知动应，是有体而无用，非吾儒之学也。故又为是说以复于君。惜余未及登君之楼，然知斯楼北面玉台，山势耸然。日临乎前，蓝飞翠滴，烟云景状，布满几席。而君问治之隙，徜徉逍遥于中，其心与白云相缥缈，余又洗耳重听弦歌，以日间君所得之深浅也。①

白沙先生命名并题诗也，“城外青山楼外城，城头山势与楼平。坐来白日心能静，看到浮云世亦轻。高阁只宜封断简，半年刚好及《西铭》。乾坤一点龙门意，分付当年尹彦明。”② 盖白沙与林南川师徒二人的主静心学思想昭然若揭也。

七月二十四日，江西诸公陈炜等有意请白沙出山，主持白鹿洞主教事，白沙作《复江右藩宪诸公》，派人来请出山讲学，而白沙表示自己不愿意远隔千里从事教职事。盖源于同门胡敬斋六月辞去白鹿洞教职事引发。

白沙在八月底的信中说，“七月二十四日，仆方困暑，闭斋独卧，而李、刘二生适至。书币交陈，辉映茅宇。仆再拜读书，识其所以来之意，不敢当，不敢当。匡庐五老，名山也；白鹿，名书院也。诸公皆世伟人也。修名山，复名书院之旧，希世伟事也。仆生于海滨，今五十有四年矣，未始闻天下有如是之事：悠然得趣于山水之中，超然用意于簿书之外，旁求儒师，俾式多士，将以培植化原，辅相皇极，以无负于斯世斯民也。于乎盛哉！昔朱文公之留意于斯也，一赋一诗足以见之，其与诸公之心盖异世同符也。诸公读文公之书，慕文公之道，亦罔不惟文公是师也。自文公殁至今垂四百载，仕于江右者多矣，其间有能一动其心于白鹿之兴废者，谁欤？修而复之，既去复顾，如吾乡翟公、李公者，谁欤？文公固有待于诸公也。诸公诚念之，不宜谋及鄙人。鄙人

① 《南川冰蘖全集》(罗邦柱校本)，卷二，《游心楼记》，第 38—39 页。
② 《陈献章年谱》，第 143 页；《陈献章集》，第 414 页。

非不欲斯道之明也，学焉而不得其术，其识昏以谬，其志弱以小，其气乏馁，其行怠肆，其文落寞而不章。岁月侵寻，老将至矣。其于圣贤之道非直不能至而已，其所求于其心、措于其躬者，亦若存而若亡，虽欲自信自止而不可得，况以导人哉！百钧之任，以与乌获而不与童子，虑弗称乎力也。故夫天下之事，虑而作者患恒少，不虑而作者患恒多。千里之足不蹶于远途，万斛之舟不虞于大水，其才足以胜之，非不虑而作者也。使之不以其诚，任之而过其分，与自欺而误人者，其失均耳。诸公独不虑至此乎？天下有任大责重而禄位不与者，苟能胜之，则至大至通，无方无体，故能为'天地立心，为生民立极，为往圣继绝学，为万世开太平'，所谓'建诸天地而不悖，质诸鬼神而无疑，百世以俟圣人而不惑'，此其分内也。宇宙无穷，谁当负荷？伏惟诸公念之虑之，勿迁惑于众口，期匹休于先贤，收回束币，更聘真儒，俾诸士子有所效法，以无负于今日之意也。幸甚，幸甚！"①

白沙留信使李士达、刘希孟二人月余宿，相与论学。

中秋，白沙作诗，赠送江西二生，"胜会古来非独今，两生尊酒喜同斟。且看溟海中秋月，莫动匡庐半夜心。天道端须怜主客，浮云不敢弄晴阴。尧夫独爱梧桐上，万籁无声意自深。"② 白沙表达了自己为何不愿意去庐山，主要是自己的心学思想较为独特，不愿意去引起进一步争端，这也与他的端默之学相关。

而八月底九月初间，二生将归，白沙作《赠李、刘二生使还江右诗序》，"匡庐白鹿之故址，自宋考亭朱晦翁一尝作新之后，遂无闻焉。我朝文教诞敷，乡先辈翟公守南康日，始图创复旧观，潮阳李先生继之，白鹿书院之名复闻于天下。成化十七年，江西按察使耻庵陈先生乃谋于提督学校宪副钟公、佥事冷庵陈公、大参祁公，慨然以作新斯文为己任，谓予于考亭之学亦私淑诸人者，宜领教事。乃具书币，告于巡镇，遣二生李士达、刘希孟如白沙以请。同时，司、藩、臬诸贤咸与闻之，外则东白张先生、广东大方伯彭公、按察使闵公、吉水袁德纯，各以书遗予。云辉日映，交进衡宇。二生以诸公之命命予，予览币而惊，置书而走，走且告曰：'二生莫误。诸公欲兴白鹿之教，复考亭之旧，必求能为考亭之学者，夫然后可以称诸公之任使。乃下谋于予，是何异借听于

① （明）《陈献章集》，卷 2，《复江右藩宪诸公》，第 138—139 页。
② 《陈献章年谱》，第 144 页；《陈献章集》，第 414 页。

聋、求视于盲也。予闻之：君子之使人也，由其诚，不强其所不能。诸公即居予于庐山，予所能也；居庐山以奉诸公之教，非予所能也。二生其审诸？'于是，邑中闻有诸侯之使，自邑令佐以下至士庶耆老，源源而来，靡不观感。李生丰姿秀发，言论是非，不苟雷同。刘生貌恭而言慎，确有据守，俱称为东白门人也。予甚爱之，留且弥月矣。二生以诸公之命久不复，辞去。予既返诸公币，复为诗别之，所以致区区于二生，而申景仰于庐山也。是日宪副陶公过白沙，邑长丁侯、乡诸士友，各赋诗以赠。帙成，俾予序之。"①

年底，林南川来，看望老师陈白沙。

1482，成化十八年壬寅，敬斋 49 岁。

立春，敬斋有诗赠罢归苏州知府居家的丘时雍，云"眼前时景初开泰，心里乾坤总属仁。昨日欢迎满城市，草堂分得几多春"。②

三月，章枫山访学友吾冔（1432—1505）于衢州开化文山。③

三月，余干赵琥编成《山窗余稿》（元甘复著）。赵琥成化中曾任阆中县学教谕。诗文清雅，名重一时，曾为《蜀志》总裁。赵琥居家时，敬斋闻其贤，与其交游。

或在此数年间，敬斋赞赵琥"有德君子"，并以学相勉，德才并进。

"窃闻德之胜者为君子，才之胜者为小人，才德兼全者乃大人也。向者得亲颜范而听言论，乃知公实有德君子。然德与才，皆可学而进。夫亲贤取友，讲求天下之理，推而行之政事之间，则才进矣。反躬实践，以至造次不违，则德进矣。居仁与公生同时，又同邑，故欲与公以学而勉，使才德之进，老而不倦，是所祷也"。④

季秋，胡敬斋偕柴时珪访行素璩先生家，改后峰"禅师岭"为归儒峰，赠《归儒峰记》，"归儒峰者，行素璩先生居之后峰也。居仁于成化壬寅季秋，偕柴时珪访先生家。于其晚，日霁风高，清凉满袂，相与同登此峰。峰巅巨石屹

① （明）《陈献章集》，卷 1，《赠李、刘二生使还江右诗序》，第 18—19 页。

② （明）胡居仁：《敬斋集》，董平校点，卷 1，《寄夏宪副正夫》，第 955 页。

③ 吾冔（1432—1505），字景端，号求乐、文山，衢州开化县城关汶山村人。著有《五箴解》《还山稿》《周易传义会同》《朱子读书法》等书，现遗失。

④ （明）胡居仁：《敬斋集》，董平校点，卷 1，《寄赵同府》，第 956 页。

起，巉岩奇异，顶阔数丈，平如张盖。其下有岩，问其名，曰‘昔传有禅者居此，故名禅师岭’。予曰：‘先生。儒者也。以禅名所居之峰。非所以辟异端也，请易其名’，曰‘归儒峰’。于是相与长啸，登其巅而坐，谈论古今，久而忘归也”。①

敬斋后有诗寄，“归儒峰下读书堂，势利纷纷已两忘。窗外梅花初破雪，檐前松竹几经霜。岂于末学矜多智，肯向遗经识大方。何日重来酬旧约？力扶吾道正天常”。②

冬，寓鄱城永福寺，有诗赠张僧，“禅家直欲寻空去，却有张僧爱读书。此是秉彝千古性，谁言无极是真无”。③

鄱阳董绢熙与之游，因其自名“夜存子”并求文，赠《夜存子说》，云“然气因理而有，理乘气而行。升降错综，参差不齐，而偏正通塞分焉。正者理通为人，偏者理塞为物。然后人与物异，而能全其仁义之心者，独在于人也。于此不存，即礼所谓……理虽不杂乎气，亦不离乎气也。心，则气之精而最灵，具乎是理者也。气清则心存，而理在；气昏，则心放而理亡。一日之间，惟旦气最清，故能存其仁义之心也。旦之清，由夜之息，观夜之息又岂可不谨其昼之所为哉。学者诚验乎此，而力致其操存省察之功，使昼之所为既善，则夜之所存益周；夜之所养既深，则昼之所为亦善矣。若然则气清理明，常如平旦之时，岂有牿亡之患哉。绢熙志乎此，知为学之要也欤。惟毋循名而勉其实”。④

是年，白沙五十五岁。年初，朝廷征召之命到，盖老友朱英所督促也。彭韶作赠诗，“大道本无外，此学奚支离？人己彼此间，本末一贯之。是以古人心，包遍无遐遗。卷舒初不滞，动止在随时。白沙陈夫子，抱道真绝奇。林间三十载，于学无不窥。行周材亦足，知崇礼愈卑。珠玉虽固闭，山水自含辉。声名满四海，荐牍遂交驰。一朝征书至，八十慈颜嬉。有司劝就道，束书敢迟迟？积诚动天听，纳牖契神机。治化淳以洽，转移良在兹。”左布政对白沙心学作了比较精准的总结，“是以古人心，包遍无遐遗。卷舒初不滞，动止在

① （明）胡居仁：《敬斋集》，董平校点，卷 2，《归儒峰记》，第 967 页。
② （明）胡居仁：《敬斋集》，董平校点，卷 3，《寄璩行素》，第 1020—1021 页。
③ （明）胡居仁：《敬斋集》，董平校点，卷 3，《赠永福寺张僧》，第 1020 页。
④ （明）胡居仁：《敬斋集》，董平校点，卷 2，《夜存子说》，第 973—974 页。

随时”，画龙点睛的道出了白沙学的心学意味，“民胞物与”，“盖合内外之道而［该］本末之事”。①

六月，左布政彭韶为民请命，因疏太监梁芳之弟扰乡腐败之事，忤旨，被调贵州，白沙为之送行，作别言，“忘我而我大，不求胜物而物莫能挠。“孟子云：“我善养吾浩然之气。”山林朝市，一也；死生常变，一也；富贵贫贱夷狄患难，一也，而无以动其心，是名曰“自得”。自得者，不累于外［物］，不累于耳目，不累于一切，鸢飞鱼跃，其机在我。知此者，谓之善［学］；不知此者，虽学无益也。② 白沙感谢其知遇之恩，故而多吐露自己对得失的处理之道。

六月丁未，再往苍梧，拜会两广巡抚朱英，著《苍梧纪行》，“己未，至白泥，书《留别缉熙诗》，陈冕从行。庚申日晡，舣舟七星岩击石鼓，岩户没于潦，舟随来岩上，索石题诗，秉烛书之。甲子，过三洲岩，潦至径绝，不可游。过麻墟，入德庆峡和尚石，皆有诗。”③

七月戊辰，白沙先生至苍梧，有《寄陈庸浔州诗》。己巳日，谒都宪。英预约束参随官，俟先生至，掖之从甬道出入。先生力辞不能。英叹曰：‘古之圣帝明王尊贤之礼，有膝行式车者，况区区乎？’明日，公命饮于燕居之堂，公之季子守贲洎诸孙侍侧。白沙遂遍诣两府，会按察佥宪翁俣、谪北流簿都给事黄坦、广西参政黄埙、佥宪萧苍。壬申，别苍梧，与伍伯饶复游三洲岩，看林光、陈庸、张诩题名。癸酉，访杨参戎于肇庆。明日，抵家。④ 亦见朱英对白沙之重视和仰慕，当时学者型官员多能尊重学者，一时之美谈也。

八月中秋，知县丁积约游圭峰，因身体欠佳，白沙未能成行，有诗作表示歉意。此夜，地方乡贤多有来看白沙，多来送行，因其有北京征召之行。

其中，乡友、崇仁同门谢胖来看望白沙，白沙赠诗，“风波来往十年身，旧事凄凉不可陈。当道岂非钩距手？青山不问打眠人。酒醒旅馆城南月，梦破茆茨海角春。何日定携妻子去？水田稼好最娱亲。”⑤

九月七日，白沙到达韶州芙蓉驿。

---

① 《陈献章年谱》，第 148—149 页；《彭惠安集》，第 23 页。

② 《陈献章年谱》，第 151 页；《彭惠安集》，第 535 页。

③ 《陈献章年谱》，第 151 页；《陈献章集》，第 76 页。

④ 《陈献章年谱》，第 152 页；《陈献章集》，第 76 页。

⑤ 《陈献章全集》，第 584 页。

九月十六（既望），过赣州南安，南安知府张弼（1425—1487，字汝弼，号东海，上海松江人。成化二年进士，官至兵部员外郎）甚重白沙，宴请之，且与白沙论诗学多日，互相激发，亦一时儒林之美谈也。

张弼作《玉枕山诗话》，记载二人详细的论学过程，“成化壬寅九月既望，石斋先生白沙陈献章公甫应诏起而之京，道过南安，而太守东海居士华亭张汝弼甫欲用曹参礼盖公故事，款留于周、程吟风弄月台上数月以受教，石斋不可，曰：‘当不俟驾矣。今方度岭，又值积雨，装弗亟办，容与数日耳。’东海不能强。石斋有诗曰：‘玉枕山前逢使君，西风吹破玉台巾。’玉台巾，乃石斋自制，类华阳巾，直方而无襞积者。东海籧籧断断，论议或有戾于其道，而云破此巾耶？遂以一绝激之曰：‘白沙村里玉台巾，不耐风吹易染尘。莫笑乌纱随俗态，宋廷章甫是何人？’石斋复以《玉枕山诗》曰：‘一枕秋横碧玉新，金鳌阁上见嶙峋。使君得此原无用，卖与江门打睡人。’跋曰：‘东海居士咏玉台巾，侮我太甚，口占《玉枕山诗》答之。’东海和答曰：‘炎瘴多收一雨新，独看天柱耸嶙峋。横秋玉枕真无用，自是乾坤不睡人。’天柱峰，亦南安之照山也。故自依天柱，以玉枕与石斋，以顺其意耳。而又作二绝云：‘客囊羞涩客衣单，却买南安玉枕山。纵有枕头那得睡，鸡声催入紫宸班。’‘寄语江门打睡人，而今天地正芳春。觉来莫管闲花鸟，须扫昆仑顶上尘。’又继之一绝云：‘青茸铺榻玉枕横，白云为被天作帡。东海先生睡不着，日月当天正大明。’跋曰：‘观此，则东海、石斋大家不得睡，而司马公拍掌笑杀陈图南，吕蒙正亦起来打更，而钱镠仔甘心奔走左右也。’未几，适武选郎余干苏文简由广东使还，具道白沙之师康斋吴与弼之端严刚峭、勇于进道，亦千载人物，东海方悟。极论康斋立心造道、处世化俗之详。东海漫赋诗曰：‘耳根何处得浮尘，浪说康斋识未真？风月周台灯火夜，伊川路上见斯人。’盖不惟深喜得闻前辈名德，有益持循，且以谢玉台巾诗之过，玉枕山不必买，当长揖白送矣，文简当为折中云。”①

九月二十三日，知府张弼作诗《陈公甫寓寺，连日不见，寄之》给南安的陈白沙，“何事今朝阻笑谈，凄风寒日暗江南。百年事业知多少，九月光阴已廿三。绿酒且教人酩酊，黄花自笑鬓鬑鬖。晚晴还过周台宿，细与崆峒道士参。”白沙收到其诗作后，回信，诗作《次韵张东海》如下，“老去人间久废

① 《陈献章年谱》，第157—158页；（明）张弼：《张东海先生诗文集》，四库全书存目丛书集部第39册，第465页。

谈，青衫不改旧图南。道超形气元无一，人与乾坤本是三。何物坐中春块圠，几时镜里雪鬔鬖？白沙诗语如禅语，试着南安太守参。”①

九月二十八日，白沙与苏章共读张弼《玉枕山诗话》，作《书〈玉枕山诗话〉后》，“余又有《回龙寺夜坐》诗，云：‘孤烛江边寺，疏钟雨后天。愁人知永夜，远客惜流年。不买南安酒，留充玉枕钱。床风无意绪，吹断药炉烟。’第三联亦以玉枕而发，东海乃不收入《诗话》中，偶忘之耶？东海平日自谓具双眼，能辨千古是非人物，而近遗夫康斋，又何也？康斋易知耳。予年二十七，游小陂，闻其论学，多举古人成法，由濂、洛、关、闽以上达洙泗。尊师道，勇担荷，不屈不挠，如立千仞之壁，盖一代之人豪也。其出处大致不暇论，然而世之知康斋者甚少，如某辈往往讥呵太甚，群啄交竞，是非混淆，亦宜东海之未察也。微吾与苏君今日之论，则东海之康斋，其为晏婴之孔子乎，了翁之伯淳也。噫！成化壬寅九月二十八日，新会陈献章在南安横浦驿读东海先生《玉枕山诗话》，秉烛书此于苏君卷中。”②

十月，白沙过吉安永丰，祭拜挚友罗一峰墓，作《告罗一峰墓文》，“呜呼先生！今曷为而往，始曷为而来？处则畎亩之逸民，出则文章之巨魁。其洞彻不欺之心，炳中天之杲日；而轰动出群之气，殷百蛰之春雷。知先生者，拟先生于北海；不知先生者，谓松柟弗类，反见目于榆槐。先生见贤必亲，闻善必录，遇恶必摧；存而知亡，过而能裁，随时变化，有阖有开。而平生念虑所存，其大者正君、正朝廷、正三纲、正万民、正四方。皇皇之忧，耿耿之忠，则致死而勿颓。贫贱而不为戚，患难而不以回。成化己丑之夏，予遇先生于南畿，盍簪之欢，忘形尔汝。既三宿而后别去，屡反顾而徘徊。先生赠予南归之文，予处先生草亭之什，既而各申其戒曰：‘我不枉已，君无凿坏。’孰谓先生去官而死，曹溪之约不遂，丽泽之资何有？而今而后，复仰望于何谁？于戏惜哉！宿草之墓，朋友弗哭，礼之常也，非予与先生之宜也。”③

十一月，白沙出丰城，过抚州崇仁六家桥乡曹坊熊家村，祭拜老师康斋先生墓，作《祭先师康斋墓文》、《过康斋吴与弼先生墓》诗。白沙祭文，“维成化

① 《陈献章年谱》，第158—159页；《张东海先生诗文集》，第410页。

② （明）《陈献章全集》，黎业明编校，上海古籍出版社，2019，卷1，《书玉枕山诗话后》，第94—95页。

③ （明）《陈献章集》，卷1，《告罗一峰墓文》，第116—117页；《陈献章年谱》，第160页。

十八年，岁次壬寅，十一月日，门人新会陈某被徵赴阙，道出剑江，谨具牲醴，告于先师聘君康斋先生之墓曰：于乎！元气之在天地，犹其在人之身，盛则耳目聪明，四体常春。其在天地，则庶物咸亨。太和絪缊。先生之生，孕三光之精，钟河岳之英，其当皇明一代元气之淳乎！始焉知圣人之可学而至也，则因纯公之言而发轫；既而信师道之必尊而立也，则守伊川之法以迪人，此先生所以奋起之勇，担当之力，而自况于豪杰之伦也。先生之教不躐等，由涵养以及致知，先据德而后依仁，下学上达，日新又新。启勿助勿忘之训，则有见于鸢鱼之飞跃；悟无声无臭之妙，则自得乎太极之浑沦。弟子在门墙者几人，尚未足以窥其阈域。彼丹青人物者，或未暇深考其故而徒摘其一二近似之迹描画之，又焉足以尽先生之神。某也生长东南，抠趋日少，三十而后立志，五十而未闻道。今也欲就而正诸，而悲不及先生之存。先生有知，尚鉴斯文。尚享。"①白沙祭诗，"桐园三尺聘君坟，犹有门人为扫云。此日英灵应识我，斯文风气莫如君。吟残老杜诗千首，看破伊川《易》几分。未了平生端的事，九原风露倍酸辛。"

是年，王阳明十一岁，随祖父竹轩公寓京师，入塾。

1483，成化十九年癸卯，时敬斋年 50。

春，客寓鄱阳，淮府贤王延至梅亭，讲论遗经，命作《颐仙说》②，有《瑞梅赋为淮王题》诗，云"明此理之无穷，信天人之一体，实气脉之流通。欲知修德之要，当致乎慎独之功"③。

是年，年 19 岁的余祐（1465—1528，字子积，江西鄱阳人）从鄱阳徒步来余干求学敬斋门下。④后，余祐成为著名的理学家，与夏东岩、魏庄渠

① （明）《陈献章集》，卷 1，《祭先师康斋墓文》，第 107 页。

② （明）胡居仁：《敬斋集》，董平校点，卷 2，《颐仙说》，第 974 页

③ （明）胡居仁：《敬斋集》，董平校点，卷 3，《瑞梅赋为淮王题》，第 1002 页。

④ 据张岳《吏部右侍郎讱斋余公佑神道碑》（焦竑：《献征录》，卷 26，《吏部三》（侍郎），《续修四库全书》，史部第 527 册，上海古籍出版社，2002）；（《中国地方志集成》，《江西府县志辑》，第 24 册，《同治饶州府志》，江苏古籍出版社，1996，卷 26，《艺文志》，第 674 页。）现存（明）余祐（辑），《文公先生经世大训》，四库全书存目丛书，子部第 6—7 册，台南：庄严文化事业有限公司，1995。补：张岳（1492—1553），字维乔，号净峰，福建惠安县人，1517 年进士。历广西提学佥事、廉州知府、郧阳巡抚、两广巡抚、湖广、贵州、四川总督等。著有《小山类稿》（林海权、徐启庭点校，福建人民出版社，《八闽文献丛刊》，2000）。

齐名。

余祐，字子积，别号讱斋，其先自歙之篁墩，迁鄱阳清泥，高祖浩又自清泥迁仙坛，别为方山余氏，而二族俱以繁衍。曾祖企周，祖泰，福清知县，父澜以公贵，赠承德郎南京刑部主事，母吴氏赠安人。公自幼颖异，始入小学，既慨然有求道之志，闻余干胡敬斋先生居仁潜心践履，徒步往师之，先生一见，谓其器可以远到，以女女焉。公学问溪径启发于敬斋者最早。成化丙午，领乡荐，登弘治己未进士，授南京刑部贵州司主事，转广西司员外。正德戊辰，勋臣有争袭者，公尝署其案，忤逆璫刘瑾意落职。瑾诛，大臣以廉正执法荐起家，知福州府，爱人恤狱，事先大体，不以耳目摘发聪明，镇守内臣豪买市物，不予之直，又以白金二百两强府令□市改机若干，公入其金于帑，民以不予直，诉者十百，群涕泣，慰遣之，将以状闻于朝。镇守惧，稍戢求以事挠公。会天旱，众请祷雨，镇守曰："余知府自谓爱民，必能感动天地，而使之独祷。"公斋戒出，郊而雨随应，镇守愸，愈媢伏思以倾公，阴遣人构于厂卫曰："不去余知府，镇守不得伸手也。"公行素高，媒孽竟无所得，则谩好言曰："余知府好官，吾岂敢不敬之，但好官亦无庸慢我。"会迁山东按察司副使始解。丁父忧，未上服除，补山东整饬徐州兵备。南京进贡人臣多挟商货索夫马，价至数倍，知州樊准白公，公命诘其私货入之。诬逮锦衣狱，谪广西南宁府同知，稍迁韶州知府，投劾去。今上登极，诏复副使，升河南按察使，屡与抚按两院争可否。平反冤狱，按黜巨赃以数十，当其据理以争，辞气棘棘，听者至不能堪，乃因考察横中之，其劾章有'心慕乎古，气失之偏'之语。公闻之笑曰："偏则有之，慕古吾岂敢也。"坐调广西按察使，迁湖广右布政、云南左布政使。以太仆卿召。未行，转吏部右侍郎。公自调广西后，公论益以明白，当国者知公刚正可大用，故三任皆未久而迁吏侍。报至，公已不及闻矣！嘉靖戊子某月日也，享年六十有四。公学务有用，不事空言，发端于敬斋，而推其本原，以出于程朱。故于程朱之书尤究心焉，微言精义，多所自得，其言曰："程朱教人，拳拳以诚敬，入门学者，岂必多言。惟去其念虑之不诚不敬者，使心地光明笃实，邪僻诡谲之意勿留其间，不患不至于古人矣。"其时公卿间，有指主敬存养朱子晚年定论者，公摭朱子初年之说以折之，谓其入门功夫非晚年乃定。又辑朱子书之切治道者《经世大训》，其论及文章辞翰者《游艺录》，见其学之备体用，兼大小，非近时所谓单传妙诀者可拟也，其笃信如此。盖公进欲以其学施之天下，退欲著书立言以垂后来，不幸皆未及成就，其余绪之见于世者，公不自以至也。好善嫉恶出于天性，所交游皆贤士大夫，而于庄渠魏公子才尤善。人有过不能忍，常面斥之，而退无后言，有以其过攻之者，欣然乐受，人以是信而重之，推论当世正人，必及公云。著有《性书三卷》《经世大训》《游艺至论》。

章枫山始讲学于兰溪枫木山，从游者众。其讲学语录，其子编校为《枫山语录》。①

此年，白沙56岁。

正月，白沙途中过南京挚友庄定山处所，相留越月，谈诗论学。

正月十六日，与怀玉娄先生、庄定山共作《白马庵联句》，录以送庵主净敬。

会吴康斋高弟、同门娄谅弟弟娄谦（号莲塘）、娄谅子娄性、娄谅著名弟子蒋世钦等人于白马庵。

三月三日，白沙将至德州。

三月二十三日，白沙寓张家湾。

三月三十日，白沙到京，多寓庆寿寺。初聘到京时，公卿大夫日造其门数百，咸谓圣人复出。

在京，白沙为一斋弟弟娄谦作《书莲塘书屋册后》，“成化十九年春正月，予访予友庄定山于江浦，提学南畿侍御上饶娄克让来会予白马庵，三人相与论学赋诗，浃辰而别。侍御之兄克贞先生，与予同事吴聘君。予来京师，见克贞之子进士性及其高第门人中书蒋世钦，因与还往。居无何，侍御官满来朝，予卧病庆寿寺，之数人者无日不在坐。师友蝉联，臭味相似，亦一时之胜会也。侍御示予《莲塘书屋图》，山云水石，竹树阴翳，恍然若莲塘之在目，蔼然弦诵之声盈耳也。予玩而乐之，谓侍御曰：‘地由人胜，不胜谁传？周茂叔

① 章懋：《枫山语录》，四库全书第714册，上海古籍出版社，1987。

濯缨于濂溪而世濂溪，程叔子著书于龙门而世龙门，朱晦庵讲道于考亭而世考亭，今娄氏居莲塘宜世莲塘。使莲塘之名有闻于天下后世者，娄氏也；使娄氏有闻于天下后世者，娄氏自为之，非莲塘也。莲塘之遇，不其幸欤？濂溪以茂叔胜，龙门以叔子胜，考亭以晦翁胜，莲塘以娄氏胜，古人、今人无不同也。抑不知娄氏之所修而执之者，同于古人否欤？恶乎同乎？同其心不同其迹可也，同其归不同其入可也。入者，门也；归者，其本也。周诚而程敬，考亭先致知，先儒恒言也。三者之学，于圣人之道孰为迩，孰知之无远迩欤？周子《太极图》说：'圣人定之以中正仁义而主静。'问者曰：'圣可学欤？'曰：'可。''孰为要？'曰：'一为要。'一者，无欲也。《遗书》云：'不专一则不能直遂，不翕聚则不能发散。'见静坐而叹其善学曰：'性静者，可以为学。'二程之得于周子也，朱子不言，有象山也。此予之狂言也。娄氏何居焉？予以景泰甲戌游小陂，与克贞先后至，凡克贞之所修而执之者，予不能悉也。书予说于《莲塘图》，侍御质诸克贞先生，以为何如？"① 白沙纵谈主静心学，请一斋学兄指教。

在京，白沙为一斋弟子蒋钦作《书自题大塘书屋诗后》，"予既书娄克让《莲塘书屋图》后，蒋世钦继之以大塘书屋之请，予赋五言近体一章，既以答世钦。世钦少之，予乃究言诗中之旨。首言大塘书屋乃中书蒋世钦所建，颔联言为学当求诸心，必得所谓虚明静一者为之主，徐取古人紧要文字读之，庶能有所契合，不为影响依附，以陷于徇外自欺之弊，此心学法门也。颈联言大塘之景，以学之所得，《易》所谓'复其见天地之心乎？'此理洞如，然非涵养至极，胸次澄澈，则必不能有见于一动一静之间。纵百揣度，只益口耳。所谓'何思何虑'，'同归殊途'，'百虑一致'，亦必不能深信而自得也。末联借方士之丹，以喻吾道之丹，卒归之龙门者，明其传出于程子而人未之知也。拙见如此，未知是否？然予于世钦，不可谓无意矣。所病者，辞采不足以动人耳。世钦胡为而少之？予以世钦厌夫为文字章句之学者，勇于求道，不耻下问于予，予是以重言之。谓予俯仰于时，姑喋喋以塞夫人之意，非予所以处世钦也。"②白沙继续纵谈虚明静一之心学法门。

---

① （明）《陈献章集》，卷 1，《书莲塘书屋册后》，第 64—65 页。

② （明）《陈献章集》，卷 1，《书自题大塘书屋诗后》，第 68—69 页。

五月端午，白沙在庆寿寺与张黻（字兼素，吉水人，成化八年进士）等人论学。

七月十六日，白沙赴部听试。八月二十八日，因吏部尚书尹旻等人作梗，乃令白沙先过考试方令就职，白沙自觉朝廷大失待贤之道，作《乞终养疏》求归，“由本县儒学生员应正统十二年乡试，中式。正统十三年会试礼部，中副榜，告入国子监读书。景泰二年会试，下第。成化二年本监拨送吏部文选清吏司历事。成化五年复会试，下第，告回原籍。……于成化十九年三月三十日到京朝见，赴部，乃以久劳道路，旧疾复作，延至月余。于五月二十五日蒙吏部题，奉圣旨：‘恁部里还考试了，量拟职事来说。钦此钦遵。’……七月十六日，扶病赴部听试……又于八月二十二日得男陈景易书，报臣母别臣以来，忧念成疾，寒热迭作，痰气交攻。待臣南归，以日为岁。”①

朝廷得知白沙辞归，九月初一日，不得不授其“翰林检讨”收人望。九月初六日后，白沙作《谢恩疏》，“（白沙）于成化十九年八月二十八日具本陈情，乞还养母，兼理旧疾。九月初一日，钦奉圣旨：‘陈献章既该巡抚等官荐他学行老成可用，今恳切求回养母，吏部还查听选监生愿告回家的例来说。钦此。’及吏部查例覆奏，于本月初四日钦奉圣旨：‘陈献章既系巡抚等官荐他，今自陈有疾，乞回终养，与做翰林院检讨去，亲终疾愈，仍来供职。钦此。’”②

在京期间，白沙收到远在辽东亲传弟子贺医闾的来信，贺医闾时年四十七岁。

> 往年承教于都下，恩惠之厚，没齿不忘。别来十有六载，仰慕盛德如昨日，然时一展拜尊像，便是即温听厉也。所恨贱疾拘牵，未有再拜之期。兹闻先生四月来京，寓庆寿方丈，相去益近，而不克面以承矩诲。小儿咨年幼，未堪出外，不能遣之一拜床下，其为抑郁，不可胜言。先生此来，传闻弗的，或云以荐举，或云以诖误，不知尚有几时留容？一之诸友几人从行，诸贤子侄几人在侍？
>
> 去年冬小侄往山海关，在郑克修绣衣处，领张叔亨绣衣转附先生前

① （明）《陈献章集》，卷1，《乞终养疏》，第1—3页。

② （明）《陈献章集》，卷1，《谢恩疏》，第3—4页。

年十月二日与钦书，并和陶诗、寄钦绝句，所以教爱钦者至矣。书中复以《庄定山得静中一趣》发钦，读之惶汗决背。别来屡承此教，而竟不能脱扰扰于方寸，其负教之罪甚矣。然而犹望先生不以是弃之，因风更乞开喻。

自今以往，犹当鞭策好钝，冀有少进也。兹敝处李参戎第行，遽不能尽所欲言，高丽布匹奉为御暑之服，人参二斤用备汤药之需，伏乞叱留，幸甚。①

九日，白沙与学士李东阳、张兼素等同饮庆寿寺，拜别诸公，离京。

或在此时，王华、王阳明父子在李东阳等人安排下与白沙先生交往论学。

先生出潞河。在直沽，与门人周京相逢论学。

十月二十六日，过桃源。还，再过南京，与庄定山再遇，定山送至龙江关。

再过南安，与张东海再遇，同论出处。东海作诗《闻陈公甫受职告归》，“君恩天地宽，臣义日月皎。无职徒冒官，优游岂不好？未识义如何？请问程明道。李密是何人？亦有《陈情表》。”白沙回答，“康斋以布衣为石亨荐，所以不受职而求观秘书者，冀得间悟主也。惜乎当时宰相不悟，以为实然，言之上，令受职然后观书，殊戾康斋意，遂决去。某以听选监生荐，又疏陈始终愿仕，故不敢伪辞以钓虚名。或受或不受，各有攸宜尔。”②

十一月十九日，度岭。

十一月二十二日，过南雄，有书信答江西右布政陈炜（1430—1484，字文耀，号耻庵，福建闽县人），表达自己未能在政界打开局面的惋惜之情。

是年，白沙弟子林南川先生四十五岁，六月十九日，启程往梧州，答谢总督朱英之荐，过石门、羚羊峡、肇庆、大湘峡、三洲岩、德庆，边走边游，一路均有诗作；七月二日，至梧州拜见朱英，作诗酬和；八月望日后，北上赴春闱，过峡山寺、凌江，重阳过曲江，过吕梁、临城驿，一路均有诗作；十二月二十六日，至京师，与张兼素等人交游论学。

---

①《医闾先生集》(武玉梅校注本)，卷五，《又》，第58—59页。

②《陈献章年谱》，第180页。

1484，成化二十年甲辰，敬斋时年51。

二月乙丑，璩行素造南谷书院，征文为记，请书“归儒峰”三大字于石，敬斋赠云：“天下古今，一理而已。究其极，天地之所以阖辟，万物之所以生生，幽而鬼神，明而礼乐，显而人事，无非一理之所为，即所谓‘万殊而一本、一本而万殊’者也。惟圣人之心，全体浑然，克尽此理，故曰：‘大哉圣人之道’。惟君子为能戒谨恐惧，体之于已，故曰：‘君子之道费而隐。’禅者，此理中所无以，其孔穴相通，黄蜂野蝶交穿其内，非圣人之道而别为一端，故名之曰异端。愚尝论之杨、墨、老、佛、庄、列，皆名异端，皆能害圣人之道。为害尤甚者，禅也。禅师，佛之别名，佛中工夫最捷而精者。昔达摩西来，梁武帝惑而尊之，国随以灭。杨无君，墨无父，老玄虚庄旷大，列沉默，其害天理则一，然其用力犹缓，灭理未尽至。如禅，其说高妙，易以惑人，工夫快捷，易以成就。天地万物人伦事理，一切归空，天理根株扫荡已尽。韩子辟佛老者也，犹见惑于大巅，况其下者乎。吕荣公、游定夫、陆子静学圣贤者也，犹身溺于禅，况其他乎。故程子以为学者，当如淫声美色以远之。今之学号为高明者，陷之愈深，此予所忧者，故因是记而详之也”①，对白沙、一斋的高明心学思想大加批判，并担忧白沙心学将流行于天下。

此年，贵溪名臣姚明（字仲远）之子姚文灏（字秀夫，贵溪东岭人）中进士②，后成为著名的水利专家。

---

① （明）胡居仁：《敬斋集》，卷2，《归儒峰记》，第967页；《胡居仁文集》，卷2，第187—188页。

② 敬斋曾为姚明撰《姚仲远传》，佩服其为人为官至卓绝清廉。“（姚明）早孤，幼颖敏，学胡氏《春秋》。弱冠游邑庠，声闻达于邻郡。景泰癸酉，登乡贡第，卒业太学。成化丙戌授监察御史，巡按辽东，入掌贵州湖广山东等道事，复巡按南直隶浙江。仲远性刚直，果于断事，摧抑权豪，殄除凶猾，辨释冤枉，革励贪污，奏举廉吏，及天旱则为民祷雨，至郡县必临养济院以存恤孤贫属县，疲疠则斋戒罪已，祷神以祈免民。灾时有内侍督织者，怙势作威，有司供馔岁，用银千余两，仲远竟裁抑之。及任陕西按察佥事，其为政临民，一如巡按。时总甘肃，督宁夏粮储，旧例银米同给，仲远视银贵则给银，米贵则给米，于官无损，军士受惠实多。以禄不逮养，辄涕泣思亲。每遇忌日，必蔬素。岁时必致祭享，才善吟有容，溪集其言，慷慨有气节如其为人……所居环堵萧然”，《姚仲远传》（《敬斋集》，卷2，第61—62页）。姚文灏，从家训，习理学。以诖误调常州推官。未及任，转通判。提督松江等处水利工部主事，于弘治九年七月言治水六事，上从之。擢湖广提学佥事，官三载，卒。箧中惟冬夏二衣，著有《学斋稿》《心学录》《经说》《杂说》《报德录》《中庸本义》（一卷）（转下页）

二月十二日，敬斋先生捐馆，子一崇修。①

同乡苏章悼诗，“文章尘土久沉埋，露冷桐梧凤不嘴。惟有梅溪溪上月，夜深还照读书台。”②

门人贵溪徐弘撰《行状》云：“既而从康斋吴先生得心学之正，退而益加充广，慨然以古人自期，以斯道自任，以记诵词章为不足事，专用心于内，其学以主忠信为本，以求放心为要”③。

后，参政吴廷举（1459—1525）墓祭文曰：“志存伊旦，学慕圣贤。有体有用，识经识权。修身遁世，终老林泉。人才不进，时宰之愆。九原可作，当为执鞭”。

此年白沙五十七岁。白沙作诗，其中一首，“香烟袅入酒中蛇，读《易》山斋日未斜。领取乾坤分付意，扶留生耳木樨花。”④可见，白沙自从京师归家后，多叹涉世之难。

四月，白沙弟子张诩举进士。

朱英与白沙多有诗作酬酢。盖其文集《认真子集》已定稿，将出版，请陈白沙作序，“诗之工，诗之衰也。言，心之声也。形交乎物，动乎中，喜怒生焉。于是乎，形之声，或疾或徐，或洪或微，或为云飞，或为川驰，声之不

（接上页）《浙西水利书》（汪家伦校注，农业出版社，1984；《四库全书》地理类四第576册）等，为官期间，提出“毁誉不人，请托不行，贿赂不通”为治准则，见《中国地方志集成》，《江西府县志辑》，第24册，《同治贵溪府志》，江苏古籍出版社，1996，卷4，《人物·儒林》，第319页。据《教育大辞典》（上海教育出版社，1990）传姚文灏又聘胡敬斋为桐源书院师，待考。

① 据（清）杨希闵编《胡文敬公年谱》补，《宋明理学家年谱》第十册，北京图书馆出版社，2005，第271页。

② 《苏章苏桥乡明代著名古文家》，苏氏宗亲网，2018年12月27日。

③ 沈佳：《明儒言行录》，卷3，胡居仁条所录，《明代传记丛刊》第3册，明文书局，1991，第343页。可阅香港中文大学博士生刘勇：《文以人重：从胡居仁与〈易像钞〉看〈四库提要〉之纂修》一文，见www.sikuquanshu.com。胡敬斋有《送徐生》（卷三），云“归梅放寒花岁已深，为君特赋雪窗吟。信知此道无今古，展卷详论孔孟心”，此徐生或为徐弘。徐弘（宏），字毅夫，号希斋，贵溪人。早失怙，喜欢读书。参见《中国地方志集成》，《江西府县志辑》，第21册，《同治广信府志》，江苏古籍出版社，1996，卷9，第75页。

④ 《陈献章年谱》，第181页；《陈献章集》，第567页。

一，情之变也。率吾情盎然出之，无适不可。……率吾情盎然出之，不以赞毁欤？发乎天和，不求合于世欤？明三纲、达五常、征存亡、辨得失，不为河汾子所痛者，殆希矣。故曰‘诗之工，诗之衰’。夫道以天为至，言诣乎天曰至言，人诣乎天曰至人。必有至人能立至言。尧、舜、周、孔至矣，下此其颜、孟大儒欤！宋儒之大者曰周、曰程、曰张、曰朱，其言具存，其发之而为诗亦多矣。世之能诗者，近则黄、陈，远则李、杜，未闻舍彼而取此也。……夫诗，小用之则小，大用之则大。可以动天地，可以感鬼神，可以和上下，可以格鸟兽；四时行焉，百物生焉；皇王帝霸之褒贬，雪月风花之品题，一而已矣。小技云乎哉？都宪朱公以其所为诗编次成帙，题曰《认真子集》，授简于白沙陈献章曰：“为我序之。”[①] 白沙由此纵论诗学与心学情感的关系。

而著名亲传弟子林南川已四十六岁，因家贫而谒选。三月十八日，南川在京得授浙江嘉兴府平湖县儒学教谕官职。在京师，与娄谅家族后裔亲族娄侍御、蒋世钦的大塘书屋、莲塘书屋题字，归家探亲。发潞河，过郭县、连窝、良店，五月十三日舟过下邳，十七日过淮河，途中经过德州、固城、吕梁、彭城、夹沟闸、白羊河、扬州、杨子湾、金山寺、石门、丰城、灵州、峡山、浈阳峡、英德、太平滩，一路均有诗作。归家。将有浙江平湖教谕之行，中秋节，南川先生率林子冀、林时嘉、林时远等子侄及袁晖往江门，拜别白沙先生。大家得以相聚于白沙，为林光践行。十一月底，至浙江湖州平湖县，正式履任。

由此开始其数十年在外漂泊的仕宦生涯。从此，白沙与南川师徒二人相隔异地，多年未能相见。

在平湖九年（1485—1494），南川先生颇有政绩，“时平湖之士慕公之名，比至，邑里风动。公力以师道自任，以身为教，谓今文弊日烦，溺者日众，支离驳杂，云道益远，勉学者深本穷源，反身修行，诱掖奖劝，惟恐不至。一时士习丕变，又以士风关系匪轻，乃上疏敦风化，养廉耻，辞甚恳切，遂准行，时论韪之。提学岁考士，皆尝付公自校阅。巡抚彭公按临，处以宾师之礼。丙午主考福建，镇守太监陈道礼馈盐引余银，左布政使章格致赆农民纸价，皆谢却之。弘治己酉，复主考湖广。是年，总修藩宪庙实录。辛亥，修

① 《陈献章年谱》，第187—188页；《陈献章集》，第4—6页。

嘉兴府志。壬子，复同考顺天府。凡三校文，皆称得士，人服其藻鉴。工部主事林沂、浙江布政使吴绎思各论荐方行卓异，乞不次擢用，不报。秩满升兖州府儒学教授。以道路益远，迎养益难，疏乞改除本省邻府，以便养亲，不允。”①

1485，成化二十一年乙巳。

白沙五十八岁，白沙对学生特别关爱，时常论学，几乎每年都有与贺医闾、林南川、张东所、李承箕、湛甘泉等亲传弟子论学，这已成为他生活的一部分。

闰四月，为左布政陈选所重刊印《宋史·道学》作序，“广东左方伯陈公取元所修《宋史》列传中《道学》一编锓板，与同志者共之。《宋史》之行于天下有全书矣，公复于此留意焉。……夫子没，微言绝。更千五百年，濂洛诸儒继起，得不传之学于遗经，更相讲习而传之，载于此编者备矣，虽与天壤共弊可也。抑吾闻之：‘六经，夫子之书也。学者徒诵其言而忘味，六经一糟粕耳，犹未免于玩物丧志。’今是编也，采诸儒行事之迹与其论著之言，学者苟不但求之书而求诸吾心，察于动静有无之机，致养其在我者，而勿以闻见乱之，去耳目支离之用，全虚圆不测之神，一开卷尽得之矣。非得之书也，得自我者也。盖‘以我而观书，随处得益；以书博我，则释卷而茫然’。此野人所欲献于公与四方同志者之芹曝也。承公命为序，故及之。公名选，字士贤，浙之临海人。先公勿斋先生宰新城，遗爱在民，公称其家学云。[成化二十一年乙巳闰四月，翰林检讨古冈病夫陈献章公甫书。]”②白沙的治学心语，“求诸吾心，察于动静有无之机，致养其在我者，而勿以闻见乱之，去耳目支离之用，全虚圆不测之神”，这些名言，反复被章沛等著名学者所引用，可见其重要性。

夏，白沙亲传弟子周镐卒，作悼诗。后，李承箕作墓志。

七月，右都御史朱英卒，年六十九岁。

南川先生此年四十六岁，是其在平湖县的第一个新年。自去年十一月底

① 《南川冰蘖全集》（罗邦柱校本），卷末，章拯：《南川林公墓志铭》，第500页。

② 《陈献章年谱》，第190—191页；《陈献章集》，第20—21页。

报到上任，由此，开启他在平湖县教谕的九年（1485—1493）长期教育生涯，其间，曾外出参加福建、湖北与应天府学的乡试考官。在平湖的岁月，他认真教学，与人和蔼相处，以朱子蒙学思想教人，作小学工夫，培养了一大批著名的弟子，如陆淞（1466—1524，字文东，号东滨，平湖人，官至光禄寺卿）、御史孙迪（1467年生，字吉夫，平湖人，官至员外）、贡士方鉴（平湖人）等人。

陆淞，字文东，号东滨，浙江嘉兴府平湖人，今县城二十七里新埭镇西去三里旧埭人。弘治三年庚戌（1490年）进士，王阳明此年亦参加考试未中进士第。曾预修《大明会典》。历任礼部仪制司主事、礼部主客郎中、南京鸿胪寺卿、南京光禄寺卿。疏乞休归，卒赐祭葬。著有《东滨逸稿》《东滨集》。陆东滨与恩师林南川有书信往来，其交游情况，弥足珍贵。

门生陆淞端拜献书郡师林南川先生大人行幕：昨者谬为小诗赠别，其言不似羊裘只钓名，若有少警于子陵者，淞非敢亿说也。盖惟先生典教名邦，士人不为得谒子陵祠喜，乃为此邦之名教有所主持喜。试今观之，子陵隐于此，先生仕于此。其地江山今昔虽同，其出处则不同，而立心制行亦未必其同。夫以先生之学得朱程之正传，其恬静固足以镇俗，而君臣大义又足以维持世教，非但如子陵之固而不通，绝俗离世之为也，故诗意谓先生来此顾，山水为之增价殆十倍于子陵矣（诗不全录）。

夫伯夷，圣之清者也。孟子尚论其世而未足，乃所愿则学孔子，况子陵去伯夷万万者哉？今先生之莅严州也，果隐耶，仕也？时中之道，吾孔孟家法也。固将援附子陵，即一偏以为高耶？方天官上卿奏荐，以一邦伦理属之先生，特以此邦之秀民，虽三尺之童，孰不知仰子陵之为高，惧其末流相激成风，将如东汉之士，竞为名节，不可支救。故欲略其孤高之行，济以圣贤之道，而挽吾君臣父子之懿，斯实此邦人之幸。而今日所以任贤图化者，意固有在。刘内翰乃赠先生诗云："谁道先生不子陵"，恐史钺氏未敢以为确论。内翰欲以子陵尊先生，固未之思，徒以一偏小先生也。淞在先生门下，托知最深，敢责望先生以大圣贤事，如诗首尾之意。专以今之道学之传，尚赖先生倡于下，隐士以时，非高非通，宦辙所至，时可以往吊子陵之故地也，而不袭子陵之高。不揆狂斐，谩书所见，固如此。伏惟先生裁之，淞再拜。①

孙迪，字吉夫，号朴君，平湖人。弘治十二年己未（1499年）进士，与王阳明同年进士。历任旌德知县、山东道御史、刑部主事、虞衡员外郎。孙朴君与恩师林南川有诗歌往来。

不见先生久，江湖几梦之。音书嗟断绝，云树重相思。定安苏湖日，昌黎国子时。平生恩义在，何止故人思。

酌别吴门酒，留题剑阁诗。东山宣父地，南越子陵祠。风月无边兴，江山在处宜。斯文端有托，莫道此官迟。

潇洒东湖上，幽亭碧水连。杖藜今别后，花鸟故依然。翰墨香千古，人豪定百年。从游不可及，空有去思悬。

花下湖南路，从来长者车。清风尘榻外，甘雨小楼初。地主形容老，仙翁信息疏。浮生蕉鹿梦，已是十年余。②

画船春水夜灯明，几梦茶园及此行。胜日门墙耶展拜，浮云官秩向谁荣。鲁连自昔称先达，宣父由来畏后生。七十尊翁端合请，江湖尘发久星星。

拈得天机卷里新，南翁端不愧词臣。欲知弄月吟风趣，须识周情孔思人。溲勃滥曾收药笼，冰霜何敢负吾民。百年故旧东吴话，且尽花前曲米春。③

宗藩奕叶盛文儒，公去襄南作范模。王相古来齐上相，平湖今不异苏湖。山林钟鼎谁轻重，麟角骊珠世有无。玉署词垣方属望，重逢应卜在皇都。④

---

① 《南川冰蘖全集》（罗邦柱校本），卷末，《寄林南川郡师书》，第457—458页。

② 《南川冰蘖全集》（罗邦柱校本），卷末，《至都，得晋谒恩师南川先生，书以志喜》，第491页。

③ 《南川冰蘖全集》（罗邦柱校本），卷末，《访茶园时南翁在襄阳未回，答正甫二首》，第491—492页。

④ 《南川冰蘖全集》（罗邦柱校本），卷末，《饯南翁入和襄阳次留别韵》，第402页。

贡士方鉴与恩师林南川有论学书信与诗歌往来，师生情谊深厚。

恩师南川林老先生大人侍下：生远违讲席余十年，想仰晨夕弗替。曩者日聆謦咳，良心颇要习上。不意流落，年益加进，事益牵缠。又况心志不坚，茅塞愈甚，徒尔增叹，莫可追已。所喜先生进寓京师，日觐天清光，日接四方豪俊，闻见愈广，涵养愈深，久大事业，端可建立。乃者浙中日望督学，甄陶士类，再瞻丰度，更不识果获所欲否也。北鸿音稀，近日未审先生动履何似，师母及故乡令器德业更何似，亦不能不为悬悬也。脱不鄙弃衰拙，远赐教言一二，生荷庆幸多矣。兹缘国子馆师李便，裁此奉问。去秋亦有书托沈秋官处奉上，想达左右。特以今夏何先生进北之亟，弗逮附书为恨耳。且李亦切慕先生者，寻常流辈，亦用知之。冬气严重，万为调摄，为道自爱，不宣。①

理学渊薮一茧丝，何能山篑不功亏。远宗关洛千年派，近有南川百世师。珠子水连春跃鲤，静观亭在日摩碑。乾坤又有宏斯化，月转桐江默运机。②

1486，成化二十二年，丙午。

白沙年五十九岁，二月十七日，兄陈献文卒，年 63 岁。

二月二十六日，新会知县丁积卒，年仅四十一岁。

九月七日，白沙次孙涣生。是月，原广东左布政陈选被诬告，押解北京途中，于南昌病作，被阻医药，卒，年仅五十八岁。盖陈选多次得罪太监中官韦眷的政治利益，致使其怀恨在心，故而诬告其贪污。③

时年五十岁的白沙弟子贺医闾写信给枫山先生章懋（1436—1521），问候同年进士老友，互通消息。

自执事调官南都后，钦亦以病归，不通音问者将二十年。中间子仁尝

① 《南川冰蘖全集》（罗邦柱校本），卷末，《奉南川恩师书》，第 458 页。

② 《南川冰蘖全集》（罗邦柱校本），卷末，《奉和南川恩师先生》，第 485 页。

③ 《陈献章年谱》，第 207—208 页。

录寄赠执事致政诗，始知执事由评事转佥宪，挂冠归矣。后令亲方老官来，寓族兄客邸，始得备闻执事家居动履之详，足慰鄙怀。同年虽众，相知者不多，就中所尊仰愿学者殿元、会元、元吉、孔易、仲昭数公而已。所恨天各一方，无由亲就，以资启迪之益耳。应魁兄数年前尝寄书来辽，还闻已为古人，可悲也已。

前年陈白沙先生征至京时，有书寄钦，云尝与庄定山会聚，笑语竟月，许定山得天理之真乐。执事想近年未会白沙耳，其得天理真乐，当不异乎定山也。钦病居荒僻，侍奉老母，温读旧书而已，学无寸进。且入老境，恒惧终堕小人之归，贻羞友朋。尚念平昔因风示教，敢不佩服以希少进？

令亲客此，殊失敬，兹因其归，谨此奉问，不能尽所欲言，且愧无物可以将敬。渠复来辽，切望手教，千万之恳。相晤未由，不胜驰慕，惟冀以道自玉，不备。①

1487，成化二十三年，丁未。

白沙年先生六十岁。正月，林南川来白沙看望老师，白沙作诗，“黄鹂啼破海山春，万里沧溟一片云。童子烧香宾客坐，老妻谋酒隔墙分。闲花坞裏藏春色，麋鹿山中失旧群。今夜蒲团空对我，明朝烟艇不随君。”② 白沙感叹他自己在作涵养端倪的工夫论过程中，再也没有一个像南川这样虔诚的行者，所谓“黄鹂啼破海山春，万里沧溟一片云”，这样月印万川的心境。

四月二十六日，白沙老友袁道（字德纯，江西吉水人，成化八年进士，曾任太平知县、宜兴知县、广东巡按御史等）卒于龙川县广东巡按御史任上，作祭文。

八月二十二日，成化皇帝崩。

此年，白沙好友张瓛（字兼素，吉水人。曾任涪州知府、宿州知府等）亦卒，作祭文。

---

① 《医闾先生集》（武玉梅注本），卷五，《简同年会元章翰林》，第 63—64 页。

② 《陈献章全集》，黎业明整理，上海古籍出版社，2019，卷 5，第 597 页。

1488，明孝宗弘治元年，戊申。

白沙先生六十一岁。孝宗性格温和，勤奋亲政，重用贤臣，开启仁治新盛世，所谓“弘治中兴”也。

此年四月，湖北嘉鱼李承箕来新会，从学于白沙门下，白沙先生筑楚云台以居之，进学涵养。十二月初，始回家。在白沙门下，愈7个月，虔诚向学。其间，李承箕参与新会地方志修订事宜，十月修成。临行，白沙为其父李阜撰墓志铭。

朝廷重新启用白沙弟子贺医间（五十二岁），任命其为陕西参议，因母病未能成行。故而，六月下旬，门人贺医闾向朝廷举荐老师陈白沙，赞老师“躬行心得之士”，“当代之大贤”。①

> 臣系辽东都司广宁后屯卫籍，由卫学武生应景泰七年山东布政司乡试中式，成化二年中进士。成化三年二月选户科给事中，在任办事。至成化四年五月，亢旱为灾，臣与本科给事中胡智、兵科给事中董旻等三人，自以滥居言路，旷职召灾，具奏自劾，愿乞放归田里，庶使在位诸臣知所警惧，修政以回天意。特蒙先帝圣恩，不准退归。本年六月，臣以弗能谨疾，得患风湿等病，调理三月，未得痊可，照例住俸，陈乞养病。蒙吏部题准回卫，以是年十二月抵家，于今二十有余年矣。调理病躯，奉养老母，中间疾病有间，供养有暇，则指引后进之蒙士，勉以为己之正学，幸成良材，得为世用，亦微臣图报之万分也。……病归养亲二十余载，方安愚分，甘老田园，乃今复遇陛下收录先朝旧臣，不次超擢，就使高蹈远引之士处此，亦当出为世用，况臣素怀犬马报效之心者耶。但当是时，臣之旧疾未能全愈，况兼臣母郭氏年八有六，自二月初五日以来病卧在床，日渐危笃。臣实孤子，无他兄弟，方欲具本陈情辞职，乞恩终养，而老母以四月二十六日病故矣。殁方浃晨，而敕谕下临。收涕易服，出迎拜受，感激悲怆，莫能为心。缘臣当日在科，历俸不过年半，计年较劳，殊为浅薄，骤升方面，义实难安。敢沥悃诚，冒干天听，伏乞圣慈，收还新降参议恩命，使臣仍以旧职养病守制。他日终丧，幸而疾愈，敢忘天地之恩而

① 《陈献章年谱》，第223页。

不图犬马之报耶？……臣先年在科之日，接见广东新会县历事监生陈献章，天性高明，学术纯正，非记诵辞章之流，实躬行心得之士，有格君之德，有经世之才，是诚当代之大贤，宜为士夫之矜式。臣在京师，接人多矣，未见有出其右者也。成化十五年以来，广东左布政使彭韶，钦差总督两广军务、兼理巡抚、都御史朱英前后具本荐其才贤，吏部移文所司，以礼起送。成化十九年三月到京朝见，以身病母老陈乞终养，蒙朝廷授以翰林检讨，令其亲终疾愈，仍来供职。迄今六载，不知陈献章前疾已愈、母养已终与否？伏望陛下以非常之礼，起此非常之贤，召之便殿，问以治平之大道，以观其谋猷；授以政事，以试其才识。若其贤果如臣言，伏望陛下或任之内阁，使参大政：或任之经筵，使养君德，臣敢谓不三数年，而太平之治可必致也。

缘陈献章作止语默，丝毫不苟，而世之乐放纵、恶拘检者多嫉之；陈献章以知而必行为正学，而世之务口耳、尚词章者多嫉之；陈献章安于退处、不求达，而世之贪利禄、好奔竞者多嫉之。惟陛下察纳臣言，不为鄙夫俗儒之所惑，断自宸衷而决行之，则天下幸甚！

使或陈献章身病未愈，母养未终，果不能出，亦望陛下虚受人，使之详陈其格君、善俗之道，兴利、除害之方，陛下深信而举行之，是献章身虽家居，而其道则行于朝廷矣。况陈献章既贤，其所知必有才良行修、晓达治体者，陛下令其一一举之，以充国用，岂不足以赞襄道化而致隆平哉？大抵贤才之生，无代无之，惟在人君访求、任用之何如耳。苟求之以其方，待之以其道，则圣贤之才，亦将出为世用矣，何患天下之不治哉？①

七月初七，时年五十岁的林南川（任平湖教谕第五年）写信给恩师陈白沙，汇报自己工作和学习所得，继续白沙传授给他的“端默”心法，专意主静，涵养本心，“官中颇闲。圣殿西有一室，静如僧舍，与衙署正连，稍宽凉。庑墙环围，人不易到，每日端默其中而已。今始知卑官无不可为，但不善为卑官耳。”②

① 《医闾先生集》，卷八，《辞职陈言疏》，第125—128页。

② 《南川冰蘖全集》（罗邦柱校本），卷五，《奉陈石斋先生》，第135页。

九月八日，南川先生致信林居鲁主事，为自己因家庭贫困不得不出仕做解释，希望得到其同情和理解，“仆少之时读书，以为天下豪志皆由于科目，窃喜其业而习之。既而得举，年渐加长，又知豪杰之业不止于举子之习，将以求其可大而可久者。然又知乎久大之业非可以速探而近取，于是乎潜深伏远，溯其流而穷其源，培其根而需其实。如是者几二十年，虽未能采其英而尝其实，然亦窃私庆幸，获偷数年之闲寂，得以专力于本源之地。然后天下之事，验之已然，酌之在我，庶几不为群咻之所乱也。近以家贫母老，必须禄食，有此一出。所领者虽曰薄禄卑官，然幸居东吴多士之邦，旦夕亦觊一二同志之士，相与共明斯道以博其传。但彼之旧习已深，而此之熏陶力浅，其相孚相感，岂谓无人，然所谓脱然如沉疴之去体，大寐之方醒，则偶未之见也。况乎不睹其利而勤其业，能几人哉！然则仆之无功而尸禄，固无可取；且又不幸虚名早出，名之所在，人之所忌，谤之所归。虽曰古圣贤有所不免，然仆何人哉？青天白云，引领在目，固不能攒眉终日，为百草忧春雨也。”①

1489，弘治二年，己酉。

白沙六十二岁。春，时年三十七岁的枫山弟子、著名理学家姜麟（1453—1532，字仁夫，号巢溪，兰溪上华皂洞口村人。成化二十三年进士，历任刑部主事、员外郎、四川按察司佥事等）进士以史事从贵州还，取道广东新会，拜谒白沙，先生留八日，纵论学术，相谈甚欢。②

白沙与顺德知府吴廷举（1461—1526，字献臣，号东湖，梧州南蛇岭冰泉冲卫校人。成化二十三年进士。历任顺德知县、成都同知、广东兵备佥事、江西右参政、广东右布政、南京工部尚书等）今年有书信两扎，鼓励其诚心治政出政绩。③事实上，白沙对东湖治政绩效还是比较认可的。白沙说，“适见按治周公叹息言，省中一时州县吏无如顺德。某谓，当道知人无难，惟行其所知。善有劝，恶有惩，则公道明。”④后，吴廷举归家后，在城东门外漫泉亭东筑东湖书院，以教同乡里人。其著有《东湖集奏疏三卷吟稿二卷卷首一卷》

① 《南川冰蘖全集》（罗邦柱校本），卷五，《复林居鲁主事书》，第136—137页。
② 《陈献章年谱》，第234页。
③ 《陈献章年谱》，第235页。
④ 《陈献章全集》，黎业明编校，卷2，第272页。

传世，编修《湖广通志》。他特别热心，不仅于弘治九年刊印最早的白沙文集《白沙先生诗近稿十卷》，还于正德五年刻印《大厓李先生诗集十二卷文集八卷》于湖北传世，可谓江门学派思想与文献传播的大功臣，居功至伟。

二月，亲传弟子张东所亦有北京任原官之命，盖弘治新政也，前来辞行，白沙留二十余日，相与论学。①二月晦日，白沙作告别序言，"盖廷实之学，以自然为宗，以忘已为大，以无欲为至，即心观妙，以揆圣人之用。其观于天地日月晦明，山川流峙，四时所以运行，万物所以化生，无非在我之极，而思握其枢机，端其衔绥，行乎日用事物之中，以与之无穷。然则廷实固有甚异于人也，非简于人以为异也。若廷实清虚高迈，不苟同于世也，又何忧其不能审于仕止、进退、语默之概乎道也。"②白沙一方面对东所的学问赞不绝口，但对于其为官的性格表示了担忧。盖"清虚高迈，不苟同于世"的性格，实在不能在官场走很远的，白沙的预见是对的。

二月，作信给大学士李东阳（1447—1516，字宾之，号西涯，长沙人。官任大学士，著名政治家），希望他关照张东所，"相别六、七年，迩者不通问于京师，然自周文都南归后，先生之音耗遂绝于耳。……居今之世，欲超然无累于心，无累于后，先生计之亦熟矣。然事往往有不期而至，非人思虑所能及，惟在我者所当尽，而或牵制于外，为之弗豫。至不可为，然后图之，亦弗及矣。此亦先生平昔所尝虑及，漫一道之耳。……世卿自去年首夏至白沙，膢然后归，早晚会试入京。区区衰病百状，问之可知已。去秋得时用一书，足慰鄙怀。他人爱我，不如时用，先生谅能悉之也。张进士行，附此，不能尽所欲言。"③白沙告诫其为官，要有计划赶不上变化的心胸，更要放宽怀抱，盖为政之难。今学术界编有其四大册本全集《李东阳集》(岳麓书社，2008）可供研究。

是年，贺医闾先生五十三岁，写信给白沙，汇报母丧，及其子士咨（时年25岁）有意圣贤之学，请白沙辅导。

往岁膺荐来京时，辱惠书教并细葛，感慰深矣。所恨万里之遥，十数

① 《陈献章年谱》，第236页。

② 《陈献章全集》，黎业明编校，卷1，第14—15页。

③ 《陈献章全集》，黎业明编校，卷2，第167—168页。

年之别，而近在千里之间，旬日可至之地，拘以贱疾，不能趋拜以遂亲炙之愿。自兹以往，此生再得坐春风而沾化雨者，果为何时也？

南归后，伏计奉养之余，以道自乐，门下相从者日益众，而及人之功大矣。于是又羡南方士友之幸，而重恨在己之不幸也。别来二十余年，自愧立志不刚，用工不笃，不能勉奉矩，终流于小人之归而已。先生爱我厚者，其可以救拔之者，可惮苦口耶？

去年四月，吏部发下文凭，促钦赴陕西参议任时，以老母卧病累月，方欲以终养具辞，而是月二十六日，母病不起矣。五月初母丧在殡，而敕谕下临，襄事后，乃遣小儿士谘具本缴敕，辞免新授职名。伏惟吾君初政清明，多所听纳，且念钦之不才，虽以病废，然职名未夺，时不可言，不言可也，可言不言，如不忠何？方草辞职终养奏本时，拟陈四事，少效涓埃。

遭丧后，欲削其稿，心不能忍，欲俟终丧，恐失机会，用是不以一私忧，敢忘天下之虑，因辞谢冒昧以陈，曰资真儒以讲圣学，曰荐贤才以辅治道，曰遵祖训以处内官，曰兴礼乐以化天下。本以六月下旬进，无奈诚意未至，学术肤浅，惟蒙圣照得允所辞，所陈四事，斥以浮泛难行，罢之矣。内自循省，惶恐无地，恨相去远，不得以章草求正其所以失也。

先生抱道家居，天下苍生同一仰望，钦不度人微轻，辄有论荐，非特不能为苍生起安石，且恐以荐者之不肖，反为先生累矣。上天祚皇明，斯人惠然来，天岂终负人望哉？

士今年二十五，窃闻先生之教，有意为己之学，科举事业，虽尝为之，然内外重轻，已能决之，殊不好也。此子若可进，恨不得亲炙门下求熏陶之益耳。先生诚闵之，因风赐教，则钦父子感德当何如哉！番禺解军者刘深归，谨此奉问，不能尽所欲言。伏乞以道自重，不次。①

白沙接信，作诗给医闾，“一封初展制中书，万里辽天见起居。何处江山还著我，斯文今古正关渠。伤心入夜思贤母，老眼当年识凤雏。濂洛诸公传不远，风流衣钵共团蒲。”② 白沙作诗给士谘，“少年谁授访之书？父子元来共广

① 《医闾先生集》，卷五，《又》，第61—62页。

② 《陈献章全集》，黎业明编校，卷5，第617页。

居。无极浑沦亲茂叔，西铭特达见横渠。名驹独步空凡马，一鹗高飞失众雏。想得趋庭诗礼罢，愕然木榻对盆蒲。耳目无交不展书，此身如在太清居。雪消炉焰冰消日，月到天心水到渠。一一园花都傍暖，飞飞江燕未将雏。好春好伴须行乐，束起松根七尺蒲。”①“月到天心水到渠”诗为康斋赠送白沙的，源出邵康节，大意是成圣的道路需要悠游任运，需要比慢的精神。白沙所期盼的“束起松根七尺蒲”、“风流衣钵共团蒲”，显然白沙希望医闾夫子主静涵养端倪的心学思想可以在辽东大地生根发芽。后，士咨曾为乡里的贡士，曾疏陈十二事论治国理政，未得上报。编辑父亲医闾先生文集，终身不仕，为地方乡里著名的教育家。

冬，弟子邹智（1466—1491，字汝愚，号立斋，重庆合川人。成化二十三年进士）被贬为石城吏目，达番禺。来新会，拜学白沙门下。著名理学家，著有《立斋遗文》传世。

约在此数年，医闾写信给同年进士、距离其最近的河北山海卫的友人郑己，希望他可以指导其子士咨的科举考试。贺医闾与附近区域乡贤御史郑己书信来往较多，倡明学术，讨论主静主义的心法，盖其受陈白沙心学的影响；亦讨论育儿之方，以圣学为志业。

> 近辱书，具悉雅情，且以桃干远遗老母，感荷感荷！所喻相见未果，徒是说过。然人有善愿，天必从之，终必遂也。来书屡致下问，自顾愚陋，何能有助？但往年在京师，尝闻白沙先生教诲颇多，直以立志不坚，无勇往力行之实，坐是无所进耳。今敢以所闻至切要者奉告，冀今彼此共勉为之。
>
> 白沙之教，惟以静坐为先，其意谓吾人今日病在扰扰，必多用静，然后放心可收，次第可用功矣，如何，如何。前所云韩子作文亦进德事，先正已，论其倒学，不敢承命。小儿士谘学作易义，承改教，甚荷。续所命题，未作求教者，小儿意，以诵读玩索之功不至，故先其急者耳。
>
> 令郎进学如何？今之人以为己之学一笔勾断，只在举业上走，亦大不是。《小学》载胡子父兄以文艺令子弟，朋友以仕进相招，往而不返，则

① 《陈献章全集》，黎业明编校，卷5，第617—618页。

心始荒而不治者，不可以不深戒也。令郎学于家庭，想不专事举业，就使来游门下者，只为举业而来，吾人亦不宜徇其卑陋之见，不以为己之学启之也。小儿颇有为己之志，他日遣往求正，尚无靳焉。临楮不觉叨叨，不罪不罪。①

近审起居佳胜，酒量如旧，甚慰甚慰。令亲毛老官囊多失敬，屡荷书喻，无奈德薄言轻，不能小有补益，罪罪。令郎辈举业工夫，想大有进，不知所谓为己之学，亦尝留意否？若曰吾人未尝为是，遂不以责望后人，是已失之而又使后人仍蹈覆辙也。善教子孙者，恐不如是。世俗日降，言为己之学便谓迂阔，得罪当时矣。然高识远见如阁下者，岂亦有是惑哉？亦谓即此是学，虽不必如文公之教，由《小学》循序而进，要亦不背大道，终为君子路上人物也。然亦不思而已矣。诚思之，宁肯安于是哉？韩、欧与程、朱，其源派孰正？岂可韩、欧亦君子，而何必寻程、朱之源乎？阁下爱生厚，用敢吐其愚，不罪狂妄，幸以语萧先生断其可否，垂示一言，不胜大愿。②

舍亲盛都司克新舍人至，辱惠手书，捧诵之余，如见颜色。但不知何日合并，以话久阔之情，遂切磋之益，为可恨耳。扇三柄，枣一斗，多感远贶。来书深自谦抑，足见不自满足之心。然亦须勇往力行，着实下手，看所进如何，好与朋友商量。若曰自来读书，只事诵说，拟议题目，拘就程式，侥幸科第，为身口之资，则是早年为学为人之失，今日所当痛革者也。兹岂可仍以自谦且以诲人与教子弟邪？足下云欲从事乎静，叹无下手处，似亦过乎？谦退非无处下手，盖亦实不下手耳。所引无欲与心不妄动，盖静之成功，吾人固未敢望。然自今勉遵节欲之训，禁戒躁妄入心，未必不可下手也。狂瞽之言，敢以求正，尚有以复我。为己之学，诚所当勉。令郎染俗未深，无使又蹈自弃之覆辙也。匆匆不能悉，幸察纳之。③

① 《医闾先生集》，卷五，《答同年郑克修御史》，第64页。
② 《医闾先生集》，卷五，《又》，第64—65页。
③ 《医闾先生集》，卷五，《又》，第65页。

医闾有信给远在外地的族中兄弟，告诉其母亲去年去世消息，促其早归，行孝不能等。

诸兄弟在外年久，抛弃骨肉，于人之大伦，不无有失，今俱老矣，幸收桑榆之功，以盖前失，庶乎可耳。士贤兄携二幼子在，景瑞兄嫂白发如银，独与幼妇弱孙家居；贺信一往两载有余，杳无一音；通弟父母俱殁，未曾一拜墓所。以此而言，于大伦何如？

早早归来已是迟晚，若更滞，天地罪人矣。兄弟之情，不得不以告也。客中多贤，必有规讽兄等归省故乡者，但不之信从耳。试以此书与之论之，当有以忠言促归者，不可以不从也。士贤兄辈专以无路费不归者，又大不是矣。莫求遂意，将就可备关西路途饮食，即便起程，若到山海，此间当遣人往接不误也。千万，至嘱至嘱！

钦去年四月二十六日丧老母，五月二十日葬毕，遣男士谘赴京缴敕书，辞参议，已蒙准辞，惟所陈四事，以浮泛难行寝罢。此盖忠诚未孚、学术疏陋之罪也，内自惭惧而已。

兹因杭人马姓者回，便作此奉报。区区弟兄之情，惟愿早早归来，以遂天伦之乐。伏惟心照不次。①

1490，弘治三年，庚戌。

敬斋先生亲传弟子、女婿余祜（时年26岁）中进士。

春，邹立斋多来白沙求学，赞老师，“其为人平易，笃与人交，如骨肉然。议论惟是之从，不自尊大。”② 盖白沙真一大教育家也，令人如沐春风，有大儒气象。

冬，立斋与白沙谈进学之益，“盖复生于静者也，始生于动者也。今人心无时不动。若作用之初，便从复起，则所谓静何处得来？文都欲从乾起，盖亦疑之不可骤得而倒行逆施，恐终非前贤本意也。窃意当以涵养本源为先，本源澄澈，然后药物生。药物生，然后阳火可进、阴符可退，此自然之度也。以外

① 《医闾先生集》，卷五，《寄族兄弟》，第70页。

② （明）邹智：《立斋遗文》，四库全书，第1259册，第460页。

丹言之，岂有药物未生而先用火候者哉？炎方，非孱弱所宜，势须赖此，非欲求羽化而登仙也。”①立斋的这封书信，谈的就是白沙的主静之学，结合内丹与外丹的不同，可见其深思好学。

是年，白沙为时任广西右布政的抚州乐安名臣谢绶（1434—1502，字维章，号樗庵，乐安县鳌溪西坑人。景泰五年进士，历任工部主事、刑部员外郎、郎中、四川右参议、广西副使、陕西右参政、福建按察使、广西右布政、云南左布政、湖广巡抚、工部右侍郎、刑部左侍郎、南京礼部尚书等）作《古蒙州学记》，“州亡、州复在民，何关于公之一念？动于此，应于彼。默而观之一，生生之机，运之无穷，无我无人无古今，塞乎天地之间，夷狄禽兽、草木昆虫一体，惟吾命之沛乎盛哉。程子谓‘切脉可以体仁’。仁，人心也。充是心也，足以保四海；不能充之，不足以保妻子可不思乎？”②白沙在这里把仁学和意念心性结合起来，很好地诠释自己的心学思想，在此，可见其心学的炉火纯青。

1491，弘治四年，辛亥。

白沙先生六十四岁。

五月二十七日，当时著名理学家娄一斋先生捐馆，卒年七十。一斋先生著名亲传弟子夏东岩时年二十六岁，作《祭娄一斋先生文》。

节彼灵山，大江之南。岷峨之英，万古攸含。维北曰徽，朱子聿生。南则吾信，先生崛起。先生之学，朱子之道。二三百年，后先迭照。维昔康斋，讲道小陂。先生弱冠，往而从之。领荐以起，分教西蜀。寻即告归，了无拘束。洞视千古，以道自期。乃所愿学，必曰仲尼。仲尼之学，具在六籍。濂洛关闽，以羽以翼。先生如此，沉潜有年。寥寥绝学，卒以言传。礼乐性情，身心之学。表里洞然，无所不乐。事物之机，知止有定。唯善变通，随感而应。刚大之气，充塞天地。顾兹流俗，独立不惧。逮兹晚岁，德学日充。辉光宣著，天下闻风。进不获施，退未及传。尽发

① （明）邹智：《立斋遗文》，第458—459页。

② 《陈献章全集》，黎业明编校，卷1，第33—35页。

所见，著之简编。程朱绪论，必提其要。删述之功，往圣同调。六经奥旨，必解其疑。脱落训诂，洞见精微。爰定三礼，以诏后世。缮写未竟，先生已逝。予末小子，僻处穷乡。进承杖屦，几易星霜。方矢厥心，以卒所业。天丧斯文，竟此永诀。渊冰之戒，幸获与闻。敢不黾勉，是行是尊。精爽在天，阴佑吾志。俾克有成，斯文罔坠。呜呼！尚飨！①

后，东岩作《娄一斋先生行实》，详述恩师一斋夫子的教育轨迹。

先生讳谅，字克贞，姓娄氏，号一斋，世为广信上饶人。幼有异质，弱冠慨然有志于道。闻聘君吴康斋讲学小陂，往从之游。康斋一见器之，谓："学者须带性气，老夫聪明性紧；贤友亦聪明性紧。小儿璇聪明，而性气不逮贤友。"先生豪迈，不屑世务。康斋一日填地，柎召，谓之曰："学者须亲细务。"由是益加下学之功。在馆中，虽扫除之事必亲，不以责备家童。年若干，领乡荐，自以学不足，不急于仕，退而藏修于家，往来师门者十有余年。后为父兄强赴会试，至三衢，登舟，风逆，飘然以归。家人讶之，先生慰之曰："此行非惟不中，必有奇祸。"未几，春闱果灾，死者不可胜计，由是皆服其有神见。某年，以乙榜授成都府学训导。先生尝曰："是殆，天玉成吾也。"乃携妻、子赴任。《朱子语录》未刻，独康斋族中有古刻一部，先生遣家人携白金一斤购求未得，遂假以归，募人抄完，携往舟中，翻阅谓："吾道尽在此矣。"到任两月，既谢病而归。因号"病夫"。杜门却扫，足迹不履公门。与弟莲塘先生辈，日以讲学为事。时先生声闻已著，前后郡守皆知其贤，往往偕僚佐候之，先生皆不报谒。惟俟其初至，及解任去时，往途次一拜而已。

先生之学，以主敬穷理为主。早起，深衣幅巾，拜于家庙出，御厅事受家人诸生揖，唯二苍头侍焉。内外肃然，凛若朝廷。虽达官贵人至者，必整饰襟裾而入。应接之暇，既翻阅古书，有至言格论契于心者，吟讽不已，悉用朱笔圈点，纸弊墨渝不能去手，至夜深，方入内寝，未尝顷刻少懈。尝谓孔子佩象环，取中虚之意。因制象环，佩之终日不去身。或者谓

① 《东岩集》，四库全书本，卷六，第52页。

非孔子意，然能虚中无我如先生者，其去子绝四者几矣，孰谓非孔子意耶？议论慷慨，善开发人，听者忘倦。贤士大夫有道信者，必造其庐，请教至有终日，不忍去者。先生虽退老于家，然爱君忧国甚诚切。每读邸报，见行一善政，用一善人，则喜动颜色。若事有病于政治之大者，必忧形于色，不啻身立其朝，目击其弊。宪宗宴驾，先生闻之恸。时以子贵受封于家，朝夕哭临，垂涕不已。郡邑政令，有不便于民者，必谏止之。有不善，惟恕先生知之，田里赖之稍安。先生既殁，小民困于贫渔者，皆思先生之德矣。岁有旱潦蝗虫之灾，先生忧叹不已，乞天祈祷，辄有响应。乐道人善，乡邻有为不义，如迎神搬戏划船，及建斋醮之类，必痛加禁止。盖其齿德既尊，以正风俗为己任，虽得罪士夫，有所不顾。然皆出于爱人之诚，久之，亦自信服。虽仇家无怨言，此岂声音笑貌为哉？先生气象岩岩，众皆以为灵山降神所致。一日忽闻灵山白云峰颓数十丈，先生叹曰："吾殆死矣。"越数日，即寝疾而卒。张东白铭其墓云"灵峰信之，主山哲人之萎，岂偶然哉？"时属盛暑，忽阴深数日，飒然如秋，逮殓毕，日出如故，似亦非偶然者。时龙游余元默先生分教郡庠，祭之以文，云："先生以刚毅之质，受业康斋之门。明正学，迪正道，为世鸿儒，非惟门生子姓，恪遵具教。凡有官于此土者，亦皆有所惮而不敢为恶，是诚大有功于名教也"。识者以为名言。先生之学，不事辞章之末，所作诗文皆扩发胸中之蕴，取其达意而止，名《写心集》。成化丁亥始有《日录册子》，纪其为学工程。间有所得，辄书数语，其上平正明白，多有补于世教。先生殁，缔姻宁藩，不幸遭逆濠之变，举族逮系，遗文散失无存。独《日录》数册，假录于先毕，存予家。意者，天意有在乎？中间敬用纂录，俟访遗逸续书于后，以备考德者择焉。①

十月，广东右布政刘大夏（1437—1516，字时雍，号东山，湖南华容人。历任翰林院庶吉士、兵部职方司主事、郎中、广东右布政使、户部左侍郎、右都御史、兵部尚书等）路经新会，与白沙泛舟至大崖，议立大忠祠于慈元

① 《夏东岩先生文集》，明嘉靖刻本，卷五，《娄一斋先生行实》；《东岩集》，四库全书本，卷五，第41—42页。

故址。①

十月九日，石斋先生捐馆，年仅二十六岁。白沙此年诗有《吊邹汝愚谪石城》，哀悼。②

十二月，原抚州知府、张东所先生父张璜卒，享年六十二岁。③

1492，弘治五年，壬子。

白沙先生六十五岁。正月元日，有怀杨敷（杨宪臣，字荣夫，江西永丰县人。一峰、白沙弟子，责任福建永安训导。兄没，袭指挥）。④

增城湛若水中榜。

秋，白沙鉴于林南川经济特别困难，家庭人口众多，得知别驾张吉在肇庆围堤得田百余顷，遂请求给予林南川一部分（约50亩左右），获得张吉支持，故而写信给林南川，希望他早点回广东。十一月，林南川收到来信，由于顺天府坐名奏取，林南川不得来广东应聘教授职位，希望明年官满可以回来。⑤白沙之护卫提携与关爱学生之浓郁感情可见。

是年，李承箕再来白沙游学，白沙筑楚云台居之。

冬，时年五十四岁的林南川致信给白沙，全盘托出自己在白沙门下二十余年学习心得，自得心学思想跃然可见，施教于平湖，左右逢源，仁泽东吴之间，并表达自己当时出仕的苦衷，父亲和弟弟皆先后亡去，没有经济来源，家里自己是惟一的顶梁柱，一大家子人每天都要吃喝，花费开销巨大，希望得到恩师的原谅和理解。这也是南川写给白沙的最后一封系统性论学书信，时白沙六十五岁。

始者光之有志于斯学也，承先人之余庇，无饥寒之所迫，甘心苦志以

① 《陈献章年谱》，第256页。

② 张吉（1451—1518），字克修，号翼斋、默庵、怡窝、古城，江西余干人。1481年（时31岁）进士。历肇庆府同知、贵州左布政使等。作有《古城集六卷补遗一卷》（四库全书，第1257册，上海古籍出版社，1987）。

③ 黎业明：《陈献章年谱》，第258页。

④ 《陈献章全集》（黎业明校本），附录《白沙弟子考》，第1486—1487页；《陈献章年谱》，第262页。

⑤ 《陈献章年谱》，第263—265页。

求之。昼焉而忘食，夜焉而忘寐，忘身忘世。惧其妨夺也，埋光剗彩，惟恐入山之不深。天下之事，视之总若浮埃，无复可以上入怀抱者。如是十余年，虽不敢自谓有所见，然太极浑沦之本体，豁然动于中者，无停机矣。由是随动随静，虽欲离之而不可得。然后反而验诸六经，有不知其然而不得不然，不求其合而不得不合，浩乎沛然，若江河之有源，湖海之有归，濬之而益深，引之而益长，大可以包六合，细入于毫芒。谬见如此，私心自许，将以为死可以无憾矣。不幸中年为贫所困，乃叹曰："吾学而亲老无养，吾学而妻子饥寒，非夫也。乘田委吏不足以病孔子，吾何人哉？"于是遂求禄仕，卑官俛仰，不觉九年。人之非笑，亦不暇恤。夫以隐为高，则其视仕者，可知矣，岂惟人哉？①

南川所说的自然心学，得益于陈白沙的"一片虚灵万象存"，"万理都归感应中"，南川说"太极浑沦之本体，豁然动于中者，无停机矣。由是随动随静，虽欲离之而不可得。然后反而验诸六经，有不知其然而不得不然，不求其合而不得不合。浩乎沛然，若江河之有源，湖海之有归。濬之而益深，引之而益长。大可以包六合，细入于毫芒。"南川所说的心"包六合"，"入毫芒"，"无停机"，"随动随静"，其实就是易学的天理周流于天下的乾坤之学，也就是白沙气化心学的另外一种表达。

或在去年或今年，白沙先生再为乐安谢绶之请，作《龙冈书院记》，"父兄不以其言为子弟师。业修于身，子弟习而化之。其为教也不一，因其世箕裘异焉耳。……择善力行，以底于成德。其至也，'与天地立心，与生民立命，与往圣继绝学，与来世开太平'。……江西抚之乐安有龙冈书院，今都御史谢公绶六世祖均福始建，与其弟均寿讲学其中。福后以宏词领信州，寿亦举进士守来阳。岁久，栋宇就废，公之父某复即其地而新之，既而诸子皆以文章取科第、为显官。公谓其子琪曰：'书院无田，奚以守？'琪买田百亩，择谨厚者掌之，以供祭祀及束修之费。公巡抚湖广，两遣使走数千里至白沙，谒文记之，且以教其族之人。予少无师友，学不得其方，汩没于声利、支离于秕糠者，盖久之。年几三十，始尽弃举子业，从吴聘君游。然后益叹迷途其未远，

① 《南川冰蘖全集》（罗邦柱校本），卷五，《奉陈石斋先生书为》，第143—144页。

觉今是而昨非，取向所汩没而支离者，洗之以长风，荡之以大波，惴惴焉，惟恐其苗之复长也。坐小庐山，十余年间，履迹不逾于户阈，俯焉孳孳，以求少进于古人，如七十子之徒于孔子，盖未始须臾忘也。……今之学于龙冈者，一短檠课之外，未有闻也。公能亮予言否耶？横渠先生语学者‘必期至于圣人而后已’，予于谢氏，岂敢谓秦无人。”① 龙冈书院为谢绶六世祖均福、均寿所建，专门为族中子弟读书而建，故而白沙表之。同时，白沙也提出名师对于一个人成长的重要性，并希望乐安谢氏后裔可以走圣学之路。

仲冬，贺医闾先生五十六岁，为友人史璠作《史氏倚庐记》，其子史册为医闾亲传弟子，高度称赞其孝子行为，并由此点明自己的教学理念。

史氏，祖山东东昌聊城人，今为古宜金紫巨家。君名璠，字公玉，昭信校尉百户公讳镔之三子也。生而刚明自好，雅重乡间，虽处市，而衣冠、言动检饬不少慢。浮薄者或诮之曰：“乃亦士夫态耶？”君惟自信而已。既而遣其仲子册从病夫游。病夫教人，不能同俗专事口语文辞以取青紫，必首以文公《小学》，使人读而躬行之，希进上达，迂之者恒多。史君乃能于其家亦取《小学》学焉。诮之者益甚，而君之自信益笃。乃弘治五年仲冬月，母安人刘以寿终，哀毁如礼，乃于中门之外，缚数椽为倚庐居焉。绝肉酒，远帷薄，且未尝一造亲故之门，以终丧制。又尝以其自置居第，让其季焉。是盖真有士夫之行，而今之士夫每每难之者，矧流俗之浮薄者耶？问学益人，不可诬也。嗟乎！礼教之坏久矣，滔滔者固无足言，而仁人孝子之间出，复往往舍神灵而守冢墓，孝有余而学不足，守先王中制者希矣。故记史君之行于其庐，以世其子孙，且以告吾之乡人。②

1493，弘治六年，癸丑。

白沙先生六十六岁。正月二十日，弟子易赞（鹤山玉桥人）、杨和、易庸信一行来访白沙，其女适白沙孙琬，白沙有诗作。

① 《陈献章年谱》，第 261 页；《陈献章全集》，卷 1，第 41—42 页。
② 《医闾先生集》（武玉梅注本），卷四，《史氏倚庐记》，第 39 页。

春，李承箕、李严、雷震东、雷振阳一行返嘉鱼，白沙多有诗文酬酢。

三月癸未，弘治癸丑科进士名单公布，毛澄、罗钦顺、李承勋、何孟春等中进士。

三月既望，白沙作《罗伦传》。

是年三月，林南川五十三岁，在平湖任教谕第七年（成化二十年甲辰十一月到任，时年四十六岁），造静观亭，主静涵养，静观万物，作记文，全面阐发自己对心学体用的理解，是其较为重要的心学论文。①

盈天壤之间，生生者，物之自得也。物之所以生，天地之德也。人之理岂二于物？惟静而明者，心出乎万物之上，不乱于欲，不役于物，不挠于剧；其机活，其神完，目之所观，生意融彻而混合。今之学者，穷岁吃吃呻吟，复习疲惫于训诂之余，使非息焉，游焉，空其心以发露其天机，舒畅其郁蔽，俾尘累脱落，则困迫昏塞不几于苦难而殆废乎？

平湖之学，滨于当湖，孔子之殿屹峙湖旁。予之官寓空隙之地，环于东北，旧有三池相通；予益浚而深之，名以连珠。岁植莲于中珠；首尾两珠，以畜鱼焉。适池之地，诸士植名花数十品、修竹数十竿，间以松柏，杂以榆柳；蓊然深茂。余日每吟哦其旁。士之从予游者，欣然若有所慕，遂相与构亭其上，累石为基，募工庀材。宏治辛亥春之既暮，倏然落成，坚而且雅。余是以静观名之，盖取程伯子之诗以警士习，以志予怀。或者疑予尝登千仞之冈，析万里之流，振衣罗浮，濯足彭蠡，东探武林之迹，西登黄鹤之楼，山水之乐，饫寻饱观。此一隅之地，一环之水，一亭之小，宜无足观者。

呜呼！有以哉，夫放之可以塞宇宙，敛之而人莫能窥其有，是何物哉？是岂可以大小言哉？不能观诸内者，必不能得乎外。轮扁之轮，庖丁之解牛，公孙大娘之舞剑器，使徒观之以目，其能深造而神会乎？是故静观之妙，处一室之中，可以尽天下之大，可以通万物之情，可以洞古今之变，至虚而至明，至和而至逸，益引而益长，益晦而益光。油然而云，盎

① 王光松：《林光先生年谱简编》，《广东第二师范学院学报》，2019年第1期，第97页。王光松副教授的《林光先生年谱简编》是国内外学术界第一篇全面撰述南川先生年谱的拓荒之作，因而具有学术史的拓荒意义。

然而春，其乐何既？况乎推窗而歌，引觞而饮，凭栏而四顾，水波之涟漪，游鱼之上下，烟云之掩映，林木之敷畅，花卉之妍丽，禽鸟之飞鸣，其交乎吾前者，种种自得，在在相忘，不知我之观物，物之观我也。又何能舍此而羡彼哉？且位达而德尊者，乐其道之行。予幸处卑而无所用，得与二三子优游于此亭，使感悟之深，积习之久，浩然有见，会万而归一，卓有定力，他日可以任天下之大事，则斯亭之建，亦岂偶然哉？①

夏，时年五十七岁的弟子医闾先生来信，告诉白沙，其子贺士咨去年山东乡试中举，但今年落第。

拜别年深，可胜驰慕。追忆早岁京邸奉教之时，如在昨日，所恨天各一方，南北万里。先生年近古稀，生亦逾艾望耆，不知此生再有承教之日否也。兴言及此，不觉堕泪。

别来二六年，立志弗坚，用功弗笃，只是旧时伎俩人物，大负先生教爱盛心，惭惧之甚。屡询知太夫人万福，先生道化大行，喜慰无量。生虽不才，不敢以衰老自弃，伏乞惠赐药石之言，以祛沉痼之疾，誓竭驽钝，勉奉求进，庶不终堕小人之归也。

小儿士谘去年山东乡试叨中，今年下第未归。此儿极慕仰先生之教，幸因风加惠，一指引之，当不似乃翁负教之深也。今作此书寄士谘，俾托贵乡下第举子附上，料在今秋定到，便中乞回数字，寄京中乡贵托转至辽东，甚幸甚幸。言不尽意，伏惟心照不备。②

秋，医闾先生作《辽右书院记》，赞扬巡按樊祉大力推进辽宁的文化和教育发展，居功至伟，弘扬教化。

弘治癸丑秋，南燕绣衣樊公按治东土，以教育人才为首务。乃选考河东、西诸生之优等者，庠各有差，建辽右、辽左二书院，以分处之，读书

① 《南川冰蘖全集》（罗邦柱校本），卷二，第41—42页。
② 《医闾先生集》（武玉梅注本），卷五，《简石斋陈先生》，第56页。

其中，以相切磨，期于僻壤之士，咸克造就。延学行老成师儒主之，复命官典其薪米、供亿之费。院额之扁，巡抚都宪河东张公九云之所署也。樊公临古宜，枉顾病夫，请为辽右书院记，欲成诸生而久斯院辞，以鄙不足辱命，继而托分守参戎金台王公彦箴恳求不已，乃为一言。

夫古今之道一，而古今之学不能一。盖古之学者将以明此道而体于身，足乎己而及乎物，非若今之学者，务诵数工织组，要声光缴利禄而已。此义利正邪之分，而治道隆污、生民休戚之所系焉者，予窃感焉，不能苟同流俗，谨取紫阳文公之教于白鹿者，躬勉以诲子弟暨馆下之生，闻诸人不迂阔之者鲜矣。今樊公之记斯院，乃不我迂而惓惓以之为托，公其有意于法古乎？则亦遵文公之规而已。盖其所示五教之目，为学之序，修身处世接物之要，炳然具在，至所谓"诚明两进，敬义偕立"，其丁宁之意愈益深切。诸生由是以进，高乃志，正乃学，实乃功，以祛习俗趋利之故陋，吾知德成而才富，体立而用行，进足以匡吾君而泽吾民，退足以化其乡而善其俗，夫然后古圣垂教之意可以不悖，朝廷育才之心可以无负，而樊公之建斯院，与夫从臾而成之者，亦皆有光于无穷矣。

嗟夫！此固诸生之所以成而斯院之所以久者与！《书》曰"事不师古，以克永世，匪说攸闻"，故敢以是为诸生劝，敢以是为将来告。樊公名祉，字介福，丁未名进士。是役也，提调者参戎王公铭，督工则都阃鲁公勋云。①

十二月十二日，白沙先生与弟子崔楫信（字希说，南海人。能诗），勉励其尽孝，推广心胸，挺立心体，坚持名节，克服贫困。②

是年，广东右参议任榖来新会，求白沙先生为其先公文集《夕惕斋诗集》作后序，"受朴于天，弗凿以人；禀和于生，弗淫以习。故七情之发，发而为诗，虽匹夫匹妇，胸中自有全经。此风雅之渊源也。……先儒君子类以小技目之，然非诗之病也，彼用之而小，此用之而大，存乎人。天道不言，四时行，百物生，焉往而非诗之妙用？会而通之，一真自如，故能枢机造化，开阖万象，不离乎人伦日用，而见鸢飞鱼跃之机。若是者，可以辅相皇极，可以左

① 《医闾先生集》（武玉梅注本），卷四，《辽右书院记》，第36页。
② 《陈献章年谱》，第271页；《陈献章全集》，第1497页。

右六经而教无穷。小技云乎哉？……少参任君莅吾省，间过白沙，携其先公诗集，求一言于卷末，予故以诗道略陈之。若夫先公吟咏之情，具在集中，览者当自得云。”① 白沙说，“会而通之，一真自如，故能枢机造化，开阖万象，不离乎人伦日用，而见鸢飞鱼跃之机。若是者，可以辅相皇极，可以左右六经，而教无穷。”显然，白沙在讲自己的心学思想，就是一真一切真，是自然活泼之学，故而可以感应天地，化成万物，这就是心学的主动性、实践性和创新处。

此年，碧玉楼成，白沙有诗祝贺。

1494，弘治七年，甲寅。

白沙先生六十七岁。

二月，增城湛若水来从学。白沙见其天资聪慧，鼓励其走进心性圣学的殿堂，要其焚烧路引，放弃功名利禄，放弃以前的旧学识，重新开始，坚定志向。②

因为感动于甘泉来学，此年白沙学问又大进，“拈一不拈二，乾坤一为主。一番拈动来，日出扶桑树。寂然都不拈，江河自流注。濂洛千载传，图书乃宗祖。昭昭圣学篇，授我自然度。”③ 白沙感悟自然寂静之学为宇宙之学的核心，提出自然无为、自发自觉的生生思想。

春，白沙好友余干张吉（1451—1518，字克修，号古城，江西余干人。成化十七年进士。历任工部主事、广东通判、肇庆同知、梧州知府、广西按察使、广西布政使、两浙盐运使、河南参政、广西参政、贵州左布政使等。有《古城集》七卷存世。入选《明儒学案》。大力推动胡敬斋文集出版）升梧州知府，来辞行，知心话旧，白沙赠诗，“甲兵满一船，江门来访别。赠君欲何言？笑把梅花折。少年恣行游，老病徒拘缀。送君今夜心，还到苍梧去。”④

五月，林南川来新会朝拜老师白沙，商学论心。

六月，白沙为丰城旧友、今肇庆知府黄琥（字莹之，天顺三年举人。历任临洮府同知、肇庆知府、广东参政）之请，作《肇庆府城隍庙记》，“弘治癸丑

① 《陈献章年谱》，第 272—273 页；《陈献章全集》，卷 1，第 13—14 页。

② 《陈献章年谱》，第 274 页。

③ 《陈献章年谱》，第 275 页；《陈献章集》，第 305 页。

④ 《陈献章年谱》，第 275 页；《陈献章集》，第 524 页。

冬，郡守黄侯撤而新之，命生员陈冕来征记。侯，丰城人，名琥。予曩从吴聘君游，往来剑水，尝一宿其家。自侯来守端阳三年，七年于兹愈相倾慕，安能已于言耶？……然神之在天下，其间以至显称者，非以其权欤！夫聪明正直之谓神，威福予夺之谓权。人亦神也，权之在人，犹其在神也。此二者有相消长盛衰之理焉。人能致一郡之和，下无干纪之民，无所用权。……夫天下未有不须权以治者也。神有祸福，人有赏罚；失于此，得于彼，神其无以祸福代赏罚哉！鬼道显，人道晦，古今有识所忧也。”①白沙大谈国家治理技巧中的神、权辨证、消长的关系，神体权用，神内权外，正心气顺以达神权和谐，实现地方社会文化秩序的发展与和谐。

八月，接待天下士人的嘉会楼于白沙家乡建成，地为肇庆通知顾叔龙（字文时，号勉庵，莆田人。成化十年举人。历任广州府通判、肇庆府同知。卒于官）所卜。此楼乃地方长官巡按广东监察御史熊达（字成章，南昌人，成化进士。历任溧阳知县、真定知府、福建左参政、夔州知府。致政归，年九十三而终）、广东按察使李白洲等仰慕白沙之教学业绩方便天下学子官员来游学住宿而建，楼在新会县东南二十里，近白沙之江。②后知县罗侨（1462—1534，字维升，吉安吉水人。弘治十二年进士。历任新会知县、大理右评事、台州知府、广东左参政等。著名理学家）来，感念白沙教学丰功伟绩，重修嘉会楼，令白沙弟子张东所于弘治十六年癸亥秋八月补记，以光大白沙心学。

冬，慈元庙建成，原广东右布政刘大夏（号东山）所倡建，顾叔龙所董其事，白沙后于弘治己未夏补记。

是年，爱徒陈冕捐馆，白沙作悼诗和墓志铭。③

是年，在陈白沙先生书信的建议与建议下，时任抚州知府的吴泰（1442年生，字昌期，南京人）捐资刊刻康斋先生文集的第一个版本《康斋先生文集》，该孤本文献今藏于南京图书馆、重庆图书馆。④

---

① 《陈献章年谱》，第277—278页；《陈献章全集》，卷1，第43—44页。

② 《陈献章年谱》，第282页；《陈献章全集》，第1223—1224页。

③ 《陈献章年谱》，第287—288页；《陈献章全集》，第1530页。

④ 据史料记载，吴泰，字昌期，今江苏南京江浦街道白马人。成化八年壬辰（1472年）进士。历任松阳知县、南京浙江道、河南道监察御史、抚州知府、福建盐运使左参政等，官至广东右布政使。好理学，死于官任。所到之处皆卓有政绩。

文岂易言哉！论圣贤之文，当取其道而不当泥其词。夫文所以载道也，道苟醇而正，虽词有未工，不失为圣贤之文。脱或昧于道而工于词，譬之车已虚而徒饰其辕，珠既还而惟买其椟，只为文人之文而已。唐虞三代之六经，孔、曾、思、孟之四书，濂溪之《易通》，康节之《皇极经世》，二程之《遗书》，横渠之《正蒙》，紫阳之《语类》诸篇，传之万世而无弊者，惟取其有关于彝伦纲常之道，发挥乎真妙圆融之理故耳，词虽工不论也。下此，以文章擅名者，无虑数十百家，出则汗牛马，入则充栋宇，曰富矣；春葩竞秀，秋卉争妍，曰丽矣。富而且丽，词亦工矣，而于道无补，后世奚取焉？知此，则可与论康斋先生之文乎！

先生抚州崇仁人，名与弼，字子傅，康斋其别号也。自少颖敏绝人，早侍先考司业公，殊无纨绮子弟气习。甫弱冠，即弃科举时文之学，访求濂洛诸书读焉，而归宿于六经、四书。其学亦以古圣贤为标准，其教人贵乎力行，四方之士慕先生之风者，百舍重趼而至。先生家居以道自乐，遇有会意处，即形而为诗，而诗皆发于性情之真，点笔立就，不见有斧凿痕。其碑、铭、序、记诸作，亦一时应酬于人。至若《日录稿》，则先生自集其学之所得，语皆平实，无艰深意。论先生之文，具只眼者自知之，亦惟取其道焉耳矣，乌可以词之工不工而容喙其间哉！

先生养高林壑，年几七十矣。当睿皇重丽乾坤之日，大臣有以先生为荐者，遂遣使赍敕币，起先生于家。既赴阙庭，寻授以左春坊左谕德。儒者被遇之隆，近古所无，此宇宙间一大机会也。赐对便殿，从容启沃，识者意先生当此时，必罄其平生之所学，必有大议论、大建明以耸动天听，俾当时之民复见二帝三王之盛。而所陈者十事外，竟无余论，岂格君之心不在多言，而告君之体固如是邪！虽然，辅导青宫，职亦尊显，委亦隆重，凡四上章，恳辞弗就，浩然而归，略不以是动其心。清风峻节，凛乎千古，此何可及哉！

戊申岁，予自南台奉命来守是邦，先生墓木拱矣。召其子璇，求遗文，得若干卷，而欲锓梓以传。适南海白沙陈先生书来，意复惓惓于是。呜呼！圣贤之与天地日月相为悠久者，固自有在，而先生之可传者必文乎哉！矧知文为难。顾予何人，而敢谓知先生之文可垂远而传后，第表章先贤以风动后人，郡守事也。遂因白沙之言，刊先生之文于郡斋，以偿予夙心，用僭序其颠末云。

弘治七年甲寅五月望日，赐进士中顺大夫、知抚州府事、前监察御史江浦吴泰书。①

1495，弘治八年，乙卯。

白沙先生六十八岁。正月十一日，白沙老友刑部尚书彭韶卒，年68岁，白沙作悼词。二月初四，白沙政敌大学士丘濬卒，年76岁。二月十六日，白沙母林氏卒，年91岁。②

此年春，白沙与林光师生关系紧张，二人多有书信往来。因林光母正月十四日意外去世，白沙同门对其在外仕宦未能尽孝多不能理解，故而多致非议。③山东兖州因官文未到，一直拖到七月十三日，林南川始得回家奔丧，冬才到家，因其为长子，故而延期将近一年方才回家奔丧之事令人寒心。④

夏秋间，白沙与心爱弟子容贯（字一之，番禺人。从学白沙门下十一载，家贫苦，笃志力学）写信，感叹自己颇为忧苦，盖母亲、表兄何经等去世，感慨人生辛苦，“近苦忧病相持，无以自遣，寻思只有虚寂一路，又恐名教由我坏，佛老安能为我谋也？付之一叹而已。何日对面罄其所欲言？”⑤由花甲进入从心所欲不逾矩的自由心灵时期，白沙很担忧自己遁入佛老之学，所谓“虚寂”之境，可见白沙自己对遁入空门还是很有自觉意识的，故而同门胡敬斋等人的批评是多余的。同样的遭遇，白沙的老师康斋夫子在遇到此类问题，更显积极，更显开阔，会在劳作与旅游中放飞心体的自由。

十一月，李承箕第三次再到新会，到丁巳年二月归嘉鱼，越16个月，日与老师白沙论学。⑥

---

①《康斋先生文集》，弘治版，南京大学吴健康点校，南京图书馆藏，参见该书序言。

②《陈献章年谱》，第288—289页。

③《陈献章年谱》，第289—293页。

④《陈献章年谱》，第300页。

⑤《陈献章年谱》，第295页；《陈献章集》，第233—234页。

⑥《陈献章年谱》，第317页。

1496，弘治九年，丙辰。

白沙此年六十九岁。二月，李承箕、湛若水、梁宗烈、梁宗烈等白沙弟子相约结伴罗浮之游，畅游山水之间，学问大进。

六月，白沙令范规前往南京，医治老友庄定山之中风之疾。

九月十三日，白沙与弟子甘泉信中论学，赞其学问长进，“碧玉卧病逾半月，忽得手札，读之喜甚，遂忘其病也。学无难易，在人自觉耳。才觉退便是进也，才觉病便是乐也。眼前朋友，可以论学者几人？其失在于不自觉耳。近因衰病，精力大不如前，恐一旦就木，平生学所至如是。譬之，行万里之途，前程未有脱驾之地，真自枉了也。”白沙鼓励甘泉继续探索圣人之路。①

是年，白沙与李士实（1443—1519，字若虚，号白洲，南昌新建县人。成化二年进士。历任刑部主事、浙江提学副使、广东按察使、山东右布政、山东左布政、云南巡抚、刑部右侍郎等。后参与宁王叛乱，为其国师，事败被诛）有多封书信往来，李士实赠其名酒。此年，白沙颇感去年容易陷入虚寂之路的烦恼，特意多与政府官员刘方伯、邓督府、吴明府、元善大参等交往。②因为，白沙个性潇洒，心怀坦荡，非常愿意和广东地方政府官员交往，其为诗人哲学家，故而结交官员中难免有道德败坏之类，正是在这个意义上，黄梨洲批评白沙“犹激于声明”，不如其老师吴康斋闭门自学，不喜交往政府官员，专心学术，故而黄梨洲赞其老师吴康斋“醇之又醇”。

此年，时任成都府同知的吴廷举捐刻白沙先生编年诗歌精华选集《白沙先生诗近稿》十卷，李承箕作序，从成化二十年甲辰（1484年）到弘治八年乙卯（1495），总共12年，608篇诗，反映白沙先生57岁到68岁的生活轨迹和心性历程。③

① 《陈献章年谱》，第309页；《陈献章集》，第189页。

② 《陈献章年谱》，第310—314页。

③ 《陈献章年谱》，第314—315页。《白沙先生诗近稿》为海内外孤本，特别珍贵，现藏于湖南省图书馆和台北“中央研究院”历史语言研究所，中山大学文学院陈永正先生较早的此孤本复印件，蒙华南师范大学陈椰老师复印，我于2014年获得此本，并于此年春全部标点，并反复阅读多次。后，阅读陈永正先生专著，得知，他标点的《白沙先生诗近稿》一直积压于中山大学出版社，目前还未能出版。

1497，弘治十年，丁巳。

白沙七十岁。春，有怀二十年前湖北籍曹知县为白沙筹建贞洁堂，故写信给他，叹其空有才华而运气不济，悠游林下数十载，赠其粗布，令李承箕送信。①

二月底，李承箕还嘉鱼。

三月，时诽谤林南川之人甚多，故而南川来新会，祭奠白沙母亲，并解释误会。

随后，白沙与弟子陈宗汤、湛甘泉论学。其与甘泉信说，“与平湖语连日，不如与宾州一尺简。《易》曰：‘初筮告，再三渎，渎则不告’，此教者之事，夫岂有所隐哉？承示教，近作颇见意思。然不欲多作，恐其滞也。人与天地同体，四时以行，百物以生，若滞在一处，安能为造化之主耶？古之善学者，常令此心在无物处，便运用得转耳。学者以自然为宗，不可不着意理会！俟面尽之。”② 白沙通过林南川未能尽孝这件事的反思，感觉要在自然之学中坚持道德性，不能去道德化，要唤醒仁体，不要停滞在某一处，要转化思维，周流天下，理解的同情，这其实不仅是晚年王阳明万物一体思想的前声，更是对以前自己教法过于把捉心体自由弊端的反思和提高。

七月底，白沙中风，手足不能自如。

十月一日，甘泉学问又大进，体会到了“随处体认天理”的心决，这是对白沙万物一体思想的继续推进。甘泉信中说，“自初拜门下，亲领尊训，至言‘勿忘勿助’之旨，而发之以‘无在无不在’之要。归而求之，以是持循，久未有落着处。一旦忽然若有闻悟，感程子之言：‘吾学虽有所受，天理二字，却是自家体贴出来。’李延平云：‘默坐澄心，体认天理。’愚谓‘天理’二字，千圣千贤大头脑处。尧、舜以来，至于孔、孟，说中，说极，说仁、义、礼、智，千言万语，都已该括在内。若能随处体认，真见得，则日用间参前倚衡，无非此体，在人涵养以有之于己耳。”③ 甘泉在32岁时，一方面对同门师兄给林南川之事的反思，一方面得益于老师陈白沙的提点，其所感悟到的“涵养中随处体认天理”的思想，其“若能随处体认，真见得，则日用间参前倚衡，无非此体，在人涵养以有之于己耳”实际上就继承与发展白沙晚期的心学思想，

① 《陈献章年谱》，第316—317页。

② 《陈献章年谱》，第325—326页；《陈献章全集》，卷2，第252页。

③ 《陈献章年谱》，第328—329页；《甘泉先生文集》，卷17，第28—29页。

所以，甘泉多说主敬，也就是林南川事件看到“主静学”的对人伦事务不敏感的问题。

是年，顾叔龙去世，白沙作祭文。

仲冬吉月，医闾先生六十一岁，贺医闾写信给老师陈白沙，感谢其指导贺士咨。

别以来三十年矣，斗山之仰，无时不然。自恨立志弗坚，有孤至教，因循岁月，年已及耆，略无所就。假令自此有进，所益几何？况违函丈，南北万里，索居多过，谁其箴之？其不得为君子而终于小人也，昭昭矣，奈何奈何！

四月末拜领去冬手教并诗稿一帙，乃知先生居太夫人忧已逾期矣。太夫人节行表世，寿至九十厌世，上仙固其宜也，然无奈先生孝爱之至何，不审忧中气体如何？况先生年已七旬，当从权制，伏乞节哀顺变，以副四海知旧之望。

来喻谓方今论出处者云云，拟人必于其伦，生何敢班于先生哉？然此取舍之分，不至昏昧太甚者，伊谁之教耶？生之所以没齿感恩者也。自恨云云，惟先生闵之，不以不可教而弃之，幸甚。

小儿士谘蒙先生惠书奖进之，不敢当，不敢当。生老矣，自愧有负至教，欲期此儿以不负，不知果能如愿否，惟先生垂惠，不胜幸甚。

前后所惠诗，朝夕捧诵，尽有警发。但与范长史者，至今未领，为寒家一游荡子持去山东、扬州，至今未归。范有录稿，亦未寄至耳。相望万里，匆匆不能尽所欲言，惟心照是荷。①

医闾此年有赠乡贤金德容任石州幕僚，祝愿他官运亨通，阐明自己的治国理政理念和思想。

弘治丁巳仲冬吉月，古宜金德容之任石州幕。友人户科给事中贺钦时病居于家，命其子士谘书赠德容曰：当官三事，古今所尚，德容平生自誓

① 《医闾先生集》(武玉梅注本)，卷五，《又》，第58页。

曰“居官取贿，天罚其嗣”，又能谦谦自牧，不忤于人。自游京师十数年来，安于俭约，常假贷以自遣，若是者可谓有志于清、慎、勤者矣。况德容历事刑曹，国朝宪章，拟议熟矣，读书读律，修己治人，尚可谓无术者耶？兹行也，首领一州，与贤太守相可否，布善政以苏穷民，必有可观者焉。程子曰：“一命之士，苟存心于爱物于人必有所济”，况操一州之机要者乎？德容勉乎哉，勿若俗吏，惟仇怨于齐民，而竭智力于鞭朴也。

州之侍御崔公、武选陈公，钦之故人也，今不知历何官，已投老否？德容倘往拜而请焉，必有善言也。德容勉乎哉！巡抚都宪侯公、大参前兵部亚卿张公，钦之同年友也，今不知迁转否？德容为之治属，进谒之际，必有善教也，德容勉乎哉！孔子曰：“事其大夫之贤者，友其士之仁者”，此之谓也，又何患善政之不布，而穷民之不苏哉？若然，则病夫亦与有光矣。德容勉乎哉！①

1498，弘治十一年，戊午。

白沙七十一岁。

三月，应邓都府之命，作《重修梧州学记》，“夫人之去圣人也，远矣。其可望以至圣人者，亦在乎修之而已。苟能修之，无远不至。修之云者，治而去之之谓也。去其不如圣人者，求其如圣人者。今日修之，明日修之；修之于身，修之于家，国修之于天下，不可一日而不修焉者也……彼学政之不修，斯道之难立，后生无所兴起，无以成造就之功。然则，风俗何由而正，贤才何自而得耶？因时而立教，即物以显义。……见夫子之门，廓然洞开，可望而不可即，况于广大尊严，端凝洒落，默契乎人心正大之所存，与山岳而并峙；显著乎烟霞岁月之所积，与大化而同流，不可动摇，不可束缚也哉！”②白沙心中的圣学，强调“端凝洒落，默契乎人心”，“与大化而同流”，这是自然之学，这是万物一体之学。

此年，因身体欠佳，白沙有意将自己的学脉传承后世。此年三月初二日，白沙思考再三，感觉甘泉慧根不错，给甘泉写信，“去冬十月一日发来书甚好。

① 《医闾先生集》（武玉梅注本），卷四，《赠金德容之任石州序》，第 40 页。

② 《陈献章年谱》，第 334—335 页；《陈献章全集》，卷 1，第 39—40 页。

日用间随处体认天理，着此一鞭，何患不到古人佳处也。”① 并邀请甘泉来新会，请其居住楚云台，大意有传道之意。

八月九日，与汪廷贞体举论诗学，“大抵论诗当论性情，论性情先论风韵，无风韵则无诗矣。今之言诗者异于是，篇章成即谓之诗，风韵不知，甚可笑也。情性好，风韵自好；性情不真，亦难强说，幸相与勉之。知广大高明不离乎日用，求之在我，毋泥见闻，优游厌饫，久之，然后可及也。……人徒知慕修古之名，抑孰知修古之实之著于今日者何如也。观往可以知来，一真一切真，得其门而入者，无远弗届也。”② 白沙较早地提出诗歌源于人的性情，人的性情涵养的好，自然诗学水平就高，诗歌艺术境界就深。白沙由此提出，“一真一切真”的观点，令人耳目一新，值得大书特书。

秋，浙江衢州开化大儒吾冔（字景瑞，号默斋）次子吾廷介访学白沙，白沙赠其母寿诗。后弘治十五年夏六月，吾廷介新中进士，请时任国子监博士的林南川作跋。③

秋冬间，白沙先生文集《石斋净稿》刊印出版，京师争传，一时学术界之盛事。④

是年，白沙弟子林南川先生六十岁，正月初二日，至南京，十四日，过长江；三月，抵京谒选，授浙江严州府学教授。在北京，多与名臣士大夫王三原、乔白岩、熊士选、吴道夫、孙志同、刘可大、王端、任国光、陈学之等人交游，互通学术，争鸣有无，联络感情。七月初，离别京师。过临清、宁新闸、苏州、杭州，一路均有诗作，或停或走，访学交游。八月六日，道经吴县，作《与吴县邝廷瑞明府》书；九日，至杭州，十五日，至武林，遇雨；十七日，至钱塘江观潮。过富阳，经钓台，九月，抵严州府学任，开始其两年四个多月的浙江严州府学教授的教学生涯。⑤ 著名亲传弟子有董遵（1451—1531，字道卿，号东湖、白鹿道人，浙江金华兰溪甘棠乡人）。

董东湖先生早年受学章枫山之门，潜心理学，专心致志。曾求学于南川先

① 《陈献章年谱》，第 335 页；《陈献章集》，第 193—194 页。

② 《陈献章年谱》，第 338 页；《陈献章集》，第 203—204 页。

③ 《陈献章年谱》，第 341 页。

④ 《陈献章年谱》，第 314 页。

⑤ 王劲松：《林光先生年谱简编》，第 100 页。

生门下。贡入礼部试，居首选。授江西南昌府学司训，正身率物，士皆向风。时江西提学使蔡虚斋、邵二泉相继视学，征之主白鹿书院。寻转溧阳教授，升江浦知县。在任三年，百废俱举，上疏乞近地便养。忤当道意，调知广东感恩县。后数次恳请，得终养归，与从子皆事亲甚孝，人以“一门两孝廉”称。遵向从郑锜、章懋学，在章门尤日久，故《枫山语录》出其手辑者多。《广东通志》称其：“两职教，再宰邑，一介不污。”著有《金华渊源录》及文集若干卷，纂《兰阴董氏宗谱》，编刻《滕王阁诗文集》《庐山览秀稿》等。祀乡贤。遵从子为董犟，笃志力行，事父母以孝养闻。丧期内，不御酒肉，不入内寝。虽衰绖已除，而哀慕不替。县令疏其事于朝，以贡授思南府推官，思南故苗地也，犟以义礼训化之。冰蘖之操，六年如一日。①

1499，弘治十二年，己未。

白沙七十二岁。

或在此一二年，甘泉在增城学有得，曾寄信给白沙，白沙回信，“此学以自然为宗者也。承谕‘近日来颇有凑泊处’，譬之适千里者，起脚不差，将来必有至处。自然之乐，乃真乐也，宇宙间复有何事？故曰：‘虽之蛮貊之邦行矣。’今世学者各标榜门墙，不求自得，诵说虽多，影响而已，无可告语者。暮景侵寻，不意复见同志之人，托区区于无穷者，已不落莫矣。幸甚！幸甚！楚云虽日望回，万一高堂意有未安，亦未可率尔行也。”② 白沙已将楚云台托给甘泉，而学习劳累之余，甘泉也会回增城看望父母，久未回，白沙会想念，故而有此信。此信，白沙再次强调自己的心学思想，“以自然为宗者”，这是强调他自己心学的涵养境界，凸显勿忘勿助道德涵养工夫的守持标准，其实也就是功深力道、刊落浮华，是很长时间段自得涵养的顺其自然。

或在此一二年，五月十二日，白沙给甘泉写信，再次重申甘泉为其学问的得法弟子，传其衣钵，“李世卿书来问守台者，老朽以民泽告之。冷焰并腾，殆出楚云之山，盖以勉世卿，使求诸言语之外。如世卿，可惜平生只以欧、

① 引用自新浪流星雨刘鑫的博客，《兰溪董氏历代人物传略》，2015 年 3 月 10 日。

② 《陈献章年谱》，第 345 页；《陈献章集》，第 192—193 页。《陈献章全集》所录此段略有不同，黎版全集作“虽之夷狄不可弃也。”

苏辈人自期，安能远到？贤郎在病，可徐徐而来，眼中未有能夺公楚云手段也。”① 甘泉探索自然之学，刻苦用功，颇得白沙首肯，故有此信。

秋，给弟子、亲戚易赞题菊主卷，“君子立世，始终一致，不离乎道，足以追配古今，无愧诚难也。”②

九月二十九日，著名文学家庄定山先生捐馆，年63岁。湛甘泉后作墓志铭。③

是年，顺德碧江赵善鸣（字元默）来新会，从学白沙门下。

是年，白沙将新会江门钓台交给弟子甘泉管理，并作诗歌三首，并提示说江门钓台为自己衣钵，以此为信，希望甘泉将白沙自然心学发扬光大，泽被学林。

1500年，弘治十三年，庚申。

李承箕来新会，看望白沙先生，盖先生病重，容一之来信告知也。

二月初十日，白沙先生中风甚，卒，享年七十三岁。将卒，多作诗给他的门人弟子，其中赠甘泉，告知以自然心学的心决，“有学无学，有觉无觉。千金一瓠，万金一诺。于维圣训，先难后获。天命流行，真机活泼。水到渠成，鸢飞鱼跃。德山莫杖，临济莫喝。万化自然，太虚何说？绣罗一方，金针谁掇？”④ 白沙体悟到“天命流行，真机活泼。水到渠成，鸢飞鱼跃。”白沙对万物生意的感应，是他对道德涵养的多年主静而获得的。他的“万化自然，太虚何说？”更是衬托了自然之学的宗旨，暗示了无声无臭的大千世界总是在悄悄生化的。

白沙夫子捐馆后，众同门一致同意，行状属甘泉，墓志铭为李承箕，传属梁储，墓表属张东所。白沙亲传弟子甘泉为之服丧三年。⑤

七月二十一日葬圭峰之麓。远近会葬者几千人。

八月二日，林南川六十二岁，在浙江严州任府学教授，费一年多时间，读

① 《陈献章年谱》，第349页；《陈献章集》，第192页。

② 《陈献章年谱》，第354页；《陈献章集》，第697页。

③ 《陈献章年谱》，第355页。

④ 《陈献章年谱》，第358页；《陈献章集》，第278页。

⑤ 《陈献章年谱》，第361页。

完朱熹全集，摘朱子晚年论心之学，著《晦翁学验》，亲自作序，该书实乃阳明《朱子晚年定论》一书思想的先声。

> 儒者之学，至于朱子可谓考之极其博而析之极其精矣。传注之外，尝读《语类》，或一事而门人记之，各有不同。又有云："自浮沉了二十年，只是说。今始知要养。"余以二十年，生人能有几个，疑记者之误也。及来严州，见官书笥有《文公大全》，弘治十二年己未之夏，因避暑圣殿戟门之南，纳松风，荫翠柏，日取一二册而读之。凡封事及朋游书问、门弟之答应之间，皆先生之手笔，而自悔之言犹屡屡见之，乃先生之学，其所以悔者乃其所以进。晚年体验，盖有人不及知而独觉者矣。
>
> 余读而思之，于警切要会处，辄硃记之。寻常见于笔札间，或时事进退之机，身世艰危之际，所以验诸心，验诸事，可以粗识先生之大概，亦皆硃记，直欲复而易见，至于秋而卒业焉。盖非独欲详教旨，亦欲识先生平生所经历之事也。今年夏，乃取硃记者手录之，庶便暮年之检览，以自策其昏愦，而于先生平生之辛苦受用处，亦可以因此而窥见一二，因以《晦翁学验》名焉。嗟夫！孔子者，万世斯道之标的也，门人传之久，或不能无失，后之学者没溺于文字滥觞之余，拘于成说，入耳出口，外慕徙业，未尝造其堂，哜其胾，不知其然而习以为当然者，皆是也。因是录聊书以自警，兼以警乎二三子者。宏治十三年庚申八月二日。①

冬，南川先生以浙江按察使孙需之荐，升任国子监博士，拟来年开岁正月初旬北上就职。是年，方石先生谢铎（字鸣治，浙江太平人）官国子监祭酒。②

1501，弘治十四年，辛酉。

正月初六日，南川先生六十三，饯别严州诸友，前往北京任国子监博士。途中，过富阳、钱塘江、西湖保俶寺、紫阳庵、平湖、苏州、京口、高邮、宝

① 《南川冰蘗全集》（罗邦柱校本），卷二，《晦翁学验序》，第 57 页。

② 王劲松：《林光先生年谱简编》，第 101 页。

应、枣林、临清，一路均有酬酢，作诗歌，悼念朋友，交游。

南川开始其近四年（1501—1504）的国子监工作经历，期间，培养一大批优秀的学者，突出的有庄士俊（字国华）、黄绾（黄宗贤）。今考其师生之间交往书信和诗歌，以备学术界研究。如下为南川与庄士俊来往诗歌和书信。

自一峰、白沙、定山植纲常、倡道学名世，后生小子景仰懿范，恨不能执侍左右以聆声咳，于诸著作诗文集，探讨绪余。私窃善其身，每一展诵，见其中有与李世卿诸友辈诗，而先生之倡和尤为妙，辄敛衿浩叹曰："斯人者不得见矣。得见所与者，亦可矣。"常大参自京来，献所作《忠孝卷》诗，睿意怡悦，思欲缩地一会，有不可得。生夙昔景切下怀，益增恼懊，何高风盛德臻人引领一如此哉。然睿命专人奉酬，因布此道，区区薄宦羁縻，匏系一隅，知在何时得一瞻拜道貌否乎？北望无任倦惓，学生仕俊再拜启。①

襄藩左史林大人先生执事：仕俊谓东坡父子崛起西蜀，犹未易知也。及出入欧氏之门，声闻始著。司马公见其文章，传播京师，旋踵大于天下。时若无司马、欧阳，苏氏之名虽终不泯，而苏家父子亦不容不惑。二公迄今三百余年，闻此言者寥寥，岂代乏其人，求一司马、欧阳盖不得见，我朝敬轩、康斋，后有白沙先生及吾南川者，出东广之学，遂为一派。今之时，非古之时，海内知陈氏之学几人哉？白沙亡矣，得其传而收拾其编者，舍先生几人哉！韩昌黎之李汉，可谓托得其人。

仆幼而知先生之名，入官来见南北往来者，问不绝口。及读白沙诗，知从之游，谈情论道，相忘于丘壑，寄教于乾坤，遂领略梗概、不复更向人矣。世见先生之诗，咸知称赏，仆读先生之文一二篇，汪洋浩瀚，词严气正，如入武库，兵甲森卫，不知有干戈、旌钺、异器，严列别室，毛发竖然，为之股栗。又知不独夫诗也然，先生高世之抱，出众之才，学追董、贾，心与圣贤游，未辄敢轻论。而世皆知先生之诗文，仆独知先生亦必不以人知为悦，而况诗与文未必知也。仆拘拘于此，不能成事，欲略效古人一二，动为小人沮恼。《易》谓君子以同而异在流俗之中，仆安得不

① 《南川冰蘖全集》(罗邦柱校本），卷末，《奉林南川先生书》，第462页。

与人异哉？缅想先生，杖履春风，悠悠古道，如在天上。向闻国史命下，急欲附声便风，倾之闻已到两越月矣。初意棨戟假道南阳拜尘车左，以偿山斗宿怀。不惬所愿，亦天也。缕缕恳恳，笔不能既。谨遣家童遥资筐篚，粗致贺仪，更觊可以鞭及，无惜。时伏热，万惟以道自玉，不宣。①

南川林老先生执事：俊惰慢无状，久不致寸楮奉询，但有向慕之心与日俱增。虽俊驽下无喻，亦尝侧闻先生长者，高风远韵，往来钜公名卿之口，不啻如亲见也。何亚卿道南阳，出示《抚绥还朝卷》，前序后诗，反复数过，浮英华，湛道德，在人耳目，沨沨乎不绝。俊也敢吝荒辞，无烦朱记室行小诗用呈，录在别纸。②

从今书史自须频，蝉在高枝久脱尘。胜欲去为谈道客，为忧无可与言人。停云役我歌临夜，睽训铭君念到绅。辛苦著书如此老，太平何处向尧民？

弥缝古道世焉求，典酒陶潜未解忧。廊庙本为天下计，凤麟犹自网中愁。清风肘腋缘谁快，秀句寰区到我留。良夜怀人不成寐，乾坤双眼直空游。

叉手西风便有情，一番黄落动山城。郊寒元与昌黎合，坡老还留会孟评。到处原泉皆有本，人家修竹不曾盟。投交如此成何梦，月在中天光自平。③

邈思高士蔚平林，几喟兴衰思不禁。吊古有怀悲叔子，对宵何兴寄山阴。深登岁月留欢记，南步形神作意寻。他日正须求熟面，会诗千里得同心。

两间绝足长空气，骋尽风云未肯回。到郡寻山诗就集，出门临水酒盈杯。江山赖尔情通达，南北随人梦往来。多谢主人翁管领，光风华月满空斋。④

① 《南川冰蘗全集》（罗邦柱校本），卷末，《又》，第462—463页；清刻本《南川冰蘗全集》，卷之末，第32—33页。

② 《南川冰蘗全集》（罗邦柱校本），卷末，《又》，第462—463页；清刻本《南川冰蘗全集》，卷之末，第33页。

③ 《南川冰蘗全集》（罗邦柱校本），卷末，《仰怀万斛，非数言能尽，小诗三首录呈，士亦非以言观我先生者，亮之》，第493页。

④ 《南川冰蘗全集》（罗邦柱校本），卷末，《林南川先生和章并书至》，第493—494页。

世情今古旧还新，六载神交自有真。万树莺花都过梦，一楼风雨独伤神。虚心白日明神鬼，吾道沧洲见凤麟。湖海贤豪凋落尽，乾坤吩咐有斯人。①

在监三年（1501—1504）多时间，南川先生“进学有解，教胄子于有辞，学者翕然宗师。会灾异求言，公以孔子庙被殃，乃上疏推原孔子之心，必不安于天子礼乐之祀，题额宜曰先师孔子之神，不必加以烦辞，尊之过礼。又以监中饩廪不明，养士失实，乃陈正养士之法二事，下礼部，皆寝不行。而圣号终经改定，亦公论也。甲子，奏三载绩，锡之敕命褒嘉，因奏乞致仕，不允。随升为襄府左长史。先是宁府欲疏公为长史，托乡达张公泰柬之，公答曰：‘此职为禄，非不可，但恐后日事难处，申生、白公可监矣。’后宁府卒以逆诛。又二十年前，公访罗一峰于永丰。一峰先梦诗联以赠云‘南冠今入习家池，一代风流更属谁。’旬日而公至，当时莫解。及就任，则习池乃襄阳之形胜，符梦识云。”②

1502，弘治十五年，壬戌。

医闾先生六十六岁，夏，罗一峰子罗梁、罗柱自北京走书医闾，请求其为同年进士一峰先生撰墓志铭。医闾有与一峰子书信往来一通，请求其提供墓志铭资料。

往年侥幸科第，辱与尊翁先生同。钦时在同年中齿学劣，且见尊翁学富道尊，但知专心承事，拱听教言而已。尊翁先生以生承教之切，直弟视之。成化丁亥，尊翁先生自北京之任南京翰林，予明年病归辽东，自是南北道远，音问疏阔矣。是后又若干年，始知尊翁先生亦是戊子病归，隐居湖西，教授金牛洞。方睹教化之行，而报先生戊戌终矣。弘治壬戌辱手书，俾铭尊翁先生之墓，余何敢辞？所愧笔力绵弱，不能发扬先生德耳。往年先生寄钦书，谨珍袭以藏，慕德者以得先生片纸只字为荣，为私取去

① 《南川冰蘖全集》（罗邦柱校本），卷末，《寄南川先生》，第494页。

② 《南川冰蘖全集》（罗邦柱校本），卷末，章拯：《南川林公墓志铭》，第501页。

一纸，求之屡年，竟弗能得。贤昆仲所收先稿有此，烦录示一通，使得传示子孙，永为家宝也，千万千万！所惠细葛二端，本不当受，但道远难于返璧耳，愧罪愧罪！①

国朝巨儒罗先生讳伦，字应魁，改字彝正，号一峰。其先豫章人，唐末徙居吉安永丰湖西，代有闻人，历宋尤盛。武岗教授开礼公勤王死节，以故族属三百余灶，无一人臣事胡元者。祖讳求仁，号善耕，儒雅倜傥，乐善好施。考讳修大，号大山，耿介忠信。母李氏以宣德辛亥正月十一生先生，生时有奇祥。甫五岁，尝随李入园收果，长幼竞取，独赐而后受。年七岁，善耕先生训于庭，不匝月而童蒙诸书咸遍。明年学于里师，时乏书，里师令遍逐诸生授读，诸生未成句读，而先生皆已成诵。尝牧樵，则携书读之。自幼勤学，定省之余，未尝释卷。年十四，授徒于乡，以资亲养。庄重严毅，师道卓然。常曰："学岂科第而已哉！"乃欲捐举子业，父兄不可。已而补郡庠弟子员，言动不苟，励志圣贤之学。尝曰："举业非能坏人，人自坏之耳。"朋党以道学目之。郡守张公瑄嘉其学行，而惜其贫乏命有司赒之，先生谢弗受。豪右肆侮殊甚，先生恬然不之较也。是年丁内艰，居制严甚，逾大祥，口始沾咸酸物。尝曰："吾无以报吾母，誓为一孝子，庶无愧吾母耳。"丙子领乡荐。癸未赴春闱，遭回禄，呼曰："吾平生无毫发得罪于天，今乃至此，奈吾亲何？"须臾，垣上一老人以杖提而出。时殒躯者几二千人，而先生获免，出示招老人，竟无所得。未几，大山先生讣闻，奔丧执礼如初。先生虽不以科第为心，而大山先生预知必魁天下。

成化丙戌，其言果验。就题论事，顷刻万言，指切时弊，拳拳以格君务学为说，时谓之真状元。为翰林修撰。无何，会内阁大学士李公贤遭丧去官，朝廷起复之，台谏皆不敢论列。先生诣其私第，告以不可者三，复俟数日，上疏历陈古今起复之非是。且谓如其不然，必准富弼故事终丧，刘珙故事言事，反复数千言，一本于天理人心之不容已者，名曰《扶植纲常事》。先生以犯颜敢谏为大，救时行道为急，负荷重，未尝一日忘天下，

① 《医闾先生集》，卷五，《简罗一峰之子》，第68页。

故发愤如是。疏奏落职，提举泉州市舶司，然士论益荣之，而缄默之风为之一变，终先生之世，台省不复有起复者矣。在泉时，秋毫无所与，惟讲学鬻文以自给。配梁氏安人卒，泉守李宗学遗以棺，先生以其求文未偿，受之。明年召还，复修撰。当道者语人曰："某之复官，我之力也，乃无片言谢。"先生闻之曰："渠非有私于我也。"乃改南京。供职三月，以疾辞，朝廷不允。二年章三上，始得归。戊子秋抵家，卧病养心之余，苦《礼记》注说之繁，命门人录其要以便观曰："庶不失所执守也。"壬辰疾稍愈，以族属未化，谕之以约束，本之以律令，乡人化之，丧礼行，浮屠除，盗贼息，民业安。十余年间，兼并不作，乡俗为之一美。尝欲仿古置义田，有助以堂食钱者，先生弗受，且告之曰："是钱虽公，亦不可费，以之积粟赈民可也。"或衣之衣行，遇乞人死于途，辄解以覆之。乙未卧病厌嚣，乃于金牛山中结茅，东曰静观，西曰正密，居焉。四方学者往来益众。先生于讲明性学者纳之，务举业者辞焉。越二年，戊戌九月二十四日，先生疾革，示门人曰："人之为学，易箦之际可验。怡然而逝，无所顾虑者，见道明也。"遂终。

先生素清俭，自朝服外，丝帛之衣未尝入体，殁无敛袭具，乃取敝帏以敛，门人方琬辈解衣以袭，友人罗峻极贵傺助以棺。嗣子迎柩归，随而悼祭者数千余人，四方赴吊者三载不绝。先是夏秋间，山岳崩裂，大雨如注，途虎咥人，烈风折木，先生所居山脉忽坠一井，其深叵测。哲人之丧，而天地山川为之一变，其生盖不偶也。

先生天资刚明清介，淡然无欲，励志圣贤，涵养纯正，学贯博约，才周经济，忠孝恳，至老不衰。出处进退合乎道义，片言只字有关世教。人本之以诚敬，成之以宁静，又以《小学》《近思》开发之，惓惓不少怠。先生于功名富贵，真如浮云过目，惟终日乾乾，不自满足，潜修之功，垂死不已。而践履益纯，此"静观""正密"之铭所以继作也。先生律己甚严，而待人甚恕，自奉甚薄，而赒人甚急。其排斥异端以崇正学，盖天性也。有识之士以先生之处而委以吾道之绪，冀先生之出，而望以吾道之行。惜乎年不配德，未老而殁，悲夫！

梁氏安人卒，继刘氏安人。子男四人：梁、柱、干、杬。梁、柱先后领乡荐。女三人，一适张，其二早世。以成化辛丑十二月日葬本里都溪圳上源。有《一峰集》行于世。愚忝先生榜进士，尊事唯谨，先生直弟我，不世俗，让道义，相契真异姓伯仲也。愚与先生俱以戊子谒病归，余十年而先生讣至，又二十五年，弘治壬戌之夏，其子梁、柱自京师走书古宜，请铭先生之墓。呜呼！我尚行辞哉？但以笔力绵弱，不足发扬盛德是愧。

铭曰：先生之德，正大光明。先生之才，奇伟汪洋。先生之志，圣域是藏。先生之功，扶植纲常。呜呼哲人，日月其光！醇哉醇哉，百世之望。①

1504，弘治十七年，甲子。

夏东岩时年三十九岁，“始领乡荐，其年同志友曹孔彰患滞下垂死，人皆避之，先生亲为调剂汤药。比丧，悉资助殓。”②

夏日，著名文臣、学者黄久庵正式拜学林南川门下。二十三日，写信给时年六十六岁的国子监博士南川先生，表达自己立志圣学的志向，时久庵二十八岁。学术界素来对黄绾求学于南川门人一事不知，而后黄绾又拜学于阳明门人，亦可见江门与姚江心学有共同之处。

儒宗林先生执事：绾闻执事之名久矣，自髫龄之年因起倾仰之念，但湖海东西，无由一睹丰范，往来于怀，为欠殊甚。绾自去年侍家君来京师，且知执事犹在太学博士之列，私窃计幸，以为前此数年相闻而不得相见，相望而不得相即者，今一旦必大获所愿矣。不意未完之躯，易于疾病，缠绵馆舍。直至前日之夏，方能出入，一拜门下。蒙执事不以其不肖无似为不足与，而又与之坐，而反许其有志而教以圣贤之所当务。如此高谊，此皆今世之所未闻，而古或有之者也。绾实何幸，而得遭此遇若此哉？

出而思之，数日之间，蹙然愈不自安。盖执事之所以待绾者，非常人自处；执事之所以望绾者千百，而绾实无一二焉。昔者夫子圣人尚深以“德之不修，学之不讲，闻义不能从，不善不能改”引为己忧，今绾之视

① 《医闾先生集》，卷四，《一峰罗先生墓志铭》，第41—43页。

② 《夏东岩先生集》，上海图书馆藏清刻本孤本，卷首，《理学夏东岩行实》。

圣人实不啻下之万万，而又可不忧其所可忧，而反可自逸自怠如此也。不惟有负于知爱而亦深有负于所生。况光阴之易迈，将渐老而无成，岂不重可惧哉。

虽然，今之欲学者，亦非有甚高难行之事间于其间，但不过欲熟圣贤之经于千载之下，以明圣贤之心于千载之上，使圣贤之道沛然行于今日而无疑，绾诚有志而未度其力。伏惟执事不以其愚鲁狂妄为嫌，而终有以与之。《诗》曰："翩彼飞鸮，集于泮林。食我桑黮，怀我好音。"飞鸮且然，而况于人哉？

今绾得集执事之泮林而食执事之桑黮，则必当怀执事以好音矣。惟冀执事察其来而俯就之，幸甚。学生黄绾顿首。（弘治十七年二十三日）①

秋八月，余祐序《胡敬斋集》《居业录》，时《胡敬斋集》《居业录》在余祐、杨廉等推动下将公开出版。②

余祐序《居业录》说，"圣贤之学明诸心，体诸身，措之家国天下、言语文字，非其得已者也。夫道固无乎不遇，而吾心为之统会，行心之迹也，言心之声也，熟谓知人者，惟于斯不于其言；感人者，亦惟于其行，不于其言乎？……（敬斋胡先生）弱冠时，奋志圣贤之学，往游康斋吴先生之门，退而藏修于家，书无不读，理无不穷，存诸心者不以一时而或息，反诸身者不以一事而或遗，久之则知益精而守益固，养益裕而得益深矣。《居业录》者，先生道明德立，理有契于中而无可告语，事有感于外而无可施行，故笔之于册，而命以是名，盖取《易》'修辞立其诚，所以居业'之义也。……抱持遗书，与今二十载，昏愚之质，殊无进益。然而每一读焉，懔若先生之临其上，不敢不思奋励，而固无负于将来也。……弘治甲子秋，门人余祐谨序。"③

---

① 《南川冰蘖全集》（罗邦柱校本），卷末，《奉林南川先生书》，第460—461页。

② 《胡敬斋集》，王云五主编：《丛书集成初编》，商务印书馆，1935，余序；《居业录》，王云五主编《丛书集成初编》，商务印书馆，1936，余序、杨序、张序。杨廉（1452—1525），字方震，号月湖、畏轩，江西丰城人。父崇受业康斋门人胡九韶。1487年。历顺天尹、南京礼部尚书等，杨廉著有：《杨文恪公集六十二卷》，续修四库全书集部第1332—1333册，上海古籍出版社，1995。

③ 《居业录》，王云五主编：《丛书集成初编》，余序。

时五十三岁的杨廉序《居业录》说，“近年乃得余干胡敬斋所为《居业录》于其子堉余秋官子积，其言精确简当，亦粹然出于正者。……廉闻敬斋严毅清苦，力行可畏，其议论实涵养体验所得，非考索探讨致然。读其书者，其尚有以识此哉！畏轩杨廉序。”①

南川先生平生最后一次系统性总结自己的“端默”心学思想，作二十首长篇诗歌《斋居感兴》明志，全面展现自己的学术体会。

一气本无涯，包罗极深广。瞬息为来今，混沌思古往。乌兔走两轮，俯观倏又仰。滚荡几千年，清浊始开朗。物物具一则，胡克亦胡罔。圣神契其机，斯道运诸掌。

浑沦太极理，逼塞有无中。维持天地始，收合天地终。何处寻端倪，穿纽万化同。谁哉著数语，万古开盲聋。

万化有根蒂，浮生昧枢机。实存花自落，秋老叶还飞。天君息息中，内顾安可违。支离蔽浮沉，六籍无光辉。那知六合大，关系一念微。尘氛净除扫，收拾命根归。

腾空两交驰，日没月复出。谁哉主张是，以受真宰役。磨蚁有疾迟，精光照万国。云胡有薄食，风雨有箕毕。神气异转盼，光复杳无迹。试看乾坤中，不动惟枢极。

有阴斯有阳，有夏斯有夷。气化有盛衰，天运有合离。来者虽莫测，逝者每如兹。治泰忽苞桑，遭屯空涟洏。扶衰仅救弊，孰与大有为。际遇旷千载，所以志士悲。翱翔数千仞，凤鸟何知机?

姬辙没不返，天常绝其纲。巧辩争七雄，岂复心贤良。轲也欲何为，之齐复之梁。智力各聘驰，仁义无辉光。嬴氏巧吞噬，宁复存界疆。坑焚流虐焰，嘉鸟逝不翔。汉且提一剑，转盼收四方。岂无豁达资，王道昧不昌。脱屣勋名外，仅见留侯张。垂统四百祀，可念亦可伤。

春秋议不辩，秘旨如缄封。《大雅》久沦寂，蔓草委《王风》。羲爻落俗占，孰与原吉凶。硕果不复实，但见枝叶崇。岂无匣中剑，神光射苍穹。伊谁力剪削，徐收精一功。青史揭纲维，未尽与夺公。帝秦帝隋晋，

① 《居业录》，王云五主编：《丛书集成初编》，杨序。

篡恶或未容。操戈频入室，侃侃临晦翁。青天白日下，岂受寸云蒙。

美玉孕顽石，明珠在深渊。光辉彻幽谷，丽泽照重泉。上帝有明命，嗜欲未开先。瞬息易放失，存之入缈绵。天人本无间，此气常洗然。勿忘仍勿助，外诱胡能牵？

秋阳霁朝景，幽暗生祥光。权衡一入手，万变从低昂。乾坤重担子，绵力那支当。念此不能寐，短檠宵煌煌。秋虫如会意，唧唧向我旁。出门视枢斗，幽思满遐方。

不假纤毫力，潭澄水自止。良知与良能，灿然义智礼。裘葛自谙时，冬汤夏饮水。体之苟能□，□□□□□。

沆瀣澄秋夜，新凉变乾坤。双眸瞩元象，仰见天之文。红轮忽东驾，转盼复西奔。谁挥鲁阳戈，息养瞬亦存。未悟元神宅，安知灏气门。贤哉展禽子，能使薄夫敦。

诸儒喜著述，兀兀研谬讹。至近而神驰，精采日消磨。赋生本有涯，无涯将奈何？元首易丛脞，试听虞廷歌。

千钧弩一机，释括在往省。阒然甘寂寞，饭糗复衣絅。举世竞争地，淡然绝驰骋。圣贤有至乐，此旨或未领。豁然能自得，文章自彪炳。可大可久功，乾乾入真境。

昼醒仍是梦，万化孰为根？源深流不竭，花落实自存。所操不知要，宁免尘虑昏。大《易》艮其背，静见动之原。

皜皜暴秋阳，岩岩瞻泰山。三才等天地，万化启机关。圣贤教万世，炳炳此心丹。见龙时在田，翔凤振羽翰。千学一无成，仙术秘且难。何如得斯道，生顺死亦安。

佛法本夷教，诱惑贤与愚。中国似羸病，邪气乘孱虚。悠悠数百年，医国敢谓无。彝伦既歼灭，薙发争奔趋。滔滔日陷溺，孰与拯迷途？荑稗胜五谷，浩叹存轲书。

天壤淑气交，灵毓岂无材。利在人随化，根荄尚堪培。安得真龙虎，风云自天开。倦极变莫通，鼓舞道殊乖。劝惩在明识，善恶岂无魁？承庸有伦次，安得知虞哉。

炎蒸一侣洗，商令肃金方。单衣理木绵，时易气自凉。闭门谢尘鞅，掩卷坐虚堂。大宾虽未接，安敢忘斋庄。铭盘启时省，千载怀殷汤。小学教事上，临下或未详。颓龄百无成，岁月去何忙。仰羡天边鸿，随阳又南翔。

年年抚树腹，围尺渐至寻。元精贯息息，宁许斤斧侵。天机运无停，枢纽在吾心。人惟不加检，岂曰力不任？少年过孟浪，没齿徒沾襟。所以有志士，晦养惟山林。

灵根伐多欲，至道乱浮言。渊深珠逾媚，石蕴玉自温。殉身逐影响，故纸余愿喧。坐令岁月迈，宝鉴生尘昏。流害等异教，岂直语伤繁。悲哉媚学子，何处寻根源？①

1505，弘治十八年，乙丑。

夏东岩时年四十岁，“会试南宫心友刘元素病且危笃，先生因不入试，不惮艰苦，为调药饵饮食，不少懈。刘竟不起，为之周旋丧事。及以其柩南归，其友谊之笃，不以生死易心类如此。”② 东岩作诗歌哀悼，心情极为悲伤，“弱冠相随直到今，平生惟我最知心。闲居尽欲追先哲，独宿真无愧此衾。遗稿收来秋夜冷，旅魂归度楚江深。遥知十八山头月，只有清光照墓林。”③

林南川先生六十七岁，去年十二月在京接到升任襄阳府左长史的令，故今年正月二十七日，出京，与将任苏州知府林思绍、徽州知府何子敬等人一起联舟南下，读书论学，人生难得之盛事。过才蔡村、武城、临清、鞍山闸、彭城、宝应湖、高邮湖、邵伯湖、扬州、仪真、石头城、湖口，一路均有诗作。四月十三日，至安陆，遇风暴。过湖北宜城，知县林汝惇迎于舟次。四月二十一日，至襄阳府履任。至此，开始其人生仕途第五站也是最后一站湖北王府长史长达九年（1505—1513，六十七岁至七十五岁）的为官生涯。④

在任九年，林南川协助王府治理颇有政绩，“时襄怀王新薨无嗣，光化王暂理府事，患病，上下蔽隔，威命不行，政出多门，邪幸用事，纪纲大坏。公首启具奏请医，随即参奏纪善等官老疾，典膳、仓库等官贪污，汰之。又以内妇众多聚怨，有乖和气，启请查审减放。其各阉官、内使、学生、人役，设立

① 《南川冰蘖全集》（罗邦柱校本），卷十一，《斋居感兴》，第391—393页。

② 《夏东岩先生集》，上海图书馆藏清刻本孤本，卷首，《理学夏东岩行实》。

③ 《夏东岩先生诗集》，明嘉靖四十五年刘宾跋本，卷六，《哭刘元素归榇》，第7—8页。

④ 王劲松：《林光先生年谱简编》，第102页。

门籍，填注出入，内使家人不许留宿府中。凡借势生事设谋布置者，参究审问明白，正国典。由是官僚效职，奸佞革心，宫闱清肃，门禁防密，国之纪纲立矣。正德丙寅，奏请建诸葛武侯祠于隆中，敕赐庙额，令有司岁举祀典。丁卯，襄阳卫有逞讼者，奏欲摘拨本府护卫、官军差操，公具疏奏免。又税货司往时收税物，议论纷纷，公乃每季举官监收，按月稽簿，以杜其侵欺奸弊。襄、郧、黄、邓，兵荒相仍，粮储告乏，公启请减各庄屯粮草银，遂免十分之三。又言于总制尚书洪公钟，请截拨湖广附近漕运粮储襄，而救荒有备。邻寇惊疑，襄阳守臣或欲筑城门仅容通焉，及断堑另设吊桥以自固，祭告起工，公力阻之，谓不宜示弱，遂止。癸酉，恳乞致仕，朝廷以公辅导年久，勤劳可录，进阶中顺大夫致仕。襄王赐金书'特进荣归'四大字以艳其行，给绎而还。公之在藩府也，不私赃罚，不通请托。襄王选婚，富民或馈金银、器玩，公峻绝之。镇宁王府内使自持百金进谒，求请冠带，公谕名器不可求；后又要王致嘱，继以泣下，卒不得请。其事上接下，一以至诚。内外军民，事无巨细，区处经画，务当其可。尝谓法惩于已露者，不若礼防患于未然，人亦遵依不违，不假威刑而自无有越于约束之外者。”①

1507，正德二年，丁卯。

春三月望日，时年57岁的余干张吉作《居业录要语》序，曰：“先生以尧舜之道，不外乎孝弟。孔子之道，不外乎忠恕，而世之游情高远者非也。故其为道必始自卑近渐造高远，循循有序，而方兴未艾之势，实不容已焉。……真可谓儒者之高蹈，今世之逸民矣。……其门人南京秋官员外郎余君子积，手录遗书二帙寄予，其一即《居业录》，乃先生平日读书事事之暇，有得于心，笔之以备遗忘者也。往年，假读于其长子崇修。……然则是书之出，亦斯道隆污之蓍蔡也，夫谨序其端以俟。正德丁卯春三月望日，余干张吉序。”②

1508，正德三年，戊辰。

夏东岩时年四十三岁，“逆瑾虐焰方炽，欲加解额，先生遂不入试，曰：

---

① 《南川冰蘖全集》(罗邦柱校本)，卷末，章拯：《南川林公墓志铭》，第501—502页。
② 《居业录》，王云五主编：《丛书集成初编》，张序。

‘时事如此，尚可干禄乎哉？’先达娄野亭有诗美之曰：‘远赴春闱独感时，姓名不使主司知’之句。”①

作诗达娄野亭先生，对当时权臣刘瑾欲加解额表示抗议，“白发高堂待养时，毛生心事有谁知？缄诗过奖非吾意，敢向人前负出奇。”②

归途，东岩作诗自嘲，“岁暮驱车万里余，行囊添得几编书。御沟流水随人远，驿路闲花笑客愚。抱璞不须悲楚下，囊沙终可破龙沮。丈夫得志宁论晚，好步从来戒疾趋。”③

1509，正德四年，己巳。

夏东岩时年四十四岁，作《郎川潘氏义冢记》，赞扬地方官员潘时英的义善之举。

天下四方者，男子之所有事也。然多拘于势分，不肯以有为，其或势分非所拘无所为而为者，其为善之心，诚矣！不然则亦有为而为，至无所为而止矣，而何有于义哉！

正德戊辰，江南岁大祲，建平尤甚。次年春，复大疫，饿殍相藉，僵尸载途。诿之者曰：“发粟赈饥，掩骼埋胔，国家事也，守令责也，吾何与？”独吾潘君时英，素知尚义，周贫恤匮，不遗余力，有司尝奉诏旌为义官。及此目击其事而寝食不安，乃设粥以饲饿者，施药以疗病者，多所全活。其有辗转沟壑，罹鸢鸱蝼蚁之惨者，为义冢。城北度田六亩，凿为深圹，号于众曰：“有能负一尸以埋者，与谷若干。”就食之徒，争相负入圹而埋之，不下数千人。又具酒食以时祀之，于是死有归，生有养，一举而两得。巡按御史北平刘公以礼奖劝，且路收二馁童付之，叹曰：“有司得如潘某者数人，则江南之民我无患矣。”乃为立碑于按治所，以纪其事，因以为守令之不职者，愧邑之慕义者；又恐时移事，改夷为平原，相与谋议，立石冢侧以垂诸久，而求记于予。

予惟孟子曰：“人皆有不忍人之心。”是心也，固众人之所同有也，奈

① 《夏东岩先生集》，上海图书馆藏清刻本孤本，卷首，《理学夏东岩行实》。

② 《夏东岩先生集》，上海图书馆藏清刻本孤本，卷五，《乙丑会试京师，逆瑾欲加解额，因不入场北回。娄野亭作诗过奖，次韵复之》。

③ 《夏东岩先生诗集》，明嘉靖四十五年刘宾跋本，卷六，《下第归兴》，第5页。

何世变日下，残忍者多，虽可为如守令，亦置民瘼于度外。顾时英者，闾阎中一齐民耳，乃能推其所有于饥馑疫疠之余，使乡之生死均受其惠，如此非有所不忍，无所为而不以势分拘者，其能然乎？朱子曰："一命之士，苟存心于爱物，于民必有所济。"故陈尧叟为糜食饿，汲长孺开仓赈饥，富郑公活流民于青州，范文正公复流亡于浙西，民到于今称之。使时英沾一命之寄，则其所济当不止此。尝闻之殷仲堪葬漂流之棺，郭元振助五世之葬，后皆获报于身，而并及其子。若时英之阴德，虽非有为而为，然为善获报，将有不期然而然者。

时英名某，于吾宗居父行，其大父公讳灏，尝领永乐癸卯乡荐，有义方之训。时英能继其志，为人之所不能为而又无所为焉，是诚可尚也！故僭述其概于此，尚当俟作史者采之，以垂诸永久焉，是为记。①

乡人邓秀撰《胡敬斋传》谓，"闻吴聘君与弼讲学崇仁，徒步从之游。聘君亟称叹，以为非常人。退而益加充广，尽弃旧学，以斯道自任"②

1511，正德六年，辛未。

夏东岩时年四十六岁，中进士，观政半年，旋授南京礼部主事。

登杨慎榜，进士初第时，方熟卧邸中，家人趋告，应之，复酣睡如故。时有同捷者，喜极而缺其爪，闻先生如此，不觉汗颜。授南京主客司主事，迎母暨瞽姊就养京邸。舟至仪真，阻风旬日。一日忽反风，月中解缆，如履平地。比舣舟流贼十艘已先至，纵容焚掠，先生母舟竟脱虎口，人以为孝感所至。③

同年中进士者，还有邹守益、南大吉、王元凯、林文俊、徐文溥、桂萼等人。

娄冰溪先生以诗来贺，夏东岩回诗作，"五十侵寻何所闻？偶将狂瞽诳明

① 《夏东岩先生文集》，明嘉靖刻本，卷三，《郎川潘氏义冢记》。

② 黄宗羲：《明文海》卷三九八，文渊阁《四库全书》：第1457册，第599—600页。

③ 《夏东岩先生集》，上海图书馆藏清刻本孤本，卷首，《理学夏东岩行实》。

君。时来也际风云会，老去惭追鹓鹭群。和靖肯忘程子教，侯巴终守太玄文。却怜斗粟淹吾驾，羞向红尘问白云。”①

观政，有诗作，“庭草潜滋宿雨长，风帘不动午阴凉。恩沾半俸知何补，政许傍观觉渐忙。闲阅谳辞消永昼，倦吟诗句漱余芳。相期各奋平生志，莫负今朝共此堂。”②

1513，正德八年，戊寅。

夏东岩时年四十九岁，七月，为亡友、乡贤、娄一斋与章枫山亲传弟子刘绚（1467—1511，字元素，号定庵，江西上饶永丰县人）作行状。

> 君讳绚，姓刘氏，字元素，号定庵，世居信永丰之霞坊。曾大父斯清，大父宗礼，父伯安，应诏输粟，旌为义官，俱以善称于乡。母徐氏。君幼有异质，书过目辄成诵，少长即肆力于学，下笔衮衮有奇语。年十三，补邑庠生。典学使者至，得君之文，读之惊叹曰：“此子必魁天下。”自是声闻日起，屡试必居上游，然君性作文好奇古，不肯少徇时好，以故久困场屋。年三十二始与弟绘同荐于乡，正德辛未会试京师，寝疾而卒。贤士大夫吊者相属于途，如有爵者之丧然。予昔与君同业举子，恒窃以为不多让。及在太学，一日督课甚急，君退即操笔疾书，不属草，两月程课不终日而毕。予疑其为应文逃责之计，及取视之，辞气浩发，议论层出，予始叹其不可及。时同游太学者多四方名士，皆以天下奇才目之，而竟止于此，岂非命耶？
>
> 君早岁豪迈，好使酒以气加人，醒辄自愧，或闭户数日不敢出。及闻郡人娄一斋先生讲学于家，得其议论，慨然有志于学，自是不敢纵饮。与予同处山寺者数年，终日危坐，潜心六经、语、孟及程朱文字，每造一斋，质所疑，一斋深器之。继游太学，师事祭酒兰溪枫山章先生，退即执经请教于燕居。枫山甚爱敬之，事关出处之大义，必召与之商榷，君亦尽

① 《夏东岩先生诗集》，明嘉靖四十五年刘宾跋本，卷六，《登第后冰溪娄先生以诗来贺用韵奉复》，第7页。

② 《夏东岩先生诗集》，明嘉靖四十五年刘宾跋本，卷六，《观政棘寺和同年张孟复韵》，第7页。

言不敢隐，作书力陈古义以风之。枫山喜曰："可谓爱人以德矣。"尝读书山居，有处女造其室诱之，君不为之动。又尝处家居，楼上邻有侍子蹑梯以上视，归于君，不顾去，而复至者三，君正色叱之下。予尝问之君："岂无欲者耶？"君曰："乌得无欲，第有邪僻之心时，即觉面发赤，身热如焚，虽欲为而有所不能。"每论古人忠义之士，辞气慷慨激烈，听者悚然。闲居燕饮，必歌杜诗及岳武穆、文文山诸作，以侑觞。观此，则其志之所尚，可知矣！

所著有诗文若干卷藏于家，辞严义正，类其为人。生于成化三年六月十二日，卒于正德六年四月十日，享年四十有五。娶杨氏，子男三。长朝俞，先君一年卒，次朝举，次朝宗。女三，皆适士族。以卒之又明年，葬里之杨坞，去家五里而近。

予尝读欧公之文，见其铭当时宗室之墓，虽贵且显者亦不过叙其三代勋爵及生死年月，间有行之可取者，据事书之数言而止耳。至于贤士大夫，或铭其墓，或序其文，累千数言不能自已，惟恐其湮没无闻于天下后世，其心公矣。今先生大人主盟斯道，非若欧公以铭章自任而已，如刘绚者虽不幸赍志而殁，然能以正自守，不为淫邪之所惑，虽古鲁男子不是过也。伏乞一言，以表其墓，庶不没其为善之名，幸甚！谨状。①

1514，正德九年，甲戌。

林南川七十六岁，从湖北襄阳府长史荣休，正式结束在外漂泊三十多年的官宦生活，其间，倍感艰辛，晚年经济比较富裕，故而在位于东莞邑治三十里的老家茶山南川造别墅，过着舒适的养老生活，拜谒东岳行宫，作《茶山东岳行宫记》，记载其晚年生活轨迹。

茶山距东莞邑治三十里，境幽土融，水清山丽，士庶交集，商贾懋兴，衣冠文物，通乎中州，盖邑钜乡也。乡十三社，平冈叠阜，左右罗络，势皆抱向以际乎水。中蟠七岭，民居栉比。直北矗然屹峙，俗称呼象山者，茶园主山也。山半旧有东岳行宫，兴创维始，岁久罔稽矣。南麓多

① 《东岩集》，四库全书版，卷五，第50—51页。

梅，予家食时，有志于学，尝僦地卜室，静居于此，以究乎先儒所谓天人之际者。当梅花盛开，满望晴雪，幽香袭人，时与二三子游歌其下而慨庙宇之庑隘，严祀有未称也。

及去而历仕中外，弥三十载。乃者，正德甲戌丐蒙圣恩赐归。南川之上行，谒于庙，则见其故者撤，新者焕，丹雘黝垩，映照林麓。地位之崇高，栋宇之宏敞，垣墉之完密，视前有倍而神仪俨若，又足以起人心之祇肃而致惕于淑慝劝戒之深思也。

余登象山之巅，荫虬松，踞盘石，徘徊瞻顾乎罗浮四百三十二峰，巍然万仞，屏扆于层霄之北。与夫宝山、花林、莲峰南乡诸山之胜，东西前峙，绵联犄角于数百里之外，丹青景状可以远观近取者，悉在目，视之者，又皆若有以环卫乎茶园之境，翕萃乎神之所宫。而闾阎生齿之繁，文物之盛，视前又有加焉。况乎地灵人杰，物阜财通，疫疠不兴，雨旸时若，谓神贶之昭融，里社之帡幪，非欤？

说者又曰："岳祠，尊神也。国有明祀，非民间所宜。"夫阴阳二气，流通布濩，而妙灵于岳渎。兴云致雨，功德生民，神之所为，无乎不在。在一方则阜夫一方之民，在一乡一邑则阜夫一乡一邑之民，故乡邦邑聚，随所在而神明之，亦所以昭其岁时旱涝祈报之诚耳，岂淫祀也哉？若夫牲帛祝号之对越于岱宗者，则恶乎敢？

庙之改创岁月，纪于栋可征，速予记者，卫铨、叶仪宗。后陈匡、何玮诸君皆募劝购财兴始者。予惟蹇耄，言非可传。顾兹灵胜，不容无述，乃次第其事，语族子时嘉书以遗之。①

南川先生"既告老归，居家，邑大夫岁敦请为乡宾，皆不赴。日坐厅事，手不释卷，所好观者《易程传》，及韩文、杜诗各集。每兴到，曳杖逍遥门巷，凝望山川，兴尽则返家，人事淡然无与也。正德己卯四月十九日午时终于正寝，享寿八十有一，以次年庚辰十二月十六日奉柩葬于银瓶岭竹斋公墓左。"②

闲暇之余，南川先生在晚年在家养老的五年时间里，读书游览，通达天地之性，心性自由，有诗歌数首为证。

---

① 《南川冰蘖全集》（罗邦柱校本），卷二，《茶山东岳行宫记》，第46页。

② 《南川冰蘖全集》（罗邦柱校本），卷末，章拯：《南川林公墓志铭》，第502页。

南川都里迓南川，此境宁知非夙缘。活水周遭来不竭，好山奇绝列当前。辋川笑任王维老，颍地堪供欧九眠。指日微官沙汰去，寻僧问寺了衰年。

龙门胜迹照三川，梦里他时会此缘。苗垅细分千涧下，雨云轻罩万峰前。衡茅小构无多费，身事闲添几觉眠。醴酒未须谈际遇，尚凭泉石引吾年。

谷国南来讯后川，平生踪迹浪随缘。春深却任花含笑，涧曲从教马不前。野叟田夫真任狎，土墙茅屋暖堪眠。赛神听得人欢语，尽道今年又有年。

勒马斜阳渡汉川，风波回首信天缘。身随蜀相躬耕后，心出羲爻未画前。玉粒香粳添日膳，草茵松榻饱宵眠。儿曹更祝公强健，尽道今年胜旧年。①

海天使者忆胡奴，吏隐南川亦此都。雨久晴来山转翠，江深流急棹萦纡。杯盘指拟需重久，花草叮咛候菊萸。老我何心更争席，却于篷底羡鸥凫。②

亭子初看落暮霞，南川吏隐渐成家。重阳未至菊先放，春色争妍杏亦花（是时亭傍有杏二枝放花）。元亮饱飧香稻美，懒残常啖芋魁嘉。王官却任醺醺醉，天与精神寿日加。③

菊开何太晚，重九已过时。欸欸来蜂蝶，幽香满短篱。

几种重阳菊，连开傲晚霜。红黄各称赏，朵朵弄杯觞。

看到忘言处，浑疑我是花。不知时已过，犹复露霜葩。

采采篱边菊，羞将插帽纱。却疑秋富贵，天地也奢华。

庭中矮桔树，颗颗照金黄。却衬篱边菊，天然锦绮香。

朵朵玉为盘，金黄向里攒。樽中欢酌尽，洒量不知宽。

胭脂红照日，花蕊簇金黄。暗有天香发，阿谁作主张。

庐山重九节，送酒有江州。不是陶元亮，花神枉献秋。

---

① 《南川冰蘖全集》（罗邦柱校本），卷十二，《南川别墅四首》，第423页。

② 《南川冰蘖全集》（罗邦柱校本），卷十二，《往南川别墅舟中偶成》，第433页。

③ 《南川冰蘖全集》（罗邦柱校本），卷十二，《九月七日别墅池亭小酌》，第433页。

细卷鹅毛白，中留一点黄。倚栏看不厌，有句入诗囊。

醴醖何曾乏，谁人遣白衣？叉头那未尽，时节酒非迟。①

夏东岩时年四十九岁，升南京户部员外，“既而转驾部员外郎，职司江淮马船。先此士夫假以私载，先生执以为不可。一相知郎署亦拒不与借者，虽惭而心服其守，后其人入掌铨曹，又拔荐之。一时南都名士，如魏庄渠、邵鹤峰、王顺渠、周克之、姜元甫、顾华玉等相与讲学论文，名重中外。广东湛甘泉公与魏庄渠书云：‘东岩夏子匡辩儒释，匪好名之人，明阐宗传，实理学之士。’寻因同署欲强先生比议大礼，先生坚执不从，偶以母氏、瞽姐并怀乡土，遂告养以归。”②

1515，正德十年，乙亥。

夏东岩时年五十岁，在上饶永丰老家，“太恭人果捐养，哀毁逾礼，家贫不克丧事，生员俞谟等具呈代巡唐公渔石批助长夫四名，移文称赞‘有古貌古心古学’‘真为吾师’等语。”③

此年冬十一月壬子，广东御史洪范④、顺德知府彭杰⑤在广东顺德捐资刊刻康斋先生文集的第二个版本，今天津图书馆影印公开出版。

《康斋集》，先生本郡尝刻之，而世传未广，四方学者慕先生之为人，欲因言以考其道者，每病无所于得。杰守顺德之又明年，侍御金溪洪公邦正来按视学官，间谓集当重刊，使先生之绪言传之益广，盖表彰先正嘉惠后学之盛心也。杰既受集录之工，梓方具而亟拜蜀藩之命矣。毕事匆遽，

① 《南川冰蘖全集》(罗邦柱校本)，卷十二，《立冬后赏菊》，第433—434页。

② 《夏东岩先生集》，上海图书馆藏清刻本孤本，卷首，《理学夏东岩行实》。

③ 《夏东岩先生集》，上海图书馆藏清刻本孤本，卷首，《理学夏东岩行实》。

④ 洪范(1471—1527)，字邦正，江西抚州金溪县双塘洪家玉溪人。弘治十五年乙丑(1502年)进士。历任嘉兴知县、云南道御史、京畿学政、河南提学副使。著有《柏山文集》。

⑤ 彭杰(1458—1542)，字景俊，号水厓，江西吉安吉水人。弘治三年庚戌(1490年)进士。历任授刑部主事、兖州知府、广平知府、四川布政司左参政、按察使、湖广左布政使。

虽误字略加更定，而脱简遂未追补，所以仰承侍御公之惓惓者，诚有未至。然其皆泛应之作，篇具始终，所遗十百之一二，不害为完书也。若夫学者读先生之诗之文，则不必与古今称作家者校长雄。于其读书治身心，直期造圣贤地位，一息尚存此志不懈处求之，则言言有味也。正德乙亥冬十一月壬子，后学吉水彭杰谨识。①

1516，正德十一年，丙子。

夏东岩时年五十一岁，在上饶永丰县丁忧。应魏庄渠等人请求，夏东岩为亡友李沧作《南京工部主事李君墓志铭》。

君讳沧，字一清，姓李氏，初号石泉，后以弥文且近名，遂去之。世为金华永康人，其先有讳远者，唐杭州刺史，其子旸为参军，破贼有功，遂家于杭。旸之孙德明，为永康始迁之祖。曾祖讳秉良，尝代父诣狱而卒，人称其孝。祖讳仁仲，父讳鉴，母蒋氏，兰溪枫山章先生尝志其墓。君自幼凝重，不妄语笑，常侍父母侧，承候起居如成人，见者莫不叹异。甫长，即有志读书，事师惟谨。年十四补邑庠生，弘治戊午领乡荐。赴春官，落第南归。适父疾，博延名医，汤药必亲，衣不解带者月余。及卒，哀毁骨立，葬祭悉准文公家礼。服除入太学，时枫山先生为祭酒，甚契之。

正德戊辰登进士第。奔母丧，哭至绝而复苏者数，每以不得躬视汤药。殡殓，忽忽如痴醉者，两阅岁。遇忌日，辄涕泣曰："今虽欲尽孝敬，不可得矣。"仲兄患足疾，每自外归，必至寝前省视，祁寒盛暑不废，家事无巨细，必咨禀而后行。季兄泽早世遗孤友杜方在抱，抚育教娶若已子，卒以成立。

服除，拜南京工部营缮司主事，莅官廉慎有为。时冢宰孙公为工部尚书，雅知君，凡有造作悉委之君，条其材用，徒庸率减，前所计者什之五事，不劳而集。孙公甚敬信之，遂差督甓仪真，君措置有方，凡前官踵袭之弊，非职守所当为而有病于人者悉罢之。舟航往来及居民商贾之在仪真者皆

① 《康斋先生集》，正德本，南京大学文学院吴健康博士校，天津图书馆藏，彭杰卷末跋。全书引用同，不再说明。

称便。仪真当漕河之冲，宦官有道此者，至辄欲启坝以行。君具以法难之，类慑以威，屹不为惧。或赠以文绮之属，君亦辞不受，平生有守类如此。逾年竣事而还，复差司龙江竹木抽分厂，君以疾辞。时石公以吏部侍郎掌工部事，曰："此非李主事不可，必需其愈而遣之。"不得已，起而视事。执法益严，虽宦官、同事者咸惮之。冢宰陆公闻其名，方欲擢置吏部以自助，不意寝疾而卒。实正德十年七月十七日也，享年四十有一。病革时，顾谓其所亲曰："吾即死，慎勿须材于公家，为吾平生之累。"及卒，无以为殓，货马卖屋始克归其柩。贤士大夫相与吊于朝，行旅之人故有德于君者，相与哭于野。门生、耆老之在乡者，相与白于有司，为立里门以旌之，非诚所感其能然乎？友人王诞敷以诗哭之，有"伤心病革买棺言，千古须同易箦论"之句，识者以为名言。配徐氏，子男一，名彬臣。侧室□氏，所出尚幼。以卒之明年某月某日，卜葬于霞里祖茔之傍，去家数里而近。

一清为人诚笃果毅，好义乐善，不啻饥渴之于饮食。游太学，闻枫山论学，慨然有求道之志。及官南都，日以亲贤讲学为事。退食自公，辄闭户不出，潜心六经、语、孟及程朱文字，以求穷理修身之方。凡异端之说，及近世辞章功利之习，一毫不以经心。尝曰："人之为学，当从人伦日用上实下功夫，庶几步步着实不为空言。"予尝举《论语》数处微与文公不合，一清不以为然。予曰："程朱论学及解经要义，虽圣人复起不能易也。至于文义之间，岂无一二可疑处耶？"一清曰："是固然矣，但吾辈今日且当谨守儒先之训，未可如此立论。"予深以为然。

呜呼！一清之质近于道矣，而学又不失其道。天假以年，则其所造非予可得以知，而不幸赍志以殁，不亦重可哀乎？世衰道微，异说蜂起，程朱之言又将为天下之大禁，予为此惧而力不足以振之，方欲求助于人，以为内修外攘之计。得友如一清者，而又一旦化去，踽踽凉凉，独学无助，则所哀者岂直朋旧之情而已耶？因诔其墓而铭之。

铭曰：昔在孔门，参以鲁得。君惟质鲁，故其学力。垂绝有言，事符易箦。后欲知君，视此石刻。①

① 《东岩集》，四库全书版，卷五，第48—50页。

1517，正德十二年，丁丑。

夏东岩时年五十二岁，在上饶永丰县丁忧。湖南名士谭某来令，大有惠政，士民大夫作诗歌叙其事，其幕僚黄某走书山中，求序，夏东岩应之，作《奖异贤能诗序》，赞扬其理政业绩。

吾邑谭侯在湘南为名士，以《易经》领乡荐，上春官屡屈于有司。正德丁丑拜吾邑令长，下车首以民俗为问。佥谓："吾邑僻处山中，故家巨族率敦尚礼义，乡里小民亦乐于耕桑，无外慕。特其中时有儇黠数辈，黩货健讼，为民害，然无根据，薙而去之，不难也。顾其才，亦能集事。前此为令者当丛脞急遽之时，或欲驾砌以用之，往往堕其术中以致掣肘，败官而去者有之，遂使一邑蒙刁顽之名，至今未有以雪也。"侯曰："是诚在我。"乃籍积岁在官为民蠹者，悉去之。由是奸邪屏迹，民获以安。

侯莅官行已，一以清心省事为本，门无苞苴，廨宇萧然，举家蔬食，越数日方衔一肉。间行阡陌，悉减导从，所至民不扰。礼贤下士，作兴学校，尤得贤士大夫之心。未逾年，政声籍甚，闻于当道。

先是铅民有与巨室为仇，遂劫以威，惧罪逃窜山谷，据险拒捕以自固，势颇猖獗。朝廷患之，事下有司，用兵剿捕。钦差巡抚都宪孙公躬至其地，檄侯置幕下，参决谋议，事获以平，侯与有力焉。孙公由是知侯可大用，特书其最，敦遣厚币奖异之，以为陟明之地。其僚佐黄君辈倡邑之士夫，作为歌诗，以咏其事，走书山中，命予序之。

窃尝观之《中庸》，论获上治民，本于明善诚身而悦乎亲，则知居下位而得上官之爱重，顾亦有道耳，岂必如世俗之所为哉。侯之尊府某先生，尝为博邑，未几弃官而归，享有高年，为乡邦旧德。侯自幼得之庭训，读书缵文，饬躬修行，而左右就养无违礼，甚得其亲心之欢。守官于此，恒切思慕，间会予言及，辄停杯惘然，有古人望云思亲之意。非质之近于诚明，畴克至此，宜其试政，未几遽得上官之爱重至于如此也。

方今朝廷急于求贤，凡有才德而困于下僚者，例蒙简擢，布列台谏部寺而有服大僚者甚众，未尝以科第拘也。侯既受知当道，行见膺荐而起大用有日，尚当以古之贤杰自期，明善诚身以为之本，使他日见之建明，措之事业，光明俊伟，足以流声光于无穷，庶可以答孙公之知而于诸君咏歌期望之意为无负矣。庸书此以俟。①

服阙，升南京兵部郎中，“值京师大饥，死者枕藉于道，先生亟条救荒数事当道，悉见施行，又自捐俸作粥以活耳目所及者数百人，死为掩之。”②

1518年，正德十三年，戊寅。

夏东岩时年五十三岁，或在此年，迁广东惠州知府，路途中，遇到友人徐可大，劝其不任，中途折返而归。

寻迁广东惠州守，行至蒙浬驿，遇同年少参徐可大，谓之曰：“此中上司倨甚，非公所宜居。”先生叹曰：“为数斗折腰，诚不能也。”即日以文凭托韶守缴之。归，舟抵豫章，入见都宪陈公，时有赃官二员跪阶下。先生因而问故，陈公具告之。先生曰：“去官不紧要，亏他十载寒窗。”宪台意为嘱托别过，遂就释放。二员感其德，俱诣舟处，以贿奉谢。先生笑曰：“盖推情之论耳，非市德也，安用谢？为如使予欲贿，何不任惠州守也？”竟不受。归即杜门，日与旧徒讲习旧学，临流陟冈，傲睨游咏，若将终身。誉望日隆，两台洎二司遣南昌师生莫容、熊梅等赍礼币到家，敦请主白鹿洞教事，不赴。佥宪高公汝白与先生有道义之契，亲至山中申致诸公惓惓，亦固辞，高不能强。③

过韶州，遇同年徐文溥（1480—1525，字可大，号梦渔，浙江衢州开化县人）④，夜宿论学，作诗，“卓哉严子陵，举足忘帝腹。摩挲双膝头，胡为甘仆

① 《夏东岩先生文集》，明嘉靖刻本，宁波大学人文学院陕庆老师点校，卷二，《奖异贤能诗序》。全书引用同，不再说明。

② 《夏东岩先生集》，上海图书馆藏清刻本孤本，卷首，《理学夏东岩行实》。

③ 《夏东岩先生集》，上海图书馆藏清刻本孤本，卷首，《理学夏东岩行实》。

④ 据史料记载，徐文溥为浙江衢州开化县芹阳镇（今城关镇）人。著名文臣，为官犯而不欺，直而不过，清廉节操。正德六年辛未（1511年）进士，与夏东岩同年。历任南京礼科给事中、河南布政司左参议、福建参议、广东按察司副使。恐贻母忧，复引疾归，行至江西上饶玉山卒，卒年仅四十六岁。著有《燕程集》《留都拾遗》《南巡稿》《东巡稿》《梧山集》《奏议》等。

仆。渊明懒折腰，而我甘屈膝。归来抚孤松，相看自真率。”①

至广东韶关市南部曲江县（今为曲江区），掉转船头，返归江西，“老习刑书分外难，等闲丢却梦魂安。兴来时启船窗坐，归路青山更好看。”②

度广东至江西的雄关梅岭，“盘盘石磴渺云端，从古仙人此往还。留得芳声传后世，梅关端合作贤关。”③

在梅关，与曾大参在金鳌阁会饮，感谢作诗，“棹入仙源逗白云，晚登高阁快晴曛。缅怀二老风流远，把酒殷勤愧使君。”④

途经江西吉安永丰县，到达新淦县（今江西樟树市），夜宿双林寺，作诗，“欲寡身轻任往还，空山独夜旅魂安。东西南北无拘碍，一片闲云宇宙间。”⑤

1519 年，正德十四年，己卯。

夏东岩时年五十四岁，是年，居家谢客，作《楼居谢客》诗告诉同仁，“欲收万卷当良畴，故傍幽林结小楼。拙学本非游说客，闲身岂是置书邮。名能减福从人谤，贫可延年敢自谋。寄语平生旧知己，莫将闲事苦相求。”⑥

> 东岩“乃止尼濠为乱，以娄妃逮及其族，冰溪坐是下狱。先生不避艰险，以舆藏匿二竖，作诗献于阳明，力为辩其非辜。阳明转奏朝廷，冰溪虽死狱中，而一斋如线之绪得存者，先生力也。”⑦

东岩作诗歌悲叹著名学者娄冰溪家族全家被逮，感叹一斋先生家族的快速衰落，“十年坚不下楼居，祸到家门岂自虞。慷慨莫逃张俭命，怆惶谁受

① 《夏东岩先生诗集》，明嘉靖四十五年刘宾跋本，卷二，《韶州蒙浬驿，同徐可大夜宿有感二首》，第 4 页。

② 《夏东岩先生诗集》，明嘉靖四十五年刘宾跋本，卷五，《曲江返棹》，第 13 页。

③ 《夏东岩先生诗集》，明嘉靖四十五年刘宾跋本，卷五，《度梅岭》，第 13 页。

④ 《夏东岩先生诗集》，明嘉靖四十五年刘宾跋本，卷五，《会饮金鳌阁（陈、张二公旧游地也，顾不肖不足以当之，度梅关偶得此句，呈曾大参）》，第 13 页。

⑤ 《夏东岩先生诗集》，明嘉靖四十五年刘宾跋本，卷五，《归自岭外，由吉永丰取道到新淦。夜宿双林寺，晓枕闻雨声，默诵康斋旅次数诗，不胜感仰，因赋此》，第 13—14 页。

⑥ 《夏东岩先生诗集》，明嘉靖四十五年刘宾跋本，卷六，《楼居谢客》，第 15 页。

⑦ 《夏东岩先生集》，上海图书馆藏清刻本孤本，卷首，《理学夏东岩行实》。

夏侯书？盖棺难定今朝事，阖户空存旧日闾。伟矣一斋天下士，百年宗祀竟何如？”①

或此时一两年，夏东岩有信写给王阳明，并有诗作《寄王阳明三首》寄给王阳明，劝诫王阳明回归程朱理学，莫刻意讲学。

同甫有才疑杂伯，象山论学近于禅。平生景仰朱夫子，心事真如白日悬。

陆学也能分义利，一言深契晦翁心。纷纷同异今休问，请向源头着意寻。

六籍精微岂易窥，发明亲切赖程朱。兵知险阻由乡导，后学如何可废兹。（时赣上用兵故云）②

此年，王阳明多军务忙完之后，于都察院后树林密处的静观轩时常多有休憩，主静涵养，究心之神明妙悟本体。③

先生官中，稍暇即静坐。比在都府无事，一日嘿嘿坐花园亭中。龙光外侍，先生呼光入，问曰："外间有何闻？"曰："无有。"光喜得间，因造膝密告曰："光有一语，怀之甚久，不敢言。"先生曰："弟言之。"光曰："宸濠就擒，江西人人自庆再生。但后主未立，光辈报恩无地，以此耿耿耳。"先生慰起之，良久曰："汝所言，吾亦思之。天地生人，自有分限，吾亦人，此学两千年来，不意忽得真窍，已为过望。今侥幸成此功，若又得子，不大完全乎？汝不见草木那有千叶石榴结果者？"光闻之悚然。④

1520 年，正德十五年，庚辰。

夏东岩时年五十五岁，居家，江西按察司佥事金赍亨（1483—1564，初姓

---

① 《夏东岩先生诗集》，明嘉靖四十五年刘宾跋本，卷六，《冰溪逮系》，第 14 页。

② 《夏东岩先生诗集》，明嘉靖四十五年刘宾跋本，卷五，《寄王阳明三首》，第 2 页。

③ 《王阳明年谱长编》，第三册，第 1108 页。

④ 《阳明先生年谱》，嘉靖周相序刻孤本，国家图书馆藏，嘉靖十五年十二月条。

高，后改金，字汝白，明台州府临海县人）等人多次征聘东岩先生来主九江庐山白鹿洞书院事，均被先生直接拒绝。东岩先生多次作文和诗歌记载此事。

奉别已久，无任怀想。远承专使走山中，赐之手书，且审北来起处清胜为慰。书中称许过情，且承谕以抚按诸公之意，此必出于执事缪荐，三复，感愧不已。夫鹿洞乃昔贤讲道之所，事之废兴关系斯文不小，必得其人如朱夫子，及近时胡敬斋者主之，必能讲明斯道，以淑来学。顾仆何人，可以尸此责耶？仆资质庸下，志气昏惰，加以近年多病，旧学日就荒落，安有践履之功、自得之趣？如来书所云，方将谢绝素所往来，温理旧习，默养吾诚，庶求不负初志。安敢强承诸公之命，抗颜师席，哓哓多言而欺人哉？此实不肖之心，非执事莫能照察也。抚按诸公处望力赐一言，使得遂所辞于未命之先，免屡来使重取方命之罪，尤见执事知爱之深也。力疾草草，布此不罄所怀，伏乞心照，万万。不宣。①

近承专使惠书，遥致抚按藩臬诸公之命，使主白鹿洞教事。生以薄劣，不足以当此责任之重，已作一书奉复，冀平昔知己必能恳恳诸公之侧，使得遂所辞矣。不意复蒙敦遣教官莫华同生员熊梅等四人，远奉书币到山中，礼意诚恳，若终不予释者，岂不肖平昔深情厚貌欺执事，致执事误诸公耶？三复来教，惭悚不已。生旧游郡人娄一斋之门，粗闻儒先绪论，既而一斋云亡，跧伏穷山，绝无师友，中间虽薄游两都，得数君子，寻以病归，因循荏苒，老大无闻，求之身心性命之间，可怍可愧者多。特执事得之倾盖之顷，未能深察此耳。至于六经子史，皆学者所当理会，亦以病废学，皆未涉其源流，闻见孤寡，尤为可耻。以此学问使登师席以应诸生之求，得不欺人自欺，误人自误，有负诸公之命哉？生旧有风疾，去岁承乏惠州度岭，疾作，遂将文凭托韶守转缴。今退未几，旧疾未瘳，遽勉强承命数百里之外，徜徉容与于弦诵山水之间，此于事体犹有未安。执事知我爱我之深，能不虑及此乎？况近来血气尤觉衰减，每遇天阴，骨节酸疼，殊不可忍庐山风高，尤非衰朽所宜。即欲舆疾往三衢，寻医调理，冀少延残喘，倘有再命之，将弗获躬俟敝庐，必且获罪诸公，而相知如执

① 《东岩集》，四库全书版，卷四，《复高宪台请主白鹿洞书》，第34—35页。

事者恐亦不能逭其责矣。伏乞诸公处极力一言，使生得遂所辞为幸，且使洞中诸友知有夏某者，虽不足以膺嘉命，然能知耻自守，亦不失为恬退之士，于洞中风化不为无少助也。谨将礼币奉复，并遣小儿贡赍此以布下怀，无任悚息待罪之至。尚朴再拜。①

伏蒙命有司具礼币敦遣教官莫华、生员熊梅等远降敝庐令主白鹿洞教事，奉命无任惭悚。此洞乃昔贤讲道之所，当此废坠之余，欲聚江右英材而教育之，此为政第一义也，必得天下第一流人物乃足以当之。顾生何人，可以承命，且生旧有风疾，不时举发，虽欲趋命，有所不能。谨将礼币托原教官上纳霜威之下，不敢尽言。恐重取方命之罪，谨具疏托高佥宪与达下怀。伏乞俯赐矜宥，万万。②

近蒙敦遣礼币到山，无任感激。曾具状遣儿侄奉谢，量已达台听矣。仆以病足弗克躬诣行台一拜，方虞得罪左右，乃蒙复赐手书，副以陆宣公奏议二册，拜领尤用感愧。承约为白鹿洞教主，敢不蹑屩相从，第念素缺探讨复行之功，老大无闻，徒以虚名误辱诸公之知，方窃愧耻之不暇，安能从公遨游其间，以得之口耳之末者以诳来学，重为斯文之玷耶？兼之庐山峰高，入春云气湿蒸，尤非病骨所宜，幸托神交，必能照亮及此也。近来士风已不可言，执事视学之初，稍加振作，人心悚惧，风闻已四达矣。愿公益加淬砺，默养吾诚，岂直江右士风为之丕变耶？草草冒昧，及此无任悚息待罪之至。③

谢病卧郊居，养拙聊自欣。门违长者辙，每见樵苏人。岂忘庐霍遊，相望邈无因。君携二三子，远自何方臻。诸公有嘉命，旷世一再闻。鹿洞非马队，礼币何殷勤。柴桑有故墟，况与庐阜邻。负痾弗获往，梦想星渚滨。④

---

① 《东岩集》，四库全书版，卷四，《再复高宪台书》，第35—36页。

② 《东岩集》，四库全书版，卷四，《复陈都宪书》，第37页。

③ 《东岩集》，四库全书版，卷四，《复提学徐伯和书》，第36—37页。

④ 《夏东岩先生诗集》，明嘉靖四十五年刘宾跋本，卷一，《南昌莫司训偕诸生，奉抚按藩臬诸公命，聘予掌白鹿洞教事。予以疾弗克承命，用靖节贻周续之祖企谢景夷三郎韵赠之》，第8—9页。

1522年，嘉靖元年，壬午。

夏东岩时年五十七岁，为恩师娄一斋先生之子、死于狱中的罪臣娄冰溪先生（娄忱，约1451—1520，字诚善，号冰溪）撰墓志铭，详述其生平，为中国学术思想史界留下极其珍贵的学术史料。

宸濠叛逆，冰溪以妃族被逮，死狱中。圣天子御极，诏议狱，开释无辜，娄氏皆得原宥。有大臣阅奏牍，见冰溪姓名，顾谓同列曰："是即所谓'楼上先生'，昔尝不受宸濠衰服之命，岂有从逆之意耶？不死当见原。"士论惜之。逮系之初，众皆惧祸不敢近，独其婿太学生上泸余锭奉其父英薮之命周旋其间，不避艰险，及械送臬司遣人潜随其后，为之给医药服食，晏然如在家时。不幸以疾卒，其衣衾棺椁殡殓以礼，某年某月某日，卜葬上泸之郭墩。予以门生得相役而视其窆，锭以墓铭见属，义不得而辞也。

按冰溪讳忱，字诚善，其先信阳人，元季有讳子福者逃难南奔，遂家上饶之盈济坊。曾祖讳德华，祖讳思显，赠河南道监察御史，轻财尚义，乡称长者，妣杨氏。父讳谅，字克贞，成都训导，封南京兵部职方司郎中，号一斋，受业聘君吴康斋，得河洛之传，妣余氏。幼有奇质，落笔语辄惊人，顾为文不能徇时好，以故连不得志于有司，晚由岁贡受归安训导。未几，即弃官而归。忿其兄之所为，托疾不下楼者十年，自号"病阁"，户部侍郎邵二泉呼为"楼上先生"。及兄死，作《下楼歌》以讽之。国母之丧，类受衰服，独冰溪以吊服从事，且力陈古义却之，几为宸濠捶挞以死，赖都宪王阳明救解得免。

生于某年某月某日，卒于某年某月某日，享年七十，娶王氏，生三女。长适杭州府知府永丰吕夔，次适锭，次适李某，皆同邑人也。侧室杨氏，生男仕，幼名瑞松，女一，皆幼。宸濠逆节将萌，娄妃泣谏不从。事败妃死，槛送京师，每食必取饭呼娄妃食。叹曰："恨不用尔之言至此。"湖广参政同邑郑毅（立之）以诗哭之曰："道义传心有定论，贤妃原是一斋孙。"夫以一女子尚知用祖之训，识君臣大义，曾谓贤如冰溪老且死而乃亡父之训，甘为逆贼之党耶？因志其墓而系之以铭。

铭曰：有山苍苍，有水洋洋，是为陈克斋之乡。公死有知，当撰杖履，与之徜徉。①

1526年，嘉靖五年，丙戌。

正月，娄一斋著名亲传弟子玉斋先生潘润（1464—1526，字德夫，江西上饶永丰县人）客死于四川成都，时在彭县教谕任上，卒年六十三岁。②

其同门夏东岩先生时六十一岁，记载其生平，详述其人生事迹。

予友潘德夫不幸卒于官，赖诸生得成殡殓之礼，妻子旅寓数千里外，而川蜀道险，虑无以归，时同郡郑立之以铁钺镇成都，而同邑郑文川亦在臬司，皆与君有旧好，闻讣嗟悼不已，时出符传命有司，给官舫送之。归江行数月，如履平地，而无风波盗贼之虞，人皆以谓君为善之报。归未数月，适典学徐公至，以表章贤哲为事。学中师生具事状白之，兼得其实，遂祠祀乡贤，乡人无异议焉。厥子时恢，将卜葬而以墓铭属予。

予旧游娄门，赖君启迪居多，君之志行莫详于予，及今不为之撰述，后欲考论乡贤以正祀典者，曷从稽焉，乃不辞而为之铭，使刻而掩诸幽，并以告夫后之君子。

君讳润，德夫其字，姓潘氏，号玉斋，世居信永丰县前之南洲。君端庄诚悫，见之童稚，甫就外傅，即知勤诵习，从叔宪副公珪见之喜，顾谓其师曰："是子可教，宜善导之。"稍长，从郡人娄冰溪业举子，冰溪大器之，携以见其父一斋先生，遂收置讲下。一斋严毅英迈，慨然以师道自任，诸生中独致重德夫。尝谓："潘生可谓文质彬彬者矣。"至，辄留宿语连，日夜不倦。尝顾谓君曰："致礼以治躬外貌，斯须不庄不敬，而慢易之心入之矣。致乐以治心中，心斯须不和不乐，而鄙诈之心入之矣。此礼乐之本，身心之学也。"君佩服其教，不敢忘。由是言动举止，率循矩度，而胸次坦然，无纤芥可，疑望之者，皆知其为君子家。故富于赀，至君父已贫，君取束修为养父母兄弟，安其孝友冠婚宾祭，未尝以贫废礼，人以为难。在庠邑，士论归之，典学李崆峒尝进诸生以人才为问，众以君对。时君居忧于家，李公命有司以礼存问，且欲延见。君以衰服不敢见，往拜

① 《东岩集》，四库全书本，卷五，第44—45页。

② 《夏东岩先生文集》，明嘉靖刻本，卷五，《教谕潘德夫墓志铭》。

于门。李公嘉叹，以为知礼。为文，平正典实，不事绮丽，能发所见于笔墨畦径之外，屡试居上游，顾厄于数奇，竟不得志场屋。

晚由岁贡授辰州麻阳训导。麻阳僻陋，人鲜知学。君至，日升讲堂，课诸生，解义作文，根极理致，拳拳以务本敦俗为训，诸生多化之者。予友张常甫视学湖湘，雅知君学，时就麻地择诸生十余辈，俾廪麻阳而就学焉。六年，升成都彭县教谕。君已老矣，犹日课诸生，如在麻城时。退而燕居，焚香默坐，时取古书翻阅而涵泳其义，间发为诗，类有冲淡和平之味，非中有所养者能如是乎？欲谢病东归，与予寻旧约。一旦寝疾而卒，岂亦予之不幸也！

德夫生于甲申年九月，卒于丙戌年正月，享年六十三岁。娶张氏，子男三。以卒之明年，卜葬十六都汗洋岭之南原。

铭曰：昔在一斋，讲学小陂。河洛之传，实在于兹。君从之游，学得其师。匪善曷敦，匪教曷施。腏祀乡贤，匪众之私。①

1526年，嘉靖五年，丙戌。
夏东岩时年六十一岁，任山东提学副使。

在济南，多有惠政，“时世宗皇帝急于求贤，起废先生，以两台荐特起为山东督学副使。莅任后，择诸生行谊素著者为之长，朝夕至贡院亲督讲习。一日登堂讲《孟子》义利章，深切痛快，竦动人心，一府官叩前称谢曰：‘老先生发挥义利，痛快明切，前此未闻，令人毛发森竦。’时王巡按以观城诸邑乏才，欲移他处优等秀才补其廪，增其缺，请先生与三司会议。先生以为祖宗立法，经权并用，虽进士亦分南北，至良法也。今以某县员缺，移某县挨补，则钻刺纷起，致使海滨之人，目不知丁而后已，朝廷良法不可轻动以取变乱之罪。事遂寝。凡考校各府乏才处，不拘以文，略知书义者，即优取之。厥后人争嗜学，皆先生作养之功所致也。”②

① 《夏东岩先生文集》，明嘉靖刻本，卷五，《教谕潘德夫墓志铭》。
② 《夏东岩先生集》，上海图书馆藏清刻本孤本，卷首，《理学夏东岩行实》。

昔在山东，与诸生讲《孟子》首章。讲毕，问诸生："此章之意云何？"诸生对云："此章孟子告梁惠王狗利之害，惟仁义未尝不利。"予云："此章固是孟子告梁惠王的说话，于后著之于篇都是教天下后世，自天子至于庶人，皆不可不知此意。世人只知有利，语及仁义，必将讥笑，以为迂阔，殊不知利中即有害。惟仁义，则不求利自无不利。譬之甜的物事，吃过则酸；苦的物事，吃过方甜。如人家长尚利，惹得一家莫不尚利，由是父子兄弟交相攘夺，相劘相刃，必至倾覆而后已。若家长尚义，惹得一家莫不尚义，由是父慈其子，子孝其父，兄友其弟，弟恭其兄，莫说到门祚如何，只据眼前家庭之间，已自有一段春和景象，何利如之！不必远求稽之，一家一乡亦可知矣。又如吾省宁王，可谓富贵之极，却被利心所害，要做皇帝。事败械送京师，赐死。家无噍类，宫殿鞠为草莽，利在何处？日前过扬州，得见高尚书家事。尚书为人平生亦清谨，长子淇有才能干，济家资致钜万。死后，庶弟与其子奏争财产，朝廷差锦衣卫官同巡按勘问。辱及妻、子，肌无完肤，追银数万。方变卖田产，以足所奏之数，门巷萧然，利在何处？"说到此，诸生莫不悚然。时有府官在侧，不觉却步。举手云："老先生说到此，令人毛发俱竦。"闲中偶及此，贞侄辈请书之，为家人戒云。

予在山东提学时，都宪王公据东昌府知府，申说观城县廪增缺多，欲将某县学某某挨补。都宪行二司令与某议。予复状云："祖宗立法，经权并用，至精至备，未可轻改。如学校一事，府廪四十一年一贡，州廪三十四年三贡，县廪二十二年一贡。未尝以地域中边，人材多寡稍异。其制至于科举之设，本为甄拔异材，然亦镌定解额。会试京师，则卷分南北，其所虑者深矣。行之百五六十年，文化大行天下，皆知诵习孔子。至于海滨郡县，间出异材，视中州亦不少让。今以某县员缺，欲移某县挨补，则钻刺之徒，纷然竞起，致使海滨之人，目不知丁而后已。此非祖宗之法，本职不敢轻动，自取变乱之罪。"事遂寝。近时建议不问食粮、年月深浅，止将文义考在前列者克贡，有考不中等者罢归，而罪提学。将使偏方下邑无人才，去处十数年不得一贡，如何作兴士子读书？殊失祖宗法意，因记于此。①

① 《东岩集》，四库全书版，卷一，第15—16页。

秋，康斋先生文集的第三个版本在江西巡抚陈洪谟[①]、抚州知府陈文沛[②]等人的捐资和协助下在抚州公开刊印，江西监察御史徐岱作序。

《康斋先生文集》四卷，刻于抚郡旧矣。初本弗善，沦于湮讹。中丞高吾陈公乃命郡守林子维德复刻之。工成，守以公命，请予叙。夫予何人也，敢叙先生之文哉？

先生之学，励志圣贤，忘情利禄，见乎文者，率有裨于世教，论者曰儒者之高蹈，旷古之豪杰。信矣！弗俟予赘也。若文之重梓，则公之令德也，先生之荣遇也，可无言乎？先生没而其后微，其祠毁，文亦几乎晦矣。

公抚江右，闻而惜之，因宪副顾君之议，图于侍御秦君懋功、陶君时庄共举祠祀之典。疏于朝，下礼官议之，荷俞允焉。若祠若号，若祀若文，咸如所疏。祀典新而缙绅相庆，吾道之辉复振矣。盖先生学五十余岁而后得聘于朝，没五十余岁而后得祭于社，以其贤也。时无诸君子相与论荐而表章之。虽贤，孰闻哉？贤而闻矣，弗遇英庙之褒征，天下无闻也；弗遇皇上之崇祀，后世无闻也。聘且祠，儒者之荣，于斯为极。国家百六十年来，秩祀名儒，仅此一见。若先生者，盖得元气之淳者欤！祠矣，祀矣，足以风天下矣。文焉弗传，曷所于征？是以梓其文也。若公者，盖旷世而相契者欤！

公曰："康斋之志甚高，守之亦固。"窃读其文而信焉。见其所谓为学、为教者，皆不离乎身心，一言一行，必期圣贤而后已。凡吟咏记述之间，无非道德之寓。至于十策之献，蔼然尧舜君臣之念，四疏之恳，凛然岁寒松柏之操。材识英迈，殆非严光之比。是虽服乎父师之训，其神交默

① 据史料记载，陈洪谟（1476—1527），字宗禹，湖南武陵人。弘治九年（1496年）进士，历任刑部主事、漳州知府、云南按察使、江西巡抚、兵部侍郎。曾居高吾山下，筑亭名静芳，故自号高吾子。明代著名文学家。著有《静芳亭摘稿》《治世余闻》，主持纂修《常德府志》。

② 据史料记载，陈文沛，字维德，号狮冈，福建长乐人。原姓林。正德十二年丁丑（1517年）进士。历任工部主事、工部郎中、抚州知府、苏州知府、山东按察司副使、陕西太仆卿。后罢归，家居二十余年。著有《狮冈集》。

契，未尝一日而忘孔孟。孔子所谓“未之逮而有志焉者乎”！然程朱之后，克任斯文，安贫乐道，以终其身者，归先生焉。从游之徒，率多善士，能继其志，如陈白沙、胡敬斋之辈，清风高节，人今称之，继往开来，盖庶几矣。若其不事著述者，务实学也；不赴荐辟者，养时晦也，聘而不就者，毕初志也。出处之节，诚足以廉贪而立懦，可以轻议之哉？

学者志其志，学其学，必于文焉。考之兹集也，固一代文献之征也，与洛闽之录并传可也。文传，则其名无穷，公之德可述也。予也可默乎哉？嘉靖丙戌岁季秋九日，赐同进士出身文林郎巡按江西监察御史蜀嘉徐岱谨序。①

或在此年，夏东岩回忆三十多年抄录一斋所存康斋亲自删订《小陂集》版本的情形，有康斋文集读书感想，作《书小陂集后》。

此康斋手删本也。康斋诗文近刻于抚，并少作及尝删去者，悉存。观者病之。予昔从游一斋，得见此本，手自抄录，居恒讽咏，于兹三十年。窃尝谓康斋为人严毅，而诗复和平，中之所养可知。迨至晚作，类多愁叹之语，抑可见其好学之心，至老弥切也。凡此，皆考德者所宜知。因缀数语，示儿侄辈，使知康斋之诗，诚可以独步当世，非久于玩索者不能知也。后之欲刻者，当以此本为正。取少作及尝删去者，悉附其后，庶乎其可耳。②

作诗歌，记录读康斋先生书所获得的感想，以康斋理想人格为其人生榜样。

梦想高风何处寻，遗编伏读感人深。暮年诗句多愁绝，慷慨平生忧道心。③

---

① 《康斋先生文集》，国家图书馆藏嘉靖本，见序言。

② 《东岩集》，四库全书版，卷二，第22页。

③ 《夏东岩先生诗集》，明嘉靖四十五年刘宾跋本，卷五，《读〈康斋先生集〉有感》，第1页。

闲暇时，多游济南大明湖等地，“独游真有味，短棹信行藏。湖水湾湾净，荷风阵阵香。前贤留别业，高柳荫回塘。借榻孤亭上，聊便半日凉。”①

在济南府院，下雪天，看到济南府贡院诸生雪天读书，为之感动，作诗，“两程衣钵出风尘，师友渊源万古新。门外不知三尺雪，坐中浑是一团春。”②

1529年，嘉靖八年，己丑。

夏东岩时年六十四岁，时春，教学之余，东岩颇有雅兴，带领学生从济南出发，登泰安泰山，朝拜济宁府曲阜孔庙、邹城孟子庙。

带山东府学学生一起登泰安市泰山，并作诗歌壮之，“兹山有奇珠，每为神龙得。求之不得时，怒抉岩头石。石裂波浪翻，洗尽泥沙迹。宛如白龙形，条条挂苍壁。我行忽见之，俛首三太息。云胡不自奋，坐守穷窟宅。至宝量斯存，弃置同瓦砾。壮心犹未已，鬓边髮早白。若复不自强，死也真可惜。题诗聊自箴，恒用存胸臆。”③登泰山顶，作诗，“石磴仰盘云，天门半空启。绝顶快一登，沧波渺千里。神秀钟仲尼，巉岩类孟子。兹游冠平生，感叹情何已。”④

济宁府泗水道中，东岩用晦翁韵时以寻芳泗水作论题试诸生，诸生鲜有能会其意者，作诗歌记载其事，鼓励学生自得进学，“乘春远渡泗河滨，野草闲花触处新。会得心中无事意，眼前都是自家春。”⑤

由泗水往邹邑，同诸生登尼山，作诗，以主静之学教育学生体仁，“静对

① 《夏东岩先生诗集》，明嘉靖四十五年刘宾跋本，卷三，《独泛太明湖少憩尹家亭》，第8页。

② 《夏东岩先生诗集》，明嘉靖四十五年刘宾跋本，卷五，《贡院诸生雪中勤于诵习赋此美之》，第18页。

③ 《夏东岩先生诗集》，明嘉靖四十五年刘宾跋本，卷一，《登泰山，悬崖绝壑不可攀援处，时有白路迤逦贯顶而上。予窃怪之，询之舆夫，谓：风雨晦暝，时狞龙求珠不可得，怒抉其石致然。此虽未必然，然亦足以壮予气。因赋此自策，并示齐鲁诸生》，第9页。

④ 《夏东岩先生诗集》，明嘉靖四十五年刘宾跋本，卷三，《登泰山绝顶》，第7页。

⑤ 《夏东岩先生诗集》，明嘉靖四十五年刘宾跋本，卷五，《泗水道中用晦翁韵时以寻芳泗水作论题试，诸生鲜有能会其意者故示之》，第18页。

东风学养心，满腔生意与时新。寻芳泗水归来处，还上尼丘咏莫春。”①

拜阙里，屡得与衍圣公昆季及颜、孟二博士燕饮，作诗感谢，“圣贤遗泽浩无穷，百世婚姻里闬同。生长南荒千载外，冠裳樽俎幸相逢。圣贤遗训妙无穷，学到闻知与见同。生长南荒千载外，心源何处得奇逢。”②

过东平，与诸生拜汉宪王墓，“两汉山河几变更，路人犹指宪王陵。只知为善平生事，不道还留身后名。”③

过鲁王府，诸殿下礼遇之隆，各出其世子，听东岩之言，因赋小诗一章，使鲁诸生诵之，冀得闻于诸世子，庶无忘先世之遗泽，“畴昔周公谓鲁公，只将忠厚启初封。振振公子绵瓜瓞，千载犹存吐握风。”④

三月甲子，朝廷令下，东岩由山东提学副使提升为南京太仆寺少卿。

入滁，作诗，“迂疏赢得此身闲，向老逢辰古亦难。拙学可能酬素志，转官随处有名山。罗浮未到心先醉，泰岳回瞻兴不阑。千载醉翁亭尚在，琅琊深秀好跻攀。”⑤

在滁州，“亲督讲习”，“人争嗜学”，振兴勤奋博学的踏实学风。督学，作讲义《示滁州学诸生》，谆谆以程朱理学教人，公开批评阳明心学，“近时诸公论学，乃欲取足吾心之良知，而议程朱格物博文之论为支离，其何以开圣人之知见，扩吾心良知良能之本然。此乃入门欵，于此既差，是犹欲其入而闭之门也。不得不与诸生言之，岂好辩哉？”夏东岩试图与阳明心学流行的大趋势对抗。

好问好察而必用其中，诵诗读书而必论其世，则合天下古今之聪明以

① 《夏东岩先生诗集》，明嘉靖四十五年刘宾跋本，卷五，《由泗水往邹邑同诸生登尼山复用前韵》，第18页。

② 《夏东岩先生诗集》，明嘉靖四十五年刘宾跋本，卷五，《拜阙里，屡得与衍圣公昆季及颜、孟二博士燕饮，有感赋此》，第18页。

③ 《夏东岩先生诗集》，明嘉靖四十五年刘宾跋本，卷五，《同东平诸生拜汉宪王墓》，第19页。

④ 《夏东岩先生诗集》，明嘉靖四十五年刘宾跋本，卷五，《伏承鲁府诸殿下礼遇之隆，虽贤士大夫有所不逮，且各出其世子，使听迂拙之言，于此见先王之德厚矣，因赋小诗一章，使鲁诸生诵之，冀得闻于诸世子，庶无忘先世之遗泽云》，第19页。

⑤ 《夏东岩先生诗集》，明嘉靖四十五年刘宾跋本，卷六，《入滁志喜》，第19页。

为聪明，其知大矣。近时诸公论学，乃欲取足吾心之良知，而议程朱格物博文之论为支离，其何以开圣人之知见，扩吾心良知良能之本然。此乃入门欵，于此既差，是犹欲其入而闭之门也。不得不与诸生言之，岂好辩哉？

人家有三要兴：积德兴，有内外、有礼义兴，能勤俭兴；有三要败：积恶败，无内外、无礼义败，奢侈败。

尧舜禹，积累缔造，深仁厚泽。至太康一尸位，民既贰其心。以此观之，祖宗德泽不可恃，还是自家能敬德可恃。

人生在天地间，不生为禽兽，而生为人。既生为人，又不生于夷狄，而生于中国。既生于中国，又不生于卑污之地，而生于大族。既生于大族，又不生为庸凡，而生为聪明才俊，儒衣儒冠，其为幸当如何耶？今若又不肯向上，为人真可悲也。①

著《滁州省愆录》，记录自己涵养程朱理学心得，试图汇宗朱陆异同，以传后学，并公开批判阳明心学，“近时诸公力扶象山之学，极诋朱子之学支离。盖亦未能平心易气细观其书以致然耳。”夏东岩说，“今王阳明专择其不好处来说，岂不是偏耶？”东岩比较早地指出阳明《朱子晚年定论》的主要问题。

每事，不失之怠缓，则失之急躁，宜戒之。

心，本有用之物，而置之空虚之地，可乎？

数日警惕之意，比前较缓，宜时时提醒。程子云：“懈意一生，便是自暴自弃。”

偶命舆隶净扫庭中荒秽，遂觉眼前宽快。人能一旦洗雪此心，而去其积习之染，其气象当何如耶？

朱陆同异之辩，前辈已有定论。细观其书，当自见之。今就其中摘其一二稍稍同处，遂欲会而为一，非所谓不揣其本而齐其末，方寸之木可使高于岑楼者耶？近时诸公力扶象山之学，极诋朱子之学支离，盖亦未能平心易气细观其书以致然耳。王钦佩尝谓予云：“朱子所著诸书，或有初言

① 《东岩集》，四库全书版，卷一，第17—18页。

未定之论，兼门人记录未能尽得其意者，亦或有之。吾辈观之，但择其好处。今王阳明专择其不好处来说，岂不是偏耶？”

鸢鱼除饮啄牝牡之外，更无他念，所以得遂飞跃之性。人虽万物之灵，心中有多少私意，如何得似鸢鱼？直须摆脱得开，无丝毫惹绊，方有此等气象。

大而君臣父子，小而盐米细事，处之皆当，即此是道。

湛然虚明者，心之本体。本无存亡出入之可言，其有存亡出入者，特在操持敬肆之间耳。所谓“范女不识孟子，然亦知心。”此之谓欤？①

在滁州，多与同僚讲学，多公开批评白沙与阳明心学，护卫程朱理学学脉。

日与有志来学者讲学不倦，盖痛矫简易超悟之弊，颇以白沙、阳明诸公为偏，虽犯众议不恤也。时阳明著有《破朱心解》，欲付之剞劂。先生闻之，亟寄诗三首，有“六籍精微岂易窥，发明亲切赖程朱”云云。阳明得诗省悟，即火其书。先生终日兀坐如泥塑，人人皆以程伯子目之。所居几席，务必安排整饬，作字不敢潦草，虽书与子姓点画亦务严整。尝读《尧典》曰：“尧是第一个圣人，尧典是第一篇文字，而钦之一字，实第一种道理。”故少壮至老，敬修之功，不须臾离也。事亲至孝，事长极悌，和以睦族，慈以逮下，每周恤宗族之贫者，虽俸入俭，而力尝强为之副也。兄乐夫早卒，抚其诸孤如己子，养且教以俾成立。合族之资禀可教者，皆曲成之。女兄双瞽，竟不适人，先生尤深怜之，奉养如母。且聚俸买田以为之祀，使其百世无替。尝云：“治心修身，以饮食男女为切要，圣贤从这里做工夫也。”闺门内外，肃然无嘻嘻声。家法甚严，丧祭一遵家礼，浮屠非礼之事，一切屏去。宾友往来无虚日，以诗侑酒，并无博弈谑浪之声。入其门者，如坐春风，流连移日不忍去。新旧门人考德问业者，莫不因人成就，务使贤愚各得其益，然后已。前此卒业南雍章枫山公为大司成，一见知为有道之士，深加称赞，一时海内名流皆内交焉。生平好道人善，而不言人

① 《东岩集》，四库全书版，卷一，第16—17页。

恶。每有德于人而不许人知。在太仆时，饶州有一仕者为公议所喙，昏夜捧金求念乡情，代伊方便，先生愤然痛拒。其人低头谢去。及遇当道深为回互，致使其人得免，夫逐竟不知为先生力也。声闻日起，人皆期以公辅。先生自以与时宰不甚谐协，遂力求去疏数入，得遂其请归。

劝诫阳明滁州亲传弟子陈一鸿等人尊重六经之学，知行并进，由此，公开批评王阳明。

杏坛盟远未应寒，也信从来取友端。道在吾心元自足，事当为处敢辞难。漱残芳润方知孔，语欠精详或病韩。寄语战友二三子，知行并进始能安。

旧讲堂存迹未寒，更招诸彦上台端。惊涛有岸回头是，末路多岐信步难。吾道自当尊孔孟，世儒容已入申韩。六经炳若丹青在，拟共将心向此安。①

在滁州，上去疏，养病山寺中，得游丰乐亭，寻访宋代名臣欧阳修遗迹，感慨万千，作《浴沂亭记》，辨定白沙之学终非同于程朱理学，并坚定以严谨得程朱理学为宗，主敬求理，反对追求潇洒得白沙涵养心学，反对主静主义。

每疑丰乐亭非其故址，暇日寻源独上，得紫薇泉于深谷中，信如记中所云。欲作亭，复欧公之旧，未果也。尝赋一诗，贻龙泉寺僧怀聪，聊志其地而寄吾兴耳。会予具疏，丐还故山，因移疾居寺中，命僧结亭泉上，欲移亭扁于此。既而思之，滁之有亭多矣。人独好游醉翁、丰乐诸亭者，盖慕公之为人耳，匪直以其泉石之胜也。今必欲易扁置此，惑矣，因以“浴沂”扁之。

时或倚杖行吟泉上以为乐，由泉东行数百步，少折而南，上有柏子潭在崖谷中，其深莫测。我太祖高皇帝龙兴初，尝祷雨于此，有应后，命有司建庙，以为岁时赛龙之所。连山柏木阴翳，下有平地可憩，水绕其前，

① 《夏东岩先生诗集》，明嘉靖四十五年刘宾跋本，卷六，《滁学陈一鸿以诗见饷，次韵复之。阳明官太仆时，一鸿辈尝从之讲学官舍》，第19页。

触石喷薄可玩，因除地为坛，名为“舞雩坛”。由坛北行百余步，有石桥，水流至此转折而东，汇为小潭，泓澄可爱，余波溢出，铿然有声。傍有土台出，潭上可坐十余人，疏泉环台而流，名曰“咏归台”。皆取孔子“与点”之意。朱子云：“颜子之乐平淡，曾点之乐劳攘”。是知曾点之乐异颜子之乐，而吾人之乐又岂若欧公之能乐其乐耶。

旧尝游太学，得逮事章枫山先生。先生一日谓予云：“陈白沙应聘来京师，予在大理往候而问学焉。”白沙云：“我无以教人，但令学者看‘与点’一章。”予云：“以此教人善矣，但朱子谓专理会‘与点’，意思恐入于禅。”白沙云：“彼一时也，此一时也。朱子时人多流于异学，故以此救之。今人溺于利禄之学深矣，必知此意，然后有进步处耳。”予闻其言，恍若有悟，信以洒落为尧舜气象。后读二典三谟，乃知兢兢业业，方是尧舜气象。孔颜之乐端不外于此矣。故周子有“礼先乐后”之训，而程子亦云：“敬则自然和乐。”和乐只是心中无事，是皆吾心之固有，非有待于外求者，必从事于敬，庶可知其意味之真耳。岂必放浪形骸之外，留连山水之间，然后为乐其乐耶。因以告夫同游二三君子，且著诸篇以自警焉。①

闲暇之时，登丰乐亭，有诗作，“山水此为最，真宜着此翁。饮泉知地胜，乐酒为年丰。遗爱今犹在，高文世所崇。飞蝗方作孽，忍对菊花丛。”②“全椒道士今何处，只有山僧似智仙。烦结草亭深谷里，要来长弄石间泉。”③

登琅琊顶，有诗作，“飞盖上层霄，千峰远可招。江潭秋潦净，海岛日华摇。草昧思真主，与亡感六朝。华阳归马地，垧牧伴渔樵。”④

游醉翁亭，有诗作，“乘骢江上至，暇日共清游。倾盖情逾故，环滁山更幽。危亭兼旷奥，残刻仰坡欧。落日烟波渺，青山江上浮。畴昔观风地，重来岁已更。烟风藏雨意，石濑泻秋声。绝壑因人胜，新诗为道鸣。我惭乡后进，

① 《东岩集》，四库全书版，卷三，第26—27页。
② 《夏东岩先生诗集》，明嘉靖四十五年刘宾跋本，卷三，《游丰乐亭》，第8页。
③ 《夏东岩先生诗集》，明嘉靖四十五年刘宾跋本，卷五，《丰乐亭每疑非其故址，暇日寻源独上得紫微泉于深谷中，信如记中所云，欲作亭复欧公之旧未果也，因赋一诗贻龙泉寺僧怀聪，聊寄吾兴，以志其地耳。呜呼！事有旷百世而相感者，岂直一泉石之间而已耶》，第20页。
④ 《夏东岩先生诗集》，明嘉靖四十五年刘宾跋本，卷三，《登琅琊绝顶》，第8—9页。

吟罢不胜情。”① “六一孤踪未可攀，一樽聊此共酡颜。登临何限怀贤意，岂直区区山水间。”②

闲暇时，登太仆寺环山楼，有诗作，“古木苍藤映碧峰，石桥流水暗相通。高台已占滁阳胜，底事人犹问醉翁。”③ 侄子夏一之来探望东岩，陪登环山楼，“薄宦真为一饱营，公余亭榭十分清。锦城争似家山好，羞对葵花向我倾。”④

亦有反思自己在滁州为政时涵养心性的诗歌佳作，描写自己学易学有得，但蹉跎岁月，有愧对前贤之感，“园庐便昼寂，懒上醉翁楼。学易增危惕，援琴销隐忧。虚名非我福，真乐岂他求。从昔轻前辈，而今也白头。”⑤

冬，久无雪。仲冬（农历十一月）望日（十五日或十六日），嘉靖皇帝恭临南郊祈祷，次日大雪千里，深且数尺，喜动天颜。馆阁诸公俱有诗颂，偶见王药塘绝句，依韵奉和，聊寓臣子喜，幸祷颂之，“仰瞻仙杖出銮坡，急雪随风洒玉珂，始识天人无间处，感通道岂在言多。风回合殿雪初飘，喜动龙颜霭圣朝。欲问此中端的意，尧天风不到鸣条。黎庶关心锁不眠，殷勤诏旨动盈篇。共看圣德回天处，宗社应知万万年。六出谁非圣主心，九重飞处更萧森。遗蝗入地应千尺，击壤欢腾治世音。”⑥

除夕，以青菜馈杨璞庵，作诗记载此事，“林下菜根真有味，偶饕肉食堕牢笼。欲图老圃供清玩，生意谁能逼化工。”⑦

1530年，嘉靖九年，庚寅。

夏东岩先生时年六十五岁。

农历二月，闲暇时，东岩陪同方定杨璞庵西园观梅，“江北梅从二月开，

---

① 《夏东岩先生诗集》，明嘉靖四十五年刘宾跋本，卷三，《同方健庵游醉翁亭二首》，第9页。

② 《夏东岩先生诗集》，明嘉靖四十五年刘宾跋本，卷五，《游醉翁亭》，第19页。

③ 《夏东岩先生诗集》，明嘉靖四十五年刘宾跋本，卷五，《登环山楼》，第19页。

④ 《夏东岩先生诗集》，明嘉靖四十五年刘宾跋本，卷五，《一之侄来滁登环山楼以诗见赠次韵复之》，第21页。

⑤ 《夏东岩先生诗集》，明嘉靖四十五年刘宾跋本，卷三，《闲中写怀》，第9页。

⑥ 《夏东岩先生诗集》，明嘉靖四十五年刘宾跋本，卷五，《次王药塘颂圣驾祷雪韵四首》，第21页。

⑦ 《夏东岩先生诗集》，明嘉靖四十五年刘宾跋本，卷五，《除夕以青菜馈杨璞庵，以诗谢，次韵酬之》，第20页。

看花还共腊前醅。如何岁晚冰霜骨，也爱东风拂面来。”①

春，在滁州公馆，清闲无事，动退隐之心，“东人懒事讼庭词，门馆清虚白昼迟。野雀跳阶争鹤粒，村童归巾趁灯期。寒归冰片全消处，暖透桃花欲动时。却忆故园池草畔，少年群从也能诗。”②

独坐环山楼，“倦抛书卷倩人扶，坐看多情日又晡。山水亭台归永叔，柳梧风月伴尧夫。（环台俱柳梧）园林少憩疑真隐，家酿新篘赛市沽。太极有窝今已废，静中消息本难图？（台下旧有太极窝）”③

冬，由滁州进表北上，走京杭大运河，途经峄县（今山东枣庄驿城区），朝拜孝子郑臻墓，并检讨自己工作失职，未能将郑孝子事迹上报上级部门，故而此次刻意来祭拜。

> 嘉靖庚寅冬，予进表北上。道出峄邑，土名拖泥沟，有石坊牌岿然立于田家之门。予窃讶之，询之舆夫，知为郑孝子建。孝子，名臻。节妇陈氏年二十寡居，以死自誓，为人推磨为生，抚养孝子成人，娶妇生三子。节妇年七十余终，孝子哀毁骨立。既葬，孝子哭云：“吾母为我守节，至有今日，我安忍弃吾母耶？”遂结草庐于墓侧，每日早起哀泣，必进土一畚，至午及暮亦如之，寒暑不易。妻子不得见其面，三年服平方归。归两月，一日谓人曰：“吾于某日某时当死，随吾母。”众谓：“汝无病，安有此？”孝子云：“非汝所知。”至期敛襟坐床上，若禅家坐化者，忽自省云：“如此不好看。”遂就枕，奄然而逝。葬母侧。乡里咸哀之。有观风使者闻之，命有司立坊牌，表其居里人，并刻碑墓前。予旧岁奉敕督学山东，未几，有太仆之命，坐于不知，失上其事于朝。因拜其墓，并赋一诗以泄予哀云：“抔土三年傍母眠，茹哀归绝草堂前。不才曾此司风化，表宅劖碑愧后贤。”④

---

① 《夏东岩先生诗集》，明嘉靖四十五年刘宾跋本，卷五，《一之侄来滁登环山楼以诗见赠次韵复之》，第21页。

② 《夏东岩先生诗集》，明嘉靖四十五年刘宾跋本，卷六，《早春即事》，第19页。

③ 《夏东岩先生诗集》，明嘉靖四十五年刘宾跋本，卷六，《独坐环山楼偶成》，第19—20页。

④ 《夏东岩先生诗集》，明嘉靖四十五年刘宾跋本，卷五，《题峄邑郑孝子墓》，第22页。

1531年，嘉靖十年，辛卯。

或在此年，夏东岩六十六岁，百无聊赖，辞官归家。

回江西上饶广丰老家，农历五月，过衢州，宿三衢公馆，见施聘之壁间韵，和之，有诗作，“解组归来暮景斜，村村社鼓隔林挝。羞将白发供人事，喜见青山近我家。老眼也能谙旧路，邮童安用导清笳。逢人问讯东篱在，携取幽人就菊花。”①

夏季，在家，老友娄容善先生以诗见寄，回诗，“清时蹇蹇愧王臣，脱却朝衣混俗尘。爱与邻翁谈往事，不教稚子候归人。别开小筑当乔木，又见春风长碧筠。雨后岩陂烟浪渺，好来相对坐垂纶。迂疏也添两朝臣，归卧云山隔市尘。扪风懒谈当世事，弄丸元是打垂人。绿阴庭院啼黄鸟，青水池塘漾碧筠。汛扫茅斋时独坐，个中消息是经纶。”②

1532年，嘉靖十一年，壬辰。

夏东岩时年六十七岁，在家乡，购买废弃寺院，造明德书院；在东岩下，自建严陂书院，培养乡村后学，日与子周贡、侄夏一之、婿刘宾、诸生周启南等人讲学，育人无数，有诗作多首记录其事。

> 结屋深村里，悠然谢俗情。闲居遵孔教，巨牓仰汤铭。学向三关透，功归一敬成。不知尘世上，能有几人醒。③
>
> 山斋邻古寺，门对野池幽。漱水鱼争聚，移笄蛙乱投。烟光澄霁夕，树影漾晴秋。风雨江湖梦，能忘廊庙忧。④
>
> 竹里茆茨好，真疑隐士家。澄江水突兀，古木雪槎牙。鸟雀思遗粒，凫鸥聚浅沙。悠然尘世外，随意领年华。⑤

① 《夏东岩先生诗集》，明嘉靖四十五年刘宾跋本，卷六，《三衢公馆复用施聘之壁间韵》，第20页。

② 《夏东岩先生诗集》，明嘉靖四十五年刘宾跋本，卷六，《娄容善以诗见寄次韵答之二首》，第20页。

③ 《夏东岩先生诗集》，明嘉靖四十五年刘宾跋本，卷三，《题明德堂》，第10页。

④ 《夏东岩先生诗集》，明嘉靖四十五年刘宾跋本，卷三，《山斋即事》，第9—10页。

⑤ 《夏东岩先生诗集》，明嘉靖四十五年刘宾跋本，卷三，《雪后即景》，第10页。

人事即为命，逢人休问天。欲占门户大，须看子孙贤。俭德堪遗后，深机是祸先。灾祥应不爽，一一问根源。①

独处难为适，逢君意气舒。开轩对庭树，带雨剪园蔬。贫病过原宪，孝廉如仲车。愿凭知见力，白日到唐虞。②

“开轩对庭树，带雨剪园蔬”，“结屋深村里，悠然谢俗情”，“悠然尘世外，随意领年华”，“风雨江湖梦，能忘廊庙忧”，夏东岩晚年在老家修养的上述诗歌充分体现出其作为儒家淡薄处事的悠然自得，静观涵养，颇有吴康斋的自由心境，恰如其女婿刘宾所说，“先生之学，心学也”，不过他至死对外声称他是主敬主义的。

但我们仔细分析其晚年诗歌语句，其主静主义思想，在其日常生活里，具有重要的地位，毋宁说，其晚年以主静涵养身心为其日常。他自号木铎老人、息庵，默默不语，主静体认，也表明其“心学”身份。也就是说，康斋自三十岁的《中庸》心学顿悟，对心学的洞见（1392—1469，1421 年戊申顿悟），到娄一斋（1422—1491）对勿忘勿助与何思何虑的自然境界论的操持，经过七十余年的传承，到夏东岩晚年（1466—1538）在敬静之间养天真，有一百一十多年长达一个多世纪对孟子、象山心学的充分涵养、体认与转化，尤其是魏庄渠也主张“静养天根”，“经学，心学也”，以心学诠释六经，著《六经精蕴》，作为国子监祭酒的魏庄渠对当时白沙和阳明心学的全方面借鉴与转化，故而对身在滁州的夏东岩必然有所触动，因此，东岩女婿刘宾刊印其文集时说其为“心学家”，盖不诬之论也。其实，在十六世纪二三十年代，白沙和阳明心学早已经深入科举士子与读书人的内心世界了，那是中国心学的第三次高峰发展时期。作为一种主导性学术思潮，身于其中，恐怕没有人不受心学思潮的影响。事实上，夏东岩晚年诗句多有浓郁的心学气息。

道在吾心本易知，只缘私意自昏迷。一丝不挂虚明地，万理都归融液时。道在吾心本易知，只缘私见自支离。六经尽说人间事，万理何劳纸

① 《夏东岩先生诗集》，明嘉靖四十五年刘宾跋本，卷三，《病起自策示子侄》，第 10 页。

② 《夏东岩先生诗集》，明嘉靖四十五年刘宾跋本，卷三，《闲居喜周生启南见过》，第 10 页。

上窥。①

老来万虑已销沉，只有孳孳好善心。能使此心无少累，便知吾子是曾参。②

旧事无端入梦频，梦中说梦更非真。心源未净年华逝，谁是人间无梦人。③

不用安排灶与炉，踢翻炉灶是工夫。氤氲天地回旋处，个是尧夫安乐窝。举念调息息转粗，无心摄念念自静。不教一物到胸中，息息归根为复命。④

“一丝不挂虚明地，万理都归融液时”，“六经尽说人间事，万理何劳纸上窥”，“心源未净年华逝”，“举念调息息转粗，无心摄念念自静。不教一物到胸中，息息归根为复命”，这些说明夏东岩转化陈白沙的“万理都归感应中”的静坐心学，虽然他很同意陈白沙的“破六经”，摆脱“纸上之学”，并借用佛教的“心源”概念，“无心摄念念自静”“不用安排灶与炉，踢翻炉灶是工夫”等语句又借用道家的养生心法，融佛道儒于一家，三教融合，反映出晚年夏东岩醉心于心学的思想特质。由于缺乏康斋在劳作中锻炼身体的磨炼过程，东岩未能在身体上进行“折磨”，而仅仅是在“心性”上磨炼，“万虑已销”，“心无少累”，“不知人世有升沉”，事实上走入佛道之流的观心、观息工夫论，“玩弄精魄”，“流连光景”，故而其学未能身心合一，未能像吴康斋那样有一段农业劳作的刻苦磨炼、壁立千仞传播远方。

1536 年，嘉靖十五年，丙申。

夏东岩时年七十一岁，作《息庵记》，回首人生，无限感慨，壮心不已，烈士暮年。

偶感异梦，遇异人得荒山数亩，形势为颇异，穴其地得异壤焉。命工

① 《夏东岩先生诗集》，明嘉靖四十五年刘宾跋本，卷五，《傍书斋二首》，第 23—24 页。
② 《夏东岩先生诗集》，明嘉靖四十五年刘宾跋本，卷五，《示贡子》，第 24 页。
③ 《夏东岩先生诗集》，明嘉靖四十五年刘宾跋本，卷五，《纪梦》，第 26 页。
④ 《夏东岩先生诗集》，明嘉靖四十五年刘宾跋本，卷五，《摄生吟二首》，第 27—28 页。

为予营一寿圹，圹成，筑室数楹于其侧，以为游憩之地，自扁之曰“息庵”。庄子曰：“造化劳我以生，逸我以老，息我以死。”世皆以为旷达名庵之意，盖取诸此然，稽之字书。息训止，训生。盖造化之于物也，生则必止，止则复生，通古今为一息，此乃万化之机轴，学者不可以不知。《易》曰：“天行健，君子以自强不息。”夫能矜持于少壮者，鲜不失之于迟莫。予生七十有一矣，来日能几何哉？要当战兢惕励，体天之行，深思平生之过而改之，不以老耄而自逸，庶几无愧于心。异时，得安于地下，虽历万载，犹有生气，否则腐同草木而已矣，奚贵于息哉！故曰：“存吾顺事，没吾宁也。”庸书此以自警，并以诏夫后之人。①

1538年，嘉靖十七年，戊戌。

夏东岩时年七十三岁，作《中庸说》，分殊八节。《中庸》一书，康斋默诵字字句句，体验于心，三十岁顿悟心学之要，此书在康斋心学体系中至为重要。故而，东岩秉承康斋之志，从知解上解释《中庸》。

《中庸》一书，朱子分作四支。以愚观之，当作八节看。

首章为一节，杨氏谓为一篇之体要，可谓得其旨矣。（冉永光曰：与朱子章句不甚合，可以不用。）后面说“费隐”、“大德”、“小德”等语，所以终性、道之意。“知”、“仁”、“勇”、“明善”、“诚身”、“尊德性”、“道问学”等语所以终戒惧慎独之意。至“诚”、“赞化育”、“笃恭而天下平”，所以终中和位育之意。

自“君子中庸”至“唯圣者能之”为一节。首章中和以本诸心者，言此节变“和”言“庸”，以见诸事者，言盖事事有个天然恰好处，至精至微。故屡赞其妙而叹其难，然学者岂可以难而自阻耶？必察之、精守之、固行之，果然后“中”可得以执矣。此发其端至二十章终，其义无余蕴矣。（冉永光曰：此处误解。）

自“费隐”至“父母其顺矣乎”为一节。盖言道之用广，所以然者，则隐而难知，学者宜就切近平实处用功。庶几有以尽其所当然，得其所以

① 《东岩集》，四库全书版，卷三，第28—29页。

然。程子谓："下学而上达，乃学之要"是也。

自"鬼神之为德也"至"治国其如视诸掌乎"为一节。言鬼神之情状以见其诚则有神，无其诚则无其神，是皆阴阳屈伸之妙用。以此发端至下章皆言事死之事，终此章之义，以起下章也。虽第十七章若泛言舜之大孝，无与于事死之事，然舜以匹夫有圣人之德，享富贵之极，致使宗庙飨其祭，子孙保其业，延宗祀于无穷，其为孝视武王、周公为尤大，断章取义以例观之可见矣。武王、周公之孝谓之达孝者，以其能通鬼神之心也，非天下之至诚，孰能与于此哉?

自"哀公问政"至"纯亦不已"为一节，盖承上章治国而言也。上章言鬼神之德，露出一个"诚"字。此章言修身为政皆本于诚，而诚不可以不豫，故极言诚之之功于后数章。以人道、天道相间而言，每每提出一个"诚"字，不一而足，盖以"诚"为一篇之枢纽，在学者尤为当务之急也。

自"大哉圣人之道"至"早有誉于天下者"为一节，盖言君子体中庸之功，兼内外大小而言。下两节言制礼作乐之事，本上章"居上不骄"、"为下不倍"而言，此中庸之妙用也。

自"仲尼祖述尧舜"至"苟不固聪明圣知达天德"处为一节，盖言圣人体中庸之功兼内外大小而言。下两节言至诚至圣之道，本上章"大德敦化"、"小德川流"而言，中庸之极功也。

末后一节举一篇而约言之，与首章相应。程子曰：《中庸》一书"始言一理，中散为万事，末复合为一理"。始言一理，天命之性也；末复合为一理，上天之载无声无臭也。其中达道、达德、九经之目，事神治民之事，明善诚身之道，修德凝道之功，制礼作乐之具，圣神功化之极，无所不备。

故常妄谓《大学》之书其体方，《中庸》之书其体圆，盖以此耳。朱子义理精密，训释详明，无可议者。独"费隐"以下，谓前三章为费之小，后三章为费之大。"鬼神"章为兼费隐，包大小；"问政"章为兼大小，包费隐。此后至终篇，皆为反复推明天道、人道，以终二十一章之意。不能无疑，因肆臆说于右。安得有道？如朱夫子者，执之以求正焉。

愚尝妄为此说，窃谓朱子复起，当不易吾言矣。顾以德学浅薄，无以取信于人耳。间尝出示兄子资。资答云："朱子亦尝分作数节，大抵与叔父同。”因检《大全·中庸》卷端，朱子云《中庸》当作六大节看。首章是一节，说中和。自“君子中庸”以下十章是一节，说中庸君子之道。“费而隐”以下八章是一节，说费隐。“哀公问政”以下七章是一节，说诚。“大哉圣人之道”以下六章是一节，说大德、小德。末章是一节，复申首章之义。鄙意偶与之合，独“费隐”以下八章有未合耳。乃知朱子集注章句成于早年，于中容有未定之论，迫于迟莫，未及一一修改耳，观易箦前犹改“诚意”章可见。因书数语于后，并以求正于四方君子云。①

作《中庸说》完，谓嗣子贡曰：“我殆已矣！譬之蚕食叶尽，则作茧吐丝，以成功绪。今我作此说，精力已竭，真犹蚕之作茧吐丝，其不起乎？”无何，果患淋疾，竟尔捐馆，时戊戌四月十六日也。②

1540 年，嘉靖十九年，庚子。

魏庄渠时年五十八岁，魏希明刻《六书精蕴》六册六卷本，以心学重新诠释六经，六经皆心学史，体现出心学思想宗旨。

嗟！周之衰，天王之弗考文也久矣。秦以凶德闰位，强取文字而同之，乃后世惟李斯是师，先秦古文则既阙有间矣，其别出者，多列国未同之书，然则文终不可考与。

曰：“文者，非他也，心之画也，所以体天地万物之撰也。古文，先得我心之所同然耳。心之所同然者，何也？天然而然也，心学而明也，贯若一矣。古人之心学，大以密。仓颉之作六书也，犹之伏羲之作八卦也，若剖混沌而开之，其道易简，愚夫愚妇可使与知。不知，不足以言道。乃其精蕴，则有学士大夫不及尽知者。是故，传久则易以讹。有王者，作议礼制度而考文，心法同也。昔者，周宣尝考文矣。古文之变而为大篆也，史籀所述也，文字浸以备矣，开辟而后与有功焉者也。心法之微，传与否，与今固弗能知。矧秦之斯，彼何人兮，而其心乃敢曰古，亦莫予若

① 《夏东岩先生集》，上海图书馆藏清刻本孤本，卷一，《语录》。
② 《夏东岩先生集》，上海图书馆藏清刻本孤本，卷首，《理学夏东岩行实》。

矣，兹其万恶之根矣。大篆之变而为小篆也，斯实纷更之文字，则大备矣，混沌之凿也，亦多矣。秦以吏道易君道，天下日扰扰焉。程邈因是以隶书代篆书，六书亦坠地矣。要之二人者，同于辅桀者也。”

校尝曰：“三代而上，一宇宙也；三代而下，又一宇宙也，自秦限之矣。秦弗稽古师先王，而历代师秦以为故，讵惟六书也哉！校生千载之后，悼斯文之久湮，欲请于上，因古文是正小篆之讹，择于小篆可者，尚补古文之阙。多病未遑，则为之赞发大义，以阐心法，学者毋滞于书而博之天地万物，毋徒求之天地万物而反求诸心，天机之不器于物也，古犹今也。噫！天而欲兴斯文也，兹其滥觞也已。”

或曰：“师无道，秦百代羞也，请废斯篆一洒空之，无宁慊于志乎？”曰：“斯篆，亦讵能尽废？古文，今亦何必尽废？斯篆天王而考文也，亦惟祖颉而参诸籀，若盘盂书定而一之，斯篆可者取之，其不可者釐正之，恶而知其美旷，若天地之无容心焉，邈隶亦亟修之，与俗宜之翻篆，而楷俾无失六书扫官府之繁苛，仄书籍之叛经离道者，复归民于朴，毋或雕琢其天。”

或曰：“噫！信斯言也，古道可还也，六书云乎哉！”①

或在隆庆年间，藏书家兰溪陆瑞家撰《敬斋先生居仁传》。②

1573，万历元年，戊子。

正月，时任御史的余干李颐疏请胡敬斋从祀，不允。③

---

① 《庄渠遗书》，四库全书版，卷六，《六书精蕴序》，第 810—811 页。

② 焦竑：《献征录》，卷 114，《四库全书存目丛书》史部第 106 册，第 459—460 页。

③ 李颐，字惟贞，余干人。1568 年（隆庆二年戊辰科）进士，授中书舍人。万历初，擢御史。忤张居正，出为湖州知府。迁苏松兵备副使、湖广按察使。以母丧归。斋起故起故官，莅陕西，进河南右布政使。擢右佥都御史，巡抚顺天。进右副都御史。以定乱兵进兵部右侍郎。颐在镇十年，威望大著。1601 年（万历二十九年辛丑）以工部右侍郎代刘东星管理河道。议上筑决口，下疏故道，为经久计。甫两月，以劳卒。仕宦三十余年，敝车羸马，布衣蔬食。初为御史，首请祀胡居仁于文庙，寝未行。参见（清）张廷玉等：《明史》，列传 115，中华书局，2000；李颐：《李及泉先生奏议二卷首一卷末一卷》，卷一，《举理学胡居仁从祀圣庙疏》，四库存目丛书史部第 63 册。

1574，万历二年，甲戌。

诏建白沙家祠，特赐额联并祭文、肖像祠中。赐额曰：“崇正堂”。联曰：“道传孔孟三千载，学绍程朱第一支”。

1584，万历十二年，甲申。

余干李颐等再疏请胡敬斋从祀，被准，从祀孔庙。[①] 其见胡敬斋先生裔孙希祖幼且贫，字以女，养之于家。其弟谦早卒，以己荫畀其子。

此年，王阳明、陈白沙俱从祀孔庙。

1592，万历二十年，壬辰。

江西鄱阳人陈文衡（字瞻岳，进士。曾官山东按察使）校订的《居业录》，在江西余干名臣李颐（字惟贞，余干人。隆庆二年进士。历任中书舍人、御史、湖州知府、苏松兵备副使、湖广按察使、陕西按察使、河南右布政使、巡抚顺天、兵部右侍郎、工部右侍郎等）的支持下再次公开出版。

陈文衡说，“夫学者将以适于用也，自圣学失真，卑者溺于功利，高者涉于玄虚。其所论著，非不侈然仁义性命之谈，然其行不掩，总之无当于用，安所称实学哉？……（说者谓）余干一布亦耳，终其身读书讲学，无所表见于天下，天下亦私窥疑之。谓漫行未效，孰与功见言信？噫！是非知先生之学者！先生之学，身心内外，一主于敬，自夫妇居室之近，以至于应接事物，进退古今，确然有不可易之见，渊然有不可穷之用。……先生敦本尚实，诚有用之学。……《居业录》旧有刻，岁久字版漶漫。中丞李公学宗正脉，以与起斯文为己任，于先生之学，有深契焉，大惧曲学乱真；而是书不传也，以余生近先生之居，及命订之，因求遗本补正，遂为完书。刻成，缀数于未简。万历壬辰，鄱阳陈文衡跋。”[②]

① 伍袁萃说胡敬斋平生少过，伍袁萃：《林居漫录前集六卷别集九卷畸集五卷多集六卷》，四库存目丛书子部第 242 册。邓志峰博士考证 1584 年的礼部从祀大会，在礼部尚书沈鲤的主持下，胡敬斋得 25 票，王阳明和陈白沙各得 15 票，详情参见邓志峰：《王学与晚明师道复兴运动》，社科文献出版社，2004，第 428 页。

② 《居业录》，王云五主编：《丛书集成初编》，陈跋。

1708，康熙四十七年，戊子。

春，学者张伯行（1651—1725，字孝先，号恕斋、敬庵，河南兰考人。康熙二十四年进士。曾任内阁中书、济宁道、福建巡抚、江苏巡抚、礼部尚书等）于正宜堂重刻《胡敬斋集》《居业录》，张伯行与其门人蔡世远（1682—1733年，字闻之，号梁村，漳浦县人。康熙四十八年进士。历任翰林编修、侍讲学士、詹事、内阁学士、礼部侍郎等）皆序之。

张伯行序《胡敬斋集》说，“若胡敬斋先生者，……孔孟之真传，程朱之嫡派也。由薛、胡以求程、朱，由程、朱以溯孔、孟，而由是以造于圣贤之道，不难矣！康熙戊子春季，仪封后学张伯行题于榕城之正谊堂。”① 张伯行并特意为其撰《传》，高扬胡敬斋学行，赞其“专心内治”，以“主忠信为本，求放心为要”，“端庄凝重，笃学力行”。②

张伯行序《居业录》说，“《居业录》者，胡斋敬先生写其自得之书也。……皆有体有用、内圣外王之学，岂迂儒拘执之见，宜古不宜今，有经而无权者比哉？……敬斋则隐约终身，一似独善自乐，无意于世也者。详其底蕴，讵止此哉？吾故因梓是书，略为删订，以先生为名儒之最醇，而且信豪杰之士，希志圣贤，虽一介而必彰，用为有志者奋兴而淬厉也。康熙戊子春季，仪封后学张伯行题于榕城之正谊堂。”③

蔡世远序《居业录》说，“居业录向未有刻本，世远始见大中丞仪封张夫子于三山署中，授以是书。……‘敬斋先生一布衣耳，岿然独立，蔚为一代儒宗，遂至从祀庙庭，享食百世，人不自奋哉？’世远读而志之不敢忘。至是，将以授梓，因不辞其固陋而序之。……观其主白鹿洞之教，则毅然以斯道自任。与白沙同游康斋之门。至讥其凌虚架空，侂侗自大，罗一峰、张东白皆当时钜公，往复论辩，无所屈。攘斥佛老，痛抑功利，毫无假借。……且使敬斋少贬其道以徇于人，势位岂不可立致哉？然终不肯以彼易此者，见理明而浩然之气胜也。夫子平日得力于是书者已久，兹特刊布以开示来学。世之学者，苟能由是而有得焉，收其心、养其气于以入圣贤之奥，不难矣！受业门人漳浦蔡世远

① 《胡敬斋集》，王云五主编：《丛书集成初编》，原序。

② 《胡敬斋集》，王云五主编：《丛书集成初编》，《传》。

③ 《居业录》，王云五主编：《丛书集成初编》，原序。

谨书。”①

1878，光绪四年，戊寅。

抚州黎川后学杨希闵编《胡文敬先生年谱》（一卷）公开出版。②

① 《居业录》，王云五主编：《丛书集成初编》，原序。

② （清）杨希闵编《胡文敬年谱》，《儒林年谱》，第十九册，四川大学出版社，2007；《宋明理学家年谱》第十册，北京图书馆出版社，2005。

参考书目

《中国地方志集成》，江苏古籍出版社等，浙江大学西溪校区图书馆、浙江省图书馆、上海市图书馆等藏。

《献征录》，（明）焦竑，四库存目丛书史部。

《中国古籍总目》，全26册，中华书局、上海古籍出版社2013年版。

《明实录》，台湾地区“中央院”文史研究所影印，浙江大学西溪校区图书馆藏。

《明史》，（清）张廷玉等，中华书局，1974（2013重印）。

《明儒学案》，（清）黄宗羲，沈芝盈点校，中华书局2008年版。

（宋）朱熹：《朱子全书》，朱杰人等主编，上海古籍出版社，2002。

（明）杨溥：《杨文定公诗集》，续修四库全书集部别集类第1326册。

（明）吴溥：《古崖先生诗集》（八卷），国家图书馆藏。

（明）吴与弼：《康斋集》，宫云维点校，北京大学出版社，2014。

（明）吴与弼：《康斋集》，弘治本，南京图书馆藏善本。

（明）吴与弼：《康斋集》，正德本，南京图书馆藏善本。

（明）吴与弼：《康斋集》，嘉靖本，国家图书馆藏善本。

（明）吴与弼：《康斋集》，万历本，国家图书馆藏善本。

（明）吴与弼：《康斋集》，四库全书第1251册集部。

（明）吴与弼：《康斋集》，咸丰本，浙江省图书馆孤山分馆藏善本。

（明）吴与弼：《康斋集》，光绪本，《明别集丛刊》影印本。

（明）陈献章：《陈献章集》，孙通海校，中华书局，2008。

（明）林光：《南川冰蘖全集》，罗邦柱校，中国文史出版社，2004。

（明）林光：《南川冰蘖全集》（十四卷），清咸丰刻本。

（明）贺钦：《医闾先生集》，武玉梅校注，辽宁人民出版社，2011。

（明）贺钦：《医闾先生集》，明嘉靖李承勋刻本，辽宁省图书馆藏。

（明）胡居仁：《胡居仁文集》，冯会明校点，江西人民出版社，2013。

（明）胡居仁：《胡敬斋集》，丛书集成初编第2162册，中华书局，1985。

（明）胡居仁：《胡文敬集》，四库全书集部第1260册。

（明）胡居仁：《敬斋集》，董平校点，北京大学出版社，2008。

（明）胡居仁：《居业录》，丛书集成初编第656—657册，中华书局，1985。

（明）胡居仁：《居业录》，四库全书子部第714册。

（明）张元祯：《东白张先生文集》，四库全书存目丛书补编第75册。

（明）娄性：《皇明政要》，四库全书存目丛书史部第46册。

（明）夏尚朴：《夏东岩先生文集》，北京图书馆古籍珍本丛刊第102册，嘉靖四十五年斯正刻本影印，书目文献出版社，2000。

（明）夏尚朴：《夏东岩集》，四库全书集部第1271册。

（明）夏尚朴：《东岩诗集》，四库存目丛书集部第67册。

（明）夏尚朴：《夏东岩先生文集》，清康熙善本，上海图书馆藏。

（明）余祐：《文公先生经世大训》，四库全书存目丛书子部第6—7册。

（明）魏校：《庄渠魏先生遗书》，明刻本胡松序本。

（明）魏校：《庄渠遗书》，四库全书集部第1267册。

（明）湛若水：《全翁大全集》，钟彩钧、游腾达校点，台湾“中央研究院中国文哲研究所”出版，2017。

（明）湛若水：《甘泉先生续编大全》，钟彩钧、游腾达校点，台湾“中央研究院中国文哲研究所”出版，2017。

（明）湛若水：《甘泉先生续编大全补遗》，钟彩钧、游腾达校点，台湾“中央研究院中国文哲研究所”出版，2017。

（明）唐顺之：《唐顺之集》，马美信、黄毅点校，浙江古籍出版社，2014。

（明）王敬臣：《俟后编》，清康熙彭定求序刻本。

（明）蒋信：《蒋道林文粹》，刘晓林校点，岳麓书社，2010。

（明）蒋信：《蒋道林先生桃冈日录》，《美国哈佛大学哈佛燕京图书馆藏中文善本汇刊 17》，商务印书馆、广西师范大学出版社，2003。

（明）王道：《顺渠先生文录》，日本昭和 7 年（1932）版本。

（明）何迁：《吉阳先生文录四卷诗录六卷》，日本内阁文库版。

（明）何迁：《何吉阳诗集》五卷，湖北安陆图书馆藏。

（明）吕怀：《巾石类稿》(三十卷，现存一卷）。

（明）吕怀：《古乐经传全书二卷》，四库存目丛书经部第 182 册，与湛若水合作。

（明）吕怀：《律吕古义三卷》，四库存目丛书经部第 183 册。

（明）唐伯元：《醉经楼集、附刻》，方耀刻，清道光 29 年（1849）版。

（明）唐伯元：《铨曹仪注》，上海古籍出版社，1995。

（明）杨时乔：《两浙南关榷事书》，上海古籍出版社，1995。

（明）杨时乔：《周易古今文全书》，四库全书存目丛书经部第 8—9 册。

（明）杨时乔：《新刻杨端洁公文集》，四库全书存目丛书集部第 139—140 册。

（明）杨时乔：《马政纪》，四库全书史部第 663 册。

（明）唐枢：《木钟台集》，四库全书存目丛书子部第 162—163 册。

（明）李乐：《唐一庵先生年谱》(一卷)，（清）王表正重编，许正绶三编，《儒藏》史部《儒林年谱》，四川大学出版社，2008。

（明）许孚远：《敬和堂集》十三卷，日本内阁文库版。

（明）许孚远：《敬和堂集》，四库存目丛书集部第 136 册。

（明）许孚远：《大学古本一卷大学述一卷大学述答问一卷》，台北：中国子学名著集成编印基金会，1978 年影印万历二十一年刊本。

（明）刘宗周：《刘宗周全集》，浙江古籍出版社，2007。

（明）黄宗羲：《黄宗羲全集》，浙江古籍出版社，2005。

（明）何迁：《吉阳山房文集》，日本内阁文库版。

（明）洪垣：《觉山先生绪言二卷》，续修四库全书子部第 1124 册。

（明）洪垣：《觉山洪先生史说》，四库存目丛书史部第 283 册。

（明）王敬臣：《俟后编》，彭定求辑，四库存目丛书，子部第 107 册。

（明）宋濂：《宋濂全集》，罗月霞主编，浙江古籍出版社，1999。

（明）方孝孺：《方正学先生集》，《丛书集成初编》第 2429—2430 册，中华书局，1985。

（明）方孝孺：《逊志斋集》，四库全书第 1235 册（集部），上海古籍出版社，1987。

（明）薛瑄：《薛瑄全集》，山西人民出版社，1990。

（明）陈真晟：《陈剩夫先生集四卷》，四库全书存目丛书集部第 38 册。

（明）陈真晟：《陈剩夫集》，丛书集成初编第 2134 册。

（明）周瑛：《翠渠摘稿》，四库全书第 1254 册集部。

（明）罗伦：《一峰文集》，四库全书，集部第 1251 册。

（明）王恕：《王端毅公文集》，四库全书存目丛书集部第 36 册。

（明）王恕：《石渠意见》（总九卷），四库全书存目丛书经部第 147 册。

（明）王恕：《石渠意见》（附拾遗补缺），丛书集成初编第 249 册。

（明）王恕：《王端毅奏议》，四库全书第 427 册史部。

（明）王恕：《玩易意見》（附拾遗补缺），丛书集成初编第 422 册。

（明）张元祯：《东白张先生文集》，四库全书存目丛书补编，第 75 册，齐鲁书社，2001。

（明）黄仲昭：《未轩文集》（补遗），四库全书第 1254 册集部。

（清）黄宗羲：《明儒学案》，《黄宗羲全集》第七、八册，浙江古籍出版社，1995。

（明）罗钦顺：《困知记》，阎㲹（校），理学丛书，中华书局，1990。

（明）乔可聘：《读书劄记四卷》，上海社会科学院图书馆藏清康熙七年刻本，四库全书存目丛书子部第 17 册，庄严文化事业有限公司，1995。

（明）贺时泰：《思聪录一卷》，明万历四十六年刻本，四库全书存目丛书子部第 16 册，庄严文化事业有限公司，1995。

（明）李中：《谷平先生文集五卷附一卷》，江西省图书馆藏清光绪十三年吉水葆元堂刻本影印，四库全书存目丛书集部第 71 册，庄严文化事业有限公司，1997。

（明）罗侨：《东川罗先生潜心语录、罗东川公内稿、罗东川公外稿》，续修四库全书子部第 938 册。

（明）周琦：《东溪日谈录》，四库全书第 714 册。

（明）徐问：《读书劄记》，四库全书第 714 册。

（明）王廷相：《王廷相集》，王孝鱼校点，理学丛书，中华书局，1989。

（明）吕柟：《泾野子内篇》，赵瑞民点校，理学丛书，中华书局，1992。

（明）周思兼：《周叔夜先生集十一卷》，华东师范大学图书馆藏明万历十年刻本，四库全书存目丛书集部第114册，庄严文化事业有限公司，1997。

（明）周思兼：《学道纪言五卷补遗一卷附录一卷》，四库全书存目丛书子部第85册，庄严文化事业有限公司，1995。

（明）赵维新：《感述录六卷续录四卷》，中国科学院图书馆藏清道光刻本，四库全书存目丛书子部第91册，庄严文化事业有限公司，1995。

（明）曹于汴：《仰节堂集》，四库全书第1293册，上海古籍出版社，1987。

（明）曹于汴：《共发编》，四库全书存目丛书子部第91册，庄严文化事业有限公司，1995。

（明）辛全：《衡门芹一卷》，北京图书馆藏明晋淑健等刻本，四库全书存目丛书子部第15册，庄严文化事业有限公司，1995。

（明）戴君恩：《诗风臆评一卷》，四库全书存目丛书经部第61册，庄严文化事业有限公司，1997。

（明）戴君恩：《剩言十七卷》，四库全书存目丛书子部第91册，庄严文化事业有限公司，1995。

（明）王敬臣：《俟后编六卷附录一卷补录一卷》，（清）彭定求辑，华东师范大学图书馆藏清康熙三十八年彭定求重刻本，四库全书存目丛书子部第107册，庄严文化事业有限公司，1995。

（明）张信民：《张抱初先生印正稿六卷》，清华大学图书馆藏清雍正四年王箴舆刻本，四库全书存目丛书子部第15册，庄严文化事业有限公司，1995。

（明）陆树声：《陆学士杂著十种十一卷：存八种九卷》，中央党校图书馆上海图书馆藏明万历刻本，四库全书存目丛书子部第163册，庄严文化事业有限公司，1995。

（明）范涞：《言十卷》，《中国科学院图书馆藏明万历刻本》，四库全书存目丛书子部第13册，庄严文化事业有限公司，1995。

（明）范涞：《两浙海防类考续编十卷》，四库全书存目丛书史部第226册，庄严文化事业有限公司，1996。

（明）范泓辑、补注，《典籍便览八卷》，四库全书存目丛书子部第174册，庄严文化事业有限公司，1995。

（明）徐三重：《信古馀论八卷》，北京图书馆藏清钞本，四库全书存目丛书子部第13册，庄严文化事业有限公司，1995。

（明）徐三重：《庸斋日纪八卷》，北京图书馆藏清钞本，四库全书存目丛书子部第14册，庄严文化事业有限公司，1995。

（明）徐三重：《牖景录二卷》，上海图书馆藏明刻楞亭全集本，四库全书存目丛书子部第106册，庄严文化事业有限公司，1995

（明）徐三重：《鸿洲先生家则一家野志一卷》，上海图书馆藏明刻楞亭全集本，四库全书存目丛书子部第106册，庄严文化事业有限公司，1995。

（明）徐三重：《采芹录》，四库全书第867册。

（明）王守仁：《王阳明全集》，上海古籍出版社，1992。

（明）钱德洪、徐爱、董沄：《钱德洪、徐爱、董沄合集》，凤凰出版社，2007。

（明）王畿：《王畿集》，凤凰出版社，2007。

（明）罗汝芳：《罗汝芳集》，凤凰出版社，2007。

（明）罗洪先：《罗洪先集》，凤凰出版社，2007。

（明）邹守益：《邹守益集》，凤凰出版社，2007。

（明）聂豹：《聂豹集》，凤凰出版社，2007。

（明）欧阳德：《欧阳德集》，凤凰出版社，2007。

（明）季本：《说理会编》，四库存目丛书，子部第9册。

（明）张信民：《印正稿》，四库存目丛书，子部第15册。

（明）张后觉：《张弘山集四卷》，四库存目丛书，子部第91册。

（明）尤时熙：《尤西川拟学小记》，（明）李根辑，四库存目丛书，子部第9册。

（明）王栋：《一庵王先生遗集》，四库存目丛书，子部第10册。

（明）颜钧：《颜钧集》，黄宣民点校，中国社会科学出版社，1996。

（明）耿定向：《耿天台先生文集》，四库存目丛书，集部第131册。

（明）张元忭：《张阳和先生不二斋文选》，四库存目丛书，集部第

154 册。
（明）赵维新：《感述录》，四库存目丛书，子部第 91 册。
朱义禄：《儒家理想人格与中国文化》，辽宁教育出版社，1991。
朱义禄：《从圣贤人格到全面发展》，陕西人民出版社，1992。
朱义禄：《逝去的启蒙》，河南人民出版社，1995。
朱义禄：《孟子答客问》，上海人民出版社，1999。
朱义禄：《诸子百家》，同济大学出版社，2002。
朱义禄：《黄宗羲与中国文化》，贵州人民出版社，2001。
朱义禄：《〈朱子语类〉述评》，上海古籍出版社，2006。
朱义禄：《玄学思潮》，上海社会科学院出版社，2006。
朱义禄：《颜元李塨评传》，南京大学出版社，2006。
朱义禄：《康有为》，云南教育出版社，2008。
潘桂明：《中国佛教思想史稿》，江苏古籍出版社，2009。
潘桂明：《智顗评传》，南京大学出版社，1996。
潘桂明：《中国居士佛教史》，中国社会科学出版社，2000。
蒋国保：《方以智与明清哲学》，黄山书社，2009。
周可真：《顾炎武哲学思想研究》，当代中国出版社，1999。
束景南：《朱熹佚文辑考》，江苏古籍出版社，1991。
束景南：《中华太极图与太极文化》，苏州大学出版社，1994
束景南：《朱熹年谱长编》，上海古籍出版社，2001。
束景南：《论庄子哲学体系的骨架》，广西师范大学出版社，2003。
束景南：《朱子大传》，商务印书馆，2003。
束景南：《阳明佚文辑考编年》，上海古籍出版社，2012。
钱明：《阳明学的形成与发展》，江苏古籍出版社，2002。
钱明：《王阳明及其学派论考》，人民出版社，2009。
钱明：《浙中王学研究》，中国人民大学出版社，2009。
张岱年：《中国哲学大纲》，中国社会科学出版社，1994。
陈荣捷：《朱学论集》，华东师范大学出版社，2007。
张立文，《中国概念精粹丛书》，中国人民大学出版社，1996。
陈来：《朱子哲学》，华东师范大学出版社，2006。

陈来:《有无之境：王阳明哲学的精神》，人民出版社，1991。

蒙培元:《理学的演变》，福建人民出版社，1984。

蒙培元:《理学范畴系统》，人民出版社，1998。

王汎森:《明清思想十论》，复旦大学出版社，2004。

余英时:《钱穆与中国文化》，上海远东出版社，1994。

林继平:《王学探微》，兰台出版社，2001。

钱穆:《中国学术思想史论丛》，安徽教育出版社，2004。

钱穆:《朱子新学案》，巴蜀书社，1986。

吴震:《阳明后学研究》，上海人民出版社，2003。

吴震:《聂豹、罗洪先评传》，南京大学出版社，2001。

张学智:《明代哲学史》，北京大学出版社，2000。

陈撄宁:《道教与养生》，华文出版社，2000。

胡孚琛:《道学通论》，社会科学文献出版社，2004。

戈国龙:《道教内丹学探微》，巴蜀书社，2001。

孔令宏:《宋明道教思想研究》，宗教文化出版社，2002。

李申:《简明儒学史》，中国人民大学出版社，2006。

冯达文:《宋明儒学略论》，广东人民出版社，1997。

陈赟:《回归真实的存在：王船山哲学的阐释》，复旦大学出版社，2007。

彭国翔:《良知学的展开：王龙溪与中晚明的阳明学》，生活·读书·新知三联书店，2005。

方旭东:《尊德性与道问学：吴澄哲学思想研究》，人民出版社，2005。

李洪卫:《论王阳明的身心观》，华东师范大学博士论文。

吴宣德:《江右王学与明中后期江西教育发展》，江西教育出版社，1996。

章沛:《陈白沙哲学思想研究》，广东人民出版社，1984。

苟小泉:《陈白沙哲学研究》，中华书局，2009。

〔英〕瓦尔·西蒙诺维兹、彼得·皮尔斯《人格的发展》，唐蕴玉译，上海社会科学院出版社，2006。

〔美〕约翰·塞尔:《心、脑与科学》，杨音莱译，上海译文出版社，2006。

〔英〕葛瑞汉:《中国的两位哲学家：二程兄弟的新儒学》，程德祥等译，大象出版社，2001。

〔美〕罗洛·梅:《人的自我寻求》，郭本禹、方红译，中国人民大学出版社，2008。

〔日〕岛田虔次:《朱子学与阳明学》，蒋国保译，陕西师范大学出版社，1986。

后　记

十七世纪中期以后，明末清初的中国著名史学家黄梨洲先生隐居今浙东余姚四明深山近五十余年，潜心学术，心无旁骛，心平气和，系统性总结明朝兴亡的经验和教训，为中国学术史留下110万字的皇皇巨作《明儒学案》，成为当前治中国思想史、中国哲学史、中国古典文献学与中国教育思想史不可绕过的学术名著。黄梨洲先生以其独特的学术视野，独辟蹊径，匠心独运，以阳明心学为中心，辅之以江门心学与崇仁学派理学思想，在程朱陆王的思想纠葛之下，剑走偏锋，写出了一部具有特色分明的学术史经典，令人起敬起仰。而作为崇仁理学之乡的后辈，在自己没有其他特别学科优势的背景下，耕耘于崇仁理学，也是一件自豪而有使命感的守土情结。幸运的是，一路走来，陋生得到很多著名恩师的提点，得到数十年一直默默关心我的恩师，倍感荣幸。但个人毕竟学历有限，哲学素养先天不足，英语水平差，对生活阅历不足，难免会出现不少的纰漏，会有各种各样的问题，也希望得到全国学术界的领导和专家们的指导和帮助。

本书试图从中国哲学史、文献史料学与专门思想史的三重学科视野透视崇仁理学走向阳明心学、白沙心学走向阳明心学与及阳明心学自身内部的成长，横跨两个多世纪，涉及二十多位著名的思想家的学术思想，千奇百态，百家争鸣，多元互动，共生共成，要充分挖掘这些思想家的道德修养论及其核心思想，是一件不容易的事情。在崇仁学派内部，即便是理学家，也存在论心之学，有的甚至吸收象山心学而走向新型的心学理论形态，如吴康斋，其晚年的“养性灵”思想由于凸显心灵自由的境界论而体现出新型的心学形态，不同于偏于实践的象山心学，也不同于后来兴起的阳明心学；而夏东岩虽然多次公开批判陈白沙与阳明心学家等众多名家心学思想，但是他的主静主义的“养天真”又何尝不是一种新型的心学理论形态呢？魏庄渠在阳明心学全国流行的大背景下，主动吸收并转化象山心学、白沙心学，提倡“本原上静养端倪”，在知行一体化与行动主义的原则框架内，以经学心学化为旗帜，重行，重启经学资源，其重视经学的心学思想具有独特的沿海地域特色。而贺医闾和林南川作为陈白沙早年的亲传弟子，都对主静涵养进行长达半个世纪的涵养和操持，涵养工夫扎实，均继承与发展陈白沙的主静涵养的自然心学，在十五世纪后期，直接为阳明心学的兴起和发展提供比较重要的思想酝酿与知识论背景。时年六十二岁的林南川早在1500年浙江严州（今建德、淳安附近区域）任府学教授时，苦读朱子全集一年多时间，就提出朱子晚年之论具有心学倾向，朱子之学多有主静涵养的特色，比王阳明《朱子晚年定论》思想提前了十多年。这说明，四库馆臣对康斋的静观涵养思想看的比较准，评价较为客观，甚至认为胡敬斋得益于康斋“静观涵养”，令人茅塞顿开，让我们有豁然开朗的感觉。由此可见，崇仁学派蕴藏着丰富的心学思想，值得我们去深入研究和挖掘。

2020年夏，余归老家崇仁县郭圩甘家村委会杨家桥村，居家一个多月，此时，全球新冠肺炎继续横毒于天下，全世界都在水深火热之中，但我国环境渐趋安全与和谐。检阅旧稿，整理崇仁学派诸子之作，修改增补，十五六年来，《崇仁学派与阳明心学》文稿有所增加，遂有稿成出版之意，以弘扬养育我几十年的故土，致敬明代理学开山宗师吴康斋及其开创的崇仁学派。去年夏，蒙我江西抚州崇仁县委宣传部和中央电视台不弃，在柴导、黄勇辉先生等人的指导下，得以以崇仁学派研究者身份接受国家级电视台央视的采访，大家冒酷暑拍摄一天，虽辛苦，但看到电视上自己讲崇仁学派的模样，为家乡崇仁县这座默默无闻的中国理学之乡小县城而无比自豪。崇仁理学甲天下，吴草庐为元代理学巨宗，而康斋夫子则为阳明前学时期最为著名的明代心学与阳明心学启明者与先驱者，于是乎，余遂发兴暑假重写康斋学、崇仁学派与阳明心学文稿，以成新稿。病毒荼毒生灵，世界数千万无辜群众受苦受累，吾等小辈，身处伟大的时代，自当发奋图强，刻苦学习，报效祖国，向白衣天使与抗魔战士致敬，回报父老乡亲。在家，每日文字劳作之余，流连于田野之间，绿色满眼，农民大伯大叔都在田间劳作，早出晚归，冒酷暑烈日，万物生意，甚为自得。每日笔耕劳作，虽辛苦，却也无怨无悔，盼有助于中国哲学史、中国教育史与中国思想史等学科建设，助力祖国强大。

自2010年以来，在众多前辈和同仁的鼓励下，作者曾对阳明心学开始大规模研究，首先是在我的博士后恩师钱明先生带领下，与刘丹、李旭、王志鹏等学术友人一起整理《北方王门集》，经过多年劳作，在上海古籍出版社众多责任编辑细心指导下，有幸获得全国优秀古籍图书二等奖，给了我们学术团队很大的信心。而我自己花费三年时间写作最终由绍兴文理学院全额资助出版的《阳明夫子亲传弟子考》也荣幸获得宁波市政府二等奖，令我感动，天道酬勤！这些都给我继续安心学术、安心坐冷板凳探求阳明心学古籍文献领域的最大动力。近年来，我继续在刘丹、王学伟、吴健康、钟治国、陕庆、王志鹏、王迪等师友协助指导下，经过十多年努力和坚持，陆续在吴与弼、胡居仁、潘府、夏尚朴、洪垣、刘源禄、王阳明及其后学门人《王门亲传集》《王门再传集》数百万字古籍整理获得持续性突破，陆续整理系列古籍专著成果，希望可以慢慢精确，公开出版，惠泽学术界，主力于阳明心学的文献整理与学术思想研究。在同济大学恩师著名中国哲学史家朱义禄夫子多年鼓励下，我的学术成果虽然不是很专业，但慢慢开始经得起考验，得到全国著名专家的点赞和公开表扬，开始有思想史、专门史与教育学专业色彩，年与日长，学与渐增，但却也不如以前那样更坚定，这是我需要自我批评的地方，希望以后慢慢进步，不断提高。他山之石，可以攻玉。其中，《阳明心学研究》部分书稿呈现的是我潜心阳明心学近十年的努力，好几个暑假都未曾放弃写作，写完之后多次生病，精疲力竭，断断续续，不仅修缮六年前的部分旧作，又增添了近十篇新作。虽然年轻朋友读起来会有点艰深难读，但沉下去，还是会有所触动，继续推进我国传统文化的深入研究，一点点进步，一点点推进，一点点成长。我本学者，百无一用是书生，希望可以有更多的时间继续安心读书写书教书，不折腾，素心治学，心无旁骛，努力写出业界赞誉的高水平的专著。恩师、浙江省阳明学名家束景南夫子近年来像“核导弹”一样不断发力，不断为学术界所宗，已出版近三百多万字多种阳明心学专著，在全世界世界各国产生重大影响，在阳明心学领域取得巨大的成绩，是阳明心学的新高峰，在此，表示对束夫子的祝贺。桃李不言，下自成蹊；谦虚谨慎，戒骄戒躁；不断勉励，永不自满。

另外，自2014年以来，《胡敬斋先生与崇仁学派年谱》规模得到不断地增加，新增加贺医间、林南川、魏庄渠、夏东岩、余仞斋、杨月湖等崇仁后学与部分阳明心学名家交往的史料，或许颇有可观，有助于增进大家对我国十五与十六世纪学术思想研究的进一步深入了解。在习总书记繁荣哲学社会科学的全国时代下，尤其是浙江省和宁波市政府大力推进文化工程与古籍整理研究，繁荣宁波文化与阳明心学的环境下，学术研究就不能落后，一定要补课，要加大研究支持力度。

但，由于学养浅薄，特别是个人跨学科经历所导致的学力所限，且今年为全球多事之秋，世界经济和安全局势动荡，书稿必定存在这样与那样的问题，还会有不少的错误和缺点，还请海内外专家多批评指导，提携后学，不断改进，学习成长，止于至善。只有不忘初心，永不自满，不断努力，勤奋细心，保持谦虚与心厚气和的心理状态，加大阅读力度，反复琢磨，反复思考，阳明心学与中国思想史的学术研究才有可持续性与更好的发展空间。

盼宁波大学和绍兴文理学院的阳明心学与浙江明代思想史学科研究成果早点走入全球双一流行列！

我的研究生程维维负责执笔其中的6万字。

崇仁后学邹建锋2020年8月20日理稿于杨家桥，
9月19日再书于宁波大学包玉书科学楼7号楼405室

图书在版编目(CIP)数据

崇仁学派与阳明心学的兴起/邹建锋,程维维著
.一上海:上海三联书店,2021.9
ISBN 978-7-5426-7303-9

Ⅰ.①崇… Ⅱ.①邹… ②程… Ⅲ.①王守仁
(1472-1528)-心学-研究 Ⅳ.①B248.25

中国版本图书馆 CIP 数据核字(2020)第 252655 号

崇仁学派与阳明心学的兴起

著 者/邹建锋 程维维

责任编辑/郑秀艳
装帧设计/一本好书
监 制/姚 军
责任校对/张大伟 王凌霄

出版发行/上海三联书店
(200030)中国上海市漕溪北路331号A座6楼
邮购电话/021-22895540
印 刷/上海惠敦印务科技有限公司

版 次/2021年9月第1版
印 次/2021年9月第1次印刷
开 本/710 mm×1000 mm 1/16
字 数/600千字
印 张/37.25
书 号/ISBN 978-7-5426-7303-9/B·717
定 价/128.00元

敬启读者,如发现本书有印装质量问题,请与印刷厂联系 021-63779028